HISTOIRE ROMAINE

DE FLORUS.

Se trouve aussi à Paris,

Chez MM. ARTHUS BERTRAND, rue Hautefeuille, n°. 23.
Louis COLAS, rue Dauphine, n°. 32.
CRAPELET, rue de Vaugirard, n°. 9.
HACHETTE, rue Pierre-Sarrazin, n°. 12.
MAIRE-NION, quai Conti, n°. 13.
THIERIOT, rue Pavée Saint-André-des-Arts, n°. 13.

PARIS, IMPRIMERIE DE A. BELIN,
rue des Mathurins S.-J., n. 14.

HISTOIRE ROMAINE

DE FLORUS,

TRADUCTION NOUVELLE,

ACCOMPAGNÉE

D'UN COMMENTAIRE ET DE NOTES HISTORIQUES ET CRITIQUES ;

PAR M. CH. DU ROZOIR,

Professeur d'Histoire au Collège royal de Louis-le-Grand, Professeur suppléant à la
Faculté des Lettres.

PARIS,

A. BELIN, IMPRIMEUR-LIBRAIRE,

RUE DES MATHURINS S.-J., N°. 14.

1829.

AVIS.

Cette traduction, terminée depuis 1822, était imprimée entièrement avec une partie des Notes depuis 1823. Des circonstances d'une nature particulière, et dont le détail n'intéresserait point le public, ont suspendu la mise en vente de ce volume, qui devait faire partie d'une vaste entreprise, annoncée sous le titre de *Collection des auteurs latins du second ordre*, et qui se trouve en partie réalisée par l'estimable collection de M. Panckoucke. Toutefois l'auteur et l'éditeur de la présente traduction de Florus n'ont pas dû renoncer à la publication d'un ouvrage qui était fini avant que MM. Paganel et Ragon eussent livré leur travail au public. L'auteur sait tout ce qu'une telle concurrence a de redoutable pour lui, qui paraissant arriver le dernier, n'a pu cependant profiter des secours que lui auraient offerts sans doute les traductions de deux littérateurs aussi recommandables. Une chose pourtant distingue son travail de celui de ses prédécesseurs : c'est un commentaire historique fort détaillé, par lequel il s'est attaché à compléter et à rectifier ce qu'il peut y avoir de trop succinct et d'inexact dans l'abrégé de Florus. De cette manière, ce volume offrira non-seulement l'interprétation du plus élégant abrégé de l'Histoire Romaine, il aura en outre l'avantage de présenter dans un cadre resserré une histoire précise et complète des guerres, des institutions et des révolutions de Rome.

NOTICE
SUR FLORUS.

Rien n'est plus connu que l'Abrégé de Florus, mais on ignore absolument sa vie : on n'est pas d'accord sur le temps où il a vécu, ni sur les noms qui lui appartiennent. Le texte de son livre n'a pas reçu du temps de moindres injures : il nous est parvenu étrangement altéré par la négligence des copistes, et encore plus par la téméraire sagacité des premiers éditeurs.

Si, pour rétablir le texte de cet historien, le plus sûr moyen est de recourir aux plus anciens manuscrits, tout fautifs qu'ils sont, de même si l'on veut trouver quelque chose de positif sur la personne de Florus, il faut s'en tenir aux seuls renseignemens que présente son ouvrage. Lui-même indique le règne de Trajan comme l'époque où il a écrit, ainsi qu'on le voit dans le passage suivant de sa préface :

« Depuis César Auguste jusqu'à nos jours, dit-il, nous
« ne comptons pas beaucoup moins de deux cents ans,
« pendant lesquels l'inertie des empereurs l'a fait vieillir
« en quelque sorte et tomber en langueur. Cependant,
« sous le règne de Trajan, il ranime ses forces, et contre
« l'espoir de tout, ce vieil empire, comme rendu à sa jeu-
« nesse, reprend une nouvelle vigueur. »

Il faut regarder tout ce passage comme entièrement supposé pour prétendre encore avec un savant moderne, M. Titze, qui n'a fait, du reste, que répéter une assertion déjà avancée par bien d'autres, que Florus était contemporain d'Auguste, et qu'il est le même que le Lucius Florus à qui Horace a adressé deux de ses épîtres.

Rien d'abord ne prouve cette interpolation prétendue, ni ne tend même à en établir le soupçon ; mais ce qu'aucun critique n'a, je crois, jusqu'ici encore remarqué, c'est que ce passage si concluant de la préface se trouve confirmé par plusieurs autres de son histoire. Dans le chap. 16 du liv. 1er, Florus dit en parlant du Vésuve, *rival des feux de l'Etna;* or la première éruption de ce volcan n'eut lieu que sous Titus, l'an 79 après J.-C. Au chap. 17 du même livre, puis au chap. 2 du liv. 3, il est fait mention des *forêts de la Calidonie* (Écosse); et l'on sait que les Romains n'y pénétrèrent que sous le règne de Claude. Enfin dans le douzième et dernier chapitre du quatrième livre : « La conquête de la Dacie fut différée et remise à un autre temps » : ce qui est une allusion assez directe à la conquête de cette province par Trajan.

Florus vécut donc sous ce prince, voilà ce qui est certain; mais l'époque de sa naissance et celle de sa mort sont, du reste, aussi inconnues que les actes de sa vie. Il paraît donc incontestable qu'il a aussi vécu sous Adrien; mais est-il le même que ce Julius Florus qui adressait à cet empereur ces vers badins :

> Ego nolo Cæsar esse
> Ambulare per Britannos
> Scythicas pati pruinas,

et à qui Adrien répondait sur le même ton :

> Ego nolo Florus esse
> Ambulare per tabernas,
> Latitare per popinas,
> Calices pati rotundos?

Si parmi les vers que je viens de rapporter, l'historien Florus était vraiment l'auteur des premiers et le héros des seconds, il faudrait en conclure que cet écrivain, si élevé dans son style, fut dans la vie privée un aimable épicurien, un joyeux convive; mais rien ne prouve l'identité entre le poëte ami des plaisirs de la table et le panégyriste un peu trop poétique du peuple romain. Il paraît plus probable d'attribuer les vers en question à Julius Florus, ou Floridus, auteur du *Pervigilium Veneris*, et de quelques épigrammes pleines de grâce et de délicatesse, que le temps a respectées.

Pour multiplier encore les obscurités qui entourent la personne de Florus ne faut-il pas que Lactance ait été le confondre avec Sénèque? Ce père de l'Eglise cite sous le nom du philosophe la belle comparaison des divers âges du peuple romain avec les âges de l'homme, par laquelle notre Florus commence si ingénieusement son ouvrage.

Quant au nom de cet historien, tout le monde convient qu'il est de la famille des *Annæus*, laquelle était originaire d'Espagne. *Annæus* est donc le nom de l'auteur de l'Abrégé de l'Histoire Romaine, mais son prénom est-il Julius ou Lucius, et son surnom Florus ou Sénéca? C'est ce ce qu'il est impossible de décider, tant qu'on n'aura pas trouvé de nouveaux textes pour trancher cette question et toutes celles qui se rapportent à la personne de notre auteur. Imitons jusqu'à un certain point la sage réserve de Freinshémius, qui, se mettant à l'aise entre tant de témoignages, ou plutôt de conjectures contradictoires, a laissé à d'autres le soin futile de les débattre, et a intitulé son excellente édition de Florus, LUCII ANNÆI, sive FLORI, sive SENECÆ, *Epitome rerum Romanarum*.

J'arrive à ce qui, aux yeux de la postérité, constitue véritablement l'existence d'un écrivain, son ouvrage, dont les siècles ont pu altérer quelques passages, mais qu'ils nous ont au moins légué dans son intégrité.

C'est déjà beaucoup pour un abréviateur d'être mis au nombre des historiens utiles à consulter; mais joindre à ce mérite tous les dons d'un habile et ingénieux écrivain, c'est une gloire que parmi les anciens auteurs profanes Florus ne partage qu'avec Velléius Paterculus.

Comme écrivain, Florus n'est pas indigne, à certains égards, de l'admiration que lui a généreusement accordée Montesquieu: il mérite tous les éloges que La Harpe ne lui a pas refusés. Son style joint souvent l'éclat à la concision, et le soin constant de parer sa pensée de la pompe des images n'exclut pas chez lui l'énergie. Il n'a manqué à Florus, pour être un écrivain du premier ordre, que de naître un siècle plus tôt, alors que l'éloquence romaine n'était pas encore entièrement altérée par le langage de la servitude, alors que les Lucain et les Sénèque n'avaient pas encore substitué *à l'or pur* du siècle de Cicéron et de Virgile *le clinquant* de l'école espagnole et asiatique.

On a dit avec esprit : le faux goût n'a point de patrie privilégiée. La thèse contraire pourrait, selon nous, être soutenue avec avantage. Florus, né en Espagne comme Lucain et les deux Sénèque, porte dans ses ouvrages les défauts de ces trois écrivains ; on lui a reproché avec raison d'avoir pris des hémistiches au premier encore plus souvent qu'à Virgile ; on l'a confondu, non sans vraisemblance, avec le philosophe Sénèque ; enfin l'on a pu lui attribuer quelques unes des pièces de Sénèque le tragique. L'Espagne a, dans tous les siècles, sous Néron, sous Trajan, comme sous Philippe II, produit des écrivains pleins d'exagération dans la pensée, et de boursoufflure dans l'expression. Florus pouvait-il faire exception, vivant au sein de Rome, lorsque tout y retentissait de la gloire littéraire de la famille des Annæus ? A cet égard on peut encore faire une observation qui honore son patriotisme : c'est la prédilection avec laquelle, dans vingt endroits de son Abrégé, il parle de l'Espagne.

Comme historien, je ne sais si Florus a droit à plus d'éloges que de critiques. Si c'est un mérite bien grand d'avoir resserré, en un petit volume, les annales de sept cents années, d'avoir présenté tant de faits sans confusion, d'en avoir bien dessiné l'ensemble, de les avoir le plus souvent caractérisés avec énergie, ce sont aussi des défauts réels de s'être presque toujours tenu au rôle de panégyriste, d'avoir entièrement négligé la chronologie ; enfin d'être demeuré au-dessous des connaissances géographiques et naturelles de son siècle. Voilà ce qui a porté des critiques sévères à refuser à Florus le titre d'historien : voilà ce qui, pour ma part, m'a forcé de multiplier les notes et les rectifications de mon commentaire historique ; car en venant, après les autres, essayer de traduire Florus, mon but principal a été de faciliter, à l'occasion d'un abrégé dont la lecture a tant de charmes, l'étude sérieuse de l'histoire romaine.

LISTE
DE DIVERSES ÉDITIONS DE FLORUS.

Les plus anciennes que nous connaissons sont quatre éditions sans date, qui paraissent être cependant de l'année 1470 à l'an 1472.

Justinus et Florus a Sabellico emendati, in-folio. Venetiis, 1495.

L. A. Florus, cum annotationibus et indice Joannis Camertis, in-4. Vindobona, 1514.

Florus des Alde, in-8. Venise, 1518.

P. Danès. L. A. Flori de Rebus Romanis Epitome, in-folio. Paris, 1519.

Florus se trouve encore avec le Polybe, traduit par Perroti, 1521.

L'édition de Vascosan, in-4. Paris, 1539.

L. A. Flori Rerum Rom. lib. quatuor, in-folio. Basileæ, 1557.

L. A. Flori Rerum Rom. libri IV, cum notis Eliæ Vineti, Joan. Camertis, in-8. Sancti Gervasi, 1606.

L'abrégé de Florus est compris dans un énorme recueil in-folio publié en 1621, sous ce titre : Historiæ Romanæ scriptores latini veteres qui extant. Ebroauni, typis et sumptibus societatis Helv. Caldorianæ.

Ex recensione J. Gruteri, cum indice et Rufi Festi breviario, in-32. Parisiis, ex officina Henrici Stephani, 1623.

Ex emendatione et cum notis Salmasii, in-12, ex officina Elzeviriana, Lugduni-Batavorum, 1638.

Edition des Elzeviers revue par Blanchard, 1648.

Edition de Freinshémius, in-8. Argentorat., 1659.

Ad usum Ser. Delphini, avec des notes de mademoiselle Le Febvre (madame Dacier), in-4, 1674.

N. B. C'est cette édition qui a été réimprimée par Barbou en 1726.

L. A. Florus, cum annotationibus Joannis Min-Ellii, quibus additus L. Ampelius, ex bibliotheca Salmasii. Roterodami, petit in-12, 1680.

Ex recensione Grævii cum L. Ampelio, in-8. Utrecht, 1680.

Cum notis Salmasii Blancardi et aliorum. Franeckeræ, in-4, 1690.

Cum notis Variorum. Amstelodami, in-8, 1692.

Idem. Oxonii, in-8, 1692.

Ex recensione Joan. Georg. Grævii, in-8. Amstelodami, 1702.

L. An. Flori libri duo Priores, cum notis Laurent. Bergerii adjectis, numismatum figuris, in-folio. Berolini, 1704.

L. A. Flori Rerum Rom. libri quatuor, in-4. Venetiis, 1715.

Edition de Mattaire, in-12. Londres, 1715.

La même, in-8. Leyde, 1722.

Il y a encore deux éditions de Duker, 1722 et 1744.

Celle de Leipsig, avec une préface de J. Frid. Fischer, 1760.

Enfin, dans la foule des éditions modernes, on distingue celle qu'a publiée, dans la collection des Classiques Latins, M. Le Maire, doyen et Professeur de la Faculté des Lettres de Paris.

Traductions principales.

Traduction de N. Coffeteau, dédiée au Roi, 1618, in-8; 1621, in-folio; 1625, 1628, 1629, in-16; 1632, in-4; 1659, 5 vol. in-12.

Traduction de Florus faite *sur les traductions de Monsieur, frère unique du Roi*, un vol. in-8, sans nom d'auteur ni d'imprimeur. Paris, 1665, 1670. Le latin est en regard avec une chronologie et des remarques de La Mothe Le Vayer, le fils : on l'attribue généralement à ce littérateur.

En 1680, une traduction fut publiée avec celle d'Eutrope, et dédiée au vicomte de Turenne, par Constant.

En 1733, traduction avec notes, par Gaullyer, professeur en l'Université de Paris, au collége du Plessis-Sorbonne, 2 vol. in-12. Paris.

En 1771, traduction par l'abbé Paul, 2 vol. in-12. A Avignon, chez Garrigan.

En 1776, traduction par V. Leléal. Paris, Mérigot, un vol. in-12.

En 1816, traduction de M. Paganel, Paris, 1 vol. in-8.

En 1826, traduction de M. Ragon, publiée dans la Bibliothéque classique de C. L. F. Panckoucke.

Enfin, à l'étranger, nous connaissons une traduction anglaise avec des notes, publiée par Casaubon, in-8. Londres, 1659.

Une autre d'Edmund Bolton, dont le président Hénault fait mention à la fin de son jugement sur Florus. *Voyez* Mémoires de l'Académie des Inscriptions et Belles-Lettres, tome 28, pag. 614.

Une traduction anglaise de Florus a été publiée à Londres en 1725, 1 vol. in-12; elle est remarquable sous le rapport typographique; on y compte cent vingt et une gravures en taille douce d'une beauté remarquable.

Istorie Romane di Luccio Floro, tradotte da Sancti Conti, vol. in-12, in Roma, 1672.

Ouvrages sur Florus.

Notæ Ad L. Flori Rerum Romanarum libri quatuor. Heidelbergæ, in-8, 1597.

Mathiæ Bernegeri Miscellanearum questionum ex Floro excerptarum centuriæ VI. Argentor., 1633, in-4.

Eh. H. Hausotter dissertatio de suspecti Flori fide. Leyde, 1747, in-4. Cet opuscule renferme une discussion éclairée sur les règles à suivre pour écrire l'histoire.

Florus illustratus, sive observationes politicæ, morales, historicæ, philologicæ, criticæ; Adami Ruperti, accedunt viri clarissimi observationes tantum politicæ. Noribergæ (Nuremberg), 1759, grand in-12.

J. M. Heinzius de Floro non historico sed Rhetore. J'ignore la date de cette Dissertation.

De Epitome Rerum Romanarum quæ sub nomine Lucii Annæi, sive Flori, Senecæ fertur, ætate probabilissima vero auctore operis antiqui forma, auctore Titze. Lincii, 1804, in-8.

L. ANNÆI FLORI
EPITOME
RERUM ROMANARUM.

L. ANNÆI FLORI

EPITOME

RERUM ROMANARUM [a].

LIBER PRIMUS.

PROOEMIUM.

Populus romanus, a rege Romulo in Cæsarem Augustum [b], septingentos per annos, tantum operum pace belloque gessit, ut si quis magnitudinem imperii cum annis conferat, ætatem ultra putet. Ita late ubique per orbem terrarum arma circumtulit, ut qui res ejus legunt, non unius populi, sed generis humani facta discant. Nam tot laboribus periculisque jactatus est, ut, ad constituendum ejus imperium, contendisse virtus et fortuna videantur.

[a] *Lucii Annæi, sive Flori, sive Senecæ Epitome Rerum Romanarum.* In Freinshemii editione, varia hæc nomina leguntur. In quibusdam antiquioribus libris, teste Lipsio, *Julius* vocatur Florus noster. L. Annæi Flori in recentioribus prævaluit nomen.

[b] *In Cæsarem*: alii *usque Cæsarem*; sed scripti omnes quos vi-

ABRÉGÉ
DE
L'HISTOIRE ROMAINE
DE L. ANNÆUS FLORUS.

LIVRE PREMIER.

PRÉFACE [1].

Le peuple romain, depuis le roi Romulus jusqu'à l'empereur Auguste [2], a, pendant sept cents années [3], accompli tant de choses dans la paix et dans la guerre, que, si l'on comparait la grandeur de son Empire avec sa durée, on le croirait plus ancien. Il a porté ses armes si avant dans l'univers, qu'en lisant ses annales, ce n'est pas l'histoire d'un seul peuple que l'on apprend, mais celle de tout le genre humain. Il a été en butte à tant de travaux et de dangers, que, pour établir sa puissance, le courage et la fortune semblent avoir réuni leurs efforts.

dimus, ait Salmasius, habent *in Cæsarem*, et hanc locutionem familiarem esse Annæo nostro constat. Ita loquitur infra, fine præfationis, *in sæculum nostrum*, nec non cap. vi hujusce libri : *substitutus in locum regis quasi in tempus* ; vulgati : *ad sæculum, ad tempus*.

Quare, quum præcipue hoc quoque [a], operæ pretium sit cognoscere; tamen, quia ipsa sibi obstat magnitudo, rerumque diversitas aciem intentionis abrumpit, faciam quod solent qui terrarum situs pingunt. In brevi quasi tabella totam ejus imaginem amplectar : nonnihil, ut spero, ad admirationem principis populi collaturus, si pariter atque insimul universam magnitudinem ejus ostendero.

Si quis ergo populum romanum quasi hominem consideret, totamque ejus ætatem percenseat, ut cœperit, utque adoleverit, ut quasi ad quemdam juventæ florem pervenerit, ut postea velut consenuerit, quatuor gradus processusque ejus inveniet.

Prima ætas sub regibus fuit, prope ducentos quinquaginta per annos, quibus circum ipsam matrem suam [b] cum finitimis luctatus est. Hæc erit ejus infantia.

Sequens a Bruto Collatinoque consulibus, in Appium Claudium, Quinctum Fulvium consules, ducentos quinquaginta annos patet, quibus Italiam subegit. Hoc fuit tempus viris armisque incitatissimum : ideo quis adolescentiam dixerit.

[a] *Hoc quoque.* In quibusd. edit., *sicut cætera,* post hæc verba, manifesta interpolatione adduntur.

Ce sont donc surtout ses progrès qu'il importe de connaître : cependant, comme la difficulté d'une entreprise naît de sa grandeur même, et que la diversité des objets partage l'effort de l'attention, j'imiterai ceux qui dessinent les diverses contrées de la terre [4]; je comprendrai comme dans un tableau raccourci l'image entière de l'Empire, non sans quelque espoir de faire admirer le peuple roi [5], si je parviens à retracer avec proportion, et dans son ensemble, sa grandeur qui embrasse l'univers.

Si donc l'on considère le peuple romain comme un seul homme [6], et qu'en parcourant ses différens âges, on l'envisage dans sa naissance, dans son adolescence, dans la fleur pour ainsi dire de sa jeunesse, et comme dans le déclin de ses ans, on trouvera sa vie partagée en quatre degrés ou périodes successives.

Il passa son premier âge sous le gouvernement des rois, pendant près de deux cent cinquante ans [7] : alors il luttait contre ses voisins, autour de Rome, sa mère. Ce fut là son enfance.

L'âge suivant s'étend du consulat de Brutus et de Collatin jusqu'à celui d'Appius Claudius, et de Quintus Fulvius, intervalle de deux cent cinquante années, [8] durant lesquelles il subjugua l'Italie. Ce temps fut très-fécond en guerriers et en combats; aussi peut-il être appelé son adolescence.

---

[b] *Circum ipsam matrem suam*. Illius lectionis loco, Gruterus et Pontanus, *circum ipsam mammam*, admiserunt.

Dehinc ad Cæsarem Augustum, ducenti quinquaginta anni, quibus totum orbem pacavit. Hic jam ipsa juventa imperii, et quasi quædam robusta maturitas.

A Cæsare Augusto in sæculum nostrum, haud multo minus anni ducenti, quibus inertia Cæsarum quasi consenuit atque decoxit; nisi quod sub Trajano principe movet lacertos, et præter spem omnium senectus imperii, quasi reddita juventute, revirescit.

I. De Romulo, primo Romanorum rege.

Primus ille et Urbis et imperii conditor Romulus fuit, Marte genitus et Rhea Sylvia. Hoc de se sacerdos gravida confessa est : nec mox fama dubitavit, quum Amulii imperio abjectus in profluentem cum Remo fratre, non potuit exstingui : siquidem et Tiberinus amnem repressit : et, relictis catulis, lupa vagitum secuta, ubera admovit infantibus, matremque se gessit. Sic repertos apud arborem regis pastor tulit in casam, atque educavit. Alba tunc erat Latio caput, Iuli opus; nam Lavinium patris Æneæ contempserat. Ab his Amulius jam bis septima soboles regnabat, fratre pulso Numitore, cujus ex filia Romulus. Igitur statim prima juventæ face, patruum Amulium ab arce deturbat; avum reponit. Ipse

De là, jusqu'à César Auguste, s'écoulèrent deux cent cinquante années [9], qu'il a consacrées à pacifier tout l'univers. C'est ici la jeunesse de l'Empire, c'est là sa force et sa maturité.

Enfin, depuis César Auguste, jusqu'à nos jours, nous ne comptons pas beaucoup moins de deux cents ans [10], pendant lesquels l'inertie des empereurs l'a fait vieillir en quelque sorte, et tomber en langueur. Cependant, sous le règne de Trajan, il ranime ses forces, et, contre l'espoir de tous, ce vieil Empire, comme rendu à sa jeunesse [11], reprend une nouvelle vigueur.

I. Romulus, premier roi de Rome. [An de Rome, 1.]

Celui qui le premier jeta les fondemens de Rome et de l'Empire fut Romulus, né de Mars et de Rhéa Sylvia [12] : cette vestale avoua elle-même ce mystère pendant sa grossesse. On n'en douta bientôt plus, lorsqu'ayant été jeté dans le courant du Tibre avec Rémus, son frère, par l'ordre d'Amulius, il ne put y trouver la mort : le dieu du fleuve suspendit le cours de ses eaux [13], et abandonnant ses petits, une louve attirée par les cris de ces enfans, leur présenta ses mamelles, et leur tint lieu de mère. C'est ainsi qu'un berger du roi les trouva au pied d'un arbre : il les porta dans sa cabane, et les éleva. Albe était alors la capitale du Latium; elle avait été fondée par Iule, qui dédaigna le séjour de Lavinium [14], bâti par son père Énée [15]. Amulius, quatorzième descendant de ces rois [16], régnait, après avoir chassé son frère Numitor, dont la fille était mère de Romulus. Celui-ci, dans le premier feu de sa jeunesse, renverse son oncle Amu-

fluminis amator et montium apud quos erat educatus, moenia novæ urbis agitabat. Gemini erant : uter auspiceretur et regeret, adhibere placuit deos [a]. Remus montem Aventinum, hic Palatinum occupat. Prior ille sex vultures; hic postea, sed duodecim videt. Sic victor augurio, urbem excitat, plenus spei bellatricem fore : ita illi adsuetæ sanguine et præda aves pollicebantur.

Ad tutelam novæ urbis sufficere vallum videbatur; cujus dum irridet angustias Remus, idque increpat saltu, dubium an jussu fratris, occisus est. Prima certe victima fuit, munitionemque urbis novæ sanguine suo consecravit.

Imaginem urbis magis quam urbem fecerat : incolæ deerant. Erat in proximo lucus; hunc asylum facit; et statim mira vis hominum, latini tuscique pastores, quidam etiam transmarini, Phryges qui sub Ænea, Arcades qui sub Evandro duce influxerant. Ita ex variis quasi elementis congregavit corpus unum, populumque romanum ipse fecit.

[a] *Adhibere placuit deos.* Quondam legebatur *adhibuere piacula;* sed hanc lectionem nullius sententiæ, submovere non dubitaverunt Salmasius, Stadius, Grævius, et docti plerique edi-

lius du trône, et rétablit son aïeul. Comme il chérissait le fleuve et les montagnes qui l'avaient vu élever, il y méditait la fondation d'une nouvelle ville [17]. Romulus et Rémus étaient jumeaux : pour décider sous les auspices et les lois duquel des deux elle serait fondée, ils convinrent de s'en rapporter aux dieux [18]. Rémus se place sur le mont Aventin [19], Romulus sur le mont Palatin. Rémus aperçoit le premier six vautours; mais son frère en voit ensuite douze. Vainqueur par cet augure [20], Romulus presse les travaux de sa ville, plein de l'espoir qu'elle sera belliqueuse. C'est ce que lui promettaient des oiseaux de proie accoutumés au carnage.

Pour la défense de la nouvelle ville, un retranchement semblait suffire [21]. Rémus se moque de son peu de largeur, et par dérision, le franchit d'un saut [22] : il est tué; et l'on doute si ce n'est point par l'ordre de son frère [23]. Il est certain du moins qu'il fut la première victime dont le sang consacra les remparts de la nouvelle ville.

Romulus avait tracé plutôt l'image d'une ville que fondé une ville véritable; les habitans manquaient. Il y avait auprès un bois sacré, il en fait un asyle [24]; aussitôt on y voit accourir de toutes parts une multitude prodigieuse d'hommes, des pâtres latins et toscans, quelques étrangers même venus d'au-delà les mers, des Phrygiens qui, sous la conduite d'Énée, et des Arcadiens qui, sous celle d'Évandre, s'étaient répandus dans le pays [25]. De ces divers élémens, il composa un même corps, et créa le peuple romain.

tores, quamvis pro illa veteres pugnarent libri et etiam codices. In quibusdam *adhibuere oracula* reperias.

Res erat unius ætatis, populus virorum. Itaque matrimonia a finitimis petita, quia non impetrabantur, manu capta sunt. Simulatis quippe ludis equestribus, virgines quæ ad spectaculum venerant, præda fuere, et statim causa bellorum [a]. Pulsi fugatique Veientes. Cæninensium captum ac dirutum est oppidum. Spolia insuper opima de rege Feretrio Jovi manibus suis rex reportavit. Sabinis proditæ portæ per virginem, nec dolo; sed puella, pretium rei, quæ gerebant in sinistris petierat: dubium clypeos an armillas. Illi, ut et fidem solverent et ulciscerentur, clypeis obruere. Ita admissis intra mœnia hostibus, atrox in ipso foro pugna [b], adeo ut Romulus Jovem oraret, fœdam suorum fugam sisteret. Hinc templum, et *Stator* Jupiter. Tandem sævientibus intervenere raptæ, laceris comis. Sic pax facta cum Tatio, fœdusque percussum; secutaque res mira dictu, ut, relictis sedibus suis, novam in urbem hostes demigrarent, et cum generis suis avitas opes pro dote sociarent.

[a] *Virgines quæ ad spectaculum venerant, præda fuere, et statim causa bellorum.* Sic Freinshemius: *virgines quæ ad spectaculum venerant, præda fuere. Et hæc statim causa bellorum.* Sic et Elzevirii. Necnon apud Jordanum *prædæ fuere.* Variorum lectionem secuti sumus.

[b] *Atrox in ipso foro pugna.* In quibusdam edit., *in ipso aditu.*

Un peuple sans femmes [26] était l'établissement d'une seule génération. Les Romains demandèrent donc des épouses à leurs voisins, et ne les ayant pas obtenues, ils les enlevèrent de vive force [27]. Ils feignirent à ce dessein de célébrer des jeux équestres. Les jeunes filles qui étaient venues à ce spectacle furent la proie des Romains, et, au même instant, une cause de guerres. Les Véiens sont battus [28] et mis en fuite ; la ville des Céniniens prise et renversée [29]. De plus, les dépouilles opimes de leur roi sont consacrées à Jupiter Férétrien par les mains du roi de Rome [30]. Une jeune fille ouvre les portes de la ville aux Sabins [31], ce n'est pas qu'elle eût l'intention de trahir sa patrie ; mais cette enfant, en récompense de cette action, leur avait demandé ce qu'ils portaient au bras gauche, sans s'expliquer si c'étaient leurs boucliers ou leurs bracelets [32]. Les Sabins, pour dégager à la fois leur parole et pour se venger, l'accablèrent sous leurs boucliers. Lorsque, par ce moyen, ils eurent été introduits dans les murs, il se livra un combat si sanglant au milieu même du Forum, que Romulus pria Jupiter d'arrêter la fuite honteuse des siens. De là le temple et le nom de Jupiter *Stator*. Enfin les femmes enlevées se jetèrent, les cheveux épars, entre les deux peuples acharnés à combattre. La paix fut faite avec Tatius, et l'alliance conclue. Rien de plus remarquable que le résultat de cette alliance ; les ennemis abandonnant leurs foyers, passèrent dans la nouvelle ville [33], et, pour la dot de leurs filles, ils partagèrent avec leurs gendres les richesses qu'ils tenaient de leurs aïeux.

Auctis brevi viribus, hunc rex sapientissimus statum reipublicæ imposuit : juventus divisa per tribus, in equis et armis ut ad subita belli excubaret; consilium reipublicæ penes senes esset; qui ex auctoritate *Patres*, ob ætatem *Senatus* vocabantur.

His ita ordinatis, repente, quum concionem haberet ante urbem apud Capreæ paludem, e conspectu ablatus est. Discerptum aliqui a senatu putant, ob asperius ingenium : sed oborta tempestas solisque defectio consecrationis speciem præbuere : cui mox Julius Proculus fidem fecit, visum a se Romulum adfirmans, augustiore forma quam fuisset; mandare præterea, ut se pro numine acciperent; *Quirinum* in cœlo vocari : placitum diis. Ita gentium Roma potiretur [a].

II. De Numa Pompilio.

Succedit Romulo Numa Pompilius, quem Curibus sabinis agentem ultro petivere, ob inclytam viri religionem. Ille sacra et cæremonias, omnemque cultum deorum immortalium docuit. Ille pontifices, augures, Salios cæteraque populi

---

[a] *Ita gentium Roma potiretur.* Lectionem Ryckiani, Stadii, Freinshemii et Grævii secuti sumus. Sic apud Elzevirios et Pontanum : *Quirinum in cœlo vocari; placitum diis, ut gentium Roma*

Rome ayant en peu de temps accru sa puissance, voici la forme que Romulus, dans sa sagesse, donna à la république: la jeunesse, divisée par tribus [34], toujours à cheval [35] et sous les armes, devait se tenir prête à combattre au premier signal; le conseil de la république fut commis aux vieillards, que leur autorité fit appeler *pères*, et leur âge *sénateurs* [36].

Cet ordre de choses ainsi établi [37], Romulus haranguait un jour le peuple devant la ville, près du marais de la Chèvre, lorsqu'il disparut à tous les regards. Quelques uns pensent qu'il fut mis en pièces par les sénateurs, révoltés de la dureté de son caractère; mais un orage qui s'éleva et une éclipse de soleil donnèrent à cette scène l'apparence d'une apothéose. Julius Proculus confirma bientôt cette idée [38], en assurant que Romulus s'était fait voir à lui sous une forme plus auguste que pendant sa vie; qu'il ordonnait aux Romains de l'honorer comme une divinité; que la volonté des dieux était qu'il s'appelât Quirinus dans le ciel [39]; qu'à ce prix, Rome deviendrait la maîtresse des nations.

II. Numa Pompilius. [An de Rome, 39.]

A Romulus succéda Numa Pompilius, qui vivait à Cures, ville des Sabins, où les Romains allèrent d'eux-mêmes le chercher à cause de son insigne piété. Ce fut lui qui institua les formes des sacrifices, les cérémonies, et tout le culte des dieux immortels [40]: nous lui devons l'établissement des

---

potiretur. Rectiorem esse nostram lectionem, nemini dubium esse potest latinæ linguæ perito. *Ita* solemnis est formula, qua solebant uti jurejurando.

romani sacerdotia; annum quoque in duodecim menses, fastos dies nefastosque descripsit. Ille ancilia atque Palladium, secreta quædam imperii pignora, Janumque geminum, fidem pacis ac belli, inprimis focum Vestæ virginibus colendum dedit, ut ad simulacrum cœlestium siderum, custos imperii flamma vigilaret. Hæc omnia quasi monitu deæ Egeriæ, quo magis barbari acciperent. Eo denique ferocem populum redegit, ut quod vi et injuria occupaverat imperium, religione atque justitia gubernaret.

III. De Tullo Hostilio.

Excipit Pompilium Numam Tullus Hostilius: cui in honorem virtutis regnum ultro datum. Hic omnem militarem disciplinam artemque bellandi condidit. Itaque mirum in modum exercita juventute, provocare ausus Albanos, gravem et diu principem populum. Sed quum pari robore frequentibus præliis utrique comminuerentur, misso in compendium bello, Horatiis Curiatiisque, tergeminis hinc atque inde fratribus, utriusque populi fata commissa sunt. Anceps et pulchra contentio, exituque ipso mirabilis. Tribus quippe illinc vulneratis, hinc duo-

pontifes, des augures, des Saliens [41] et des autres sacerdoces du peuple romain. Il divisa l'année en douze mois, et détermina les jours fastes et néfastes [42]. Ce fut enfin lui qui proposa à la vénération des Romains les boucliers sacrés, le Palladium, quelques autres gages secrets de la ville éternelle [43], le Janus au double front, pour indiquer la paix et la guerre, et surtout le feu de Vesta qu'il confia à des vierges, afin que, rappelant l'image des astres, cette flamme, gardienne de l'Empire, ne cessât de veiller. Numa fit toutes ces choses comme par l'ordre de la déesse Égérie [44], pour que les Romains, encore barbares, les accueillissent avec plus de respect. Enfin il amena ce peuple farouche à ce point, qu'un Empire formé par la violence et l'usurpation, fût gouverné par la religion et la justice [45].

III. Tullus Hostilius. [An de Rome, 82.]

Numa Pompilius eut pour successeur Tullus Hostilius [46], à qui le trône fut offert en considération de sa valeur. Ce prince posa toutes les bases de la discipline militaire [47] et de l'art de la guerre. Après avoir parfaitement exercé la jeunesse romaine, il osa provoquer les Albains [48], peuple redoutable, et qui depuis long-temps tenait le premier rang. Mais comme les deux nations, par l'égalité de leurs forces, s'affaiblissaient mutuellement dans de fréquens combats, on trouva le moyen d'abréger la guerre; ce fut de remettre les destinées de l'un et l'autre peuple à trois frères de chaque nation, les Horaces et les Curiaces [49]. Combat glorieux, long-temps indécis, et dont surtout l'issue fut surprenante! D'un côté les

bus occisis, qui supererat Horatius, addito ad virtutem dolo, ut distraheret hostem, simulat fugam, singulosque prout sequi poterant adortus, exsuperat. Sic, rarum alias decus, unius manu parta victoria est : quam ille mox parricidio fœdavit. Flentem spolia circa se sponsi quidem, sed hostis, sororem viderat. Hunc tam immaturum virginis amorem ultus est ferro. Citavere leges nefas, sed abstulit virtus parricidam; et facinus intra gloriam fuit.

Nec diu in fidem Albanus. Nam Fidenate bello, missi in auxilium ex fœdere, medii inter duos exspectavere fortunam. Sed rex callidus, ubi inclinare socios ad hostem videt, tollit animos, quasi ipse mandasset : spes inde nostris, metus hostibus. Sic fraus proditorum irrita fuit. Itaque, hoste victo, ruptorem fœderis Mettum Fufetium [a] religatum inter duos currus pernicibus equis distraxit : Albamque ipsam, quamvis parentem, æmulam tamen, diruit, quum prius omnes opes urbis, ipsumque populum Romam transtulisset,

[a] *Mettum Fufetium. Mettum* in optimis Nazarianis membranis, non *Metium* scribitur ; et in antiquis Jordanis. Sic et apud Virgilium et Ovidium. *Metum* dixere veteres, et *Mettum* pro eodem : nihil melius probat quam ὑποκοριϛικὸς Metellus. Nam ut a Marco, Marcellus, sic a *Meto*, *Metellus*. (Salmas.)

trois guerriers albains étaient blessés, et de l'autre deux Romains avaient été tués. Celui des Horaces qui survivait, joint la ruse à la valeur : pour séparer ses adversaires, il fait semblant de fuir ; puis fondant sur eux, selon que chacun des trois avait pu le suivre, il les terrasse [50]. Ainsi, gloire peu commune chez les autres nations ! la main d'un seul homme nous obtint la victoire. Devait-il sitôt la souiller par un parricide ? Horace vit sa sœur pleurer auprès de lui sur les dépouilles d'un des Curiaces qui lui avait été destiné pour époux, mais qui était devenu un ennemi ; et l'épée d'un frère punit cette jeune fille d'un témoignage d'amour si déplacé. Les lois réclamèrent le châtiment de cet attentat ; mais la valeur fit oublier le parricide, et le crime fut effacé par la gloire [51].

Cependant les Albains ne demeurèrent pas long-temps fidèles : car, dans la guerre contre les Fidenates, où ils servaient comme auxiliaires des Romains, d'après le traité, ils restèrent immobiles entre les deux armées, attendant que la fortune se déclarât. Bientôt ces perfides alliés font un mouvement vers l'ennemi ; l'adroit Hostilius le voit, mais il rassure les esprits en feignant que c'est par son ordre. Dès lors l'espérance se répand dans nos rangs, la terreur chez les ennemis, et la trahison demeure ainsi sans effet. Les Fidenates ayant donc été vaincus, Tullus fit lier entre deux chars et mettre en pièces, par des chevaux fougueux, Mettus Fufétius [52], l'infracteur du traité. Quant à la ville d'Albe, mère à la vérité, mais rivale de la nôtre, il la détruisit [53], après avoir transféré à Rome toutes ses richesses, et même ses habitans, afin, sans doute, que les membres d'une

prorsus ut consanguinea civitas non periisse, sed in suum corpus rediisse rursus videretur.

IV. De Anco Marcio.

Ancus deinde Marcius, nepos Pompilii, pari ingenio. Hic igitur et mœnia muro amplexus est, et interfluentem urbi Tiberinum ponte commisit, Ostiamque in ipso maris fluminisque confinio coloniam posuit : jam tum videlicet præsagiens animo futurum, ut totius mundi opes et commeatus illo veluti maritimo Urbis hospitio reciperentur.

V. De Tarquinio Prisco.

Tarquinius postea Priscus, quamvis transmarinæ originis, regnum ultro petens accipit, ob industriam atque elegantiam; quippe qui oriundus Corintho, græcum ingenium italicis artibus miscuisset. Hic et senatus majestatem numero ampliavit, et centuriis tribus auxit, quatenus Attius Navius numerum augeri prohiberet, vir summus augurio. Quem rex in experimentum rogavit, fierine posset, quod ipse mente conceperat ? Ille rem expertus augurio, posse, respondit. Atqui hoc, inquit, agitabam, an cotem illam secare novacula possem ? Augur, potes ergo, inquit; et secuit. Inde Romanis sacer auguratus.

cité qui avait avec la nôtre des liens de parenté, semblassent moins avoir été dispersés, que s'être réunis de nouveau au corps dont ils faisaient partie.

IV. Ancus Marcius. [An de Rome, 114.]

Vient ensuite Ancus Marcius, petit-fils de Numa dont il rappelait le caractère [54]. Il entoura d'une muraille les retranchemens de Rome [55]; joignit par un pont les rives du Tibre [56], qui traverse la ville, et fonda, à l'endroit où ce fleuve se jette dans la mer, la colonie d'Ostie [57], comme si dès lors il eût pressenti en son âme que les richesses et les productions de tout l'univers y seraient reçues comme dans l'entrepôt maritime de la première ville du monde.

V. Tarquin l'Ancien. [An de Rome, 139.]

Tarquin l'Ancien, quoique d'une famille venue d'au-delà les mers, brigua le premier la couronne, et l'obtint par son adresse et par ses manières polies et insinuantes. Originaire de Corinthe [58], il alliait à la subtilité grecque la souplesse italienne. Ce prince rehaussa la majesté du sénat en augmentant le nombre de ses membres [59]; et, par la création des centuries, il étendit les tribus que lui défendait de multiplier Attius Navius [60], homme supérieur dans la science des augures. Le roi, pour l'éprouver, lui demanda si ce qu'il avait actuellement dans l'esprit pouvait s'exécuter. Navius, ayant consulté son art, répondit que la chose se pouvait. *Je songeais en moi-même*, reprit le roi, *s'il me serait possible de couper ce caillou avec un rasoir.* —*Vous le pouvez*, repartit l'augure, et le roi coupa le caillou. Depuis ce temps la dignité d'augure est devenue sacrée pour les Romains [61].

Neque pace Tarquinius quam bello promptior. Duodecim namque Tusciæ populos frequentibus armis subegit. Inde fasces, trabeæ, curules, annuli, phaleræ, paludamenta, prætexta : inde quod aureo curru quatuor equis triumphatur : togæ pictæ tunicæque palmatæ; omnia denique decora et insignia, quibus imperii dignitas eminet.

VI. De Servio Tullio.

Servius Tullius deinceps gubernacula Urbis invadit; nec obscuritas inhibuit, quamvis matre serva creatum. Nam eximiam indolem uxor Tarquinii Tanaquil liberaliter educaverat, et clarum fore, visa circa caput flamma, promiserat. Ergo inter Tarquinii mortem, adnitente regina, substitutus in locum regis, quasi in tempus, regnum dolo partum sic egit industrie, ut jure adeptus videretur. Ab hoc populus romanus relatus in censum, digestus in classes, curiis atque collegiis distributus : summaque regis solertia ita est ordinata respublica, ut omnia patrimonii, dignitatis, ætatis, artium officiorumque discrimina in tabulas referrentur; at sic maxima civitas minimæ domus diligentia contineretur.

Au reste, Tarquin n'était pas moins entreprenant dans la guerre que dans la paix : il eut souvent les armes à la main, et soumit les douze nations de la Toscane [62]. De là nous sont venus les faisceaux, les robes royales, les chaises curules, les anneaux, les colliers, les manteaux guerriers, la toge prétexte [63] ; de là aussi, pour le triomphe, le char doré et traîné par quatre chevaux; de là les robes peintes, les tuniques à palmes ; [64] enfin tous les ornemens et les insignes qui relèvent la dignité de l'Empire.

VI. Servius Tullius. [An de Rome, 175.]

Servius Tullius se saisit ensuite du gouvernement de Rome, et, quoiqu'il fût né d'une mère esclave [65], l'obscurité de sa naissance ne mit point obstacle à son élévation. Tanaquil, épouse de Tarquin, avait cultivé son excellent naturel par une éducation libérale ; et en voyant une flamme briller autour de sa tête, elle avait prédit son illustration future. Pendant que Tarquin était aux prises avec la mort, Servius fut, par les soins de la reine, mis à la place du roi comme pour un temps; et il gouverna avec tant d'habileté un royaume acquis par la fraude, qu'il parut l'avoir obtenu légitimement [66].

Ce fut par lui que le peuple romain fut soumis au cens, divisé en classes [67], distribué en curies et en colléges [68]. La haute sagesse de ce prince administra si bien la république, que tout ce qui distinguait les citoyens, le patrimoine, la dignité, l'âge, les professions et les emplois, étaient consignés sur des tables ; en sorte que cette grande cité se trouva réglée avec autant d'ordre que la maison d'un simple particulier.

VII. De Tarquinio Superbo.

Postremus omnium fuit regum Tarquinius, cui cognomen *Superbo* ex moribus datum. Hic regnum avitum, quod a Servio tenebatur, rapere maluit quam exspectare; immissisque in eum percussoribus, scelere partam potestatem non melius egit, quam acquisierat. Nec abhorrebat moribus uxor Tullia, quæ, ut virum regem salutaret, super cruentum patrem, vecta carpento, consternatos equos egit.

Sed ipse in senatum cædibus, in omnes superbia, quæ crudelitate gravior est bonis, grassatus, quum sævitiam domi fatigasset, tandem in hostes conversus est. Sic valida oppida in Latio capta sunt, Ardea, Ocriculum, Gabii, Suessa Pometia. Tum quoque cruentus in suos. Neque enim filium verberare dubitavit, ut simulanti transfugam apud hostes hinc fides esset. Cui Gabiis, ut voluerat, recepto, atque per nuncios consulenti quid fieri vellet, eminentia forte papaverum capita virgula excutiens, quum per hoc interficiendos esse principes intelligi vellet, quæ superbia! sic respondit.

Tamen de manubiis captarum urbium templum

VII. Tarquin le Superbe. [An de Rome, 220.]

Le dernier de tous les rois fut Tarquin, à qui ses manières firent donner le surnom de Superbe. Il aima mieux enlever par la violence qu'attendre le trône de son aïeul, où Servius était assis. Après avoir fait assassiner ce prince, il n'exerça pas mieux qu'il ne l'avait acquise, une puissance achetée par le crime. Sa femme Tullie était loin de répugner à de pareils forfaits : comme elle allait dans son char pour saluer roi son époux, elle poussa sur le corps sanglant de son père ses chevaux épouvantés [69].

Quant à Tarquin, il accabla le sénat par de sanglantes exécutions, et tous les Romains par un orgueil plus insupportable aux gens de bien que la cruauté [70]; puis, après avoir lassé sa fureur sur ses sujets, il la tourna enfin contre ses ennemis. Alors furent prises dans le Latium les fortes places d'Ardéa, d'Ocriculum, de Gabies et de Suessa Pométia [71]. Alors même il se montra cruel envers les siens. Il ne craignit point de faire battre de verges son fils, afin que celui-ci jouât le rôle de transfuge, et inspirât de la confiance aux ennemis. Après avoir été reçu dans Gabies, selon les vues de son père, Sextus lui envoya des messagers pour le consulter sur la conduite qu'il avait à tenir. Tarquin abattit avec une baguette des têtes de pavots qui s'élevaient au-dessus des autres, voulant faire entendre par là qu'il fallait tuer les principaux citoyens de Gabies : dans son farouche orgueil, ce fut là toute sa réponse !

Toutefois il bâtit un temple des dépouilles enle-

erexit. Quod quum inauguraretur, cedentibus cæteris deis, mira res dictu! restitere Juventas et Terminus. Placuit vatibus contumacia numinum, siquidem firma omnia et æterna pollicebantur. Sed illud horrendum, quod molientibus ædem in fundamentis humanum repertum est caput. Nec dubitavere cuncti, monstrum pulcherrimum imperii sedem caputque terrarum promittere.

Tamdiu superbiam regis populus romanus perpessus est, donec aberat libido. Hanc ex liberis ejus importunitatem tolerare non potuit. Quorum quum alter ornatissimæ feminæ Lucretiæ stuprum intulisset, matrona dedecus ferro expiavit. Imperium tum regibus abrogatum.

VIII. Anacephalæosis de septem regibus.

Hæc est prima ætas populi romani, et quasi infantia, quam habuit sub regibus septem, quadam fatorum industria, tam variis ingenio, ut reipublicæ ratio et utilitas postulabat. Nam quid Romulo ardentius [a]? Tali opus fuit, ut invaderet regnum. Quid Numa religiosius? Ita res poposcit, ut ferox populus deorum metu mitigaretur.

[a] *Ardentius.* — *Audentius* non equidem damnarem. Ita de Cæsare Suetonius, *dubium cautior an audentior;* cap. 58, 1.

vées aux villes qu'il avait prises [72]. Lorsqu'on en consacrait le sol, tous les autres dieux cédèrent la place ; mais, ô prodige ! la Jeunesse et le dieu Terme s'obstinèrent seuls à demeurer. Les devins virent avec plaisir l'opiniâtreté de ces divinités, qui promettaient ainsi que Rome serait puissante et éternelle. Mais ce qui surtout frappa les esprits d'une sainte horreur, c'est qu'en creusant les fondations du temple, on y trouva une tête humaine. Personne ne douta qu'un prodige aussi surprenant n'annonçât que Rome serait le siége de l'Empire, et la capitale du monde.

Le peuple romain souffrit l'orgueil de Tarquin, tant que l'incontinence ne s'y joignit pas ; mais il ne put supporter ce nouveau genre d'affront de la part des enfans de ce prince. L'un d'eux ayant fait violence à Lucrèce, la plus vertueuse des femmes, cette illustre romaine expia ce déshonneur en se poignardant elle-même. Alors fut abrogée la puissance des rois.

VIII. Résumé sur les sept rois.

Tel est le premier âge du peuple romain, et pour ainsi dire son enfance. Il la passa sous sept rois, qui, sans doute, par l'arrangement des destins, furent de caractères aussi différens que le demandaient l'intérêt et l'utilité publique [73]. En effet, quel génie plus entreprenant que Romulus ? Il fallait un tel homme pour fonder un royaume les armes à la main. Quel prince plus religieux que Numa ? Le bien de l'État l'exigeait ainsi, afin d'adoucir un peuple farouche par la crainte des dieux. En quoi le fondateur de la discipline des armées, Tullus, était-il si nécessaire à

Quid ille militiæ artifex Tullus bellatoribus viris quam necessarius? Ut acueret ratione virtutem. Quid ædificator Ancus? Ut urbem colonia extenderet, ponte jungeret, muro tueretur. Jam vero Tarquinii ornamenta et insignia, quantam principi populo addiderunt ex ipso habitu dignitatem? Actus a Servio census quid effecit, nisi ut ipsa se nosset respublica? Postremo Superbi illius importuna dominatio nonnihil, immo vel plurimum, profuit. Sic enim effectum est, ut agitatus injuriis populus cupiditate libertatis incenderetur.

IX. De mutatione reipublicæ.

Igitur Bruto Collatinoque ducibus et auctoribus, quibus ultionem sui moriens matrona mandaverat, populus romanus ad vindicandum libertatis ac pudicitiæ decus, quodam quasi instinctu deorum concitatus, regem repente destituit, bona diripit, agrum Marti suo consecrat; imperium in eosdem libertatis suæ vindices transfert, mutato tamen et jure et nomine [a]. Quippe ex perpetuo annuum placuit, ex singulari duplex, ne potestas solitudine vel mora corrum-

---

[a] *Mutato tamen et jure et nomine.* — Apud Vinetum : *mutato tamen et indice et nomine.* Apud Freder. Sylburgium : *mutato tamen et judice et nomine.* Sic et apud vetustissimos editores ; Jordani versionem a Salmasio. Elzevirus, et recentioribus edit. ado-

des sujets guerriers ? C'était pour perfectionner leur valeur par la science militaire. Voyez Ancus, qui se plut à construire tant de monumens : il étendit le domaine de la ville par une colonie, la prolongea au moyen d'un pont, et la fortifia par une muraille. Quant aux ornemens et aux insignes de Tarquin l'Ancien, combien leur usage n'a-t-il pas relevé la dignité du peuple roi ? Établi par Servius, le cens n'a-t-il pas mis la république à portée de se connaître elle-même ? Enfin l'intolérable domination de Tarquin le Superbe, loin d'être inutile à Rome, lui a même été très-avantageuse, puisque le peuple, poussé à bout par les outrages, s'enflamma de l'amour de la liberté [74].

IX. Changement de gouvernement. [An de Rome, 244.]

Ainsi, sous la conduite et par les conseils de Brutus et de Collatin, à qui Lucrèce mourante avait confié le soin de sa vengeance, le peuple romain, excité comme par une inspiration des dieux, à punir l'outrage fait à la liberté et à la pudeur, déposa sur-le-champ le roi, pilla ses richesses [75], consacra ses domaines à Mars, auteur de la nation, et transmit aux deux vengeurs de sa liberté, le pouvoir souverain, en changeant toutefois et sa forme et son nom. En effet, ce pouvoir, de perpétuel qu'il était, devint annuel; il était possédé par un seul homme, il fut partagé entre deux, afin de prévenir les dangers attachés à l'unité et à la durée de la puissance. Le peuple nomma ses nouveaux magistrats

ptatam, quasi unam sensui convenientem, secuti sumus. *Judice indice* absurdum quidem mihi videtur.

peretur, *consules*que appellavit pro regibus, ut *consulere* se civibus suis debere meminissent. Tantumque libertatis novæ gaudium incesserat, ut vix mutati status fidem caperent; alterumque ex consulibus, tantum ob nomen et genus regium, fascibus abrogatis, Urbe dimitterent. Itaque substitutus Valerius Publicola ex summo studio adnixus est ad augendam liberi populi majestatem. Nam et fasces ei pro concione submisit, et jus provocationis adversus ipsos dedit. Et ne specie arcis offenderet, eminentes ædes suas in plana submisit. Brutus vero favori civium, etiam domus suæ clade et parricidio velificatus est. Quippe quum studere revocandis in Urbem regibus liberos suos comperisset, protraxit in forum, et concione media virgis cecidit et securi percussit, ut plane publicus parens in locum liberorum adoptasse sibi populum videretur.

Jam hinc liber populus romanus, prima adversus exteros arma pro libertate corripuit; mox pro finibus; deinde pro sociis; tum pro gloria et imperio, lacessentibus assidue usquequaque finitimis : quippe cui patrii soli gleba nulla, sed statim hostile pomœrium, mediusque inter Latium et Tuscos, quasi in quodam bivio colloca-

consuls au lieu de rois, afin qu'ils se souvinssent qu'ils devaient *consulter* avant tout les intérêts de leurs concitoyens [76]. Tel fut l'excès de la joie qu'inspira aux Romains leur liberté nouvelle, qu'à peine pouvaient-ils croire au changement opéré dans l'État; et que sans autre motif que le nom et la naissance royale de l'un des consuls, ils lui ôtèrent les faisceaux [77] et le bannirent de leur ville. Valérius Publicola, qui lui fut substitué, travailla avec le plus grand zèle à relever la majesté du peuple devenu libre [78]. Il fit abaisser ses faisceaux devant lui dans les assemblées; il lui attribua le droit d'appel contre les consuls eux-mêmes; et, de peur qu'on ne prît ombrage de l'apparence d'une citadelle que présentait sa maison élevée sur une colline, il la fit rebâtir dans la plaine. Quant à Brutus, ce fut au prix d'un parricide et du sang de sa famille, qu'il monta au faîte de la faveur populaire [79]. Il reconnut que ses enfans travaillaient au rappel des rois dans Rome, il les fit traîner sur la place publique, battre de verges au milieu de l'assemblée du peuple, et immoler sous la hache des licteurs. Devenu ainsi le père commun de la république, il parut aux yeux de tous avoir adopté le peuple à la place de ses enfans.

Rome, vraiment libre depuis cette époque, prit les armes contre les étrangers, d'abord pour sa liberté; bientôt après pour ses frontières; ensuite pour ses alliés [80], enfin pour la gloire et pour l'empire du monde. Mais alors elle était sans cesse et sur tous les points harcelée par ses voisins. En effet les Romains ne possédaient pas un sillon de terre à titre de patrimoine : dès le premier pas hors de leurs murs, com-

tus, omnibus portis in hostem incurreret; donec quasi contagione quadam per singulos itum est, et proximis quibusque correptis, totam Italiam sub se redegerunt.

X. Bellum cum Porsena.

Pulsis ex Urbe regibus, prima pro libertate arma corripuit. Nam Porsena, rex Etruscorum, ingentibus copiis aderat, et Tarquinios manu reducebat. Hunc tamen, quamvis et armis et fame urgeret, occupatoque Janiculo, ipsis Urbis faucibus incubaret, sustinuit, repulit. Novissime etiam tanta admiratione perculit, ut superior ultro quum pene victis amicitiæ fœdera feriret. Tunc illa romana prodigia atque miracula, Horatius, Mucius, Clælia : quæ, nisi in annalibus forent, hodie fabulæ viderentur. Quippe Horatius Cocles, postquam hostes undique instantes solus submovere non poterat, ponte reciso, transnatat Tiberim, nec arma dimittit. Mucius Scævola regem per insidias in castris ipsius adgreditur; sed ubi, frustrato circa purpuratum ejus ictu, tenetur; ardentibus focis injicit manum, terroremque geminat dolo. « Ut scias, inquit, quam

mençait le territoire étranger [81], et placés comme sur un grand chemin entre les Latins et les Toscans, par quelque porte qu'ils sortissent, ils tombaient au milieu de leurs ennemis. Telle fut leur situation, jusqu'à ce que marchant de proche en proche contre les nations voisines, ils les eurent subjuguées les unes après les autres, et virent enfin toute l'Italie rangée sous leur domination.

X. Guerre contre Porséna. [An de Rome, 246.]

Après l'expulsion des rois, ce fut d'abord pour la liberté que Rome prit les armes. Porséna, roi d'Étrurie [82], s'avançait à la tête d'une nombreuse armée, et ramenait les Tarquins comme par la main. Cependant, quoiqu'il pressât vivement les Romains en proie à la famine, et que maître du Janicule, il fût en quelque sorte établi aux portes de leur ville, les assiégés soutinrent ses efforts et le repoussèrent. Ils le remplirent même d'un sentiment si vif d'admiration, que, bien qu'il fût le plus fort, il consentit à conclure avec des ennemis à moitié vaincus un traité d'alliance. Alors on vit éclater ces prodiges de courage et d'intrépidité romaine des Coclès, des Scévola et des Clélie, qui passeraient aujourd'hui pour des fables, s'ils n'étaient consignés dans nos annales. Horatius Coclès, n'ayant pu repousser lui seul les ennemis qui le pressaient de toutes parts, dès que le pont qu'il défend est coupé derrière lui, passe le Tibre à la nage, sans abandonner ses armes [83]. Mucius Scévola recourt à la ruse pour attenter à la vie du roi dans son camp; mais sa main trompée ne frappe qu'un courtisan de Porséna. Mucius est arrêté; il met sa main sur

vix effugeris ª, idem trecenti juravimus » : quum interim, immane dictu ! hic interritus, ille trepidaret, tamquam manus regis arderet. Sic quidem viri. Sed ne quis sexus ᵇ a laude cessaret, ecce et virginum virtus : una ex obsidibus regi data, elapsa custodiam, Clælia, per patrium flumen equitabat. Et rex quidem tot tantisque virtutum territus monstris, valere, liberosque esse jussit. Tarquinii tamdiu dimicaverunt, donec Aruntem filium regis manu sua Brutus occidit, superque ipsum mutuo vulnere exspiravit; plane quasi adulterum ad inferos usque insequeretur.

XI. Bellum Latinum.

Latini quoque Tarquinios asserebant, æmulatione et invidia, ut populus qui foris dominabatur, saltem domi serviret. Igitur omne Latium, Mamilio Tusculano duce, quasi in regis ultionem tollit animos. Apud Regilli lacum dimicatur, diu Marte vario, donec Postumius ipse

---

ª *Quam vix effugeris.* Hanc Freinshemii lectionem adoptandam judicavimus : multi vero editores sic : *quem virum effugeris.* « Quid hoc ad æstimationem viri, cca an plus minusve habeat sociorum ? » (Freinshem.)

un brasier ardent, et redouble la terreur du roi par un nouvel artifice : *Afin que tu saches*, dit-il, *quel danger menace encore ta vie, apprends que nous sommes trois cents Romains liés par le même serment.* En disant ces mots, chose prodigieuse! Mucius conservait un visage intrépide, tandis que le roi d'Étrurie frissonnait d'horreur, comme si le feu eût dévoré sa propre main [84]. Voilà ce que firent les Romains ; mais l'autre sexe obtint aussi sa part de gloire, et voici les actions de leurs filles. Clélie, une des jeunes romaines données en otage à Porséna, trompa la vigilance de ses gardes, et, se jetant à cheval dans le Tibre, traversa ce fleuve protecteur. Alors le roi, épouvanté de tous ces prodiges de courage, prit congé des Romains, et les laissa libres [85]. Les Tarquiniens cependant continuèrent la guerre [86] jusqu'au moment où Aruns, fils de Tarquin, fut tué de la main de Brutus, qui, blessé en même temps par son ennemi, expira sur son cadavre, comme s'il eût poursuivi l'adultère au-delà du tombeau.

XI. Guerre des Latins. [An de Rome, 258 à 298.]

Les Latins soutenaient aussi les Tarquins par un esprit de rivalité et d'envie contre les Romains. Ils auraient voulu qu'un peuple qui dominait au dehors, fût au moins esclave dans ses murs [87]. Tout le Latium, sous le commandement de Mamilius de Tusculum, se souleva pour venger le roi de Rome [88]. On combattit près du lac Régille ; la victoire fut long-temps douteuse :

---

[b] *Sed ne quis sexus.* Vinetus sic : *sed ne sexus alter a laude cessaret.* Variorum et Elzevir. lectionem secuti sumus.

dictator signum in hostes jaculatus est, novum et insigne commentum, uti peteretur cursu. Cossus equitum magister, exuere frenos imperavit, et hoc novum, quo acrius incurrerent. Ea denique atrocitas fuit prælii, ut interfuisse spectaculo deos fama tradiderit; duos in candidis equis : Castorem atque Pollucem nemo dubitavit. Itaque et imperator veneratus est, pactusque victoriam templa promisit et reddidit, plane quasi stipendium commilitonibus diis.

Hactenus pro libertate. Mox de finibus cum eisdem Latinis assidue et sine intermissione [a] pugnatum est. Sora, quis credat? et Algidum terrori fuerunt : Satricum atque Corniculum provinciæ. De Verulis et Bovillis, pudet, sed triumphavimus. Tibur nunc suburbanum, et æstivæ Præneste deliciæ, nuncupatis in Capitolio votis, petebantur. Idem tunc Fæsulæ, quod Carræ nuper. Idem nemus Aricinum, quod Hercynius saltus; Fregellæ, quod Gessoriacum; Tiberis, quod Euphrates. Coriolus quoque, proh pudor! victus, adeo gloriæ fuit, ut captum oppidum C. Marcius Coriolanus, quasi Numantiam aut

---

[a] *Sine intermissione.* Gruterus legit *sine missione.*

enfin le dictateur Postumius [89] eut l'idée ingénieuse et nouvelle de jeter une enseigne au milieu des ennemis, afin que les Romains s'y précipitassent pour la reprendre. Par une manœuvre également sans exemple, Cossus, général de la cavalerie, fit ôter aux chevaux leur bride, pour qu'ils s'élançassent avec plus d'impétuosité. Telle fut enfin la fureur du combat, que la renommée publia que les dieux y étaient intervenus comme spectateurs. L'on en vit deux montés sur des chevaux blancs : personne ne douta que ce ne fussent Castor et Pollux. Postumius les adora : pour prix de la victoire, il leur promit un temple; et l'accomplissement de cette promesse fut comme la solde des dieux qui avaient servi sous nos drapeaux.

Jusqu'ici le peuple romain avait combattu pour la liberté, bientôt ce fut pour ses frontières qu'il fit long-temps et sans relâche la guerre à ces mêmes Latins. Sora et Algide, qui le croirait? ont été formidables [90] aux Romains; Satricum et Corniculum étaient des départemens consulaires [91] : nous en rougissons aujourd'hui, mais nous avons triomphé des Véruliens et des Bovilliens [92]. Nous n'allions à Tibur, maintenant un faubourg de Rome, et à Préneste, nos délices de l'été, qu'après avoir fait des vœux au Capitole [93]. Fésule était alors pour nous ce que Charres a été naguères [94]; le bois d'Aricie et Frégelles, ce que furent depuis la forêt d'Hercynie et Gessoriacum; enfin le Tibre, était pour nous l'Euphrate [95]. Corioles même, quelle honte ! Corioles pris d'assaut [96], valut tant de gloire à C. Marcius Coriolan, son vainqueur, qu'il joignit à son nom celui de

Africam, nomini induerit. Exstant et parta de Antio spolia, quæ Mœnius in suggestu fori, capta hostium classe, subfixit; si tamen illa classis, nam sex fuere rostratæ : sed hic numerus illis initiis navale bellum fuit.

Pervicacissimi tamen Latinorum Æqui et Volsci fuere, et quotidiani, ut ita dixerim, hostes. Sed hos præcipue Titus Quintius [a] domuit, ille dictator ab aratro, qui obsessa ac pene jam capta Marci Minucii consulis castra egregia virtute servavit. Medium erat forte tempus sementis, quum patricium virum innixum aratro suo lictor in ipso opere deprehendit. Inde in aciem profectus, ne quid a rustici operis imitatione cessaret, victos more pecudum sub jugum misit. Sic expeditione finita, rediit ad boves rursus, triumphalis agricola. Fidem numinum! qua velocitate? Intra quindecim dies cœptum peractumque bellum, prorsus ut festinasse dictator ad relictum opus videretur.

XII. Bellum cum Veientibus, Faliscis et Fidenatibus.

Assidui vero et anniversarii hostes ab Etruria fuere Veientes; adeo ut extraordinariam manum

[a] *Titus Quintius.* Error Flori hic constat : agitur de Lucio Quintio Cincinnato. (Vide *Commentum* hujusce capitis.)

cette ville, comme s'il eût conquis Numance ou Carthage. On voit encore dans le forum, les dépouilles des Antiates que Mœnius suspendit à la tribune aux harangues, après s'être emparé de leur flotte [97], si l'on peut appeler flotte six navires armés d'éperons ; mais, dans ces premiers temps, ce nombre suffisait aux besoins d'une guerre maritime.

Les plus opiniâtres des Latins furent les Eques et les Volsques[98] : c'étaient, pour ainsi dire, des ennemis de tous les jours. Titus Quintius, tiré de la charrue pour être dictateur[99], contribua le plus à les dompter. Ce grand homme, par sa rare valeur, sauva le consul Marcus Minucius[100], dont le camp était assiégé et sur le point d'être forcé. On était alors dans la saison des semailles, et le licteur trouva cet illustre patricien courbé sur sa charrue et occupé du labourage. Quintius partit aussitôt de là pour l'armée, et, afin de conserver quelque image de ses travaux rustiques, il traita les vaincus comme ses bœufs, en les soumettant au joug. L'expédition ainsi terminée, on vit retourner à sa charrue ce laboureur couronné des palmes du triomphe. Grands dieux ! quelle étonnante célérité ! En quinze jours la guerre fut commencée et finie, comme si le dictateur eût été impatient de venir reprendre les travaux qu'il avait interrompus.

XII. Guerre contre les Véiens, les Falisques et les Fidenates.
[An de Rome, 274 à 360.]

Les Véiens, peuple d'Étrurie, furent des ennemis perpétuels et qui armaient chaque année. Tant d'acharnement porta la famille des Fabius à lever contre eux une troupe à ses frais, et à soutenir seule le fardeau de la guerre. Son désastre ne fut que trop

adversus eos promiserit, privatumque gesserit bellum gens una Fabiorum. Satis superque idonea clades. Cæsi apud Cremeram trecenti, patricius exercitus; et Scelerato signata nomine, quæ proficiscentes in prælium porta dimisit. Sed ea clades ingentibus expiata victoriis, postquam per alios atque alios duces robustissima capta sunt oppida, vario quidem eventu. Falisci se sponte dediderunt. Cremati suo igne Fidenates. Rapti funditus deletique Veientes. Faliscis, quum obsiderentur, mira visa est fides imperatoris, nec immerito : quod ludi magistrum, urbis proditorem, cum iis quos adduxerat pueris, vinctum sibi ultro remisisset. Eam namque vir sanctus et sapiens veram sciebat victoriam, quæ salva fide et integra dignitate pareretur. Fidenæ, quia pares non erant ferro, ad terrorem movendum facibus armatæ, et discoloribus, serpentum in modum, vittis, furiali more processerant; sed habitus ille feralis, eversionis omen fuit. Veientium vel quanta res fuerit [a], indicat decennis obsidio. Tunc primum hiematum sub pellibus, taxata stipendio hiberna. Adactus miles, sua sponte jurejurando, ne nisi capta urbe remearet.

[a] *Veientium vel quanta res fuerit*. Rectius ac *Veientium quanta res fuerit*. Etsi nihil aliud, vel decennalis obsidio potest indicare, quanta res Veientium fuerit. (Salmas.)

signalé. Les trois cents Fabius, cette armée patricienne, furent taillés en pièces près de Crémère; et le nom de Scélérate désigna la porte qui s'était ouverte à leur départ pour le combat [101]. Mais ce revers fut réparé par de grandes victoires; nos différens généraux se rendirent maîtres de très-fortes places, par des moyens, il est vrai, bien divers. Les Falisques se livrèrent d'eux-mêmes; les Fidenates furent consumés dans les flammes qu'ils avaient allumées; les Véiens furent pris et exterminés sans retour. Les Falisques, pendant le siége de leur ville, eurent lieu d'admirer la loyauté du général romain : en effet Camille s'empressa de leur renvoyer, chargé de liens, leur maître d'école, qui voulait livrer sa patrie, avec les enfans qu'il avait amenés. Ce sage et vertueux capitaine savait qu'il n'y a de véritable victoire, que celle qui s'obtient sans violer la bonne foi, et sans manquer à l'honneur [102]. Les habitans de Fidènes, inférieurs aux Romains dans les combats, voulurent les effrayer : ils sortirent à leur rencontre comme des furieux, armés de torches et ceints de bandelettes de diverses couleurs pour figurer des serpens. Mais ce lugubre appareil fut le présage de la destruction de leur ville [103]. Quant aux Véiens, un siége de dix ans indique assez leur puissance. Alors pour la première fois les Romains hivernèrent sous des tentes faites de peaux, et reçurent une solde pendant les quartiers d'hiver. Le soldat s'était engagé par un serment volontaire à ne rentrer dans Rome qu'après avoir pris Veies. Les dépouilles du roi des Véiens, Lars Tolumnius, furent portées à Jupiter Férétrien [104]. Enfin ce ne fut ni par escalade, ni d'assaut, mais

Spolia de Larte Tolumnio rege ad Feretrium reportata. Denique non scalis, nec irruptione, sed cuniculo et subterraneis dolis peractum urbis excidium. Ea denique visa est prædæ magnitudo, ut ejus decimæ Apollini Pythico mitterentur, universusque populus romanus ad direptionem urbis vocaretur. Hoc tunc Veii fuere; nunc fuisse quis meminit? quæ reliquiæ? quodve vestigium? Laborat annalium fides, ut Veios fuisse credamus.

XIII. Bellum Gallicum.

Hic sive invidia deûm, sive fato, rapidissimus procurrentis imperii cursus parumper Gallorum Senonum incursione subprimitur. Quod tempus populo romano, nescio utrum clade funestius fuerit, an virtutum experimentis speciosius. Ea certe fuit vis calamitatis, ut in experimentum illatam putem divinitus, scire volentibus immortalibus diis an romana virtus imperium orbis mereretur.

Galli Senones, gens natura ferox, moribus incondita, ad hoc ipsa corporum mole, perinde armis ingentibus, adeo omni genere terribilis fuit, ut plane nata ad hominum interitum, urbium stragem videretur. Hi quondam ab ultimis terrarum oris et cingente omnia Oceano ingenti agmine profecti, quum jam media vastassent, po-

par la mine, et par d'autres stratagèmes qui se pratiquent sous terre, que fut consommée la ruine de Veies. Le butin parut si prodigieux, qu'on en consacra la dixième partie à Apollon Pythien, et que tout le peuple romain se vit appelé au pillage de la ville. Voilà ce que Veies était alors; mais qui se rappelle aujourd'hui qu'elle ait existé? Où en sont les restes? où même en est la place? Toute l'autorité de nos annales nous fait à peine croire que Veies ait existé [105].

XIII. Guerre contre les Gaulois. [An de Rome, 364 à 469.]

Alors, soit par la jalousie des dieux, soit par l'arrêt du destin, l'irruption des Gaulois Sénonais ralentit un instant le rapide essor et les progrès de l'Empire. Je ne sais si cette époque a été plus fatale aux Romains par leurs désastres, que glorieuse par les épreuves où elle mit leurs vertus. Telle fut au moins la grandeur de leurs maux, que je les considère comme envoyés pour nous éprouver par les dieux immortels, qui voulaient savoir si la vertu romaine était digne de l'Empire du monde.

Les Gaulois Sénonais, nation d'un naturel féroce, de mœurs rudes et sauvages, étaient par leur taille monstrueuse, et par leurs armes gigantesques, si effrayans de toutes manières, qu'ils semblaient nés pour l'extermination des hommes et pour la destruction des villes. D'innombrables hordes de ces barbares étaient autrefois sorties des extrémités du monde et des rivages de l'Océan qui environne la

sitis inter Alpes et Padum sedibus, ne his quidem contenti, per Italiam bacchabantur ᵃ. Tum Clusium obsidebant. Pro sociis ac fœderatis populus romanus intervenit, missis ex more legatis. Sed quod jus apud barbaros? Ferocius agunt : movent ᵇ; et inde certamen. Conversis igitur a Clusio, Romamque venientibus, ad Alliam flumen cum exercitu Fabius consul obcurrit. Non temere ᶜ fœdior clades. Itaque hunc diem fastis Roma damnavit. Fuso exercitu, jam mœnibus Urbis adpropinquabant. Erant nulla præsidia. Tum igitur aut nunquam alias adparuit vera illa romana virtus. Jamprimum majores natu, amplissimis usi honoribus in forum coeunt. Ibi, devovente pontifice, diis se Manibus consecrant: statimque in suas quisque ædes regressi, sicut in trabeis erant et amplissimo cultu, in curulibus sellis se posuerunt ut, quum venisset hostis, in sua dignitate morerentur. Pontifices et flamines quidquid religiosissimi in templis erat, partim in doliis defossa terræ recondunt, partim impo-

ᵃ *Bacchabantur*. Rectius ac *vagabantur*. Sic et Varior., auctore Jordano, qui in veteribus Annæi nostri libris quod scriptum sane reperit.

ᵇ *Movent* in Elzeviriis et quibusdam recentioribus editionibus non legas; sed in Varior., in Freinshem.. in Vineti etc. libris reperias. Hanc vocem neglexere *La Mothe-Levayer* et *l'abbé Paul*, gallici interpretatores.

terre. Après avoir dévasté tous les pays sur leur passage, ils s'étaient établis entre les Alpes et le Pô [106]; mais peu satisfaits de cette conquête, ils promenaient encore leurs fureurs dans l'Italie. Ils assiégeaient alors Clusium [107]. Les Romains interviennent en faveur de cette ville solennellement admise dans leur alliance; et envoient des ambassadeurs suivant leur usage. Mais est-il des droits sacrés chez les barbares [108]? Les Gaulois ne se montrent que plus arrogans. Ils tournent leurs étendards contre nous; un combat s'engage; puis, abandonnant Clusium, ils marchent vers Rome. Le consul Fabius, avec une armée, vient à leur rencontre sur les bords de l'Allia. Aucune défaite ne fut, sans contredit, plus horrible [109]. Aussi Rome plaça cette journée au nombre des jours néfastes. Les Gaulois, après la déroute de notre armée, approchaient déjà des murs de la ville: Rome était sans défense. C'est alors, ou jamais, que brilla dans tout son éclat la vertu romaine. Les vieillards qui avaient été élevés aux premiers honneurs, se rassemblent sur la place publique. Là, pendant que le pontife prononçait la formule [110], ils se dévouèrent aux dieux Mânes; puis de retour dans leurs maisons, revêtus de la robe magistrale et des ornemens les plus pompeux, ils s'assirent sur leurs chaises curules, voulant, lorsque l'ennemi viendrait, mourir chacun dans l'appareil de sa dignité. Les pontifes et les flamines enlèvent des temples les objets les plus saints: ils en cachent une partie dans des tonneaux qu'ils enfouissent sous terre; et chargeant

---

c Temere. non *Cremeræ*. Vide notam sub finem hujusce libri.

sita plaustris secum avehunt. Virgines simul ex sacerdotio Vestæ nudo pede fugientia sacra comitantur. Tamen excepisse fugientes unus e plebe fertur Lucius Albinus, qui, depositis uxore et liberis, virgines in plaustrum recepit; adeo tum quoque in ultimis religio publica privatis affectibus antecellebat. Juventus vero quam satis constat vix mille hominum fuisse, duce Manlio, arcem Capitolini montis insedit, obtestata ipsum, quasi præsentem, Jovem, ut, quemadmodum ipsi ad defendendum templum ejus concurrissent, ita ille virtutem eorum numine suo tueretur.

Aderant interim Galli, apertamque Urbem primo trepidi, ne quis subesset dolus, mox ubi solitudinem vident, pari clamore et impetu invadunt. Patentes passim domos adeunt, ubi sedentes in curulibus suis prætextatos senes, velut deos geniosque, venerati, mox eosdem, postquam esse homines liquebat, alioqui nihil respondere dignantes, pari vecordia mactant, facesque tectis injiciunt; et totam Urbem igne, ferro, manibus exæquant. Sex mensibus barbari, quis crederet? circa montem unum pependerunt, nec diebus modo, sed noctibus quoque omnia experti. Quum tandem Manlius nocte subeuntes, clangore anseris excitatus, a summa rupe dejecit; et, ut

le reste sur des chariots, ils le transportent hors de la ville. On vit aussi les vierges attachées au sacerdoce de Vesta, accompagner pieds nus, ces gages sacrés dans leur exil. Un plébéien, L. Albinus, recueillit, dit-on, le cortège fugitif : il fit descendre de son chariot sa femme et ses enfans pour y placer les prêtresses ; tant il est vrai que, dans les périls extrêmes, la religion de l'état l'emportait alors sur les affections personnelles. La jeunesse romaine, qui, comme on sait, montait à peine à mille hommes, s'enferme, sous la conduite de Manlius, dans la forteresse du Capitole, et conjure Jupiter, qui était pour ainsi dire présent, de seconder, par sa protection, leur valeur, puisqu'ils s'étaient réunis dans ce lieu afin de défendre son temple.

Cependant les Gaulois arrivent; la ville était ouverte. Ils y pénètrent en tremblant d'abord, de peur de quelque embûche : puis, quand ils ne voient qu'une solitude, ils se précipitent avec impétuosité et en poussant des cris. Ils entrent çà et là dans les maisons ouvertes, et aperçoivent les vieillards revêtus de la robe prétexte, et assis sur leurs chaises curules. Au premier aspect, ils les adorent comme des dieux et des génies. Bientôt, reconnaissant que ce sont des hommes, qui d'ailleurs ne daignent pas leur répondre, ces barbares les immolent avec une lâche cruauté. Ils portent l'incendie dans les maisons ; et, le fer et la flamme à la main, mettent la ville au niveau du sol. Pendant six mois, qui le croirait ? les Gaulois restèrent comme enchaînés autour d'un seul roc, faisant jour et nuit mille tentatives pour l'emporter. Une nuit enfin qu'ils y pénétraient,

spem hostibus demeret, quamquam in summa fame, tamen ad speciem fiduciæ, panes ab arce jaculatus est. Et stato quodam die, per medias hostium custodias Fabium pontificem ab arce demisit, qui solemne sacrum in Quirinali monte conficeret. Atque ille per media hostium tela incolumis, religionis auxilio, rediit; propitiosque deos renuntiavit.

Novissime quum jam obsidio sua barbaros fatigasset, mille pondo auri recessum [a] suum venditantes, idque ipsum per insolentiam, quum ad iniqua pondera addito adhuc gladio, superbe *væ victis* increparent [b], subito aggressus a tergo Camillus adeo cecidit, ut omnia incendiorum vestigia gallici sanguinis inundatione deleret. Agere gratias diis immortalibus, ipso tantæ cladis nomine, libet. Pastorum casas ignis ille, et flamma paupertatem Romuli abscondit. Incendium illud quid egit aliud, nisi ut destinata hominum ac deorum domicilio civitas, non deleta nec obruta, sed expiata potius, et lustrata [c] videatur?

Ideo post assertam a Manlio, restitutam a Ca-

[a] *Recessum.* Quidam habent *reditum;* sed illi degeneres ac vilioris notæ. (Salmas.)

[b] *Quum ad iniqua pondera addito adhuc gladio superbe væ victis increparent.* Ita Varior. et optimæ quæque edit. ; sed testantur exstare in suis libris viri docti : *quum ad iniqua pon-*

Manlius, éveillé par les cris d'une oie, précipita les ennemis du haut du rocher; et, afin de leur ôter tout espoir en affectant la confiance, il lança, malgré l'extrême disette, des pains par dessus les murs de la citadelle; il fit même, dans un jour consacré, sortir du Capitole, à travers les gardes ennemies, le pontife Fabius, qui avait un sacrifice solennel à offrir sur le mont Quirinal [111]. Le pontife revint au milieu des traits des ennemis, garanti de leurs atteintes par l'assistance divine; et il annonça que les dieux étaient propices.

Les Gaulois, fatigués de la longueur du siége, mettent à prix leur retraite, et demandent mille livres d'or. Ils ont l'insolence d'ajouter une épée aux faux poids qui sont dans la balance, puis, comme ils profèrent cette raillerie superbe, *malheur aux vaincus!* Camille les attaque tout à coup par derrière [112], et en fait un si horrible carnage, qu'il efface, dans les flots du sang gaulois, jusqu'aux dernières traces de l'incendie. Nous devons des actions de grâces aux dieux immortels même pour cet affreux désastre. Ce feu fit disparaître des cabanes de pasteurs, et la flamme a caché la pauvreté de Romulus. Cet embrasement d'une cité destinée à être le domicile des hommes et des dieux, n'a fait autre chose que de la montrer à tous les yeux, non point saccagée et en ruines, mais plutôt purifiée et consacrée [113].

Sauvée par Manlius, et rebâtie par Camille, Rome

dera addito adhuc gladio superbe victis *increparent.* Adhuc tamen cum vitio. Numquam verbum *increpare* cum dativo casu legimus. *Superbe victos increparent* scribendum fore diximus nisi consumptam *væ* syllabam a librariis compertum esse.

c *Lustrata.* Pessime in plurimis edit. *illustrata.*

millo Urbem, acrius etiam vehementiusque in finitimos resurrexit. Ac primum omnium illam ipsam gallicam gentem non contentus moenibus expulisse, quum per Italiam naufragia sua latius traheret, sic persecutus est, duce Camillo, ut hodie nulla Senonum vestigia supersint. Semel apud Anienem trucidati, quum singulari certamine Manlius aureum torquem barbaro inter spolia detraxit: inde Torquati. Iterum Pomptino agro, quum in simili pugna Lucius Valerius insidente galeæ sacra alite adjutus, retulit spolia; et inde Corvini. Tandem post aliquot annos, omnes reliquias eorum in Etruria ad lacum Vadimonis Dolabella delevit, ne quis exstaret in ea gente, qui incensam a se romanam Urbem gloriaretur.

XIV. Bellum Latinum.

Conversus a Gallis in Latinos, Manlio Torquato, Decio Mure consulibus, semper quidem æmulatione imperii infestos, tum vero contemptu Urbis incensæ; quum jus civitatis, partem imperii ac magistratuum poscerent, atque jam amplius quam congredi auderent. Quo tempore quis cessisse hostem mirabitur? quum alter consulum

[d] *Ac primum omnium.* Hic novum caput ordiebantur, divi Nazarii membranæ, cum hoc lemmate rubricato *Gallica bella*; sed

commença à renaître plus fière et plus terrible à ses voisins. Mais c'est peu d'avoir chassé les Gaulois de ses murs : les voyant encore traîner les débris de leur nation par toute l'Italie, le peuple romain, avant toutes choses, les poursuivit si vivement sous la conduite de Camille, qu'il ne reste plus aujourd'hui aucun vestige des Sénonais [114]. Ils furent une fois taillés en pièces près de l'Anio : là Manlius, dans un combat singulier contre un de ces barbares, lui arracha, entre autres dépouilles, un collier d'or. Telle est l'origine des Torquatus [115]. Les Gaulois furent encore défaits au champ Pomptin, où, dans un semblable combat, Lucius Valérius, secondé par un oiseau sacré qui se posa sur son casque, remporta les dépouilles d'un ennemi. De là aussi l'origine des Corvinus [116]. Enfin, quelques années après, Dolabella détruisit en Étrurie, près le lac de Vadimone, les derniers restes des Gaulois [117], afin qu'il n'existât plus un seul homme de cette nation qui pût se glorifier d'avoir incendié Rome.

XIV. Guerre des Latins. [An de Rome, 414 à 417.]

Sous le consulat de Manlius Torquatus et de Décius Mus, Rome victorieuse des Gaulois tourna ses armes contre les Latins [118] qui, toujours ennemis de sa puissance, et jaloux de la domination, affectaient de mépriser les Romains depuis l'incendie de leur ville. Ils demandaient le droit de cité, ainsi que la participation au commandement et aux magistratures. C'était oser plus que s'ils eussent attaqué Rome. L'ennemi succomba. Qui pourra s'en étonner ? puisqu'alors un

nostra sententia satius est adsentiri cæteris libris, qui una serie connectunt et continuant hoc caput. (Salmas.)

filium suum, quia contra imperium pugnaverat, quamvis victorem occiderit; quasi plus in imperio esset quam in victoria : alter, quasi monitu deorum, capite velato, primam ante aciem diis Manibus se devoverit, ut in confertissima se hostium tela jaculatus, novum ad victoriam iter sanguinis sui semita aperiret.

XV. Bellum Sabinum.

A Latinis aggressus est gentem Sabinorum, qui immemores factæ sub Tito Tatio affinitatis [a], quodam contagio belli se Latinis adjunxerant. Sed Curio Dentato consule, omnem eum tractum, qua Nar, Anio, fontesque Velini [b], Adriatico tenus mari, igne, ferroque vastavit. Qua victoria tantum hominum, tantum agrorum redactum in potestatem, ut, in utro plus esset, nec ipse posset æstimare qui vicerat.

XVI. Bellum Samniticum.

Precibus deinde Campaniæ motus, non pro se, sed, quod est speciosius, pro sociis Samnitas invadit. Erat fœdus cum utrisque percussum : sed

---

[a] *Factæ sub Tito Tatio affinitatis.* Heinsius legendum esse contendit, *pactæ sub Tito* etc.

[b] *Tractum, qua Nar, Anio, fontesque Velini.* Nonnullis in edit., *tractum, qua Nar ambit, fontesque Velini*: non potest ferri hæc lectio; scribendum quidem foret, *tractum, quem Nar ambit.*

des deux consuls fit mourir son propre fils, quoique vainqueur, pour avoir combattu contre son ordre, attachant ainsi à la discipline plus de prix qu'à la victoire ; tandis que son collègue, comme inspiré par le ciel, se couvrit la tête d'un voile, et se dévoua aux dieux Manes [119] devant le premier rang de l'armée, puis, se précipitant à travers les bataillons les plus épais de l'ennemi, il nous fraya, par les traces de son sang, un nouveau chemin vers la victoire.

XV. Guerre contre les Sabins. [An de Rome, 463.]

Les Latins soumis, les Romains attaquèrent les Sabins qui, oubliant l'étroite alliance contractée sous Titus Tatius, s'étaient unis aux Latins [120] par une sorte d'entraînement à la guerre. Le consul Curius Dentatus porta le fer et le feu dans toutes les contrées qui s'étendent entre le Nar, l'Anio et le lac Velin, jusqu'à la mer Adriatique [121]. Cette victoire fit passer tant d'hommes et tant de terres sous la puissance de Rome, que le vainqueur lui-même ne pouvait décider si le nombre des ennemis vaincus l'emportait sur celui des pays conquis par sa valeur [122].

XVI. Guerre des Samnites. [An de Rome, 410.]

Touché des prières des Campaniens, le peuple romain, non pour son intérêt, mais, ce qui est plus beau, pour la cause de ses alliés, tombe sur les Samnites.

Legimus aliam a Salmasio probatam scripturam : *qua Nar amnis fontesque Velini*. Nec eam Gruterus et Grævius probaverunt. Gruterus ex vestigiis Jordani, apud quem habetur, *loca a Varanio fonte* ; et veterum librorum Flori, in quibus scribitur, *qua Naronio fonte Velini*, legendum censuit : *qua Nar, Anio, fontesque Velini*.

hoc Campani sanctius et prius, omnium suorum deditione, fecerant. Sic ergo Romanus bellum samniticum tamquam sibi gessit.

Omnium non modo Italia, sed toto orbe terrarum pulcherrima Campaniæ plaga est. Nihil mollius cœlo : denique bis floribus vernat. Nihil uberius solo : ideo Liberi Cererisque certamen dicitur. Nihil hospitalius mari. Hic illi nobiles portus, Caieta, Misenus, et tepentes fontibus Baiæ; Lucrinus et Avernus, quædam maris otia. Hic amicti vitibus montes, Gaurus, Falernus, Massicus, et pulcherrimus omnium Vesuvius, Ætnæi ignis imitator. Urbes ad mare, Formiæ, Cumæ, Puteoli, Neapolis, Herculaneum, Pompeii, et ipsa caput urbium Capua, quondam inter tres maximas, Romam Carthaginemque, numerata.

Pro hac urbe, iis regionibus populus romanus Samnitas invasit : gentem, si opulentiam quæras, aureis et argenteis armis, discolori veste, usque ad ambitum armatam [a]; si fallaciam, saltibus fere et montium fraude grassantem; si rabiem ac furorem, sacris legibus humanisque hostiis, in exitium Urbis agitatam; si pertinaciam, sexies rupto

---

[a] *Armatam*. Heinsius hic conjicit, Florum scripsisse *ornatam*, non *armis...... armatam*.

Il existait une alliance conclue avec chacun de ces deux peuples [123] : mais les Campaniens avaient rendu la leur et plus sacrée et plus importante par l'abandon de tous leurs biens. Le peuple romain fit donc la guerre aux Samnites comme pour lui-même.

De toutes les contrées de l'Italie, et même de l'univers entier, la plus belle est la Campanie. Rien de plus doux que son climat : deux fois chaque année, le printemps y fleurit. Rien de plus fertile que son sol : on l'appelle le jardin de Cérès et de Bacchus [124]. Point de mer plus hospitalière que celle qui baigne ses rivages. Là sont les ports renommés de Caiete, de Misène, les tièdes fontaines de Baies, le lac Lucrin et l'Averne [125], où la mer semble venir se reposer. Là sont ces monts couronnés de vignobles, le Gaurus, le Falerne, le Massique, et, plus beau de tous les autres, le Vésuve, rival des feux de l'Etna [126]. Près de la mer sont les villes de Formies, Cumes, Pouzzoles, Naples, Herculanum, Pompeii, et la capitale de toutes ces cités, Capoue [127], que l'on comptait jadis, avec Rome et Carthage, parmi les trois plus grandes cités du monde.

Ce fut pour protéger cette ville, et ces contrées, que les Romains attaquèrent les Samnites. Voulez-vous connaître l'opulence de ce peuple ? il était couvert d'armes enrichies d'or et d'argent, et paré, jusqu'à la recherche, d'habits de diverses couleurs [128] : sa perfidie ? il se tenait embusqué dans les bois et dans les montagnes pour surprendre son ennemi. Faut-il dire son acharnement et sa fureur ? c'était par la *loi Sacrée* et le sang de victimes humaines qu'il s'excitait à la ruine de Rome [129]. Enfin, son opiniâtreté fut telle, que, rom-

foedere, cladibusque ipsis animosiorem. Hos tamen, quinquaginta annis, per Fabios et Papirios patres eorumque liberos ita subegit ac domuit; ita ruinas ipsas urbium diruit, ut hodie Samnium in ipsa Samnio requiratur, nec facile appareat materia quatuor et viginti triumphorum. Maxime tamen nota et illustris ex hac gente clades apud Caudinas furculas, Veturio Postumioque consulibus, accepta est. Clauso enim per insidias intra eum saltum exercitu, unde non posset evadere, stupens tanta occasione dux hostium Pontius, Herennium patrem consuluit; et ille, *mitteret omnes vel occideret,* sapienter, ut senior, suaserat. Hic armis exutos mittere sub jugum maluit, ut nec amici forent beneficio, et post flagitium hostes magis. Itaque et consules statim magnifice voluntaria deditione turpitudinem foederis dirimunt; et ultionem flagitans miles, Papirio duce, horribile dictu! strictis ensibus per ipsam viam ante pugnam furit[a]; et in congressu arsisse omnium oculos hostis auctor fuit; nec prius finis cædibus datus, quam jugum et hostibus et duci capto reposuerunt.

[a] *Ensibus per ipsam viam ante pugnam furit.* Sic Varior. Non probavit hanc lectionem Salmasius; sic scripsit: *ensibus.... ante pugnam fuit;* sed *furit* ex multis exemplis quæ apud Ovidium, Statium, Valerium Flaccum reperias, retinendum esse constat.

pant jusqu'à six fois les traités [130], il ne se montra que plus animé après ses défaites. Toutefois, en l'espace de cinquante ans, le peuple romain, par les armes de Fabius, de Papirius et de leurs dignes fils, soumit et dompta si bien cette nation; il dispersa tellement les ruines même de ses villes, qu'on cherche aujourd'hui le Samnium dans le Samnium, et qu'il est difficile d'y reconnaître le sujet de vingt-quatre triomphes [131]. Rome n'en reçut pas moins de cette nation un fameux et sanglant affront aux Fourches Caudines, sous les consuls Véturius et Postumius. Notre armée avait été enfermée, par surprise, dans ce défilé; il lui était impossible d'en sortir; Pontius, le général ennemi, tout étonné d'une occasion si belle, consulta son père Hérennius. Ce vieillard lui conseilla prudemment, ou de laisser aller les Romains, ou de les tuer tous. Mais Pontius, après les avoir désarmés, aima mieux les faire passer sous le joug, négligeant ainsi de mériter leur amitié par un bienfait, et irritant leur haine par un affront. Bientôt les consuls, pour effacer la honte du traité, vont se livrer généreusement eux-mêmes; et les soldats, sous la conduite de Papirius, crient vengeance dès qu'ils revoient le défilé; ils agitent en fureur (spectacle effrayant!) leurs épées nues, et demandent le combat. Pendant l'action, au rapport même de l'ennemi, on vit leurs yeux lancer des éclairs. Enfin le carnage ne cessa que lorsque les Romains eurent à leur tour imposé le joug aux Samnites et à leur général fait prisonnier [132].

XVII. Bellum Etruscum et Samniticum.

Hactenus populo romano bellum cum singulis gentium [a]; mox acervatim [b]; tamen sic quoque par omnibus fuit. Etruscorum duodecim populi, Umbri in id tempus intacti, antiquissimus Italiæ populus, Samnium, Gallique [c] in excidium romani nominis repente conjurant. Erat terror ingens tot simul, tantorumque populorum. Late per Etruriam infesta quatuor agminum signa volitabant. Ciminius interim saltus in medio, ante invius, plane quasi Calydonius vel Hercynius, adeo tunc terrori erat, ut senatus consuli denuntiaret, ne tantum periculi ingredi auderet. Sed nihil horum terruit ducem, quin fratre præmisso exploraret accessus. Ille per noctem pastorio habitu speculatus omnia, refert tutum iter [d]. Sic Fabius Maximus periculosissimum bellum sine periculo explicavit. Nam subito incon-

---

[a] *Hactenus populo romano bellum cum singulis gentium.* Hæc completa lectio, ex Palatino codice, apud Varior. edit. legitur. In nonnullis edit. reperire est ex Nazariano codice: *hactenus populo romano cum singulis;* sed subintelligendum est *res* aut *bellum*. In aliis legas: *hactenus populus romanus cum singulis gentium;* sed non completa est hæc versio.

[b] *Acervatim.* Jordanus legit *catervatim*: minus recte.

[c] *Umbri in id tempus intacti..... Samnium, Gallique.* Secuti sumus Freinshemianam, Gruterianamque lectionem, quæ a doctissimis quibusque edit. probata est. Aliter Varior. edit.: *Umbri Samnitium reliqui;* non recte.« Cæterum, ait Freinshem., ne sic quidem « persanatum locum suspicor; primum, quod admodum languere

XVII. Guerre contre les Étrusques et les Samnites. [An de Rome, 458.]

Jusqu'ici le peuple romain n'a fait la guerre aux nations que séparément ; bientôt c'est en masse qu'il va les combattre, et il saura cependant faire tête à tous ses ennemis. Les douze peuples de l'Étrurie, les Ombriens, la plus ancienne nation de l'Italie, qui n'avait pas encore senti le poids de nos armes, les Samnites et les Gaulois [133], se conjurèrent tout-à-coup pour la ruine du nom romain. La terreur fut à son comble, lorsqu'on vit la ligue de tant de peuples si puissans : les enseignes de quatre armées flottaient au loin dans l'Étrurie. Entre les Romains et l'ennemi s'étendait la forêt Ciminienne, jusqu'alors impénétrable, comme celles de Calydon et d'Hercynie [134]. Ce passage était si redouté, que le sénat défendit au consul d'en affronter les hasards. Mais rien ne peut effrayer notre général : il envoie son frère pour reconnaître les avenues de la forêt. Celui-ci, déguisé en berger, observe tout pendant la nuit, et revient après avoir découvert un chemin sûr. C'est ainsi que Fabius Maximus sut se tirer sans danger d'une guerre qui paraissait si pé-

« videatur oratio; tum, quod de Gallis, præcipuo Romanorum
« terrore, nulla mentio; præterea, quod mox subjicitur, *infesta*
« *quatuor agminum signa*, videbatur mentionem requirere Gal-
« lorum. »

d *Refert tutum iter.* Sic Varior. et Salmasius : Vinetus contra ex Jordano : *refert totum iter. Tutum* longe melius videtur. Nazarianus vetustissimus atque optimus omnium Flori codex, scriptum clare exhibebat : *refert tum iter.* Alii Flori codices omittunt *iter*, ac legunt : *Refert tunc sic Fabius Maximus* etc. In Palatino codice hæc erat, teste Grutero, versio : *præfert tutum iter.* Non male : superest tamen utrum præferas, adeo utrique scripturæ suæ sunt rationes.

ditos atque palantes aggressus est, captisque superioribus jugis, insubjectos suo jure [a] detonuit. Ea namque species fuit illius belli, quasi in terrigenas e coelo ac nubibus tela jacerentur [b]. Nec incruenta tamen illa victoria : nam oppressus in sinu vallis alter consulum Decius, more patrio devotum diis Manibus obtulit caput, solemnemque familiæ suæ consecrationem in victoriæ pretium redegit.

XVIII. Bellum Tarentinum, et cum Pyrrho rege.

Sequitur bellum tarentinum, unum quidem titulo et nomine, sed victoria multiplex. Hoc enim Campanos, Apulos atque Lucanos, et, caput belli, Tarentinos, id est, totam Italiam, et cum istis omnibus Pyrrhum, clarissimum Græciæ regem, una veluti ruina pariter involvit : ut eodem tempore et Italiam consummaret, et transmarinos triumphos auspicaretur.

Tarentus, Lacedæmoniorum opus, Calabriæ quondam, et Apuliæ, totiusque Lucaniæ, caput, tum magnitudine et muris, portuque nobilis,

---

[a] *Suo jure.* Alii *suo more* legendum putant; alii, *summo timore*; Lipsius, *Jovis more* : sed vulgata *suo jure*, quæ Varior. est. tam argute a Salmasio explicata est, ut eam

rilleuse. Il surprit tout à coup les ennemis en désordre et dispersés ; et, s'étant emparé des hauteurs, il vit leurs bataillons à ses pieds, et les foudroya sans effort. En effet, le spectacle de cette guerre fut tel, qu'on eût dit que du sein des nuages et de l'Olympe des traits étaient lancés sur les enfans de la terre [135]. Cette victoire ne laissa pas d'être sanglante : Décius, l'un des consuls, accablé par l'ennemi dans le fond d'une vallée, offrit, à l'exemple de son père, sa tête aux dieux Manes, et, au prix de ce dévouement solennel, héréditaire dans sa famille, il racheta la victoire.

XVIII. Guerre contre Tarente et contre Pyrrhus.
[An de Rome, 471 à 481.]

Vient ensuite la guerre de Tarente [136], guerre contre un seul peuple si l'on en juge d'après ce titre, mais qui par la victoire embrassa plusieurs nations. En effet, elle enveloppa tout à la fois, comme dans une ruine commune, les Campaniens, les Apuliens, les Lucaniens [137] et les Tarentins qui l'avaient suscitée, c'est-à-dire l'Italie entière, et avec tous ces peuples, Pyrrhus, le plus illustre roi de la Grèce [138] : de sorte qu'en amenant la soumission de toute l'Italie, cette guerre fut en même temps comme le prélude de nos triomphes par delà les mers.

Tarente, ouvrage des Lacédémoniens, autrefois capitale de la Calabre, de l'Apulie et de toute la Lucanie, est aussi renommée pour sa grandeur, ses

adoptare non dubitaverimus : *suo jure,* id est, suo arbitrio.
b *Jacerentur.* Hæc poetica e Nazariano codice lectio. In nonnullis : *mitterentur.*

tum mirabilis situ ; quippe in ipsis adriatici maris faucibus posita, in omnes terras, Istriam, Illyricum, Epirum, Achaiam, Africam, Siciliam vela mittit [a]. Imminet portui, ad prospectum maris positum theatrum [b], quod quidem causa miseræ civitati fuit omnium calamitatum. Ludos forte celebrabant, quum adremigantem littori romanam classem inde vident, atque hostem rati, emicant, sine discrimine insultant. *Qui enim aut unde Romani?* Nec satis [c]. Aderat sine mora querelam ferens legatio. Hanc quoque fœde per obscenam turpemque dictu contumeliam violant; et hinc bellum. Sed apparatus horribilis, quum tot simul populi pro Tarentinis consurgerent; omnibusque vehementior Pyrrhus, qui semigræcam ex Lacedæmoniis conditoribus civitatem vindicaturus, cum totius viribus Epiri, Thessaliæ, Macedoniæ, incognitisque in id tempus elephantis, mari, terra, viris,

[a] *Vela mittit.* Sic duo Palatini codices. In Nazariano *vela admittit*, ut et in Jordane, nec recte. Gruterus et Salmasius *dimittit* scribere volunt : quod equidem probaremus, ni sæpenumero in historicis, et etiam in nostro, *mittere* pro *dimittere* legeretur. Supra, cap. 16, *mitteret omnes vel occideret*, pro *dimitteret omnes*.

[b] *Ad prospectum maris positum theatrum.* Varior. edit. contra : *ad prospectum maris positum majus theatrum.* Alii non *majus theatrum*, sed *urbis theatrum* tuentur. Haud scio an et *minus* theatrum haberent Tarentini. Puto *majus* et etiam *urbis* varias esse lectiones, ab altera manu super additas. Jordanus

remparts et la sûreté de son port, qu'admirable par sa situation: elle est bâtie à l'entrée même du golfe Adriatique, d'où elle envoie ses vaisseaux par toute la terre, dans l'Istrie, dans l'Illyrie, dans l'Epire, en Achaïe, en Afrique et en Sicile [139]. Au-dessus du port, et en perspective de la mer, s'élève un théâtre qui fut l'origine de tous les désastres de cette ville infortunée. Les Tarentins y célébraient par hasard des jeux, lorsqu'ils aperçurent une flotte romaine qui s'approchait du rivage [140]. Ils se lèvent aussitôt, pensant que c'étaient des ennemis, et, sans réfléchir, ils se répandent en outrages. « Qui sont, disaient-ils, » et d'où viennent ces Romains ? » Ce n'est pas assez; une ambassade était aussitôt venue porter plainte: ils violent indignement le caractère des envoyés de Rome par un affront obscène et que je rougirais de rapporter [141]. Ce fut le signal de la guerre: l'appareil en fut terrible, par le grand nombre de peuples qui prirent les armes en faveur des Tarentins. De tous leurs alliés, le plus ardent était Pyrrhus. Défenseur d'une ville à moitié grecque, à cause des Lacédémoniens ses fondateurs, il venait par terre et par mer, avec toutes les forces de l'Épire, de la Thessalie, de la Macédoine, avec des éléphans jusqu'alors inconnus,

neuterutram agnoscit, ac sic legit: *ad prospectum maris positum theatrum*. Forte non incommode *majus* vel *urbis* mutari possint in *amphi*, et sic *amphitheatrum*.

᪐ *Qui enim et unde Romani? Nec satis.* Non ita Vinetus et vet. edit. qui perperam sic legebant: *Qui autem et unde Romani, nec satis norant.* Codices omnes *norant* non admittunt; et pro *qui autem*, habebant *qui enim*. Hunc locum a correctoribus sic contemeratum, Salmasius certissime restituit; et illius lectionem, a Grutero, Grævio et aliis probatam, secuti sumus.

equis, armis, addito insuper ferarum terrore, veniebat.

Apud Heraclæam et Campaniæ fluvium Lirim [a], Levino consule, prima pugna; quæ tam atrox fuit, ut Ferentinæ turmæ præfectus Obsidius, invectus in regem, turbaverit, coegeritque, projectis insignibus, prælio excedere. Actum erat, nisi elephanti, conversi in spectaculum belli, procurrissent; quorum quum magnitudine, tum deformitate, et novo odore simul ac stridore consternati equi, quum incognitas sibi belluas, amplius quam erant, suspicarentur, fugam stragemque late dederunt.

In Apulia deinde, apud Asculum, melius dimicatum est, Curio Fabricioque consulibus. Jam quippe belluarum terror exoleverat, et Caius Minucius, quartæ legionis hastatus, unius proboscide abscissa, mori posse belluas ostenderat. Itaque et in ipsas pila congesta sunt, et in turres vibratæ faces tota hostium agmina ardentibus ruinis operuere; nec ante cladi finis fuit [b], quam nox dirimeret, postremusque fugientium ipse rex a satellitibus, humero saucius, in armis suis referretur.

[a] *Heraclæam et Campaniæ fluvium Lirim.* Hæc est insignis Annæi nostri allucinatio; sed illius textum contaminare non ausi sumus. (Vide Commentum hujusce capitis.)

et ajoutait ainsi aux forces de ses guerriers, de ses chevaux et de ses armes, l'épouvante causée par ces bêtes monstrueuses.

Ce fut près d'Héraclée, sur les bords du Liris, et sous les ordres du consul Lévinus, que se livra la première bataille [142]. Elle fut si acharnée, qu'Obsidius, commandant le corps de cavalerie Férentine [143], ayant chargé le roi, le mit en désordre et le força de sortir de la mêlée, après avoir jeté les marques de sa dignité. C'en était fait de son armée, si pour changer la face du combat, Pyrrhus n'eût fait avancer les éléphans. Effarouchés de la grandeur, de la difformité, de l'odeur et du cri, nouveau pour eux, de ces animaux inconnus, les chevaux, les croyant plus redoutables qu'ils ne sont en effet, prennent la fuite, et causent une déroute sanglante et générale.

On en vint aux mains pour la seconde fois, et avec plus de succès, près d'Asculum en Apulie, sous les consuls Curius et Fabricius [144]. Déjà la terreur causée par les éléphans s'était dissipée, et Caius Minucius, hastaire de la quatrième légion, en coupant la trompe de l'une de ces bêtes monstrueuses avait montré qu'elles pouvaient mourir. On les accabla d'une grêle de traits, et des torches lancées contre les tours couvrirent tous les bataillons ennemis de débris enflammés. Le carnage ne finit que quand la nuit sépara les combattans; le roi lui-même, blessé à l'épaule, et porté par ses gardes sur son bouclier, se retira le dernier de tous.

b *Nec ante cladi finis fuit.* Sic Varior. Hujus loci variæ sunt lectiones : *nec alius cladi finis fuit; nec alias cladi finis fuit.*

Lucaniæ suprema pugna, sub Arusinis, quos vocant, campis, ducibus iisdem quibus superius [a]. Sed tunc tota victoria. Exitum [b], quem datura virtus fuit, casus dedit. Nam, productis in primam aciem rursus elephantis, unum ex his pullum adacti in caput teli gravis ictus avertit; qui quum per stragem suorum recurrens [c], stridore quereretur, mater agnovit, et quasi vindicaret, exsiluit; tum omnia circa, quasi hostilia, gravi mole [d] permiscuit: ac sic eædem feræ, quæ primam victoriam abstulerant, secundam parem fecerant, tertiam sine controversia tradidere.

Nec vero tantum armis et in campis, sed consiliis quoque, et domi intra Urbem cum rege Pyrrho dimicatum est. Quippe post primam victoriam rex callidus, intellecta virtute romana, statim desperavit armis, seque ad dolos contulit. Nam interemptos cremavit, captivosque indulgenter habuit, et sine pretio restituit: missisque dein legatis in urbem, omni modo annisus [e] est,

[a] *Quibus superius.* Rectius ac: *qui superius.* Videntur Grutero hæ duæ voces a mala manu superadditæ.

[b] *Sed tunc tota victoria. Exitum.* Hunc locum sic restituerunt Salmasius et Grævius. Vinetus contra: *sed tunc ad totam victoriam exitum, quem datura virtus*, etc.

[c] *Recurrens.* In Grævio, Varior. et Vinet. edit. *percurrens* legere est. Melius *recurrens* apud Salmasium.

Enfin une troisième bataille se donna sous les mêmes généraux en Lucanie, dans les plaines nommées Arusines [145]; mais ici la victoire fut complette; et, pour la décider, le hasard fit alors ce qu'aurait pu faire la valeur romaine. Les éléphans étaient de nouveau placés sur le front de l'armée ennemie. Un de ces animaux encore à la mamelle fut grièvement blessé d'un trait qui lui traversa la tête; il tourne le dos et fuit en écrasant les soldats qu'il aurait dû défendre. A ses cris aigus et plaintifs, sa mère le reconnaît; elle s'élance de son rang pour le venger, et par sa lourde masse met tout en désordre autour d'elle, comme elle aurait pu faire dans les rangs ennemis. Ainsi, ces mêmes animaux qui nous avaient ravi la première victoire, et qui laissèrent la seconde incertaine, nous livrèrent la troisième, et cette victoire fut décisive.

Ce ne fut pas seulement par les armes et sur les champs de bataille, mais encore par la sagesse des conseils, et au sein même de Rome, que nous avons eu à lutter contre le roi Pyrrhus. Ce prince habile et artificieux, ayant, dès sa première victoire, reconnu la valeur romaine, désespéra d'en triompher par les armes, et recourut aux ruses de la politique [146]. Il fit brûler nos morts, traita les prisonniers avec bonté et les rendit sans rançon. Ayant ensuite en-

---

ᵈ *Gravi mole.* Sic Gruterus, Grævius, Gronovius, Salmasius, etc. In Nazariano *gravi more*, unde Salmas. *gravi mole* : et sic clare regius codex. In Vinet. et Freinshem., *gravi timore*; perperam.

ᵉ *Annisus est.* Hæc est Var. lect. *Amissus est* in quibusd. reperias, manifesto errore librariorum, qui sæpius Florum, ut alios, cruciarunt.

ut, facto fœdere, in amicitiam reciperetur. Sed bello et pace, foris et domi, omnem in partem romana virtus tum se approbavit [a], nec alia magis, quam tarentina victoria, ostendit populi romani fortitudinem, senatus sapientiam, ducum magnanimitatem. Qui enim illi [b] fuerunt viri, quos ab elephantis primo prælio obtritos accepimus? Omnium vulnera in pectore, quidam hostibus suis immortui, omnium in manibus enses, et relictæ in vultibus minæ, et in ipsa morte ira vivebat. Quod adeo Pyrrhus miratus est, ut diceret : « Quam facile erat [c] orbis imperium occu-
« pare, aut mihi romanis militibus, aut me rege
« Romanis ! » Quæ autem eorum qui superfuerunt, in reparando exercitu festinatio? quum Pyrrhus idem « O me, inquit [d], plane Herculis
« sidere procreatum, cui, quasi ab angue Ler-
« næo, tot cæsa hostium capita de sanguine suo
« renascuntur ! » Qui autem [e] ille senatus fuit? quum, perorante Appio Cæco, pulsi cum mune-

[a] *Approbavit.* Melius ac *probavit*, quamvis alterum in codic. reperias.

[b] *Qui enim illi.* In vet. et etiam in Varior. edit. *quinam* : Salmasii conjectura emendavit *qui enim.* Quod rectum sequentia ostendunt : *Qui autem ille senatus fuit?* et *Qui porro ipsi duces,* etc.

[c] *Quam facile erat*; sic emendavit Salmasius ex melioribus libris : apud alios, *o quam facile erat*.

[d] *Quum Pyrrhus idem : O me inquit.* Sic et Salmasius emenda-

voyé des ambassadeurs à Rome, il mit tout en usage pour conclure un traité et obtenir notre amitié. Mais on vit alors en toutes occasions, dans la paix comme dans la guerre, au dedans comme au dehors, éclater la constance romaine ; et plus qu'aucune autre, la victoire de Tarente montra le courage du peuple romain, la sagesse du sénat et la grandeur d'âme de nos généraux. Quels hommes étaient en effet ces romains qui, dans la première bataille, furent, dit-on, écrasés sous les pieds des éléphans ! tous avaient été blessés par devant : quelques uns étoient morts sur leurs ennemis : tous avaient l'épée à la main : leur visage conservait un air menaçant, et la colère qui les avait animés vivait encore après leur trépas [147]. A cette vue, Pyrrhus, saisi d'admiration, s'écria : « Combien la conquête de l'univers m'eût
« été facile, avec des soldats tels que les Romains ;
« aux Romains, avec un roi tel que moi ! » Quelle activité ceux qui échappèrent à cette défaite mirent à former une nouvelle armée ! « Je vois, dit encore
« Pyrrhus, que je suis né sous la constellation d'Her-
« cule, moi contre qui tant de têtes d'ennemis cou-
« pées renaissent de leur sang, comme celles de
« l'hydre de Lerne. » Quel sénat que celui d'alors, puisque chassés de Rome avec leurs présens, d'après

---

vit ex Nazariano cod., ubi legerat : *quum Pyrrhus idem, Omne inquit. Omne* absurdum erat ; sed in hoc contemerato verbo *o me* acutissime perspexit. Ideo dixit Annæus noster, *quum Pyrrhus idem*, quod tribus ante lineis scripserat : *quod adeo Pyrrhus miratus est*, etc. Contra in Vincti, Freinsh. et Var. ed. legas, *quum Pyrrhus : Video me, inquit.*

Qui autem. Nonnulli *quis autem.*

ribus suis ab Urbe legati, interroganti regi suo quid de hostium sede sentirent : « Urbem, tem- « plum sibi visam ; senatum regum, consessum [a] « esse » confiterentur. Qui porro ipsi duces : vel in castris ? quum [b] medicum venale regis Pyrrhi caput offerentem Curius remisit ; Fabricius oblatam sibi a rege imperii partem repudiavit. Vel in pace ? quum Curius fictilia sua samnitico præferret auro ; Fabricius decem pondo argenti circa Rufinum, consularem virum, quasi luxuriam, censoria gravitate damnaret.

Quis ergo miretur his moribus, virtute, militia [c] victorem populum romanum fuisse ? unoque bello tarentino intra quadriennium maximam partem Italiæ, fortissimas gentes, opulentissimas urbes, uberrimasque regiones in ditionem redegisse ? Aut quid adeo fidem superet, quam si principia belli cum exitu conferantur ? Victor primo prælio Pyrrhus, tota tremente Italia, Campaniam [d], Lirim, Fregellasque populatus, prope captam Urbem a Prænestina arce prospexit ; et a vigesimo lapide oculos trepidæ civitatis

[a] *Consessum. Concilium* legendum esse suspicatur Stadius ; sed *consessum* in manuscriptis.

[b] *Quum.* — *Quod*, ex veter. libris, placet Salmasio.

l'avis d'Appius Claudius *l'aveugle* [148], les ambassadeurs du roi d'Épire avouèrent à ce prince, qui leur demandait ce qu'ils pensaient de la demeure de ses ennemis, « que Rome leur avait paru un temple, et le sénat une assemblée de rois! » Mais quels généraux que les nôtres! Voyez-les dans leur camp : Curius [149] renvoie à Pyrrhus le médecin de ce prince qui lui proposait, pour de l'argent, de faire mourir son maître, et Fabricius rejette l'offre que lui fait ce même roi d'une partie de ses états. Voyez-les dans la paix : Curius préfère ses vases d'argile à l'or des Samnites, et Fabricius, dans l'austérité de sa censure, condamne comme un luxe excessif les dix livres de vaisselle d'argent qu'avait pour son usage Rufinus, personnage consulaire.

Qui s'étonnera qu'avec ces mœurs, cette valeur, cette discipline, le peuple romain ait été vainqueur, et que pendant la seule guerre de Tarente, et en quatre années, il ait réduit sous sa domination la plus grande partie de l'Italie, les peuples les plus valeureux, les villes les plus opulentes et les contrées les plus fertiles? Quoi de plus incroyable que cette guerre, si l'on en compare le commencement et l'issue? Vainqueur à la première bataille, Pyrrhus porte le ravage en Campanie, dans le pays qu'arrose le Liris, et dans Frégelles [150]. Tout tremble en Italie. Du haut de la montagne de Préneste, il dévore des yeux Rome à demi subjuguée; et à la distance de vingt milles, la

---

c *Virtute, militia.* Sic Varior., Freinsh., Vinet., Elzev., etc. Salmasius hic corrigendum putat, *virtute militum.*

d *Tota tremente Italia, Campaniam,* etc. Ex omnibus edit. notis hanc lectionem, quasi optimam, elegimus.

fumo ac pulvere implevit. Eodem postea bis exuto castris, bis saucio, et in Græciam suam trans mare ac terras fugato, pax et quies; et tanta adeo de opulentissimis tot gentibus spolia, ut victoriam suam Roma non caperet. Nec enim temere ullus pulchrior in Urbem aut speciosior triumphus intravit. Ante hunc diem, nihil nisi pecora Volscorum, greges Sabinorum, carpenta Gallorum, fracta Samnitum arma vidisses. Tum, si captivos adspiceres, Molossi, Thessali, Macedones, Bruttius, Apulus atque Lucanus: si pompam, aurum, purpura, signa, tabulæ, tarentinæque deliciæ. Sed nihil libentius populus romanus adspexit, quam illas, quas ita timuerat, cum turribus suis belluas, quæ, non sine sensu captivitatis, submissis cervicibus, victores equos sequebantur.

XIX. Bellum Picentinum.

Omnis mox Italia pacem habuit; qui enim post Tarentum auderent? Nisi quod ultro persequi socios hostium placuit. Domiti ergo Picentes, et caput gentis Asculum, Sempronio duce, qui, tremente inter prælium campo, Tellurem deam promissa æde placavit.

poussière et la fumée de son camp remplissent les yeux des citoyens consternés. Mais ensuite, deux fois chassé de ses retranchemens, blessé deux fois, repoussé jusque dans son Épire et par terre et par mer, il laisse aux Romains la paix et le repos. Et telle est la richesse des dépouilles de tant de nations opulentes, que Rome ne peut contenir les fruits de sa victoire. Jamais, en effet, triomphe plus beau, plus magnifique, n'était entré dans ses murs. Jusqu'à ce jour on n'avait vu paraître à cette solennité que le bétail des Volsques, les troupeaux des Sabins, les chariots des Gaulois et les armes brisées des Samnites. Mais alors, au nombre des captifs, on comptait des Molosses, des Thessaliens, des Macédoniens, des Bruttiens [151], des Apuliens et des Lucaniens ; et pour relever la pompe de ce cortége on voyait éclater l'or, la pourpre, les statues, les tableaux et toutes les recherches du luxe de Tarente. Mais le peuple romain ne vit rien avec plus de plaisir, que ces monstres qu'il avait tant redoutés, les éléphans, qui, chargés de leurs tours, et pénétrés du sentiment de leur captivité, suivaient, la tête baissée, nos chevaux victorieux [152].

XIX. Guerre contre les Picentins. [An de Rome, 485.]

Toute l'Italie fut bientôt en paix ; car qui eût osé remuer après Tarente ? Les Romains voulurent cependant poursuivre les alliés de leurs ennemis. Les Picentins furent soumis, et Asculum, leur capitale, prise par Sempronius [153], qui, ayant senti trembler le champ de bataille pendant l'action, apaisa la déesse Tellus, en lui vouant un temple.

XX. Bellum Salentinum.

Salentini Picentibus additi, caputque regionis Brundusium inclyto portu [a], Marco Attilio duce. Et in hoc certamine, victoriæ pretium, templum sibi pastoria Pales ultro poposcit.

XXI. Bellum Volsinense.

Postremi Italicorum in fidem venere [b] Volsini, opulentissimi Etruscorum, implorantes opem adversus servos quondam suos, qui libertatem a dominis datam in ipsos erexerant, translataque in se republica dominabantur. Sed hi quoque, duce Fabio Gurgite, pœnas dederunt.

XXII. Seditiones.

Hæc est secunda ætas populi romani, et quasi adolescentia; qua maxime viruit, et quodam flore virtutis exarsit et ferbuit. Itaque inerat quædam adhuc ex pastoribus feritas, quiddam spirabat indomitum. Inde est, quod exercitus Postumium imperatorem, inficiantem quas promiserat prædas, facta in castris seditione, lapi-

---

[a] *Inclyto portu.* In quibusd., *cum inclyto portu*: sed illud *cum* a sciolis insertum est.

[b] *Postremi Italicorum in fidem venere.* Hæc lectio planissime hanc alteram excludit, *Postremi Italicorum in fide mansere*, quæ

XX. Guerre des Salentins. [An de Rome, 486.]

Sous le commandement de M. Attilius la soumission des Picentins fut suivie de celle des Salentins, et de Brundusium, capitale du pays, ville fameuse par son port [154]. Pendant cette guerre, la déesse des bergers, Palès, demanda un temple pour prix de cette victoire.

XXI. Guerre des Volsiniens. [An de Rome, 488.]

Les Volsiniens furent les derniers de tous les peuples d'Italie à se ranger sous notre domination [155]. C'était la plus riche des nations Étrusques. Ils implorèrent le secours de Rome pour faire rentrer dans le devoir leurs affranchis, qui, tournant contre leurs anciens maîtres la liberté qu'ils tenaient d'eux, s'étaient arrogé le pouvoir, et gouvernaient la république. Mais ces rebelles furent châtiés par Fabius Gurges [156].

XXII. Séditions.

C'est là le second âge, et comme l'adolescence du peuple romain. Alors ses forces se développèrent et l'on vit briller en lui la fleur d'une ardente et impétueuse jeunesse. Il avait retenu des pâtres, ses ancêtres, une sorte de férocité naturelle, qui donnait à son caractère quelque chose d'indomptable. De là le soulèvement de l'armée qui lapida dans son camp Postumius, son général, parce qu'il refusait de lui abandonner le butin promis à son courage [157]. De là

---

admodum putida foret; significaret enim omnes Italos descivisse a Romanis ante Volsinios. — Hic *in fidem venire* idem est, quod *in potestatem, in ditionem*. (Grut., Freinsh.)

davit; quod sub Appio Claudio noluit vincere hostem, quum posset; quod, duce Volerone [a], detrectantibus plerisque militiam, fracti consulis fasces; inde, quod clarissimos principes, quum adversarentur voluntati suæ, exulatione multavit: ut Coriolanum, colere agros jubentem; nec minus ille ferociter injuriam armis vindicasset, nisi quod jam inferentem signa filium mater Veturia lacrymis suis exarmavit: ut ipsum Camillum, quod inique inter plebem et exercitum divisisse veientem prædam videretur. Sed hic melior, in capta urbe consenuit [b]; et mox supplices de hoste gallo vindicavit. Cum senatu quoque vehementius æquo bonoque certatum est, adeo ut, relictis sedibus, solitudinem et interitum patriæ suæ minarentur.

XXIII. Prima seditio.

Prima discordia ob impotentiam fœneratorum: quibus in terga quoque serviliter sævientibus, in

[a] *Volerone.* Codices omnes scriptum habent *Valerio Nerone.* Haud scio utrum ab antiquario an a Floro hic error.

[b] *Sed hic melior, in capta urbe consenuit.* Est hujus loci altera lectio longe diversa : *sed hic melior obsessis in capta urbe consenuit.* Sed tribus codicibus, itemque plerisque edit. et Salmasio et

aussi la désobéissance des troupes d'Appius Claudius, qui, pouvant vaincre l'ennemi ne le voulurent pas [158]. Rappellerai-je encore comment les faisceaux des consuls furent brisés lorsque la plus grande partie du peuple, à l'instigation de Voleron, refusa de s'enrôler [159]. Dirai-je enfin que les plus illustres patriciens furent punis de l'exil pour s'être opposés à la volonté de ce peuple : témoin Coriolan qui voulait forcer les Romains à cultiver la terre ; et qui au reste se serait cruellement vengé par les armes de sa condamnation injuste, si, comme il était prêt à entrer en vainqueur dans Rome, sa mère Véturie ne l'eût désarmé par ses larmes [160]. Témoin encore Camille, qu'on soupçonnait d'avoir fait une injuste répartition entre le peuple et l'armée, des dépouilles de Veies. Mais, meilleur citoyen que Coriolan, il consentit à languir dans la ville qu'il avait conquise [161], et bientôt après il vengea des Gaulois ses concitoyens réduits à l'implorer. Le peuple soutint aussi contre le sénat une lutte si violente et si contraire à l'intérêt public, qu'ayant déserté ses foyers, il menaça de convertir en un désert, et de laisser périr la ville qui l'avait vu naître.

XXIII. Première sédition. [An de Rome, 259 à 260.]

La première de nos dissensions civiles eut pour motif la tyrannie des usuriers qui faisaient battre de verges leurs débiteurs comme des esclaves. Le peuple

Freinshemio probantibus, nostram lectionem elegimus. Sic *consenuit* explicat Salmas : *mœrore nempe ac tædio et indignatione, non ætatis exactæ vitio*. Hinc *senium* sæpe Latini pro re ingrata et odiosa dicunt.

Sacrum montem plebs armata secessit; ægreque, nec nisi tribunos impetrasset, Menenii Agrippæ facundi et sapientis viri, auctoritate, revocata est. Extat orationis antiquæ satis efficax ad concordiam fabula, qua « dissedisse inter se quon-
« dam humanos, dixit, artus, quod, omnibus opere
« fungentibus, solus venter immunis ageret;
« deinde moribundos a sejunctione rediisse in
« gratiam, quando sensissent, quod ejus opera
« redactis in sanguinem cibis irrigarentur. »

XXIV. Secunda seditio.

Secundam in Urbe media decemviratus libido conflavit. Allatas a Græcia leges decem principes lecti, jubente populo, conscripserant; ordinataque erat in duodecim tabulis tota justitia[a], quum tamen traditos fasces regio quodam furore retinebant. Ante cœteros Appius eo insolentiæ elatus est, ut ingenuam virginem stupro destinaret, oblitus et Lucretiæ, et regum, et juris quod ipse composuerat. Itaque quum oppressam judicio filiam trahi in servitutem videret Virginius pa-

[a] *Tota justitia.* Male et ut opinor barbare : nec enim dicitur *ordinare justitiam in libro*, *in tabula*; sed *ordinare jus*, *componere jus*. Legendum itaque prorsus est : *tota juris scientia.* (Ta-

en armes se retira sur le Mont Sacré, et ce ne fut qu'avec peine, et qu'après avoir obtenu des tribuns [162], qu'il se laissa ramener par l'autorité de Menenius Agrippa, homme sage et éloquent. Il reste encore de sa harangue antique, l'apologue qui fut assez puissant pour rétablir la concorde [163]. « Autrefois, dit-il,
« les membres du corps humain se séparèrent sous
« prétexte que tandis qu'ils étaient tous occupés à
« remplir leurs fonctions, l'estomac seul demeurait
« oisif. Bientôt se voyant presque sans vie, depuis
« cette séparation, ils se réconcilièrent avec lui,
« parce qu'ils reconnurent que c'était par la fonction
« de l'estomac que les alimens, convertis en sang,
« répandent dans les membres un suc nourricier. »

XXIV. Deuxième sédition. [An de Rome, 302 à 304.]

La tyrannie sans frein des décemvirs alluma dans le sein même de Rome, la seconde dissension. Dix des principaux citoyens choisis par le peuple avaient rédigé les lois apportées de la Grèce; déjà tout le droit était renfermé avec ordre dans les douze tables [164] : mais, entraînés par l'ivresse d'un pouvoir égal à celui des rois, les décemvirs retenaient encore les faisceaux dont ils étaient dépositaires. Plus audacieux que les autres, Appius Claudius se porta à une telle insolence, qu'il destinait à sa brutalité une jeune fille de condition libre : il oubliait ainsi et Lucrèce et les rois, et les lois que lui-même avait portées [165]. Voyant donc sa fille, victime d'un jugement inique, emmenée de force comme esclave, Virgi-

naquil Fabri filia.) Quam ad animadversionem valde assentimus, sed omnes Flori codices hoc *tota justitia* habent.

ter, nihil cunctatus, in medio foro manu sua interfecit; admotisque signis commilitonum, totam eam dominationem obsessam armis, in carcerem et catenas ab Aventino monte detraxit.

XXV. Tertia seditio.

Tertiam seditionem excitavit matrimoniorum dignitas, ut plebeii cum patriciis jungerentur; qui tumultus in monte Janiculo, duce Canuleio, tribuno plebis, exarsit.

XXVI. Quarta seditio.

Quartam honorum cupido, ut plebeii quoque magistratus crearentur. Fabius Ambustus, duarum pater, alteram Sulpicio patricii sanguinis dederat, alteram plebeio Stoloni. Hæc quodam tempore, quod lictoriæ virgæ sonum ignotum penatibus suis expaverat, a sorore satis insolenter irrisa, injuriam non tulit. Itaque nactus tribunatum, honorum et magistratuum consortium, quamvis invito, senatui extorsit.

Verum in his ipsis seditionibus principem populum non immerito suspexeris. Siquidem, nunc libertatem, nunc pudicitiam, tum natalium dignitatem, honorum decora et insignia vindicavit; interque hæc omnia nullius acrior custos quam

nius, son père, ne balance pas, il la tue de sa main au milieu de la place publique ; puis, appelant à son aide ses compagnons d'armes qui s'approchent avec leurs enseignes, on le voit du haut du mont Aventin [166] assiéger les décemvirs, renverser toute leur puissance, et les précipiter dans les fers et dans les cachots.

XXV. Troisième sédition. [An de Rome, 308.]

Le désir de s'élever par des mariages fait naître la troisième sédition. Les plébéiens demandaient à s'allier aux patriciens. Cette dissension éclata sur le mont Janicule, à l'instigation du tribun Canuleius [167].

XXVI. Quatrième sédition. [An de Rome, 377 à 382.]

La passion des honneurs donna lieu à la quatrième sédition. Les plébéiens voulaient avoir part aux magistratures. Fabius Ambustus, père de deux filles, avait marié l'une à Sulpicius, d'une famille patricienne, l'autre au plébéien Stolon [168]. Un jour celle-ci fut effrayée, dans la maison de sa sœur, par le bruit des verges du licteur, qu'elle n'avait jamais entendu dans la sienne. L'épouse de Sulpicius la plaisanta sur cette frayeur d'une manière assez piquante. Elle ne put dévorer cet affront; et son mari, parvenu au tribunat, arracha au sénat, malgré sa répugnance, le partage des honneurs et des dignités.

Au reste, on ne peut s'empêcher d'admirer le peuple roi jusques dans ses séditions : tantôt c'est pour la liberté, tantôt pour la pudeur, ici pour la noblesse de la naissance, là pour la dignité et l'éclat des honneurs qu'il a combattu tour-à-tour; mais au milieu de ces intérêts divers, c'est de la liberté,

libertatis fuit, nullaque in pretium ejus potuit largitione corrumpi, quum ut in magno et in dies majore populo, interim perniciosi cives existerent. Spurium Cassium agraria lege, Melium largitione suspectum regiæ dominationis, præsenti morte multavit. Ac de Spurio quidem supplicium pater ipsius sumpsit; hunc, Quintii dictatoris imperio, in medio foro magister equitum Servilius Ahala confodit. Manlium vero, Capitolii vindicem, quia plerosque debitorum liberaverat, altius se et incivilius efferentem, ab illa, quam defenderat, arce dejecit.

Talis domi ac foris, talis pace belloque populus romanus, fretum illud adolescentiæ [a], id est, secundam imperii ætatem habuit, in qua totam inter Alpes fretumque Italiam armis subegit.

[a] *Fretum illud adolescentiæ.* Hic *fretum* pro *fervore; fretum* itaque a *fervendo.* (Salmas. — Vide commentum hujusce libri.)

avant toutes choses, qu'il se montra le gardien le plus jaloux; jamais il ne se laissa corrompre par aucune largesse offerte pour prix de cette liberté, bien que du sein d'une population nombreuse, et qui le devenait chaque jour davantage, on vît s'élever de temps à autre des citoyens dangereux. Il punit, par une mort prompte, Spurius Cassius et Mélius, soupçonnés de se frayer un chemin vers la royauté, le premier, par la proposition de la loi Agraire [169], le second, par ses libéralités. Spurius subit son supplice de la main même de son père; Mélius fut tué au milieu du Forum [170], par Servilius Ahala, général de cavalerie, d'après l'ordre du dictateur Quintius. Quant à Manlius, le sauveur du Capitole [171], qui, pour avoir libéré la plupart des débiteurs, affectait des manières hautaines et contraires à l'égalité, il fut précipité du haut de cette forteresse qu'il avait défendue.

Tel était le peuple romain, au dedans et au dehors, dans la paix comme dans la guerre : tel il se montra pendant la fougue de sa jeunesse [172], c'est-à-dire dans le second âge de l'Empire, intervalle durant lequel il soumit par ses armes toute l'Italie, les Alpes jusqu'au détroit.

L. ANNÆI FLORI

EPITOME

RERUM ROMANARUM.

LIBER SECUNDUS.

I. PROOEMIUM.

Domita subactaque Italia, populus romanus, prope quingentesimum annum agens, quum bona fide adolevisset; si quod est robur, si qua juventas; tum ille vere robustus et juvenis, et par orbi terrarum esse cœpit. Ita, mirum et incredibile dictu, qui prope quingentis annis domi luctatus est (adeo difficile fuerat dare Italiæ caput) his ducentis annis qui sequuntur, Africam, Europam, Asiam, totum denique orbem terrarum bellis victoriisque peragravit.

II. Primum bellum Punicum.

Igitur victor Italiæ populus, quum a terra fretum usque venisset, more ignis, qui obvias po-

ABRÉGÉ

DE

L'HISTOIRE ROMAINE

DE L. ANNÆUS FLORUS.

LIVRE SECOND.

I. PRÉFACE.

L'Italie était domptée et soumise : le peuple romain comptait déjà près de cinq siècles de durée [1], et touchait réellement au dernier période de son adolescence [2]. Rempli de toute la vigueur et de tout l'éclat de la jeunesse, il commençait d'être capable de la conquête du monde. Ainsi, chose merveilleuse et difficile à croire, le même peuple qui avait lutté, sur sa terre natale, pendant près de cinq cents ans (tant il était difficile de donner un chef à l'Italie), n'employa que les deux cents années suivantes à porter en Afrique, en Europe, en Asie et partout l'univers, ses armes victorieuses.

II. Première guerre Punique. [An de Rome, 489 à 511.]

Vainqueur de l'Italie, le peuple romain en avait parcouru toutes les terres jusqu'au détroit, lorsque,

pulatus incendio sylvas, interveniente flumine abrumpitur, paulisper substitit. Mox quum videret opulentissimam in proximo prædam quodammodo Italiæ suæ abscissam et quasi revulsam, adeo cupiditate ejus exarsit, ut quatenus nec mole jungi, nec pontibus posset, armis belloque jungenda, et ad continentem suam revocanda videretur. Sed ecce, ultro ipsis viam pandentibus fatis, nec occasio defuit, quum de Pœnorum impotentia fœderata Siciliæ civitas Messana quereretur. Affectabat autem, ut Romanus, ita Pœnus Siciliam, et eodem tempore, paribus uterque votis ac viribus imperium orbis agitabat. Igitur specie quidem socios juvandi, re autem sollicitante præda, quanquam territaret novitas rei (tanta tamen in virtute fiducia est), ille rudis, ille pastorius populus, vereque terrester, ostendit nihil interesse virtutis, equis an navibus, terra an mari dimicaretur.

Appio Claudio consule, primum fretum ingressus est, fabulosis infame monstris æstuque violentum; sed adeo non est exterritus, ut illam ipsam ruentis æstus violentiam pro munere amplecteretur; statimque ac sine mora Hieronem, Syracusanum regem, tanta celeritate vicit, ut

semblable à un incendie dont la fureur, après avoir ravagé les forêts sur son passage, s'apaise tout à coup par la rencontre d'un fleuve, il parut quelque temps s'arrêter. Bientôt voyant dans le voisinage la plus riche proie * séparée et arrachée en quelque sorte de l'Italie³, son domaine, il brûla d'un si ardent desir de s'en emparer, que, ne pouvant la joindre au continent, ni par une chaussée, ni par des ponts, il résolut de la réunir à son territoire par la force des armes. Mais les destins lui ouvrirent eux-mêmes le chemin, et l'occasion ne tarda pas à se présenter. Messine, ville de Sicile⁴, alliée des Romains, se plaignit de la tyrannie des Carthaginois⁵. Les Carthaginois, ainsi que les Romains, convoitaient la Sicile⁶, et les uns et les autres, avec une ambition et des forces égales, aspiraient en même temps à la domination de l'univers. Rome prit donc les armes, sous prétexte de secourir ses alliés, mais en réalité dans l'espoir d'une proie qui tentait son ambition, et malgré la terreur qu'inspirait la nouveauté de l'entreprise, ce peuple grossier, ce peuple pasteur et qui n'avait jamais quitté la terre ⁷, montra bientôt, tant la valeur inspire de confiance, que pour le vrai courage il est indifférent de combattre sur terre ou sur mer, à cheval ou sur des vaisseaux.

Il parut, pour la première fois, sous le consulat d'Appius Claudius, sur cette mer fameuse et par ses monstres fabuleux et par l'agitation violente de ses ondes ; mais loin d'en être épouvanté, il profita de l'impétuosité du courant comme d'une faveur de la fortune ; puis, fondant tout à coup sur Hiéron, roi

* La Sicile.

ille ipse se prius victum, quam hostem videret, fateretur.

Duillio Cornelioque consulibus, etiam mari congredi ausus est. Tum quidem ipsa velocitas classis comparatæ victoriæ auspicium fuit. Intra enim sexagesimum diem, quam cæsa sylva fuerat, centum sexaginta navium classis in anchoris stetit, ut non arte factæ, sed quodam munere deorum conversæ in naves atque mutatæ arbores viderentur. Prælii vero forma mirabilis, quum illas celeres volucresque hostium naves, hæ graves tardæque comprehenderent. Longe illis nauticæ artes, detorquere remos, et ludificari fuga rostra. Injectæ enim ferreæ manus, machinæque aliæ, ante certamen multum ab hoste derisæ; coactique hostes quasi in solido decernere. Victor ergo apud Liparas, mersa et fugata hostium classe, primum illum maritimum egit triumphum. Cujus quod gaudium fuit! Quum Duillius imperator, non contentus unius diei triumpho, per vitam omnem, ubi a cœna rediret, prælucere funalia, præcinere sibi tibias jussit, quasi quotidie triumpharet. Præ tanta hujus victoria, leve prœlii damnum fuit, alter consulum [a] interceptus

---

[a] *Leve prœlii damnum fuit, alter consulum.* Non ita distinguitur hæc phrasis in Varior. ed., sic : *Præ tanta hujus victoria,*

de Syracuse [8], il le battit avec une telle célérité, que ce prince lui-même avouait qu'il avait été vaincu avant d'avoir vu l'ennemi.

Sous les consuls Duillius et Cornelius les Romains osèrent livrer même une bataille navale. La promptitude avec laquelle ils équipèrent leur flotte, fut un présage de la victoire. Soixante jours après que les arbres eurent été tirés de la forêt, cent soixante vaisseaux se trouvèrent sur leurs ancres; on eût dit qu'ils n'étaient point l'ouvrage de l'art, mais que, par une grâce particulière des dieux, les arbres avaient été changés et métamorphosés en navires [9]. Quant à la forme du combat elle fut merveilleuse. Les bâtimens légers et agiles des ennemis furent arrêtés par nos lourds et pesans navires. Vainement les Carthaginois nous surpassaient-ils par leur habileté à manœuvrer, à manier la rame et à esquiver le choc des éperons, leurs vaisseaux étant accrochés par des mains de fer et par d'autres machines dont ils s'étaient beaucoup moqués avant l'action, ils se virent contraints de combattre comme sur la terre ferme. Ainsi vainqueurs près des îles Lipares, les Romains, après avoir coulé à fond et dispersé la flotte carthaginoise, se donnèrent le spectacle du premier triomphe maritime. Eh! quelle fut la joie causée par cette victoire? Duillius, qui l'avait remportée, ne se contenta pas d'un seul jour de triomphe; il voulut que pendant toute sa vie, lorsqu'il revenait de souper, on le reconduisît à la lueur des flambeaux et au son des flutes, comme s'il eût triomphé tous les jours [10]. En comparaison

leve prœlii damnum fuit. Alter consulum, etc. Hanc distinctionem Salmasius et Frehenshemius non probaverunt, et merito.

Cornelius Asina, qui simulato colloquio evocatus, atque ita oppressus fuit, perfidiæ punicæ documentum.

Calatino dictatore, fere omnia præsidia Pœnorum Agrigento, Drepanis, Panormo, Eryce, Lilybæo detraxit. Trepidatum est semel circa Camerinensium saltum; sed eximia virtute Calpurnii Flammæ, tribuni militum, evasimus, qui lecta trecentos manu, infestum et insessum ab hostibus tumulum occupavit, adeoque moratus hostem, dum exercitus omnem evaderet; ac sic pulcherrimo exitu, Thermopylarum et Leonidæ famam adæquavit: hoc illustrior noster, quod expeditioni tantæ superfuit et supervixit [a].

Lucio Cornelio Scipione, quum jam Sicilia suburbana esset populi romani provincia, serpente latius bello, in Sardiniam annexamque Corsicam transit. Olbiæ hic, ibi Aleriæ urbis excidio incolas terruit, adeoque terras ac maria Pœnis expurgavit, ut jam victoriæ nihil nisi Africa ipsa restaret.

Marco Attilio Regulo duce, jam in Africam na-

---

[a] *Supervixit.* In plurimis editionibus reperias post hoc verbum

d'une victoire aussi importante, l'échec qu'éprouva Cornélius Asina ¹¹, collègue de Duillius, parut bien léger. Ce consul ayant quitté son vaisseau, sous prétexte d'une conférence, se vit accablé par les ennemis : exemple frappant de la perfidie punique.

Le dictateur Calatinus chassa presque toutes les garnisons carthaginoises d'Agrigente, de Drepane, de Panorme, d'Éryx et de Lilybée ¹². L'armée romaine eut une fois une terrible épouvante au passage de la forêt de Camerine : mais elle dut son salut au courage héroïque de Calpurnius Flamma, tribun militaire, qui, avec une poignée d'hommes d'élite, s'empara d'une hauteur occupée par les ennemis, et d'où ils arrêtaient notre marche. Il les occupa par cette attaque, jusqu'à ce que nos troupes eussent entièrement défilé. Le succès éclatant de cette action égala la renommée des Thermopyles et de Léonidas. Il éleva même notre héros au-dessus du Lacédémonien, en ce que Calpurnius ne succomba point dans une expédition aussi périlleuse, et qu'il en sortit la vie sauve ¹³.

La Sicile étant déjà une province, et comme un faubourg de Rome ¹⁴, la guerre s'étendit plus loin sous le consulat de L. Cornélius Scipion ¹⁵, qui passa dans la Sardaigne, puis dans la Corse qui lui est contiguë. Par la ruine d'Olbia, dans la première de ces îles, et d'Aléria dans la seconde, il jeta l'épouvante parmi leurs habitans ; et purgea tellement de Carthaginois la terre et la mer, qu'il ne restait aux Romains plus rien à vaincre que l'Afrique même.

Sous le commandement de Marcus Attilus Ré-

supervixit, ista : *licet nihil scripserit sanguine.* (Vide commentum hujusce capitis.)

vigabat bellum. Nec deerant, qui ipso Punici maris nomine ac terrore deficerent, augente insuper tribuno Mannio metum; in quem, nisi paruisset securi districta, imperator, metu mortis, navigandi fecit audaciam. Mox ventis remisque properatum est; tantusque terror hostici adventus Pœnis fuit, ut apertis pene portis Carthago caperetur. Prima belli præmium fuit civitas Clypea; prima enim a Punico littore, quasi arx et specula, procurrit. Et hæc, et treccnta amplius castella vastata sunt. Nec cum hominibus, sed cum monstris quoque dimicatum est; quum quasi in vindictam Africæ nata, miræ magnitudinis serpens posita apud Bagradam castra vexaret. Sed omnium victor Regulus, quum terrorem nominis sui late circumtulisset, quumque magnam vim juventutis, ducesque ipsos aut cecidisset aut haberet in vinculis; classemque ingenti præda onustam et triumpho gravem in Urbem præmisisset, jam ipsam, belli caput, Carthaginem urgebat obsidio, ipsisque portis inhærebat. Hic paululum circumacta fortuna est, tantum ut plura essent romanæ virtutis insignia; cujus fere magnitudo calamitatibus approbatur. Nam conversis ad externa auxilia hostibus, quum Xantippum illis ducem Lacedæmon misisset, a viro militiæ peritissimo vincimur. Tum, fœda

gulus [16], la guerre passa bientôt dans cette partie du monde. Il y avait pourtant des Romains qui tremblaient au seul nom de la mer de Carthage ; le tribun Mannius augmentait encore leur terreur. Mais le général, levant sur lui la hache, lui inspira, par la crainte de la mort, la hardiesse de s'embarquer. La flotte fit bientôt force de voiles et de rames ; et telle fut l'épouvante des Carthaginois à l'arrivée de leurs ennemis, que les Romains furent sur le point de trouver les portes de Carthage ouvertes, et de surprendre cette cité. Le premier fruit de cette expédition fut Clypéa [17] : c'est la première ville qui se présente sur le rivage de l'Afrique, dont elle est comme la citadelle et le poste d'observation. Elle fut ruinée avec plus de trois cents autres forteresses. Notre armée n'eut pas seulement à combattre contre des hommes, mais encore contre des monstres. Un serpent d'une prodigieuse grandeur [18], et né comme pour la vengeance de l'Afrique, désola le camp romain près de Bagrada. Mais Régulus triomphe de tous les obstacles : après avoir répandu au loin la terreur de son nom, passé au fil de l'épée ou mis dans les fers un grand nombre de soldats, et même des généraux ennemis, puis envoyé d'avance à Rome la flotte chargée d'un butin immense et de l'appareil d'un triomphe, il pressait déjà le siége de Carthage elle-même, le foyer de la guerre ; déjà il était campé à ses portes ; mais ici la fortune devait quelque peu changer. Il le fallait sans doute pour mieux faire éclater la constance romaine, qui s'est presque toujours montrée si grande dans les calamités. Carthage recourut à des auxiliaires étrangers, Lacédémone lui

clade, Romanisque usu incognita, vivus in manus hostium venit fortissimus imperator. Sed ille quidem par tantæ calamitati fuit. Nam nec punico carcere infractus est, nec legatione suscepta. Quippe diversa, quam hostes mandaverant, censuit, ne pax fieret, nec commutatio captivorum reciperetur. Sed nec illo voluntario ad hostes suos reditu, nec ultimo sive carceris, sive crucis supplicio deformata majestas : imo his omnibus admirabilior, quid aliud quam victus de victoribus; atque etiam, quia Carthago non cesserat, de fortuna triumphavit?

Populus autem romanus multo acrior infestiorque pro ultione Reguli, quam pro victoria fuit. Metello igitur consule, spirantibus altius Pœnis, et reverso in Siciliam bello, apud Panormum sic hostes cecidit, ut nec amplius eam insulam cogitarent [a]. Argumentum ingentis victoriæ centum circiter elephantorum captivitas; sic quoque magna præda, ac sic gregem illum non bello, sed venatione cepisset.

Appio Claudio [b] consule, non ab hostibus, sed

[a] *Eam insulam cogitarent.* Hunc locum etiam in meliorib. lib., qui *concitarent* vel *vocitarent* pro *concitarent* admittebant, optime Lipsius et Salmasius restituerunt.

envoya un général nommé Xantippe [19], et nous fûmes vaincus par cet habile homme de guerre. Alors arriva une catastrophe honteuse, et jusqu'alors inconnue aux Romains ; leur valeureux général tomba vivant entre les mains des ennemis ; mais il ne se laissa point accabler par une telle infortune. Sa constance ne parut ébranlée ni par sa captivité dans Carthage, ni par la négociation qui lui fut confiée [20]. En effet, ce fut dans un sens contraire aux instructions des Carthaginois qu'il opina pour que Rome n'acceptât ni la paix ni l'échange des prisonniers. Son retour volontaire au milieu de ses ennemis, ni les horreurs de sa dernière captivité, ni son supplice sur la croix [21] ne purent abaisser la majesté de ce grand homme. Plus admirable encore par tous ces tourmens, Régulus vaincu ne triompha-t-il pas de ses vainqueurs et de la fortune, au défaut de Carthage ?

Le peuple romain se montra bien plus ardent, bien plus animé à la vengeance de Régulus, qu'à la poursuite de ses propres victoires. Les Carthaginois devenus plus fiers, avaient ramené la guerre en Sicile. Le consul Métellus en fit un si grand carnage auprès de Panorme [22], que l'ennemi ne pensa plus à rien entreprendre sur cette île. La grandeur de cette victoire fut attestée par la prise d'environ cent éléphans. On eût dit, à la multitude de ces animaux, qu'ils avaient été pris à la chasse plutôt qu'à la guerre.

Le consul Appius Claudius fut vaincu moins par

[b] *Appio Claudio.* Sic Var. ed. Sic Vinetus et codices. In quibusdam tamen libris, *Publio Claudio* legas.

a diis ipsis superatus est, quorum auspicia contempserat, ibi statim classe demersa, ubi ille præcipitari pullos jusserat, quod pugnare ab his vetaretur.

Marco Fabio Buteone consule, classem hostium in Africo mari apud Ægimurum, jam in Italiam ultro navigantem cecidit. Quantus o tunc triumphus tempestate intercidit, quum opulenta præda, classis adversis acta ventis, naufragio suo Africam et Syrtes, omnium ripas gentium [a], insularum littora implevit! Magna clades, sed non sine aliqua principis populi dignitate, interceptam tempestate victoriam, et triumphum periisse naufragio: et tamen cum Punicæ prædæ omnibus promontoriis insulisque frustarentur [b] et fluitarent, populus romanus et sic triumphavit [c].

Lutatio Catulo consule, tandem bello finis impositus apud insulas, quibus nomen Ægates; nec major alias in mari pugna: quippe commeatibus, exercitu, propugnaculis, armis gravis hostium classis, et in ea quasi tota Carthago, quod ipsum exitio fuit. Romana classis prompta, levis, ex-

[a] *Omnium ripas gentium.* In plerisque edit. legas : *omnium imperia gentium. Imperia* hic locum non habet, si attendas : nam *præda implevit omnia imperia gentium*, id est, *ditavit omnium gentium imperia.* Sed hoc stulte diceretur. (Grævius.)

[b] *Frustarentur.* Bene Salmasius hunc locum sanavit. Sine

LIVRE II.   95

les ennemis que par les dieux eux-mêmes [23], dont il avait méprisé les auspices : sa flotte fut submergée au même endroit où il avait fait jeter les poulets sacrés, qui lui défendaient de combattre.

Le consul M. Fabius Buteo défit près d'Ægimure, sur la mer d'Afrique, une flotte carthaginoise [24] qui cinglait à pleines voiles vers l'Italie. Dieux! quel triomphe ne fut pas anéanti par la tempête, alors que, chargée de riches dépouilles, notre flotte battue des vents contraires, remplit des débris de son naufrage et l'Afrique, et les Syrtes, et les mers de toutes les nations et de toutes les îles. Ce fut un malheur déplorable sans doute, mais non sans quelque gloire pour le peuple roi, de se voir ainsi dérober la victoire par la tempête, et le triomphe par un naufrage. Cependant comme les dépouilles de l'Afrique venaient, poussées par les flots, se briser contre tous les promontoires et toutes les îles, ces débris même furent des trophées pour le peuple romain.

Enfin sous le consulat de Lutatius Catulus la guerre trouva son terme près des îles qu'on appelle Égates [25]. Jamais on ne vit bataille navale plus furieuse. La flotte des ennemis était surchargée de munitions, de tours, d'armes et de soldats, Carthage entière semblait s'y être embarquée, et c'est ce qui causa sa perte. La flotte romaine, au contraire, prompte, agile et lé-

sensu legitur in omnibus editis *frustrarentur*. (Grævius.)
c *Populus romanus et sic triumphavit*. Eleganter *et sic* scias esse a primogenia editione quam firmavit majestas Cod. Nazariani. Hactenus defuit libris vulgatis *et sic*. Cui tamen non levis inest et vis est gratia.

pedita, et quodam genere castrensis, ad similitudinem pugnæ equestris, sic remis, quasi habenis, agebatur; et in hos vel in illos mobilia rostra speciem viventium præferebant. Itaque momento temporis laceratæ hostium rates totum inter Siciliam Sardiniamque pelagus naufragio suo operuerunt. Tanta denique fuit illa victoria, ut de exscindendis hostium mænibus non quæreretur. Supervacuum visum est in arcem murosque sævire, quum jam in mari esset deleta Carthago.

III. Bellum Ligurium [a].

Peracto Punico bello, sequuta est brevis sane, et quasi ad recipiendum spiritum, requies. Argumentumque pacis, et bona fide cessantium armorum, tunc primum post Numam clausa fuit porta Jani; sed statim ac sine mora patuit. Quippe jam Ligures, jam Insubres Galli, necnon et Illyrii lacessebant. Sic desub Alpibus [b], id est, desub ipsis Italiæ faucibus, gentes deo quodam assidue incitante, ne rubiginem ac situm scilicet arma sentirent; denique ita quotidiani, et quasi domestici hostes tirocinia militum imbuebant, nec aliter utraque gente, quam quasi cote quadam,

---

[a] *Bellum Ligurium.* In plur. ed. *Ligusticum* reper. Sed Nazarii codices *Ligurium* habent.

[b] *Sic desub Alpibus.* Non alium memini antiquiorem hoc Floro

gère, offrait en quelque sorte l'image d'un camp volant. Ce fut comme un combat de cavalerie, où la rame fit l'office de la bride [26]; et nos mobiles éperons, qui se dirigeaient tantôt contre un navire, tantôt contre un autre, semblaient être animés. Aussi les navires fracassés des ennemis couvrirent en un moment de leurs débris toute la mer qui s'étend de la Sicile à la Sardaigne. Cette victoire fut si décisive que les Romains ne pensèrent point à renverser les murs des Carthaginois; il leur parut superflu de décharger leur fureur contre la citadelle et les remparts de Carthage, lorsque cette cité était déjà détruite sur la mer.

III. Guerre contre les Liguriens. [An de Rome, 515 à 581.]

La guerre Punique terminée, Rome jouit d'un intervalle de repos bien court, et qui semblait ne lui être donné que pour reprendre haleine. En témoignage de la paix et de la bonne foi avec laquelle on avait déposé les armes, la porte du temple de Janus fut fermée pour la première fois depuis Numa, mais elle fut r'ouverte presque aussitôt. Déjà les Liguriens, les Gaulois Insubriens et les Illyriens commençaient à provoquer les Romains. On eût dit qu'un dieu excitait continuellement contre nous les peuples situés sous les Alpes, c'est-à-dire à l'entrée même des gorges de l'Italie, de peur que nos armes ne se couvrissent de rouille et de poussière. Ces ennemis journaliers, et en quelque sorte domestiques, faisaient faire à nos soldats l'apprentissage de la guerre; les Liguriens et

auctorem, in quo *desub* reperiatur. Compositum pro simplici *sub*. (Salmas.)

populus romanus ferrum suæ acuebat virtutis.

Ligures imis Alpium jugis adhærentes, inter Varum et Macram flumen, implicitosque dumis silvestribus, major aliquanto labor erat invenire, quam vincere. Tuti locis et fuga; durum atque velox genus ex occasione magis latrocinia, quam bella faciebat. Itaque quum diu multumque eluderent Salyi, Deceates, Oxybii, Euburiates, Ingauni, tandem Fulvius latebras eorum ignibus sepsit: Bæbius in plana deduxit: Posthumius ita exarmavit, ut vix reliquerit ferrum quo terra coleretur.

IV. Bellum Gallicum.

Gallis Insubribus, et his accolis Alpium animi ferarum, corpora plus quam humana erant. Sed id experimento deprehensum est, quippe [a] sicut primus impetus eis major quam virorum est, ita sequens minor quam feminarum. Alpina corpora humenti cœlo educata, habent quiddam simile nivibus suis, quæ mox ut caluere pugna, statim in sudorem eunt, et levi motu, quasi sole, laxantur. Hi sæpe et alias, sed Britomaro duce, non prius soluturos se baltea, quam Capitolium ascendissent, juraverant. Factum est: victos enim

[a] *Quippe.* In quibusd. ed. *quod.*

les Insubriens étaient comme une pierre sur laquelle le peuple romain aiguisait le fer de sa valeur [27].

Les Liguriens retranchés au fond des Alpes, entre le Var et la Macra [28], et cachés au milieu de halliers et de buissons sauvages, étaient plus difficiles à trouver qu'à vaincre. Robustes et agiles, ils se confiaient dans la sûreté de leurs retraites et dans la promptitude de leur fuite. Habiles à surprendre, ils faisaient plutôt le brigandage que la guerre. Néanmoins après que les Salyens, les Décéates, les Oxybiens, les Euburiates et les Ingaunes eurent long-temps éludé la rencontre de nos armées, Fulvius mit enfin le feu à leurs retraites : Bébius les fit descendre dans la plaine [29], et Posthunius les désarma si complètement, qu'à peine leur laissa-t-il du fer pour la culture des champs [30].

IV. Guerre contre les Gaulois. [An de Rome, 515 à 531.]

Les Gaulois Insubriens et les autres habitans des Alpes [31] avaient l'intrépidité des bêtes féroces, et une taille plus qu'humaine. Mais l'expérience nous a fait connaître que si, au premier choc, ils paraissent plus redoutables que les autres hommes, ils sont, dès le second, plus faibles que des femmes [32]. Leurs corps, nourris sous le ciel humide des Alpes, ont quelque rapport avec les neiges de ces montagnes. Dès qu'ils se sont échauffés au combat, ils sont baignés de sueur, et au moindre mouvement ils fondent comme ces neiges à la chaleur du soleil. Ces peuples, sous la conduite de Britomare, avaient renouvelé le serment souvent fait par eux, de ne point quitter leurs baudriers qu'ils n'eussent monté au Capitole [33]. La chose

Æmilius in Capitolio discinxit. Mox Ariovisto [a] duce, vovere de nostrorum militum præda Marti suo torquem. Intercepit Jupiter votum : nam de torquibus eorum aureum tropæum Jovi Flaminius erexit. Viridomaro rege, Romana arma Vulcano promiserant; aliorsum vota ceciderunt. Occiso enim rege, Marcellus, tertia post Romulum patrem, Feretrio arma Jovi suspendit.

V. Bellum Illyricum.

Illyrii seu Liburni sub extremis Alpium radicibus agunt, inter Arsiam, Titiumque flumen, longissime per totum Adriani maris littus effusi. Hi, regnante Teuta [b] muliere, populationibus non contenti, licentiæ scelus addiderunt. Legatos quippe nostros, ob ea quæ deliquerant, jure agentes, ne gladio quidem, sed ut victimas, securi percutiunt; præfectos navium igne comburunt, idque, quo indignius foret, mulier imperabat. Itaque Cnæo Fulvio Centimalo duce, late domantur. Strictæ in principum colla secures, legatorum manibus litavere.

[a] *Ariovisto*, alias *Ariobisto*, Jordanes *Ariobistum. Aneorestum* Polybius quidem habet, l. 2, c. 22. Utrumque certe Celticum est nomen : imo unum idemque si Cluverio credimus, Germaniæ antiquæ, lib. 1, cap. 6, in fine.

arriva comme ils l'avaient dit : Emilius les vainquit, et leur fit quitter leurs baudriers dans ce temple. Peu de temps après, conduits par Arioviste, ils promirent à leur dieu Mars un collier [34] fabriqué des dépouilles de nos soldats. Jupiter intercepta le vœu : car ce fut à Jupiter que Flaminius érigea un trophée d'or, fait des colliers des Gaulois [35]. Sous leur roi Viridomare ils promirent à Vulcain les armes des Romains. Leur vœu fut accompli dans un sens tout opposé : Marcellus ayant tué Viridomare, suspendit dans le temple de Jupiter Férétrien, les armes de ce prince [36] : troisièmes dépouilles opimes, depuis Romulus notre fondateur.

V. Guerre contre les Illyriens. [An de Rome, 523 à 525.]

Les Illyriens ou Liburniens habitent les dernières extrémités de la chaîne des Alpes, entre le fleuve Arsias et le Titius, et s'étendent fort au loin sur toute la côte de la mer Adriatique [37]. Ces peuples gouvernés par une femme nommée Teuta [38], non contens de leurs brigandages, ajoutèrent le crime à l'insolence [39]. Nos ambassadeurs vinrent leur demander réparation [40] des violences qu'ils avaient commises; ils les firent mourir, non pas même par le glaive, mais par la hache, ainsi que des victimes : ils brûlèrent vifs les commandans de nos vaisseaux; et, ce qui mettait le comble à ces indignités c'est qu'elles étaient ordonnées par une femme. Les Illyriens furent entièrement domptés par Cnæus Fulvius Centimalus [41], qui fit tomber sous la hache les têtes des principaux de la nation pour satisfaire aux mânes de nos ambassadeurs.

ᵇ *Teuta*. In veter. ed. *Teutana*.

VI. Bellum Punicum secundum.

Post primum Punicum bellum, vix quadriennii requies, ecce alterum bellum : minus quidem spatio, nec enim amplius quam decem et octo annos habet, sed adeo cladium atrocitate terribilius, ut si quis conferat damna utriusque populi, similior victo sit populus qui vicit.

Urebat [a] nobilem populum ablatum mare, captæ insulæ, dare tributa, quæ jubere consueverat. In ultionem puer Annibal ad aram patri juraverat: nec morabatur. Igitur in causam belli Saguntus delecta est [b], vetus Hispaniæ civitas et opulenta, fideique erga Romanos magnum quidem, sed triste' monumentum. Quam in libertatem communi foedere exceptam, Annibal causas novorum motuum quærens, et suis et ipsorum manibus evertit, ut Italiam sibi rupto foedere aperiret. Summa foederum Romanis religio est. Itaque ad auditum sociæ civitatis obsidium, memores icti cum Poenis quoque foederis, non statim ad arma procurrunt, dum prius more legitimo queri malunt. Interim jam novem mensibus fessi

[a] *Urebat.* Hæc est vera lectio, ex melioribus codicibus. *Pudebat* a quibusdam edit. absurde admittitur. «Si ita loquitur Florus, ait « Salmasius, ut loquentem eum fecere correctores, vix latino « cœlo natum putem. »

VI. Deuxième guerre Punique. [An de Rome, 535 à 552.]

Rome avait à peine joui de quatre années de repos[42], depuis la première guerre punique, lorsqu'on vit s'élever la seconde. Moins considérable que l'autre par sa durée, puisqu'elle ne fut que de dix-huit ans, elle a été bien plus terrible par l'horreur de ses désastres, et telle, que, si l'on comparait les pertes des deux nations, le vainqueur paraîtrait avoir plus souffert encore que le vaincu.

L'illustre peuple de Carthage se voyait avec indignation dépouillé de l'empire de la mer, de la possession de ses îles[43], et soumis à un tribut, lui qui avait accoutumé d'en imposer aux autres. Annibal, encore enfant, avait juré à son père, à la face des autels, qu'il vengerait sa patrie[44]; et il ne tarda point d'accomplir son serment. Pour faire naître la guerre, il dirigea ses attaques contre Sagonte, ancienne et opulente cité d'Espagne[45], illustre et déplorable monument de fidélité envers les Romains. Bien que son indépendance eût été reconnue par un traité fait entre les deux nations, Annibal cherchant à exciter de nouveaux troubles, la détruisit de ses propres mains, et par celles de ses habitans. Il voulait, à la faveur de cette violation de la paix, s'ouvrir le chemin de l'Italie. La religion des traités est toute puissante chez les Romains. A la nouvelle du siége d'une ville qui était leur alliée, ils se rappellent qu'un traité les unit également avec Carthage. Ils ne courent pas aussitôt aux armes, mais ils préfèrent porter leurs

---

[b] *In causam belli delecta est* : non *in causa belli deleta*, ut in quibusd. libris reperias, et quidem perperam.

fame, machinis, ferro, versa denique in rabiem fide, immanem in foro excitant rogum; tum desuper se suosque, cum omnibus opibus suis, ferro et igni corrumpunt. Hujus tantæ cladis auctor Annibal poscitur. Tergiversantibus Pœnis, dux legationis : *Quæ, inquit, mora est, Fabius? In hoc ego sinu bellum pacemque porto; utrum eligitis!* Succlamantibus : *Bellum. Bellum igitur,* inquit, *accipite*[a], et excusso in media curia togæ gremio, non sine horrore, quasi plane sinu bellum ferret, effudit. Similis exitus belli initio fuit. Nam, quasi has inferias sibi Saguntinorum ultimæ diræ in illo publico parricidio incendioque mandassent, ita manibus eorum, vastatione Italiæ, captivitate Africæ, ducum et regum, qui id gessere bellum, exitio parentatum est.

Igitur, ubi semel se in Hispania movit illa gravis et luctuosa Punici belli vis atque tempestas, destinatumque Romanis jamdiu fulmen Sa-

[a] *Quæ, inquit, mora est, etc., accipite.* Longe diverse hunc locum scripsit Vinetus : *Quæ inquit mora est ? Fabius : In hoc ego sinu bellum affero et pacem : utrum eligitis ? utrum placet su-*

plaintes selon les voies tracées par le droit des gens [46].
Cependant les Sagontins étaient pressés, depuis neuf
mois, par la famine, par les machines et par les attaques des ennemis. A la fin leur constance se change
en fureur, ils allument dans la place publique un immense bûcher, sur lequel ils périssent par le fer et
par les flammes, avec leurs femmes, leurs enfans et
toutes leurs richesses. Rome demande qu'on lui livre
Annibal, auteur d'un si affreux désastre. Voyant les
Carthaginois tergiverser, Fabius, le chef de l'ambassade [47], leur dit : « Qu'attendez-vous ? Je vous ap-
« porte, dans ce pli de ma robe, la paix ou la
« guerre : que choisissez-vous ? — La guerre, répon-
« dent par acclamation les Carthaginois. — Eh bien,
« recevez donc la guerre; » puis, secouant, au milieu
du sénat, le devant de sa tunique, Fabius la déploie
d'un air terrible, comme s'il eût en effet porté la
guerre dans son sein. La fin de cette sanglante lutte
répondit à son commencement. En effet, comme si,
au milieu de l'incendie et de la destruction solennelle
de leur patrie, de telles funérailles eussent été ré-
clamées par les dernières imprécations des Sagontins, la dévastation de l'Italie, l'esclavage de l'Afrique, la perte des rois et des chefs qui prirent part
à cette guerre, furent comme les sacrifices offerts
aux mânes de ce peuple généreux [48].

A peine ce grand et désastreux orage de la guerre
punique [49] s'est-il formé dans l'Espagne, et a-t-il allumé, aux feux dont brûlait Sagonte, la foudre dès

*mite. Quumque succlamatum est utrum vellet, diceret. Bellum
igitur inquit accipite.* Hanc lectionem minime probant, Lipsius,
Gruterus, et optimi quique edit. Variorum lectionem secuti sumus.

guntino igne conflavit : statim quodam impetu rapta, medias perfregit Alpes, et in Italiam ab illis fabulosæ altitudinis nivibus, velut cœlo missa, descendit. Ac primi quidem impetus turbo inter Padum et Ticinum, valido statim fragore detonuit. Tunc Scipione duce fusus exercitus ; saucius et ipse venisset in manus hostium imperator, nisi protectum patrem prætextatus admodum filius ab ipsa morte rapuisset. Hic erit Scipio, qui in exitium Africæ crescit, nomen ex malis ejus habiturus.

Ticino Trebia succedit. Hic secunda belli Punici procella desævit, Sempronio consule. Tunc callidissimi hostes, frigidum et nivalem nacti diem, quum se ignibus prius oleoque fovissent, horribile dictu! homines a meridie et sole venientes nostra nos hieme vicerunt.

Trasimenus lacus, tertium fulmen Annibalis, Imperatore Flaminio. Ibi quoque ars nova Punicæ fraudis. Quippe nebula lacus palustribusque virgultis tectus eques, terga subito pugnantium invasit. Nec de diis possumus queri. Imminentem quippe temerario duci cladem prædixerant insidentia signis examina, et aquilæ prodire nolentes,

long-temps destinée à frapper les Romains, qu'emporté tout à coup par un mouvement impétueux, il heurte et déchire les flancs des Alpes, puis du sommet de ces glaciers célèbres par leur prodigieuse élévation, il vient, comme du haut du ciel, fondre sur l'Italie [50]. Les premiers tourbillons de la tempête se précipitèrent tout à coup avec un fracas épouvantable entre le Tésin et le Pô [51]. L'armée que commandait Scipion est mise en fuite; et, blessé lui-même, ce général serait tombé entre les mains des ennemis, si son fils, encore dans l'adolescence, n'eût arraché son père à une mort certaine, en lui faisant un rempart de son corps. C'est le Scipion qui croît pour la ruine de l'Afrique, et qui tirera son surnom des malheurs de cette province [52].

Au Tésin succède la Trébie : là, sous le consul Sempronius [53], devait se déchaîner la seconde tourmente de la guerre punique. Ce fut dans cette journée que les rusés Carthaginois, ayant choisi un jour froid et où il tombait de la neige, se chauffèrent et se frottèrent d'huile avant le combat, et, chose étonnante, ces hommes qui venoient des brûlantes contrées du midi, surent nous vaincre en tournant contre nous l'hiver de nos climats.

La troisième foudre, lancée par Annibal, éclata près du lac Trasimène. Flaminius commandait notre armée [54]. Là encore, on vit un nouveau stratagème de la ruse punique. Cachée par les brouillards du lac et par les buissons qui peuplent les marais, la cavalerie ennemie prit subitement à dos les romains qui combattaient. Nous ne pouvons, au reste, nous plaindre des dieux. Le désastre qui nous mena-

et commissam aciem sequutus ingens terræ tremor; nisi illum horrorem soli equitum, virorumque discursus, et mota vehementius arma fecerunt.

Quartum, et pene ultimum [a] vulnus imperii Cannæ, ignobilis Apuliæ vicus; sed magnitudine cladis emersit, et quadraginta millium cæde facta [b] nobilitas. Ibi in exitium infelicis exercitus, dux, terra, cœlum, dies, tota denique rerum natura consensit. Siquidem non contentus simulatis transfugis Annibal, qui mox terga pugnantium ceciderunt, insuper callidissimus imperator, patentibus in campis, observato loci ingenio, quod et sol ibi acerrimus, et plurimus pulvis, et Eurus ab Oriente quasi ad constitutum, ita instruxit aciem, ut, Romanis adversus hæc omnia adversis [c], quasi secundum cœlum [d] tenens, vento, pulvere, sole pugnaret. Itaque duo maximi exercitus cæsi ad hostium satietatem, donec An-

---

[a] *Quartum et pene ultimum.* Melius ac : *quartum id est ultimum*, quod in omnibus fere edition. legas.

[b] *Facta.* In optimo habetur Nazariano codice. Haud paulo elegantius ac *parta*, quod in multis libris legere est.

[c] *Adversis.* In codicibus hanc lectionem legas, quam probant Salm. et Græv., et Var. *Obversis* placuit aliis edit.; nec sine sensu.

LIVRE II.   109

çait avait été annoncé à notre téméraire général, et
par un essaim d'abeilles qui s'était posé sur nos drapeaux, et par nos aigles qui avaient refusé d'avancer, et par un horrible tremblement de terre qui s'é-
tait fait sentir dès que l'action fut engagée; à moins
que l'on ne veuille attribuer cette commotion du sol
aux tumultueuses évolutions des hommes et des chevaux, et à la violence du choc des armes [55].

La quatrième, et presque la dernière blessure que
reçut la république, lui fut portée à Cannes, bourg de
l'Apulie, jusqu'alors inconnu, mais qui, à la faveur
d'un si grand désastre, sortit de son obscurité, et
dut sa célébrité au carnage de quarante mille Romains. Ici le général Carthaginois, la terre, le ciel, le
temps, toute la nature enfin, conspirèrent la perte de
notre malheureuse armée. Ce ne fut pas assez pour
Annibal de nous avoir envoyé de faux transfuges,
qui chargèrent en queue les romains pendant l'action :
après avoir reconnu la nature du lieu, qui était une
vaste plaine brûlée par le soleil le plus ardent, couverte de poussière et exposée périodiquement au
souffle d'un vent d'Orient, ce rusé capitaine y rangea
son armée de manière que les Romains eurent contre
eux toutes ces incommodités. Cependant il avait en
quelque sorte le ciel pour auxiliaire, et combattit avec
le secours du vent, de la poussière et du soleil. Deux
grandes armées furent taillées en pièces, et les ennemis étaient rassasiés de carnage, lorsqu'Annibal dit à

[d] *Secundum cœlum.* Hæc scriptura est omnium nostrorum codicum longe optima, præ illa quam Vinetus prætulit : *Quasi
secum cœlum habens.*

nibal diceret militi suo : *Parce ferro*. Ducun. effugit alter, alter occisus est : dubium uter majore animo. Paulum puduit, Varro non desperavit. Documenta cladis, cruentus aliquandiu Aufidus; pons de cadaveribus, jussu ducis, factus in torrente Vergelli; modii duo anulorum Carthaginem missi, dignitasque equestris taxata mensura.

Dubium deinde non erat, quin ultimum illum diem habitura fuerit Roma, quintumque intra diem epulari Annibal in Capitolio potuerit, si, quod Pænum illum dixisse Adherbalem Bomilcaris ferunt, Annibal quemadmodum sciret vincere, sic uti victoria scisset. Tum quidem illum, ut dici vulgo solet [a], aut fatum Urbis imperaturæ, aut ipsius mens mala, et aversi a Carthagine dii in diversum abstulerunt. Quum victoria posset uti, frui maluit; relictaque Roma, Campaniam Tarentumque peragrare : ubi mox et ipse et exercitus ardor elanguit, adeo ut verum dictum sit, Capuam Annibali Cannas fuisse. Siquidem invictum Alpibus, indomitum armis, Campaniæ (quis crederet?) soles et tepentes fontibus Baiæ subegerunt.

[a] *Ut dici vulgo solet.* Hæc verba in sua edit. omisit Paulus (l'abbé Paul). « Hoc est, quod vulgo dicunt. quod vulgo jactatur

ses soldats : *Faites quartier*. L'un de nos chefs prit la fuite, l'autre se fit tuer. Je ne sais lequel des deux montra le plus de grandeur d'âme : Paulus eut honte de survivre au désastre de Rome; Varron ne désespéra pas de la patrie. L'Aufide ensanglanté pendant quelque temps, le pont fait avec des cadavres sur le torrent de Vergelles [56], par ordre d'Annibal, et deux boisseaux d'anneaux envoyés à Carthage (car c'est au boisseau que fut mesuré cet ornement de la dignité équestre)[57], sont autant de preuves de la grandeur de notre défaite.

Nul doute que c'en était fait de Rome et qu'Annibal pouvait, dans cinq jours, prendre son repas au Capitole, si, selon le mot qu'on attribue à Adherbal, fils de Bomilcar [58], il eût su joindre à l'art de vaincre, celui de profiter de la victoire. Mais, selon l'opinion commune, les destins de la ville à qui l'empire était réservé, ou le mauvais génie d'Annibal, soit enfin les dieux eux-mêmes, ennemis de Carthage, entraînèrent ailleurs ce général. Lorsqu'il pouvait user de la victoire, il aima mieux en jouir[59]; et laissant là Rome, il se répandit dans les champs de Capoue et de Tarente, où s'éteignit bientôt son ardeur et celle de son armée. Ainsi l'on a eu raison de dire que Capoue fut pour Annibal ce que Cannes avait été pour les Romains [60]. Celui que les Alpes n'avaient pu vaincre et que nos armes n'avaient pu dompter, fut subjugué, le croirait-on ? par les chaleurs de la Campanie et par les tièdes fontaines de Baies !

« de Hannibalis peccato. Hic sensus est hujus loci, qui immerito
« suspectus est doctis hominibus. (Grævius.) »

Interim respirare Romanus, et quasi ab inferis emergere. Arma non erant, detracta sunt templis; deerat juventus, in sacramentum militiæ liberata servitia, egebat ærarium, opes suas libens senatus in medium protulit, nec præter quod in bullis, singulisque anulis erat [a] quidquam sibi auri reliquere. Eques sequutus exemplum, imitatæque equitem tribus. Denique vix suffecere tabulæ, vix scribarum manus, Lævino Marcelloque consulibus, quum privatæ opes in publicum deferrentur. Quid autem in deligendis magistratibus, quæ centuriarum sapientia, quum juniores a senioribus consilium de creandis consulibus petivere? Quippe adversus hostem totiens victorem, tam callidum, non virtute tantum, sed suis etiam pugnare consiliis oportebat.

Prima redeuntis, et, ut sic dixerim, reviviscentis imperii spes Fabius fuit : qui novam de Annibale victoriam commentus est, non pugnare [b]. Hinc illi cognomen novum et reipublicæ salutare, *Cunctator*. Hinc illud ex populo, ut *Imperii scutum* vocaretur. Itaque per Samnium totum, per Falernos Gauranosque saltus sic ma-

[a] *Quod in bullis, singulisque anulis erat.* Emendatio est a tribus Pallatinis cod., ut et a veterrima editione. Sequentes enim falso : *quod in bullis, cingulis atque anulis erat* : unde conjecerat Lipsius : *singulis atque anulis ;* ut fuerit loco corrum-

Cependant le peuple romain respire et semble sortir du tombeau; il se trouve sans armes, il arrache celles des temples ; sans armée, il affranchit les esclaves et en fait des soldats ; le trésor public est vide, les sénateurs s'empressent d'y porter leurs richesses, et ne se réservent chacun d'autre or que celui de leurs anneaux et des bulles de leurs enfans [61]; les chevaliers suivent leur exemple, et les tribuns imitent les chevaliers. Tel est enfin, sous le consulat de Levinus et de Marcellus, le zèle des citoyens à porter au trésor public leurs richesses particulières, qu'à peine les registres et la main des greffiers peuvent suffire à enregistrer toutes les offrandes. Mais lors de l'élection des magistrats, quelle sagesse montrèrent les centuries [62]! Les plus jeunes demandent conseil aux vieillards sur le choix des consuls. Et en effet, contre un ennemi tant de fois vainqueur et si fertile en ruses, il fallait non-seulement combattre avec les armes de la valeur, mais encore avec celles de la prudence.

Le premier espoir de l'empire revenu, pour ainsi dire, à la vie, est placé dans Fabius ; ce grand homme trouva un moyen nouveau de vaincre Annibal, c'était de ne pas le combattre. De là, pour le sauveur de la république, le surnom nouveau de *Temporiseur,* et celui de *Bouclier de l'Empire,* qui lui fut donné par le peuple [63]. Dans le pays des Samnites, et dans les défilés étroits du Gaurus et de Falerne [64], il fatigua tellement Annibal, qu'il épuisa

---

pendo copulæ transpositio. Sed nostra lectio ut est simplicior, ita et melior : quasi nihil reliquerint patres præter anulum signatorium. (Gruterus.)

b *Non pugnare.* Alii, *nolle pugnare.*

ceravit Annibalem, ut qui frangi virtute non poterat, mora comminueretur. Inde Claudio Marcello duce; etiam congredi ausus est. Cominus venit, et pepulit in Campania sua [a], et ab obsidione Nolæ urbis excussit. Ausus et Sempronio Graccho duce, per Lucaniam sequi, et premere terga cedentis : quamvis tunc, o pudor? manu servili pugnaret; nam hucusque tot mala compulerant : sed libertate donati; fecerat de servis virtus Romanos [b].

O horribilem in tot adversis fiduciam ! o singularem animum ac spiritum populi romani ! Tam arctis afflictisque rebus, quum de Italia sua dubitaret, ausus est tamen in diversa respicere, quumque hostis in jugulo per Campaniam Apuliamque volitaret, mediamque jam de Italia Africam faceret, eodem tempore et hunc sustinebat, et in Siciliam, Sardiniam, Hispaniam, divisa per terrarum orbem arma mittebat.

[a] *Pepulit in Campania.* In quibusdam edit. legas : *pepulit e Campania sua.* Absurdum; nunquam Marcellus e Campania Annibalem pepulit. Capuam, Campaniæ caput, non eo anno amisit Annibal, nec opera Marcelli Campaniæ possessione cessit, sed obsidione tantum Nolæ urbis excussus est. Solus ex nostris veteribus libris Nazarianus codex sinceram retinuit lectionem qui habet *pepulit in Campania.*

[b] *Fecerat de servis virtus Romanos.* Varior., Vineti, et quædam aliæ probatæ editiones sic hunc locum habent : *sed libertate donati. Fecerant de virtute Romanos.* Quæ non placuit Salmasium

par ses sages lenteurs ce général que la valeur n'avait pu dompter. Depuis ce temps les Romains, sous le commandement de Claudius Marcellus [65], osent le combattre. Ils s'approchent de lui, le mettent en fuite dans sa Campanie, et le forcent à lever le siége de Noles [66]. Ils osent aussi, sous Sempronius Gracchus, le poursuivre à travers la Lucanie [67], et le harceler dans sa retraite, bien qu'alors, ô honte, Rome n'avait pour combattans que des esclaves : c'est à cette extrémité que tant de malheurs l'avaient réduite; mais on leur avait donné la liberté, et leur courage en fit des Romains.

Quelle fut étonnante, au milieu de tant de revers, la confiance du peuple romain ! Quel courage ! Quelle force d'âme ! Dans une position si embarrassante et si déplorable, quand le salut de son Italie est encore douteux, il ose porter ses regards sur d'autres contrées, et tandis qu'inondant la Campanie, et l'Apulie, les Carthaginois lui tiennent pour ainsi dire le fer sur la gorge, et font déjà de l'Italie une seconde Afrique, il sait, tout à la fois, leur résister, et envoyer en Sicile, en Sardaigne et en Espagne, ses armées ainsi réparties en diverses régions de l'univers [68].

lectio : « Quis hæc intelligit, aiebat ? servi illi nempe donati liber-
» tate, Romanos fecerant de servitute. Quid est *Romanos de ser-*
» *vitute facere ?* Mitto elegantiam, solam quæro latinitatem, sed
» fac latina esse, jam ego de historia inquisierim. Quid vult sibi,
» virtute de servis liberi facti ? Hoc opinor dicere voluisse Florum,
» atque etiam dixisse, si verba integra ejus haberemus, quæ ad
» hanc faciem, ut ab auctore concepta sunt, restituenda censeo :
» *sed libertate donati : fecerat de servis virtus Romanos :* liber-
» tatem virtute meruerunt. Perperam coaluerunt istæ duo voces in
» unam, ob soni affinitatem : *de servitute* pro *de servis virtute.* »

Sicilia mandata Marcello, nec diu restitit. Tota enim insula in una urbe superata est. Grande illud, et ante id tempus invictum caput Syracusæ, quamvis Archimedis ingenio defenderentur, aliquando cesserunt. Longe illis triplex murus, totidemque arces, portus ille marmoreus et fons celebratus Arethusæ; nisi quod hactenus profuere, ut pulchritudini victæ urbis parceretur.

Sardiniam Gracchus arripuit. Nihil illi gentium feritas, insanorumque (nam sic vocantur) immanitas montium profuere. Sævitum in urbes, urbemque urbium Caralim, ut gens contumax vilisque morti, saltem desiderio patrii soli domaretur.

In Hispaniam missi Cnæus et Publius Scipiones pæne totam Pœnis eripuerant; sed insidiis punicæ fraudis oppressi, rursus amiserunt; magnis quidem illi præliis, quum punicas opes cecidissent: sed punicæ insidiæ alterum ferro castra metantem, alterum, quum evasisset in turrim, cinctum facibus oppresserunt. Igitur in ultionem patris ac patrui missus cum exercitu Scipio, cui tam grande de Africa nomen fata decreverant, bellatricem illam, viris armisque nobilem Hispaniam, illam seminarium hostilis exercitus,

La Sicile, assignée à Marcellus, ne lui résiste pas long-temps : la prise d'une seule ville entraîne la soumission de l'île entière. Cette immense capitale, Syracuse, jusqu'alors invincible, bien qu'elle soit défendue par le génie d'Archimède, se voit enfin forcée de céder [69]. A quoi lui servirent sa triple enceinte de murs, ses trois forteresses, son port de marbre, et la célèbre fontaine d'Aréthuse [70], à moins que ce ne soit en considération de toutes ces merveilles que le vainqueur ait épargné Syracuse.

Gracchus s'empare de la Sardaigne [71], que ne purent sauver ni le courage féroce de ses habitans, ni la hauteur prodigieuse de ses folles montagnes, car c'est ainsi qu'on les appelle. Il traite avec rigueur les villes, et Caralis, la principale de toutes, afin de dompter, par le spectacle douloureux de la dévastation de sa patrie, une nation obstinée, qui se faisait un jeu de la mort.

Les deux Scipions, Cnæus et Publius, envoyés en Espagne, l'avaient presque entièrement enlevée aux Carthaginois. Victimes des stratagêmes de la ruse punique, ces deux illustres capitaines perdirent à leur tour ce pays [72], non sans avoir épuisé, dans de grands combats, les forces carthaginoises. L'un d'eux succomba sous les coups des perfides Africains, comme il traçait son camp ; quant à l'autre, ils le firent périr par les flammes dans une tour où il s'était réfugié. Pour venger son père et son oncle, Rome envoya, avec une armée, le jeune Scipion [73], à qui les destins avaient réservé le glorieux surnom d'Africain. Et cette belliqueuse Espagne, fameuse par

illam Annibalis eruditricem (incredibile dictu !) totam a Pyrenæis montibus in Herculis columnas et Oceanum recuperavit, nescias citius an felicius. Quam velociter, quatuor anni fatentur ; quam feliciter [a] vel una civitas probat : eodem quippe, quo obsessa est, die capta est, omenque africanæ victoriæ fuit, quod tam facile victa est hispana Carthago. Certum est tamen ad profligandam provinciam maxime profecisse singularem ducis sanctitatem ; quippe cui captivos puellasque præcipuæ pulchritudinis barbaris restituerit, nec in conspectum quidem suum passus adduci, ne quid de virginitatis integritate delibasse saltem oculis videretur.

Hæc inter diversa terrarum populus romanus ; nec ideo tamen Italiæ visceribus inhærentem summovere poterat Annibalem. Pleraque ad hostem defecerant, et dux acerrimus contra Romanos Italicis quoque viribus utebatur. Jam tamen eum plerisque oppidis et regionibus excusseramus. Tarentus ad nos redierat ; jam et Capua sedes et domus et patria altera Annibalis tenebatur ; cujus amissio tantum Pæno duci dolorem dedit, ut inde totis viribus Romam convertere-

---

[a] *Feliciter*. In quibusd. ed. *facile* reperias, et supra *facilius* pro *felicius*. Utraque lectio a doctissimis probatur.

ses guerriers et par ses victoires, cette pépinière féconde des armées ennemies, cette illustre école d'Annibal, il la reconquit, ô prodige! depuis les Pyrénées jusqu'aux colonnes d'Hercule et à l'Océan, et l'on ne saurait dire si ce fut avec plus de rapidité que de bonheur. Quatre années qui suffirent à cette conquête en attestent la rapidité ; et quant au bonheur, j'en vois la preuve dans une seule cité, que le même jour vit assiégée et prise : la Carthage de l'Espagne, si facilement vaincue, fut le présage de la défaite de l'Afrique [74]. Quoi qu'il en soit, rien ne contribua plus puissamment à la soumission de cette province que l'héroïque continence de notre général, qui rendit aux barbares leurs enfans captifs, et de jeunes filles d'une rare beauté, sans permettre seulement qu'on les amenât en sa présence, pour ne pas paraître avoir terni, même par ses regards, quelque chose de leur pureté virginale [75].

Tels étaient les succès du peuple romain dans diverses parties du monde, et cependant il ne pouvait chasser Annibal, qui était comme attaché aux entrailles de l'Italie. La plupart des villes avaient abandonné la cause de Rome [76] ; et ce redoutable ennemi employait contre elle les forces de l'Italie. Déjà, toutefois, nous l'avions forcé d'évacuer quantité de places et de contrées : Tarente était rentrée sous notre pouvoir [77] ; déjà nous tenions assiégée Capoue [78], la résidence, le domicile et la seconde patrie d'Annibal. La perte de cette place était si sensible au général carthaginois, qu'il fit une diversion sur Rome, à la tête de toutes ses forces. O peuple digne de la faveur céleste, et de l'admiration des dieux et des hommes !

tur. O populum dignum orbis imperio! Dignum omnium favore et admiratione hominum ac deorum [a]! Compulsus ad ultimos metus [b], ab incepto non destitit, et de sua urbe sollicitus, Capuam tamen non omisit; sed parte exercitus sub Appio consule relicta, parte Flaccum in urbem sequuta, absens simul præsensque pugnabat. Quid ergo miramur moventi castra a tertio lapide Annibali iterum ipsos deos, deos, inquam (nec fateri pudebit), restitisse? Tanta enim ad singulos illius motus vis imbrium effusa, tanta ventorum violentia coorta est, ut divinitus hostem summoveri, neque cœlo, sed ab Urbis ipsius mœnibus et Capitolio ferri videretur. Itaque fugit et cessit, et in ultimum se Italiæ recepit sinum, quum Urbem tantum non adortam [c] reliquisset. Parva res dictu, sed ad magnanimitatem populi romani probandam satis efficax: quod illis ipsis, quibus obsidebatur, diebus, ager quem Annibal castris insederat, venalis Romæ fuit, hastæque subjectus invenit emptorem. Voluit Annibal contra

[a] *Dignum omnium favore et admiratione hominum ac deorum.* Salmasius *omnium* delere vult : nec inepte. — Paulus (l'abbé Paul) scripsit : *Dignum numinum favore et admiratione hominum.* Sic temere auctoris nostri textum truncare non dubitat.

[b] *Compulsus ad ultimos metus.* Nazarianus codex a manu correctrice habet, *ultimas metas,* metaphora non inepta. Sed vulgatum propugnant cæteræ membranæ; item Jordanci co-

Réduits aux dernières alarmes, les Romains ne se désistèrent d'aucune de leurs entreprises; et, tout en veillant au salut de leur ville, ils n'abandonnèrent point le siége de Capoue. Une partie de leur armée fut laissée sous les ordres d'Appius devant cette place : ainsi ils combattaient à la fois hors de leurs murs et dans leurs murs [79]. Est-il donc étonnant que, lorsque Annibal, posté à trois milles de Rome, leva son camp pour venir l'attaquer, deux fois les dieux (oui, les dieux eux-mêmes, ne rougissons pas de l'avouer) se soient opposés à sa marche? En effet, à chaque mouvement de son armée*, des torrens de pluie se précipitèrent avec tant de violence, et les vents s'élevèrent avec tant de furie, qu'il semblait que cet orage, suscité par le ciel pour repousser l'ennemi, partît non du sein des nuages, mais des murs même de Rome et du haut du Capitole [80]. Annibal s'éloigna donc en fugitif, et se retira vers l'extrémité de l'Italie, abandonnant Rome sans avoir seulement pu l'attaquer [81]. Un trait que je vais citer, quoique léger en soi, est une preuve assez forte de la grandeur d'âme du peuple romain. Pendant qu'Annibal assiégeait Rome, le champ même où il campait fut mis à l'encan, et il trouva un acheteur [82]. Annibal, voulant affecter une

---

dices Mss. (Gruterus.) Hoc *ultimas metas* quasi elegantissimum probat Salmasius ; sed inter *ultimos metus* et *ab incepto non destitit* extat aptissimus verborum contrastus, qui nisi, pro nostra lectione pugnarent vulgati, nos ad scribendum *ultimos metus* incitaret.

    c *Adortam.* Sic Vinetus, dissentientibus omnibus fere editoribus qui *adoratam* præferunt. *Adortam* quasi ad sensum aptissime convenientem lectionem elegimus.

fiduciam imitari, subjecitque argentarias urbis tabernas, nec sector inventus est; ut scias etiam præsagia fatis fuisse [a].

Nihil actum erat tanta virtute, tanto favore etiam deorum. Siquidem Asdrubal, frater Annibalis, cum exercitu novo, novis viribus, nova belli mole veniebat. Actum erat procul dubio, si vir ille se cum fratre junxisset. Sed hunc quoque castra metantem Claudius Nero cum Livio Salinatore debellat. Nero in ultimos Italiæ angulos submoverat Annibalem. Livius in diversissimam partem, id est, in ipsas nascentis Italiæ fauces signa converterat. Tanto, id est, omni, qua longissima Italia, solo inter jacente, quo consilio, qua celeritate consules castra conjunxerint, inopinanterque hostem collatis signis compresserint, neque id fieri Annibal senserit, difficile dictu est. Certe Annibal, re cognita, quum projectum fratris caput ad sua castra vidisset: *Agnosco*, inquit, *infelicitatem Carthaginis*. Hæc fuit illius viri, non sine præsagio quodam fati imminentis, prima confessio. Jam certum erat Annibalem, etiam ipsius confessione, posse vinci. Sed tot rerum prosperarum fiducia plenus populus romanus, magni æstimabat asperrimum hostem in

[a] *Præsagia fatis fuisse.* Poetice *fatis* pro *fatorum.*

semblable confiance, mit à son tour en vente les boutiques des banquiers de la ville ; mais il ne se présenta personne aux enchères. C'était un présage de la destinée des deux peuples.

Un courage aussi héroïque, une protection des dieux aussi singulière, n'avaient pourtant rien fait encore. Asdrubal, frère d'Annibal, s'avançait avec une nouvelle armée[83], de nouvelles forces, et un nouvel appareil de combats. C'en était fait de Rome infailliblement, si ce général avait pu opérer sa jonction avec son frère ; mais, comme il disposait son camp, il fut battu par Claudius Néron, et par Livius Salinator. Néron avait poussé Annibal jusqu'aux derniers confins de l'Italie. Livius avait conduit son armée dans une direction entièrement opposée, vers les défilés où commence ce pays. Il serait difficile de dire avec quelle intelligence et quelle célérité les consuls, bien qu'ils fussent éloignés l'un de l'autre de la distance qu'embrasse l'Italie dans toute sa longueur, se rejoignirent[84] ; et, unissant leurs drapeaux, tombèrent à l'improviste sur Asdrubal, sans qu'Annibal eût le moindre soupçon de ce qui se passait. A la nouvelle de ce désastre, et en voyant la tête de son frère qu'on jeta dans son camp : « Je reconnais, s'écria-t-il, la « mauvaise fortune de Carthage[85]. » Tel fut le premier aveu de ce grand capitaine, qui lui fut arraché sans doute par le pressentiment du triste sort qui le menaçait. Il était donc certain, de l'aveu même d'Annibal, qu'Annibal pouvait être vaincu. Le peuple romain, plein de confiance après tant d'heureux succès, n'avait rien plus à cœur que d'accabler entièrement un si redoutable ennemi au sein même de son Afrique. Il se

sua Africa debellare. Duce igitur Scipione, in ipsam Africam tota mole conversus, imitari coepit Annibalem, et Italiæ suæ clades in Africam vindicare. Quas ille, dii boni! Asdrubalis copias, quos Syphacis exercitus fudit! Quæ, quantaque utriusque castra facibus illatis una nocte delevit! Denique jam non a tertio lapide, sed ipsas Carthaginis portas obsidione quatiebat. Sic factum est, ut inhærentem atque incubantem Italiæ extorqueret Annibalem. Non fuit major sub imperio romano dies, quam ille, quum duo omnium et antea et postea ducum maximi, ille Italiæ, hic Hispaniæ victor, collatis cominus signis direxere aciem. Sed et colloquium fuit inter ipsos de legibus pacis. Steterunt diu mutua admiratione defixi. Ubi de pace non convenit, signa cecinere. Constat utriusque confessione, nec melius instrui aciem, nec acrius posse pugnari. Hoc Scipio de Annibalis, Annibal de Scipionis exercitu prædicaverunt. Sed tamen Annibal cessit, proemiumque victoriæ Africa fuit, et sequutus Africam statim terrarum orbis.

VII. Bellum Macedonicum primum.

Post Carthaginem vinci neminem puduit; sequutæque sunt statim Africam gentes, Macedonia,

porta donc, sous la conduite de Scipion, contre ce pays avec toutes ses forces [86], et commença d'imiter Annibal en vengeant sur l'Afrique les malheurs de l'Italie. Quelles armées, grands dieux! que celles d'Asdrubal et de Syphax [87], qu'il tailla en pièces! quelle était la force et l'étendue de leurs deux camps, qu'il livra aux flammes dans une seule nuit. Mais alors les Romains n'étaient pas seulement à trois milles de Carthage; ils en battaient les portes; ils en pressaient le siège. Cette puissante diversion arracha enfin Annibal de l'Italie [88], où il s'était fixé comme si jamais il n'en eût dû sortir. Jamais l'empire romain ne vit de journée plus fameuse que celle où les deux plus grands capitaines qui eussent existé jusqu'alors, et qui vécurent jamais depuis, tous deux vainqueurs, l'un de l'Italie, et l'autre de l'Espagne, mirent leurs armées en présence, et se disposèrent au combat. Ils eurent auparavant un entretien pour traiter de la paix. Ils restèrent long-temps immobiles, saisis d'une mutuelle admiration [89]; mais comme ils ne purent convenir d'un traité, les trompettes donnèrent le signal. Il est constant, de l'aveu des deux généraux, qu'on ne pouvait, de part et d'autre, ni faire de plus habiles dispositions, ni combattre avec plus de valeur. C'est le témoignage que Scipion se plut à rendre d'Annibal, et Annibal de Scipion. Toutefois Annibal succomba : l'Afrique fut le prix de la victoire [90]; et le monde entier ne tarda pas à subir le sort de l'Afrique.

VII. Première guerre de Macédoine. [An de Rome, 533 à 558.]

Carthage vaincue, aucun peuple ne rougit plus de l'être. Entraînées pour ainsi dire par le tourbillon de la

Græcia, Syria, cœteraque omnia, quodam quasi æstu et torrente fortunæ. Sed primi omnium Macedones, affectator quondam imperii populus. Itaque quamvis tunc Philippus regno præsideret, Romani tamen dimicare sibi cum rege Alexandro videbantur. Macedonicum bellum nomine amplius, quam spectatione [a] gentis fuit. Causa cœpit a fœdere Philippi, quo rex jampridem dominantem in Italia Annibalem sibi sociaverat. Postea crevit, implorantibus Athenis auxilium contra regis injurias, quum ille ultra jus victoriæ, in templa, aras et sepulcra ipsa sæviret. Placuit senatui opem tantis ferre supplicibus. Quippe jam gentium reges, duces, populi, nationes, præsidia sibi ab hac Urbe petebant.

Primo igitur, Lævino consule, populus romanus Ionium mare ingressus, tota Græciæ littora veluti triumphanti classe peragravit. Spolia quippe Siciliæ, Sardiniæ, Hispaniæ, Africæ præferebat, et manifestam victoriam nata in prætoria puppe laurus pollicebatur. Aderat sponte in auxilium Attalus, rex Pergamenorum. Aderant Rhodii, nauticus populus, qui navibus

---

[a] *Quam spectatione*, melius ac *exspectatione* quod in nonnullis libris reperias. Spectatio est consideratio et respectus : ut dicat Florus noster, amplius illud bellum nomine fuisse, propter nomen

fortune, la Macédoine, la Grèce, la Syrie, et toutes les autres nations eurent le sort de l'Afrique. Les Macédoniens furent les premiers vaincus [91] : ce peuple avait jadis aspiré à l'empire du monde, de sorte que, bien qu'il fût alors gouverné par Philippe, les Romains croyaient avoir à combattre un Alexandre [92]. Au reste, ce qui donna le plus d'importance à la guerre de Macédoine, était moins la considération dont cette nation jouissait alors, que le souvenir de sa gloire passée. L'alliance que Philippe avait depuis long-temps contractée avec Annibal, lorsqu'il dominait en Italie [93], fut la première cause de cette guerre. Bientôt nous y fûmes poussés par un motif encore plus puissant, lorsque les Athéniens implorèrent notre secours [94] contre les outrages de ce roi, qui portait l'abus de la victoire jusqu'à détruire leurs temples, leurs autels et leurs tombeaux mêmes. Le sénat consentit à secourir des supplians aussi illustres. Rome était déjà l'appui des rois, des princes, des peuples et des nations.

Sous le consulat de Lévinus, le peuple romain parut pour la première fois sur la mer Ionienne [95]; il parcourut comme en triomphe tous les rivages de la Grèce, étalant les dépouilles de la Sicile, de la Sardaigne, de l'Espagne et de l'Afrique [96]. Un laurier né sur la poupe du vaisseau prétorien [97] fut le présage assuré de la victoire. Attale, roi de Pergame, s'était joint de lui-même aux Romains [98]. Cet exemple fut suivi par les Rhodiens, peuple navigateur [99]. Rien ne résista sur mer à leur flotte, et sur terre aux guerriers

et memoriam olim virtutis Macedonum, quam consideratione et respectu ipsius gentis, quæ illo tempore non multum laudata erat. (Salmasius.)

a mari, consul a terris, omnia equis virisque, quatiebat [a]. Bis victus rex, bis fugatus, bis exutus castris; quum tamen nihil terribilius Macedonibus fuit ipso vulnerum aspectu, quæ non spiculis, non sagittis, nec ullo græculo ferro, sed ingentibus pilis, nec minoribus adacta gladiis ultra morem patebant [b]. Enimvero Flaminio duce, invios antea Chaonum montes, Aoumque amnem per abrupta vadentem, id est, ipsa Macedoniæ claustra penetravimus. Introisse, victoria fuit. Nam nunquam postea ausus congredi rex, ad tumulos, quos Cynoscephalas vocant, uno, ac ne hoc quidem justo prælio opprimitur. Et illi quidem consul pacem dedit, regnumque concessit. Mox ne quid esset hostile, Thebas et Eubœam, et grassantem sub Nabide suo Lacedæmona compescuit. Græciæ vero veterem statum reddidit, ut legibus viveret suis, et avita libertate frueretur. Quæ gaudia, quæ vociferationes fuerunt, quum hoc forte Nemeæ in theatro, quinquennalibus ludis a præcone caneretur? Quo certavere plausu? Quid florum in consulem profuderunt? Et iterum iterumque præconem re-

[a] *Qui navibus a mari, consul a terris, omnia equis virisque, quatiebat.* Hunc locum ut apud nos distinguitur, restituit Freinshemius. « Puto, ait, licere subvenire etiam sine libris; quapropter hanc lectionem ausus sum restituere : naves enim viris equisque opponit, ut consulem Rhodiis, terram mari. » Pravissima est

et à la cavalerie du consul. Philippe fut deux fois vaincu, deux fois mis en fuite, deux fois dépouillé de son camp [100]. Rien cependant n'effraya plus les Macédoniens que l'aspect de leurs blessures, qui, faites, non avec les traits, les flèches, ou toute autre arme légère dont se servent les Grecs [101], mais avec d'énormes javelots et de lourdes épées, étaient à leurs yeux d'une largeur extraordinaire. Bientôt après, sous la conduite de Flaminius [102], nous franchîmes les barrières de la Macédoine [103], c'est-à-dire les montagnes jusqu'alors inaccessibles de la Chaonie, et le fleuve Aoüs qui se précipite entre des rocs. Ce fut vaincre que d'y pénétrer [104]. Jamais depuis ce jour Philippe n'osa soutenir nos attaques, et s'il fut défait en une seule rencontre, près des collines nommées Cynoscéphales, ce ne fut pas même dans un véritable combat [105]. Le consul lui accorda la paix, et lui laissa son royaume [106]. Bientôt, pour prévenir toutes les causes de guerre, il réprima Thèbes, l'Eubée et Lacédémone qui, sous la conduite de son chef Nabis [107], faisait des incursions chez ses voisins. Quant à la Grèce, Flaminius lui rendit son ancienne constitution, et lui permit de vivre sous ses lois, et de jouir de la liberté de ses ancêtres [108]. Quelle allégresse, quels cris de joie, lorsque sur le théâtre de Némée, aux jeux qui se célébraient tous les cinq ans, le héraut publia ce décret ! Que d'applaudisse-

---

hujus loci in Varior. distinctio, sic : *qui a mari navibus consul, a terris omnia equis viribusque quatiebat.* In editione Stadii legitur *quibus a mari etc.*, tunc subaudiendum esset *quatientibus*, quod durissimum, et putamus sine exemplo.

b *Ultra morem patebant.* In quibusd. edit. *ultra mortem* legas.

petere illam vocem jubebant, qua libertas Achaiæ pronuntiabatur. Nec aliter illa consulari sententia, quam modulatissimo aliquo tibiarum aut fidium cantu fruebantur.

VIII. Bellum Syriacum regis Antiochi.

Macedoniam statim Syria [a] et regem Philippum Antiochus excepit, quadam quasi industria [b], sic adgubernante fortuna, ut quemadmodum ab Africa in Europam, sic ab Europa in Asiam [c], ultro se suggerentibus caussis, imperium procederet; et cum terrarum orbis situ ipse ordo victoriarum navigaret. Non aliud formidolosius fama bellum fuit, quippe quum Persas et Orientem, Xerxem atque Darium cogitarent; quando perfossi invii montes, quando velis opertum mare nuntiaretur. Ad hoc cœlestes minæ territabant, quum humore continuo Cumanus Apollo sudaret. Sed hic faventis Asiæ suæ numinis timor erat.

[a] *Macedoniam statim Syria.* In Varior. ed. sic hunc locum legas : *Macedoniam statim, et regem Philippum Antiochus excepit.* Inserenda illa vox *Syria* clarissimo Freinshemio visa est, nec immerito, nam regnum regno, regem regi, opponit Annæus noster.

[b] *Quadam quasi industria.* Hunc locum contaminatum censemus fere ab omnibus edit. qui hunc sic distinctum habent : *quodam*

mens se firent entendre à l'envi ! Que de fleurs répandues sur le consul ! Les Grecs obligèrent plusieurs fois le héraut à répéter ces paroles qui proclamaient la liberté de l'Achaïe. Ils n'étaient pas moins délicieusement affectés en écoutant cet arrêté consulaire, qu'ils eussent pu l'être des plus mélodieux accords de la flûte ou de la lyre.

VIII. Guerre de Syrie contre le roi Antiochus. [An de Rome, 561 à 564.]

Après Philippe et la Macédoine, la Syrie et Antiochus éprouvèrent les armes des Romains[109]. On eût dit que la fortune avait à dessein disposé les choses de manière que la puissance romaine, au gré des occasions qui s'offraient toujours d'elles-mêmes, passât d'Europe en Asie comme elle avait passé d'Afrique en Europe, et qu'ainsi l'ordre de ses conquêtes se poursuivît d'après la situation des différens pays de la terre. Nulle guerre ne parut plus formidable aux Romains. La renommée leur retraçait les Perses et l'Orient, Xerxès et Darius, et les montagnes inaccessibles dont ces rois avaient percé les flancs, et la mer couverte de leurs vaisseaux[110]. Les menaces du ciel venaient en outre jeter la terreur dans les esprits : la statue d'Apollon de Cumes se couvrait d'une sueur continuelle ; mais c'était l'effet des alarmes de ce dieu pour l'Asie sa chère patrie[111].

casu, quasi industria. Hæc duæ voces *quodam casu et quasi industria* palam dissentiunt, nec Florus tantum scripsit, nostra sententia, nec non annuente Freinshemio, *quadam quasi industria.*

c *Ab Africa in Europam, sic ab Europa in Asiam.* Est hic locus admodum contemeratus ab interpretatore gallico *Paulo* (l'abbé Paul). Assiduus nostri textus contaminator, sic scri-

Nec sane viris, opibus, armis quidquam copiosius Syria. Sed in manus tam ignavi regis inciderat, ut nihil fuerit in Antiocho speciosius, quam quod a Romanis victus est. Impulere regem in id bellum, illinc Thoas, Ætoliæ princeps, inhonoratam apud Romanos querens adversus Macedones militiæ suæ societatem; hinc Annibal qui in Africa victus, profugus et pacis impatiens, hostem populo romano toto orbe quærebat. Et quod illud fuisset periculum, si se consiliis ejus rex tradidisset, id est, si Asiæ viribus usus fuisset miser Annibal? Sed rex suis opibus et nomine regio fretus, satis habuit bellum movere. Europa jam, dubio procul, jure ad Romanos pertinebat. Hic Lysimachiam urbem in littore Thracio positam a majoribus suis, Antiochus ut hæreditario jure reposcebat. Hoc velut sidere Asiatici belli mota tempestas. Et maximus regum contentus fortiter indixisse bellum, quum ingenti strepitu ac tumultu movisset ex Asia, occupatis statim insulis, Græciæque littoribus, otia et luxus tanquam victor agitabat. Eubæam insulam continenti adhærentem tenui freto, reciprocantibus aquis Euripus abscidit : hic ille positis

psit : *ab Europa in Africam, sic ab Africa in Asiam.* Tam stolidum mendum *Lamothe-Levayer* peritissimus editor, nec non contemnendus interpretator, non admisit.

Aucune contrée n'est plus peuplée, plus riche et plus belliqueuse que la Syrie [112]; mais elle était tombée entre les mains d'un roi si lâche, que la plus grande gloire d'Antiochus est d'avoir été vaincu par les Romains. Ceux qui poussèrent ce prince à cette guerre furent d'un côté Thoas, chef étolien [113], qui se plaignait que les Romains avaient paru faire peu de cas de son alliance dans la guerre contre les Macédoniens; et de l'autre Annibal, qui, vaincu en Afrique, fugitif, et fatigué de la paix, cherchait par tout l'univers un ennemi pour le peuple romain [114]. Quel péril n'eût pas été le nôtre, si Antiochus se fût livré à ses conseils, c'est-à-dire, si ce misérable Annibal eût pu disposer à son gré des forces de l'Asie? Mais ce prince, dans l'orgueilleuse confiance que lui inspiraient sa puissance et son nom de roi, crut avoir assez fait que d'allumer la guerre. Déjà l'Europe, par un droit incontestable, appartenait aux Romains [115]. Cependant Antiochus leur redemanda la ville de Lysimachie, bâtie par ses ancêtres, sur la côte de la Thrace, comme lui appartenant par droit héréditaire. Tel fut l'astre dont l'influence souleva la tempête de la guerre asiatique [116]. Le plus grand des rois, content d'avoir courageusement déclaré la guerre, partit de l'Asie avec un fracas et un tumulte extraordinaire; il s'empara aussitôt des îles et des rivages de la Grèce, et y consuma le temps dans le repos et dans les délices, comme s'il n'avait eu qu'à jouir de ses victoires. Le flux et reflux de l'Euripe a séparé du continent par un petit détroit l'île d'Eubée [117]: c'est près de là qu'ayant fait dresser des tentes tissues d'or et de soie, Antiochus mariait

aureis sericisque tentoriis, sub ipso freti murmure, quum inter fluenta tibiis fidibusque concineret, collatis undique, quamvis per hyemem, rosis, ne non aliqua ducem agere videretur, virginum puerorumque delectus habebat.

Talem ergo regem jam sua luxuria debellatum populus romanus, Acilio Glabrione consule, in insula aggressus, ipso statim adventus sui nuntio coegit ab insula fugere. Tum præcipitem apud Thermopylas assequutus, locum trecentorum Laconum speciosa cæde memorandum, ne ibi quidem fiducia loci resistentem mari ac terra cedere coegit. Statim et e vestigio itur in Syriam. Classis regia Polixenidæ Annibalique commissa : nam rex prælium nec spectare poterat. Igitur duce Æmilio Regillo, adremigantibus Rhodiis, tota laceratur. Ne sibi placeant Athenæ; in Antiocho vicimus Xerxem : in Æmilio Themistoclem æquavimus [a] : Ephesiis Salamina pensavimus.

Tum consule Scipione, cui frater ille, modo victor Carthaginis, Africanus, voluntaria legatione aderat, debellari regem placet : et jam toto cesserat mari; sed nos imus ulterius. Mæandrum ad amnem, montemque Sipylum castra ponun-

---

[a] *In Æmilio Themistoclem æquavimus.* Vetus edit., immo et Pallatini tres codices, *Alcibiadem.* Non valet animus perpendere

au bruit des ondes agitées les sons de la flûte et de la lyre ; puis, malgré la rigueur de l'hiver, faisant apporter de tous côtés des roses, il s'occupait, pour paraître jouer en quelque chose le rôle de général d'armée, à former des compagnies de jeunes vierges et de jeunes garçons [118].

Un tel prince était déjà vaincu par sa propre luxure. Le consul Acilius Glabrion s'avance pour l'attaquer dans l'île d'Eubée, d'où il le contraint de sortir précipitamment au seul bruit de son arrivée. Bientôt, malgré la rapidité de sa fuite, il l'atteint aux Thermopyles, lieu si célèbre par la glorieuse mort des trois cents Spartiates. Antiochus ne sait pas même profiter de l'avantage de ce poste, et Glabrion le force de céder la terre et la mer [119]. Aussitôt, et sans perdre un instant, on marche vers la Syrie. Antiochus avait confié le commandement de sa flotte à Polixénidas et à Annibal [120] : car ce roi n'osait pas même être spectateur du combat. Elle fut entièrement détruite par Æmilius Régillus [121], avec le secours des galères rhodiennes. Qu'Athènes ne soit plus si fière : nous avons vaincu Xerxès dans Antiochus ; notre Æmilius a égalé Thémistocle, et la bataille d'Ephèse vaut bien celle de Salamine [122].

Alors, sous le consulat de Scipion, que son illustre frère, Scipion l'Africain, qui venait de vaincre Carthage, voulut accompagner en qualité de lieutenant [123], Rome prit la résolution d'achever la défaite du roi de Syrie. Antiochus avait entièrement abandonné la mer : mais nos projets s'étendent au-delà de ses rivages,

utra melior lectio ; nisi quod cæco appareat, *Themistoclem* magis proprie opponi Persarum regi *Xerxi* quam Alcibiadem. (Gruterus.)

tur. Hic rex, incredibile dictu, quibus auxiliis, quibus copiis consederat. Trecenta millia peditum; equitum, falcatorum curruum non minor numerus. Elephantis ad hoc immensæ magnitudinis, auro, purpura, argento et suo ebore fulgentibus aciem utrinque vallaverat. Sed hæc omnia præpedita magnitudine sua; ad hoc imbre, qui subito superfusus, mira felicitate persicos arcus corruperat. Primum trepidatio, mox fuga, dehinc triumphus fuerunt. Victo et supplici pacem atque partem regni dari placuit; eo libentius, quod tam facile cessisset.

IX. Bellum Ætolicum.

Syriatico bello [a] successit, ut debebat, Ætolicum. Victo quippe Antiocho, Romanus faces asiatici belli persequebatur. Ergo Fulvio Nobiliori mandata ultio est. Hic protinus caput gentis Ambraciam, regiam Pyrrhi, machinis quatit. Sequuta deditio est. Aderant Ætolorum precibus Attici, Rhodii; et memineramus auxilii. Sic placuit ignoscere. Serpsit tamen latius in proximos

---

[a] *Syriatico bello.* In quibusd. ed. *Syriaco* legas; sed *Syriatico* in plerisque codicibus.

et nous allons camper près du fleuve Méandre et du mont Sipyle [124]. Ce prince s'y trouvait avec des troupes nationales et auxiliaires dont le nombre surpassait toute croyance : il avait trois cent mille fantassins, et un nombre proportionné de chevaux et de chars armés de faulx. Des éléphans d'une monstrueuse grandeur, tout brillans d'or, de pourpre, d'argent, et de l'éclat de leurs défenses d'ivoire, servaient comme de rempart à chacune des ailes de son armée. Mais tout cet appareil avait peine à s'ébranler à cause de sa grandeur ; et d'ailleurs une pluie qui, par un bonheur singulier, survint tout à coup, avait relâché les arcs des Perses. L'ennemi fut d'abord saisi d'épouvante ; bientôt il prit la fuite, et notre triomphe fut décidé. Le roi vaincu et suppliant obtint la paix ; on lui laissa une partie de ses états : le peuple romain y consentit d'autant plus volontiers, qu'Antiochus avait fait une plus faible résistance [125].

IX. Guerre d'Étolie. [An de Rome, 564.]

A la guerre de Syrie succéda, comme il était juste, celle d'Etolie [126]. Après la défaite d'Antiochus, Rome poursuivait les nations qui avaient allumé le flambeau de la guerre d'Asie. Fulvius Nobilior chargé du soin de sa vengeance, alla aussitôt accabler sous l'effort de ses machines, les murs d'Ambracie [127], capitale du pays, ancienne résidence de Pyrrhus. La reddition de cette place ne se fit pas attendre. Athènes et Rhodes intercèdent pour les Etoliens, qui implorent leur pardon ; et, en considération des secours que nous avait jadis fourni ce peuple, nous consentîmes à l'accorder [128]. La guerre étendit cependant plus loin ses

bellum, omnisque late Cephalenia, Zacynthos, et quidquid ª insularum in eo mari inter Ceraunios montes jugumque Maleum, Ætolici belli accessio fuerunt.

X. Bellum Histricum.

Histri sequuntur Ætolos, quippe bellantes eos nuper adjuverant. Initia pugnæ prospera hosti fuerunt, eademque exitii causa. Nam quum Cnæi Manlii castra cepissent, opimæque prædæ incubarent, epulantes ac ludibundos plerosque, ac ubi essent præ poculis nescientes, Appius Pulcher invadit. Sic cum sanguine et spiritu male partam revomuere victoriam. Ipse rex Apulo equo impositus [b], quum subinde crapula et capitis errore lapsaret, captum sese vix et ægre, postquam experrectus est, didicit.

XI. Bellum Gallo-Græcum.

Gallo-Græciam quoque Syriatici belli ruina convolvit. Fuerint inter auxilia regis Antiochi, an fuisse cupidus triumphi Manlius, ac eos visos

---

ª *Omnisque late Cephalenia, Zacynthos, et quidquid, etc.* Sic, auctore Freinsh., contendimus scribendum; non: *omnemque late Cephaleniam, Zacinthon, et quidquid etc.;* ut in Var. ed. reperias. Nostram lectionem sensus et proba phrasis contextio defendunt.

ravages, et parcourut les pays voisins. Céphalénie, Zacynthe et toutes les îles de cette mer, qui sont situées entre les monts Cérauniens et le cap Malée, furent comme l'accessoire de cette guerre d'Etolie [129].

X. Guerre d'Istrie. [An de Rome, 575.]

Après les Etoliens, Rome attaqua les peuples d'Istrie [130], qui leur avaient récemment prêté du secours contre nous. Les commencemens de cette guerre furent heureux pour les ennemis ; mais leur succès même causa leur perte. Ils s'étaient emparés du camp de Cn. Manlius [131], et uniquement occupés de cette riche proie, la plupart se gorgeaient de viandes, et, ivres de vin et de joie, ne savaient déjà plus où ils étaient, lorsque Appius Pulcher vint fondre sur eux à l'improviste [132]. Ainsi en perdant la vie avec le sang, ils se virent enlever une victoire qu'ils avaient dérobée. Apulon, leur roi [133], qu'on avait jeté sur un cheval, avait la tête si troublée par les fumées du vin, qu'il chancelait à tout moment, et, après qu'il eut repris ses sens, on eut la plus grande peine à lui persuader qu'il était prisonnier.

XI. Guerre contre les Gallo-Grecs. [An de Rome, 564.]

La guerre de Syrie entraîna aussi la ruine des Gallo-Grecs. Ce peuple avait-il réellement secouru Antiochus? ou Manlius, jaloux des honneurs du triomphe, feignit-il de les avoir vus dans l'armée de ce prince? C'est ce qui est toujours demeuré incertain. Quoi

---

b *Ipse rex Apulo equo impositus.* Vide de hujus reguli nomine commentum hujusce libri.

simulaverit, dubium est [a]. Certe negatus est victori triumphus, quia causam belli non approbavit [b]. Ceterum, gens Gallo-Græcorum, sicut ipsum nomen indicio est, mixta, et adulteratæ reliquiæ Gallorum qui, Brenno duce, vastaverant Græciam, mox Orientem sequuti, in media Asiæ parte sederunt. Itaque, ut frugum semina mutato solo degenerant, sic illa genuina feritas eorum asiatica amœnitate mollita est. Duobus itaque præliis fusi fugatique sunt, quamvis, sub adventu hostis, relictis sedibus, in altissimos se montes recepissent, quos Tolistobogi Tectosagique jam insederant. Utrique fundis sagittisque acti, in perpetuam se pacem dediderunt. Sed alligati miraculo quodam fuere, quum catenas morsibus et ore tentassent, quum offocandas invicem fauces præbuissent. Nam Orgiagontis regis uxor, a centurione stuprum passa, memorabili exemplo custodiam evasit, revulsumque militis caput ad maritum suum retulit.

[a] *Fuerint inter auxilia regis Antiochi, an fuisse cupidus triumphi Manlius, ac eos visos simulaverit, dubium est.* In Nazariano codice legere est: *fuerant inter auxilia regis Antiochi: an fuisset cupidus triumphi Manlius, an eos visos simularit dubium est.* Ista lectio stare non potest si sententiam spectes. Hanc mirabiliter emendavit Lipsius, et hujus lectionem sequuti sumus. « Rene ipsa auxiliatores Antiocho fuerint, inquit. an fama tantum et sermone ambigitur. »

qu'il en soit, le vainqueur n'ayant pu justifier les motifs de cette guerre, on lui refusa le triomphe [134]. Les Gallo-Grecs, ainsi que le désigne leur nom, étaient une nation mixte, restes dégénérés de ces Gaulois qui, sous la conduite de Brennus, avaient dévasté la Grèce. S'étant ensuite dirigés vers l'Orient, ils s'établirent au centre de l'Asie [135]; et, de même que les productions de la terre perdent de leur saveur en changeant de climats, ainsi le naturel féroce de ces Gaulois s'était amolli au sein des délices de l'Asie. Ils furent deux fois battus et mis en fuite, bien qu'à l'approche des Romains ils eussent abandonné leurs demeures, et qu'ils se fussent retranchés sur de très-hautes montagnes, où les Tolistoboges et les Tectosages avaient déjà cherché un asyle [136]. Les uns et les autres assaillis d'une grêle de traits et de pierres, furent contraints de se rendre et de renoncer pour toujours aux armes. Ce ne fut que par une espèce de miracle qu'on parvint à les enchaîner : ils mordaient leurs chaînes, comme pour les rompre, et se présentaient la gorge les uns aux autres pour s'étrangler mutuellement. La femme d'Orgiagonte, leur roi, ayant été déshonorée par un centurion, fit une action mémorable ; elle s'échappa de sa prison, et vint présenter à son époux la tête sanglante de cet officier.

^b *Quia causam belli non approbavit.* In quibusd. edition. legas *non approbavit senatus* : perperam. « Approbat enim is qui causam suam ita aliis probat, ut eidem adquiescant et ratam habeant : et vero illud *senatus* in nullo visitur Palatinorum. » (Gruterus.)

XII. Bellum Macedonicum secundum.

Dum aliæ aliæque gentes Syriatici belli sequuntur ruinam, Macedonia se rursus erexit. Fortissimum populum memoria et recordatio suæ nobilitatis agitabat : successerat Philippo filius Perses, qui semel in perpetuum victam esse Macedoniam, non putabat ex gentis dignitate. Multo vehementius sub hoc Macedones, quam sub patre, consurgunt; quippe Thracas in vires suas traxerant; atque ita industriam Macedonum, viribus Thracum, ferociam Thracum, disciplina Macedonum, temperaverunt. Accessit his consilium ducis, qui situm regionum suarum summo speculatus Hæmo, positis per abrupta castris, ita Macedoniam suam armis ferroque vallaverat, ut non reliquisse aditum, nisi a coelo, venturis hostibus videretur. Nam, Marcio Philippo consule, eam provinciam ingressus populus romanus, exploratis diligenter accessibus, per Bistonidam paludem [a], per acerbos dubiosque tumulos, illa, quæ volucribus quoque videbantur invia, accessit; regemque securum et nihil tale metuentem, subita belli irruptione terruit. Cujus

[a] *Per Bistonidam paludem.* Sic Salmasius legi vult hoc locum. Bistonida palus in illis tractibus notissima ex scriptoribus. In vet. edit. et etiam in Varior. *per Astrudem paludem* legas. Astrudis palus omnibus scriptoribus incognita est. Livius 44, 2 et 3 *Ascuridem paludem* scripsit, quam Ortelius *Lychnitum lacum*

XII. Seconde guerre de Macédoine. [An de Rome, 582 à 585.]

Tandis que la Syrie entraînait dans sa ruine l'abaissement de tant d'autres nations, la Macédoine se releva. Ce peuple vaillant se sentait toujours ému au souvenir de son ancienne gloire. Persée, fils et successeur de Philippe, s'indignait, pour l'honneur de la Macédoine [137], de la voir à jamais humiliée, après n'avoir été qu'une seule fois vaincue. Conduits par ce prince, les Macédoniens courent aux armes, avec plus d'ardeur qu'ils n'en avaient montrée sous Philippe, son père. Ils avaient attiré les Thraces dans leur alliance [138] : ainsi la politique macédonienne trouva l'appui des forces de la Thrace, tandis que la valeur féroce des Thraces se formait à la discipline des Macédoniens. A cet accord des deux nations, se joignirent les sages dispositions du chef de la ligue. Après avoir observé du haut du mont Hémus [139] la situation de ses diverses provinces, Persée établit des camps de défense dans les endroits les plus escarpés ; et couvrit si bien les frontières de son royaume, qu'il semblait n'y avoir laissé aucune entrée aux ennemis, à moins qu'ils ne descendissent du ciel. Aussi ce ne fut qu'en gravissant des hauteurs qui paraissaient inaccessibles aux oiseaux mêmes, que le soldat romain, sous le commandement du consul Marcius Philippus, après avoir exploré soigneusement toutes les avenues, pénétra dans la Macédoine, à travers le marais Bistonis, et par des rochers escarpés et glissans [140]. Une irruption aussi subite épouvanta Persée,

putat, hodie *lago di Lochrida*. Valde dissentit Ampelius qui *Scyriam paludem* præfert. (Vide commentum hujusce capitis.)

tanta trepidatio fuit, ut pecuniam omnem in mare jusserit mergi, ne periret; classem cremari, ne incenderetur.

Paullo consule quum majora et crebriora essent imposita præsidia, per alias vias Macedonia deprensa est, summa quidem arte et industria ducis, quum alias eminatus, alias irrepsisset [a]. Cujus adventus ipse adeo terribilis regi fuit, ut interesse non auderet, sed gerenda ducibus bella mandaverit. Absens ergo victus, fugit in maria, insulamque Samothracen, fretus celebri religione, quasi templa et aræ possent defendere, quem nec montes sui, nec arma potuissent.

Nemo regum diutius amissæ fortunæ conscientiam retinuit. Supplex quum scriberet ad Imperatorem ab illo, quo confugerat, templo, nomenque notaret suum, *regem* addidit. Sed nec reverentior captæ majestatis alius Paullo fuit. Quum in conspectum venisset hostis, in tentum recepit [b]. et conviviis adhibuit, liberosque admonuit suos, ut fortunam, cui tantum liceret, revererentur. Inter pulcherrimos hunc quoque

[a] *Alias eminatus, alias irrepsisset.* Sic scribendum hunc locum cum Salmasio censemus, quamvis in compluribus *alia minatus*, *alia irrepsisset*. Libri etiam *eminatus* legunt quibus compar est editio vetus. Plautus utitur hoc verbo *eminari*.

qui, se croyant à l'abri d'une telle entreprise, était en pleine sécurité. Dans son trouble, il fit jeter à la mer tous ses trésors, de peur de les perdre, et mettre le feu à ses vaisseaux, de peur que l'ennemi ne les brûlât [141].

Le consul Paul-Emile [142], ayant trouvé les passages occupés par des postes plus forts et plus multipliés, surprit la Macédoine d'un autre côté : usant du plus ingénieux stratagême, ce général y pénétra par un autre endroit que celui qu'il semblait menacer [143]. Le roi fut tellement effrayé de son arrivée, que, n'osant combattre en personne, il abandonna à ses généraux la conduite de la guerre. Son armée fut vaincue en son absence [144] : il s'enfuit sur la mer, et se réfugia dans le temple de l'île de Samothrace [145], se confiant en la sûreté d'un asyle si saint et si fréquenté. Mais les temples et les autels pouvaient-ils défendre celui qui n'avait pu l'être par ses montagnes et par ses armées?

Jamais roi ne conserva plus long-temps le sentiment de sa grandeur passée. Du temple, où il s'était réfugié, Persée écrivit au général romain une lettre suppliante, et après son nom il ajouta sa qualité de roi. Jamais aussi personne ne montra plus de respect que Paul-Emile pour la majesté royale dans les fers. Lorsque Persée parut en sa présence, il le conduisit dans sa tente, l'admit à sa table, et exhorta ses enfans à redouter la fortune dont l'inconstance était si grande [146]. Rome mit au rang des plus superbes triomphes qu'elle eût jamais vus celui qui suivit la guerre de Macé-

---

ᵇ *In tentum recepit.* Sic hunc locum rectissime emendavit Salmasius. In codicibus, veteribusque libris *in templum* legere erat. (Vide nostrum hujusce capitis commentum.)

populus romanus de Macedonia duxit, atque vidit triumphum; quippe cujus spectaculum triduum impleverit. Primus dies signa tabulasque; sequens arma pecuniasque transvexit; tertius captivos, ipsumque regem attonitum adhuc, tanquam subito malo stupentem. Sed multo prius gaudium victoriæ populus romanus, quam epistolis victoris, perceperat. Quippe eodem die quo victus Perses in Macedonia, Romæ cognitum est. Duo juvenes, candidis equis, apud Juturnæ lacum pulverem et cruorem abluebant. Hi nuntiavere. Castorem et Pollucem fuisse creditum vulgo, quod gemini fuissent : interfuisse bello, quod sanguine maderent : a Macedonia venire, quod adhuc anhelarent.

XIII. Bellum Illyricum.

Macedonici belli contagio traxit Illyrios. Ipsi quidem, ut Romanum a tergo distringerent, a Perse rege conducti pecunia militavere. Sine mora ab Anicio prætore subiguntur. Scordam [a] caput gentis delesse suffecit; statim sequuta deditio est. Denique hoc bellum ante finitum est, quam geri Romæ nuntiaretur.

[a] *Scordam*, legendum *Scodram*.

doine. Le spectacle de cette cérémonie se prolongea pendant trois jours entiers. Le premier jour, on vit paraître les statues et les tableaux ; le second jour, on porta les armes et les trésors ; enfin, dans la troisième journée, on fit marcher les captifs et le roi lui-même, encore tout étonné, et comme atterré par une catastrophe soudaine [147]. Au reste, le peuple romain avait pu goûter la joie de cette victoire, longtemps avant la réception des lettres du vainqueur. On avait su à Rome la défaite de Persée en Macédoine le jour même qu'il fut vaincu. Deux jeunes hommes montés sur des chevaux blancs vinrent laver dans le lac de Juturne la poussière et le sang dont ils étaient couverts [148]. Ce fut par eux qu'on apprit la nouvelle ; leur nombre les fit prendre généralement pour les gémeaux Castor et Pollux ; puis comme ils étaient couverts de sang, et encore tout hors d'haleine, on crut qu'ils s'étaient trouvés à la bataille, et qu'ils revenaient de la Macédoine.

XIII. Guerre d'Illyrie. [An de Rome, 585.]

Les brandons de la guerre de Macédoine se propagèrent jusque chez les Illyriens. Ces peuples avaient été soudoyés par Persée pour harceler l'armée romaine sur ses derrières. Ils furent bientôt soumis par le préteur Anicius, qui n'eût qu'à détruire Scodra leur capitale pour les forcer à se rendre [149]. En un mot, cette guerre fut terminée avant qu'on sût à Rome qu'elle avait été entreprise.

XIV. Bellum Macedonicum tertium.

Quodam fato, quasi ita convenisset inter Pœnos et Macedonas, ut tertio quoque vincerentur, eodem tempore utrique arma moverunt. Sed prior jugum excutit Macedo, aliquanto, quam ante, gravior, dum contemnitur.

Causa belli prope erubescenda. Quippe regnum pariter et bellum vir ultimæ sortis Andriscus invaserat, dubium liber an servus, mercenarius certe; sed quia vulgo ex similitudine Philippi, Pseudo-Philippus vocabatur, regiam formam, regium nomen; animo quoque regio implevit. Igitur dum hæc ipsa contemnit populus romanus, Juventio prætore contentus, virum non Macedonicis modo, sed Thraciæ quoque auxiliis ingentibus validum temere tentavit; invictusque a veris regibus, ab illo imaginario et scenico rege superatur. Sed, prætore Metello, amissum cum legione prætorem plenissime ultus est. Nam et Macedoniam servitute multavit, et ducem belli deditum ab eo, ad quem confugerat, Thraciæ regulo, in Urbem in catenis reduxit; hoc quoque illi in malis indulgente fortuna, ut de eo

XIV. Troisième guerre de Macédoine. [An de Rome, 604 et 605.]

Les Carthaginois et les Macédoniens, par une espèce de fatalité commune, et comme s'ils fussent convenus entre eux de se faire vaincre trois fois, reprirent en même temps les armes. Les Macédoniens furent les premiers à secouer le joug, et s'ils se montrèrent un peu plus difficiles à réduire qu'auparavant, c'est qu'on méprisa leurs efforts [150].

Nous devons presque rougir du sujet de cette guerre. Andriscus, homme de la plus basse extraction, osa tout à la fois usurper le trône de Macédoine et faire la guerre aux Romains [151]. On ignore s'il était né libre ou esclave; il est sûr du moins qu'il était ouvrier à gages; mais comme la ressemblance qui existait entre le feu roi Philippe et cet homme l'avait fait nommer Pseudo-Philippus, il voulut, à cette conformité de nom et de physionomie avec ce monarque, joindre les sentimens d'un courage vraiment royal. Rome méprisa d'abord ses entreprises; elle se contenta de faire marcher contre lui le préteur Juventius, et attaqua sans précaution un homme que soutenaient, outre les forces de la Macédoine, de puissans renforts fournis par les Thraces [152]. Rome que des rois véritables n'avaient pu vaincre, fut alors vaincue par ce monarque supposé, par ce roi de théâtre. Le consul Métellus vengea complettement la mort de Juventius et le massacre de sa légion. Il châtia la Macédoine en la privant de sa liberté [153]. Quant à l'auteur de cette guerre, un petit roi de la Thrace auprès duquel il s'était réfugié, le livra à Métellus, qui le conduisit à Rome chargé de chaînes. Ainsi, au milieu

populus romanus, quasi de vero rege, triumpharet.

XV. Bellum Punicum tertium.

Tertium cum Africa bellum, et tempore exiguum, nam quadriennio patratum est, et in comparationem priorum, minimum labore; non enim tam cum viris, quam cum ipsa urbe pugnatum est; sed plane maximum eventu : quippe eo tandem Carthago finita est. Atque si quis trium temporum momenta consideret, primo commissum bellum, profligatum secundo, tertio vero confectum est.

Hujus causa belli, quod contra fœderis legem adversus Numidas quidem semel parasset classem et exercitum, frequens autem Massinissæ fines territaret. Sed huic bono socioque regi favebatur. Quum bellum sederet, de belli fine tractatum est. Cato inexpiabili odio delendam esse Carthaginem, et quum de alio consuleretur, pronuntiabat : Scipio Nasica servandam, ne metu ablato æmulæ urbis [a], luxuriari felicitas Urbis inciperet. Medium senatus elegit, ut urbs tantum loco move-

---

[a] *Ne metu ablato æmulæ urbis.* Hoc *urbis* quia mox repetitur, hic omitti poterat ; sed codices sequi non dubitavimus.

de ses disgrâces, la fortune accordait encore à Andriscus la faveur d'être, comme un véritable roi, le sujet d'un triomphe pour le peuple romain.

XV. Troisième guerre Punique. [An de Rome, 604 à 607.]

La troisième guerre d'Afrique fut de courte durée, puisqu'elle se termina dans l'espace de quatre ans : elle fut, en comparaison des deux premières, très peu pénible, puisque les Romains eurent moins à combattre contre les Carthaginois, que contre les remparts de leur ville; mais elle fut sans contredit la plus importante des trois par son résultat, puisqu'elle amena enfin la destruction de Carthage. Si l'on veut déterminer le caractère de ces trois époques, il faut reconnaître que dans la première guerre Punique, la querelle ne fut qu'engagée; qu'elle fut poussée dans la seconde au dernier degré d'acharnement; et que dans la troisième elle fut entièrement décidée.

Le motif de cette dernière guerre fut que les Carthaginois, contre les clauses du traité, avaient une fois équipé une flotte, et levé une armée contre les Numides; puis souvent menacé les frontières de Massinissa [154]. Les Romains protégeaient ce bon roi leur allié. La guerre était à peine résolue, que le sénat délibérait sur ce qu'on devait faire après l'avoir terminée. Caton, animé d'une implacable haine contre Carthage [155], opinait constamment pour sa destruction, lors même qu'on prenait son avis sur un autre sujet. Scipion Nasica [156] voulait au contraire que l'on conservât cette ville, de peur que Rome délivrée de la crainte d'une rivale ne se laissât corrompre par la prospérité. Le sénat prit un terme moyen; il se contenta d'ordonner que Carthage serait

retur. Nihil enim speciosius videbatur quam esse Carthaginem quæ non timeretur.

Igitur, Manilio Censorinoque consulibus, populus romanus aggressus Carthaginem, spe pacis injecta, traditam a volentibus classem, sub ipso ore urbis incendit. Tum evocatis principibus, si salvi esse vellent, ut migrarent finibus, imperatum. Quod pro rei atrocitate adeo movit iras, ut extrema mallent. Comploratum igitur publice statim, et pari voce clamatum est, ad arma; seditque sententia quoquo modo rebellandum; non quia spes ulla jam superesset, sed quia patriam suam mallent hostium, quam suis manibus everti. Qui rebellantium fuerit furor, vel hinc intelligi potest, quod in usum novæ classis tecta domusque resciderunt; in armorum officinis aurum et argentum pro ære ferroque conflatum est; in tormentorum vincula, matronæ crines suos contulerunt.

Mancino deinde consule, terra marique fervebat obsidio. Operis portus nudatus; et primus, et sequens, jam et tertius murus, quum tamen Byrsa, quod nomen arci fuit, quasi altera civitas, resistebat. Quamvis profligato urbis excidio, ta-

rebâtie sur un nouvel emplacement. Rien en effet ne paraissait plus beau que de voir Carthage subsister, et n'être plus à craindre.

Les Romains, sous le consulat de Manlius et de Censorinus, attaquèrent cette ville [157]. Ils brûlèrent d'abord sous les yeux des Carthaginois une flotte, que ceux-ci leur avaient livrée volontairement sur quelque espérance de paix. Ayant ensuite mandé les principaux citoyens de Carthage, les consuls leur déclarèrent qu'il fallait aller s'établir hors de leurs frontières, s'ils voulaient conserver leur vie. Un ordre aussi barbare irrita tellement les Carthaginois, que plutôt que d'y obéir, ils s'exposèrent aux dernières extrémités. Ce fut aussitôt un deuil universel dans la ville [158], l'on cria tout d'une voix aux armes, et l'on prit la ferme résolution de se défendre à quelque prix que ce fût : non qu'il restât aux Carthaginois quelque espoir de salut, mais ils aimaient mieux voir les ennemis détruire leur patrie, que de la renverser de leurs propres mains. Veut-on avoir une idée de la fureur qui les animait dans leur résistance? Ils arrachèrent la charpente de leurs maisons pour construire une nouvelle flotte; à défaut d'airain et de fer, ils forgèrent dans les ateliers d'armes l'or et l'argent, et les femmes coupèrent leur chevelure pour en faire les cordages des machines de guerre.

Bientôt, sous les ordres de Mancinus [159], on presse le siége par terre et par mer. Les ouvrages qui défendent le port sont renversés; la première enceinte de muraille est emportée, puis les deux autres successivement; mais la citadelle, nommée Byrsa [160], résistait encore : c'était comme une seconde ville

men fatale Africæ nomen Scipionum videbatur. Igitur in alium Scipionem conversa respublica, finem belli reposcebat. Hunc Paullo Macedonico procreatum, Africani illius magni filius, in decus gentis assumpserat, hoc scilicet fato, ut quam urbem concusserat avus, nepos ejus everteret. Sed, ut quam maxime mortiferi esse morsus solent morientium bestiarum, sic plus negotii fuit cum semiruta Carthagine, quam integra. Compulsis in unam arcem hostibus, portum quoque mari [a] Romanus obsederat. Illi alterum ibi portum ab alia urbis parte foderunt, nec ut fugerent, sed qua nemo illos, nec evadere posse credebat [b]. Inde quasi enata subito classis erupit; quum interim jam diebus, jam noctibus, nova aliqua moles, nova machina, nova perditorum hominum manus, quasi ex obruto incendio subita de cineribus flamma, prodibat. Deploratis novissime rebus, quadraginta se millia virorum dediderunt, quod minus credas, duce Asdrubale. Quanto fortius femina, et uxor ducis! Quæ, comprehensis duobus liberis, a culmine se domus in medium misit incendium, imitata reginam

[a] *Portum quoque mari.* (Vide hujusce capitis commentum.)

[b] *Nec ut fugerent, sed qua nemo illos, nec evadere posse credebat.* Scripti omnes *quia* pro *qua* et *hæc evadere* pro *nec evadere* retinent. Sed hunc locum feliciter emendavit Salmasius cujus lectionem sequuti sumus. (Vide hujusce capitis commentum.)

qu'il fallait forcer. Cependant, quelque avancée que fût la destruction de Carthage, le nom des Scipion, si fatal à l'Afrique, parut nécessaire pour la consommer. La république a donc recours à un second Scipion, elle réclame de lui l'achèvement de la guerre. Ce héros, qui devait le jour à Paulus, le Macédonique*, avait pour la gloire de cette maison été adopté par le fils du grand Scipion l'Africain [161] : les destins ayant arrêté que le petit-fils renverserait une ville dont l'aïeul avait ébranlé les fondemens. Mais comme les morsures d'une bête aux abois sont les plus dangereuses, Carthage à demi détruite coûta cependant plus à réduire que Carthage encore entière [162]. Les Romains ayant poussé les habitans dans la citadelle bloquèrent le port; ceux-ci en creusèrent un second de l'autre côté de la ville, non pas dans l'intention de fuir, mais pour montrer à tous qu'ils avaient la possibilité de s'échapper par cet endroit [163]. On vit tout-à-coup sortir de ce port une flotte créée comme par enchantement. Cependant, et le jour et la nuit, de nouvelles levées de terre, de nouvelles machines, de nouveaux corps d'enfans perdus se montraient aux regards des Romains : ainsi, des cendres d'un embrasement qui semble éteint s'élancent des flammes soudaines. Les Carthaginois, voyant enfin leur situation désespérée, se rendirent à discrétion au nombre de quarante mille ; et, ce qu'on aura peine à croire, Asdrubal était à leur tête [164]. Combien une femme, l'épouse de ce général, montra plus de courage! Elle prit ses deux enfans entre ses bras, et se précipita du haut de sa maison dans les flammes, suivant ainsi

* Paul-Emile.

quæ Carthaginem condidit. Quanta urbs deleta sit, ut de cæteris taceam, vel ignium mora probari potest. Quippe per continuos decem et septem dies vix potuit incendium extingui, quod domibus ac templis suis sponte hostes immiserant; ut quatenus urbs eripi Romanis non poterat, triumphus arderet.

XVI. Bellum Achaicum.

Quasi seculum illud eversionibus urbium curreret, ita Carthaginis ruinam statim Corinthus excepit, Achaiæ caput, Græciæ decus, inter duo maria, Ionium et Ægeum, quasi spectaculo exposita. Hæc (facinus indignum!) ante oppressa est, quam in numerum certorum hostium referretur. Critolaus causa belli, qui libertate a Romanis data adversus ipsos usus est; legatosque romanos, dubium an et manu, certe oratione, violavit.

Igitur Metello ordinanti tum maxime Macedoniam, mandata est ultio, et hinc Achaicum bellum. Ac primam Critolai manum Metellus consul, per patentes Elidis campos, toto cecidit Alpheo. Et uno prælio peractum erat bellum, jam et urbem ipsam terrebat obsidio; sed (fata rerum!) quum Metellus dimicasset, ad victoriam Mum-

l'exemple de la reine qui avait fondé Carthage [165]. On peut juger de la grandeur de cette ville par la durée de l'incendie qui la consuma : à peine put-il être éteint après dix-sept jours de ravages non interrompus. C'étaient les Carthaginois eux-mêmes qui avaient livré aux flammes leurs maisons et leurs temples : dans l'impuissance où ils étaient d'arracher leur ville aux Romains, ils voulaient au moins, en la brûlant, leur enlever le fruit de leur triomphe.

XIII. Guerre d'Achaïe. [An de Rome, 607.]

Ce siècle semblait devoir entraîner dans son cours la destruction des villes : la ruine de Carthage fut immédiatement suivie de celle de Corinthe, capitale de l'Achaïe, l'ornement de la Grèce, et qui, bâtie entre la mer Egée et la mer Ionienne, semblait comme exposée en spectacle à toutes les contrées voisines. Les Romains (quelle horrible barbarie !) accablèrent cette ville avant de l'avoir mise au rang de leurs ennemis déclarés. Critolaüs fut la cause de cette guerre [166], en tournant contre Rome la liberté qu'il lui devait. Il outragea par ses paroles les ambassadeurs romains : on doute même s'il ne leva pas sur eux une main sacrilège.

Rome confia le soin de sa vengeance à Métellus, bien qu'il fut alors chargé principalement de régler les affaires de la Macédoine, et la guerre d'Achaïe commença. Métellus tailla d'abord en pièces l'armée de Critolaüs dans les plaines de l'Elide, et tout le long des rives de l'Alphée [167]. Une seule bataille avait terminé la guerre, et déjà Corinthe tremblait de se voir assiégée; mais, ô caprice du sort! Métellus avait

mius venit. Hic alterius ducis Diæi late [a] exercitum sub ipsis isthmi faucibus fudit, geminosque portus sanguine infecit. Tandem ab incolis deserta civitas, direpta primum, deinde, tuba præcinente, deleta est. Quid signorum, quid vestium, quidve tabularum raptum, incensum, atque projectum est! Quantas opes et abstulerit et cremaverit, hinc scias, quod quidquid Corinthii æris toto orbe laudatur, incendio superfuisse comperimus. Nam et æris notam pretiosiorem ipsa opulentissimæ urbis fecit injuria; quia incendio permistis plurimis statuis atque simulachris, æris, auri, argentique venæ in commune fluxere.

XVII. Res in Hispania gestæ.

Ut Carthaginem Corinthus, ita Corinthum Numantia sequuta est. Nec deinde toto orbe quidquam intactum armis fuit. Post illa duo clarissima [b] urbium incendia, late atque passim, nec per vices, sed simul pariter quasi unum undique bellum fuit; prorsus ut illæ urbes quasi agitantibus ventis, diffudisse quædam belli incendia toto orbe viderentur.

[a] *Diæi late.* Sic emendatus textus ab eruditissimo Pighio. Antea omnes *dignitate* absurde habebant.

[b] *Clarissima.* Alii legere volunt *clarissimarum*, male. Nam per

combattu, Mummius vint recueillir les fruits de sa victoire. Il battit Diæus, second général des Corinthiens [168], à l'entrée même de l'isthme, et teignit de sang les deux ports de Corinthe. Abandonnée de ses habitans, cette ville fut d'abord livrée au pillage, et ensuite rasée au son de la trompette. Que de statues et de précieuses étoffes furent enlevées [169], incendiées, et jetées çà et là. On peut évaluer toutes les richesses que le soldat emporta et livra aux flammes, par la quantité d'airain de Corinthe, qui est aujourd'hui si recherché par tout l'univers, et qui fut dit-on le résultat de ce vaste embrâsement. En effet, le désastre d'une ville si opulente donna naissance à un espèce d'airain d'une qualité supérieure [170] : dans cette destruction générale de tant de statues et de simulacres d'or, d'argent et de cuivre, les veines de ces métaux mis en fusion formèrent par leur alliage cette riche composition.

XVII. Expéditions d'Espagne. [An de Rome, 535 à 613.]

La ruine de Numance suivit celle de Corinthe, dont la destruction avait été précédée de celle de Carthage. Dès-lors il n'y eut plus rien dans le monde à l'abri des attaques de Rome. Après les trop fameux incendies de ces deux cités, ses armes se répandirent au loin et de tous côtés, non point successivement, mais partout à la fois : on eût dit qu'une seule guerre embrassait l'univers entier, et que du sein de ces villes en flammes, les vents déchaînés en avaient dispersé les brandons sur toute la terre.

clarissima incendia, ea noster voluit intelligi, quorum fulgor ad extremos terrarum orbis sinus penetravit. (Anna, Tanaquilli Fabri filia.)

Hispaniæ nunquam animus fuit adversus nos universæ consurgere; nunquam conferre vires suas libuit; neque aut imperium experiri, aut libertatem tueri suam publice. Alioquin ita undique mari Pyrenæoque vallata est, ut ingenio situs nec adiri quidem potuerit. Sed ante a Romanis obsessa est, quam se ipsa cognosceret; et sola omnium provinciarum vires suas, postquam victa est, intellexit. In hac prope ducentos per annos dimicatum est, a primis Scipionibus in Cæsarem Augustum, non continue nec cohærenter, sed prout causæ lacessierant : nec cum Hispanis initio, sed cum Pænis in Hispania. Inde contagio et series causæque bellorum.

Prima per Pyrenæum jugum signa romana Publius et Cnæus Scipiones intulerunt; præliisque ingentibus Annonem et Asdrubalem fratrem Annibalis, ceciderunt ; raptaque erat impetu Hispania, nisi fortissimi viri, in ipsa sua victoria, oppressi punica fraude, cecidissent, terra marique victores. Igitur quasi novam integramque provinciam ultor patris et patrui Scipio ille, mox Africanus, invasit; isque, statim capta Carthagine et aliis urbibus, non contentus Pœnos expulisse, stipendiariam nobis provinciam fecit,

Jamais l'Espagne n'avait eu la volonté de se lever en masse contre nous, ni de mesurer ses forces avec les nôtres [71]; jamais elle n'avait tenté de nous disputer l'empire, ni de défendre ouvertement sa liberté. Ce pays est à la vérité tellement retranché de tous côtés, par la mer et les Pyrénées, que sa situation seule eût pu la rendre inaccessible. Mais l'Espagne fut assaillie par les Romains avant de se connaître elle-même, et c'est la seule de toutes les provinces conquises par nos armes qui n'ait senti ses forces, qu'après avoir été vaincue. Rome y a combattu pendant près de deux cents ans, depuis les premiers Scipions jusqu'à l'empereur Auguste [72], non point sans interruption ni sans relâche, mais selon que les circonstances l'y provoquaient; et même, dans l'origine, ce n'étaient pas les Espagnols, mais les Carthaginois, qu'elle allait attaquer en Espagne. De là, l'origine de ces guerres qui, de proche en proche, se sont, pendant si long-temps, succédées dans ce pays.

Les deux Scipions, Publius et Cnæus, furent les premiers qui portèrent sur le sommet des Pyrénées les enseignes romaines. Ils défirent, dans de sanglantes batailles Annon, et Asdrubal frère d'Annibal [73]; et ces deux grands capitaines, vainqueurs sur terre et sur mer, eussent arraché tout d'un coup l'Espagne aux Carthaginois, si, victimes de la ruse Punique, ils n'avaient succombé au sein même de la victoire. Le jeune Scipion, vengeur de son père et de son oncle, et qui bientôt sera surnommé l'Africain, entre en Espagne comme dans une province nouvelle pour les Romains, et qui jusqu'alors eût été à l'abri de leurs armes. Il s'empare d'abord de Car-

omnia citra ultraque Iberum [a] subjecit imperio, primusque romanorum ducum victor ad Gades et Oceani ora pervenit.

Plus est provinciam retinere, quam facere: itaque per partes jam huc, jam illuc missi duces, qui ferocissimas, et ad id temporis liberas gentes; ideo impatientes jugi, multo labore, nec incruentis certaminibus servire docuerunt. Cato ille Censorius Celtiberos, id est, robur Hispaniæ, aliquot præliis fregit. Gracchus, pater ille Gracchorum eosdem centum et quinquaginta urbium eversione multavit. Metellus ille, qui ex Macedonia cognomen meruerat, et ex Celtiberia ferre; quum Contrebiam memorabili cepisset exemplo [b] et Nertobriges, majori gloria pepercit. Lucullus Turdulos atque Vaccæos; de quibus Scipio ille posterior, singulari certamine, quum rex fuisset provocatus [c], opima retulerat. Decimus Brutus

[a] *Omnia citra ultraque Iberum.* Alii habent *omnem*, id est *omnem provinciam*, « an *omnem provinciam*, ait Salmas.? Durum est. » Vetus editio *urbem* pro *omnem* habet, perabsurde.

[b] *Metellus ille, qui ex Macedonia cognomen meruerat et ex Celtiberia ferre : quum Contrebiam memorabili cepisset exemplo.* Hunc locum non satis planum et in codicibus sane contaminatum, sic legere et distinguere, auctore Salmasio, non dubitavimus. Aliter Varior. *Metellus ille, cui ex Macedonia cognomen, meruerat et Celtiberius fieri, quum Contrebiam,* etc. Hæc loquutio *Celtiberius*

thagène et d'autres villes, puis, non content d'avoir chassé les Carthaginois, il rend le pays tributaire, et soumet à notre empire tout ce qui est situé en deçà et au delà de l'Ebre. C'est le premier général romain qui ait poussé ses victoires jusqu'à Gadès et aux rivages de l'Océan [174].

Il est plus difficile de conserver une province que de la conquérir. Il fallut que Rome envoyât des généraux dans les différentes parties de l'Espagne, et ce ne fut pas sans de grands travaux, et de sanglans combats, qu'ils forcèrent enfin à l'obéissance ces nations belliqueuses, et d'autant plus impatientes du joug, qu'elles avaient toujours été libres. Caton, cet illustre censeur, accabla, dans plusieurs combats, les Celtibériens, qui fesaient la force de l'Espagne [175]; Gracchus, le père des Gracques, châtia de nouveau ce peuple par la destruction de cent cinquante de ses villes [176]; Métellus, qui au surnom de *Macédonique* eût mérité d'unir celui de *Celtibérien*, emporta par un coup mémorable les villes de Contrébie et de Nertobrige [177]; et se fit plus d'honneur encore en les épargnant; Lucullus dompta les Turdules et les Vaccéens [178]; Scipion, le second Africain, défié par leur roi, le tua en combat singulier, et remporta des dépouilles opimes [179]; Décimus Brutus étendit encore

fieri nescio quo modo minus placet, ait Salmasius, et genium Flori non resipit. Hæc verba *et Celtiberius fieri* in sua edit. omisit Freinshemius.

c *Quum rex fuisset provocatus.* Ita Palatini duo codices et omnes vet. libri. Viri docti emendarunt : *quum a rege fuisset provocatus.* Sed hac supersedere poterant : vera enim et proba hæc lectio, *quum provocatus rex fuisset* : hoc est, quum rex provocasset ; *provocari* pro *provocare.* Hoc loco activam habet signifi-

aliquanto latius, Celticos Lusitanosque, et omnes Gallæciæ populos, formidatumque militibus flumen Oblivionis; peragratoque victor Oceani littore, non prius signa convertit, quam cadentem in maria solem, obrutumque aquis ignem; non sine quodam sacrilegii metu et horrore deprehendit.

Sed tota certaminum moles cum Lusitanis fuit et Numantinis. Nec immerito; quippe solis gentium Hispaniæ duces contigerunt. Fuisset et cum omnibus Celtiberis, nisi dux illius motus initio belli oppressus esset, summus vir astu, et audacia, si res cessisset, Salondicus, qui hastam argenteam quatiens, velut cœlo missam, vaticinanti similis, omnium in se mentes converterat. Sed quum, pari temeritate, sub nocte castra consulis adiisset, juxta tentorium ipsum pilo vigilis exceptus est.

Ceterum Lusitanos Viriatus erexit, vir calliditatis acerrimæ; qui ex venatore latro, ex latrone subito dux atque imperator, et, si fortuna cessisset, Hispaniæ Romulus; non contentus liber-

cationem. Vide Priscianum, lib. 8, qui plura ejusmodi ex optimis et vetustis auctoribus recenset. — Ad eam formam dixit Varro apud Diomedem, lib. 1 : *Affectatus est regnum* pro *affectavit;* Livius, lib. 4, cap. 24; *quibus spem integram communicati non*

plus loin ses conquêtes; il soumit les Celtiques, les
Lusitaniens et tous les peuples de la Galice; il passa
le fleuve de l'Oubli [180], si redouté de ses soldats ; parcourut en vainqueur le rivage de l'Océan ; et ne revint
sur ses pas, qu'après avoir, avec une terreur religieuse, et le sentiment d'une témérité sacrilége, vu
le soleil qui se plongeait dans la mer, et qui étei-
gnait ses rayons dans les flots.

Mais les plus rudes combats furent ceux que nous
eûmes à soutenir contre les Lusitaniens [181] et les Numantins, car, seuls entre toutes les nations de l'Espagne, ils eurent des généraux dignes de ce nom. Il
en eût été de même des Celtibériens, si, dès le
commencement de la guerre, ils n'eussent vu périr
Salondicus, le chef de leur révolte. Cet homme alliait
au plus haut degré la ruse et l'audace; et il ne lui
manqua que d'être heureux. Agitant dans sa main
une javeline d'argent, qu'il prétendait envoyée du
ciel, il contrefesait l'inspiré, et avait gagné tous les
esprits. Par une témérité égale à la grandeur de ses
desseins, il pénétra de nuit dans le camp des romains; un soldat de garde près de la tente du
consul, le perça d'un javelot.

Viriatus avait relevé le courage des Lusitaniens [182].
C'était un homme d'une habileté supérieure. De chasseur devenu brigand, puis tout d'un coup de brigand
capitaine, et général d'armée, il aurait été, si la fortune l'avait secondé, le Romulus de l'Espagne. Non
content de défendre la liberté de ses concitoyens, il

sunt, pro *communicaverunt;* Sueton., August., cap. 21, *multatus
est rebellantes;* Cicero, pro Milon., cap. 13, *punitus est inimi-
cum,* pro *multavit, punivit, etc.*

tatem suorum defendere, per quatuordecim annos omnia citra ultraque Iberum et Tagum igni ferroque populatus; castra etiam prætorum, et præsidum aggressus, Claudium Unimanum pene ad internecionem exercitus cecidit, et insignia trabeis et fascibus nostris, quæ ceperat, in montibus suis tropæa fixit. Tandem eum Fabius Maximus consul oppresserat. Sed a successore Pompilio [a] violata victoria est, quippe qui conficiendæ rei cupidus, fractum ducem, et extrema deditionis agitantem, per fraudem, et insidias, et domesticos percussores aggresus, hanc hosti gloriam dedit, ut videretur aliter vinci non potuisse.

XVIII. Bellum Numantinum.

Numantia, quantum Carthaginis, Capuæ, Corinthi opibus inferior, ita virtutis nomine et honore par omnibus, summumque, si viros æstimes, Hispaniæ decus. Quippe quæ sine muro, sine turribus, modice edito in tumulo apud flumen Durium sita, quatuor millibus Celtiberorum; quadraginta millium exercitum, per annos quatuordecim sola sustinuit; nec sustinuit modo, sed sævius aliquanto perculit, pudendisque fœderibus affecit. Novissime quum invictam esse constaret; opus quoque eo fuit, qui Carthaginem everterat.

[a] *Pompilio.* Error manifestus Flori : *Pompilio* pro *Servilio Cæpione* scripsit. (Vide commentum hujusce libri.)

porta pendant quatorze ans le fer et le feu dans tous les pays situés en deçà et au delà de l'Ebre et du Tage, assiégea même dans leur camp les préteurs et les gouverneurs romains, tailla en pièces presque toute l'armée de Claudius Unimanus [183], et érigea sur ses montagnes des trophées faits avec les robes et les faisceaux de nos magistrats. Le consul Fabius Maximus l'avait enfin réduit aux abois [184]; mais sa victoire fut souillée par Servilius, son successeur, qui, dans son impatience de terminer la guerre, employa la trahison [185], et tendit des embuches à Viriatus déjà sans ressources, et qui ne songeait plus qu'à se rendre; il le fit assassiner par des hommes attachés à sa garde, procurant ainsi à cet ennemi du peuple romain la gloire de paraître n'avoir pu être vaincu autrement que par un meurtre.

XVIII. Guerre de Numance. [An de Rome, 612 à 620.]

Bien que pour les richesses Numance fût inférieure à Carthage, à Capoue et à Corinthe, elle devait cependant les égaler toutes les trois en courage et en gloire; elle fut, par la valeur de ses habitans, le principal ornement de l'Espagne. Sans murs, sans tours, au bord du fleuve Duérius [186], située sur une éminence médiocrement élevée, elle résista pendant quatorze ans, seule avec quatre mille Celtibériens, aux efforts d'une armée de quarante mille Romains : non seulement elle leur résista, mais elle leur porta des coups terribles, et les força de souscrire à de honteux traités. Enfin, comme elle s'était montrée invincible, il fallut pour la dompter recourir à celui qui avait détruit Carthage.

Non temere, si fateri licet, ullius causa belli injustior. Segidenses, socios et consanguineos, Romanorum manibus elapsos, exceperant. Habita pro eis deprecatio nihil valuit : quum se ab omni bellorum contagione removerent, in legitimi fœderis pretium jussi arma deponere. Hoc sic a Barbaris acceptum, quasi manus abscinderentur. Itaque statim Megara viro fortissimo duce [a], ad arma conversi, Pompeium prælio aggressi. Fœdus tamen maluerunt, quum debellare potuissent. Hostilium deinde Mancinum. Hunc quoque assiduis cædibus ita subegerunt, ut ne oculos quidem aut vocem Numantini viri quisquam sustineret. Tamen cum hoc quoque fœdus maluere; contenti armorum manubiis, quum ad internecionem sævire potuissent.

Sed non minus Numantini, quam Caudini illius fœderis flagrans ignominia ac pudore populus romanus, dedecus quidem præsentis flagitii deditione Mancini expiavit. Ceterum duce Scipione, Carthaginis incendiis ad excidia urbium imbuto, tandem etiam in ultionem excanduit. Sed tunc

[a] *Megara viro fortissimo duce.* Illud *viro* mihi suspectum est, nec temere, satis fuisset dicere *Megara fortissimo duce.* Hoc leve tamen argumentum : illud fortius, quod omnes libri *victo*, non

Jamais guerre, s'il m'est permis de l'avouer, n'eut peut-être une cause plus injuste. Les Numantins avaient donné asyle aux habilans de Ségida [187], leurs alliés et leurs parens, échappés à la poursuite des Romains. Leur intercession en faveur de ces malheureux fut vaine ; et, bien qu'ils se fussent tenus éloignés de toute participation aux guerres contre nous, il leur fut ordonné, pour garantie de notre alliance, de déposer leurs armes. Les barbares reçurent cet ordre comme un commandement de se couper les mains. Ils coururent donc aussitôt aux armes, sous la conduite de Mégara, homme d'un courage intrépide, et présentèrent la bataille à Pompéius [188] : mais, pouvant l'accabler, ils aimèrent mieux traiter avec lui. Ils attaquèrent ensuite Hostilius Mancinus ; et lui firent essuyer des défaites si sanglantes et si multipliées, qu'aucun Romain ne put désormais sans effroi soutenir les regards ou même entendre la voix d'un Numantin. Ils voulurent bien cependant consentir encore à un traité, et se contentèrent de désarmer des troupes qu'il ne tenait qu'à eux de passer au fil de l'épée.

Le peuple romain fut aussi indigné de l'infamie du traité de Numance, qu'il l'avait été de celui de Caudium. Il expia d'abord l'opprobre de cette dernière lâcheté en livrant Mancinus aux Numantins [189] ; ensuite il fit enfin éclater sa vengeance, sous la conduite de Scipion, à qui l'incendie de Carthage avait

viro scribunt. An legendum, *Megara invicto et fortissimo duce ?* an potius *Megaravicto* aut *Megaravisto*, ut *Megaravistus* sit proprium nomen illius ducis ? Quibus otium est, verum quærere non omittent. (Salmas.)

acrius, in castris, quam in campo, nostro cum milite, quam cum Numantino præliandum fuit. Quippe assiduis et injustis, et servilibus maxime operibus attriti, ferre plenius vallum, qui arma nescirent; luto inquinari, qui sanguine nollent, jubebantur. Ad hoc scorta, calones, sarcinæ, nisi ad usum necessariæ, amputantur. Tanti esse exercitum, quanti imperatorem, vere proditum est. Sic redacto in disciplinam milite, commissa acies; quodque nemo visurum se unquam speraverat, factum est ut fugientes Numantinos quisquam videret. Dedere etiam sese volebant, si toleranda viris imperarentur. Sed quum Scipio veram vellet et sine exceptione victoriam, eo necessitatum compulsi, ut destinata morte in prælium ruerent, quum sese prius epulis, quasi inferiis, implevissent, carnis semicrudæ et celiæ : sic vocant indigenam ex frumento potionem. Intellectum ab imperatore consilium : itaque non est permissa pugna morituris. Quum fossa atque lorica, quatuorque castris circumdatos fames premeret; ab duce orantes prælium [a], ut tanquam viros occideret, ubi non impetrabant, placuit eruptio. Sic conserta manu plurimi occisi; et quum urgeret fames, aliquantisper inde vixere. Novissime con-

---

[a] *Ab duce orantes prælium.* Salmasius *orant* legi vult.

appris comment on détruit les villes. Mais alors ce général eut de plus rudes combats à livrer dans son camp que sur le champ de bataille, non contre les Numantins, mais contre ses propres soldats. Il les accabla de travaux continuels, excessifs et serviles, leur fesant porter une charge extraordinaire de pieux *, puisqu'ils ne savaient pas porter leurs armes; et les forçant à se salir de boue, puisqu'ils ne voulaient pas se souiller du sang ennemi. De plus, il leur retrancha les femmes perdues, les valets, et ne leur laissa de leur bagage que ce qui était strictement nécessaire. On a dit avec vérité : une armée ne vaut que ce que peut valoir son général. Dès que le soldat fut ainsi rentré sous le joug de la discipline, Scipion livra bataille, et, ce que personne n'aurait jamais espéré de voir, on vit fuir les Numantins. Ils étaient même disposés à se rendre, si on leur eût imposé des conditions supportables pour des hommes de cœur. Mais Scipion voulait une victoire réelle et entière. Réduits à la dernière extrémité, les Numantins résolurent de chercher la mort dans un dernier combat. Ils s'y préparèrent par une sorte de repas funèbre, en se gorgeant de viandes à demi crues, et d'une liqueur appelée *célia*, qui se fait dans ce pays avec du froment [19]. Scipion démêla leur projet, et refusa le combat à des ennemis qui ne voulaient que mourir. Il les tint enfermés dans leur ville, au moyen d'un fossé et d'une palissade flanquée de quatre bastions. Pressés par la famine, ils supplièrent ce général de leur livrer bataille, afin qu'ils pussent mourir en hommes courageux. Scipion refusa; ils résolurent alors de ten-

---

* Pour la construction des retranchemens.

silium fugæ sedit : sed hoc quoque, ruptis equorum cingulis, uxores ademere, summo scelere, per amorem. Itaque deplorato exitu, in ultimam rabiem furoremque conversi, postremo mori hoc genere destinarunt : duces suos, seque, patriamque, ferro et veneno, subjectoque undique igne peremerunt.

Macte fortissimam, et, meo judicio, beatissimam in ipsis malis civitatem! Asseruit cum fide socios, populum orbis terrarum viribus fultum, sua manu, ætate tam longa sustinuit. Novissime, maximo duce oppressa civitas, nullum de se gaudium hosti reliquit. Unus enim vir Numantinus non fuit, qui in catenis duceretur. Præda, ut de pauperibus, nulla; arma ipsi cremaverant. Triumphus fuit tantum de nomine.

XIX. Anacephalæosis.

Hactenus populus romanus pulcher, egregius, pius, sanctus atque magnificus. Reliqua sæculi ut grandia æque, ita vel magis turbida et fœda,

ter une sortie : une action s'engagea ; un grand nombre de Numantins furent tués ; et comme la faim continuait à tourmenter les assiégés, les cadavres de leurs compagnons leur offrirent pendant quelque temps une ressource pour soutenir leur existence [191]. Enfin ils formèrent le projet de fuir ; mais leurs femmes leur en ôtèrent encore le moyen. Poussées par l'amour au plus insigne forfait, elles coupèrent les sangles des chevaux. Tout espoir de salut leur étant donc ravi, les Numantins s'abandonnèrent alors à tous les excès de la fureur, et voici le genre de mort auquel ils se déterminèrent : ils se firent périr, eux, leurs chefs et leur patrie, par le fer, le poison, et par le feu qu'ils avaient mis dans tous les quartiers de leur ville.

Gloire à cette cité si courageuse, et, j'ose le dire, heureuse au milieu de son infortune ! car elle sut protéger fidèlement ses alliés, et résister pendant tant d'années avec une poignée d'habitans aux efforts d'un peuple qui disposait des forces de tout l'univers ! Accablée enfin par le plus grand des généraux, elle ne laissa à son vainqueur aucun sujet de joie. Il n'y eut pas un seul Numantin que Scipion pût emmener chargé de chaînes. Une ville aussi pauvre, et dont les habitans avaient eux-mêmes brûlé leurs armes, ne fournit aucun butin. Rome ne triompha que du nom de cette héroïque cité [192].

XIX. Résumé.

Jusqu'ici, nous n'avons vu dans le peuple romain rien que de beau, d'excellent, de religieux, de juste et de magnanime. Si le siècle qui nous reste à parcourir [193] doit être marqué par des exploits toujours

crescentibus cum ipsa magnitudine imperii vitiis. Adeo ut si quis hanc tertiam ejus ætatem transmarinam, quam ducentorum annorum fecimus, dividat; centum hos priores, quibus Africam, Macedoniam, Siciliam, Hispaniam domuit, aureos, sicut poetæ canunt, jure meritoque fateatur : centum sequentes, ferreos plane et cruentos, et si quid immanius : quippe qui Jugurthinis, Cimbricis, Mithridaticis, Parthicis bellis, Gallicis atque Germanicis, quibus cœlum ipsum gloria ascendit; Gracchanas Drusianasque cædes, ad hoc Servilia bella miscuerunt, et ne quid turpitudini desit, Gladiatoria. Denique in se ipse conversus Marianis atque Syllanis, novissime Pompeii et Cæsaris manibus, quasi per rabiem, et furorem, et nefas [a], semet ipse laceravit.

Quæ etsi juncta inter se [b] sunt omnia atque confusa, tamen quo melius appareant, simul et ne scelera virtutibus obstrepant, separatim proferentur; priusque, ut cœpimus, justa illa et pia

[a] *Et nefas.* Non displicet sententia Acidalii qui ad Vellei., 2, 51, 1 : *Hei nefas* rescribendum arbitratur : quamvis et abjici possit istud *et*, ut legatur *Nefas!* (Freinshemius.)

[b] *Quæ etsi juncta inter se.* In quibusdam ed. hoc locum sic dis-

glorieux, il s'y mêlera des troubles et d'horribles forfaits : car la corruption de Rome s'accroissait avec son empire. Que l'on divise en deux parties le troisième âge du peuple romain, auquel j'ai assigné deux cents ans de durée, qu'il a employées à faire la guerre par-delà les mers, on sera forcé de convenir que les cent premières années, pendant lesquelles il a dompté l'Afrique, la Sicile et l'Espagne, ont été pour lui le siècle d'or, selon le langage des poëtes ; et que les cent années qui suivirent furent un siècle de fer, une époque de sang, et, s'il est possible, quelque chose de plus affreux encore. En effet, vous voyez se confondre dans cette période, d'une part, les guerres de Jugurtha, des Cimbres, de Mithridate, des Parthes, des Gaulois et des Germains, qui élevèrent la gloire de Rome jusqu'au ciel ; de l'autre, les sanglantes séditions des Gracques et de Drusus ; puis la guerre des esclaves, et pour comble d'opprobre celle des gladiateurs. Plus tard, le peuple romain livré au délire d'une fureur criminelle, tourne ses armes contre lui-même, et déchire son propre sein, d'abord par les mains de Marius et de Sylla, enfin par celles de César et de Pompée.

Bien que tous ces événemens se lient et se confondent, je les exposerai séparément, afin qu'ils puissent ressortir dans tout leur jour, et que dans mes récits les vertus ne soient pas effacées par les crimes. Pour montrer les progrès successifs de la grandeur de l'empire, je retracerai d'abord, selon le

---

tinctum reperias : *quæ etsi involuta inter se ;* et male, nam prima editio et libri calamo exarati habent *etsi juncta*, etc.

cum exteris gentibus bella memorabimus, **ut magnitudo** crescentis in dies imperii appareat. Tum ad illa civium scelera, turpesque et impias pugnas revertemur.

plan que j'ai adopté, les guerres étrangères que la justice et la religion nous ont fait entreprendre ; ensuite, revenant aux crimes de nos troubles civils, j'en peindrai les honteux excès et les fureurs sacriléges.

L. ANNÆI FLORI

EPITOME

RERUM ROMANARUM.

LIBER TERTIUS.

1. Bellum Asiaticum.

VICTA ad occasum [a] Hispania, populus romanus ad orientem pacem agebat; nec pacem modo, sed inusitata et incognita quadam felicitate, relictæ regiis hereditatibus opes, et tota insimul regna veniebant.

Attalus, rex Pergamenorum, regis Eumenis filius, socii quondam commilitonisque nostri, testamentum reliquit: Populus romanus bonorum meorum hæres esto. In bonis regis fuerant [b]. Adita igitur hæreditate, provinciam populus romanus

---

[a] *Victa ad occasum Hispania.* Vetus edit. hinc orditur librum tertium, neque aliter Palatinus codex tertius; peroptime. Sed nescimus quo pacto omnes fere recentioris notæ editiones hanc non retinuerunt distinctionem. Quam adoptandam non dubitavimus, quia anacephalæosis qua librum secundum terminavimus est hu-

ABRÉGÉ

DE

L'HISTOIRE ROMAINE

DE L. ANNÆUS FLORUS.

LIVRE TROISIÈME.

I. Guerre d'Asie. [An de Rome, 622 et 623.]

Vainqueur de l'Espagne en occident, le peuple romain était en paix avec l'orient. Non seulement il jouissait d'une paix profonde de ce côté, mais, par un bonheur sans exemple, il se voyait léguer en héritage les richesses et les royaumes des monarques d'Asie.

Attale, roi de Pergame, fils et successeur d'Eumènes, qui avait été jadis notre allié et notre compagnon d'armes, avait laissé un testament ainsi conçu : « J'institue le peuple romain héritier de mes biens. » Or le royaume de Pergame avait été compris dans les biens de ce prince[b]. Le peuple romain ayant donc accepté l'héritage, prit possession de cette province,

jusce libri aptissima conclusio. Hunc ordinem Paullus (l'abbé Paul) sequutus est.

[b] *In bonis regis fuerant.* Subauditur *regna.* In editione Stadii *hæc fuerunt*, nec male.

non quidem bello, nec armis, sed, quod est
æquius, testamenti jure retinebat. Sed hanc difficile dictu est utrum facilius amiserit, an recu-
peraverit. Aristonicus regii sanguinis, ferox juvenis, urbes regibus parere consuetas, partim
facile sollicitat: paucas resistentes, Myndum, Sa-
mon, Colophonem vi recepit. Crassi quoque prætoris cecidit exercitum, ipsumque cepit. Sed ille
memor et familiæ et Romani nominis, custodem
sui barbarum virgula excæcat. In exitium sui,
quod volebat, ita concitat. Mox a Perperna domi-
tus, et captus, et per deditionem in vinculis habitus. Aquilius asiatici belli reliquias confecit,
mixtis (nefas!) veneno fontibus ad deditionem
quarumdam urbium. Quæ res, ut maturam, ita
infamem fecit victoriam; quippe quum contra fas
deum, moresque majorum, medicaminibus im-
puris, in id tempus sacrosancta romana arma
violasset.

II. Bellum Jugurthinum.

Hæc ad orientem. Sed non ad meridianam pla-
gam eadem quies. Quis speraret post Carthaginem
aliquod in Africa bellum? Atqui non leviter se
Numidia concussit; et fuit in Jugurtha, quod
post Annibalem timeretur. Quippe rex callidissi-

non par la force des armes, ni par droit de conquête, mais, ce qui était bien plus légitime, en vertu d'un testament. Il la perdit bientôt avec une facilité qu'on ne peut comparer qu'à la promptitude avec laquelle il devait la recouvrer. Aristonic, prince du sang royal[2], jeune homme entreprenant, fit entrer aisément dans son parti la plupart des villes accoutumées à obéir à des rois; et il réduisit par la force le petit nombre de celles qui lui résistèrent, telles que Myndos, Samos et Colophon[3]. Il battit le préteur Crassus[4], et le fit même prisonnier; mais Crassus se souvenant de la gloire de sa famille et du nom romain, creva l'œil, avec une baguette, au barbare qui était chargé de le garder, et le poussa ainsi à lui donner la mort qu'il desirait. Bientôt Aristonic fut vaincu à son tour et fait prisonnier par Perperna[5], qui le chargea de chaînes après l'avoir forcé de se rendre. Aquilius termina cette guerre d'Asie par un horrible attentat[6]; il empoisonna les sources pour contraindre quelques villes à capituler. Cette perfidie atroce accéléra, mais flétrit sa victoire, puisqu'au mépris des lois divines et des usages de nos pères, il souilla, par de sacriléges empoisonnemens, l'honneur jusqu'alors sans tache des armes romaines.

II. Guerre de Jugurtha. [An de Rome, 641 à 647.]

Tandis que ces événemens se passaient dans l'orient, le midi n'était pas si tranquille. Se serait-on imaginé qu'après la destruction de Carthage, la guerre pût se rallumer en Afrique? Cependant la Numidie se souleva, et ne fut point facile à réduire. Ainsi, après Annibal, Rome trouva dans Jugurtha un

mus populum romanum, armis inclytum et invictum, opibus aggressus est; et citra spem omnium fortuna cessit, ut rex fraude præcipuus, fraude caperetur.

Hic, avo Massinissa, et Micipsa patre per adoptionem, quum interficere fratres statuisset, agitatus regni cupiditate, nec illos magis quam senatum populumque romanum, quorum in fide et clientela regnum erat, metueret: primum scelus mandat insidiis; potitusque Hiempsalis capite, quum se in Adherbalem convertisset, isque Romam profugisset, missa per legatos pecunia, traxit in sententiam suam senatum. Et hæc fuit de nobis ejus prima victoria. Missos deinde, qui regnum inter illum Adherbalemque dividerent, similiter aggressus, quum in Scauro ipsos Romani imperii mores expugnasset, inchoatum nefas perfecit audacius. Sed diu non latent scelera. Corruptæ nefas legationis erupit; placuitque bello persequi parricidam.

Primus in Numidiam Calpurnius Bestia consul immittitur : sed rex peritus fortius adversus Romanos aurum esse, quam ferrum, pacem emit. Cujus flagitii reus, quum interveniente publica fide a senatu arcesseretur, pari audacia et venit,

ennemi redoutable. Ce prince artificieux, voyant le peuple romain comblé de gloire, et invincible par les armes, lui fit la guerre avec de l'or. Mais la fortune voulut, contre l'attente générale, que le plus rusé des rois succombât lui-même victime de la ruse.

Jugurtha, petit-fils de Massinissa[7], et fils adoptif de Micipsa, dévoré de la soif de régner, forma le dessein d'ôter la vie à ses frères. Il ne les craignait pas plus que le sénat et le peuple romain, sous la garantie et la protection desquels était placé le royaume de Numidie. Le premier essai de sa méchanceté fut la trahison qui lui livra la tête d'Hiempsal. Il attaqua ensuite les jours d'Adherbal, qui se réfugia dans Rome. Jugurtha y envoie des ambassadeurs avec de l'argent, et gagne en sa faveur l'opinion du sénat. Ce fut la première victoire qu'il remporta sur nous. Il employa le même moyen à l'égard des commissaires qui furent ensuite chargés d'aller faire le partage du royaume de Numidie entre Adherbal et lui. Après avoir ainsi triomphé de la vertu romaine dans la personne de Scaurus[9], il consomma avec plus d'audace le meurtre qu'il avait tenté. Mais ses crimes ne restent pas long-temps cachés. On connut bientôt à Rome la honteuse vénalité des commissaires du sénat, et le peuple résolut de poursuivre les armes à la main ce monstre souillé du sang de ses frères.

Le consul Calpurnius Bestia fut envoyé le premier en Numidie[10]. Convaincu par expérience que l'or était plus puissant que le fer contre les Romains, Jugurtha achète la paix. Il est mis en accusation par le sénat pour ce crime, et cité à comparaître à Rome sous la garantie de la foi publique : il y vient hardiment,

et competitorem imperii Massinissæ Massivam immisso percussore confecit. Hæc altera contra regem fuit causa bellandi. Igitur sequens ultio mandatur Albino. Sed hujus quoque (pro dedecus!) ita corrupit exercitum, ut voluntaria nostrorum fuga vinceret Numida, castrisque potiretur : addito etiam turpi fœdere, in pretium salutis, quem prius emerat ª, dimisit exercitum.

Eodem tempore in ultionem, non tam imperii romani quam pudoris, Metellus assurgit ; qui callidissime hostem, nunc precibus, nunc minis, jam simulata, jam vera fuga eludentem, artibus suis aggressus est. Agrorum atque vicorum populatione non contentus, in ipsa Numidiæ capita impetum fecit. Et Zamam quidem frustra voluit ; cæterum Thalam, gravem armis thesauroque regis, diripuit. Tunc urbibus exutum regem et jam finium suorum regnique fugitivum, per Mauros atque Getuliam sequebatur.

Postremo Marius , auctis admodum copiis, quum pro obscuritate generis sui capite censos sacramento adegisset, jam fusum et saucium re-

---

ª *In pretium salutis, quem prius emerat.* Hæc est lectio alterius Palatini codicis : id est *exercitum quem emerat.* In Nazariano codice legas *quod prius emerat.* Quid significat *quod ?* an *pretium salutis ?* sed nemo facile dixerit quid sit *emere pretium*

et, avec une impudence sans égale, il y fait assassiner Massiva, son compétiteur au trône. Ce nouveau meurtre arme une seconde fois les Romains contre lui. Albinus est chargé d'en poursuivre le châtiment; mais, ô honte! Jugurtha corrompt aussi l'armée de ce général; et les Romains, par une fuite volontaire, livrent aux Numides la victoire et leur camp. Enfin, ce ne fut qu'en leur faisant acheter leur salut par une honteuse capitulation, qu'il renvoya cette armée qui s'était d'abord vendue à lui [11].

Alors Métellus paraît [12]. Ce général habile, songe moins à venger les pertes que l'honneur de l'empire; il attaque, par ses propres ruses, un ennemi qui tâche d'éluder ses coups, tantôt par des prières ou par des menaces, tantôt par une feinte retraite, tantôt par une fuite véritable. Non content de dévaster les campagnes et de saccager les villages, Métellus fond sur les principales villes de la Numidie. S'il fait une tentative inutile sur Zama, il pille Thala [13], place importante qui renferme les armes et les trésors de Jugurtha; puis il poursuit ce prince dépouillé de ses places, et le force de fuir au delà des frontières de son royaume, jusque chez les Maures, et dans la Gétulie [14].

Enfin, après avoir considérablement augmenté l'armée romaine, en admettant, par une prédilection conforme à l'obscurité de sa naissance, les prolétaires à s'enrôler [15], Marius tombe sur Jugurtha, déjà mis

salutis. Istud *quod* explicare frustra conatus est Salmasius; et miramur hunc doctissimum virum qui, quum *quem* in cod. Palat. repererit, *quod* tamen retinendum censeat. Omnes cæterum fere editores Palat. lectionem amplecti sunt.

gem adortus, non facilius tamen vicit, quam si integrum et recentem. Hic et urbem Herculi conditam, Capsam, in media Africa sitam, anguibus arenisque vallatam, mira quadam felicitate superavit; et saxeo inditam monti Mulucham urbem, per Ligurem, aditu arduo inaccessoque, penetravit. Mox non ipsum modo, sed Bocchum quoque, Mauritaniæ regem, jure sanguinis Numidam vindicantem, apud oppidum Cirtam graviter cecidit. Qui ubi, diffisus rebus suis, alienæ cladis accessio fieri timet, pretium fœderis atque amicitiæ regem facit. Sic fraudulentissimus regum fraude soceri sui in insidias deductus est, et Syllæ in manum traditus; tandemque opertum catenis Jugurtham in triumpho populus romanus aspexit. Sed ille quoque, quamvis victus et vinctus, vidit Urbem quam venalem, et quandoque perituram, si habuisset emptorem, frustra cecinerat. Tamen, ut venalis fuisset, habuit emptorem, et quum illa tum evaserit, certum erit eam non esse perituram.

III. Bellum Allobrogicum.

Sic ad meridiem populus romanus. Multo atrocius, et multipliciter, et magis a septentrione [a]

---

[a] *Et multipliciter, et magis a septentrione.* Veteres ed. : *et multipliciter magis, et a septentrione.* Quid significat *multiplici-*

en déroute, et accablé des coups que Métellus lui a portés; mais il a autant de peine à le vaincre qu'un ennemi nouveau et qui n'aurait encore rien perdu de ses forces. Il se rend maître, par un bonheur singulier, de Capsa, ville consacrée à Hercule, située au centre de l'Afrique, et que défendent les serpens et les sables qui l'environnent. Pour pénétrer dans Mulucha [16], place élevée sur le sommet d'un rocher, un soldat ligurien lui découvre un chemin escarpé et presque inaccessible. Bientôt Marius remporte sous les murs de Cirta une victoire sanglante sur Jugurtha et sur Bocchus, roi de Mauritanie [17], qui, docile à la voix du sang, avait embrassé la cause du roi numide. Mais, depuis cette défaite, ce monarque commence à craindre pour lui-même; il tremble d'être enveloppé dans la perte d'autrui, et achète, en livrant Jugurtha, l'alliance et l'amitié des Romains. Ainsi le plus artificieux des rois tombe dans les piéges de son beau-père; il est remis entre les mains de Sylla [18]. Rome put contempler enfin Jugurtha chargé de chaînes et mené en triomphe. Quant à lui, ce ne fut que vaincu, et chargé de fers, qu'il revit cette cité qu'il avait appelée vénale, et dont il avait faussement prédit la ruine, si elle trouvait un acheteur. Oui, dans sa vénalité, Rome avait trouvé cet acheteur en Jugurtha; mais le bonheur qu'elle eut de lui échapper, est un sûr garant qu'elle ne périra jamais [19].

III. Guerre des Allobroges. [An de Rome, 628 à 639.]

Tels furent les exploits du peuple romain dans le midi: mais il eut à soutenir vers le septentrion des

ter magis? Si hoc scriberet, Florum vix latinum putares. Hunc locum, particula *et* leviter trajecta, aptissime distinxit Salmasius.

sævitum. Nihil hac plaga infestius. Atrox cœlum, perinde ingenia [a]. Omni igitur tractu violentus hostis, a dextris atque lævis, et medio septentrionis, erupit.

Prima trans Alpes arma nostra sensere Salyi, quum de incursionibus eorum fidissima atque amicissima civitas Massilia quereretur.

Allobroges deinde, et Arverni, quum adversus eos similes Æduorum querelæ opem et auxilium nostrum flagitarent. Varus victoriæ testis, Isaraque, et Vindelicus amnes, et impiger fluminum Rhodanus. Maximus barbaris terror elephanti fuere, immanitati gentium pares. Nil tam conspicuum in triumpho, quam rex ipse, Bituitus, discoloribus in armis, argenteoque carpento, qualis pugnaverat [b].

Utriusque victoriæ quod quantumque gaudium fuerit, vel hinc existimari potest, quod et Domitius Ænobarbus et Fabius Maximus, ipsis quibus dimicaverant in locis, saxeas erexere turres, et desuper exornata armis hostilibus tropæa fixere; quum hic mos inusitatus fuerit nostris.

[a] *Atrox cœlum, perinde ingenia.* In quibusdam editionibus legere est : *pervicaci ingenio :* in aliis, *perinde ingenio.* **Perinde**

combats plus terribles, et plus multipliés, contre des ennemis plus nombreux. Il n'est pas de pays au monde plus affreux que ces régions du nord. Le caractère féroce de leurs habitans répond à la rigueur du climat [20]. C'est de ces contrées que Rome vit s'élever sur tous les points de terribles ennemis.

Les Salyens furent, entre les peuples trans-Alpins, les premiers qui éprouvèrent la force de nos armes. Marseille, notre très-fidèle amie et alliée, s'était plainte à nous de leurs incursions et de leurs ravages [21].

Nous réprimâmes ensuite les Allobroges et les Arverniens, contre lesquels les Eduens nous adressèrent de semblables plaintes [22], et implorèrent notre secours. Le Var, l'Isère, la Sorgue et le Rhône, le plus rapide des fleuves [23], furent les témoins de nos victoires. Rien n'inspira plus d'épouvante aux barbares que nos éléphans dont la grandeur avait quelque rapport avec les proportions gigantesques de ces peuples. Le principal ornement du triomphe fut leur roi, Bituitus, qu'on put y voir revêtu d'armes de diverses couleurs, monté sur un char d'argent, et tel qu'il avait combattu.

On peut juger de la joie qu'excitèrent ces deux victoires, par le soin que prirent Domitius Ænobarbus et Fabius Maximus [24], d'élever sur le lieu même du combat des tours de pierres, et d'ériger des trophées

---

retinendum est, nam ex prima editione constat. Sed nondum *perinde ingenio* ex toto menda vacat. Emendavit Salmasius *perinde ingenia*.

[b] *Qualis pugnaverat.* Quid, si, *argenteoque carpento, quali pugnaverat?* Sed nihil mutemus. Vetus editio : *o qualis pugnaverat!* inepte. (Salmas.)

Nunquam enim populus romanus hostibus domitis victoriam suam exprobravit.

IV. Bellum Cimbricum, Theutonicum, ac Tigurinum.

Cimbri, Theutoni atque Tigurini ab extremis Galliæ profugi [a], quum terras eorum inundasset Oceanus, novas sedes toto orbe quærebant; exclusique Gallia et Hispania, quum in Italiam regyrarent [b], misere legatos in castra Silani, inde ad senatum, petentes ut Martius populus aliquid sibi terræ daret, quasi stipendium : cæterum, ut vellet, manibus atque armis suis uteretur. Sed quas daret terras populus romanus, agrariis legibus intra se dimicaturus? Repulsi igitur, quod nequiverant precibus, armis petere constituunt.

Sed nec primum quidem impetum barbarorum Silanus, nec secundum Manlius [c], nec tertium Cæpio sustinere potuerunt. Omnes fugati, exuti castris. Actum erat, nisi Marius hoc sæculo

---

[a] *Ab extremis Galliæ profugi. Galliæ* vox in codicibus et veteribus editionibus. *Germaniæ* legendum esse docet Cluverius in *Germania antiqua*, qui hac de re copiosissime disserit. *Galliæ* retinet et explicat B. Rhenanus *rerum Germanarum*, lib. I; nec non Vossius ad *Velleium*, lib. II, cap. 19. (V. com. hujusce lib.)

[b] *Regyrarent*. In aliis edit. *remigrarent*. Qui poterant remigrare in Italiam, in qua nunquam fuerant? Remigramus sive redimus in regionem, ex qua sumus ante profecti. Nec dubitamus

avec les armes des vaincus : usage inconnu aux anciens Romains, qui, satisfaits d'avoir dompté leurs ennemis, n'insultaient jamais à leur défaite.

IV. *Guerre des Cimbres, des Teutons et des Tigurins.*
[An de Rome, 644 à 652.]

Les Cimbres, les Teutons et les Tigurins avaient vu l'Océan inonder leurs terres [25] ; ils furent repoussés des extrémités de la Gaule, et cherchaient par tout l'univers de nouvelles demeures. Chassés de la Gaule et de l'Espagne, ils tournèrent leurs pas vers l'Italie, et envoyèrent des ambassadeurs au camp de Silanus [26], puis au sénat, demander que le peuple de Mars leur accordât quelques terres à titre de solde; ils promettaient en retour de consacrer au service de Rome et leurs bras et leurs armes. Mais quelles terres pouvait donner le peuple romain, qui devait bientôt être en proie à la guerre civile excitée pour des lois agraires? Leur demande ayant donc été rejetée, les barbares résolurent de conquérir, le fer à la main, ce qu'ils n'avaient pu obtenir par leurs prières.

Silanus d'abord, puis Manlius, et en troisième lieu Cæpion, ne purent soutenir le choc impétueux de ces barbares [27]. Ces généraux furent tous trois mis en fuite et dépouillés de leur camp. C'en était fait de Rome, si sa fortune n'eût fait naître Marius dans ce

quin recte restituerit hunc locum Salmasius, qui scribendum censet *regyrarent,* hoc est reflecterent iter suum ex Hispania per Galliam in Italiam. *Remigarent,* quæ in quibusd. impresiis legitur, minime placet. *Emigrarent* quod Tanaquilli Fabri filia proposuit, bene forsan sc haberet.

 c Nec secundum Manlius. Qui sit iste *Manlius,* ignorare nos fatemur. Legendum : *Mallius.* (Vide commentum hujusce libri.)

contigisset. Ille quoque non ausus congredi statim, militem tenuit in castris, donec invicta illa rabies et impetus, quem pro virtute barbari habent, consenesceret. Recessere igitur increpantes, et (tanta erat capiendæ Urbis fiducia) consulentes, si quid ad uxores suas mandarent. Nec segnius, quam minati fuerant, tripartito agmine per Alpes, id est, claustra Italiæ, ferebantur.

Marius, mira statim velocitate occupatis compendiis, prævenit hostem, prioresque Theutonos sub ipsis Alpium radicibus assequutus, in locum quem Aquas Sextias vocant, quo, fidem numinum! prælio oppressit. Vallem fluviumque medium hostes tenebant : nostris aquarum nulla copia. Consultone id egerit imperator, an errorem in consilium verterit, dubium. Certe necessitate aucta virtus, causa victoriæ fuit. Nam flagitante aquam exercitu : « Viri, inquit, estis? « en illic habetis. » Itaque tanto ardore pugnatum est, eaque cædes hostium fuit, ut victor romanus de cruento flumine non plus aquæ biberit, quam sanguinis barbarorum. Certe rex ipse Teutobochus quaternos senosque equos transilire solitus, vix unum, quum fugeret, ascen-

siècle [28]. Ce général n'osa pas en venir aux mains sur-le-champ; il retint ses soldats dans leurs retranchemens, pour laisser à cette rage indomptable, à cette fougue impétueuse qui tiennent lieu de valeur aux barbares, le temps de se ralentir [29]. Ceux-ci décampèrent enfin en accablant les Romains d'injurieuses railleries; ils comptaient si bien sur la prise de Rome, qu'ils leur demandaient s'ils n'avaient rien à mander à leurs femmes. Prompts à exécuter leurs menaces, ils se divisèrent en trois corps, et s'avançaient hardiment vers l'Italie, par les Alpes qui en défendent l'entrée [30].

Marius les prévint en gagnant avec une prodigieuse célérité des chemins abrégés et sûrs. Il rencontra d'abord les Teutons au pied des Alpes, près d'un lieu nommé les Eaux Sextiennes [31], et les tailla en pièces. Les dieux savent combien la bataille fut sanglante! Les barbares étaient maîtres d'un vallon et d'une rivière qui le traversait. Les Romains manquaient absolument d'eau. On ignore si Marius avait ainsi placé son armée à dessein, ou s'il sut tourner à son avantage une faute involontaire. Il est certain du moins que la valeur de ses soldats irritée par la nécessité décida la victoire. Comme ils lui demandaient de l'eau : « N'êtes-vous pas des hommes, leur dit-il ? vous en avez là devant vous. » On se battit avec une telle ardeur, et les Romains firent un si grand carnage, que lorsqu'ils vinrent, après la victoire, étancher leur soif dans la rivière grossie par les cadavres, ils burent moins d'eau que de sang. Un des rois barbares qui avait coutume de mener quatre ou six chevaux dans la mêlée, pour sauter successivement de

dit; proximoque in saltu comprehensus, insigne spectaculum triumphi fuit : quippe vir proceritatis eximiæ super tropæa ipsa eminebat.

Sublatis funditus Theutonis, in Cimbros convertitur. Hi jam (quis crederet?) per hiemem, quæ altius Alpes levat, Tridentinis jugis in Italiam, provoluti ruina, descenderant. Atesim flumen, non ponte, nec navibus, sed quadam stoliditate barbarica primum corporibus aggressi, postquam retinere amnem manibus et clypeis frustra tentaverant, ingesta obrutum sylva transiluere. Et, si statim infesto agmine Urbem petiissent, grande discrimen esset. Sed in Venetia, quo fere tractu Italia mollissima est, ipsa soli cœlique clementia robur elanguit. Ad hoc panis usu, carnisque coctæ, et dulcedine vini mitigatos, Marius in tempore aggressus est. Ii diem pugnæ [a] a nostro imperatore petierunt, et sic proximum dedit. In patentissimo, quem Raudium vocant, campo concurrere. Inde ad sexaginta ceciderunt, hinc trecentis minus. Per omnem diem conciditur barbarus. Istic quoque imperator ad-

[a] *Marius in tempore aggressus est. Ii diem pugnæ*. Hic aliquid deesse notemus, statim post *aggressus est*, sequitur in Nazariano codice : *venere illi quam et in barbaris multa vestigia, diem*, etc. Sed quæ ut corruptissima ac sensu vacua, scribæ abscindere maluerunt.

l'un sur l'autre [32], Teutobochus, en put monter à peine un pour fuir. Surpris dans un bois voisin du champ de bataille, il devint par sa taille gigantesque qui s'élevait au-dessus même des trophées, le plus bel ornement du triomphe.

Les Teutons exterminés, Marius dirigea ses efforts contre les Cimbres. Ces barbares, (qui le croirait?) malgré l'hiver dont les neiges rendent plus escarpés les sommets des Alpes, se précipitèrent du haut des montagnes de Trente sur l'Italie, en se laissant glisser le long des abîmes. Ce n'est pas sur un pont, ni sur des bateaux qu'ils veulent traverser l'Athésis [33], ils s'y élancent, et, par une stupidité vraiment barbare, prétendent arrêter son cours à force de bras et avec leurs boucliers. Après ces vains efforts, ils encombrent enfin le lit du fleuve, en y entassant les arbres d'une forêt, et passent à l'autre rive. Si leurs redoutables bataillons eussent aussitôt marché droit à Rome, le danger de cette ville eût été grand [34]; mais ils s'arrêtèrent dans la Vénétie, qui est peut-être la région la plus tempérée de toute l'Italie. La douceur du climat énerva leurs forces; ils s'étaient déjà laissé amollir par l'usage du pain, de la viande cuite et des vins exquis, lorsque Marius prit son temps pour les attaquer. Les barbares lui demandèrent de fixer le jour du combat : il leur assigna le lendemain [35]. Cette bataille se donna dans une très-vaste plaine appelée le champ Raudien [36]. Soixante mille Cimbres restèrent sur la place; les Romains ne perdirent pas trois cents hommes. Le carnage dura tout le jour. Marius avait joint la ruse à la valeur en imitant Annibal, et ses habiles dispositions à la bataille

diderat virtuti dolum, sequutus Annibalem, artemque Cannarum : primum nebulosum nactus diem, ut hosti inopinatus occurreret; tum ventosum quoque, ut pulvis in oculos et ora ferretur; tum acie conversa in orientem, ut, quod ex captivis mox cognitum est, ex splendore galearum, ac repercussu, quasi ardere coelum videretur.

Nec minor cum uxoribus eorum pugna, quam cum ipsis fuit; quum objectis undique plaustris atque carpentis, altæ desuper, quasi e turribus, lanceis contisque pugnarent. Perinde speciosa mors earum fuit quam pugna. Nam quum missa ad Marium legatione, libertatem ac sacerdotium non impetrassent (nefas erat), suffocatis elisisque passim infantibus suis, aut mutuis concidere vulneribus, aut vinculo e crinibus suis facto, ab arboribus, jugisque plaustorum pependerunt. Bojorix rex in acie dimicans impigre, nec inultus occubuit.

Tertia Tigurinorum manus, quæ, quasi in subsidio [a], Noricos insederat Alpium tumulos, in diversa lapsi, fuga ignobili et latrociniis evanuit.

[a] *Quasi in subsidio.* Sic Nazarii Schedæ : quid, si *in subsidium* ? (Salmas.)

de Cannes. Il choisit d'abord un jour où le ciel était couvert de nuages, afin de pouvoir surprendre l'ennemi; et l'air agité par le vent, pour que les barbares eussent la poussière dans le visage et dans les yeux ; ensuite il tourna le front de son armée vers l'orient, de façon que la lumière du soleil réfléchie sur les casques des Romains fît paraître le ciel tout en feu ; ce qui ne manqua point d'arriver, comme on le sut depuis par le témoignage des prisonniers [37].

Le combat ne fut pas moins rude contre les femmes des barbares que contre leurs époux eux-mêmes. Elles s'étaient barricadées de toutes parts avec les charriots, et, placées sur ce retranchement, comme sur les tours d'un rempart, elles combattirent avec des piques et de longs batons ferrés. Leur mort fut aussi belle que leur défense. Elles envoyèrent une députation vers Marius pour lui demander, avec la liberté, la permission de se consacrer au sacerdoce. Ce général n'ayant pu leur accorder une demande si contraire à nos usages [38], elles étouffent d'abord ou écrasent leurs enfans, puis elles se donnent réciproquement la mort; d'autres, fesant un lacs de leurs cheveux, se pendent aux arbres, ou aux timons de leurs chariots. Leur roi Boiorix fut tué en combattant vaillamment sur le champ de bataille, et après avoir vendu chèrement sa vie.

Le troisième corps de barbares, composé des Tigurins, qui s'était posté sur les Alpes Noriques [39], comme pour venir au secours des Teutons, prit honteusement la fuite, commit sur sa route d'affreux brigandages, et s'évanouit enfin, en se dispersant de tous côtés.

Hunc tam lætum, tamque felicem liberatæ Italiæ assertique imperii nuncium, non per homines, ut solebat, populus romanus accepit, sed per ipsos, si credere fas est, deos. Quippe eodem die, quo gesta res est, visi pro æde Pollucis et Castoris juvenes laureati prætori litteras tradere; frequensque in spectaculo rumor, *Victoriæ Cimbricæ, feliciter* [a], dixit. Quo quid admirabilius, quid insignius fieri potest? Quippe, velut elata montibus suis Roma, spectaculo belli interesset, quod in gladiatorio munere fieri solet, uno eodemque momento, quum in acie Cimbri succumberent, populus in Urbe plaudebat.

V. Bellum Thracium.

Post Macedonas, si dis placet, Thraces rebellabant, ipsi quondam tributarii Macedonum. Nec in proximas modo provincias contenti incurrere, Thessaliam atque Dalmatiam : in Adriaticum mare usque venerunt, eoque fine contenti, quasi interveniente natura, contorta in ipsas aquas tela miserunt.

Nihil interim per id omne tempus residuum crudelitatis fuit in captivos sævientibus : litare diis sanguinem humanum, bibere in ossibus ca-

---

[a] *Victoriæ Cimbricæ feliciter*. Distinxerim hæc tria verba ut in theatro sonuerint. (Grut. et Freinsh.)

L'heureuse et agréable nouvelle de la délivrance de l'Italie et du salut de l'empire parvint au peuple romain, non par l'entremise ordinaire des hommes, mais, s'il est permis de le croire, par le ministère même des dieux. Le jour de cette bataille, on vit, devant le temple de Castor et Pollux, deux jeunes hommes couronnés de laurier, remettre des lettres au préteur ; au même instant le théâtre retentit de ce cri général : « Victoire ! victoire ! les Cimbres sont vaincus ! » Ainsi, par l'effet du prodige le plus étonnant, on eût dit que Rome, du haut de ses collines, avait assisté au spectacle du combat contre les Cimbres, ainsi qu'à un combat de gladiateurs : le peuple applaudissait dans ses murs au moment même où les barbares succombaient sur le champ de bataille [40].

V. Guerre des Thraces. [An de Rome, 639 à 682.]

Qui aurait pu croire qu'après les Macédoniens, les Thraces, autrefois leurs tributaires, osassent se révolter contre nous ? Non contens de faire des incursions dans les provinces voisines de leurs frontières, telles que la Thessalie et la Dalmatie [41], ils pénétrèrent jusqu'aux bords de la mer Adriatique, où, arrêtés par les barrières que la nature semblait opposer à leur audace, ils lancèrent leurs traits contre les flots.

Il n'est aucun rafinement de barbarie que les Thraces ne se plussent à faire souffrir à leurs prisonniers, dans tout le cours de ces invasions. Ils offraient aux dieux le sang humain en sacrifice, buvaient dans le crâne de leurs victimes, et, joignant les outrages aux supplices d'une mort cruelle, ils

pitum, et cujusque modi ludibrio fædare mortem tam igni quam fumo; partus quoque gravidarum extorquere tormentis.

Sævissimi omnium Thracum Scordisci fuere; sed calliditas quoque ad robur accesserat. Silvarum et montium situs cum ingenio consentiebant. Itaque non fusus modo ab his, aut fugatus, sed, simile prodigio, omnino totus interceptus exercitus, quem duxerat Cato. Didius vagos, et libera populatione diffusos intra suam repulit Thraciam. Drusus ulterius egit, et vetuit transire Danubium. Minucius toto vastavit Hebro, multis quidem amissis, dum per perfidum glacie flumen equitatur. Piso Rhodopen Caucasumque penetravit. Curio Dacia tenus venit, sed tenebras saltuum expavit. Appius in Sarmatas usque pervenit: Lucullus ad terminum gentium Tanaim, lacumque Mæotim. Nec aliter cruentissimi hostium, quam suis moribus domiti. Quippe in captivos igne ferroque sævitum est. Sed nihil barbaris atrocius visum est, quam quod, abscissis manibus relicti, vivere superstites pænæ suæ jubebantur [a].

[a] *Jubebantur.* Ita Vineti editio et placet præ aliorum *videbantur*, quod exstat quidem in Palatino tertio; non etiam in primo ac tertio. (Freinsh.)

fesaient périr ceux-ci par le feu, ceux-là par la fumée ; enfin, ils arrachaient, à force de tourmens, du sein des femmes enceintes, le fruit qu'elles portaient [42].

Les plus féroces de tous les Thraces étaient les Scordisques [43], peuple qui alliait la ruse au courage : la position de leurs forêts et de leurs montagnes favorisait leur génie entreprenant ; aussi l'armée que Caton conduisit contre eux [44], fut-elle non pas simplement dissipée et mise en fuite, mais surprise et taillée en pièces ; et, ce qui tient du prodige, pas un seul Romain ne put échapper. Didius ayant trouvé ces barbares dispersés [45] et qui ravageaient sans ordre les campagnes, les repoussa dans la Thrace. Drusus les chassa plus loin, et leur ferma le passage du Danube [46]. Minucius désola leur pays tout le long de l'Hébrus [47], où il perdit cependant un grand nombre de soldats, en les faisant passer à cheval sur la glace perfide qui couvrait ce fleuve. Pison franchit le Rhodope et le Caucase [48]. Curion s'avança jusqu'aux frontières de la Dace [49] ; mais il fut épouvanté de la profondeur ténébreuse de ses forêts. Appius pénétra chez les Sarmates [50] ; Lucullus jusqu'au Tanaïs et aux Palus-Méotides, qui sont les dernières limites de toutes ces nations [51]. Ces ennemis sanguinaires ne purent être domptés que par les traitemens inhumains dont ils avaient donné l'exemple. On employa le fer et le feu contre ceux qui tombèrent en notre pouvoir. Mais ce qui parut souverainement atroce à ces barbares, c'est qu'après leur avoir coupé les mains, on les força de survivre à leur supplice [52].

VI. Bellum Mithridaticum.

Ponticæ gentes ad septentrionem in mare sinistrum jacent, a Pontico cognominatæ mari. Harum gentium atque regionum rex antiquissimus Æetas [a]; post Artabazes a septem Persis oriundus, inde Mithridates omnium longe maximus. Quippe quum quatuor Pyrrho, decem et septem anni Annibali suffecerint, ille per quadraginta annos restitit, donec tribus ingentibus bellis subactus, felicitate Sullæ, virtute Luculli, magnitudine Pompeii consumeretur.

Causam quidem illius belli prætenderat apud Cassium legatum, attrectari terminos suos a Nicomede Bithynico. Ceterum elatus animis ingentibus, Asiæ totius, et, si posset, Europæ cupiditate flagrabat. Spem ac fiduciam dabant nostra vitia: quippe quum civilibus bellis disjungeremur, invitabat occasio; nudumque imperii latus ostendebant procul Marius, Sulla, Sertorius. Inter hæc reipublicæ vulnera, et hos tumultus, repente, quasi captato tempore, in lassos simul atque districtos, subitus turbo pontici belli ab ultima veluti specula septentrionis erupit. Primus statim impetus belli Bithyniam rapuit. Asia

---

[a] *Æetas.* Optimæ membranæ hoc loco legunt *Ætas*; nimirum est *Æetas*, vetus ille rex Ponti, Medeæ pater Αἰήτης. Nam *Æetes* et

VI. Guerre de Mithridate. [An de Rome, 664 à 690.]

Les nations pontiques habitent vers le septentrion ; elles ont sur leur gauche le Pont-Euxin, dont elles tirent leur nom. Æétas est le plus ancien des rois de ces contrées [53]. Plus tard, elles furent gouvernées par Artabaze issu d'un des sept Perses [54]. La grandeur de Mithridate, un de ses descendans, éclipsa la gloire de tous ses prédécesseurs [55]. Quatre années avaient suffi aux Romains pour vaincre Pyrrhus, et dix-sept pour réduire Annibal : Mithridate leur résista pendant quarante ans, jusqu'à ce qu'enfin, vaincu dans trois guerres sanglantes, il fut accablé par le bonheur de Sylla, le courage de Lucullus, et la grandeur de Pompée.

Le prétexte dont il se servit auprès du préteur Cassius pour motiver ses agressions, était que Nicomède, roi de Bithynie, entreprenait sur ses frontières [56]; mais dans le fait, l'orgueil et l'ambition de Mithridate convoitaient l'Asie, et l'Europe même, si la conquête en était possible. Les fautes des Romains nourrissaient sa hardiesse et ses espérances : la guerre civile, en divisant Rome, semblait lui offrir une occasion favorable : Marius, Sylla, Sertorius, lui montraient de loin les flancs de l'empire découverts et sans défense. Au milieu de ces plaies de la république, et de ces agitations, les fléaux de la guerre pontique, préparés comme à loisir sur les hauteurs les plus éloignées du septentrion, vinrent tout-à-coup assaillir les Romains fatigués et occupés d'autres soins [57]. Du premier choc la Bithynie est emportée ; l'Asie est glacée d'épou-

---

OEetas extulere Latini. Ovidio etiam Ætas Pater, etc. In veter. edit. *Atheas*, vel *Æthas* ; male. (Salmas.)

deinde pari terrore correpta est. Nec cunctanter ad regem ab urbibus nostris populisque descitum est. Aderat, instabat, saevitia quasi virtute utebatur. Nam quid atrocius uno ejus edicto, quo omnes [a] qui in Asia forent, romanae civitatis homines interfici jussit? Tum quidem domus, templa et arae, humana omnia atque divina jura violata sunt. Sed hic terror Asiae Europam quoque regi aperiebat. Itaque missis Archelao Neoptolemoque praefectis, excepta Rhodo, quae pro nobis stetit, ceterum Cyclades, Delos, Eubaea, et ipsum Graeciae decus, Athenae, tenebantur. Italiamque jam, ipsamque urbem Romam regius terror afflabat.

Itaque Lucius Sulla festinat, vir armis optimus: parique violentia ruentem ulterius hostem quadam quasi manu repulit. Primumque Athenas urbem (quis crederet?) frugum parentem, obsidione ac fame ad humanos cibos compulit. Mox subruto Piraeei portu, sex quoque, et amplius muris [b], postquam domuerat ingratissimos, ut ipse dixit, hominum, in honorem tamen mortuorum, sacris suis, famaeque donavit. Mox quum Eubaea atque Baeotia praesidia regis dis-

[a] *Quo omnes*, melius ac. *quum omnes*, quod in quibusd. libris legere est.

[b] *Mox subruto Piraeei portu, sex quoque, et amplius muris.*

vante ; les villes et les nations soumises à notre puissance s'empressent de se ranger sous les lois de Mithridate. Ce prince était présent partout, partout il pressait ses conquêtes, et faisait usage de la cruauté comme de la valeur. Quoi de plus atroce que ce seul édit par lequel il ordonna le massacre de tous les citoyens romains [58] qui se trouvaient en Asie? Les maisons, les temples, les autels, tous les droits divins et humains furent alors violés. L'effroi de l'Asie ouvrait encore le chemin de l'Europe à Mithridate. Les Cyclades, Délos [59], l'Eubée et Athènes même, l'ornement de la Grèce, se rendirent à ses lieutenans Archélaüs et Néoptolème [60]. La seule île de Rhodes nous resta fidèle. La terreur s'étoit déjà répandue dans l'Italie, et jusqu'aux portes même de Rome.

Sylla, ce grand homme de guerre [61], vole au devant de l'ennemi, oppose la violence à la violence, et le force de reculer. Il fait le siége d'Athènes, la presse par la famine, et réduit enfin, qui le croirait? la mère et l'inventrice des moissons à se nourrir de chair humaine [62]. Il ruine le Pirée, renverse plus de six enceintes de murailles [63], et, après avoir dompté les plus ingrats de tous les hommes (c'est ainsi qu'il appelait les Athéniens), il leur pardonne en considération de leurs ancêtres, de leurs mystères religieux et de la célébrité de leur ville. Ayant aussitôt chassé de l'Eubée et de la Béotie les garnisons de Mithridate,

Vetus editio auctior, *muris munitum*, nec aliter tres Palatini codices ; sed quum hic *munitum* sensu vacat, recentiores librarii hoc verbum omittere non dubitaverunt.

pulisset, omneis copias uno apud Chæroneam, apud Orchomenon altero bello dissipavit; statimque in Asiam transgressus, ipsum opprimit; et debellatus foret, nisi de Mithridate triumphare cito, quam vere maluisset.

Ac tunc quidem hunc Asiæ statum Sulla dederat. Ictum cum Ponticis fœdus. Recepit Bithyniam a rege Nicomedes, Ariobarzanes, Cappadociam [a] : ac sic erat Asia rursus nostra, ut cœperat. Mithridates tantum repulsus. Itaque non fregit res ea Ponticos, sed incendit. Quippe rex Asia [b] quodammodo inescatus, non jam quasi alienam, sed quia amiserat, quasi raptam, belli jure repetebat [c].

Igitur ut extincta parum fideliter incendia majore flamma reviviscunt; ita ille de integro, auctis majorem in modum copiis, tota denique regni sui mole, in Asiam rursus mari, terra fluminibusque veniebat. Cyzicum nobilis civitas, arce,

[a] *Recepit Bithyniam a rege Nicomedes, Ariobarzanes, Cappadociam.* Vetus editio et codices omnes : *Recepit Bithyniam a rege Nicomede, ab Ariobarzane Cappadociam.* Hunc locum manifeste παρὰ ἀλήθειον καὶ ἱστορίαν, recte emendavit Justus Lipsius in Electorum, lib. II. Aliter emendavit Salmasius *recepit* (Sylla) *Bithyniam regi Nicomedi, Ariobarzani Nicomediam,* nec inepte.

[b] *Rex Asia.* Omnes scripti et impressi habent *Asia et Europa.* Hæc verba *et Europa* Tanaquilli Fabri filiæ, a Floro scripta non fuisse videntur. Idem censuit Grævius : « Si sic scripsit Florus,

il dissipe toutes les troupes de ce prince dans les deux batailles de Chéronée et d'Orchomène [64]. Il passe sur-le-champ en Asie, et accable le roi de Pont lui-même. La guerre était finie dès-lors, s'il n'eût mieux aimé précipiter qu'assurer son triomphe.

Voici donc l'état dans lequel Sylla laissa les affaires d'Asie. Il fit un traité avec le roi de Pont, qui rendit la Bithynie à Nicomède, et la Cappadoce à Ariobarzane [65], en sorte que l'Asie rentra comme par le passé sous notre domination. Mithridate cependant n'était que chassé de ses conquêtes ; et ses défaites l'avaient moins abattu qu'irrité. Amorcé pour ainsi dire par la possession momentanée de l'Asie, il aspirait à y rentrer par la force des armes, et non comme dans une province étrangère ; car, depuis qu'il l'avait perdue, il la regardait comme un bien légitime qu'on lui avait injustement ravi [66].

Les flammes d'un incendie mal éteint renaissent plus furieuses : ainsi Mithridate renouvelant ses entreprises, rassembla des troupes plus nombreuses que la première fois, et marcha vers l'Asie avec toutes les forces de son royaume, dont il avait couvert la terre, les mers et les fleuves. Cyzique, ville fameuse, est

---

ait, inepte scripsit. Verum *et Europa* a sciolo insertum esse puto. Nam Asiam repetebat, ut ostendunt sequentia, tanquam immerito sibi ereptam, non vero Europam. Itaque censeo hunc inutilem centonem exscindendum esse. »

c *Sed quia amiserat, quasi raptam jure belli repetebat.* Lipsius mavult *sed quia captam amiserat.* Heinsius censet concinnius esse, si scribatur, *quasi sibi raptam.* Nulla necessitas hic omnibus codicibus obstrependi.

mœnibus, portu, turribusque marmoreis, Asiaticæ plagæ littora illustrat. Hanc ille, quasi alteram Romam, toto invaserat bello. Sed fiduciam oppidanis resistendi nuncius fecit, docens adventare Lucullum : qui (horribile dictu!) per medias hostium naves utre suspensus, et pedibus iter adgubernans, videntibus procul quasi marina pristrix, evaserat. Mox clade conversa, quum ex mora obsidentem regem fames, et ex fame pestilentia urgeret, recedentem Lucullus assequitur; adeoque cecidit, ut Granicus et Æsapus amnes cruenti redderentur. Rex callidus, romanæque avaritiæ peritus, spargi a fugientibus sarcinas et pecuniam jussit, qua sequentes moraretur. Nec felicior in mari, quam in terra fuga [a]. Quippe centum amplius navium classem, apparatuque belli gravem, in Pontico mari aggressa tempestas, tam fœda strage laceravit, ut navalis belli instar efficeret; plane quasi Lucullus, quodam cum fluctibus procellisque commercio, debellandum tradidisse regem ventis videretur.

Attritæ jam omnes validissimi regis vires erant; sed animus malis augebatur. Itaque conversus ad

[a] *Nec felicior in mari quam in terra fuga ;* τὸ *fuga* delendum merito censuerunt Perizonius *animadversionum historicarum* c. 10, et Grævius, quia nullam in mari fugam Mithridatis narret,

par sa citadelle, ses remparts, son port et ses tours de marbre, l'ornement des rivages de l'Asie [67]. Mithridate presse de tous côtés cette cité, qu'il regarde comme une seconde Rome. Les habitans se voient encouragés dans leur résistance par un messager qui vient leur annoncer l'approche de Lucullus. Porté sur une outre, qu'il gouvernait avec les pieds, cet émissaire, par le plus étonnant stratagème, avait traversé la flotte des ennemis, qui l'avaient pris de loin pour un monstre marin. Bientot les fléaux qui accablaient les assiégés retombèrent sur les assiégeans. La longueur du siége causa parmi ceux-ci une famine, suivie de la peste; et Mithridate fut contraint de se retirer. Lucullus le poursuivit, et fit un tel carnage de son armée, que les eaux du Granique et de l'Ésapus [68] en furent ensanglantées. Le rusé Mithridate, qui connaissait l'avarice des Romains, ralentit leur poursuite en faisant répandre sur les chemins l'argent et les bagages de son armée en fuite [69]. Il ne fut pas plus heureux sur mer que sur terre [70]. Sa flotte, composée de plus de cent vaisseaux chargés de tout l'appareil de la guerre, fut accueillie d'une tempête dans la mer du Pont, et si horriblement fracassée, qu'on eût cru voir les débris d'une bataille navale. On aurait dit que, d'intelligence avec les flots, les vents et les orages, Lucullus leur avait confié la tâche de consommer la ruine du roi de Pont.

Les forces de ce puissant monarque étaient anéanties, mais son courage croissait avec ses revers. Il

deinceps, Florus, sed classem ejus tempestate disjectam ac aceratam, non fugatam ab hoste, quem illa ne quidem vidisset, ut ex verbis sequentibus statim pateat.

proximas gentes, totum pene orientem ac septentrionem ruina sua involvit. Iberi, Caspii, Albani, et utræque sollicitabantur Armeniæ : per quæ omnia et decus et nomen et titulos Pompeio suo fortuna quærebat. Qui ubi novis motibus ardere Asiam videt, aliosque ex aliis prodire reges; nihil cunctandum ratus, priusquam inter se gentium robora coirent, statim ponte navibus facto [a], omnium ante se primus transit Euphratem; regemque fugientem media nactus Armenia; (quanta felicitas viri!) uno prælio confecit. Nocturna ea dimicatio fuit, et luna in partibus. Quippe quasi commilitans, quum a tergo se hostibus, a facie Romanis præbuisset, Pontici per errorem longius cadentes umbras suas, quasi hostium corpora, petebant. Et Mithridates quidem nocte illa debellatus est. Nihil enim postea valuit; quanquam omnia expertus, more anguium, qui, obtrito capite, postremum cauda minantur. Quippe quum effugisset hostem Colchos, Siciliæ quoque littora, et Campaniam nostram subito adventu terrere voluit; Colchis tenus jungere Bosphoron, inde per Thraciam, Macedoniam et Græciam transilire : sic Italiam nec opinatus invadere. Tantum cogitavit. Nam

[a] *Ponte navibus facto.* Heinsius latinitatis causa ait scribendum *ponte e navibus facto.*

demanda des secours à ses voisins, et enveloppa le septentrion et presque tout l'orient dans sa ruine. Il sollicita les Ibériens, les peuples qui habitent les rivages de la mer Caspienne, les Albaniens et les deux Arménies [71]. La fortune cherchait, en ménageant cette ligue, à procurer des sujets de gloire et de triomphe à Pompée, son favori [72]. Ce général, voyant que le feu de la guerre se rallumait en Asie, et que les rois s'y succédaient pour nous combattre, crut qu'il n'y avait point de temps à perdre. Avant que tant de nations eussent réuni leurs forces, il passa l'Euphrate sur un pont de bateaux, ce qu'aucun général n'avait fait encore [73]; il atteignit Mithridate fugitif au milieu de l'Arménie, puis (admirons la fortune de Pompée!) une seule bataille lui suffit pour l'accabler sans retour. L'action s'engagea pendant la nuit, et la lune sembla y prendre part. Comme si elle eût combattu pour Pompée, elle se montra derrière les ennemis, et en face des Romains, de sorte que les troupes de Mithridate, trompées par la grandeur démesurée de leurs propres ombres, coururent sur elles en croyant charger leurs ennemis [74]. Cette nuit fatale consomma la perte de Mithridate; il ne lui resta plus aucune ressource. Cependant il ne laissa pas de tenter de nouveaux efforts : ainsi le serpent, après avoir eu la tête écrasée, agite encore une queue menaçante. Le roi de Pont réfugié à Colchos, conçut le hardi dessein de jeter l'épouvante sur les côtes de la Sicile, et jusque dans notre Campanie, en s'y présentant tout-à-coup. Il comptait s'assurer de tous les pays situés entre Colchos et le Bosphore, franchir rapidement la Thrace,

per defectionem civium, Pharnacisque filii scelere præventus, male tentatum veneno spiritum ferro expulit.

Cnæus interim Magnus rebelles Asiæ reliquias sequens, per diversa gentium terrarumque volitabat. Nam sub orientem sequutus Armenios, captis ipso capite gentis Artaxatis, supplicem jussit regnare Tigranem. At in septentrionem Scythicum, iter, tanquam in mari stellis, sequutus, Colchos cecidit; ignovit Iberiæ; pepercit Albanis; regem Colchorum Oroden, positis sub ipso Caucaso castris, jussit in plana descendere; Arthocen, qui Iberis imperabat, et obsides liberos dare. Orodem etiam remuneratus est, ultro ab Albania sua lectulum aureum, et alia dona mittentem. Necnon et in meridiem verso agmine, Libanum Syriæ Damascumque transgressus, per nemora illa odorata, per thuris et balsami sylvas, romana circumtulit signa. Arabes, si quid imperaret, præsto fuere. Hierosolymam defendere tentavere Judæi; verum hanc quoque intravit, et vidit illud grande impiæ gentis arcanum patens, sub aureo uti cœlo [a].

[a] *Arcanum patens, sub aureo uti cœlo*, vel *utique cœlo*, *utique velo*. Hæc in libris veteribus; sed, Lipsii conjectura, sic re-

la Macédoine et la Grèce, et tomber inopinément sur l'Italie [75]. Mais ce ne fut qu'un vain projet. Prévenu par la révolte de ses sujets, et par l'odieuse trahison de son fils Pharnace, il se perça de son épée, après avoir inutilement tenté de terminer sa vie par le poison [76].

Cependant le grand Pompée, poursuivant les restes de la rébellion, allait courant par toute l'Asie, de province en province. Du côté de l'orient, il pénètre en Arménie, se rend maître d'Artaxate, capitale de ce pays, dont il laisse le sceptre à Tigrane, réduit à supplier son vainqueur [77]. Du côté du nord, il entre en Scythie, guidé comme en pleine mer par la lueur des étoiles, défait les peuples de la Colchide [78]; pardonne aux Ibériens et aux Albaniens. De son camp, qu'il a établi au pied même du Caucase, il contraint Orodes, roi de Colchos, à descendre dans la plaine, et ordonne à Arthoce, qui règne sur les Ibériens, de lui livrer ses propres enfans pour ôtages [79]. Il récompense également Orodes, qui lui avait envoyé d'Albanie un lit d'or et d'autres présens. Marchant ensuite vers le midi, Pompée franchit le mont Liban dans la Syrie, s'avance au-delà de Damas, et promène les étendards de Rome à travers les bosquets odorans et les forêts où le baume et l'encens exhalent leurs parfums [80]. Les Arabes viennent lui offrir leurs services avec empressement [81]; les Juifs tentent de défendre Jérusalem, mais il y entre ainsi que dans les autres villes, et voit à découvert, placé sous un ciel d'or, l'objet mystérieux que cette nation impie dérobe à

centiores legunt : *patens sub aureo vitem cœlo.* (Vide commentum hujusce libri.)

Dissidentibusque de regno fratribus, arbiter factus, regnare jussit Hyrcanum; Aristobulo, quia renovabat eam rem, catenas dedit.

Sic, Pompeio duce, populus romanus totam, qua latissima est, Asiam pervagatus, quam extremam habebat imperii provinciam, mediam fecit. Exceptis quippe Parthis, qui foedus maluerunt; et Indis, qui adhuc nos non noverant; omnis Asia inter Rubrum mare et Caspium et Oceanum, Pompeianis domita vel oppressa signis tenebatur.

VII. Bellum piraticum.

Interim dum populus romanus per diversa terrarum distractus est, Cilices invaserant maria; sublatisque commerciis, rupto foedere generis humani, sic maria bello, quasi tempestate, præcluserant. Audaciam perditis furiosisque latronibus dabat inquieta Mithridaticis præliis [a] Asia; dum, sub alieni belli tumultu, exterique regis invidia, impune grassantur.

Ac primum, duce Isidoro, non contenti proximo

[a] *Mithridaticis præliis.* Omnes vetustiores editiones *Mithridaticis* ostentant, quod nescimus cur damnarint recentes qui

tous les regards [82]. Deux frères, Hyrcan et Aristobule, se disputaient la couronne de Judée; Pompée se rend arbitre de leur querelle, il adjuge le trône au premier, et fait mettre dans les fers Aristobule qui renouvellait ses prétentions [83].

Ainsi les Romains parcoururent toute l'Asie sous la conduite de Pompée, et réduisirent en province intérieure de l'empire, cette contrée qui auparavant en formait la limite. Dès ce moment, à l'exception des Parthes, qui aimèrent mieux devenir nos alliés que nos ennemis [84], et des Indiens, qui ne nous connaissent point encore [85], tous les peuples asiatiques qui habitent entre la mer Rouge, la mer Caspienne et l'Océan, domptés par les armes de Pompée, ou soumis par la terreur de son nom, furent assujétis à la domination romaine.

VII. Guerre des Pirates. [An de Rome, 675 à 685.]

Tandis que les Romains étaient occupés dans différentes parties de la terre, les mers avaient été envahies par les Ciliciens [86] : le commerce est anéanti; les relations entre les peuples sont rompues; la mer est fermée par les brigandages de ces pirates comme par la tempête. Les troubles de l'Asie, qu'agitaient nos combats contre Mithridate, inspiraient de l'audace à ces larrons forcenés qui, à la faveur des désordres causés par ces guerres, et de la haine dont ce prince était l'objet [87], donnaient impunément carrière à leurs pirateries.

Non contens d'infester les parages voisins de leurs

Mithridatis admittunt, quamvis tanti non sit, utro modo legatur.

mari [a], Cretam inter atque Cyrenas, Epirum et Achaiam [b] sinumque Maleum, quod a spoliis *Aureum* ipsi vocavere, latrocinabantur. Missusque in eos Publius Servilius, quamvis leves et fugaces myoparonas gravi et martia classe turbaret, non incruenta victoria superat. Sed nec mari submovisse contentus, validissimas urbes eorum et diutina præda abundantes, Phaselin et Olympon evertit, Isaurumque ipsam, arcem Ciliciæ : unde conscius sibi magni laboris, Isaurici cognomen adamavit. Non ideo tamen tot cladibus domiti, terra, se continere potuerunt. Sed ut quædam animalia, quibus aquam terramque incolendi gemina natura est, sub ipso hostis recessu, impatientes soli, in aquas suas resiluerunt, et aliquanto latius quam prius.

Sic ille quoque ante felix, dignus nunc victoria Pompeius visus est; et Mithridaticæ provinciæ facta accessio. Ille dispersam toto mari pestem semel et in perpetuum volens extinguere, divino quodam apparatu aggressus est. Quippe

[a] *Non contenti proximo mari.* Nonnulli editi habent *contenti*, et copulam *non* omittunt. (Vide commentum hujusce libri.)

[b] *Epirum et Achaiam.* In vetustioribus editionibus *Piræeum* legas. Huic verbo, certa Salmasius correctione. *Epirum* sub-

côtes [88], on les vit sous la conduite d'Isidore étendre leurs brigandages sur les mers de Crète, de Cyrène, d'Épire, d'Achaïe, et sur le golfe de Malée, qu'ils appelaient le golfe d'Or [89] à cause du riche butin qu'ils faisaient sur ses rivages. Publius Servilius, envoyé contre eux, dissipa sans peine, avec ses gros vaisseaux armés en guerre, leurs brigantins légers et faits pour la fuite; mais sa victoire ne laissa pas de lui coûter beaucoup de sang. Ce fut peu pour ce général d'avoir délivré les mers de ces pirates; il détruisit leurs plus fortes places, qui s'enrichissaient chaque jour de nouvelles dépouilles: Phaselis, Olympe, et Isaure même, le boulevard de la Cilicie [90]. Le souvenir des fatigues de cette expédition lui rendit bien cher le surnom d'Isaurique. Les pirates, malgré tant de pertes, ne purent demeurer long-temps sur terre. Semblables à ces animaux d'une nature amphibie, qui vivent également sur la terre et dans les eaux, à peine eurent-ils vu les Romains s'éloigner, que, las de séjourner sur le continent, ils s'élancèrent de nouveau dans leur élément habituel [91], et poussèrent leurs courses encore plus loin qu'auparavant.

Pompée, dont les armes avaient déjà été si heureuses, fut encore jugé digne de vaincre ces brigands, et cette nouvelle mission fut jointe au département de la guerre contre Mithridate qui lui avait été confiée [92]. Ce général voulant exterminer d'un seul coup, et pour jamais, ces fléaux de toutes les mers, fit des préparatifs immenses et pour ainsi dire au-dessus de la puissance humaine. Le nombre

stituit. Delendum quoque *Piræeum* censuit Stadius. (Vide commentum hujusce libri.)

quum classibus suis et socialibus Rhodiorum abundaret, pluribus legatis atque præfectis utraque Ponti et Oceani ora complexus est. Gellius Tusco mari impositus; Plotius Siculo; Gratilius Ligusticum sinum; Pomponius Gallicum obsedit; Torquatus Balearicum; Tiberius Nero Gaditanum fretum, qua primum maris nostri limen aperitur; Lentulus Lybicum; Marcellinus Ægyptium; Pompeii juvenes Adriaticum; Varro Terentius Ægæum et Ponticum; Pamphylium Metellus; Asiaticum Cæpio; ipsas Propontidis fauces Porcius Cato sic obditis navibus, quasi portam observavit [a]. Sic per omnis æquoris portus, sinus, latebras, recessus, promontoria, freta, peninsulas, quidquid piratarum fuit, quadam indagine inclusum et oppressum est.

Ipse Pompeius in originem fontemque belli Ciliciam versus est : Nec hostes detrectavere certamen, non ex fiducia, sed quia oppressi erant, ausi videbantur. Sed nihil tamen amplius, quam ut ad primum ictum concurrerent. Mox ubi circumfusa undique rostra viderunt, abjectis statim telis remisque, plausu undique pari, quod supplicantium signum fuit, vitam petiverunt. Non alias tam incruenta victoria usi unquam sumus;

---

[a] *Quasi portam observavit.* Sic cod. : alii *observavit*, nec quidem inepte. Lipsius parum feliciter emendavit quasi *porta observavit*.

de ses vaisseaux, joints à ceux des Rhodiens nos alliés, était si prodigieux, qu'il occupa par ses divers lieutenans tous les passages du Pont-Euxin et de l'Océan. Gellius bloqua la mer de Toscane ; Plotius, celle de Sicile; Gratilius, le golfe de Ligurie; Pomponius, celui des Gaules ; Torquatus, celui des îles Baléares; Tibérius Néron, le détroit de Gadès qui forme l'entrée de notre mer : Lentulus croisa dans les parages de la Libye ; Marcellinus, vers ceux d'Égypte ; les deux fils de Pompée, sur la mer Adriatique; Terentius Varron, sur la mer Égée et la mer Pontique; Métellus, sur celle de Pamphylie; Cæpion, sur celle d'Asie [93]. Enfin Porcius Caton ferma avec ses vaisseaux, le passage étroit de la Propontide, qui était pour les pirates une porte de salut [94]. Les ports, les golfes et les retraites les plus profondes, les promontoires, les détroits et les péninsules, rien ne put les soustraire à notre poursuite; tous sans exception furent surpris et enveloppés comme des bêtes fauves dans les filets du chasseur.

Quant à Pompée, il se porta vers la Cilicie [95], qui était le foyer de cette guerre. Les pirates ne refusèrent point le combat; ce n'est pas qu'ils eussent l'espoir de vaincre, mais, perdus sans ressource, ils voulurent du moins montrer du courage. Leur résolution ne se soutint pas au-delà du premier choc : dès qu'ils se virent assaillis de tous côtés par les éperons de nos vaisseaux, ils jetèrent leurs armes, abandonnèrent les rames, et, battant des mains en signe de supplication, ils demandèrent la vie. Jamais nous n'avions remporté de victoire moins sanglante; jamais aussi

sed nec fidelior in posterum reperta gens ulla est. Idque prospectum singulari consilio ducis, qui maritimum genus a conspectu longe removit maris, et mediterraneis agris quasi obligavit: eodemque tempore et usum maris navibus recuperavit, et terræ homines suos reddidit. Quid prius in hac mirere victoria? velocitatem, quod quadragesimo die parta est? an felicitatem, quod ne una quidem navis amissa est? an vero perpetuitatem, quod amplius piratæ non fuerunt?

VIII. Bellum Creticum.

Creticum bellum, si vera volumus noscere, nos fecimus, sola vincendi nobilem insulam cupiditate. Favisse Mithridati videbatur: hoc placuit armis vindicare.

Primus invasit insulam Marcus Antonius, cum ingenti quidem victoriæ spe atque fiducia, adeo ut plures catenas in navibus quam arma portaret. Dedit itaque poenas vecordiæ. Nam plerasque naves intercepere hostes; captivaque corpora religata velis ac funibus pependere; ac sic velificantes triumphantium in modum Cretes portibus suis adremigaverunt.

Metellus deinde totam insulam igni ferroque populatus, intra castella et urbes redegit, et

nation ne s'est montrée plus fidèle par la suite que les Ciciliens. Nous dûmes cet avantage à la sage politique de Pompée, qui transplanta bien loin de la mer, et enchaîna, pour ainsi dire au milieu du continent, ce peuple de pirates, rendant ainsi tout à la fois, la mer au commerce, et la terre de Cilicie à l'agriculture [96]. Qu'admirerons-nous davantage dans cette victoire ? sera-ce la rapidité ? elle fut terminée en quarante jours [97]; sera-ce le bonheur ? elle ne coûta pas un seul vaisseau ; sera-ce enfin la durée de ses résultats ? elle anéantit sans retour les pirates [98].

VIII. Guerre de Crète. [An de Rome, 679 à 685.]

Si nous voulons être sincères, nous reconnaîtrons que c'est nous qui avons cherché la guerre de Crète, par le seul desir de faire la conquête d'une île si célèbre [99]. Elle avait paru pencher pour Mithridate ; nous saisîmes ce prétexte de faire sentir aux Crétois le poids de nos armes.

Marcus Antonius effectua [100] le premier une descente dans cette île ; il avait un si grand espoir, une si ferme assurance de vaincre, qu'il portait plus de chaînes que d'armes sur sa flotte. Il fut puni de sa stupide témérité ; les Crétois lui enlevèrent la plus grande partie de ses vaisseaux ; ils pendirent les prisonniers romains aux antennes et aux cordages ; et cinglèrent à pleines voiles et comme en triomphe vers les ports de la Crète.

Metellus vint ensuite : il porta le fer et la flamme par toute leur île, et les força de s'enfermer dans leurs châteaux et dans leurs places fortes, telles que

Gnossum, Erythræam, et ut Græci dicere solent, urbium matrem Cydoniam; adeoque sæve in captivos consulebatur, ut veneno se plerique conficerent; alii deditionem suam ad Pompeium absentem mitterent. Et quum ille res in Asia gerens, eo quoque præfectum misisset Antonium [a], in aliena provincia irrisus fuit [b]; eoque infestior Metellus in hostes jus victoris exercuit; victisque Lasthene et Panare Cydoniæ ducibus, victor rediit. Nec quidquam amplius tamen de tam famosa victoria, quam cognomen Creticum reportavit.

IX. Bellum Balearicum.

Quatenus Metelli Macedonici domus bellicis nominibus assueverat, altero ex liberis ejus Cretico facto, mora non fuit quin alter quoque Balearicus vocaretur.

Baleares per idem tempus insulæ piratica rabie corruperant maria. Homines feros atque silvestres mireris ausos a scopulis suis saltem maria prospicere. Ascendere etiam inconditas rates, et

[a] *Antonium.* Error manifestus Flori; non *Antonium*, sed *L. Octavium.*

[a] *In aliena provincia irrisus fuit.* Non *inclytus* ut in recentior. editionibus, contradicentibus veteribus impressis, nec non

Gnosse, Erythrée et Cydonie, la mère des villes [101], ainsi que l'appellent les Grecs. Il traitait les prisonniers avec une rigueur si excessive, que la plupart des Crétois, plutôt que de tomber entre ses mains, se firent périr par le poison. Les autres députèrent vers Pompée pour lui offrir de se rendre à lui. Ce général était alors occupé en Asie; il leur envoya Octavius, avec la qualité de son lieutenant dans cette île, se couvrant ainsi de ridicule dans une province où il ne commandait pas [102]. Metellus ne s'en montra que plus animé à exercer contre les Crétois les droits du vainqueur. Après avoir surmonté la résistance de Lasthénès et de Panarès qui défendaient Cydonie, il revint triomphant à Rome; et sans néanmoins recueillir après une victoire si peu glorieuse, d'autre avantage que le surnom de Crétique [103].

IX. Guerre contre les îles Baléares. [An de Rome, 630.]

La famille de Metellus le Macédonique était dans l'usage de tirer ses surnoms des peuples vaincus. L'un des fils de ce grand capitaine obtint le surnom de Crétique; un autre ne tarda point à mériter celui de Baléarique [104].

Les peuples des îles Baléares [105] infestaient alors les mers par leurs affreux brigandages. On doit s'étonner que ces insulaires farouches et sauvages osassent seulement regarder les flots du haut de leurs rochers. Ils ne craignaient point cependant de s'embarquer sur

Nazariano codice. Doctissimi Grævius et Rupertus bene tuentur hanc lectionem : *irrisus*. Non enim clarus fuit in aliena provincia Pompeius, sed ludibrio et irrisui se exposuit, ut nos Plutarchus docet. (Vide commentum hujusce libri.)

prænavigantes subinde inopinato impetu terruere. Sed quum venientem ab alto romanam classem prospexissent, prædam putantes, etiam occurrere, et primo impetu ingenti lapidum saxorumque nimbo [a] classem operuerunt. Tribus quisque fundis præliatur. Certos esse quis miretur ictus, quum hæc sola genti arma sint, id unum ab infantia studium? Cibum puer a matre non accipit, nisi quem, ipsa monstrante, percussit. Sed non diu lapidatione terruere Romanos. Postquam cominus ventum est, expertique rostra et pila venientia, pecudum in morem clamore sublato, petierunt fuga littora; dilapsique in proximos tumulos, quærendi fuerunt, ut vincerentur.

X. Expeditio in Cypron.

Aderat fatum insularum : igitur et Cypros recepta sine bello. Insulam veteribus divitiis abundantem, et ad hoc Veneri sacram [a], Ptolemæus

[a] *Ingenti lapidum saxorumque nimbo.* Ryckianus codex : *lapidum saxorum nimbo.* Videtur *lapidum* esse interpretatio τȣ *saxorum*, et ex margine irrepsisse in contextum. (Grævius.)

[a] *Insulam veteribus divitiis abundantem, et ad hoc Veneri sacram.* Sic hunc locum ingeniose emendavit Freinshemius. Co-

des bâtimens mal construits ; et leurs attaques soudaines donnaient l'épouvante aux navigateurs, qui côtoyaient leurs îles. Ayant découvert de loin la flotte romaine qui, de la pleine mer, cinglait vers eux, ils la croient de bonne prise, et poussent l'audace jusqu'à l'assaillir. Du premier choc ils couvrent nos vaisseaux d'une grêle de pierres et de cailloux. Chacun de ces insulaires combat avec trois frondes ; et l'on sera peu surpris de ce que leurs coups sont infaillibles, puisque la fronde est chez cette nation la seule arme et l'unique exercice, dès l'âge le plus tendre? L'enfant ne reçoit d'autre nourriture que les alimens que sa fronde a pu atteindre au but indiqué par sa mère.

Cependant ce déluge de pierres n'épouvanta pas long-temps les Romains. Quand on en vint à combattre de près, et que les barbares éprouvèrent le choc redoutable de nos proues armées d'éperons et l'atteinte meurtrière de nos javelots, alors poussant un cri semblable à celui des bêtes sauvages, ils se réfugièrent vers leurs rivages et se dispersèrent dans les montagnes voisines. Il fallut les chercher pour les vaincre.

X. Expédition de Chypre. [An de Rome, 695.]

L'heure fatale avait sonné pour les îles. Celle de Chypre fut subjuguée sans combat. Cette île, abondante en richesses amassées depuis des siècles, et consacrée à Vénus, avait alors pour roi Ptolémée.

dices sic habebant : *veteribus divitiis abundantem, et ob hoc Veneri sacram.* « Non video, ait, quænam hæc assertionis ratio sit, dives est, ergo Veneri sacra ; potius Junoni fuisset. Apparet ergo legendum *ad hoc*, id est *insuper*, quo verbo et alias utitur

regebat. Sed divitiarum tanta erat fama, nec falso, ut victor gentium populus romanus, et donare regna consuetus, Publio Clodio tribuno duce, socii vivique regis confiscationem mandaverit. Et ille quidem ad rei famam veneno fata præcepit. Ceterum Porcius Cato Cyprias opes liburnis per Tiberinum ostium invexit. Quæ res latius ærarium populi romani, quam ullus triumphus implevit.

XI. Bellum Gallicum.

Asia Pompeii manibus subacta, reliqua quæ restabant ᵃ in Europa, fortuna in Cæsarem transtulit. Restabant autem immanissimi gentium Galli atque Germani; et quamvis toto orbe divisa, tamen qui vinceret, habuit Britania.

Primus Galliæ motus ab Helvetiis cœpit; qui Rhodanum inter et Rhenum siti, non sufficientibus terris, venere sedem petitum, incensis mœnibus suis : hoc sacramentum fuit, ne redirent. Sed petito tempore ad deliberandum, quum

---

Florus. » — Lipsius legendum conjiciebat, quod et Tanaquilli Fabri filiæ incidit, *insulam veteribus deliciis abundantem, et ob hoc Veneri sacram.* « Quid *veteres deliciæ* sibi velint non intelligo, exclamat Grævius? Si Florus voluisset delicias insulæ laudare, non addidisset *veteres*, id enim absurdum est. Non deliciis insulæ, sed divitiis fuisse sollicitatos sequentia clamant. Ideo enim

La renommée de ses trésors était si grande, sans être au-dessus de la vérité, que le peuple romain, vainqueur des nations et dispensateur des royaumes, ordonna, sur la proposition du tribun P. Clodius [106], la confiscation des biens de ce prince, quoiqu'il fût encore vivant et allié de la république. Ptolémée, averti de cette résolution, avança le terme de ses jours avec le poison. Porcius Caton [107] transporta à Rome, par l'embouchure du Tibre, sur des brigantins, les richesses de l'île de Chypre, qui grossirent le trésor de la république plus que n'avait fait aucun triomphe.

XI. Guerre des Gaules. [An de Rome, 695 à 704.]

Après la conquête de l'Asie par Pompée, la fortune réservait à César la gloire d'achever celle de l'Europe. Les Gaulois et les Germains, les plus indomptables de tous les peuples, n'étaient pas encore soumis, non plus que la Grande-Bretagne, qui, bien que séparée du reste du monde, trouva cependant un vainqueur [108].

Les Helvétiens furent les premiers à exciter des troubles dans les Gaules [109]. Ces peuples qui habitaient entre le Rhône et le Rhin, trouvant ce territoire insuffisant, vinrent chez les Gaulois demander des terres pour s'établir. Ils avaient brûlé leurs anciennes demeures : tel fut le serment par lequel ils s'engagèrent à n'y retourner jamais. César demande du temps pour délibérer sur leur demande : pendant cet intervalle

toties meminit Florus hoc perbrevi capite, ut ostendat solas divitias causam fuisse hujus belli. »

ⁿ *Reliqua quæ restabant.* Unus Palatinus *reliquas*, alter *reliquias* ; optimus omnium Nazarianus *reliqua*. (Salmas.)

inter moras Cæsar, Rhodani ponte rescisso, abstulisset fugam, statim bellicosissimam gentem sic in sedes suas, quasi greges in stabula pastor, deduxit.

Sequens longeque cruentior pugna Belgarum [a], quippe pro libertate pugnantium. Hic quum multa romanorum militum insignia, tum illud egregium ipsius ducis, quod nutante in fugam exercitu, rapto fugientis a manu scuto, in primam volitans aciem, manu prælium restituit.

Inde cum Venetis etiam navale bellum. Sed major cum Oceano, quam cum ipsis navibus rixa. Quippe illæ rudes et informes, et statim naufragæ, quum rostra sensissent. Sed hærebat in vadis pugna, quum æstibus solitis in ipso certamine subductus Oceanus intercedere bello videretur.

Illæ quoque accessere diversitates pro gentium locorumque natura. Aquitani, callidum genus, in speluncas se recipiebant; jussit includi. Morini dilabebantur in sylvas; jussit incendi. Nemo tantum feroces dixerit Gallos; fraudibus agunt. Induciomarus Treviros, Ambiorix convocavit

[a] *Sequens longeque cruentior pugna Belgarum.* Quidam libri novum caput hic incipiunt : *De bello Belgarum*, et sine copula *que* legunt, *sequens longe cruentior*. (Salmas.)

il rompt le pont du Rhône afin de leur ôter tout moyen de retraite; puis il repousse sur-le-champ cette belliqueuse nation dans son pays, comme un pasteur fait rentrer son troupeau dans le bercail [110].

La guerre qu'il fit ensuite aux Belges fut beaucoup plus sanglante [111]. Ces peuples combattaient pour la liberté. Les soldats romains firent des prodiges de valeur, et leur chef se signala par l'exploit le plus mémorable. Son armée pliait, déjà elle commençait à prendre la fuite : César arrache le bouclier des mains d'un des fuyards, vole au-devant de la première ligne et rétablit le combat par sa valeur.

Les Romains soutinrent ensuite une guerre maritime contre les Venètes [112]; mais, dans cette occasion, ils eurent à lutter contre l'Océan, bien plus encore que contre les vaisseaux ennemis, qui, construits d'une manière informe et grossière, coulaient à fond dès qu'ils éprouvaient l'atteinte de nos éperons. L'Océan, suivant le cours de la marée descendante, se retira au milieu du combat, comme pour le faire cesser; mais l'action continua sur la grève.

Voici les divers incidens que présenta cette guerre, d'après le caractère des peuples, et la nature des lieux. Les Aquitains [113], nation rusée, se retiraient au fond de leurs cavernes; César les fit enfermer dans ces asyles. Les Morins [114] se dispersaient dans leurs bois; il y fit mettre le feu. Qu'on ne dise point que les Gaulois n'ont que de la férocité, ils se servent aussi de la ruse. Induciomare rassembla les Trévirois [115], Ambiorix les Eburons [116], et, profitant de l'absence de César, ils tombèrent sur ses lieutenans. Le pre-

Eburones. Utrique, absente Cæsare, conjuratione facta, invenere legatos. Sed ille fortiter a Dolabella [a] summotus est, relatumque regis caput. Hic, insidiis in valle dispositis, dolo perculit; itaque et castra direpta sunt, et aurum ablatum. Marcum Cottam cum Titurio Sabino legatos ibi amisimus [b]. Nec ulla de rege mox ultio; quippe perpetua trans Rhenum fuga latuit. Nec Rhenus ergo immunis : nec enim fas erat, ut liber esset receptator hostium atque defensor.

Sed prima contra Germanos illius pugna, justissimis quidem ex causis Hædui [c] enim de incursionibus eorum querebantur. Quæ Ariovisti superbia ? Quum legati dicerent : Veni ad Cæsarem : « Quis est autem Cæsar ? » et, « Si vult, « veniat, » inquit, et, « Quid ad illum, quid agat « nostra Germania ? Num ego me interpono Ro- « manis ? » Itaque tantus gentis novæ terror in castris, ut testamenta passim, etiam in principiis scriberentur. Sed illa immania corpora, quo erant

[a] *Dolabella.* Error Flori. Pro *Dolabella* reponendum est *Titus Labienus.*

[b] *M. Cottam cum Titurio Sabino legatos ibi amisimus.* Vulgati : *legato* non *legatos* habent male. Num solus Titurius fuit legatus ? Nihil sane aliud hæc verba præ se ferunt. Cotta tamen æque legatus fuit ac Titurius. Itaque olim monuit Gronovius legendum esse : *Cottam cum Titurio Sabino legatos ibi amisimus.* Idem in mentem venit Heinsio. Ignorarunt interpolatores venustum loquendi genus, veteribus frequens, qui Cottam cum Ti-

mier fut vigoureusement repoussé par Dollabella*[117], qui lui coupa même la tête. Mais Ambiorix ayant embusqué des troupes dans un vallon, surprit les Romains, les tailla en pièces, pilla leur camp et emporta tout l'or qui s'y trouvait. Là périrent Cota et Titurius Sabinus, lieutenans de César [118]. César ne put pas même tirer vengeance d'Ambiorix, qui s'enfuit au-delà du Rhin, et ne reparut plus. Le Rhin ne fut pas alors à l'abri de nos armes; il n'était pas juste qu'elles respectassent un fleuve qui recelait et protégeait nos ennemis.

Rien de plus légitime que les motifs de la première guerre que César fit contre les Germains. Les Eduens s'étaient plaints à lui de leurs incursions. Quel orgueil ne montra pas Arioviste [119]? Les envoyés de César l'ayant sommé de le venir trouver : « Eh! qui est « César? leur répondit-il? S'il veut me voir, qu'il « vienne dans mon camp. Les affaires de notre Ger- « manie le regardent-elles? Pourquoi s'en mêle-t-il? « Me mêlé-je, moi, de celles des Romains? » Ces nouveaux ennemis répandirent un tel effroi dans le camp de César, que chaque soldat faisait à l'envi son testament, même les hommes d'élite postés autour des étendards [120]. Mais plus les corps im-

turio dixerunt pro Cottam et Titurium, ut apud Virgilium, Æneid., lib. 1.
Remo cum fratre Quirinus
Jura dabunt.
Hoc est Remus et Quirinus jura dabunt.

  c *Hædui.* Sic omnes manu exarati libri. Vinetus, *Sequani;* perperam. (Vide commentum hujusce libri.)

  * Titus Labienus.

majora, eo magis gladiis ferroquep atuerunt. Qui calor in præliando militum fuerit, nullo magis exprimi potest, quam quod, elatis super caput scutis, quum se testudine barbarus tegeret, super ipsa Romani scuta salierunt, et inde in jugulos gladiis descendebant.

Iterum de Germano Tencteri querebantur. Hic vero jam Cæsar ultro Mosellam navali ponte transgreditur, ipsumque Rhenum; et Hercyniis hostem quærit in silvis. Sed in saltus et paludes genus omne diffugerat : tantum pavoris incussit intra ripam subito romana vis.

Nec semel Rhenus, sed iterum quoque, et quidem ponte facto, penetratus est. Sed major aliquanto trepidatio : quippe quum Rhenum suum sic ponte, quasi jugo captum viderent, fuga rursus in sylvas ac paludes; et quod acerbissimum Cæsari fuit, non fuere qui vincerentur.

Omnibus terra marique captis, respexit Oceanum; et quasi hic romanus orbis non sufficeret, alterum cogitavit. Classe igitur comparata, Britanniam petit. Transit mira celeritate : quippe qui tertia vigilia Morino solvisset a portu, minus quam medio die insulam ingressus est. Plena erant tumultu hostico littora, et trepidantia ad conspectum rei novæ carpenta volitabant. Itaque

menses des Germains présentaient d'étendue, plus ils offraient de prise aux atteintes de l'épée et du javelot. Quelle ardeur ne montrèrent pas les Romains dans le combat? Les barbares se couvraient la tête de leurs boucliers et formaient la tortue : nos soldats fondirent sur eux, et s'élancèrent assez haut pour pouvoir leur plonger l'épée dans la gorge [121].

Les Tenctères se plaignirent aussi des Germains. César résolut alors de passer la Moselle et même le Rhin sur un pont de bâteaux [122]. Il chercha les ennemis dans la forêt d'Hercynie, mais toute la population s'était cachée au fond des bois et des marais [123] : tant était grande la terreur qu'avait répandue sur toute cette rive du fleuve l'apparition subite des armes romaines.

César, non content d'avoir passé une fois le Rhin, le traversa de nouveau sur un pont qu'il y fit construire [124]. Les Germains furent alors saisis d'un mortel effroi. A la vue de ce pont, qui était comme un joug imposé à leur fleuve, ils s'enfuirent encore dans les forêts et les marécages ; et ce qui causa le plus vif regret à César, c'est qu'il ne trouva pas un ennemi à vaincre.

Maître de la terre et de la mer, il jeta les yeux sur l'Océan, et, comme si le monde Romain n'avait pas suffi à son ambition, il médita la conquête d'un autre. Ayant donc équipé une flotte, il passa dans la Grande-Bretagne, et traversa la mer avec une si prodigieuse célérité, que, sorti du port des Morins, à la troisième veille de la nuit [125], il aborda dans cette île avant midi. L'arrivée des ennemis cause un tumulte général sur le rivage : les Bretons, épouvantés par un spectacle si nouveau, font voler

trepidatio pro victoria fuit. Arma et obsides accepit a trepidis; et ulterius iisset, nisi improbam classem naufragio castigasset Oceanus.

Reversus igitur in Galliam, classe majore, auctisque admodum copiis, in eumdem rursus Oceanum, eosdemque rursus Britannos Calidonias sequutus in sylvas, unum quoque e regibus Cassivelauni [a] in vincula dedit. Contentus his (non enim provinciæ, sed nomini studebatur) cum majore, quam prius, præda revectus est; ipso quoque Oceano tranquillo magis, et propitio, quasi imparem se fateretur.

Sed maxima omnium, eademque novissima conjuratio fuit Galliarum : quum omnes pariter Arvernos atque Biturigas, Carnutas simul, Sequanosque contraxit, ille corpore, armis spirituque terribilis, nomine etiam quasi ad terrorem composito, Vercingentorix. Ille festis diebus et concilialibus [b], quum frequentissimos in lucis haberet, ferocibus dictis ad jus pristinum libertatis erexit.

[a] *Unum quoque e regibus Cassivelauni.* Rickian. et alii codices *Cavelianis* vel *Cavelanis.* Optime Freinshemius hunc locum emendavit. « Ad Cæsarem si revertamur, ait, ex quo Floro hæc exscripsisse verum sit, videatur legendum : *e regulis Cassivelaunis.* Nam ita Cæs., de Bello Gallico, 5, 22 : *capto nobili duce Lugotorige,* qui erat inter duces Cassivelauni. »

leurs chars de tous côtés [126]. Leur frayeur épargne aux Romains la peine de vaincre. Ils livrent, en tremblant, leurs armes et des ôtages, et César eût porté plus loin sa marche triomphante, si l'Océan n'eût châtié par un naufrage la témérité de sa flotte.

Il revint dans les Gaules; et bientôt s'étant embarqué de nouveau sur l'Océan, avec une flotte plus nombreuse et des troupes beaucoup plus considérables, il alla faire une seconde descente chez les Bretons, les poursuivit jusque dans les forêts de la Calidonie [127], et fit prisonnier un petit roi qui était au nombre des vassaux de Cassivelaunus [128]. Satisfait de ces exploits (car il avait cherché moins la conquête d'une province qu'une occasion de gloire [129]), et chargé d'un plus riche butin que la première fois, le vainqueur repasse l'Océan, qui, plus calme et plus propice, semblait avouer qu'il devait céder à César.

La plus formidable, et en même temps la dernière ligue des peuples Gaulois, fut celle dans laquelle on vit entrer à la fois les Arverniens, les Bituriges, les Carnutes et les Séquanois [130]. Ils y furent entraînés par un homme dont la stature, les armes et la valeur jetaient partout l'épouvante, et dont le nom même avait je ne sais quoi de terrible: c'était Vercingentorix [131]. Dans des jours de fêtes et d'assemblées, pour lesquelles les Gaulois se réunissaient au fond de leurs bois sacrés [132], il les anima, par ses discours pleins d'audace, au généreux dessein de recouvrer leur antique liberté.

---

b *Concilialibus.* Sic Palat. tertius. Palat. primus etc.; secundus, *conciliabulis.* Nonnulli editores, *comitialibus.*

Aberat tunc Cæsar, Ravennæ delectum agens; et hieme creverant Alpes. Sic interclusum putabant iter. Sed ille, qualis erat felicissimæ temeritatis, ad nuncium rei [a] per invios ad id tempus montium tumulos, per intactas vias et nives, expedita manu emersus, occupat Galliam, et ex distantibus hibernis castra contraxit : et ante in media Gallia fuit, quam ab ultima timeretur.

Tum, ipsa capita belli, aggressus urbes; Avaricum cum quadraginta millibus propugnantium sustulit; Alexiam ducentorum quinquaginta millium juventute subnixam flammis adæquavit.

Circa Gergoviam Arvernorum tota belli moles fuit : quippe quum octoginta millia muro, et arce, et abruptis defenderent, maximam civitatem vallo, sudibus, et fossa, inductoque fossæ flumine, ad hoc decem et octo castellis, ingentique lorica circumdatam, primum fame domuit; mox audentem eruptiones, in vallo gladiis sudibusque concidit; novissime in deditionem redegit. Ipse

[a] *Qualis erat felicissimæ temeritatis ad nuncium rei.* Sic scribendum censuit Stadius hunc locum, qui omnino perturbatus omnibus visus est, quum ita e manuscriptis, et quidem sine sensu,

César était alors absent, et faisait à Ravenne de nouvelles levées [133]. L'hiver avait couvert les Alpes d'une neige épaisse, et les confédérés pensaient qu'il ne pourrait se frayer un chemin jusqu'à eux. Mais, à la nouvelle des dangers qui le menacent, César, toujours heureux dans sa témérité [134], rassemble une troupe armée à la légère, gravit des rochers jusqu'alors inaccessibles, s'ouvre un chemin à travers des sentiers et des neiges que le pied de l'homme n'avait jamais foulés, et pénètre tout à coup dans la Gaule. Il fait venir des lieux les plus éloignés les garnisons qu'il y a laissées, les rassemble et se montre au milieu de la Gaule, avant que les confédérés le crussent arrivé aux frontières.

César attaque ensuite les villes qui avaient suscité la guerre. Il ruine Avaricum [135], et passe au fil de l'épée quarante mille hommes qui la défendaient. Il réduit en cendres Alexia [136], que protégeait en vain une armée de deux cent cinquante mille soldats.

Tout le poids de la guerre tombe enfin sur Gergovie des Arverniens [137]. Elle était défendue par quatre-vingt mille combattans, par ses murailles, sa forteresse et ses rochers escarpés. César commença par affamer cette grande ville, en l'enfermant d'un long retranchement bien palissadé, flanqué de dix-huit forts et entouré d'un fossé dans lequel il détourna la rivière. Les assiégés osent cependant tenter des sorties, il en fait dans la tranchée un horrible carnage à coups d'épées et d'épieux : enfin il les force

---

se haberet : *Sed ille qualis erat ad nuncium rei felicissimæ temeritatis.*

ille rex, maximum victoriæ decus, supplex quum in castra venisset, tum et phaleras et sua arma ante Cæsaris genua projecit. « Habet[a], in-« quit. Fortem virum vir, fortissime, vicisti. »

XII. Bellum Parthicum.

Dum Gallos per Cæsarem in septentrione debellat, interim ad orientem grave vulnus a Parthis populus romanus accepit. Nec de fortuna queri possumus : caret solatio clades. Adversis et diis et hominibus, cupiditas consulis Crassi, dum parthico inhiat auro, undecim strage legionum, et ipsius capite multata est. Et tribunus plebis Ateius [b] exeuntem ducem hostilibus diris devoverat; et quum Zeugma transisset exercitus, rapta subitis signa turbinibus hausit Euphrates; et quum apud Nicephorium castra posuisset, missi ab Orode rege legati denuntiavere, percussorum cum Pompeio fœderum Syllaque meminisset. Regis inhians ille thesauris, nihil, ne imaginario quidem jure, sed Seleuciæ se responsurum esse, respondit. Itaque dii fœderum ultores, nec insidiis, nec virtuti hostium defuerunt.

Jam primum, qui solus et subvehere com-

[a] *Habet.* Sic Varior. In aliis legas : *habes, inquit, fortem virum etc.*

à se rendre à discrétion. Vercingentorix lui-même, le plus bel ornement de sa victoire, vint en suppliant dans le camp romain; il jeta aux pieds de César les ornemens de son coursier et ses armes : « Enfin, « dit-il, je suis en ta puissance. O le plus vaillant « des hommes! tu as triomphé de ma valeur [138]. »

XII. Guerre des Parthes. [An de Rome, 699.]

Tandis que vers le Nord le peuple Romain dompte les Gaulois par les armes de César, il reçoit dans l'Orient une cruelle blessure de la main des Parthes. Cependant nous ne pouvons nous plaindre de la fortune, et cette consolation manque à notre malheur. L'avidité du consul Crassus [139], qui, malgré les dieux et les hommes, voulait engloutir l'or des Parthes, fut punie par le massacre d'onze légions, et par la perte même de sa propre vie. Le tribun Atteius, au moment du départ de ce général, l'avait dévoué aux divinités infernales [140]. Crassus, en passant par la ville de Zeugma, vit un tourbillon subit emporter ses enseignes, qui furent englouties par l'Euphrate [141]. Des ambassadeurs du roi Orodes se rendirent dans son camp à Nicéphorium, et lui rappelèrent les traités que Pompée et Sylla avaient faits avec les Parthes. Crassus, affamé des trésors de ce prince, ne daigna pas même leur alléguer des prétextes pour colorer son injustice; il leur dit seulement qu'ils auraient sa réponse à Séleucie [142]. Les dieux, vengeurs de la foi des traités, favorisèrent les ruses et la valeur des Parthes.

La première faute commise par Crassus, fut de s'é-

[b] *Ateius.* Veteres libri *Metellus;* sed rescribendum *Ateius,* ut auctor est Freinshemius.

meatus, et munire poterat a tergo, relictus Euphrates. Tum simulato transfugæ quidam Mazaræ Syro creditur, dum in mediam camporum vastitatem eodem duce ductus exercitus, undique hosti exponeretur. Itaque vixdum venerat Carras, quum undique præfecti regis, Sillaces et Surenas [a], ostendere signa auro sericeisque vexillis vibrantia. Tum sine mora circumfusi undique equitatus, in modum grandinis atque nimborum densa pariter tela fuderunt. Sic miserabili strage deletus exercitus. Ipse in colloquium sollicitatus, signo dato, vivus in hostium manus incidisset, nisi tribunis reluctantibus, fugam ducis barbari ferro occupassent. Sic quoque relatum caput ludibrio hosti fuit. Filium ducis, pene in conspectu patris, eisdem telis operuere. Reliquiæ infelicis exercitus, quo quemque rapuit fuga, in Armeniam, Ciliciam Syriamque distractæ, vix nuntium cladis retulerunt. Caput ejus recisum cum dextera manu ad regem reportatum ludibrio fuit, neque indigno. Aurum enim liquidum in rictum oris infusum est, ut cujus animus arserat auri cupiditate, ejus etiam mortuum et exsangue corpus auro ureretur.

[a] *Sillaces et Surenas.* Corrupta fuerunt hæc Parthica nomina tum hic, tum apud Orosium, et Rufum et Dionem. In Græcis

loigner de l'Euphrate, qui seul pouvait lui amener des convois de munitions et couvrir les derrières de son armée. Il se fia ensuite à un prétendu transfuge Syrien, nommé Mazara [143], qui lui servit de guide, et l'égara dans de vastes plaines, où les Romains se trouvèrent exposés, sur tous les points, aux attaques de l'ennemi. A peine Crassus fut-il arrivé à Carres, qu'il vit flotter dans la campagne les drapeaux brillans d'or et de soie de Sillaces et de Surenas, généraux d'Orodes [144]. Aussitôt la cavalerie ennemie l'enveloppe de toutes parts. Il est accablé d'un déluge de traits qui tombent comme la grêle. Telle fut la déplorable catastrophe qui détruisit son armée. Appelé par les ennemis à une conférence, Crassus serait lui-même, à un signal donné, tombé vif entre leurs mains, si la résistance des tribuns des légions n'eût obligé les barbares de prévenir sa fuite en le tuant. Sa tête, séparée du tronc, fut emportée pour servir de jouet au roi son ennemi. Déjà les Parthes avaient fait périr, à coups de flèches, le fils de Crassus, presque sous les yeux de son père [145]. Les débris de cette malheureuse armée, fuyant au hasard, se dispersèrent dans l'Arménie, la Cilicie et la Syrie, et à peine se trouva-t-il un seul soldat qui pût porter à Rome la nouvelle de ce sanglant revers. La main droite et la tête de Crassus furent présentées au roi des Parthes, qui en fit un objet de plaisanterie trop méritée. On y versa par la bouche de l'or fondu, afin que ce métal consumât, en quelque sorte, les restes inanimés de l'homme dont, pendant sa vie, le cœur avait brûlé de la soif de l'or [146].

Plutarchi et Appiani libris, συλλακης et συρηνας. (Vide commentum hujusce libri.)

XIII. Anacephalæosis.

Hæc est illa tertia ætas populi romani transmarina, qua Italia progredi ausus, orbe toto arma circumtulit. Cujus ætatis superiores centum anni, sancti, pii, et, ut diximus, aurei, sine flagitio, sine scelere, dum sincera adhuc et innoxia pastoriæ illius sectæ integritas, dumque Pœnorum hostium imminens metus disciplinam veterem continebat. Postremi centum, quos a Carthaginis, Corinthi, Numantiæque excidiis, et Attali regis Asiatica hereditate, deduximus in Cæsarem et Pompeium, sequutumque hos, de quo dicemus, Augustum, ut claritate rerum bellicarum magnifici, ita domesticis cladibus miseri, et erubescendi. Quippe sicut Galliam, Thraciam, Ciliciam, Cappadociam, uberrimas validissimasque provincias, Armenos etiam et Britannos, ut non in usum, ita ad imperii speciem, magna nomina acquisiisse, pulchrum atque decorum : ita eodem tempore dimicasse domi cum civibus, sociis, mancipiis, gladiatoribus, totoque inter se senatu, turpe atque miserandum.

At nescio an satius fuerit populo romano, Sicilia et Africa contento fuisse, aut his etiam ipsis

XIII. Récapitulation.

Ainsi s'est passé le troisième âge du peuple Romain, qui, pendant cette période, osa sortir de l'Italie, franchir les mers, et porter ses armes par toute la terre. Les cent premières années de cet âge furent une époque de justice, de piété, et, comme je l'ai dit, un siècle d'or : ni la corruption, ni le crime, n'en souillèrent la pureté. Alors l'innocence et la simplicité de la vie pastorale, contribuèrent, avec la terreur continuelle qu'inspirait la rivalité de Carthage, au maintien des mœurs et de la discipline antiques. Mais les cent dernières années, qui embrassent dans leur cours la ruine de Carthage, de Corinthe et de Numance; le testament fait en faveur des Romains par Attale, roi d'Asie; et qui se terminent au temps de César, de Pompée, et d'Auguste, qui marcha sur leurs traces, comme nous le verrons; ces cent années, dis-je, présentent, parmi des exploits brillans et célèbres, des malheurs domestiques, également honteux et déplorables. Si rien ne fut plus beau, plus glorieux, que la conquête de la Gaule, de la Thrace, de la Cilicie et de la Cappadoce, contrées si puissantes et si riches, sans parler de l'Arménie et de la Grande-Bretagne, bien que ces acquisitions aient bien moins servi à l'utilité, qu'à l'illustration de l'empire, par l'éclat du nom de ces provinces [147]; nous aurons en même temps à gémir des sanglantes dissensions du sénat, et des guerres intérieures que les Romains eurent à soutenir contre leurs concitoyens, leurs alliés, leurs esclaves et leurs gladiateurs.

Je ne sais s'il n'eût pas été plus avantageux au peuple romain de se contenter de la Sicile et de l'A-

carere, dominanti in Italia sua, quam eo magnitudinis crescere, ut viribus suis conficeretur. Quæ enim res alia furores civiles peperit, quam nimia felicitas? Syria prima nos victa corrupit, mox Asiatica Pergameni regis hereditas. Illæ opes atque deliciæ afflixere sæculi mores; mersamque vitiis suis, quasi sentina, rempublicam pessumdedere. Unde enim populus romanus a tribunis agros et cibaria flagitaret, nisi per famem quam luxu fecerat? Hic ergo Gracchana et prima et secunda, et illa tertia Appuleiana seditio. Unde regnaret judiciariis legibus divulsus a senatu eques, nisi ex avaritia, ut vectigalia reipublicæ, atque ipsa judicia in quæstu haberentur? Hinc rursus et promissa civitas Latio, et per hoc arma sociorum. Quid autem bella servilia? Unde nobis, nisi ex aburdantia familiarum? Unde gladiatorii adversus dominos suos exercitus, nisi ad conciliandum plebis favorem, effusa largitio quum spectaculis indulget, supplicia quondam hostium artem facit? Jam, ut speciosiora vitia tangamus, nonne ambitus honorum ab iisdem divitiis incitatus? Atqui inde Mariana, inde Syllana tempestas. Aut magnificus apparatus conviviorum, et sumptuosa largitio, nonne ab opulentia paritura mox egestatem? Hæc Catilinam patriæ suæ impegit. Denique illa ipsa

frique, ou même, sans avoir conquis ces deux provinces, de ne donner des lois qu'à l'Italie [148], sa terre natale, que d'être parvenu à un point de grandeur où il devait se voir accablé par ses propres forces. Quelle autre cause, en effet, des fureurs civiles que l'excès de la prospérité? La conquête de la Syrie, puis l'héritage du roi de Pergame commencèrent à corrompre les Romains. Ces trésors et ce luxe portèrent un coup mortel aux mœurs de ce siècle; et plongèrent sans retour la république dans la sentine de la dépravation et de tous les vices. Le peuple eût-il été réduit à demander à ses tribuns des terres et du pain, sans la disette à laquelle son luxe l'avait condamné? Telle fut l'origine des deux séditions excitées par les Gracques, et de la troisième, dont Apuleius Saturninus fut l'auteur. Les chevaliers se seraient-ils séparés du sénat, pour dominer dans la république par le pouvoir judiciaire, si leur avarice n'avait eu en vue de trafiquer à la fois des revenus de l'État et des jugemens [149]? De là aussi la promesse du droit de cité faite aux Latins, promesse fatale qui fit prendre les armes aux alliés contre Rome. Et par qui fut provoquée la guerre des esclaves, si ce n'est par le nombre prodigieux des hommes réduits à la servitude? Des armées de gladiateurs auraient-elles marché contre leurs maîtres, si l'on ne se fût livré à d'énormes prodigalités pour capter la faveur d'un peuple possédé de la passion des spectacles, et qui a converti en art ce qui servait autrefois au supplice des ennemis [150]. Enfin, pour en venir à des vices moins honteux, n'est-ce pas encore de ces mêmes richesses que sont nées ces brigues scandaleuses

principatus et dominandi cupido, unde, nisi ex nimiis opibus, venit? Atqui hæc Cæsarem atque Pompeium, furialibus in exitium reipublicæ facibus armavit.

Hos igitur populi romani omnes domesticos motus, separatos ab externis justisque bellis, ex ordine prosequemur.

XIV. *Causa seditionum tribunitia potestas.*

Seditionum omnium [a] caussas tribunitia potestas excitavit [b] : quæ specie quidem plebis tuendæ, cujus in auxilium comparata est, re autem dominationem sibi acquirens, studium populi ac favorem agrariis, frumentariis, judiciariis legibus aucupabatur. Inerat omnibus species æquitatis. Quid enim tam justum, quam recipere plebem jus suum a patribus [c], ne populus, gentium victor, orbisque possessor, extorris agris ac

[a] *Seditionum omnium.* Orditur ab his librum quartum editio antiquissima, nec male. (Gruterus.)

[b] *Caussas tribunitia potestas excitavit.* Editio vetus *caussa;* inde suspicari licet ita legendum : *seditionum omnium caussa tribunitia potestas;* ut illud *excitavit* abjiciatur ; quod certe stylum auctoris non mediocriter resipit.

dans la poursuite des honneurs? C'est ce qui éleva les orages suscités par la rivalité de Marius et de Sylla. Qui donc a introduit parmi nous ce superbe appareil des festins, et ces profusions si somptueuses? N'est-ce pas cette même opulence, qui ne manque jamais de conduire à la pauvreté? Voilà ce qui déchaîna Catilina contre sa patrie. N'est-ce pas enfin de la même source qu'on vit surgir le désir effréné de la domination et de l'empire? C'est cette ambition qui arma César et Pompée de ces horribles flambeaux par qui la république fut réduite en cendres.

Nous allons exposer toutes ces agitations domestiques du peuple romain, dans leur ordre, et en les séparant, des guerres étrangères et légitimes.

XIV. Séditions excitées par les tribuns.

La trop grande puissance des tribuns causa toutes les séditions [151]. Ces magistrats, sous prétexte de soutenir les intérêts du peuple, pour la défense duquel ils avaient été institués, n'aspiraient en réalité qu'à dominer dans l'état, ils captaient l'affection et la faveur de la multitude par les lois relatives au partage des terres, à la distribution des grains et à l'administration de la justice. Toutes ces lois avaient une apparence d'équité [152]. N'était-il pas juste, en effet, que les plébéiens rentrassent en possession des droits de propriété usurpés par les patriciens, et qu'un peuple vainqueur des nations et maître de l'univers, ne se vît pas exproprié de ses champs et de

---

c Recipere plebem jus suum a patribus. Fredericus Gronovius, Nic. Heinsius et Grævius *rus* pro *jus* scribendum esse censuerunt : nec inepte.

focis ageret ᵃ ? Quid tam æquum, quam inopem populum vivere ex ærario suo? Quid ad jus libertatis æquandæ magis efficax, quam ut, senatu regente provincias, ordinis equestris auctoritas saltem judiciorum regno niteretur? Sed hæc ipsa in perniciem redibant; et misera respublica in exitium suum merces erat. Nam, et a senatu in equitem translata potestas vectigalia, id est, imperii patrimonium, supprimebat; et emptio frumenti, ipsos reipublicæ nervos, exhauriebat ærarium. Reduci plebs in agros unde poterat sine possidentium eversione, qui ipsi pars populi erant? et tamen relictas sibi a majoribus sedes, ætate, quasi jure hæreditario, possidebant?

XV. Seditio Tiberii Gracchi.

Primam certaminum facem Tiberius Gracchus accendit, genere, forma, eloquentia facile princeps. Sed hic sive Mancinianæ deditionis, quia sponsor fœderis fuerat, contagium timens, et inde popularis; sive æquo et bono ductus, quia depulsam agris suis plebem miseratus est, ne

ᵃ *Extorris agris ac focis ageret.* Hunc sic restituit Freinshemius locum qui sic se habebat olim : *extorris aris ac focis.* « *Aris ac focis* ita scripserunt, ait, quibus nefas putabatur

ses foyers? La justice n'exigeait-elle pas aussi que ce peuple, dénué de tout avoir, subsistât du revenu public? Et qu'y avait-il de plus propre à rétablir l'égalité nécessaire dans un état libre, que de relever la puissance de l'ordre équestre, en lui déférant au moins l'autorité judiciaire, tandis que, pour sa part, le sénat conservait l'administration des provinces? Cependant toutes ces innovations tournaient à la ruine de la république, qui devait même devenir le salaire du premier qui la renverserait [153]. En effet, elle transporta des sénateurs aux chevaliers, le jugement des causes : c'était tarir en quelque sorte la source des impôts, c'est-à-dire du patrimoine de l'État [154]. L'achat des grains épuisait le trésor, et par là même, le nerf de la république. Pouvait-on enfin rétablir le peuple dans ses anciennes possessions, sans en dépouiller les propriétaires actuels ; et ces derniers ne faisaient-ils pas eux-mêmes partie du peuple? Ne possédaient-ils pas ces biens du chef de leurs ancêtres, à titre de prescription, et en quelque sorte d'héritage [155]?

XV. Sédition de Tibérius Gracchus. [An de Rome, 620.]

Celui qui le premier alluma le flambeau de nos guerres civiles, fut Tibérius Gracchus, l'un des citoyens, sans contredit, les plus distingués de la république, par sa naissance, par sa figure et par son éloquence [156]. Il chercha à se rendre populaire; soit qu'il redoutât le danger d'être enveloppé dans le châtiment de Mancinus dont il avait garanti le traité [157]; soit qu'uniquement guidé par un sentiment de justice et

---

isthæc duo dirimi, quod alias solerent conjungi. Sed huic loco nihil cum aris.

populus gentium victor, orbisque possessor, laribus ac focis suis exularet [a]. Quacumque mente, rem ausus ingentem, postquam rogationis dies aderat, ingenti stipatus agmine rostra conscendit. Nec deerat, obvia manu, tota inde nobilitas, et tribuni in partibus. Sed ubi intercedentem legibus suis Cnæum Octavium videt Gracchus, contra fas collegii, jus potestatis, injecta manu, depulit rostris, adeoque præsenti metu mortis exterruit, ut abdicare se magistratu cogeretur. Sic triumvir creatus [b] dividendis agris. Quum, ad perpetranda cæpta, die comitiorum prorogari sibi vellet imperium, obvia nobilium manu, eorumque quos agris moverat, cædes a foro cæpit. Inde quum in Capitolium profugisset, plebemque ad defensionem salutis suæ, manu caput tangens, hortaretur, præbuit speciem regnum sibi et diadema poscentis; atque ita, duce Scipione Nasica, concitato in arma populo, quasi jure oppressus est.

[a] *Ne populus gentium* etc., *ac focis suis exularet.* Hæc verba quæ in omnibus codicibus legere est, a nonnullis editoribus quasi ex precedenti capite repetita, omissa sunt; quæ quidem, quum sensui aptissima nobis videntur, restituere non dubitavimus.

[b] *Sic triumvir creatus.* Sic vetustiores libri. Recentiores, *triumviratus.*

d'humanité, il vît avec compassion les plébéiens chassés de leurs terres; et le peuple vainqueur des nations, maître du monde, banni de ses foyers et de ses autels domestiques. Quelles que fussent ses intentions, Tibérius s'engagea dans l'entreprise la plus difficile, lorsqu'au jour de la présentation de sa loi agraire, il osa, escorté d'une multitude immense, monter à la tribune aux harangues. Toute la noblesse prête à faire résistance, ne manqua pas de se trouver à cette assemblée. Elle avait des tribuns dans son parti. Voyant Cn. Octavius s'opposer à l'adoption de la loi, Gracchus ne respecte ni les égards dus au collége des tribuns [158], ni les droits de cette charge; il fait arracher son collégue de la tribune; et l'épouvante tellement par la menace d'une prompte mort, qu'il le force d'abdiquer sa magistrature. Par ce moyen Gracchus est créé triumvir pour procéder au partage des terres [159]. Au jour des comices, il veut se faire proroger dans le tribunat, afin de consommer ses entreprises. Les nobles et ceux qu'il avait dépossédés de leurs terres, s'avancent en armes pour s'opposer à son élection. Le sang coule dans la place publique. Gracchus se réfugie sur le Capitole; et pour exhorter le peuple à défendre ses jours, il porte la main à sa tête. On croit voir dans ce geste un signe pour demander le diadême et la royauté. Scipion Nasica, profitant de cette méprise [160], soulève la multitude armée, et fait périr Tibérius, avec quelque apparence de justice.

XVI. Seditio Caii Gracchi.

Statim et mortis et legum fratris sui vindex, non minore impetu incaluit Caius Gracchus. Qui quum pari tumultu atque terrore plebem in avitos agros arcesseret; et recentem Attali hereditatem in alimenta populo polliceretur: jamque nimius et potens altero tribunatu [a], secunda plebe volitaret: obrogare auso legibus suis Minucio tribuno, fretus comitum manu, fatale familiæ suæ Capitolium invasit. Unde proximorum cæde repulsus, quum se in Aventinum recepisset; inde quoque obvia senatus manu, ab Opimio consule oppressus est. Insultatum quoque mortis reliquiis; et illud sacrosanctum caput tribuni plebis percussoribus auro pensatum est.

XVII. Apuleius Saturninus.

Nihilominus Apuleius Saturninus Gracchanas asserere leges non destitit. Tantum animorum viro Marius dabat qui nobilitati semper inimicus consulatu suo præterea confisus, occiso palam comitiis Nonio [b] competitore tribunatus,

[a] *Nimius et potens altero tribunatu.* Hic conjicit reponendum esse *impotens* pro *potens* Nicol. Heinsius.

[b] *Nonio.* Sic in Nazarian. In Palatinis codicibus, legendum est

XVI. Sédition de C. Gracchus. [An de Rome, 629 à 632.]

Aussitôt Caius Gracchus [161] paraît pour venger la mort de son frère et l'outrage fait à ses lois. Il ne montra pas moins d'ardeur et d'impétuosité qu'en avait déployées Tibérius, dans la poursuite de ses desseins. Ce fut en appelant à son aide les mêmes désordres et la même terreur, qu'il excita le peuple à rentrer en possession de l'héritage de ses ancêtres, et que, de plus, il lui promit pour sa subsistance la succession récente d'Attale. Bientôt il ne garde aucune mesure : un second tribunat et la faveur populaire ne laissent plus aucune borne à sa puissance. Le tribun Minucius ose former opposition à ses lois [162]. Gracchus, suivi de ses partisans, s'empare du Capitole, lieu fatal à sa famille. Le massacre de ceux qui se trouvaient le plus près de sa personne, le force de quitter cet asyle, il se réfugie sur le mont Aventin, où il est poursuivi par le parti du sénat et tué par l'ordre du consul Opimius [163]. On insulta ses restes inanimés, et la tête inviolable et sacrée d'un tribun du peuple, fut payée à ses meurtriers au poids de l'or.

XVII. Sédition d'Apuléius Saturninus. [An de Rome, 650 à 653.]

Ce funeste exemple n'empêcha point Apuleius Saturninus [164] de soutenir avec opiniâtreté les lois des Gracques. Ce tribun puisait son assurance dans l'appui de Marius, irréconciliable ennemi de la noblesse. Marius abusa de l'autorité consulaire jusqu'à faire tuer publiquement et au milieu des comices Nonius, qui se

Mumio. In aliis Mss. *Annio*. Advertendum est plurimum differre scriptores in nomine hujus competitoris tribunatus. (Vide commentum hujusce libri.)

subrogare conatus est in ejus locum Caium Gracchum [a], hominem sine tribu, sine nomine; sed subdititio titulo in familiam ipse se adoptabat. Quum tot tantisque ludibriis exultaret impune, rogandis Gracchorum legibus ita vehementer incubuit, ut senatum quoque cogeret in verba jurare, quum abnuentibus aqua et igni interdicturum se minaretur. Unus tamen extitit qui mallet exilium. Igitur post Metelli fugam omni nobilitate perculsa, quum jam tertium annum dominaretur, eo vesaniæ progressus est, ut consularia quoque comitia nova cæde turbaret. Quippe ut satellitem furoris sui Glauciam consulem faceret, Caium Memmium competitorem interfici jussit; et in eo tumultu regem ex satellitibus suis se appellatum, lætus accepit. Tum vero jam conspiratione senatus, ipso quoque jam Mario consule, quia tueri non poterat, adverso; directæ in foro acies; expulsus inde, Capitolium invasit. Sed quum abruptis fistulis obsideretur, senatuique per legatos pœnitentiæ fidem faceret, ab arce degressus, cum ducibus factionis receptus in curiam est [b].

[a] *C. Gracchum.* Non Caius Gracchus, sed Quinctius vocabatur: Caii Gracchi nomen assumpserat, ut se ex Gracchorum familia mentiretur.

[b] *Ab arce degressus, cum ducibus factionis receptus in curiam*

mettait sur les rangs pour le tribunat [165] et s'efforça de lui subroger un certain C. Gracchus qui n'était pas même inscrit sur le rôle des tribus, et qui, se parant de titres supposés, s'était, de sa propre autorité, affilié à la maison de Gracchus [166]. Cependant Saturninus, fier de toutes les atteintes qu'il avait impunément et comme à plaisir portées à la république, travailla avec une incroyable ardeur à faire recevoir les lois des Gracques. Il alla jusqu'à contraindre les sénateurs de jurer de les observer, menaçant de l'interdiction du feu et de l'eau ceux qui refuseraient de prêter ce serment. Un seul préféra l'exil à cette lâcheté. Le bannissement de Métellus consterna tout le corps de la noblesse [167]. Le tribun qui depuis trois ans dominait dans l'état, porta sa rage insensée jusqu'à troubler par un nouvel assassinat les comices assemblés pour l'élection des consuls. Voulant élever au consulat Glaucias le ministre de ses fureurs, il fit massacrer C. Memmius son concurrent [168]; et il apprit avec joie de ses satellites, que dans le tumulte on lui avait donné le titre de roi. Dès-lors le sénat conspira sa perte. Le consul Marius lui-même, ne pouvant plus le soutenir, se déclara contre lui [169]. On en vint aux mains au milieu de la place publique. Saturninus en ayant été chassé, courut se saisir du Capitole. Mais il y fut assiégé, et l'on coupa les canaux qui portaient de l'eau à cette citadelle. Alors il envoya témoigner au sénat son repentir, obtint la permission de des-

est. Vetus editio his verbis *cum ducibus factionis receptus in curiam* addunt *agressus est.* Recentiores editores prætulerunt : *receptus in curiam est :* non absurde præsertim quum illud *aggressus* videatur repetitum ex superiore linea ubi fuerat *degressus.*

Ibi eum, facta irruptione, populus fustibus saxisque coopertum in ipsa quoque morte laceravit.

XVIII. Drusiana seditio.

Postremo Livius Drusus non tribunatus modo viribus, sed ipsius etiam senatus auctoritate, totiusque Italiæ consensu, easdem leges asserere conatus, dum aliud captat ex alio, tantum conflavit incendium, ut ne prima illius flamma posset sustineri; et, subita morte correptus, hereditarium in posteros suos bellum propagaret.

Judiciaria lege Gracchi diviserant populum romanum, et bicipitem ex una fecerant civitatem. Equites romani tanta potestate subnixi, ut, qui fata fortunasque principum haberent in manu, interceptis vectigalibus, pecularentur suo jure rempublicam. Senatus exilio Metelli, damnatione Rutilii debilitatus, omne decus majestatis amiserat.

In hoc statu rerum pares opibus, animis, dignitate (unde et nata Livio Druso amulatio exarserat) [b] equitem Servilius Cæpio, senatum

---

[a] *Unde et nata Livio Druso æmulatio exarserat.* Sic hunc emendavit Nicolaus Heinsius locum quem sic legere est in omnibus editis: *unde et nata Livio Druso æmulatio accesserat;* et male.

cendre du Capitole avec ses principaux partisans [170], et fut mis à couvert dans la salle du sénat. Le peuple en ayant aussitôt enfoncé les portes, accabla Saturninus de coups de bâtons et de pierres, et mit en pièces son cadavre mutilé.

XVIII. *Sédition de Livius Drusus.* [An de Rome, 662.]

Enfin un tribun, qui à l'influence de sa magistrature joignait l'autorité du sénat, et le consentement de toute l'Italie, Drusus entreprit de faire admettre ces mêmes lois : mais tandis qu'il entasse projets sur projets [171], il alluma un si furieux incendie, qu'il ne lui fut pas même possible de résister à ses premières atteintes; et que par sa mort qui le surprit tout à coup, il légua à ses contemporains une guerre pour ainsi dire héréditaire.

Les Gracques par leur loi relative aux jugemens, avaient divisé le peuple Romain en deux factions, et donné, pour ainsi dire, deux têtes à la république. Les chevaliers s'étaient élevés à un tel degré de puissance, que devenus arbitres de la vie et de la fortune des principaux citoyens, ils divertissaient les deniers publics, et s'enrichissaient impunément aux dépens de l'État [172]. Le sénat affaibli par l'exil de Métellus et par la condamnation de Rutilius [173], avait perdu toute sa splendeur et toute sa majesté.

Dans cet état des choses, Servilius Cæpion [174] et Livius Drusus, tous deux égaux en richesses, en courage et en dignité, mais dont le premier inspirait de

---

Quis enim conjungit hæc, *ex his rebus nata Livio Druso æmulatio accessit.* Aut quis latine dicere posset : *huic ex hac re nata accessit æmulatio ?* Grævius non dubitat quin *accesserat* sit in-
FLORUS.

Livius Drusus asserere. Signa, et aquilæ, et vexilla aderant; cæterum sic urbe in una, quasi in binis castris dissidebatur. Prior Cæpio in senatum impetu facto, reos ambitus Scaurum et Philippum principes nobilitatis egit. His motibus ut resisteret Drusus, plebem ad se Gracchanis legibus evocavit, socios ad plebem spe civitatis erexit [a]. Exstat vox ipsius, « nihil se ad « largitionem ulli reliquisse, nisi si quis aut cœ-« num dividere vellet aut cœlum. » Aderat promulgandi dies, quum subito tanta vis hominum undique apparuit, ut hostium adventu obsessa civitas videretur. Ausus tamen obrogare legibus consul Philippus; sed apprehensum faucibus viator non ante dimisit, quam sanguis in ora et oculos redundaret. Sic per vim latæ, jussæque leges. Sed pretium rogationis statim socii flagitare, quum interim imparem Drusum, ægrumque rerum temere motarum, matura, ut in tali discrimine, mors abstulit. Nec ideo minus socii

terpretatio τȣ *nata*, quæ ex margine a magistro adscripta intrusa est in contextum, ex quo hanc vocem ejiciendam censuit. Hanc sententiam equidem adoptaremus, nisi N. Heinsii correctionem simpliciorem et commodiorem haberemus.

[a] *Plebem ad se Gracchanis legibus evocavit, socios ad plebem spe civitatis erexit.* Sic Palatini et Ryck. codices. Damnavit hanc lectionem Salmasius, et vulgatam non sollicitandam esse præcepit, quæ ita se habet : *plebem ad se Gracchanis legibus, eisdem socios ad plebem spe civitatis erexit.* Dissentit a Salmasio Grævius,

la jalousie à l'autre, se déclarent, Drusus pour le sénat, Cæpion pour l'ordre des chevaliers. On vit dans cette lutte des enseignes, des aigles et des drapeaux déployés de part et d'autre; et les citoyens divisés former comme deux camps ennemis dans l'enceinte de la même ville. Cæpion engagea la lutte en attaquant le sénat, et en accusant de brigue Scaurus et Philippus [175], deux des plus illustres patriciens. Drusus pour résister à ces attaques, appelle à son aide le peuple en renouvelant les lois des Gracques, et attire les alliés dans le parti du peuple par l'espoir du droit de cité. On rapporte de lui cette parole : « qu'il n'avait laissé rien autre chose à distribuer que « la boue et l'air [176]. » Le jour de la promulgation de ses lois étant arrivé, il parut tout à coup et de tous côtés une si prodigieuse multitude d'étrangers, qu'on eût cru Rome prise d'assaut par une armée ennemie. Le consul Philippus osa cependant proposer une loi contraire. Mais un appariteur du tribun le saisit fortement à la gorge, et ne le lâcha qu'après lui avoir fait sortir le sang par la bouche et par les yeux. Grâce à ces moyens violens, les lois furent proposées et confirmées. Les alliés réclamèrent sur-le-champ avec instance la récompense de l'appui qu'ils avaient donné aux propositions du tribun. Drusus n'était pas assez puissant pour les satisfaire. Dévoré du regret d'avoir si légèrement excité tant de troubles, il fut enlevé par la mort qui vint fort à propos le tirer de la position la plus embarrassante [177]. Les alliés en

qui sic legere vult : *plebem ad se Gracchanis legibus evocavit, eisdem socios ad spem civitatis erexit.* Dissentientibus tam doctis viris, manuscriptorum vestigia fideliter sequi non dubitavimus.

promissa Drusi a populo romano reposcere armis desierunt.

XIX. Bellum Sociale.

Sociale bellum vocetur licet, ut extenuemus invidiam : si verum tamen volumus, illud civile bellum fuit. Quippe populus romanus Etruscos, Latinos, Sabinosque miscuerit, et unum ex omnibus sanguinem ducat, corpus fecit ex membris, et ex omnibus unus est. Nec, minore flagitio, socii, intra Italiam, quam intra Urbem cives, rebellabant.

Itaque quum jus civitatis [a], quam viribus auxerant, socii justissime postularent, ad quam spem eos cupidine dominationis Drusus erexerat; postquam ille domestico scelere oppressus est, eadem fax quæ illum cremavit, socios in arma et oppugnationem Urbis accendit. Quid hac clade tristius? Quid calamitosius? Quum omne Latium atque Picenum, Etruria omnis atque Campania, postremo Italia contra matrem ac parentem suam [b] Urbem consurgerent? Quum omne robur fortissimorum fidelissimorumque sociorum sub

[a] *Itaque quum jus civitatis.* Sic hunc locum restituit N. Heinsius. Antea in plerisque editionibus sic legebantur sine sensu : *itaque quum Tusciæ civitates.*

[b] *Contra matrem ac parentem suam.* Ecquod discrimen inter *matrem* ac *parentem* ? Perinde ac si dixisset *contra patrem ac*

armes n'en demandèrent pas moins au peuple romain l'exécution des promesses de Drusus.

XIX. Guerre Sociale. [An de Rome, 662 à 665.]

Qu'on nomme tant qu'on voudra cette guerre, Sociale, pour en pallier toute l'horreur; mais si nous voulons être sincères, ce ne fut qu'une guerre civile. Le peuple Romain en effet, qui dans l'origine avait été un mélange d'Etrusques, de Latins et de Sabins, tenait par les liens du sang à tous ces peuples ensemble : c'était un corps formé de ces différens membres, un tout composé de ces diverses parties; en sorte que la rébellion des alliés par toute l'Italie n'était pas moins criminelle, que les querelles des citoyens au sein de Rome.

Ces peuples demandaient avec raison le droit de cité dans une ville, qui en partie devait son accroissement à leurs forces. Ils voulaient qu'on réalisât ainsi l'espoir dont les avait flattés Drusus pour établir sa domination. Aussi à peine ce tribun eut-il péri par un crime domestique, les mêmes feux dont il avait été consumé sur son bûcher, enflammèrent toutes ces nations et les excitèrent à prendre les armes pour accabler Rome. Quoi de plus déplorable, que cette guerre sanglante? Tout le Latium, le Picénum, l'Etrurie, la Campanie, en un mot, l'Italie entière, se soulèvent contre leur mère commune. On vit nos plus fermes défenseurs, nos alliés les plus fidèles, rangés chacun sous ses enseignes, et je ne

parentem suum. Non possum in animum inducere tam ineptæ αυτολογίας Florum reum esse. Fallor, aut Florus scripsit : *contra matrem suorum urbium.* (Grævius.)

suis quisque signis haberent municipalia illa prodigia : Popedius Marsos, et etiam Latinos; Afranius Umbros; Samnium Lucaniamque Telesinus? [a] Ut quum regum et gentium arbiter populus ipsum se regere non posset, victrix Asiæ Europæque a Corfinio Roma peteretur?

Primum fuit belli in Albano monte consilium, ut, festo die Latinarum, Julius Cæsar et Martius Philippus consules inter sacra et aras immolarentur. Postquam id nefas proditione discussum est, Asculo furor omnis erupit, in ipsa quidem ludorum frequentia trucidatis, qui tum aderant ab Urbe, legatis. Hoc fuit impii belli sacramentum. Inde jam passim ab omni parte Italiæ, duce et auctore belli discursante Popedio, diversa per populos et urbes signa cecinere. Nec Annibalis nec Pyrrhi fuit tanta vastatio. Ecce Ocriculum, ecce Grumentum, ecce Fesulæ, ecce Carseoli, Reate, Nuceria [b], et Picentia cædi-

---

[a] *Popedius Marsos, et etiam Latinos; Afranius Umbros; Samnium Lucaniamque Telesinus.* Fere omnibus editis legas hunc locum sic distinctum : *Popedius Marsos; et etiam Latinos Afranius; Umbros totus senatus et consules; Samnium, etc.* « Quid hoc *totus senatus et consules,* exclamat Tanaquil Faber? Res inepta et ridicula, sed ea tamen, qualiscumque sit, a Salmasio non animadversa, nam incredibilis quædam in hoc loco depravatio est. Ea autem veteri in editione non erat ; nam pro *totus senatus et consules,* ibi legitur *Vettius Cato Samnium.* Idque quum jam pridem

sais quels prodiges de fortune ignorés jusqu'alors dans leur obscure patrie [178]! Un Popédius commander les Marses et les Latins eux-mêmes; un Afranius, les Ombriens; un Télésinus guider les Lucaniens et les Samnites; le peuple, arbitre des rois et des nations de la terre, ne pouvoir désormais se gouverner lui-même; enfin Rome victorieuse de l'Asie et de l'Europe, attaquée par les soldats de Corfinium [179]!

Ce fut sur le mont Albain que les alliés formèrent le premier projet de cette guerre; c'est là qu'ils arrêtèrent d'assassiner le jour des Féries Latines [180], au milieu des sacrifices et au pied même des autels, les consuls Julius César et Marcius Philippus. La trahison d'un des complices déjoue cet horrible complot; et toute la fureur des alliés éclate dans Asculum, où ils égorgent les magistrats romains pendant la célébration des jeux publics. Cet assassinat fut comme le serment par lequel ils s'engagèrent à cette guerre impie. Popédius, le chef et l'auteur de la révolte, vole dans toutes les contrées de l'Italie, et de toutes parts le son de la trompette appelle aux armes les cités et les campagnes. Jamais Annibal et Pyrrhus n'ont fait tant de ravages. Ocriculum, Grumentum, Fésule, Carséoli, Reaté, Nuceria et Picentia sont

---

olfecissem, totum hunc locum sic scripsi : *Popedius Marsos et Latinos, Afranius Umbros, Vettius Cato Samnium, Lucaniam Telesinus.* » Hanc alteram lectionem proponit Lipsius : « *Titus Egnatius Etruscos.* Grævius vero : *Marius Egnatius Etruscos.* »— Nos equidem, dum inter tot contraria studia trahimur, hæc verba : *totus senatus et consules*, abjicienda censemus. (Vide præterea commentum hujusce libri.)

b *Ecce Carseoli, Reate, Nuceria.* In plerisque editis legere

bus, ferro et igne vastantur. Fusæ Rutilii copiæ, fusæ Cæpionis. Nam ipse Julius Cæsar, exercitu amisso, quum in Urbem cruentus referretur, miserabili funere mediam etiam Urbem perviam fecit ª. Sed magna populi romani fortuna, et semper in malis major, totis denuo viribus insurrexit; aggressique singuli populos, Cato discutit Etruscos, Gabinius Marsos, Carbo Lucanos, Sylla Samnites. Strabo vero Pompeius omnia flammis ferroque populatus, non prius finem cædium fecit, quam Asculi eversione, manibus tot exercituum, consulum, direptarumque urbium diis litaretur.

XX. Bellum Servile.

Utcumque, etsi cum sociis, nefas, cum liberis tamen et ingenuis dimicatum est. Quis æquo animo ferat in principe gentium populo bella servorum? Primum Servile bellum inter initia Urbis, Herdonio Sabino duce, in ipsa Urbe tentatum est, quum ocupata tribuniciis seditionibus civitate, Capitolium obsessum est, et a consule captum. Sed hic tumultus magis fuit, quam bellum. Mox imperio per diversa terra-

erat : *Carseoli; reseratæ Nuceria ;* et in Ryckiano codice *reserare Nuceria* pro *reseratæ ; reserare*, ingeniose conjecit Salmasius, esse *Reate*, quæ urbs fuit in Sabinis.

ª *Perviam fecit.* Hanc veterum librorum scripturam retinuimus,

mises à feu et à sang [181]. Les soldats de Rutilius, les troupes de Cæpion, sont taillées en pièces. Julius César, après avoir perdu son armée, est rapporté à Rome tout couvert de blessures, et en traversant la ville, les traces de son sang inondent toutes les rues [182]. Mais la fortune du peuple romain, toujours plus grande dans les revers, recueille toutes ses forces et se relève. On oppose une armée à chacune des nations révoltées. Caton met en déroute les Etrusques, Gabinius les Marses, Carbon les Lucaniens, Sylla les Samnites. Pompéius Strabon [183], portant de tous côtés le fer et la flamme, ne met fin à ses ravages, qu'après avoir apaisé par la destruction d'Asculum les mânes de tant de citoyens, de consuls massacrés, et satisfait aux dieux protecteurs de tant de cités livrées au pillage [184].

XX. Guerre contre les esclaves. [An de Rome, 615 à 652.]

Si la guerre Sociale fut un crime, Rome du moins eut alors à combattre des hommes de naissance et de condition libre. Mais qui pourra voir sans indignation le peuple-roi aux prises avec des esclaves? Le Sabin Herdonius [185] avait bien tenté, vers les commencemens de Rome, d'allumer une première guerre Servile, lorsque profitant des troubles causés dans la ville par les séditions des tribuns, il se saisit du Capitole, qui fut bientôt repris par le consul : mais ce fut plutôt une surprise passagère, qu'une guerre véritable. Croira-

---

quamvis ingeniose Lipsius, *permadefecit.* Sed, tanti viri pace, non discrepat ab ingenio Flori, quam dedimus, lectio : supra, lib. 1, cap. 14 : *novum ad victoriam iter sanguinis sui semita aperiret.*

rum occupato, quis crederet Siciliam multo cruentius Servile, quam punico bello esse vastatam?

Terra frugum ferax et quodammodo suburbana provincia, latifundiis civium romanorum [a] tenebatur. Hic ad cultum agri frequentia ergastula; catenatique cultores materiam bello præbuere. Syrus quidam nomine Eunus (magnitudo cladium facit ut meminerimus), fanatico furore simulato, dum Syriæ deæ comas [b] jactat, ad libertatem et arma servos, quasi numinum imperio, concitavit; idque ut divinitus fieri probaret, in ore abdita nuce, quam sulphure et igne stipaverat, leniter inspirans, flammam inter verba fundebat. Hoc miraculo primum duo millia ex obviis; mox jure belli refractis ergastulis, sexaginta [c] amplius millium fecit exercitum; regiisque, ne quid malis deesset, decoratus insignibus, castella, oppida, vicos miserabili direptione vastavit. Quin illud quoque ultimum belli de-

[a] *Civium romanorum.* Quidam *civium latinorum*, unde Lips. ingeniose, ut sæpius, *Lautiorum* faciebat. In optimo Nazariano, *civium romanorum, latinorum*, servata duplici lectione; sed *Romanorum* cum Salmasio veram putamus; ita enim in utroque Palatino habetur.

[b] *Comas.* Passim edit. *cæremonias;* non male: Pontanus vero *comos* vult rescribi; genus id saltationis esse, quod in sacris Cybeles agitabant.

t-on que dans la suite, et lorsque les Romains avaient étendu leur empire jusqu'aux extrémités du monde, les armes de leurs esclaves aient fait plus de mal en Sicile, que tous les efforts de Carthage?

Cette fertile province était, pour ainsi dire, un des faubourgs de Rome. Les citoyens Romains y possédaient de vastes domaines, dont la culture les obligeait à entretenir sur les lieux une multitude d'esclaves [186]. Ces laboureurs à la chaîne, devinrent des instrumens de guerre. Un esclave Syrien appelé Eunus (les désastres dont il fut l'auteur ont sauvé son nom de l'oubli), conçoit l'idée de contrefaire l'inspiré; il se montre hors de lui-même, ne jure que par la chevelure de la déesse que révère la Syrie [187], et sa voix ordonne, au nom des dieux, à ses compagnons de prendre les armes et de s'affranchir. Pour donner à ses impostures l'apparence d'une inspiration divine, il cache dans sa bouche une noix remplie de souffre allumé, de sorte qu'en poussant doucement son haleine, sa voix s'échappe au milieu d'un torrent de flammes. A la faveur de ce prétendu prodige, il est d'abord suivi de deux mille hommes qui s'offrent les premiers à lui. Bientôt, usant du droit de la guerre, il enfonce les prisons, où sont retenus ses pareils, et se forme de la sorte une armée de plus de soixante mille hommes. Enfin pour mettre le comble à ses forfaits, il prend les insignes de la royauté [188], et porte le pillage et la dévastation dans les forteresses, les villes et les bourgs. Mais, pour ajouter encore à l'opprobre de cette guerre, un esclave force les

---

* *Sexaginta.* Vulgo *quadraginta,* invitis omnibus fere Mss.

decus : capta sunt castra prætorum , nec nominare ipsos pudebit : castra Manilii , Lentuli , Pisonis , Hypsæi. Itaque qui per fugitivarios retrahi ᵃ debuissent, prætorios duces, profugos prælio ipsi sequebantur.

Tandem Perperna imperatore, supplicium de eis sumptum est. Hic enim victos, et apud Ennam novissime obsessos, quum fame, ex qua ᵇ pestilentia, consumpsisset, reliquias latronum compedibus et catenis religavit, crucibusque punivit. Fuitque de servis ovatione contentus, ne dignitatem triumphi servili inscriptione violaret.

Vixdum respiraverat insula, quum statim servi ᶜ, et a Syro reditur ad Cilicem. Athenio pastor, interfecto domino, familiam ergastulo liberatum sub signis ordinat. Ipse veste purpurea, argenteoque baculo, et regium in morem fronte redimita, non minorem quam ille fanaticus prior, conflat exercitum ; acriusque multo, quasi et illum vindicaret, vicos, castella, op-

ᵃ *Retrahi.* Ante Freinshemium, legebatur *distrahi :* qui primus et recte quidem vulgatam edidit.

ᵇ *Quum fame, ex qua pestilentia.* In veteribus edit., *quum fame, quasi pestilentia :* putidum dicendi genus, quod Floro ne tribuas. Corruptum a librariis locum Tanaquillus Faber sanavit : an feliciter ?

camps de nos préteurs. J'aurai le courage de les nommer : c'est Manilius, c'est Lentulus, c'est Pison, c'est Hypsæus, qui défendaient ces retranchemens [189]. Ainsi, des esclaves fugitifs que la justice aurait dû ramener aux pieds de leurs maîtres [190], ont eux-mêmes poursuivi, sur le champ de bataille, des généraux décorés de la préture, réduits à fuir devant eux.

Perperna, chargé de la conduite de cette guerre, finit cependant par tirer vengeance des rebelles. Après les avoir battus et enfermés dans Enna [191], où la famine, suivie de la peste, acheva de les réduire, il fit charger de fers ce qui restait de ces brigands, et les punit tous du supplice de la croix. Il se contenta de l'ovation pour ne pas avilir la dignité du triomphe, en l'appliquant à une victoire sur des esclaves [192].

La Sicile respirait à peine, que les esclaves reprennent les armes. Au Syrien Eunus a succédé un chef Cilicien. Le pâtre Athénion [193], après avoir assassiné son maître, délivre de prison ses compagnons d'esclavage, et les range sous ses drapeaux. Revêtu d'une robe de pourpre et du bandeau royal, portant un sceptre d'argent, il ramasse une armée aussi considérable que celle du fanatique imposteur qui l'avait précédé ; et, comme pour le venger, il renchérit sur ses brigandages en pillant les hameaux, les forteresses et les villes. Il se montra en-

---

^c *Quum statim servi.* Primæ editiones, *quum statim a servis, et a Syro, etc.* Utra sit eligenda lectio, vix nobis perspicuum est, quum hanc et illam respuat sensus. O librariorum satis nunquam detestandæ manus!

pida diripiens, in dominos, in servos infestius, quasi in transfugas, sæviebat.

Ab hoc quoque prætorii exercitus cæsi; capta Servilii castra, capta Luculli. Sed Aquilius, Perpernæ usus exemplo, interclusum hostem commeatibus ad extrema compulit, comminutasque copias armis, fame facile delevit: dedidissentque se, nisi suppliciorum metu, voluntariam mortem prætulissent. Ac ne de duce quidem supplicium exigi potuit, quamvis in manus venerit. Quippe, dum circa adprehendendum eum multitudo contendit, inter rixantium manus præda lacerata est.

XXI. Bellum Spartacium.

Enimvero servilium armorum dedecus feras; nam etsi ipsi per fortunam in omnia obnoxii, tamen quasi secundum hominum genus sunt, et in bona libertatis nostræ adoptantur. Bellum Spartaco duce concitatum quo nomine appellem nescio; quippe quum servi militaverint, gladiatores imperaverint; illi infimæ sortis homines, hi pessimæ, nam [a] auxere ludibrio calamitatem.

Spartacus, Crixus, OEnomaus, effracto Len-

---

[a] *Hi pessimæ, nam, etc.* Primæ editiones, *hi pessimam auxere*

core plus impitoyable envers les maîtres, et surtout envers les esclaves, qu'il traitait comme des transfuges.

Il battit aussi des préteurs, et s'empara des camps de Servilius et de Lucullus [194]. Mais Aquilius, à l'exemple de Perperna [195], réduisit Athénion aux dernières extrémités en lui coupant les vivres; et la famine détruisit sans peine un ennemi que nos armes avaient affaibli. Au reste, les esclaves auraient tous fini par se rendre, si la crainte du supplice ne leur eût fait préférer une mort volontaire. On ne put même tirer vengeance de leur chef, quoiqu'il fût tombé vivant entre nos mains; car ses membres déchirés restèrent entre les mains de nos soldats, qui s'étaient précipités en foule pour le saisir, et qui se le disputèrent comme une proie.

XXI. Guerre contre Spartacus. [An de Rome, 680 à 682.]

Peut-être la honte d'avoir pris les armes contre des esclaves est-elle supportable; car si la fortune les a exposés à tous les caprices de leurs maîtres, ils n'en forment pas moins, pour ainsi dire, une seconde espèce d'hommes, que nous pouvons même associer aux avantages de notre liberté. Mais quel nom donner à la guerre qu'alluma Spartacus, à cette guerre où l'on a vu des esclaves enrôlés obéir à des gladiateurs? La condition des premiers est à la vérité bien abjecte; mais celle des seconds l'est encore plus, puisqu'à leur misère, se joint l'infamie d'être voués aux plaisirs d'autrui [196].

Spartacus, Crixus et OEnomaüs, gladiateurs de

ludibrio calamitatem. Fatua verborum sententia, in quam primus olim invectus est Lipsius.

tuli ludo, cum septuaginta [a] haud amplius ejusdem fortunæ viris eruperunt Capua; servisque ad vexillum vocatis, quum statim decem amplius millia coissent hominum, non effugisse contenti, jam vindicari volebant. Prima velut arena [b] viris mons Vesuvius placuit. Ibi quum obsiderentur a Clodio Glabro, per fauces cavi montis vitineis delapsi vinculis, ad imas ejus descendere radices; et exitu invio [c], nihil tale opinantis ducis subito impetu castra rapuere. Inde alia castra. Deinceps Coram [d], totamque pervagantur Campaniam; nec villarum atque vicorum vastatione contenti, Nolam atque Nuceriam, Thurios atque Metapontum terribili strage populantur.

Affluentibus in diem copiis, quum jam esset justus exercitus, e viminibus pecudumque tegumentis inconditos sibi clypeos; e ferro ergastulorum recocto gladios ac tela fecerunt. Ac, ne quod decus justo deesset exercitui, domitis ob-

[a] *Septuaginta.* Alii *trigenta* : de quo numero plus minusve auctores discrepant.

[b] *Arena.* Hæc est aptissima Freinshemii conjectura, contra librorum omnium fidem, qui *ara* constanter exhibent.

[c] *Exitu invio.* Nazariani *exitu in uno*, una scilicet eruptione :

Lentulus, avec tout au plus soixante-dix compagnons de leur fortune, forcèrent les portes de l'enceinte où ils s'exerçaient [197], s'échappèrent de Capoue, appelèrent les esclaves sous leurs drapeaux, et réunirent en peu de temps dix mille hommes. Non contens d'avoir brisé leurs chaînes, ils sont déterminés à tout pour conserver leur liberté. Et d'abord le Vésuve devint pour eux comme une nouvelle arène; là, se voyant assiégés par Clodius Glaber [198], ils se laissèrent glisser, suspendus à des liens de sarmens, le long des cavités profondes qui sillonnent les flancs de cette montagne, et descendirent ainsi jusqu'à sa base; puis, fondant tout-à-coup par des issues impraticables sur le camp du général romain, au moment qu'il y pensait le moins, ils emportèrent ses retranchemens. Un autre camp fut encore enlevé par eux. Ils se répandirent ensuite aux environs de Cora, et dans toute la Campanie, et, après avoir ravagé les maisons de campagne et les villages, ils mirent à feu et à sang les villes de Nole, de Nucérie, de Thurium et de Métaponte [199].

Leur nombre grossissait de jour en jour, et déjà ils formaient une armée régulière. Ils se fabriquèrent des boucliers avec de l'osier grossièrement recouvert de peaux de bêtes; et remettant au feu leurs chaînes, ils en forgèrent des javelots et des épées [200]. Enfin, pour qu'il ne leur manquât rien de tout ce qui constitue les troupes les mieux réglées, ils se saisirent de

---

hanc lectionem rejecimus, propter quod sequitur, *subito impetu*, eodem fere sensu.

[d] *Coram.* Alii *Thoram;* quidam *Cosam.* (Vide commentum hujusce libri.)

viis gregibus paratur equitatus, captaque de prætoribus insignia et fasces ad ducem detulere. Nec abnuit ille de stipendiario Thrace miles, de milite desertor, inde latro, deinde in honorem virium gladiator. Qui defunctorum quoque prælio ducum funera imperatoriis celebravit exequiis, captivosque circa rogum jussit armis depugnare; quasi plane expiaturus omne præteritum dedecus, si de gladiatore munerator fuisset. Inde jam consulares quoque aggressus, in Apennino Lentuli exercitum percecidit. Apud Mutinam Caii Cassii castra delevit. Quibus elatus victoriis, de invadenda Urbe romana, quod satis est turpidini nostræ, deliberavit.

Tandem etiam totis imperii viribus contra mirmillonem consurgitur, pudoremque romanum Licinius Crassus asseruit. A quo pulsi fugatique (pudet dicere) hostes in extrema Italiæ refugerunt. Ibi circa Bruttium angulum clusi, quum fugam in Siciliam pararent, neque navigia suppeterent, ratesque ex cratibus, et dolia connexa virgultis in rapidissimo freto frustra experirentur; tandem, eruptione facta, dignam viris obiere mortem, et, quod sub gladiatore duce oportuit, sine missione pugnatum

tous les chevaux qu'ils purent enlever, et en composèrent leur cavalerie. Ils offrirent à leur général les décorations militaires et les faisceaux pris sur nos préteurs [201]. Spartacus ne refusa pas ces présens, lui qui, de Thrace mercenaire, était devenu soldat, de soldat déserteur, de déserteur brigand, puis, en considération de sa force, de brigand gladiateur. Il faisait à ses lieutenans tués sur le champ de bataille des funérailles comme à de véritables généraux, et forçait les prisonniers romains à combattre autour de leur bûcher, croyant effacer entièrement son infamie passée, en donnant des jeux de gladiateurs, après avoir lui-même combattu dans l'arène [202]. Les armées consulaires n'effraient point son audace : il les attaque, taille en pièces celle de Lentulus sur l'Apennin, et ravage le camp de Caius Cassius près de Modène [203]. Enflé de tant de victoires, il met en délibération, et cela suffit à notre honte, s'il n'ira point assiéger la ville où commande le peuple-roi.

Enfin on tourna contre ce vil gladiateur toutes les forces de l'Empire, et l'opprobre attaché au nom romain fut effacé par Licinius Crassus [204] : il mit en fuite des ennemis que j'ai honte d'appeler ainsi, et les repoussa jusqu'aux extrémités de l'Italie. Se voyant enfermés dans le pays étroit des Bruttiens, ils résolurent de gagner la Sicile [205], et, faute de navires, tentèrent vainement le passage de ce détroit toujours agité, sur des radeaux construits avec de grosses poutres et des tonneaux liés ensemble par des branches d'osier : alors ils tombèrent tout à coup sur les Romains, et, dignes soldats d'un gladiateur, moururent en héros, sans demander quartier [206]. Spartacus

est. Spartacus ipse, in primo agmine fortissime dimicans, quasi Imperator, occisus est.

XXII. Bellum civile Marianum.

Hoc deerat unum populi romani malis, jam ut ipse intra se parricidale bellum domi stringeret [a], et in Urbe media ac foro, quasi arena, cives cum civibus suis, gladiatorio more concurrerent. Æquiore animo utcumque ferrem, si plebeii duces, aut si nobiles, mali saltem, ducatum sceleri præbuissent. Jam vero, proh facinus! qui viri! qui imperatores! decora et ornamenta sæculi sui, Marius, et Sulla, pessimo facinori suam etiam dignitatem præbuerunt.

Tribus, ut sic dixerim, sideribus agitatum est. Primo et levi, et modico tumultu magis [b], quam bello, intra ipsos armorum duces subsistente sævitia. Mox atrocius et cruentius, per totius viscera senatus grassante victoria. Ultimum non civicam modo, sed hostilem quoque rabiem supergressum est; quum armorum furor totius Italiæ viribus niteretur, eo usque odiis sævientibus, donec deessent, qui occiderentur.

[a] *Intra se parricidale bellum domi stringeret.* Novum dicendi genus, inter doctos valde agitatum. Lipsius quondam legendum esse monuit, *ut jam in se parricidale ferrum stringeret.* Nil mutemus; vulgata enim facilem sensum præbet, immo optimum.

lui-même, après avoir fait des prodiges de valeur, périt à la tête de ses troupes, comme un vrai général d'armée.

XXII. Guerre civile de Marius. [An de Rome, 665 à 674.]

Il ne manquait plus aux malheurs de Rome que de se faire à elle-même une guerre parricide dans ses propres foyers, et de voir que ses enfans armés les uns contre les autres, au sein de la mère commune, transformassent en quelque sorte la place publique en arène, pour s'y égorger comme des gladiateurs. J'en serais moins indigné toutefois, si d'obscurs plébéiens, si quelques nobles corrompus, avaient dirigé ces criminelles manœuvres [207]. Mais, ô crime, c'était un Marius, un Sylla; c'étaient de tels hommes, de tels capitaines, la gloire et l'honneur de leur siècle, qui prêtaient l'éclat de leur nom aux plus horribles attentats!

L'influence de trois constellations différentes souleva pour ainsi dire ces tempêtes. Ce fut d'abord plutôt un faible désordre, une rixe légère qu'une guerre véritable; les chefs ne signalaient encore leur animosité cruelle que les uns contre les autres. Bientôt la querelle devint plus furieuse et plus sanglante; et le vainqueur, abusant de son pouvoir, déchira les entrailles du sénat. Enfin cette lutte surpassa tout ce que la fureur des partis, tout ce que la rage des ennemis les plus acharnés peut concevoir d'emportemens et d'atrocités. Le démon des batailles s'arma de toutes les forces de l'Italie, et la haine ne cessa d'immoler, que lorsqu'elle ne trouva plus de victimes.

[b] *Magis.* Antea scriptum fuit *majore*, istorum, ut ait Salmasius, errore, qui corrumpendis libris operam suam dicant.

Initium et causa belli, inexplebilis honorum Marii fames, dum decretam Sullæ provinciam Sulpicia lege sollicitat. Sed impatiens injuriæ statim Sulla legiones circumegit; dilatoque Mithridate, Esquilina Collinaque porta geminum agmen Urbi infudit. Unde quum Servius Sulpicius et Albinovanus objecissent catervas, sudesque et saxa undique a mœnibus ac tela jacerentur, ipse quoque jaculatus incendio viam fecit, arcemque Capitolii, quæ Pœnos, quæque Gallos [a], etiam Senones evaserat, quasi captivam victor insedit [b]. Tum ex consulto senatus [c] adversariis hostibus judicatis, in præsentem tribunum, aliosque diversæ factionis, jure sævitum est. Marium servilis fuga exemit, imo fortuna alteri bello reservavit.

Cornelio Cinna, Cnæo Octavio consulibus, male obrutum resurrexit incendium, et quidem ab ipsorum discordia, quum de revocandis, quos senatus hostes judicaverat, ad populum

---

[a] *Quæ Pœnos, quæque Gallos.* Nonnulli, *quæ Pœnos quoque, quæque Gallos.* Frigide, et ipsi Floro vix tribuendum. Palatini secundi scripturam prætulimus, quam olim probaverat Grævius.

[b] *Insedit.* Ryck. *incendit,* quod placet Grævio. Sane hoc bello

Cette guerre eut d'abord pour cause l'insatiable ambition des honneurs qui poussa Marius à solliciter, en vertu d'une loi proposée par le tribun Sulpicius, une province échue à Sylla [208]. Sylla ne pouvant dévorer cet affront, retarde un instant sa marche contre Mithridate, fait retourner ses légions sur leurs pas, les partage en deux corps et rentre dans Rome par les portes Esquiline et Colline. Servius Sulpicius et Albinovanus [209] lui opposèrent à la hâte quelques troupes. Tandis qu'on lui lance, de toutes parts, du haut des murs, des pieux, des traits, et une grêle de pierres, Sylla employant les mêmes armes, se fraie un passage la flamme à la main, et bientôt ce Capitole, qui avait résisté jadis à tous les efforts des Carthaginois et des Gaulois Sénonois, reçoit un Romain vainqueur dans ses murs captifs. Alors un sénatus-consulte déclare les adversaires de Sylla ennemis de la république, et fait juridiquement traîner au supplice le tribun Sulpicius qui se trouvait à Rome, et quelques autres factieux de son parti. Quant à Marius, il parvint à s'échapper sous les habits d'un esclave, ou plutôt la fortune le réservait pour une nouvelle guerre civile [210].

Sous le consulat de Cornélius Cinna et d'Octavius, l'incendie mal éteint se ralluma; et la discorde se mit entre ces deux consuls, au sujet d'une loi proposée au peuple pour le rappel de ceux que le sénat avait déclarés ennemis de la république. Cinna avait fait

civili arsisse Capitolium constat, sed custodum negligentia magis, quam Sullanis facibus.

c *Consulto senatus.* Sic Nazarian. et omnes fere prisci libri. Posterior Palat. *ex decreto senatus.* Varior. *ex senatusconsulto.*

referretur. Cincta quidem gladiis concione, sed vincentibus quibus pax et quies potior, profugus patria sua Cinna confugit ad partes. Redit ab Africa Marius, clade major: siquidem carcer, catenæ, fuga, exilium, horrificaverant dignitatem. Itaque ad nomen tanti viri late concurritur: servitia, proh nefas! et ergastula armantur; et facile invenit exercitum miser imperator. Itaque vi patriam reposcens, unde vi fuerat expulsus, poterat videri jure agere, nisi causam suam sævitia corrumperet.

Sed quum diis hominibusque infestus rediret, statim primo impetu cliens et alumna Urbis Ostia nefanda strage diripitur. Mox in Urbem quadruplici agmine intratur; diviserant copias Cinna, Marius, Carbo, Sertorius. Hic postquam manus omnis Octavii depulsa Janiculo est, statim ad principum cædem signo dato, aliquanto sævius, quam aut in Punica, aut in Cimbrica urbe, sævitur. Octavii consulis caput pro rostris exponitur; Antonii consularis in Marii ipsius mensis. Cæsares [a] a Fimbria in penatibus domo-

---

[a] *Cæsares a Fimbria.* Hic locus varie vexatus, qui sic in omnibus editis: *Cæsar et Fimbria.* Merito hic manifestum errorem videamus: constat enim Marianarum partium fuisse Fimbriam, cur igitur a Marianis occisus? Libenter Salmasio assentiamur, qui ex scriptis codicibus legendum conjicit *Cæsar a Fimbria in pena-*

investir l'assemblée par des soldats; mais, forcé de céder au parti qui voulait la paix et le repos, il sortit de Rome et alla rejoindre ses partisans [211]. Marius revint d'Afrique plus grand par ses disgrâces mêmes. Sa prison, ses chaînes, sa fuite, son exil, avaient comme répandu sur sa personne une majesté sombre et farouche. Au seul nom d'un si fameux capitaine, on accourut de toutes parts sous ses enseignes. O crime ! on ouvre les prisons ; on arme les esclaves, et ce général, malgré son abaissement, trouve ainsi une armée. La force des armes l'avait chassé de sa patrie : il y rentre par la même voie; et sa conduite eût pu paraître légitime, s'il n'avait souillé la justice de sa cause à force de cruauté [212].

Mais il revenait également ulcéré contre les dieux et contre les hommes. Ostie, la cliente et la nourrice de Rome, fut la première victime de sa fureur; il la livra au meurtre et au pillage. Quatre armées entrent bientôt dans Rome : car Cinna, Marius, Carbon et Sertorius avaient divisé leurs forces. A peine la faible troupe d'Octavius eut-elle été chassée du mont Janicule [213], qu'on donna le signal du massacre des principaux sénateurs ; et l'on vit Rome traitée par ses propres enfans avec plus de barbarie, qu'une ville qui eût appartenu aux Carthaginois ou aux Cimbres. La tête du consul Octavius fut exposée sur la tribune aux harangues, et celle d'Antoine, homme consulaire, apportée jusque sur la table de Marius [214]. Les deux Césars [215] furent massacrés au milieu de leurs

tibus domorum suarum trucidatur, nisi tamen illum Fimbriam de quo noster, alium ab isto statues qui Marii partes tutatus est. Cui loco nemo, nostra sententia, melius subvenit quam Andreas

rum suarum trucidantur; Crassi, pater et filius, in mutuo alter alterius aspectu. Bæbium atque Numitorium per medium forum unci traxere carnificum. Catulus se ignis haustu ludibrio hostium exemit. Merula flamen Dialis, in Capitolio, Jovis ipsius oculos venarum cruore respersit. Ancharius, ipso vidente Mario, confossus est, quia fatalem illam scilicet manum non porrexerat salutanti. Hæc tot senatus funera inter calendas et idus januarii mensis septima illa Marii purpura dedit. Quid futurum fuit, si annum consularis [a] implesset?

Scipione, Norbanoque consulibus, tertius ille turbo civilis insaniæ toto furore detonuit: quippe quum hinc octo legiones atque quinquaginta cohortes starent in armis, et inde ab Asia cum victore exercitu Sulla properaret. Et sane quum tam ferus in Sullanos Marius fuisset, quanta sævitia opus erat, ut Sulla de Mario vindicaretur? Primum apud Capuam sub amne Vulturno signa concurrunt; et statim Norbani fusus exercitus: statim omnes Scipionis copiæ, ostentata spe pacis, oppressæ.

Schottus, in Observ. hist., III, 34, qui legendum censet : *Cæsares a Cinna*, aut *Cæsares fratres*; sed inter tot divergentes

dieux domestiques ; les deux Crassus, père et fils, égorgés aux yeux l'un de l'autre; Bœbius et Numitorius traînés par la place publique avec les crocs qui servaient aux bourreaux. Catulus se déroba aux insultes de ses ennemis en respirant la vapeur des charbons enflammés ; Mérula, prêtre de Jupiter, se coupa les veines dans le Capitole, et fit rejaillir son sang jusque sur le visage du dieu [216]; Ancharius tomba percé de coups sous les yeux de Marius, qui ne lui avait pas présenté, pour répondre à son salut, cette main qui disposait de toutes les existences [217]. C'est par le meurtre de tant de sénateurs, que Marius, revêtu pour la septième fois de la pourpre consulaire, marqua l'intervalle des ides aux calendes de janvier [218]. Qu'aurait-ce donc été, s'il eût pu accomplir l'année de sa magistrature ?

Sous le consulat de Scipion et de Norbanus, on vit éclater pour la troisième fois les orages de la guerre civile, et tous les excès qui l'accompagnent. D'une part, huit légions et cinq cents cohortes étaient sous les armes, et de l'autre, Sylla revenait de l'Asie à grandes journées à la tête d'une armée victorieuse [219]. Marius s'était montré si barbare envers les partisans de Sylla : à quelles cruelles représailles ne devait-on pas s'attendre de la part de ce dernier [220] ? La première bataille se donna près de Capoue, sur le Vulturne. L'armée de Norbanus fut défaite du premier choc; et tandis que Scipion se laissait endormir par l'espoir de la paix, toutes ses troupes se rendirent à Sylla [221].

---

sententias, vulgatam lectionem lectori offerre non dubitavimus. Judicet, et nostrum hujusce libri commentum videat.

ᵃ *Consularis.* In quibusd. *consulatus.*

Tum Marius juvenis, et Carbo consules, quasi desperata victoria, ne inulti perirent, in antecessum sanguine senatus sibi parentabant; obsessaque curia, sic de senatu quasi de carcere, qui jugularentur educti. Quid funerum in foro, in circo, in patentibus templis! Nam Q. Mutius Scævola pontifex, Vestales amplexus aras, tantum non eodem igne sepelitur.

Lamponius atque Telesinus Samnitum duces, atrocius Pyrrho et Annibale, Campaniam Etruriamque populantur, et sub specie partium, se vindicant. Apud Sacriportum, Collinamque portam debellatæ omnes hostium copiæ. Ibi Marius, hic Telesinus oppressi.

Nec idem tamen cædium, qui belli finis fuit. Stricti enim et in pace gladii, animadversumque in eos qui se sponte dediderant. Minus est quod apud Sacriportum et apud Collinam portam, septuaginta amplius millia Sulla concidit : bellum erat. Quatuor millia deditorum inermium civium in villa publica interfici jussit. Isti tot in pace non plures sunt [a] ? Quis autem illos po-

---

[a] *Isti tot in pace non plures sunt?* Et hic peccarunt operæ, omissa interrogationis nota, quam non solum Salmasius adjiciendam censuit; sed et apposuit Ryckianus. *Non* hic est *nonne :* quam vim hanc particulam in interrogationibus habere quis

Le jeune Marius et Carbon, nouveaux consuls, comme si dès lors ils eussent désespéré de la victoire, ne voulurent pas du moins périr sans vengeance, et préludèrent à leurs propres obsèques par l'effusion du sang des sénateurs [222]. Ils environnèrent de gardes la salle du sénat, et en firent sortir, comme d'une prison, les victimes qu'ils voulaient immoler. Que de massacres dans la place publique, dans le cirque et dans l'enceinte même des temples! Le pontife Q. Mutius Scévola fut égorgé au pied de l'autel de Vesta qu'il tenait embrassé, et peu s'en fallut qu'il ne fût consumé par le feu sacré [223].

Cependant Lamponius et Télésinus, chefs des Samnites [224], dévastaient la Campanie et l'Étrurie avec plus de fureur que ne l'avaient jamais fait Pyrrhus ou Annibal; et, sous prétexte de soutenir le parti de Marius, ils vengeaient les anciennes injures de leur patrie. Toutes ces troupes ennemies furent enfin taillées eu pièces; Marius fut défait à Sacriport, et Télésinus près de la porte Colline [225].

Toutefois le carnage ne cessa point avec la guerre. Le glaive brilla pendant la paix, et immola jusqu'à ceux qui avaient volontairement posé les armes. On pardonnerait à Sylla d'avoir taillé en pièces plus de soixante-dix mille hommes à Sacriport et vers la porte Colline : ainsi le voulait le sort des batailles. Mais il fit massacrer dans un édifice public [226] quatre mille citoyens désarmés qui s'étaient rendus. Égorger ainsi tant de victimes en pleine paix, n'est-ce pas une barbarie qui surpasse toutes les horreurs de la

ignorat? (Grævius.) *Num* pro *non* Freinshemius hic proponit. (Vide commentum hujusce libri.)

test computare, quos in Urbe passim quisquis voluit, occidit? Donec admonente Furfidio vivere aliquos debere, ut essent, quibus imperarent, proposita est ingens illa tabula, et ex ipso equestris ordinis flore ac senatus, duo millia electi qui mori juberentur. Novi generis edictum.

Piget post hæc referre, ludibrio habita fata Carbonis, fata Sorani prætoris, atque Venuleii; Bæbium sine ferro, ritu ferarum, inter manus laniatum; Marium ducis ipsius fratrem apud Catuli sepulcrum, oculis, manibus, cruribusque defossis, servatum aliquandiu, ut per singula membra moreretur.

Positis singulorum hominum fere pœnis, municipia Italiæ splendidissima, sub hasta venierunt, Spoletium, Interamnium, Præneste, Florentia. Nam Sulmonem, vetus oppidum [a] socium

[a] *Nam Sulmonem, vetus oppidum.* Tota hæc periodus et sequens, deperditæ nonnullis visæ sunt; neque ad eorum salutem quidquam intentatum reliquerunt. Sed nullus, nostra sententia, has verisimiliter correxit, ne excepto quidem Salmasio cujus conjecturam hic objiciamus : *Nam Sulmone (vetus oppidum socium atque amicum) facinus indignum! nondum expugnato, ut obsides jure belli et mox morte damnati duci jubentur.* Nil in hac lectione verisimilius quam in lectione quæ ex omnium codicum

guerre? Qui pourrait compter encore ceux qui furent tués de tous côtés dans Rome, suivant le bon plaisir des égorgeurs? Furfidius osa enfin représenter à Sylla [227] qu'au moins fallait-il laisser vivre quelques citoyens, s'il voulait avoir à qui commander. Alors fut affichée cette longue et fatale liste sur laquelle étaient inscrits les noms de deux mille Romains, choisis parmi la fleur de l'ordre équestre et du sénat, et que Sylla dévouait à la mort. Ce fut le premier exemple d'un semblable édit [228].

Faut-il, après tant d'horreurs, rapporter la mort ignominieuse qu'on fit souffrir à Carbon, au préteur Soranus et à Vénuléius? Parlerai-je du supplice de Bœbius [229], qui ne fut pas égorgé, mais déchiré et mis en pièces par ses assassins, comme par des bêtes féroces? Peindrai-je enfin Marius, le frère du consul, traîné sur le tombeau de Catulus, pour y avoir les yeux crevés, les mains et les jambes coupées, et qui fut laissé quelque temps en cet horrible état, afin que, par tous ses membres, il souffrît les angoisses de la mort [230].

Quand la proscription eut à peu près cessé de moissonner les particuliers, la fureur de Sylla se déploya contre des cités entières. Il fit vendre à l'encan les plus belles villes municipales de l'Italie, telles que Spolète, Intéramnes, Préneste et Florence [231].

consensu, in veter. edit. adoptata est. Alteram conjecturam proponit quæ non minus a Mss. abhorret, sic : *Jam Sulmonem vetus oppidum socium atque amicum (facinus indignum!) nondum expugnatum, ut obsides, rebellium odio, morti damnati duci jubentur :* sic. Meræ quidem conjecturæ! Veterem ideo contextum libentius sequamur, qui nec Vineto, nec Grævio, nec etiam Grutero absurdus apparuit.

atque amicum (facinus indignum !) nondum expugnatum, ut obsides jure belli, et mox morte damnati duci jubentur : sic damnatam civitatem jussit Sulla deleri [a].

XXIII. Bellum Sertorianum.

Bellum Sertorianum quid aliud, quam Sullanæ proscriptionis hereditas fuit? Hostile potius, an civile dixerim, nescio; quippe quod Lusitani Celtiberique romano gesserint duce.

Exul et profugus feralis illius tabulæ, vir summæ quidem, sed calamitosæ virtutis, malis suis maria terrasque permiscuit; et jam Africæ, jam Balearibus insulis, fortunam expertus, missusque in Oceanum, Fortunatasque insulas penetravit [b]. Tandem Hispaniam armavit. Viro cum viris facile convenit. Nec alias magis apparuit Hispani militis vigor, quam romano duce. Quanquam ille non contentus Hispania, ad Mithridatem quoque Ponticosque respexit, regemque

---

[a] *Sic damnatam civitatem jussit Sulla deleri.* Miror hanc periodum *pro Spuria* a Grutero haberi, qui præcedentem plane admisit.

[b] *Missusque in Oceanum, Fortunatasque insulas penetravit.* Hæc ex veteribus libris scriptura : falsam dixerunt Freinshemius et Salmasius, qui lectionem magis historicis testimoniis consentaneam proposuerunt : ingeniosum sed supervacaneum. His in rebus pro-

Quant à Sulmone, ville ancienne, alliée et amie du peuple romain, Sylla commit envers elle le crime le plus atroce, bien qu'il ne l'eût point prise d'assaut. Il en traita les habitans ainsi que des otages, dont le droit de la guerre aurait autorisé le supplice. Leur massacre fut comme l'arrêt par lequel il consomma la ruine de cette cité [232].

XXIII. Guerre civile de Sertorius. [An de Rome, 675 à 279.]

La guerre de Sertorius fut-elle autre chose qu'un triste héritage légué à la république par les proscriptions de Sylla? Je ne sais s'il faut l'appeler guerre civile ou étrangère : car s'il est vrai que les Lusitaniens et les Celtibériens y prirent part, ce fut sous les ordres d'un général romain.

Sertorius, homme d'une vertu héroïque, mais qui devait être bien funeste à sa patrie [233], s'était dérobé, par la fuite et l'exil, aux horreurs de la proscription. La terre et les mers étaient pour ainsi dire remplies de ses disgrâces. Après avoir inutilement tenté la fortune, il s'engagea sur l'Océan, et pénétra jusqu'aux îles Fortunées [234]. Enfin il fit prendre les armes à l'Espagne. L'homme courageux n'a pas de peine à s'entendre avec les hommes qui lui ressemblent : aussi jamais la valeur du soldat espagnol n'éclata davantage, que sous la conduite d'un général romain. Non content de l'appui de l'Espagne, Sertorius jeta les yeux vers Mithridate et vers les peuples du Pont; il fournit même une flotte à ce prince [235].

---

dendis, aut sibi, aut aliorum parum certis narrationibus adeo indulsit Florus, ut hujusce erroris ejus librarium hic insimulare, iniquum nobis videatur.

classe juvit. Et quid futurum fuit? Satis tanto hosti [a] uno imperatore resistere res romana non potuit. Additus Metello Cnæus Pompeius. Hi copias viri diu, et ancipiti semper acie attrivere, nec tamen prius bello, quam suorum scelere et insidiis, extinctus est.

Prima per legatos certamina habita, quum hinc Domitius et Thorius, inde Hirtuleii proluderent. Mox his apud Segoviam, illis apud Anam flumen oppressis, ipsi duces cominus invicem experti, apud Lauronem atque Sucronem æquavere clades. Tum illis ad populationem agrorum, his ad urbium excidia conversis, misera inter Romanos duces Hispania discordiæ pœnas dabat; donec oppresso domestica fraude Sertorio, victo deditoque Perpenna, ipsæ quoque in romanam fidem venere urbes, Osca, Termes, Tutia, Valentia, Auxima, et in fame nihil non experta Calaguris. Sic recepta in pacem Hispania. Victores duces externum id magis quam civile bellum videri voluerunt, ut triumpharent.

[a] *Et quid futurum fuit? Satis tanto hosti*, etc. Veteres libri ita distinguunt : *Et quid futurum fuit satis tanto hosti?* Sed male. Alii, *et quid futurum fuit satis?* etiam male. (Salmas.) Hic Freinshemio quædam excidisse videbantur, et sic legendum censebat : *Et quid futurum fuit, si tanti duces conjungerentur?* Nostra vero sententia, planissimus est hic locus, nec ulla eget correctione.

A quels dangers Rome ne se vit-elle pas exposée ?
Elle n'eut pas assez d'un seul général pour résister à
un si puissant ennemi : on adjoignit Cn. Pompée à
Métellus. Encore ne fut-ce qu'après des combats
multipliés et jamais décisifs, que ces deux généraux
parvinrent à affaiblir les forces de ce grand capitaine; et si Sertorius périt enfin, ce ne fut point le
résultat des chances de la guerre, mais le fruit honteux du crime et de la trahison des siens.

Les premières hostilités se passèrent entre les lieutenans des deux partis, Domitius et Thorius d'un côté,
et les deux Hirtuleius de l'autre [236]. C'était comme
le prélude de la guerre. Ces derniers furent défaits
près de Ségovie, et les autres sur les bords de
l'Anas [237]. Alors les généraux en chefs en vinrent
aux mains en personne, et essuyèrent chacun une
égale défaite devant les villes de Laurone et de Sucrone [238]. On vit ensuite un des deux partis s'attacher
à ravager les campagnes, tandis que l'autre s'appli-
quait à ruiner les villes. Ainsi la malheureuse Espagne
portait la peine de la discorde qui régnait entre les
généraux romains [239]. Enfin Sertorius périt victime
d'une trahison domestique, et Perpenna fut vaincu
et livré à Pompée [240]; aussitôt les villes d'Osca, de
Termes, de Tutia, de Valence, d'Auxime et de
Calaguris [241], qui avaient subi toutes les horreurs de
la famine, ouvrirent leurs portes aux Romains. C'est
ainsi que l'Espagne fut reprise et pacifiée. Les généraux vainqueurs voulurent faire passer cette guerre
pour étrangère et non civile, afin d'obtenir les honneurs du triomphe [242].

XXIV. Bellum civile sub Lepido.

Marco Lepido, Quinto Catulo consulibus, civile bellum pene citius oppressum est, quam inciperet : sed quantum, quamque late fax illius motus [a] ab ipso Sullae rogo exarsit! Cupidus namque rerum novarum per insolentiam Lepidus, acta tanti viri rescindere parabat : nec immerito, si tamen posset sine magna clade reipublicae. Nam quum jure belli Sulla dictator proscripsisset inimicos; qui supererant, revocante Lepido, quid aliud quam ad bellum vocabantur? Quumque damnatorum civium bona, addicente Sylla, quamvis male capta, jure tamen, repetitio eorum procul dubio labefactabat compositam civitatem. Expediebat ergo quasi aegrae sauciaeque reipublicae requiescere quomodocumque, ne vulnera curatione ipsa rescinderentur.

Ergo quum turbidis concionibus, velut classico, civitatem terruisset, profectus in Etruriam, arma inde et exercitum Urbi admoverat. Sed jam Milvium pontem, collemque Janiculum Lutatius Catulus, Cnaeusque Pompeius, Sullanae domina-

---

[a] *Sed quantum, quamque late fax illius motus.* Sic levissima correctione Nic. Hensius hunc restituit locum, qui sic se habet in **Mss.** et vet. edition. : *quantum, lateque fax illius motus.*

XXIV. Guerre civile de M. Lépidus. [An de Rome, 675.]

Sous le consulat de Marcus Lépidus et de Quintus Catulus, on vit s'élever une guerre civile qui fut étouffée presque aussitôt. Mais combien le flambeau qui attisa cette discorde nouvelle au bûcher de Sylla, devait étendre au loin l'incendie [243] ! Lépidus, homme présomptueux et avide de nouveautés [244], forma le projet d'abolir les actes d'un homme qui avait été si puissant. Son entreprise ne laissait pas que d'être juste, s'il eût pu l'exécuter sans plonger la république dans de nouveaux désastres. Sylla, étant dictateur, avait usé des droits de la victoire pour proscrire ses ennemis. Rappeler ceux qui avaient survécu à la proscription, n'était-ce pas, de la part de Lépidus, faire un appel à la guerre civile? Sylla avait adjugé les biens des proscrits : ils étaient mal acquis, mais on les possédait en vertu des lois. En exiger la restitution, n'était-ce pas vouloir renverser l'État encore chancelant et à peine remis de ses secousses? La république était, pour ainsi dire, blessée et malade; il lui fallait du repos, n'importe à quel prix. Toucher à ses plaies, c'était risquer de les rouvrir [245].

Cependant Lépidus, après avoir, par ses harangues séditieuses, funeste signal de guerre, sonné l'alarme dans la ville, va en Étrurie lever une armée qu'il fait marcher vers Rome. Mais Lutatius Catulus et Cn. Pompée, qui étaient les chefs et l'âme du parti, encore dominant, de Sylla, vinrent occuper avec une autre armée le pont Milvius et le mont Janicule [246].

Freinshemius hæc verba : *sed quantum lateque*, delenda censuit, quasi sine sensu.

tionis duces atque signiferi, alio exercitu insederant. A quibus primo statim impetu retro pulsus, hostisque a senatu judicatus, incruenta fuga in Etruriam, inde Sardiniam recessit, ibique morbo et pœnitentia interiit. Victores, quod non temere alias in civilibus bellis, pace contenti fuerunt.

Ils repoussèrent Lépidus dès le premier choc. Déclaré alors par le sénat ennemi de la république, ce factieux renonça à faire couler le sang de ses concitoyens, et passa en Sardaigne, où il mourut de maladie et de regret. Les vainqueurs, ce qui n'arrive guères dans les discordes civiles, se contentèrent d'avoir rétabli la paix [247].

L. ANNÆI FLORI

EPITOME

RERUM ROMANARUM.

LIBER QUARTUS.

I. Bellum Catilinarium.

CATILINAM [a] luxuria primum, tum hinc conflata egestas rei familiaris, simul occasio, quod in extremis finibus mundi arma romana peregrinabantur, in nefaria consilia opprimendæ patriæ suæ compulere, senatum confodere, consulem trucidare [b], distringere incendiis Urbem, diripere ærarium, totam denique rempublicam funditus tollere, et quidquid nec Annibal videretur optasse. Quibus id nefas sociis aggressus est? Ipse patricius; sed hoc minus est: Curii, Por-

---

[a] *Catilinam.* Hoc caput Ryck. et multi alii libri rejiciunt in præcedentem librum, et merito. (Grævius.)

[b] *Consulem trucidare.* Ryck. *consule trucidare :* lapsus ca-

ABRÉGÉ

DE

L'HISTOIRE ROMAINE

DE L. ANNÆUS FLORUS.

LIVRE QUATRIÈME.

I. Guerre de Catilina. [An de Rome, 690.]

L<small>E</small> luxe et les débauches, puis la ruine totale de son patrimoine qui en fut la suite, enfin l'occasion favorable que lui offrait l'éloignement des armées romaines occupées aux extrémités de la terre, poussèrent Catilina à former le détestable dessein d'opprimer sa patrie. Il voulait massacrer le sénat, poignarder un des consuls, mettre le feu aux différens quartiers de Rome, piller le trésor, renverser la république de fond en comble : il voulait enfin ce qu'Annibal lui-même aurait eu sans doute horreur de méditer [1]. Et quels furent les complices de son attentat ? Il était d'une famille patricienne ; mais sa naissance était-elle à comparer à celle des Curius, des Porcius, des Sylla,

---

lami. Legendum *consulem* censuit doctissimus ille Grævius, nec *consules* ut habent plurimi editi. Solum enim Ciceronem e medio tollere decreverat Catilina.

cii, Sullæ, Cethegi, Autronii [a], Varguntei, atque Longini, quæ familiæ! quæ senatus insignia! Lentulus quoque quum maxime [b] prætor. Hos omnes immanissimi facinoris satellites habuit.

Additum est pignus conjurationis, sanguis humanus, quem circumlatum pateris bibere: summum nefas, nisi amplius esset, propter quod biberunt. Actum erat de pulcherrimo imperio, nisi illa conjuratio in Ciceronem et Antonium consules incidisset, quorum alter industria rem patefecit, alter manu oppressit.

Tanti sceleris indicium per Fulviam emersit, vilissimum scortum, sed patriciis innocentius. Consul [c] habito senatu, in præsentem parricidam, in præsentem reum, Cicero peroravit [d]; sed non amplius profectum, quam ut hostis evaderet, seque palam [e] incendium suum restincturum

[a] *Autronii.* Sic clare Pall. primus ac secundus; non ut in hunc diem vulgati: *Antonii.* (Gruter.)

[b] *Quum maxime.* Sic Nazar. quum maxime autem est ὅτι μάλιστα; et nihil aliud ac *tum maxime.*

[c] *Vilissimum scortum, sed patriciis innocentius. Consul.* Hunc locum a librariis corruptum restituit Lipsius. *Patriciis innocens. Tum consul*, in veteribus legerat libris, ex quo ingeniose divinavit: *patriciis innocentius. Consul.* — In Nazariano distincte legitur: *patricius innocens*: inde Salmasius legendum vult *patriciis innotescens;* non bene. Sic tandem Gruterus: *sed præ patriciis innocens. Tum consul.* Variorum edit. *parricidii in-*

des Céthégus, des Autronius, des Varguntéius, des Longinus : quels noms ! quels ornemens du sénat ! Lentulus même, alors préteur [2], devait avec tous ces illustres citoyens être au nombre des satellites de Catilina, dans l'exécution de ses exécrables forfaits.

Pour dernier gage de leurs affreux sermens, les conjurés burent du sang humain dans des coupes qu'ils se passèrent à la ronde [3] : crime dont rien n'égalerait l'atrocité, s'il n'était effacé par celui pour lequel on avait préparé cet horrible breuvage. C'en était fait d'un si bel empire, si cette conjuration n'eût été ourdie sous le consulat de Cicéron et d'Antonius : la vigilance de l'un découvrit le complot, et les armes de l'autre le dissipèrent [4].

Les premières révélations vinrent de Fulvie, vile courtisane, mais bien moins criminelle encore que les patriciens conjurés [5]. Cicéron assemble le sénat, il tonne contre Catilina, en sa présence même ; il ose accuser ses desseins parricides [6] ; mais le seul effet de sa harangue fut l'évasion de cet ennemi de l'État, et la menace qu'il fit publiquement d'éteindre sous les ruines de Rome

nocens. Inter tot divergentes sententias, eligat lector : nos vero a Lipsio propositam lectionem, quasi sensui et Flori acuto ingenio aptissimam elegimus.

[d] *Consul habito senatu, in præsentem parricidam, in præsentem reum, Cicero peroravit.* Sic omnes manuscripti, sic omnes veteris notæ editiones. Sed in recentioribus deleta sunt isthæc verba *in præsentem reum,* nihil enim novi dicunt. *Reus* enim minus est centum quam *parricida.* Delerunt et τὸ *Cicero,* quasi nihil aliud quam interpretationem τοῦ *Consul.* Judicent hi quibus talia ponderare otium est.

[e] *Seque palam.* Fere in omnibus libris legas : *seque palam*

ruina minaretur. Et ille quidem ad præparatum a Mallio in Etruria exercitum proficiscitur, signa illaturus Urbi. Lentulus destinatum familiæ suæ sibyllinis versibus regnum sibi vaticinans, ad præstitutum a Catilina diem Urbe tota viros, faces, tela, disponit. Nec civili conspiratione contentus, legatis Allobrogum, qui tum forte aderant, in arma sollicitatis, iisset ultra Alpes furor, nisi, altera proditione Vulturcii, prætoris litteræ tenerentur. Statim Ciceronis imperio injecta est barbaris manus. Palam prætor in senatu convincitur. De supplicio agentibus, Cæsar parcendum dignitati, Cato animadvertendum pro scelere censebat. Quam sententiam sequutis omnibus, in carcere parricidæ strangulantur.

Quamvis parte conjurationis oppressa, tamen ab incœpto Catilina non destitit; sed infestis ab Etruria signis patriam petens, obvio Antonii exercitu opprimitur. Quam atrociter dimicatum sit, exitus docuit. Nemo hostium bello superfuit. Quem quis in pugnando ceperat locum, eum, amissa anima, corpore tegebat. Catilina longe a

professo. Professo, adverbialiter, inusitatum verbum : *ex professo* scribere est : sed τὸ *ex professo* nonne est τὸ *palam :* vel

l'incendie qu'on allumait contre lui. Il va joindre aussitôt l'armée que Mallius lui tenait prête en Étrurie [7], et se dispose à diriger sur sa patrie ses drapeaux sacriléges. Lentulus, s'appliquant quelques vers des livres Sibyllins qui promettaient la royauté à sa famille [8], distribue dans toute la ville, au jour marqué par Catilina, des soldats, des armes et des flambeaux. Non content d'avoir tramé une conjuration domestique, il sollicita le secours des Allobroges, dont les envoyés se trouvaient par hasard à Rome ; en sorte que la rage des conspirateurs se fût étendue au delà des Alpes, si, par une seconde trahison, dont Vulturcius fut l'auteur [9], on n'eût intercepté les lettres du préteur Lentulus [10]. Cicéron fit arrêter sur-le-champ les députés Allobroges. Le préteur fut convaincu en plein sénat. On délibéra sur le supplice des conjurés. César voulait qu'on eût égard à leur dignité ; Caton, qu'on n'eût égard qu'à leur crime [11]. L'avis de ce dernier réunit toutes les voix, et les parricides furent étranglés dans leur prison [12].

Quoiqu'une partie de la conjuration eût été ainsi déjouée, Catilina n'en poursuivit pas moins son entreprise. Il sortit de l'Étruric à la tête de ses troupes, et marchait contre sa patrie, enseignes déployées, lorsqu'il fut rencontré et défait par l'armée d'Antonius [13]. On reconnut après la bataille avec quel féroce acharnement la victoire avait été disputée. Aucun des soldats de Catilina ne voulut y survivre. Tous couvraient de leur corps la place où ils avaient com-

vice versa, τὸ *palam*, τῦ *ex professo* interpretatio? Quod si verum est, in delendo τὸ *professo* nullum sensus jactura.

suis inter hostium cadavera repertus est; pulcherrima morte, si pro patria sic concidisset.

II. Bellum Cæsaris et Pompeii.

Jam pene toto orbe pacato, majus erat imperium romanum, quam ut ullis externis viribus opprimi posset [a]. Itaque invidens fortuna principi gentium populo, ipsum illum in exitium suum armavit. Ac Mariana quidem Cinnanaque rabies intra Urbem præluserat, quasi experiretur. Sullana tempestas latius, intra Italiam tamen, detonuerat. Cæsaris furor atque Pompeii Urbem, Italiam, gentes, nationes, totum denique, qua patebat imperium, quodam quasi diluvio aut inflammatione corripuit; adeo ut non recte tantum civile dicatur, ac ne sociale quidem, sed nec externum : sed potius commune quoddam ex omnibus, et plus quam bellum.

Quippe si duces inspicias, totus senatus in partibus. Si exercitus, hinc undecim legiones, inde decem et octo, flos omnis et robur Italici sanguinis. Si auxilia sociorum, hinc Gallici Germanique delectus; inde Dejotarus, Ariobar-

---

[a] *Opprimi posset.* Ex Ryckiano recepi *quam ut ullis externis opprimi posset.* Nam sic in omnibus libris exstare Salmasius auc-

battu. Catilina fut trouvé loin des siens sur un monceau de cadavres ennemis [14] : mort glorieuse sans doute, s'il eût ainsi succombé pour la patrie !

II. Guerre de César avec Pompée. [An de Rome, 703 à 709.]

Presque tout l'univers était en paix, et l'empire romain, désormais parvenu à un trop haut point de grandeur, n'avait plus à craindre de succomber sous les coups d'aucune puissance étrangère. C'est alors que la fortune, jalouse du peuple-roi, lui mit les armes à la main contre lui-même. La rage de Marius et de Cinna, concentrée dans l'enceinte de Rome, n'avait été que le prélude et l'essai de la guerre civile. Les orages excités par Sylla s'étaient étendus plus loin : la foudre cependant n'avait grondé que dans l'Italie. Mais les fureurs de César et de Pompée enveloppèrent Rome, l'Italie, tous les peuples, toutes les provinces, enfin toute l'étendue de l'empire romain : ce fut un déluge universel, un embrâsement général [15]; en sorte que cette grande querelle ne fut, à proprement parler, ni une guerre civile, ni une guerre sociale, ni même une guerre étrangère, mais un composé de toutes les trois, et quelque chose de plus affreux encore.

En effet, veut-on connaître quels furent les chefs des deux partis? Il faut compter le corps entier du sénat. Quelles étaient les armées? On voit d'un côté onze légions, et dix-huit de l'autre, la fleur et la force de l'Italie [16]. Quels ont été les auxiliaires fournis par les alliés? Ici, ce sont les levées des Gaules

---

tor est. Cur pro eo supposuerint editores *extingui*, equidem nescio. (Grævius.)

zanes, Tarchondimotus, Cothus, omne Thraciæ Cappadociæque, Ciliciæ, Macedoniæ, Græciæ, Ætoliæ [a], totiusque robur Orientis. Si moram belli, quatuor anni, et pro clade rerum breve tempus. Si locum et spatium ubi commissum est, intra Italiam; inde se in Galliam Hispaniamque deflexit; reversumque ab Occasu totis viribus in Epiro Thessaliaque consedit; hinc in Ægyptum subito transiliit; inde respexit Asiam; inde Africæ incubuit; postremo in Hispaniam regyravit [b], et ibi aliquando defecit. Sed non et odia partium finita cum bello. Non enim prius quievere, quam in Urbe ipsa, medio senatu, eorum, qui victi erant, odia victoris sese cæde satiarent.

Causa tantæ calamitatis eadem quæ omnium, nimia felicitas. Siquidem. Q. Metello, L. Afranio consulibus, quum romana majestas toto orbe polleret, recentesque victorias, Ponticos et Armenios triumphos in Pompeianis theatris Roma cantaret, nimia Pompeii potentia apud otiosos, ut solet, cives movit invidiam. Metellus ob im-

---

[a] *Græciæ, Ætoliæ.* Ita primus olim restituit Gruterus, suasu veteris editionis, ut ait, quam nos et ipsi vidimus. Vinetus perperam et alii *Italiæ*: quam lectionem retinent etiam Pallat. tres *Græciæ*.

et de la Germanie [17]; là, Déjotarus, Ariobarzane, Tarchondimotus et Cothus, avec toutes les forces de la Thrace, de la Cappadoce, de la Cilicie, de la Macédoine, de la Grèce, de l'Etolie, en un mot, de tout l'Orient [18]. La guerre dura quatre ans, espace bien court pour l'étendue de ses ravages. Veut-on enfin savoir quels lieux en furent le théâtre? D'abord elle commença en Italie, d'où elle se replia sur la Gaule et l'Espagne; puis, quittant l'Occident, elle se fixa dans l'Epire et la Thessalie, pour y déployer toutes ses fureurs; de là, elle se porta tout à coup en Egypte, et se jeta, pour ainsi dire en passant, sur l'Asie; ensuite elle s'acharna sur l'Afrique; enfin, par un nouveau détour, elle rebroussa vers l'Espagne, où elle devait trouver son terme [19]. Mais la haine des partis ne s'éteignit pas avec la fureur des combats : la rage des vaincus ne put s'assouvir que dans le sang du vainqueur, qui fut versé au sein même de Rome, et jusqu'au milieu du sénat.

La cause de toutes ces calamités fut la même qui avait fait naître toutes les autres, je veux dire l'excès de la prospérité. Sous le consulat de Q. Métellus et de L. Afranius [20], tandis que la majesté de l'empire romain imposait à tout l'univers, et que Rome chantait sur les théâtres élevés par Pompée ses victoires récentes [21], et ses triomphes sur les peuples du Pont et de l'Arménie, la trop grande puissance de ce général commença, comme c'est l'ordinaire, à éveiller la jalousie de ses concitoyens oisifs. Mé-

---

[b] *Regyravit.* Ita in editione principe. In quibusd. *remigravit.* In Palat. secundo, et quidem corrupte, teste Grutero, *regnavit.*

minutum Cretæ triumphum, Cato adversus potentes semper obliquus, detrectare Pompeium, actisque ejus obstrepere. Hinc dolor transversum egit, et ad præsidia dignitati paranda impulit.

Forte tunc Crassus genere, divitiis, dignitate florebat, vellet tamen auctiores opes. C. Cæsar, eloquentia et spiritu, et jam consulatu allevabatur. Pompeius tamen super utrumque eminebat. Sic igitur Cæsare dignitatem comparare, Crasso augere, Pompeio retinere cupientibus, omnibusque pariter potentiæ cupidis, de invadenda republica facile convenit. Ergo quum mutuis viribus in suum quisque decus niteretur, Galliam Cæsar invadit, Crassus Asiam, Pompeius Hispaniam, tres maximos exercitus: et sic orbis imperium societate trium principum occupatur.

Decem annos traxit ista dominatio. Exinde quoniam mutuo metu tenebantur, Crassi morte apud Parthos, et morte Juliæ Cæsaris filiæ, quæ nupta Pompeio, generi socerique concordiam matrimonii fœdere tenebat, statim æmulatio eru-

tellus, qui reprochait à Pompée d'avoir dérobé à son triomphe sur la Crète une partie de son éclat, et Caton, l'ennemi déclaré des hommes puissans [22], ne cessaient de le décrier, et de censurer ses actes : de là ce ressentiment qui, poussant Pompée loin de la ligne du devoir, le contraignit de chercher des appuis pour soutenir son crédit et sa dignité.

Dans ce même temps, Crassus brillait par sa naissance, ses richesses, son influence; et il aurait voulu accroître encore son immense fortune. Caïus César devait une élévation plus récente à son éloquence, à son génie courageux, et à la dignité consulaire qu'il venait d'obtenir. Cependant Pompée se montrait au-dessus de l'un et de l'autre. Dans cette situation réciproque, César aspirait à acquérir de la puissance, Crassus à augmenter la sienne, et Pompée à retenir celle dont il jouissait. Tous trois également ambitieux, ils s'accordent sans peine sur les moyens d'envahir la puissance publique. Ils mettent en commun leurs forces pour soutenir mutuellement leur crédit [23]. César usurpe le commandement des Gaules, Crassus celui de l'Asie, et Pompée celui de l'Espagne. Trois grandes armées sont sous leurs ordres; en sorte que, par cette association, l'empire du monde devient le partage de trois chefs.

Cette sorte de domination dura dix ans. Comme le seul lien qui unissait les triumvirs ne reposait que sur la crainte qu'ils s'inspiraient réciproquement, dès que Crassus eut péri chez les Parthes, et que la mort de Julie, fille de César et femme de Pompée, eut rompu l'alliance que ce mariage avait cimenté entre le gendre et le beau-père [24], leur rivalité éclata

pit. Jam Pompeio suspectæ Cæsaris opes, et Cæsari Pompeiana dignitas gravis. Nec hic ferebat parem, nec ille superiorem. Nefas! sic de principatu laborabant, tanquam duos tanti imperii fortuna non caperet.

Ergo Lentulo Marcelloque consulibus, rupta prima conjurationis fide, de successione Cæsaris senatus, id est, Pompeius, agitabat. Nec ille abnuebat, si ratio sui proximis comitiis haberetur. Consulatus absenti, quem decem tribuni plebis, favente Pompeio, nuper decreverant, tum dissimulante eodem, negabatur. Veniret, et peteret majorum more. Ille contra flagitare decreta ; ac nisi in fide permanerent, non se remittere exercitum. Ergo ut in hostem decernitur. His Cæsar agitatus, statuit præmia armorum armis defendere.

Prima civilis belli arena Italia fuit, cujus arces levibus præsidiis Pompeius insederat. Sed omnia subito Cæsaris impetu oppressa sunt. Prima Arimino signa cecinerunt. Tum pulsus Etruria Libo, Umbria Thermus, Domitius Cor-

tout à coup. La puissance de César était déjà suspecte à Pompée, l'autorité de Pompée odieuse à César. Celui-ci ne voulait point d'égal, celui-là point de supérieur [25]. Ils se disputaient la première place, comme si la fortune d'un empire aussi vaste n'eût pas été suffisante pour les satisfaire tous les deux.

Sous le consulat de Lentulus et de Marcellus [26], le premier lien de cette conjuration contre la république étant enfin brisé, le sénat, ou plutôt Pompée, délibéra de donner un successeur à César. Celui-ci ne s'y refusait point, pourvu toutefois que dans les prochaines comices les suffrages portassent sur lui quoique absent. Tout récemment encore, les dix tribuns du peuple, pour complaire à Pompée, avaient décrété que le consulat serait décerné à César, nonobstant son absence; mais, comme Pompée désavouait alors cette démarche, on refusait à son rival cette faveur [27]. On voulait que ce dernier se présentât en personne pour demander le consulat, conformément aux anciens usages. César, de son côté, réclamait l'exécution du décret passé en sa faveur, et déclarait qu'il ne congédierait son armée qu'autant qu'on lui tiendrait parole [28]. Il fut alors déclaré ennemi de la république. Irrité de ces procédés hostiles, il résolut de défendre les armes à la main ce qu'il avait acquis par les armes.

Le premier théâtre de la guerre civile fut l'Italie, dont Pompée n'avait muni les places que de garnisons peu nombreuses. Aucune ne put tenir contre les attaques vives et inattendues de César. Le son de la trompette se fit d'abord entendre à Rimini [29]. Libon fut chassé de l'Etrurie, Thermus de l'Ombrie, Do-

finio. Et peractum erat bellum sine sanguine, si Pompeium Brundusii opprimere potuisset. Et ceperat; sed ille per obsessi claustra portus nocturna fuga evasit. Turpe dictu! modo princeps patrum, pacis bellique moderator, per triumphatum a se mare, lacera et pene inermi nave fugiebat.

Nec Pompeius ab Italia, quam senatus ab Urbe fugatur prior. Quam pene vacuam metu Caesar ingressus, consulem se ipse facit. Ærarium quoque sanctum, quia tardius aperiebant tribuni, jussit effringi; censumque et patrimonium populi romani ante rapuit quam imperium. Pulso fugatoque Pompeio, maluit prius ordinare provincias, quam ipsum sequi. Siciliam et Sardiniam, annonae pignora, per legatos habet.

Nihil hostile erat in Gallia; pacem ipse fecerat. Sed ad Hispanienses Pompeii exercitus transeunti per eam duci portas claudere ausa Massilia est. Misera dum cupit pacem, belli metu in bellum incidit. Sed quia tutis muris erat, vinci eam sibi jussit absenti. Graecula civitas, non pro mollitie nominis, et vallum rumpere, et incen-

mitius de Corfinium[30]. La guerre était terminée sans effusion de sang[31], si César eût pu se rendre maître de Pompée, qui s'était renfermé dans Brindes[32]. Il l'y eût pris en effet, si son rival ne se fût sauvé de nuit à travers les retranchemens par lesquels César avait entrepris de bloquer le port[33]. O honte! ce Pompée, naguères le modérateur du sénat, et l'arbitre de la paix et de la guerre, fuyait alors sur un vaisseau désemparé et presque désarmé, à travers cette mer qu'il avait auparavant parcourue en triomphateur[34].

Pompée n'eut pas plutôt déserté l'Italie, qu'on vit le sénat déserter Rome. César entra dans cette ville que la crainte de ses armes avait fait abandonner, et il se créa lui-même consul[35]. Les tribuns tardaient à lui ouvrir la porte du trésor sacré[36]; il la fit enfoncer et s'empara du revenu et du patrimoine du peuple romain, avant de s'emparer de l'empire. Après avoir forcé Pompée à prendre la fuite, il jugea plus pressant de régler les affaires des provinces, que de le poursuivre. Il occupa par ses lieutenans la Sicile et la Sardaigne, pour assurer la subsistance de l'Italie[37].

Il n'avait plus d'ennemis en Gaule; lui-même y avait rétabli la paix. Cependant, comme il faisait voile pour aller combattre en Espagne les armées de Pompée, Marseille osa lui fermer ses portes: malheureuse ville que le désir de la paix précipita dans la guerre[38]! Comme elle était défendue par de fortes murailles, César passa outre et la fit assiéger en son absence. Cette colonie grecque, loin de justifier son origine par la mollesse de ses habitans[39], osa forcer les re-

dere machinas ausa, et congredi navibus. Sed Brutus, cui mandatum erat bellum, victos terra marique perdomuit. Mox dedentibus sese ablata omnia, præter, quam potiorem omnibus habebant, libertatem.

Anceps variumque et cruentum [a] in Hispania bellum cum legatis Cnæi Pompeii, Petreio et Afranio : quos Ilerdæ castra habentes, apud Sicorim amnem, obsidere et ab oppido intercludere aggreditur. Interim obundatione verni fluminis, commeatibus prohibetur. Sic fame castra tentata sunt; obsessorque ipse, quasi obsidebatur. Sed ubi pax flumini rediit, populationibusque et pugnæ campos aperuit, iterum ferox instat; et cedentes ad Celtiberiam consequutus, aggere et vallo, ac per hæc siti ad deditionem compulit.

Sic citerior Hispania recepta est. Nec ulterior moram fecit. Quid enim una, post quinque legiones? Itaque ultro cedente Varrone, Gades, fretum, Oceanus, omnia felicitatem Cæsaris sequebantur.

[a] *Et cruentum*. Ryck. codex *incruentum* ; at historiæ fides repugnat. Itaque nihil mutemus, quamvis et Freinshemius *incruentum* olim defendit.

tranchemens des assiégeans, brûler leurs machines, et attaquer leur flotte. Mais Brutus, que César avait chargé de la conduite de ce siége [40], vainquit enfin les Marseillais sur mer et sur terre. Ceux-ci se rendirent, et se virent dépouillés de toutes leurs richesses, excepté d'un bien qui, pour eux, était préférable à tous les autres, la liberté.

Cependant César faisait en Espagne, contre Pétreius et Afranius [41], lieutenans de Pompée, une guerre sanglante, mêlée d'événemens divers, et dont le succès fut bien contesté. Il entreprit d'enfermer ces généraux dans leur camp assis près d'Ilerda sur le Sicoris [42], et de leur couper toute communication avec la ville; mais les grosses eaux du printemps ayant fait déborder la rivière, César ne put lui-même se procurer des vivres. La famine se fit sentir dans son camp, et, d'assiégeant qu'il était, il devint assiégé. Mais dès que les eaux eurent repris leur paisible cours [43], et laissé les campagnes ouvertes aux ravages de la guerre et aux combats, César pressa les ennemis avec un nouvel acharnement, les atteignit comme ils se retiraient dans la Celtibérie [44]; puis, les tenant enfermés au moyen d'une tranchée et d'un mur de contrevallation, il les contraignit de se rendre, pour se soustraire aux horreurs de la soif.

C'est ainsi que César soumit l'Espagne citérieure. L'Espagne ultérieure ne l'arrêta pas long-temps [45]. Qu'aurait pu faire contre lui une seule légion, après la défaite de cinq autres? L'on vit donc, après la soumission volontaire de Varron [46], Gadès et son détroit, l'Océan, en un mot, tout le pays se ranger sous les lois de l'heureux César.

Aliquid tamen adversus absentem ducem ausa fortuna est circa Illyricum et Africam, quasi de industria prospera ejus adversis radiarentur. Quippe quum fauces Adriatici maris jussi occupare Dolabella et Antonius, ille Illyrico, hic Curictico littore [a], castra posuissent, jam maria late tenente Pompeio, repente legatus ejus Octavius Libo [b] ingentibus copiis classicorum circumvenit utrumque. Deditionem fames extorsit Antonio. Missæ quoque a Basilo in auxilium ejus rates, quales inopia navium fecerat, nova Pompeianorum arte Cilicum, actis sub mare funibus, captæ quasi per indaginem. Duas tamen æstus explicuit. Una, quæ Opiterginos ferebat, in vadis hæsit, memorandumque posteris exitum dedit [c]. Quippe vix mille juvenum manus, circumfusi undique exercitus per totum diem tela sustinuit; et quum exitum virtus non haberet, ne in deditionem veniret, hortante tribuno Vulteio, mutuis ictibus in se concucurrit.

In Africa quoque par et virtus et calamitas

[a] *Curictico littore.* Sic optime emendavit Salmasius, adstipulante Ryckiano, in quo clare *Curicticu littore.* Vidit etiam Lipsius. (Grævius.) In quibusd. *Corcyræo*, male. (Vide commentum huj. libri.)

[b] *Octavius Libo.* Sic manuscripti omnes, nec aliter. Florum scripsisse verborum contextus ostendit. Nam in eo est:

La fortune, voulant sans doute mêler de quelques sombres nuages l'éclat de ses prospérités [47], osa néanmoins, en l'absence de ce général, se déclarer contre lui dans l'Illyrie et dans l'Afrique. Antonius et Dolabella, auxquels il avait donné ordre d'occuper l'entrée de la mer Adriatique, étaient campés, l'un sur la côte d'Illyrie, l'autre sur le rivage de Curicta [48]. Mais comme Pompée était maître de la mer, Octavius et Libon, ses lieutenans [49], les surprirent tous les deux avec de grandes forces navales. La famine contraignit Antoine à se rendre. Quelques radeaux que Basilus envoyait à leur secours, faute de vaisseaux [50], furent pris, comme dans des filets, par l'adresse des marins de Cilicie, au service de Pompée, qui tendirent des câbles sous les eaux. Cependant la force des vagues dégagea deux de ces frêles bâtimens. Un troisième, monté par des habitans d'Opitergium [51], resta engravé dans les sables, et la manière dont périt l'équipage mérite de passer à la postérité. Cette brave troupe formait à peine mille hommes : ils soutinrent pendant un jour entier les traits d'une armée qui les enveloppait de toutes parts. Enfin, voyant que leur courage ne les pourrait sauver, ils aimèrent mieux, à la persuasion de leur tribun Vulteius, se tuer les uns les autres, que de se rendre à l'ennemi.

En Afrique, la valeur et l'infortune de Curion [52] ne

legatus ejus circumvenit utrumque; si scripsisset *Octavius et Libo*, scribendum quoque fuisset : *legati circumveniunt utrumque*. Est igitur error Flori, qui ex duobus unum hominem conflavit. (Vide commentum.)

c *Exitum dedit.* Sic vulgati. Grævius *exemplum* scribendum esse existimat, quod et Freinshemio succurrisse videmus.

Curionis fuit; qui ad recipiendam provinciam missus, pulso fugatoque Varo jam superbus, subitum Jubæ regis adventum, equitatumque Maurorum sustinere non potuit. Patebat victo fuga; sed pudor suasit, ut amissum sua temeritate exercitum morte sequeretur.

Sed jam debitum par fortuna flagitante, sedem bello Pompeius Epiron elegerat. Nec Cæsar moratur. Quippe ordinatis a tergo omnibus, quamvis hiems media prohiberet, tempestate ad bellum navigavit; positisque ad Oricum castris, quum pars exercitus, ob inopiam navium cum Antonio relicta, Brundusii moram faceret, adeo impatiens erat, ut ad arcessendos eos, ardente ventis mari, nocte concubia, speculatorio navigio, solus ire tentaverit. Exstat ad trepidum tanto discrimine gubernatorem vox ipsius : « Quid « times? Cæsarem vehis. »

Contractis in unum omnibus undique copiis [a], positisque cominus castris, diversa erant ducum consilia. Cæsar pro natura ferox, et conficiendæ rei cupidus, ostentare aciem, provocare, lacessere : nunc obsidione castrorum, quæ sedecim

---

[a] *Contractis in unum omnibus undique copiis.* Sic omnes scripti et veteres editi, testibus Salmasio et Grævio. Quod *omnibus*, cur rejiciatur a recentioribus editoribus, non videmus.

furent pas moins signalées. Il avait été envoyé dans cette province pour en faire la conquête; déjà il se glorifiait d'avoir chassé et mis en déroute Varus, lorsque, surpris par l'arrivée inattendue du roi Juba[53], il ne put soutenir le choc de la cavalerie maure. Il pouvait fuir après sa défaite; mais, pénétré de honte, il voulut périr avec l'armée dont sa témérité avait causé la perte[54].

La fortune appelait alors les deux athlètes dans l'arène [55]. Pompée avait choisi l'Epire pour théâtre de la guerre. César ne tarde pas à l'y suivre. Après avoir mis ordre à tout ce qu'il laissait derrière lui [56], bien que l'hiver, dans toute sa vigueur, semblât lui interdire la mer, il se confie à la tempête pour aller chercher les combats [57]. Il vint asseoir son camp près d'Oricum[58]. Une partie de son armée, que, faute de vaisseaux, il avait laissée à Brindes sous les ordres d'Antoine, tardait à venir le joindre. Pour hâter l'arrivée de ces troupes, il osa, au milieu d'une nuit profonde, et malgré la fureur des vents, se jeter dans une frêle nacelle, et repasser en Italie. On a conservé le mot qu'il adressa au pilote effrayé d'un si grand péril : « Que peux-tu craindre ? tu portes César[59]. »

Quand les deux chefs eurent réuni toutes leurs forces, ils campèrent l'un en présence de l'autre, mais avec des vues bien différentes. César, naturellement fier et ardent, brûlant du désir d'achever son entreprise, ne cessait de présenter la bataille à Pompée, de le provoquer, de le harceler. Tantôt, prétendant assiéger le camp ennemi, il l'investissait par une tranchée de seize milles d'étendue; mais ces immenses travaux pouvaient-ils nuire à une armée à

millium vallo obduxerat; sed quid his obesset obsidio, qui patente mari omnibus copiis abundarent? nunc expugnatione [a] Dyrrachii irrita (quippe quam vel situs inexpugnabilem faceret); ad hoc assiduis in eruptionem hostium præliis (quo tempore egregia virtus Scævæ centurionis enituit [b], cujus in scuto centum et quadraginta [c] tela sedere); jam vero direptione urbium sociarum, quum Oricum et Gomphos et alia castella Thessaliæ vastaret. Pompeius adversus hæc nectere moras, tergiversari, simul ut hostem interclusum undique inopia commeatuum tereret [d], utque ardentissimi ducis consenesceret impetus. Nec diutius profuit duci salutare consilium. Milites otium, socii moram, principes ambitum ducis increpabant. Sic præcipitantibus fatis, prælio sumpta est Thessalia; et Philippicis campis Urbis, imperii, generis humani fata commissa sunt.

Nunquam ullo loco tantum virium populi romani, tantum dignitatis fortuna vidit. Trecenta amplius millia hinc vel illinc præter auxilia re-

[a] *Expugnatione.* Sic Mss. et veteres edit., Gronovius, Grævius necnon Freinshemius *oppugnatione* prætulerint; quippe qui expugnationem irritam esse non posse, censuerunt.
[b] *Enituit.* Sic Ryckianus codex, adstipulante Grævio. In aliis, *emicuit.*

qui la mer était ouverte, et qui, par conséquent, avait en abondance toutes les provisions nécessaires ? Tantôt il tentait, non moins inutilement, d'emporter Dyrrachium [60], que sa situation seule rendait imprenable. En outre, il attaquait continuellement l'ennemi pour l'attirer hors de ses lignes. Ce fut dans une de ces rencontres qu'on vit briller le courage du centurion Scéva, dont le bouclier fut percé de cent quarante flèches [61]. D'autres fois enfin, César désolait et pillait les villes du parti ennemi, Oricum, Gomphi, et d'autres places de la Thessalie [62]. A tous ces mouvemens, Pompée opposait les délais d'une sage lenteur; il refusait le combat, afin de miner par la disette des vivres un ennemi cerné de toutes parts; il voulait laisser à l'impétuosité de son fougueux adversaire le temps de se ralentir. Mais il lui fallut bientôt renoncer aux avantages d'un plan si sagement conçu [63]. Les soldats lui reprochaient son inaction, les alliés ses lenteurs, et les grands lui prêtaient des vues ambitieuses. Les destins précipitant ainsi sa ruine, il choisit la Thessalie pour champ de bataille, et remit aux plaines de Philippes [64] le sort de Rome, de l'empire et de tout le genre humain.

Jamais, en aucun lieu, la fortune ne vit le peuple romain déployer tant de puissance et de grandeur. On comptait plus de trois cent mille hommes dans l'une ou dans l'autre armée [65], non compris les auxi-

c *Centum et quadraginta.* Ita vetera habent excusa, quæ non obsequuti sunt fere omnes editores. (Vide commentum hujusce libri.).

d *Tereret.* Pessime *terreret* in Vineti et Gruteri edit. legere est.

gum et sociorum [a]. Nunquam imminentis ruinæ manifestiora prodigia : fuga victimarum, examina in signis, interdiu tenebræ. Dux ipse, et nocturna imagine theatri sui audiens plausum in modum planctus circumsonantem; et mane cum pullo, nefas! apud principia conspectus.

Numquam acrior neque alacrior exercitus Cæsaris fuit. Inde classica prius, inde tela. Annotatum quoque committentis aciem Crastini pilum ; qui mox adacto in os gladio, sic inter cadavera repertus, libidinem ac rabiem qua pugnaverat, ipsa novitate vulneris præferebat. Sed nec minus admirabilior illius exitus belli. Quippe quum Pompeius adeo equitum copia abundaret, ut facile circumventurus sibi Cæsarem videretur, circumventus ipse est. Nam quum diu æquo marte contenderent, jussuque Pompeii fusus a cornu erupisset equitatus, repente hinc signo dato, Germanorum cohortes tantum in effusos equites fecere impetum, ut illi esse pedites, hi venire in equis viderentur. Hanc stragem fugientis equita-

[a] *Præter auxilia regum et sociorum.* Omnes editi *senatus* pro *sociorum* habebant ; et hoc verbum non posse ferri vel tyrones viderint. *Sociorum* debetur solertiæ Annæ Tanaquilli, Fabri filiæ. Conjecerat Freinshemius hic *nationum* reponi posse, et etiam bene.

liaires fournis par les rois et par les nations alliées. Jamais aussi prodiges plus frappans n'annoncèrent une catastrophe prochaine : les victimes s'enfuirent loin de l'autel [66]; des essaims d'abeilles vinrent se poser sur les enseignes [67]; des ténèbres obscurcirent le jour [68]. Pompée lui-même, pendant la nuit, transporté en songe dans son théâtre, l'entendit retentir de sinistres applaudissemens et de cris lamentables [69]; enfin, chose sans exemple, il parut le matin, dans la place d'armes du camp, en habit de deuil [70].

Jamais l'armée de César n'avait montré plus d'ardeur et plus d'allégresse. De ses rangs partirent et les premiers sons de la trompette, et les premiers traits. L'on a même remarqué que ce fut Crastinus qui engagea le combat en lançant son javelot [71]. Il reçut bientôt après, dans la bouche, un coup d'épée qui y demeura enfoncée. Il fut trouvé en cet état parmi les morts; et sa blessure attestait, par sa singularité, l'emportement et la rage avec laquelle il avait combattu. L'issue de la bataille ne fut pas moins étonnante que son prélude. La cavalerie de Pompée était si nombreuse qu'il pouvait se flatter d'envelopper facilement César; ce fut lui-même au contraire qui se trouva enveloppé par son adversaire. Depuis longtemps les armées combattaient avec un avantage égal, lorsque la cavalerie de Pompée vint, par son ordre, fondre à bride abattue sur l'aile opposée des ennemis. Mais tout à coup, à un signal donné, les cohortes des Germains se précipitèrent contre ces escadrons avec tant d'impétuosité, que, dans ce moment, on eût dit que les cavaliers de Pompée étaient à pied, et les fantassins de César à cheval [72]. Cette sanglante

tus levis armaturæ ruina comitata est. Tunc terrore latius dato, turbantibus invicem copiis, reliqua strages quasi una manu facta est.

Nec ulla res magis exitio fuit, quam ipsa exercitus magnitudo. Multus in eo prælio Cæsar fuit, mediusque inter imperatorem et militem. Voces quoque obequitantis exceptæ, altera cruenta sed docta, et ad victoriam efficax: *Miles, faciem feri;* altera ad jactationem composita: *Parce civibus;* quum ipse sequeretur.

Felicem utcumque in malis Pompeium, si eadem ipsum, quæ exercitum ejus fortuna traxisset! Superstes dignitatis suæ vixit, ut, cum majore dedecore per Thessalica Tempe equo fugeret, ut una navicula Lesbon applicaret, ut pulsus Syedris deserto Ciliciæ scopulo [a], fugam in Parthos, Africam, vel Ægyptum agitaret, ut denique in Pelusiaco littore, imperio vilissimi regis, consiliis spadonum, et ne quid malis desit, Septimii desertoris sui gladio trucidatus, sub oculis uxoris suæ liberorumque moreretur.

[a] *Fugeret, ut una navicula Lesbon applicaret, ut pulsus Syedris deserto Ciliciæ scopulo.* Correctores valde exercuit hic locus, quem, cum duobus levibus Salmasii emendationibus, secundum Mss. reposuimus. In cod. legendum est: *fugeret, ut cum una navicula Lesbon applicaretur hedris in deserto, etc.*

déroute de la cavalerie entraîna celle de l'infanterie
légère 73. La terreur se répandit alors plus loin, le
désordre gagna de proche en proche tous les bataillons, et ce ne fut plus qu'un carnage universel.

Rien ne nuisit davantage à Pompée que la multitude de ses troupes 74. On peut dire de César, qu'il se
multiplia dans cette bataille, et qu'il y fut tout ensemble soldat et général. On a conservé les paroles qu'il
prononça en parcourant les rangs à cheval : l'une
cruelle, mais pleine de sens et propre à assurer la
victoire, « Soldats, frappez au visage 75; » l'autre,
proférée seulement pour faire parade d'humanité,
« Épargnez les citoyens, » tandis qu'il les chargeait
lui-même 76.

Heureux, en quelque sorte, Pompée, au sein de
ce désastre, si la fortune l'eût enveloppé dans la défaite de son armée! Il ne survécut à sa gloire que
pour fuir plus honteusement à cheval, à travers les
vallées de la Thessalie 77. De Lesbos, où il aborda sur
un chétif navire 78, il fut poussé par les flots à Syèdre,
rocher désert de la Cilicie 79, et balança entre les Parthes, l'Afrique et l'Egypte, pour y porter ses pas fugitifs. Il périt enfin, aux yeux de son épouse et de ses
enfans, sur la côte de Péluse 80, par l'ordre du plus
lâche des rois, par le conseil de vils eunuques, et
pour comble d'infortune, par le fer de Septimius,
déserteur de son armée 81.

Prima correctione, quasi supervacaneum *τὸ cum* abstulit Salmasius:
altera, illud *hedris* corruptum et ignotissimum ab eruditis nomen, reponendum *Syedris* censuit. (Vide commentum hujusce
libri.) Parum feliciter hunc locum torquebat olim Vinetus, sic :
fugeret pulsus Larissa : in deserto Ciliciæ, etc.

Quis non peractum esse cum Pompeio crederet bellum? Atqui acrius multo atque vehementius Thessalici incendii cineres recaluere. Et in Ægypto quidem adversus Cæsarem sine partibus bellum. Quippe quum Ptolomæus rex Alexandriæ summum civilis belli scelus peregisset, fœdusque amicitiæ cum Cæsare, medio Pompeii capite sanxisset, ultionem tanti viri manibus quærente fortuna, causa non defuit. Cleopatra regis soror, affusa Cæsaris genibus, partem regni reposcebat. Aderat puellæ forma, et quæ duplicaretur ex illo, quod talis passa videbatur injuriam: odium ipsius regis, qui Pompeii cædem, partium fato, non Cæsari dederat : haud dubie idem in ipsum ausurus, si expedisset. Quam ubi Cæsar restitui jussit in regnum, statim ab eisdem percussoribus Pompeii obsessus in regia, quamvis exigua manu, ingentis exercitus molem mira virtute sustinuit. Ac primum ædificiorum proximorum atque navalium incendio, infestorum hostium tela summovit; mox in peninsulam Pharon subitus evasit : inde depulsus in maria [a], mira felicitate ad proximam classem enatavit; relicto quidem in fluctibus paludamento, seu fato, seu consilio, ut illud ingruentibus hostium

[a] *Depulsus in maria.* Ita Mss. Supervacanea emendatione Salmasius, *delapsus.*

Qui n'aurait cru la guerre entièrement terminée après la mort de Pompée? Cependant des cendres de Pharsale, on voit renaître l'incendie avec une nouvelle ardeur. La guerre s'allume en Egypte contre César; et nos troubles ne sont pour rien dans ces fureurs. Ptolomée, roi d'Alexandrie, avait commis le plus grand attentat de la guerre civile; il avait cimenté son pacte d'alliance avec César, en lui présentant comme médiatrice la tête de Pompée. La fortune qui cherchait l'occasion de venger la mort de ce grand homme, ne tarda pas à la trouver. Cléopâtre, sœur du roi, vint se jeter aux pieds de César[82], et le supplier de lui faire rendre sa part héréditaire du royaume. Cette jeune princesse était belle, et l'injustice qu'elle avait soufferte la rendait encore plus touchante : joignez à cela la haine qu'inspirait Ptolomée, qui avait immolé Pompée bien moins à César lui-même, qu'au parti couronné par la fortune, et qui n'aurait pas hésité à sacrifier le rival de Pompée, si son propre intérêt l'eût exigé[83]. César n'eut pas plutôt ordonné que Cléopâtre fût rétablie dans ses droits, qu'il se vit assiégé dans le palais par les assassins même de Pompée. Bien qu'il n'eût qu'une poignée de soldats, il y soutint avec une valeur admirable les efforts d'une nombreuse armée. Pour détourner les coups de ses ennemis, il mit le feu aux édifices voisins, à l'arsenal et au port[84]. Bientôt après il se sauva dans la presqu'île du Phare[85], d'où, forcé de se précipiter au milieu des flots, il eut le rare bonheur de regagner à la nage sa flotte qui stationnait non loin de la côte; et dans ce trajet, soit l'effet du hasard ou de sa présence d'esprit, il abandonna aux vagues son

telis saxisque peteretur. Tum receptus a classicis suis, undique simul hostes adortus, de imbelli ac perfida gente, justa generi manibus dedit. Quippe et Theodotus magister, auctor totius belli, et ne virilia quidem portenta Photinus atque Ganymedes, diversa per mare et terras fuga et morte consumpti. Regis ipsius corpus obrutum limo repertum est in aureæ loricæ honore.

In Asia quoque novus rerum motus a Ponto; plane quasi de industria captante fortuna hunc Mithridatico regno exitum, ut a Pompeio pater, a Cæsare filius vinceretur. Rex Pharnaces, magis discordiæ nostræ fiducia, quam virtutis suæ, infesto in Cappadociam agmine ruebat. Sed hunc Cæsar aggressus, uno, et, ut sic dixerim, non toto prælio obtrivit, more fulminis, quod uno eodemque momento venit, percussit, abscessit. Nec vana de se prædicatio est Cæsaris, ante victum hostem esse, quam visum.

Sic cum exteris. At in Africa cum civibus multo atrocius, quam in Pharsalia. Huc reliquias partium naufragarum quidam furoris æstus expulerat; nec reliquias diceres, sed integrum bellum. Sparsæ. magis, quam oppressæ vires erant. Auxerat sacramentum ipsa clades impera-

habit militaire[86], qui reçut les traits et les pierres que les ennemis dirigeaient contre sa personne. Enfin recueilli par les soldats qui montaient sa flotte, il attaqua aussitôt les Egyptiens de tous côtés, défit complètement ce peuple perfide[87], et rendit ainsi les derniers devoirs aux mânes de Pompée, son gendre. Théodote, précepteur du roi, et l'âme de toute cette guerre ; Photin et Ganymède, ces monstres qui n'étaient pas même des hommes, errèrent fugitifs par terre et par mer, et terminèrent diversement leur destin[88]. Le corps du roi d'Égypte lui-même fut trouvé enseveli sous la vase, et reconnu à l'éclat de sa cuirasse d'or.

En Asie, de nouveaux troubles agitaient le royaume de Pont. Il semblait que la fortune, acharnée à la ruine de l'empire de Mithridate, eût voulu réserver la défaite du père à Pompée, et celle du fils à César. Le roi Pharnace, se fiant plus encore à nos divisions qu'à sa valeur[89], était venu fondre sur la Cappadoce à la tête d'une puissante armée. Mais César l'attaque et l'accable du premier choc : car ce ne fut pas même un combat[90] : telle, en un seul et même instant, la foudre tombe, frappe et s'évanouit. César ne proférait donc pas une vaine bravade, quand il disait qu'il avait vaincu l'ennemi, avant même de l'avoir vu.

Telles furent les guerres de César contre les étrangers. Il eut encore en Afrique à livrer contre ses concitoyens des combats plus sanglans qu'à Pharsale. La tourmente de la guerre civile avait, dans sa fureur, poussé sur ces rivages les débris du naufrage de Pompée : s'il est permis d'appeler ainsi ce qui semblait l'appareil imposant d'une guerre toute nouvelle. Les forces de ce parti avaient été plutôt dispersées

toris : nec degenerabat ducum successio; quippe satis ample sonabant in Pompeiani nominis locum Cato et Scipio.

Accessit copiis Mauritaniæ rex Juba, videlicet ut latius vinceret Cæsar. Nihil ergo inter Pharsaliam, et Thapson, nisi quod amplior eo, acriorque ᵃ Cæsarianorum impetus fuit, indignantium post Pompeium crevisse bellum. Denique, quod alias nunquam, ante imperium ducis, sua sponte signa cecinerunt. Strages a Juba cœpit. Ejus elephanti bellorum rudes, et nuperi a silva, consternati subito clangore; statim et exercitus in fugam. Nec duces fortius, quam ut fugerent ᵇ, non inconspicua tamen morte omnium. Jam Scipio nave fugiebat. Sed assequutis eum hostibus, gladium per viscera exegit; et ubi esset quodam requirente, respondit hoc ipsum : *Bene se habet imperator.* Juba quum sese recepisset in regiam, magnifice epulatus, postero die cum Petreio fugæ comite, superque mensas et pocula ᶜ

ᵃ *Nisi quod amplior eo, acriorque.* Sic, teste Grævio, Ryck. Male in editis : *nisi quod amplior eoque acrior;* nempe, *eoque acrior,* id est *ideoque acrior,* et quidem sine sensu. Idem Grævius τὸ *am plior* delere vellet. « Quid enim, ait, est amplius impetus?»

ᵇ *Nec duces fortius, quam ut fugerent.* Hæc est conjectura Salmasii, qui levi emendatione hunc restituit locum, sic in manu-

que détruites [91]. La fin tragique du chef n'avait fait que rendre plus sacrée l'union de ses partisans. Il ne trouva point d'indignes successeurs dans les généraux qui le remplacèrent. Les noms de Caton et de Scipion [92] sonnaient assez haut, en la place de celui de Pompée.

Juba, roi de Mauritanie, vint unir ses forces à celles de ces généraux, comme pour ménager à César une victoire plus considérable. La seule différence à remarquer entre la journée de Pharsale et celle de Thapsus [93], c'est que le choc des troupes de César y fut plus impétueux et plus redoutable, tant elles s'indignaient de voir la guerre renaître plus furieuse, après la mort de Pompée. Enfin, ce qui jusque-là avait été sans exemple, les trompettes, sans attendre l'ordre du général, sonnèrent d'eux-mêmes la charge [94]. La défaite commença par le quartier de Juba; ses éléphans, non encore dressés et nouvellement tirés des forêts, furent effarouchés au premier son des clairons. Toute l'armée fut mise en fuite; ce fut dans cette déroute que les chefs montrèrent le plus de courage; tous surent mourir d'un trépas glorieux. Scipion se sauvait sur un navire; se voyant atteint par les ennemis, il se passe son épée au travers du corps. Un d'eux s'informe où est le général : « Le général est en sûreté [95], » répondit Scipion. Juba s'étant retiré dans son palais, offrit, le lendemain, un repas splendide à Pétréius, compagnon de sa fuite, et au milieu même du vin et

scriptis : *et duces fortius, etc.*, ex τῳ *et*, nullum sensum eliceres.

c *Juba quum sese recepisset in regiam..., superque mensas et pocula.* Ita distinguendum et scribendum dedit Grævius hunc locum, annutante Mss. fide.

interficiendum se ei præbuit. Ille et regi suffecit et sibi; quum interim semesi in medio cibi et parentalia fercula, regio simul romanoque sanguine madebant.

Cato non interfuit bello : positisque apud Bagradam castris, Uticam, velut altera Africæ claustra, servabat. Sed accepta partium clade, nihil cunctatus, ut sapiente dignum erat, mortem etiam lætus accivit. Nam postquam filium comitesque ab amplexu dimisit, in nocte lecto ad lucernam Platonis libro, qui immortalitatem animæ docet, paululum quievit. Tum circa primam vigiliam, stricto gladio, revelatum manu pectus semel iterumque percussit. Ausi post hoc virum medici violare fomentis. Ille passus, dum abscederent, rescidit plagas ; sequutaque vi sanguinis moribundas manus in ipso vulnere reliquit.

Quasi non esset usquam dimicatum, sic arma rursus et partes : quantoque Africa supra Thessaliam, tanto Africam superabat Hispania. Plurimum quantum favoris partibus dabat fraternitas ducum, et pro uno duos stare Pompeios. Itaque nusquam atrocius, nec tam ancipiti marte concursum est.

Primum in ipso ostio Oceani Varus Didiusque

de la bonne chère, il le pria de lui donner la mort. Pétréius satisfit au désir de ce prince, et se perça lui-même[96]; de sorte qu'on vit le sang royal et le sang romain souiller à la fois les mets à moitié consommés de ce funèbre festin.

Caton ne s'était pas trouvé à la bataille ; il campait près de Bagrada pour garder Utique[97], qui était comme la seconde clef de l'Afrique. Dès qu'il fut informé de la défaite de son parti, il prit à l'instant une détermination digne d'un sage, et appela joyeusement la mort. Après avoir embrassé et fait retirer son fils et ses amis, il lut dans son lit pendant la nuit, à la lueur d'une lampe, le dialogue dans lequel Platon enseigne l'immortalité de l'âme. Il prit ensuite quelques instans de repos, et à la première veille il tira son épée, se découvrit la poitrine et se frappa deux fois successivement. Les médecins osèrent profaner de leurs appareils les blessures de ce grand homme[98]. Il voulut bien endurer leurs soins, pour se délivrer de leur présence importune ; mais il rouvrit ses plaies, et tandis que son sang s'échappe à grands flots, il laisse attachées sur elles ses mains défaillantes.

Cependant, comme si l'on n'avait combattu nulle part, le parti vaincu se rallie et reprend les armes ; et autant la guerre d'Afrique avait été plus cruelle que celle de Thessalie, autant celle d'Espagne devait l'emporter sur celle d'Afrique. Une circonstance bien favorable aux ennemis de César, était que deux frères, deux Pompée au lieu d'un[99], marchaient à leur tête : aussi nulle part on ne se battit avec plus d'acharnement, et la victoire ne fut plus vivement disputée[100].

Varus et Didius, lieutenans des deux partis, en vin-

legati conflixere; sed acrius fuit cum ipso mari, quam inter se navibus bellum. Siquidem, velut furorem civicum [a] castigaret Oceanus, utramque classem naufragio cecidit. Quinam ille horror, quum eodem tempore fluctus, procellæ, viri, naves, elementa [b] confligerent? Adde situs ipsius formidinem : vergentia in unum, hinc Hispaniæ, inde Mauritaniæ littora ; mare et intestinum et externum ; imminentesque Herculis speculas, quum omnia undique simul prælio et tempestate sævirent.

Mox circa obsidiones urbium utrinque discursum est; quæ miseræ inter hos atque illos duces societatis romanæ pœnas dabant.

Omnium postrema certaminum Munda. Hic non pro cætera felicitate, sed anceps et diu triste prælium, ut plane videretur nescio quid deliberare fortuna. Sane et ipse ante aciem mœstior, non ex more, Cæsar, sive respectu fragilitatis humanæ, sive nimiam prosperorum suspectam habens continuationem; vel eadem timens, postquam idem esse cæperat, quod Pompeius. Sed in

[a] *Furorem civicum*. In aliis *civium* : est *civicum* Palat. primi ac secundi, teste Grutero.

rent les premiers aux mains dans le détroit même qui forme l'entrée de l'Océan [101]. Leurs vaisseaux eurent moins à lutter entre eux que contre les vagues ennemies; et comme si l'Océan eût voulu châtier la fureur des guerres civiles, l'une et l'autre flotte fut détruite par la tempête. Quel spectacle horrible de voir le combat que se livraient à la fois les flots, les orages, les hommes, les vaisseaux et les élémens! Joignez à cela l'aspect effrayant des lieux : d'un côté les rivages de l'Espagne; de l'autre ceux de la Mauritanie, se rapprochant comme pour se confondre; les deux mers, intérieure et extérieure, en courroux; les colonnes d'Hercule présentant leur aspect menaçant; enfin, partout l'image de la guerre et de la tempête [102].

Bientôt, les deux partis courent assiéger les villes de l'Espagne, et ces malheureuses cités furent cruellement châtiées par l'un et par l'autre de leur alliance avec les Romains [103].

Enfin Munda fut la dernière de toutes les batailles que livra César [104]; là son bonheur parut se démentir : le combat, long-temps douteux, prenait un aspect peu favorable; il semblait évidemment que la fortune délibérait avec elle-même. Avant d'engager l'action, César, contre sa coutume, parut triste, soit qu'il fît un retour sur la fragilité des choses humaines, soit qu'il se défiât de la constance trop marquée de ses prospérités, ou que, devenu ce qu'avait été Pompée, il craignît enfin de subir le

---

[b] *Elementa.* Alii *armamenta :* et nihil in hoc magni momenti ; τὸ enim *armamenta* idem sonat ac naves : nec non τὸ *elementa* idem ac *procella.* Ista ponderet lector, si sit nugarum ponderator.

ipso prælio, quod nemo unquam meminerat, quum diu pari marte acies nihil aliud quam occiderent, in medio ardore pugnantium subito ingens inter utrosque silentium, quasi convenisset. Et hic omnium sensus erat [a]. Novissime illud inusitatum Cæsaris oculis nefas, post quatuordecim annos probata, veteranorum manus gradum retro dedit. Quod etsi nondum fugerat, apparebat tamen pudore magis quam virtute resistere. Itaque ablegato equo, similis furenti, primam in aciem procurrit. Ibi prensare fugientes, confirmare, per totum denique agmen oculis, manibus, clamore volitare. Dicitur in illa perturbatione et de extremis agitasse secum, et ita manifesto vultu fuisse, quasi occupare manu mortem vellet [b]; nisi cohortes hostium quinque per transversam aciem actæ, quas Labienus periclitantibus castris subsidio miserat, fugæ speciem præbuissent. Hoc aut ipse credidit, aut dux callidus arripuit in occasionem; et quasi in fugientes invectus, simul et suorum erexit animos,

[a] *Et hic omnium sensus erat.* Sic Ryck.: Freinshemius censet hæc verba glossemæ esse præcedentis *convenisset.* Verum hic aliter sentio. Florus iis significat, hoc silentio omnes sensum suum, sive quid sentiant testatum fecisse, se nimirum velle ut bellis civilibus modus tandem, et finis imponatur. Est et hoc ex acuminibus Flori; et illius temporis. (Grævius.)

[b] *Et ita manifesto vultu fuisse, quasi occupare manu mortem vellet. Ita* supervacaneum esse nemo non sentiat; sed latius latet

même sort. Pendant le combat, on vit un incident, qui, de mémoire d'homme, n'était jamais arrivé. Les deux armées s'acharnaient depuis long-temps au carnage, avec un avantage égal de part et d'autre, lorsque soudain, à toute cette ardeur des combattans, succéda, comme de concert, un profond silence qui dénotait le sentiment pénible dont ils étaient tous affectés. Enfin, ce dont les yeux de César n'avaient jamais été témoins, les vétérans, ce corps éprouvé par quatorze années de combats, commencèrent à reculer : ils ne fuyaient pas encore ; mais il était aisé de reconnaître que c'était la honte, et non le courage qui les retenait. César, à cette vue, descend de cheval, accourt comme un furieux au-devant de la première ligne, saisit, arrête, rassure les fuyards, et vole de rang en rang pour animer chacun, des yeux, du geste et de la voix. On prétend que dans ce moment de crise, il songea à se donner la mort, et qu'on put même lire sur son visage la pensée funeste qui l'agitait. Dans ce moment, cinq cohortes de l'armée ennemie traversèrent les lignes par l'ordre de Labienus, pour aller couvrir leur camp qui était en danger ; ce mouvement avait l'apparence d'une fuite. César, soit qu'il en fût effectivement persuadé, soit qu'en habile capitaine il feignît de l'être [105], saisit sur-le-champ l'occasion, et chargea ces cohortes par derrière, comme si elles eussent été en déroute ; ainsi il releva le courage des siens, et abattit celui de

hujus loci vulnus, auctore Grævio, qui *manifesto vultu* nihil lectione significare putat; et illam, talem qualem, lectionem proponit : *et manifesto vultu fuisse quasi occupare manu mortem voluisset.*

et hostis perculit [a]. Nam hi dum se putant vincere, fortius sequi; Pompeiani dum fugere credunt suos, fugere cæperunt. Quanta fuerit hostium cædes, ira rabiesque victoribus, sic æstimari potest. Hoc a prælio [b] profugi, quum se Mundam recepissent, et Cæsar obsideri statim victos imperasset, et congestis cadaveribus agger effectus est; quæ pilis jaculisque confixa, inter se tenebantur. Fœdum etiam inter barbaros! Sed videlicet victoriam desperantibus Pompeii liberis, Cnæum prælio profugum, crure saucio deserta et avia petentem, Cesonius apud Lauronem oppidum consequutus, pugnantem (adeo nondum desperabat) interficit. Sextum fortuna in Celtiberiam interim abscondit; aliisque post Cæsarem belli reservavit.

Cæsar in patriam victor invehitur. Primum de Gallia triumphum transmiserat Rhenus, et Rhodanus, et ex auro captivus Oceanus; altera laurus Ægyptia : tunc in ferculis Nilus, Arsinoe; et ad simulacrum ignium ardens Pharus. Tertius de Pharnace currus, et Ponto. Quartus Jubam et

---

[a] *Et hostis perculit.* Recentiores editiones *hostes perculit.* *Hostis* legendum est, nempe ut *suorum*, *hostis* animos *perculit;* quod planum est. Scripti libri cum veteri editione, quam contulit Gruterus, *hostis* habent : et id sequimur.

[b] *Sic æstimari potest. Hoc a prœlio.* Sic omnes edit., juxta

l'ennemi. Ses soldats se croyant vainqueurs pressent plus vivement leurs adversaires, qui, persuadés que leurs compagnons sont en fuite, se mettent à fuir eux-mêmes. Quels ne furent point et le féroce acharnement des vainqueurs, et le carnage qu'ils firent des vaincus! Ceux d'entre ces derniers qui purent se sauver de la mêlée, s'étaient renfermés dans Munda. César les y fait aussitôt assiéger : il forme autour de la place un retranchement fait avec des cadavres entassés, et réunis au moyen des dards et des javelots qui les traversaient de part en part : action qui eût paru atroce, même chez les barbares. Les fils de Pompée désespérèrent enfin de la victoire. Cnæus, échappé du combat, blessé à la cuisse, et gagnant des lieux déserts et écartés, fut atteint et tué par Césonius, près de la ville de Laurone [106], après avoir combattu en homme qui n'avait pas encore perdu toute espérance. La fortune cacha Sextus dans la Celtibérie, et le réserva pour d'autres guerres, après la mort de César [107].

César revint victorieux dans sa patrie ; déjà le Rhin, le Rhône, et l'Océan représenté en or sous la forme d'un captif, avaient étalé aux yeux de Rome la gloire de son triomphe sur la Gaule. C'était en Egypte qu'il avait cueilli son second laurier, et ce triomphe eut pour ornement la princesse Arsinoé, avec les images du Nil, et du Phare étincelant de ses feux [108]. Le troisième triomphe de César offrait les simulacres de Pharnace et du royaume de Pont vaincus. Enfin le quatrième présentait aux regards l'image de Juba, de

---

Mss. fidem. Non inepte tamen hic scribendum censet Tanaquil Faber : *sic existimari potest, quod,* etc.

Mauros, et bis subactam ostendebat Hispaniam. Pharsalia et Thapsos et Munda nusquam. Quanto majora erant, de quibus non triumphabat!

Hic aliquando finis armis fuit. Reliqua pax incruenta, pensatumque clementia bellum. Nemo cæsus imperio præter Afranium : satis ignoverat semel ; et Faustum Sullam : didicerat generos timere ; filiamque Pompeii cum patruelibus ex Sylla : hic posteris cavebatur. Itaque, non ingratis civibus, omnes unum in principem congesti honores : circa templa imagines, in theatro distincta radiis corona, suggestus in curia, fastigium in domo, mensis in cœlo. Ad hoc, pater ipse patriæ, perpetuusque dictator. Novissime, dubium an ipso volente, oblata pro rostris ab Antonio consule regni insignia.

Quæ omnia, velut infulæ in destinatam morti victimam congerebantur. Quippe clementiam principis vicit invidia, gravisque erat liberis ipsa beneficiorum potentia. Nec diutius dilatio donata est; sed Brutus et Cassius, aliique patricii, consenserunt in cædem principis. Quanta vis fati!

la Mauritanie et de l'Espagne deux fois subjuguée. Rien ne rappelait Pharsale, Thapsus, Munda ; et ces victoires paraissaient d'autant plus éclatantes que César s'abstenait d'en triompher [109].

Alors enfin on posa les armes. La paix qui suivit ne fut point ensanglantée, et la clémence du vainqueur compensa les cruautés de la guerre. Personne ne fut mis à mort par ses ordres, excepté Afranius : c'était assez de lui avoir pardonné une fois ; Faustus Sylla : César avait appris à craindre ses gendres ; enfin la fille de Pompée, avec les enfans qu'elle avait eus de Sylla : il assurait par là le repos de sa postérité [110]. La reconnaissance de ses concitoyens accumula sur sa tête tous les honneurs qu'elle put inventer. Des statues lui furent élevées à l'entour des temples [111] ; on lui accorda le droit de porter sur le théâtre une couronne d'or avec des rayons éclatans [112] ; on lui éleva dans le sénat une espèce de trône ; le faîte de sa maison fut décoré d'un dôme ; et le nom de Jules donné à l'un des mois de l'année [113]. César fut nommé *Père de la patrie,* et dictateur perpétuel. Enfin le consul Antoine, peut-être avec son consentement, lui présenta sur la tribune aux harangues les marques de la royauté [114].

Mais tous ces honneurs étaient les guirlandes dont on pare la victime destinée au sacrifice [115]. La haine fut plus forte que la clémence du prince ; et des hommes libres ne purent supporter plus long-temps la puissance qu'il s'acquérait sur eux par ses bienfaits. Le moment de sa mort ne fut pas plus long-temps différé. Brutus, Cassius, et d'autres patriciens, conspirèrent contre sa vie [116]. Quelle est donc le pouvoir du destin!

Manaverat late conjuratio; libellus etiam Cæsari datus eodem die; nec perlitare centum victimis poterat. Venit in curiam tamen, expeditionem Parthicam meditans. Ibi in curuli sedentem eum senatus invasit, tribusque et viginti vulneribus ad terram datus est. Sic ille qui terrarum orbem civili sanguine impleverat, tandem ipse sanguine suo curiam implevit.

III. Cæsar Augustus.

Populus romanus, Cæsare et Pompeio trucidatis, rediisse in statum pristinum libertatis videbatur; et redierat, nisi aut Pompeius liberos, aut Cæsar heredem reliquisset; vel, quod utroque perniciosius fuit, si non collega quondam, mox æmulus Cæsarianæ potentiæ, fax et turbo sequentis sæculi, superfuisset Antonius. Quippe dum Sextus paterna repetit, trepidatum toto mari: dum Octavius mortem patris ulciscitur, iterum fuit movenda Thessalia: dum Antonius varius ingenio, aut successorem Cæsaris indignatur Octavium, aut amore Cleopatræ desciscit in regem, aliter salvus esse non potuit, nisi confugisset ad servitutem [a]. Gratulandum

[a] *Nam aliter salvus esse non potuit.* Hiulcam orationem esse, et sensum pendere vidit Freinshemius, qui putat aliquid excidisse, quod sit sic supplendum: *desciscit in regem. Populus ro-*

Le secret de la conjuration était connu partout : César avait reçu, le jour même de sa mort, un mémoire qui lui en donnait avis; et sur cent victimes qu'il avait fait égorger, aucune ne lui avait donné un présage favorable. Il ne laissa pas cependant de se rendre au sénat, méditant une expédition contre les Parthes. A peine eut-il pris sa place, que les sénateurs conjurés se jetèrent sur lui, l'étendirent à leurs pieds, et le percèrent de vingt-trois coups de poignard. C'est ainsi que l'homme qui avait inondé l'univers du sang de ses concitoyens, arrosa enfin du sien la salle du sénat [117].

III. César Auguste.

Le peuple romain, après le meurtre de Pompée et de César [118], paraissait rendu à son ancienne liberté; et il l'eût en effet recouvrée, si le premier n'eût point laissé de fils, ni le second d'héritier; ou, ce qui fut plus fatal encore, si Antoine, naguères collègue de César, et qui alors aspirait à succéder à sa puissance, ne lui eût point survécu pour exciter de nouveaux orages et pour allumer le flambeau des discordes qui allaient troubler un siècle nouveau. Sextus Pompée [119], en réclamant les biens paternels, répandit le tumulte et la terreur sur toutes les mers. Octave, qui voulait venger la mort de son père, fut forcé de porter une seconde fois la guerre en Thessalie [120]; enfin Antoine, esprit inconstant et léger, qui tantôt s'indignait de voir dans Octave un successeur de César, tantôt, pour complaire à Cléopâtre, descendait au rôle de roi [121], réduisit le peuple romain à ne pouvoir trouver de salut que dans la servitude. Toutefois,

manus aliter salvus esse non potuit, nisi confugisset ad servitutem. Latius procedit *Lamothe Levayer,* qui, post hæc verba

tamen in tanta perturbatione est, quod potissimum ad Octavium Cæsarem Augustum summa rerum rediit; qui sapientia sua atque solertia perculsum undique et perturbatum ordinavit imperii corpus. Quod ita haud dubie nunquam coire et consentire potuisset, nisi unius præsidis nutu, quasi anima et mente regeretur.

Marco Antonio, Publio Dolabella consulibus, imperium romanum jam ad Cæsares transferente fortuna, varius et multiplex civitatis motus fuit. Quodque in annua cœli conversione fieri solet, ut mota sidera tonent, ac suos flexus tempestate significent : sic cum Romanæ dominationis, id est, humani generis conversione, penitus intremuit, omnique genere discriminum, civilibus, terrestribus, ac navalibus bellis. omne imperii corpus agitatum est.

IV. Bellum Mutinense.

Prima civilium motuum caussa testamentum

desciscit in regem ista superadjicit : *deserenda fuit populo libertas, nam aliter, etc.*, Sed tantum abest ut aliquid sit inculcandum, ut potius *nam* sit delendum, quasi sine sensu; et sic interpungendum : *Dum Antonius varius ingenio, aut successorem Cæsaris indignatur Octavium, aut amore Cleopatræ desciscit in regem, aliter salvus esse non potuit, nisi confugisset ad libertatem.* Hic tantum subauditur *populus romanus*, quod repetendum est ex præcedenti periodo. Qui utramque periodum inspexerit, cognoscet nihil esse verius. Prima enim vox *quippe* ostendit et hunc

au milieu de tant d'agitations, Rome eut à se féliciter de ce que la souveraine puissance tombât enfin aux mains du jeune César Octave, qui, par sa sagesse et son habileté, sut rendre l'ordre et le repos à l'État violemment ébranlé dans toutes ses parties; car il est constant qu'elles n'auraient jamais pu se rapprocher ni retrouver leur ensemble, si l'empire ne se fût soumis à la domination d'un chef unique, qui devint l'âme et l'esprit de ce grand corps [122].

Sous le consulat de Marc Antoine et de Publius Dolabella [123], Rome fut agitée de troubles fréquens et de commotions diverses : la fortune commençait déjà à transférer l'empire aux Césars. Or, comme à l'époque de la révolution annuelle du ciel, les mouvemens des astres s'annoncent ordinairement par des tonnerres et par des tempêtes, ainsi dans cette grande révolution du gouvernement de Rome, c'est-à-dire, de tout l'univers [124], on vit s'ébranler, jusque dans ses fondemens, l'Empire agité par tant de fatales divisions, tant de guerres civiles sur la terre et sur les flots.

IV. Guerre de Modène. [An de Rome, 710 à 711.]

Le testament de César fut la première cause des

periodum loqui de populo romano, et velle Florum liquidius docere, cur populus ille romanus, occiso Cæsare, non redierit in pristinæ libertatis statum. Dein, nisi sic distinguas, ultima periodi verba plane suspensa sunt. Non sequitur enim quid factum sit *dum Antonius desciscit in regem,* ut in præcedentibus : nam *dum Sextus paterna repetit,* toto mari trepidatur, *dum Octavius patrem ulciscitur,* fuit iterum movenda Thessalia, *dum Antonius... desciscit in regem :* vides non finiri sententiam. Hæc fere omnia olim aiebat Grævius.

Cæsaris fuit, cujus secundus heres Antonius, prælatum sibi Octavium furens, inexpiabile contra adoptionem acerrimi juvenis susceperat bellum. Quippe quum intra decem et octo annos tenerum, obnoxium, et opportunum injuriæ juvenem videret; ipse, plenæ ex commilitio Cæsaris dignitatis, furtis hereditatem lacerare, ipsum insectari probris, cunctis artibus cooptationem Juliæ gentis inhibere non desinere; denique ad opprimendum juvenem palam arma moliri [a] : et jam parato exercitu in Cisalpina Gallia resistentem motibus suis Decimum Brutum obsidebat.

Octavius Cæsar ætate et injuria favorabilis, et nominis majestate, quod sibi induerat, revocatis ad arma veteranis, privatus (quis crederet?) consulem aggreditur : obsidio Mutinæ liberat Brutum : Antonium exuit castris. Tum quidem etiam manu pulcher apparuit. Nam cruentus et saucius, aquilam a moriente signifero traditam, suis humeris in castra referebat.

[a] *Arma moliri.* Sic totum hanc periodum, ab his verbis *ipse, plenæ, etc.*, absurde a Vineto et ab aliis distinctam, restituit Salmasius ex optimi Nazariani scriptura.

troubles de la république. Antoine, son second héritier [125], outré de ce qu'Octave lui avait été préféré, entreprit une guerre à outrance pour faire casser l'adoption de ce jeune homme, qui devait se montrer si redoutable. Antoine ne voyait dans Octave qu'un adolescent de dix-huit ans, âge tendre où l'on est exposé sans défense à toutes sortes d'injures; quant à lui, il se sentait fort de l'immense considération attachée au titre de compagnon d'armes de César. Il commença donc à spolier la succession par ses vols; à poursuivre Octave de ses outrages; à employer sans cesse tous les artifices imaginables pour l'empêcher d'être reçu dans la famille des Jules [126]; enfin il prit ouvertement les armes, résolu d'accabler ce jeune rival; et, avec une armée qu'il avait toute prête, il va assiéger, dans la Gaule Cisalpine, Decimus Brutus [127] qui s'opposait à ses desseins.

Tout parlait en faveur d'Octave : son âge, ses injures, et la majesté du nom qu'il avait pris. Il rappela les vétérans aux armes, et, tout simple particulier qu'il était, il osa (qui le croirait !) attaquer un consul. Il délivra Brutus assiégé dans Modène, et chassa Antoine de ses retranchemens. Et même, en cette occasion, il se signala par une action des plus hardies; on le vit, couvert de sang et de blessures, rapporter sur ses épaules, dans son camp, une aigle qu'un porte-enseigne lui avait remise en mourant [128].

V. Bellum Perusinum [a].

Alterum bellum concitavit agrorum divisio, quos Cæsar veteranis in castris, pretium militiæ, persolvebat. Semper alias Antonii pessimum ingenium Fulvia, gladio cincta virilis militiæ, uxor [b] agitabat. Ergo depulsos agris colonos incitando, iterum in arma ierat. Hic vero jam non privatis, sed totius senatus suffragiis judicatum hostem Cæsar aggressus, intra Perusiæ muros redegit, compulitque ad extrema deditionis, turpi et nihil non experta fame.

VI. Triumviratus.

Quum solus etiam gravis paci, gravis reipublicæ esset Antonius, quasi ignis incendio Lepidus accessit. Quid contra duos exercitus? Necesse fuit venire in cruentissimi fœderis societatem. Diversa omnium vota. Incendit Lepidum divitiarum cupido, quarum spes ex turbatione reipublicæ; Antonium ultionis [c] de his

[a] *Bellum Perusinum.* Freder. Sylburgius, Camers et Stadius ante *bellum Perusinum* ponunt *triumviratus*, et *bellum Cassii et Bruti*, nec inepte; at ordo quem servamus, remanet in editione primitiva. Hunc sequuti sunt Vinetus, Gruterus, Salmasius, Freinshemius, Tanaquilli Fabri filia, etc.: et pro illum pugnant tres Pallatini. Constat ergo gravis hallucinatio Flori, qui præterea in hoc capite Marco Antonio facta Lucii Antonii fratris stolidissime tribuit. (Vide commentum hujusce libri.)

LIVRE IV.

V. Guerre de Pérouse. [An de Rome, 712.]

Une seconde guerre eut pour motif le partage des terres que César distribuait aux vétérans en récompense de leurs services [129]. Antoine, dont le génie était toujours porté au mal, fut excité dans cette occasion par Fulvie [130], son épouse, qui, ceignant l'épée, montrait le courage mâle d'un guerrier. Il souleva les propriétaires chassés de leurs biens, et prit de nouveau les armes. Il est déclaré ennemi de la république, non par les suffrages de quelques particuliers, mais par les votes de tout le sénat. César l'attaque, le contraint de s'enfermer dans les murs de Pérouse, et après l'avoir réduit à toutes les horreurs de la famine, il le force de se rendre à discrétion [131].

VI. Triumvirat. [An de Rome, 710.]

Antoine seul était déjà un assez puissant obstacle à la paix, et un fardeau assez incommode pour la république, lorsque Lépide se joignit à lui [132] : c'était un nouveau brandon lancé dans un incendie. Qu'aurait pu faire le jeune César contre deux armées? Il fut donc forcé d'entrer dans cette sanglante union. Chacun des trois avait des vues différentes. Dévoré de la soif de l'or, Lépide brûlait de s'enrichir dans les troubles de la république; Antoine, de sacrifier à son ressentiment ceux qui l'avaient déclaré ennemi

---

b *Fulvia, gladio cincta virilis militiæ, uxor.* Dubito an hoc latine dici possit, *uxor virilis militiæ.* Lege itaque *virilis audaciæ uxor.* (Anna T. Fabri filia.)

c *Antonium ultionis.* Sic ex Ryckiano. Vulgatam lectionem, *Antonium ultiones* respuit latina lingua. *Antonium ultionis*, scilicet *cupido* incendit.

qui se hostem judicassent; Cæsarem inultus pater, et manibus ejus graves Cassius et Brutus agitabant.

In hoc velut fœdus pax inter tres duces componitur. Apud confluentes inter Perusiam et Bononiam jungunt manus, et exercitus consalutant. Nullo bono more triumviratus invaditur: oppressaque armis republica, redit Sullana proscriptio; cujus atrocitas nihil in se minus habet, quam numerum centum quadraginta senatorum. Exitus fœdi, truces, miserabiles, toto terrarum orbe fugientium. Pro quibus quis pro dignitate rei ingemiscat, quum Antonius Lucium Cæsarem avunculum suum, Lepidus Lucium Paulum suum fratrem proscripserit?

Romæ capita cæsorum proponere in rostris jam usitatum erat : verum sic quoque civitas lacrymas tenere non potuit, quum recisum Ciceronis caput in illis suis rostris videretur; nec aliter ad videndum eum, quam solebat ad audiendum, concurreretur.

Hæc scelera in Antonii Lepidique tabulis. Cæsar percussoribus patris contentus fuit : hæc quoque, nisi multa fuisset, etiam justa cædes.

de l'État; et César, de venger la mort de son père [133] jusqu'alors impunie; et d'immoler Brutus et Cassius, dont l'existence semblait insulter à ses mânes.

Ce fut donc sous le sceau de pareilles conventions que la paix fut conclue entre ces trois chefs. Ils se touchèrent dans la main, et saluèrent réciproquement leurs armées, au confluent de deux rivières, entre Pérouse et Bologne [134]. Au mépris de toutes les lois, ils formèrent un triumvirat, et la république opprimée par leurs armes, vit renaître les proscriptions de Sylla, avec un tel surcroît d'atrocité, qu'il n'y eut pas moins de cent quarante sénateurs portés sur les listes fatales [135]. Cruelles, ignominieuses, et à jamais déplorables furent ces catastrophes, qui terminèrent les jours de tant de malheureux réduits à fuir par tout l'univers. Qui pourrait assez gémir sur l'indignité de pareils forfaits, quand on songe qu'Antoine proscrivit Lucius César, son oncle maternel, et Lépide, Lucius Paulus son frère [136]!

On était déjà accoutumé dans Rome à voir les têtes des citoyens égorgés, exposées sur la tribune aux harangues. Cependant toute la ville ne put retenir ses larmes, en contemplant sur cette même tribune, qui retentissait encore de ses paroles éloquentes, la tête sanglante de Cicéron; et l'on accourait pour la voir, avec le même empressement que naguère on avait mis à venir entendre ce grand orateur [137].

Ces forfaits ne se commettaient que d'après les tables de proscriptions d'Antoine et de Lépide. Le jeune César se contenta de faire périr les assassins de son père; et s'ils n'avaient été si multipliés, les meurtres qu'il ordonna auraient pu paraître justes [138].

VII. Bellum Bruti et Cassii.

Brutus et Cassius sic Cæsarem, quasi Tarquinium regem, depulisse regno videbantur; sed libertatem, quam maxime restitutam voluerunt, illo ipso parricidio perdidere. Igitur, cæde perfecta, quum veteranos Cæsaris, nec immerito, timerent, statim e curia in Capitolium confugerunt. Nec illis ad ultionem deerat animus, sed ducem non habebant. Igitur quum appareret, quæ strages reipublicæ immineret, displicuit ultio, consensu consulis abolitione decreta [a]. Ne tamen publici doloris oculos ferrent [b], in provincias ab illo ipso, quem occiderant, Cæsare datas, Syriam et Macedoniam concesserunt. Sic vindicta Cæsaris dilata potius quam oppressa est.

Igitur ordinata magis ut poterat, quam ut debebat, respublica [c], relicto ad Urbis præsi-

[a] *Displicuit ultio consensu consulis abolitione decreta.* Ea est Stadii lectio qui hunc locum in Mss. omnibus lacerum, ingeniose et levi mutatione restituit: quippe qui ita se habebat: *displicuit ultio, cum consulis abolitione decreta.* Hanc probavit emendationem Freinshemius, qui tamen alteram proponit: *displicuit ultio, consilio Ciceronis abolitione decreta.* Aliter Anna Fabri: *displicuit ultio, senatus consulto cædis abolitione decreta.* Ingeniosæ quidem sunt illæ conjecturæ; sed lectioni Stadii hæreamus quasi a manuscriptorum vestigiis minime recedenti.

VII. Guerre de Brutus et de Cassius. [An de Rome, 709 à 711.]

Brutus et Cassius, en ôtant la vie à César, semblaient avoir chassé du trône un nouveau Tarquin. Mais ce parricide même entraîna la perte de cette liberté, qu'ils s'étaient tant flattés de rétablir. Dès que le meurtre eut été commis, ils craignirent avec raison le ressentiment des vétérans de César, sortirent du sénat, et se réfugièrent à l'instant dans le Capitole. Ce n'est pas que ces soldats n'eussent le désir de venger leur général, mais ils n'avaient point de chef. D'ailleurs comme il était évident que cette vengeance entraînerait les suites les plus désastreuses pour la république, on y renonça ; et, du consentement du consul, un décret d'amnistie fut rendu [139]. Toutefois, pour ne pas demeurer témoins de la douleur publique, Brutus et Cassius se retirèrent dans leurs gouvernemens de Syrie et de Macédoine [140], dont ils étaient redevables à ce même César qu'ils avaient immolé. Ainsi la vengeance de sa mort fut plutôt différée qu'abandonnée.

En effet, dès que l'ordre fut rétabli, sinon entièrement, du moins autant qu'il était possible, dans la ré-

---

b *Ne tamen publici doloris oculos ferrent.* Prærupta hæc et depravata. Qui sunt *publici doloris oculi ?* Si libere nobis de hoc loco sententiam ferre licet, omnino existimamus eum inutilem esse.

c *Igitur ordinata magis ut poterat, quam ut debebat, respublica.* Ryck. *Igitur ordinata magis ut poterat, quam ut decebat inter triumviros respublica.* Sed quia in Nazar. aliisque melioribus libris non habetur *inter triumviros*, caussæ nihil est ut hæc verba non ut spuriis ducantur, et *respublica* ex iisdem cum Salmasio recipiatur. (Grævius.)

dium Lepido, Cæsar cum Antonio in Cassium Brutumque succingitur. Illi comparatis ingentibus copiis, eamdem illam, quæ fatalis Cnæo Pompeio fuit, arenam insederant. Sed nec tum imminentis cladis destinata signa latuere [a]. Nam et assuetæ cadaverum pabulo volucres castra quasi jam sua circumvolabant; et in aciem prodeuntibus obvius Æthiops, nimis aperte ferale signum fuit. Ipsique Bruto per noctem, quum illato lumine ex more aliqua secum agitaret, atra quædam imago se obtulit, et quæ esset interrogata : « *Tuus*, inquit, *malus genius.* » Hoc et sub oculis [b] mirantis evanuit.

Pari in meliora præsagio, in Cæsaris castris omnia aves victimæque promiserant : sed nihil illo præsentius, quod Cæsaris medicus somnio admonitus est, ut Cæsar castris excederet, quibus capi imminebat : ut factum est. Acie namque commissa, quum pari ardore aliquandiu dimicatum foret, quamvis duces non essent præ-

[a] *Tum imminentis cladis destinata signa.* Sic, teste Grutero, e Nazarian. vestigiis. Pallatini tres, *imminentia cladis destinatæ;* non recte : clades autem imminebat, non signa cladis præsaga, quæ præsentia erant et jam apparebant.

[b] *Hoc et sub oculis.* In pluribus editis legas : *hoc dixit et sub*

publique, tombée au pouvoir des triumvirs, César et Antoine, laissant à Lépide la défense de Rome, se préparèrent à marcher contre Brutus et Cassius. Ceux-ci, après avoir rassemblé des troupes nombreuses, allèrent camper dans la même plaine qui avait été si fatale à Pompée [141]. Plus d'un présage manifeste vint alors annoncer à ces généraux le désastre qui les menaçait. Des oiseaux accoutumés à se repaître de cadavres, voltigeaient autour de leur camp, comme autour d'une proie d'avance assurée. La rencontre d'un Ethiopien [142], au moment où ils marchaient au combat, fut un signe non moins certain et non moins sinistre. Brutus lui-même était, selon sa coutume, à méditer profondément pendant la nuit à la clarté d'une lampe, lorsqu'un horrible fantôme lui apparut; il lui demanda qui il était. « Je « suis ton mauvais génie, » répondit le spectre, qui, après ces mots, disparut aux yeux de Brutus étonné [143].

Dans le camp de César on vit des présages analogues, mais d'une nature plus favorable. Le vol des oiseaux et les entrailles des victimes ne promettaient rien que d'heureux. Mais de tous ces signes prophétiques, le plus certain fut l'avertissement que le médecin de César reçut en songe, de faire transporter son maître hors du camp [144], qui était menacé d'être pris, et qui le fut en effet. L'action s'étant engagée, les deux partis combattirent long-temps avec une égale ardeur, bien qu'aucun des deux triumvirs ne

---

oculis, male : nam *inquit* et *dixit*, tam propinqua, non bene sonant. Nazariano, non adesse *dixit*, testis est Gruterus.

sentes, (quorum alterum corporis ægritudo, illum metus et ignavia subduxissent,) staret tamen pro partibus invicta fortuna et ultoris, et qui vindicabatur. Primum adeo anceps fuit, et par utrinque discrimen [a], ut exitus docuit, capta sunt hinc Cæsaris castra, inde Cassii.

Sed quanto efficacior est fortuna, quam virtus! Et quam verum est, quod moriens Brutus efflavit, *non in re sed in verbo tantum esse virtutem!* Victoriam illi prælio error dedit. Cassius, inclinato cornu suo, quum, captis Cæsaris castris, rapido impetu recipientes se equites videret, fugere, arbitratus evadit in tumulum : inde pulvere et strepitu, etiam nocte vicina, eximentibus gestæ rei sensum, quum speculator quoque in id missus, tardius renuntiaret; transactum de partibus ratus, uni de proximis auferendum præbuit caput. Brutus quum in Cassio etiam suum animum perdidisset, ne quid ex constituti fide resignaret, (ita enim par superesse bello convenerat,) ipse quoque uni comitum suorum confodiendum præbuit latus. Quis sapientissimos viros non miretur ad ultimum non suis manibus usos? Nisi si hoc quoque ex persuasione defuit, ne violarent manus, sed in abolitione sanctissi-

[a] *Et par utrinque discrimen.* Ita distinxerunt Vinetus et Gruterus hunc locum, in plurimis valde turbatum.

fût présent à la bataille, l'un pour cause de maladie, l'autre par crainte et par lâcheté [145]. Mais la fortune de Jules César et de son vengeur, combattit pour leur cause, et ne fut point vaincue. Toutefois les avantages du combat furent d'abord si bien disputés et si parfaitement égaux de part et d'autre, comme l'événement le fit voir, que le camp de César et celui de Cassius furent successivement forcés.

Combien le pouvoir de la fortune est supérieur à celui de la vertu ! Et qu'elle est vraie cette exclamation échappée à Brutus mourant : « O vertu ! tu n'es qu'un « vain nom ! » Une méprise donna la victoire aux triumvirs [146]. L'aile que commandait Cassius commençait à plier, lorsqu'il vit revenir avec précipitation la cavalerie de Brutus qui avait emporté le camp de César. Cassius prit ce mouvement pour une fuite, et se retira sur une éminence. La poussière, le bruit et les approches de la nuit l'empêchaient encore de distinguer le véritable état des choses ; enfin un coureur qu'il avait envoyé à la découverte, tardait à revenir. Il crut donc son parti perdu sans ressource, et se fit couper la tête par l'un de ceux qui se trouvaient auprès de sa personne. Brutus, en perdant Cassius, perdit tout son courage [147]. Pour ne pas manquer à la parole qu'ils s'étaient mutuellement donnée de ne pas survivre à leur défaite, il se fit percer le sein par un de ses affidés. On s'étonnera que des hommes aussi sages ne se soient pas servis de leur propre main pour terminer leurs jours ! Peut-être étaient-ils persuadés qu'il n'est point permis de tremper ses mains dans le sang, et que pour arracher de leurs corps leurs ames pures et saintes, ils de-

marum, piissimarumque [a] animarum judicio suo, scelere alieno, uterentur.

VIII. Bellum cum Sexto Pompeio.

Sublatis percussoribus Cæsaris, supererat Pompeii domus. Alter juvenum in Hispania occiderat; alter fuga evaserat : contractisque infelicis belli reliquiis, quum insuper ergastula armasset, Siciliam, Sardiniamque habebat. Jam et classe medium mare insederat. O quam diversus a patre ! Ille Cilicas extinxerat : hic secum piratas navales agitabat.

Tota mole belli penitus in Siculo freto juvenis oppressus est; magnique famam ducis ad inferos secum tulisset, si nihil tentasset ulterius : nisi quod magnæ indolis signum est, sperare semper. Perditis enim rebus profugit; Asiamque velis petit, venturus ibi in manus hostium et catenas, et, quod miserrimum est fortibus viris, ad hostium arbitrium sub percussore moriturus. Non alia post Xerxem miserabilior fuga. Quippe modo trecentarum quinquaginta navium dominus, cum sex septemve fugiebat, extincto prætoriæ navis lumine, anulis in mare abjectis, pa-

---

[a] *Piissimarumque.* In quibusdam, *pientissimarum.*

vaient s'en tenir à l'intention, et laisser à d'autres l'exécution du crime [148].

VIII. Guerre de Sextus Pompée. [An de Rome, 713 à 718.]

Les meurtriers de César avaient cessé de vivre [149]; mais la maison de Pompée n'était pas éteinte. L'un de ses fils avait péri en Espagne, l'autre avait dû son salut à la fuite. Ce dernier, après avoir recueilli les tristes débris de la défaite de Philippes, avait en outre armé les esclaves, et s'était emparé de la Sicile et de la Sardaigne [150]. Il tenait même la Méditerranée avec une flotte. O combien le fils était différent du père! Le grand Pompée avait exterminé les pirates Ciliciens : Sextus se montrait sur mer comme un chef de corsaires [151].

Accablé sans retour dans le détroit de Sicile [152] sous le poids des défaites les plus désastreuses, Sextus aurait emporté dans le séjour des ombres la réputation d'un grand capitaine, si, égaré par cette force d'âme qui ne perd jamais l'espérance, il n'eût de nouveau tenté la fortune [153]. Vaincu sans ressource, il fit voile vers l'Asie où il devait tomber entre les mains et les fers de ses ennemis, et ce qui, pour un homme de courage, est le comble de l'infortune, périr à leur gré sous le fer d'un assassin [154]. Jamais fuite, depuis celle de Xercès [155], n'avait été plus déplorable. On vit Sextus, qui naguère était maître d'une flotte de trois cent cinquante voiles, s'échapper avec six ou sept navires, réduit, pour cacher sa fuite, à faire éteindre le fanal du vaisseau prétorien [156], et à jeter dans la mer, pour n'être pas reconnu, l'anneau qui lui servait de cachet. Il portait

vens atque respectans, et tamen non timens ne periret.

IX. Bellum Parthicum, duce Ventidio.

Quamvis in Cassio et Bruto partes sustulisset; in Pompeio totum partium nomen abolesset: nondum tamen ad pacis stabilitatem profecerat Cæsar, quum scopulus, et nodus, et mora publicæ securitatis superesset Antonius. Nec ille defuit vitiis, quin periret; immo omnia expertus ambitu et luxuria, primum hostes, deinde cives, tandem etiam terrore sui sæculum liberavit.

Parthi clade Crassiana altius animos erexerant; civilesque populi romani discordias læti acceperant. Itaque ut prima affulsit occasio, non dubitaverunt erumpere, ultro quidem invitante Labieno; qui missus a Cassio Brutoque (quis furor scelerum!) sollicitaverat hostes in auxilium: et illi Pacoro duce, regio juvene, dissipant Antoniana præsidia. Saxa legatus ne veniret in potestatem a gladio suo impetravit. Denique ablata Syria, emanabat latius malum, hostibus sub auxilii specie sibi vincentibus, nisi Ventidius, et hic legatus Antonii, incredibili felicitate et Labieni copias, ipsumque Pacorum, et om-

de tous côtés des regards incertains et inquiets, craignant tout, excepté la mort.

IX. Guerre de Ventidius contre les Parthes. [An de Rome, 714 à 715.]

César avait, par la mort de Brutus et de Cassius, vu détruire le parti de Pompée ; et il venait d'en voir effacer jusqu'au nom par celle de Sextus. Cependant il n'avait encore rien fait pour affermir la paix, puisque l'écueil et l'obstacle de la tranquillité publique [157], Antoine respirait encore. Ce n'est pas que par ses fautes ce triumvir ne fît tout pour avancer sa perte. En effet, poussant à bout l'ambition et la luxure, ce fut lui seul qui délivra, d'abord ses ennemis, puis ses concitoyens, enfin son siècle, du fardeau de sa funeste existence.

La défaite de Crassus avait enflé le cœur belliqueux des Parthes. Ils apprirent avec joie nos guerres civiles ; et prompts à saisir l'occasion, ils firent une irruption sur nos frontières, à l'instigation de Labiénus qui, envoyé par Brutus et Cassius [158], était venu (tant est aveugle la fureur des discordes intestines !) implorer le secours de ces ennemis de Rome. Aussitôt les Parthes, sous la conduite du jeune Pacorus, fils de leur roi, dissipent les garnisons d'Antoine. Saxa, lieutenant du triumvir [159], se passa son épée au travers du corps pour ne pas tomber entre les mains du vainqueur. La Syrie fut ainsi enlevée ; et comme, sous prétexte d'agir en auxiliaires, les Parthes prétendaient vaincre pour leur propre compte [160], leurs progrès funestes se seraient étendus plus loin, sans Ventidius, autre lieutenant d'Antoine [161]. Avec un bonheur incroyable, il taille en pièces les troupes

nem Parthicum equitatum, toto inter Orontem et Euphratem sinu late cecidisset. Viginti amplius millium fuit [a]; nec sine consilio ducis, qui simulato metu, adeo passus est hostem castris succedere, donec, absumpto jactus spatio, adimeret usum sagittarum. Rex fortissime dimicans cecidit. Mox circumlato ejus, per urbes, quæ desciverant, capite, Syria sine bello recepta. Sic Crassianam cladem Pacori cæde pensavimus.

X. Bellum Parthicum cum Antonio.

Expertis invicem Parthis atque Romanis, cum Crassus atque Pacorus utrinque virium mutuarum documenta fecissent, pari rursus reverentia, integrata amicitia, et quidem ab ipso fœdus Antonio cum rege percussum. Sed immensa vanitas hominis, dum titulorum cupidine, Araxem et Euphratem sub imaginibus suis legi concupiscit; neque causa, nec consilio, ac ne imaginaria quidem belli indictione, quasi hoc quoque ex arte ducis esset obrepere, relicta repente Syria in Parthos impetum facit. Gens præter armorum fiduciam callida, simulat trepidationem, et in

[a] *Viginti amplius millium fuit.* Sic omnes scripti et editi. Hinc aliquid incuriam abstulisse censuit Tanaquil Faber qui sic legit: *viginti amplius millium* ea clades *fuit.*

de Labiénus, toute la cavalerie parthe, et tue Pacorus lui-même dans la vaste plaine qui s'étend entre l'Oronte et l'Euphrate [162]. Cette défaite coûta aux ennemis plus de vingt mille hommes, et fut l'ouvrage de l'habileté du général romain qui, affectant la crainte, laissa approcher l'ennemi de son camp, assez pour lui ôter l'espace nécessaire à la portée de ses traits; les Parthes ne purent donc faire usage de leurs arcs. Leur prince périt en combattant avec une rare valeur : sa tête fut portée par toutes les villes [163] qui avaient ouvert leurs portes à l'ennemi; et la Syrie fut recouvrée sans coup férir. C'est ainsi que le désastre de Crassus fut vengé par le sang de Pacorus.

X. Guerre d'Antoine contre les Parthes. [An de Rome, 716 à 717.]

Les Parthes et les Romains, en se mesurant ensemble, s'étaient donné, par la mort de Crassus et de Pacorus, des preuves réciproques de leur vaillance. Pénétrés d'une estime mutuelle, les deux peuples renouvelèrent leur ancienne alliance, et ce fut Antoine lui-même qui en signa le traité avec le roi des Parthes [164]. Mais, aveuglé par son excessive vanité, cet homme avide de nouveaux titres, et jaloux de décorer ses images des noms de l'Araxe et de l'Euphrate [165], quitta tout à coup la Syrie, pour tomber sur les Parthes, sans sujet, sans aucun plan, sans même aucune apparence de déclaration de guerre, comme si la science d'un habile général eût autorisé la trahison [166]. La nation des Parthes n'est pas moins rusée que guerrière : ils feignirent d'être épouvantés, et de fuir à travers leurs campagnes. Antoine les y poursuivit comme s'il eût été vainqueur. Mais tout

campos fugam. Hic statim quasi victor sequebatur; quum subito nec magna hostium manus, ex improviso, et jam in fessos via sub vespere, velut nimbus, erupit; et, missis undique sagittis, duas legiones operuerunt.

Nihil acciderat in comparationem cladis, quæ in posterum diem imminebat, nisi intervenisset deum miseratio. Unus ex clade Crassiana Parthico habitu castris adequitat, et salute latine data, quum fidem ipso fecisset, quid immineret, edocuit : *jam adfuturum cum omnibus copiis regem ; irent retro, peterentque montes : sic quoque hostem fortasse non defore.* Atque ita sequuta est minor vis hostium [a], quam imminebat. Adfuit tamen; deletæque copiæ forent, nisi urgentibus telis in modum grandinis, quadam sorte quasi docti, procubuissent in genua milites; et, elatis super capita scutis, cæsorum speciem præbuissent. Tum Parthus arcus inhibuit. Deinde Romani quum se rursus extulissent, adeo res miraculo fuit, ut unus ex barbaris miserit vocem : *Ite, et bene valete, Romani ; merito vos victores gentium fama loquitur, qui Parthorum tela fugistis.*

---

[a] *Atque ita sequuta est minor vis hostium.* — *Atque ita facta est*, in altero Palatino. (Salmas.)

à coup il fut inopinément assailli par un corps d'ennemis, d'abord peu considérable, puis sur la fin du jour, lorsque l'armée romaine était déjà fatiguée de la marche, il vit paraître une nuée d'ennemis qui accablèrent deux légions sous une grêle de traits [167].

Ce n'était rien encore en comparaison du malheur qui menaçait les Romains, pour le jour suivant. Mais les dieux, dans leur miséricorde, intervinrent en notre faveur. Un Romain, qui avait échappé à la défaite de Crassus [168], s'approcha de notre camp, à cheval, habillé en Parthe, et après avoir ôté à Antoine toute défiance, en le saluant en langue latine, il l'informa du péril auquel il était exposé. Il lui dit que le roi des Parthes paraîtrait bientôt avec toutes ses forces; qu'il fallait effectuer sa retraite, et gagner les montagnes, et que, malgré ces précautions, il ne pourrait peut-être éviter d'être harcelé par l'ennemi. Grâce à cet avis, Antoine fut moins vivement poursuivi qu'il n'avait lieu de le craindre. Il le fut néanmoins, et les troupes qui lui restaient auraient été exterminées, si ses soldats, accablés d'une grêle de traits, ne s'étaient avisés, par une heureuse inspiration, de se laisser tomber sur leurs genoux, et de se couvrir la tête de leurs boucliers, comme s'ils eussent succombé à leurs blessures. Les Parthes, à cette vue, détendirent leurs arcs; mais, voyant ensuite les Romains se relever, cette manœuvre leur causa une si grande surprise, qu'un des barbares s'écria : « Allez, Romains, et retirez-vous
« sains et saufs. C'est à juste titre que la renommée
« vous appelle les vainqueurs des nations, puisque
« vous avez pu échapper aux flèches des Parthes [169]. »

Non minor ex aqua postea, quam ab hostibus clades. Infesta primum siti regio; tum quibusdam salinacidis fluviis infestior [a] : novissime, quum jam ab invalidis et avide hauriebantur, noxiæ etiam dulces fuere. Mox et ardores per Armeniam, et nives per Cappadociam, et utriusque cœli subita mutatio pro pestilentia fuit. Sic vix tertia parte de sedecim legionibus reliqua, quum argentum ejus passim dolabris concideretur; et subinde inter moras mortem a gladiatore suo efflagitasset, egregius imperator, tandem perfugit in Syriam. Ibi incredibili quadam mentis vecordia ferocior aliquanto factus est : quasi vicisset, qui evaserat.

XI. Bellum cum Antonio et Cleopatra.

Furor Antonii, quatenus per ambitum non interiret, luxu et libidine extinctus est. Quippe, post Parthos, quum exosus arma in otio ageret, captus amore Cleopatræ, quasi bene gestis rebus, in regio se sinu reficiebat. Hæc mulier Ægyptia,

---

[a] *Tum quibusdam salinacidis fluviis infestior.* Sic legendum hunc locum ex Salmasio in Solinum, nec non ex Freinshemio, Anna Fabri filia, et Grævio. In veteribus editis : *tum quibusdam*

Les Romains ensuite n'eurent pas moins à souffrir de la soif que de la poursuite des ennemis. Cette contrée leur parut d'abord entièrement dépourvue d'eau, et, pour mettre le comble à leurs souffrances, elle leur offrit plus loin des fleuves dont les ondes étaient acides et salées [170]. L'eau douce qu'ils trouvèrent enfin, leur devint nuisible, parce que, dans leur état de faiblesse, ils en burent avec avidité. Bientôt il leur fallut successivement affronter les chaleurs de l'Arménie et les neiges de la Cappadoce [171] : le changement subit de ces deux climats opposés, produisit sur eux le pernicieux effet de la peste. C'est ainsi que ramenant à peine le tiers de seize légions, cet habile général trouva enfin un asyle en Syrie, après s'être vu forcé de faire mettre en pièces à coups de haches sa vaisselle d'argent [172], et avoir plusieurs fois conjuré son gladiateur de lui donner la mort. Par un aveuglement d'esprit inconcevable, il se montra plus fier que jamais, et se comporta en vainqueur, lui qui avait été trop heureux de fuir.

XI. Guerre contre Antoine et Cléopâtre. [An de Rome, 722.]

Si les tristes fruits de l'ambition d'Antoine n'avaient pu mettre un frein à ses excès, son faste et ses débauches devaient en hâter le terme. Fatigué de la guerre, après son expédition contre les Parthes, il s'abandonna au repos, et subjugué par son amour pour Cléopâtre, il se délassait dans les bras de cette reine, comme si toutes choses eussent heureusement succédé à ses vœux. L'Égyptienne, pour prix de ses

Salmacidis fluvius infestior, sine sensu. (Vide commentum hujusce libri.)

ab ebrio imperatore, pretium libidinum, romanum imperium petit. Et promisit Antonius : quasi facilior esset Partho Romanus. Igitur dominationem parare, nec tacite; sed patriæ, nominis, togæ, fascium oblitus, totus in monstrum illud ut mente, ita animo et cultu [a] desciverat. Aureum in manu baculum, ad latus acinaces, purpurea vestis ingentibus obstricta gemmis : diadema aderat, ut regina rex ipse frueretur.

Ad primam novorum motuum famam Cæsar a Brundusio trajecerat, ut venienti bello occurreret; positisque in Epiro castris, Leucadem insulam, montemque Leucaten, et Ambracii sinus cornua, infesta classe succinxerat. Nobis quadringentæ non minus naves, ducentæ non amplius hostium ; sed numerum magnitudo pensabat. Quippe a senis in novenos remorum ordinibus ; ad hoc turribus atque tabulatis allevatæ, castellorum et urbium specie, non sine gemitu maris et labore ventorum ferebantur. Quæ quidem ipsa moles exitio fuit. Cæsaris naves a triremibus in

---

[a] *Ut mente, ita animo et cultu.* Hic Freinshemius *amictu* pro *animo* proponit.

caresses, osa demander l'empire romain à ce général enivré par sa passion. Antoine le lui promit, comme si les Romains avaient été plus aisés à subjuguer que les Parthes. Il se prépare donc à se rendre seul maître de l'empire; et, loin de cacher son dessein, il renonce à sa patrie, au nom, au costume romain, à ses faisceaux consulaires; et, pour complaire au monstre de luxure qui le tient asservi, il se dégrade par son extérieur, autant que par ses sentimens et ses coupables dispositions. Il porte un sceptre d'or à la main, des poignards à ses côtés, et une longue robe de pourpre agraffée par de grosses pierres précieuses : il ceint même le diadême, afin que, roi lui-même, son union avec une reine parût mieux assortie [173].

Au premier bruit des nouvelles dispositions hostiles de son rival, César s'était embarqué à Brindes, et avait passé la mer pour aller au devant du danger. Il avait placé son camp en Épire, tandis que sa flotte redoutable investissait l'île et le promontoire de Leucade et les deux côtés du golfe d'Ambracie [174]. Nous n'avions pas moins de quatre cents vaisseaux; les ennemis n'en avaient pas au-delà de deux cents; mais l'infériorité de leur nombre était bien compensée par leur grandeur [175]. Ces bâtimens étaient tous de six à neuf rangs de rames, et surmontés de grosses tours à plusieurs étages; on les eût pris pour des châteaux ou des villes flottantes; la mer gémissait sous leur poids, et les vents s'épuisaient à les faire mouvoir [176]; mais l'énormité de leur masse fut précisément la cause de leur perte. Les navires de César, au contraire, n'avaient que trois, ou tout au plus six

senos, non amplius, ordines creverant. Itaque habiles in omnia, quæ usus poscebat; ad impetus, et recursus, flexusque capiendos, illas graveis, et ad omnia præpeditas, singulas plures adortæ, missilibus simul, tum rostris [a], ad hoc ignibus jactis, ad arbitrium dissipavere. Nec ulla re magis hostilium copiarum apparuit magnitudo, quam post victoriam. Quippe immensa classis, naufragio belli facto, toto mari ferebat Arabum, Sabæorumque [b] et mille aliarum gentium Asiæ spolia : purpuram aurumque in ripam assidue mota ventis maria revomebant.

Prima dux fugæ regina, cum aureâ puppe, veloque purpureo, in altum dedit. Mox sequutus Antonius; sed instare vestigiis Cæsar. Itaque nec præparata in Oceanum fuga, nec munita præsidiis utraque Ægypti cornua, Parætonium atque Pelusium profuere. Prope manu tenebantur. Prior ferrum occupavit Antonius. Regina ad pedes Cæsaris provoluta tentavit oculos ducis, frustra ; nam pulchritudo infra pudicitiam principis fuit. Nec illa de vita, quæ offerebatur, sed de parte

[a] *Missilibus simul, tum rostris.* Sic ingenue emendavit Salmasius hunc locum, qui minus eleganter in veteribus editis : *missilibus simul cum rostris.*

[b] *Toto mari ferebat Arabum, Sabæorumque.* Ita hunc locum

rangs de rames; ils étaient propres à toutes les évolutions nécessaires, à attaquer, à se retirer, à esquiver l'abordage. Plusieurs de ces vaisseaux s'attachaient à la fois contre une seule de ces machines lourdes, inhabiles à toutes manœuvres, et les accablaient sans peine sous les efforts réitérés de leurs traits, de leurs éperons, et des feux qu'ils lançaient. Ce fut surtout après la victoire qu'on put juger de la grandeur des forces ennemies dont triomphait Octave. Leurs navires gigantesques, brisés par le sort des combats comme par un grand naufrage, étaient battus au loin sur toutes les mers; et les vagues agitées par les vents, vomissaient sur tous les rivages la pourpre, l'or, et les dépouilles des Arabes, des Sabéens [177], et de mille autres nations de l'Asie.

Cléopâtre donna l'exemple de la fuite [178] : la première elle gagna le large sur son vaisseau dont la poupe était dorée, et les voiles de pourpre. Antoine la suit de près; mais César vole aussitôt sur leurs traces. En vain ils avaient formé le projet de s'enfuir sur l'Océan, en vain ils comptaient sur les forteresses de Parétonium et de Péluse, qui sont les clefs des deux frontières opposées de l'Egypte [179] : le vainqueur fut au moment de les tenir en sa puissance. Antoine se perça le premier de son épée. Cléopâtre se jeta aux pieds de César, et tenta inutilement de le gagner par ses charmes : sa beauté échoua contre la continence de ce grand homme [180]. Ce n'était point au reste le soin de conserver une vie que lui offrait son vainqueur, mais le désir de conserver sa por-

distinxit Salmasius ; et hujus distinctionis auctor est, ut ait, vetus scriptura.

regni laborabat. Quod ubi desperavit a principe, servarique se triumpho vidit, incautiorem nacta custodiam, in mausoleum se (sepulcra regum sic vocant) recipit. Ibi maximos ut solebat induta cultus, in differto odoribus solio, juxta suum se collocavit Antonium; admotisque ad venas serpentibus, sic morte quasi somno soluta est.

XII. Bellum adversus gentes exteras.

Hic finis armorum civilium. Reliqua adversus exteras gentes, quæ, districto circa mala sua imperio, diversis orbis oris emicabant. Nova quippe pax, necdum assuetæ frænis servitutis tumidæ gentium inflatæque cervices ab imposito nuper jugo resiliebant.

Ad septentrionem conversa ferme plaga ferocius agebat: Norici, Illyrii, Pannonii, Dalmatæ, Mysi, Thraces et Daci, Sarmatæ atque Germani.

Noricis animos dabant Alpes atque nives, quo bellum non posset ascendere. Sed omnes illius cardinis populos, Brennos, Senones [a] atque Vin-

[a] *Brennos, Senones.* Est varia horum nominum scriptura. (Vide commentum hujusce libri.)

tion du royaume d'Égypte, qui faisait agir Cléopâtre. Dès qu'elle eut perdu l'espoir d'obtenir cette faveur de César, et qu'elle vit qu'il la réservait pour son triomphe, profitant de la négligence de ses gardes, elle alla s'enfermer dans un mausolée (c'est ainsi que les Égyptiens nomment les tombeaux de leurs rois); là, parée, selon sa coutume, de superbes vêtemens, elle se plaça sur des coussins embaumés de parfums, auprès de son cher Antoine [181]; et, se faisant piquer les veines par des serpens, elle expira d'une mort douce, et semblable à un paisible sommeil.

XII. Guerres étrangères sous Auguste. [An de Rome, 733 à 760.]

Ce fut là le terme des guerres civiles [182]. Les autres guerres d'Octave furent livrées à des nations étrangères, qui, voyant l'empire travailler à sa propre ruine, se soulevèrent contre lui, dans les diverses parties de l'univers. La paix à laquelle elles avaient été contraintes était encore nouvelle, et ces peuples, peu accoutumés au frein de la servitude, tentaient d'affranchir leurs têtes altières d'un joug si récemment imposé.

Ceux qui habitent vers le Septentrion se montraient les plus indomptables : tels étaient les peuples du Noricum, les Illyriens, les Pannoniens, les Dalmates, les Mysiens, les Thraces, les Daces, les Sarmates et les Germains.

La hauteur des Alpes et leurs neiges éternelles enflaient le courage des peuples du Noricum [183]; ils s'imaginaient que la guerre ne pourrait franchir leurs montagnes; mais César réprima entièrement les Brennes, les Sénonais, les Vindeliciens [184], et tous les

delicos per privignum suum Claudium Drusum perpacavit. Quæ fuerit Alpicarum gentium feritas [a], facile vel mulieres ostendere; quæ, deficientibus telis, infantes ipsos afflictos humo in ora militum adversa miserunt.

Illyrii quoque sub Alpibus agunt, imasque valles earum, ac quædam quasi claustra, custodiunt, abruptis torrentibus impliciti. In hos expeditionem ipse sumpsit, fierique pontes imperavit. Hic se et aquis et hoste turbantibus, cunctanti ad ascensum militi scutum de manu rapuit, et in via primus; tunc agmine sequuto, quum lubricus multitudine pons succidisset [b], saucius manibus ac cruribus, speciosior sanguine et ipso periculo angustior, terga hostium percecidit.

Pannonii duobus, saltibus ac fluviis Dravo, Savoque vallabantur [c]. Populati proximos, intra

[a] *Quæ fuerit Alpicarum gentium feritas.* In veteribus edit. *callidarum* legendum est, quod merito suspectum habuit Salmasius, qui *Alpicarum* ingeniose proposuit. Nihil enim minus convenit barbaris et feris gentibus quam calliditas : et si forsan conveniret, quorsum ejus calliditatis hic mentio, hoc quidem loco, quum nihil sequatur, aut callide aut dolose factum ; sed meræ feritatis et barbariæ facinus ?

peuples de cette contrée, par les armes de Claudius Drusus, son beau-fils [185]. Les femmes de ces barbares firent bien voir toute la férocité des peuples qui habitent les Alpes ; après avoir épuisé les traits, elles écrasaient leurs propres enfans contre terre, et les lançaient ensuite à la tête de nos soldats.

Les Illyriens habitent aussi au pied des Alpes [186], dont ils gardent les plus profondes vallées et les passages les plus inaccessibles, protégés par les torrens impétueux qui environnent leur pays. César voulant diriger en personne son expédition contre ce peuple, fit construire des ponts pour franchir ces torrens. La fureur des eaux et la vue de l'ennemi avaient jeté le désordre dans son armée ; César arrache le bouclier des mains d'un soldat [187] qui hésitait à monter sur un de ces ponts, et il s'y précipite le premier. Il est alors suivi de ses troupes. Le pont mal affermi succombe sous une charge aussi pesante. César lui-même est blessé aux mains et aux jambes. Le sang dont il est couvert, et le danger qu'il affronte le font paraître plus imposant et plus auguste : il charge les ennemis en queue, et en fait un horrible carnage.

Les Pannoniens étaient retranchés entre deux forêts, et deux rivières, la Save et la Drave [188].

---

[b] *Quum lubricus multitudine pons succidisset.* In vulgatis : *quum Illyricus multitudine pontem succidisset.* Hæc nullius sententiæ, et adversari historiæ dudum notaverunt Gruterus et Salmasius, qui ex Nazariano et Palatino tertio legerunt : *quum lubricus pons multitudine,* etc. — *Succidisset* non a *cædo* sed a *cado.*

[c] *Pannonii duobus saltibus, ac fluviis Dravo, Savoque valla-*

ripas se recipiebant. In hos domandos Tiberium [a] misit. Cæsi sunt in utrisque fluminibus [b]. Arma victorum non ex more belli cremata, sed capta sunt, et in profluentes data, ut cæteris, qui resistebant, victoria sic nuntiaretur.

Dalmatæ plerumque sub sylvis agunt; inde in latrocinia promptissimi. Hos jam quidem Marcius incensa urbe Delminio quasi detruncaverat: postea Asinius Pollio gregibus, armis, agris multaverat [c]. Sed Augustus perdomandos Tiberio [d] mandat; qui efferum genus fodere terras coegit, aurumque venis repurgare; quod alioquin gens omnium cupidissima, studiosa diligentia anquirit, ut illud in usus suos servare videatur.

bantur. In quibusdam legere est : *duobus saltibus, ac tribus fluviis Dravo, Savo, Histroque.* Illud *Histro* non agnoscitur a Pal. primo aut secundo : habet tamen uterque *ac tribus fluviis Dravo Savoque.* Unde conjicit Grævius totum hic locum ita distinguendum esse : *Pannonii duobus satis acribus fluviis Dravo Savoque vallabantur.* (Vide commentum hujusce libri.)

[a] *Tiberium.* In principi edit. et manuscriptis, *Vibium* legere est; manifesto seu auctoris, seu librariorum errore. (Vide commentum hujusce libri.)

[b] *Utrisque fluminibus.* Est id *utrisque* manifestum argumentum ne *tribus fluviis* in precedente phrasi admittatur. Quæ vox *utris-*

Ces peuples, après avoir ravagé les terres de leurs voisins, venaient se mettre à couvert au delà de ces fleuves. César envoya Tibère pour les soumettre [189]. Ils furent taillés en pièces auprès de l'une et l'autre de leurs rivières. Les armes des vaincus ne furent point brûlées, selon l'usage de la guerre ; mais, après s'en être emparés, les Romains les jetèrent dans le courant des eaux, afin d'annoncer ainsi leur victoire à ceux des Pannoniens qui résistaient encore.

Les Dalmates habitent d'ordinaire les forêts [190] : aussi n'est-il pas de brigands plus déterminés. Marcius, en brûlant Delminium [191], leur capitale, les avait déjà pour ainsi dire privés de leur principal appui. Asinius Pollion [192], les dépouilla de leurs troupeaux, de leurs armes et de leurs terres. Mais ce fut Tibère qui, par l'ordre d'Auguste, acheva de les soumettre. Il contraignit ce peuple féroce à fouiller la terre pour tirer l'or de ses entrailles, et comme d'ailleurs rien n'égale la cupidité des Dalmates, ils se livrèrent à cette exploitation avec autant de zèle et d'activité que si cet or eût été réservé pour leur usage [193].

que pluribus quam duobus fluviis, Dravo scilicet et Savo, applicari non potest.

c *Multaverat.* In veteribus editis post hoc verbum, legendum est : *hic secundus orator*, inter duas parentheses. « Nescio quid sibi velint ista verba, aiebat olim Freinshemius, nisi forte *secundum* a Cicerone *oratorem* faciunt : aut ut equidem legendum crediderim *facundum oratorem.* Certe bonus orator fuit ; sed quomodocumque scribas, dixerim glossam esse studiosi cujusdam, qui sua caussa, ut noscet hominem hoc in margine notaverit. »

d *Tiberio.* In veteribus editis *Vibio.*

Mysi quam feri, quam truces fuerint, quam ipsorum etiam barbari barbarorum, horribile dictu est. Unus ducum ante aciem postulato silentio : *Qui vos*, inquit, *estis ?* Responsum invicem : *Romani, gentium domini.* Et illi : *Ita* [a], inquiunt, *si nos viceritis.* Accepit omen M. Crassus. Illi statim ante aciem immolato equo concepere votum, ut cæsorum extis ducum et litarent, et vescerentur. Deos audisse crediderim : nec tubam sustinere potuerunt. Non minimum terroris incussit barbaris Domitius [b] centurio, satis barbaræ, efficacis tamen apud pares homines stoliditatis, qui, foculum gerens super cassidem, suscitatam motu corporis flammam, velut ardenti capite, fundebat.

Ante hos, Thracum maximus populus desciverat [c]. Ille barbarus et signis militaribus, et

[a] *Ita inquiunt, si nos.* Hic Salmasius rescribendum ait : *Ita, inquiunt, fiet, si nos,* etc. ; quod a Floro alienissimum puto. (Fabri filia.)

[b] *Domitius.* Sic vulgati. In edit. principe *Chonidius.* In quibusdam Mss. *Donidius*, unde *Domitius.*

[c] *Ante hos, Thracum maximus populus desciverat.* Hunc locum corruptissimum esse viderunt omnes, sed qui restitui possit nondum potuerunt pervidere. Varia est codicum scriptura. In

On ne saurait exprimer combien les Mysiens ont été sauvages et féroces : c'étaient les plus barbares de tous les barbares [194]. Un de leurs chefs s'étant avancé entre les deux armées, demanda qu'on fît silence. « Qui êtes-vous, nous cria-t-il ? — Nous sommes, « lui répondit-on tout d'une voix, les Romains, les « dominateurs des nations. — D'accord, répliqua le « Mysien ; mais seulement si vous pouvez nous « vaincre. » M. Crassus en accepta l'augure [195]. Les ennemis immolèrent à l'instant un cheval sur le front de leur armée, et firent vœu d'offrir aux dieux les entrailles des généraux romains qu'ils tueraient, et de les manger ensuite. Je croirais assez que les dieux ne les entendirent que trop bien : car les Mysiens ne purent pas même soutenir le premier son de la trompette. Le centurion Domitius [196], homme d'un courage brutal, mais parfaitement assorti au caractère stupide de ces barbares, ne leur causa pas une médiocre épouvante en portant sur son casque un brandon ardent, dont la flamme excitée par les mouvemens de son corps, semblait sortir de sa tête, et la faisait paraître tout en feu.

Avant les Mysiens, la plus puissante nation de la Thrace s'était révoltée [197]. Ces barbares avaient

---

Pall. et Ryck. : *Apud hos Thracum maxime populum desciverat.* Salmasius legit in Nazariano *ante* ASSE REGUM *maxime dicitur desciverunt, ille barbarus.* Sub ista balbutie latent nomina aliquot populorum Thraciæ, quæ e latebris eruere non potuit vir ille doctissimus. Quæ vestigia, dum sedulo sequutus est Grævius, latens nomen detegere voluit, et hanc lectionem proposuit : *Bessi Thracum maximus populus desciverat.* Ingeniose quidem. (Vide commentum.)

disciplina, armis etiam Romanis assueverat. Sed a Pisone perdomiti, in ipsa captivitate rabiem ostendere. Quippe quum catenas morsibus tentarent, feritatem suam ipsi puniebant.

Daci montibus inhærent. Cotisonis regis imperio, quoties concretus gelu Danubius junxerat ripas, decurrere solebant, et vicina populari. Visum est Cæsari gentem aditu difficillimam summovere. Misso igitur Lentulo, ultra ulteriorem repulit ripam, citra præsidia constituit. Sic tunc Dacia non victa, sed summota atque dilata est.

Sarmatæ patentibus campis inequitant. Et hos per eumdem Lentulum prohibere Danubio satis fuit. Nihil præter nives, rarasque sylvas habent. Tanta barbaries est, ut pacem non intelligant.

Germaniam quoque utinam vincere tanti non putasset! Magis turpiter amissa est, quam gloriose acquisita. Sed quatenus sciebat patrem suum Cæsarem, bis trajecto ponte Rheno, quæsisse bellum, in illius honorem concupiit facere provinciam. Et factum erat, si barbari tam vitia nostra, quam imperia ferre potuissent.

depuis long-temps adopté nos enseignes militaires, notre discipline et nos armes ; mais domptés par Pison [198], ils déployèrent leur férocité jusque dans les fers ; ils mordaient leurs chaînes, et trouvaient dans cette action même le châtiment de leur fureur.

Les Daces habitent des montagnes [199]. Toutes les fois que les glaces avaient uni les deux rives du Danube, ils descendaient de leurs retraites par l'ordre de Cotison, leur roi, et portaient le ravage sur les terres de leurs voisins. César jugea à propos de repousser au loin une nation dont le territoire était d'un accès si difficile. Lentulus envoyé contre les Daces les força à repasser le Danube [200], et construisit des forteresses en deçà de ce fleuve. Ainsi la Dacie ne fut pas alors subjuguée ; mais les frontières en furent reculées, et la conquête remise à un temps plus éloigné [201].

Les Sarmates sont toujours à cheval [202] dans leurs plaines vastes et découvertes. César se contenta de leur interdire par le même Lentulus le passage du Danube. Leur pays n'offre que des neiges et quelques forêts peu épaisses ; et telle est leur barbarie, qu'ils ne peuvent concevoir l'état de paix.

Plût aux dieux que César eût attaché moins de prix à la conquête de la Germanie : car cette province fut plus honteusement perdue qu'elle n'avait été glorieusement acquise. Mais, sachant que Jules César son père avait jeté deux fois un pont sur le Rhin pour y porter la guerre, Octave voulut honorer sa mémoire en réduisant la Germanie en province romaine. Il aurait réussi dans cette entreprise, si les Germains avaient pu supporter nos vices aussi bien que notre domination.

Missus in eam provinciam Drusus, primos domuit Usipetes. Inde Tenctheros percucurrit et Cattos. Nam Marcomanorum spoliis insignibus quemdam editum tumulum in tropæi modum excoluit. Inde validissimas nationes, Cheruscos, Suevosque, et Sicambros pariter aggressus est; qui, viginti centurionibus incrematis, hoc velut sacramento sumpserant bellum, adeo certa victoriæ spe, ut prædam in antecessum pactione diviserint. Cherusci equos, Suevi aurum et argentum, Sicambri captivos elegerant: sed omnia retrorsum. Victor namque Drusus equos, pecora, torques eorum, ipsosque præda divisit, et vendidit. Præterea in tutelam provinciarum præsidia atque custodias ubique disposuit, per Mosam flumen, per Albim, per Visurgim. Nam per Rheni quidem ripam quinquaginta amplius castella direxit. Bonnam et Maguntiacum [a] pontibus junxit, classibusque firmavit. Invisum atque inaccessum in id tempus Hercynium saltum patefacit. Ea denique in Germania pax erat, ut mutati homines, alia terra, cœlum ipsum mitius molliusque solito videretur. Denique non per adulationem, sed ex meritis, defuncto ibi

---

[a] *Bonnam et Maguntiacum.* In Mss. *Gessoniam*, male. (Vide commentum hujusce libri.)

Drusus envoyé contre eux dompta d'abord les Usipètes, et parcourut en vainqueur le pays des Tencthères et des Cattes [203]. Il étala sur une éminence les riches dépouilles des Marcomans [204], dressées en forme de trophée. Il attaqua ensuite à la fois les valeureuses nations des Chérusques, des Suèves et des Sicambres [205], qui avaient brûlé vifs vingt de nos centurions : c'était là le serment par lequel ces peuples s'étaient engagés à nous faire la guerre. Ils comptaient si fermement sur la victoire, qu'ils avaient stipulé d'avance le partage de nos dépouilles. Les Chérusques avaient choisi pour eux les chevaux; les Suèves, l'or et l'argent; les prisonniers devaient être le partage des Sicambres : mais les uns et les autres furent complétement déçus dans leur attente [206]. Drusus les vainquit, et vendit, ou distribua à ses soldats, leurs chevaux, leur bétail, leurs colliers, et ces barbares eux-mêmes. Il établit des garnisons sur la Meuse, l'Elbe et le Véser [207], pour la défense de ces provinces. Il borda les rives du Rhin de plus de cinquante forts. Il fit construire des ponts à Bonn et à Mayence [208], et y plaça des flottes en station pour les protéger. Il ouvrit une route à travers la forêt d'Hercynie [209], qui avait été jusqu'alors aussi périlleuse que d'accès difficile. Enfin il fit régner une si profonde paix dans la Germanie, qu'on aurait dit que tout y avait changé de nature, les habitans, le sol, et jusqu'au climat, qui semblait plus doux et plus tempéré que de coutume. Ce jeune héros périt dans cette contrée; et le sénat, par une distinction jusqu'alors sans exemple, lui décerna le surnom de la province qu'il avait ajoutée à l'empire : hom-

fortissimo juvene, ipsi, quod nunquam alii, senatus cognomen ex provincia dedit.

Sed difficilius est provincias obtinere, quam facere: viribus parantur, jure retinentur. Igitur breve id gaudium. Quippe Germani victi magis quam domiti erant, moresque nostros magis, quam arma sub imperatore Druso suspiciebant. Postquam vero ille defunctus, Vari Quinctilii libidinem ac superbiam, haud secus quam sævitiam, odisse cœperunt. Ausus ille agere conventum; et in castris jus dicere, quasi violentiam barbarorum et lictoris virgis, et præconis voce posset inhibere. At illi, qui jampridem rubigine obsitos enses [a], inertesque mærerent equos, ut primum togas et sæviora armis jura viderunt, duce Arminio arma corripiunt; quum interim tanta erat Varo pacis fiducia, ut ne prædicta quidem, et prodita per Segestem, unum principum, conjuratione commoveretur. Itaque improvidum, et nihil tale metuentem ex improviso adorti, quum ille (o securitas!) ad tribunal citaret [b], undique invadunt, castra rapiunt, tres legiones opprimuntur.

[a] *Rubigine obsitos enses.* Sic Nic. Heinsius scribi jubet ex Palatino. Sic enim loquuntur Latini. In vulgatis, *rubigine oblitos enses*, minus recte.

[b] *Quum ille (o securitas!) ad tribunal citaret.* Vetus editio: *quum ille ad secures et ad tribunal citaret,* non inepta quoque

mage bien mérité, et auquel la flatterie n'avait aucune part [210].

Il est plus difficile de conserver des provinces, que de les conquérir : l'un est l'ouvrage de la force, l'autre de la justice : aussi nôtre triomphe fut de bien courte durée. Les Germains étaient moins domptés que vaincus, et sous un général tel que Drusus, ils avaient plutôt cédé à l'ascendant de nos mœurs, qu'à la supériorité de nos armes; mais, après sa mort, Quintilius Varus commença à leur devenir aussi odieux par ses débauches et son orgueil, que par sa cruauté [211]. Il eut l'imprudence de leur assigner des jours d'assemblée, et de leur rendre la justice dans son camp, comme si les verges d'un huissier, ou la voix d'un licteur eussent été capables de contenir la fougue et la brutalité de ces barbares! Depuis long-temps les Germains voyaient avec douleur leurs épées se couvrir de rouille, et leurs chevaux s'énerver dans le repos. Dès qu'ils eurent reconnu que nos toges et notre jurisprudence étaient encore plus cruelles que nos armes, ils courent aux combats sous la conduite d'Arminius [212]. Varus cependant croyait la paix si bien établie, que sa confiance ne fut pas même ébranlée par la révélation de tout le complot que lui dévoila Ségeste, l'un des chefs des Germains. Ceux-ci profitent donc, pour le surprendre, de son imprudente sécurité, et tandis que, dans son inconcevable aveuglement, il s'occupe à les citer à son tribunal, les barbares l'assaillissent de toutes parts, se rendent maîtres de son camp, et taillent en pièces ses trois légions [213].

lectio, et præ qua alteram ferre habuerim inferiorem, si sic quoque foret in manuscriptis; sed non. (Gruterus.)

Varus perditas res eodem, quo Cannensem diem Paullus, et fato est et animo sequutus. Nihil illa cæde per paludes, perque sylvas cruentius, nihil insultatione barbarorum intolerantius, præcipue tamen in causarum patronos. Aliis oculos, aliis manus amputabant. Unius os sutum, recisa prius lingua, quam in manu tenens barbarus : *Tandem*, inquit, *vipera*, *sibilare desiste* [a].

Ipsius quoque consulis [b] corpus, quod militum pietas humi abdiderat, effossum. Signa et aquilas duas adhuc barbari possident. Tertiam signifer prius quam in manus hostium veniret, evulsit, mersamque intra baltei sui latebras gerens, in cruenta palude sic latuit. Hac clade factum, ut imperium quod in littore Oceani non steterat, in ripa Rheni fluminis staret.

Hæc ad Septentrionem. Sub Meridiano tumultuatum magis, quam bellatum est. Musulanios atque Gætulos accolas Syrtium, Cosso duce, compescuit : unde illi Gætulici nomen. Latius victoria patet. Marmaridas atque Garamantas Quirinio [c] subigendos dedit. Potuit et ille redire

---

[a] *Sibilare desiste.* «At jam desierat, exclamat Grævius ; credo Florum scripsisse *desisti* pro *desivisti*. »

Varus ne voulut pas survivre à son désastre [214] : il eut le même destin, et montra le même courage qu'Æmilius Paulus après la journée de Cannes. Rien de plus affreux que le massacre qui fut fait des Romains dans les forêts et les marécages; rien de plus ignominieux que les outrages dont les Germains accablèrent particulièrement les avocats qu'ils avaient vu plaider les causes. Ils arrachaient les yeux à ceux-ci; ils coupaient les mains à ceux-là; ils cousurent la bouche à l'un d'eux après lui avoir tranché la langue, et l'on entendit un barbare qui la tenait entre les mains crier: «. Vipère, cesse enfin de siffler! »

Le corps du proconsul lui-même, que la piété des soldats avait confié à la terre, fut exhumé par les Germains. Deux aigles romaines sont encore en leur pouvoir. Celui qui portait la troisième l'avait arrachée de la pique avant qu'elle tombât entre les mains des ennemis; il la cacha sous son baudrier, et, chargé de ce précieux dépôt, il se réfugia au fond d'un marais tout rougi de sang. C'est ainsi que l'Empire romain, à qui les rivages de l'Océan n'avaient pu opposer une limite, se vit borné par la rive du Rhin.

Voilà ce qui se passait au septentrion. Vers le midi on vit éclater des démonstrations hostiles plutôt que des guerres véritables. César eut à contenir dans le devoir les Musulaniens et les Gétules, peuples voisins des Syrtes [215], par les armes de son lieutenant Cossus, qui en reçut le surnom de Gétulique. César étendit plus loin ses victoires; il chargea Quirinius de subjuguer les Marmarides et les Garamantes [216].

[h] *Consulis.* Proconsulis scribere debuerat.
[c] *Quirinio.* In quibusdam editis *Curinio* : male.

Marmaricus; sed modestior in æstimanda victoria fuit.

Ad Orientem plus negotii cum Armeniis. Huc alterum ex Cæsaribus, nepotibus suis, misit. Ambo fato breves; sed alter inglorius. Massiliæ quippe Lucius morbo solvitur; in Syria [a] Caius ex vulnere, quum Armeniam ad Parthos se subtrahentem recipit. Armenios, victo rege Tigrane, in hoc unum servitutis genus Pompeius assueverat, ut rectores a nobis acciperent. Intermissum ergo jus per hunc recuperatum, non incruento nec inulto tamen certamine. Quippe Domnes, quem rex Artaxatis præfecerat, simulata proditione, adortus virum intentum libello, quem, ut thesaurorum rationes continentem, ipse porrexerat, stricto ferro cruentat vulnere in tempus[b]. Cœterum barbarus, undique infesto exercitu oppressus, gladio, et pyra, in quam se percussus immisit, superstiti etiamnum Cæsari satisfecit.

Sub Occasu pacata fere omnis Hispania, nisi quam Pyrenæi desinentis scopulis inhærentem citerior alluebat Oceanus. Hic duæ validissimæ

[a] *In Lycia* nonnulli, male.
[b] *Stricto ferro cruentus ex vulnere in tempus*, nec non *strictus*

Ce général pouvait revenir aussi avec le nom de Marmarique ; mais sa modestie mit un moindre prix à sa victoire.

En orient, nous eûmes plus de peine à soumettre les Arméniens. Auguste y envoya l'un des deux Césars ses petits-fils. La destinée de ces jeunes princes fut bien courte, et celle de l'un d'eux fut sans gloire : Lucius mourut de maladie à Marseille ; Caïus périt en Syrie [217] d'une blessure, comme il s'occupait de reconquérir l'Arménie qui voulait se donner aux Parthes. Pompée, après la défaite de Tigrane, n'avait assujéti ce royaume à d'autre dépendance que de recevoir des rois de notre main. Ce droit, dont l'usage avait été interrompu, fut recouvré par Caïus après une sanglante victoire, et dont l'ennemi sut trop bien tirer vengeance. Domnès, à qui le roi d'Arménie avait donné le gouvernement d'Artaxate, feignant de trahir son maître, remit à Caïus un mémoire où était contenu, disait-il, l'état de tous ses trésors ; et tandis que ce jeune prince lisait avec attention, il se précipita sur lui. Caïus est frappé, mais il se remit quelque temps après de sa blessure. Quant au barbare, se voyant de tous côtés en butte au ressentiment d'une armée entière, il se perça de son épée, et se précipita sur un bûcher enflammé, donnant ainsi à Caïus la satisfaction de voir périr son assassin.

À l'occident, toute l'Espagne était en paix, excepté la partie qui touche aux extrémités des Pyrénées, et qui est baignée par l'Océan citérieur. De ce côté,

sed recreatus ex vulnere in tempus, in veteribus edit. repperias, ex libr. membraneorum fide : sed omni sensu caret una et altera lectio.

gentes, Cantabri et Astures, immunes imperii agitabant. Cantabrorum et pejor, et altior, et magis pertinax in rebellando animus fuit; qui non contenti libertatem suam defendere, proximis etiam imperitare tentabant; Vaccæosque, et Curgonios, et Autrigonas crebris incursionibus fatigabant.

In hos igitur, quia vehementius agere nuntiabantur, non mandata expeditio, sed sumpta est. Ipse venit Segisamam[a]: castra posuit. Inde, partito exercitu, totam in diem amplexus Cantabriam, efferam gentem, ritu ferarum, quasi indagine debellabat. Nec ab Oceano quies, quum infesta classe ipsa quoque terga hostium cæderentur. Primum adversus Cantabros sub mœnibus Belgidæ[b] præliatus est. Hinc fuga in eminentissimum Vinnium montem, quem maria prius Oceani, quam arma Romana ascensura esse crediderant. Tertio Arracillum oppidum magna vi repugnat: captum tamen postremo fuit. In Edullii montis obsidione (quem perpetua quindecim millium fossa comprehensum cinxit, undique simul adeunte Romano), postquam extrema barbari vident, certatim igne, ferro inter epulas, venenoque, quod ibi vulgo ex arboribus taxeis

[a] *Sagesamam*, alii Ms.
[b] *Bellica*, *Vellicæ* apud vet. edit. legere est.

deux belliqueuses nations, les Cantabres et les Astures, conservaient leur indépendance. Les Cantabres se montrèrent les plus dangereux, les plus fiers, les plus obstinés dans leur rébellion; non contens de défendre leur liberté, ils tentaient encore d'asservir leurs voisins, et harcelaient par de fréquentes incursions les Vaccéens, les Curgoniens et les Autrigones [218].

César instruit de la force et du courage de ce peuple ne voulut point confier à d'autres qu'à lui-même le soin de le réduire. Il se rendit en personne à Ségisama [219], y plaça son camp; puis, divisant son armée en différens corps, il investit en un jour marqué toute la Cantabrie, et parvint à subjuguer ces peuples farouches en les cernant de toutes parts, comme des bêtes fauves enfermées dans les toiles. Il ne les laissa pas même en repos du côté de l'Océan, et les attaqua par derrière avec une flotte formidable. La première bataille qu'il leur livra eut lieu sous les murs de Belgida [220], d'où les Cantabres s'enfuirent sur le mont Vinnius [221], dont le sommet est si prodigieusement élevé, qu'il leur semblait que les eaux de l'Océan y monteraient plutôt que les armées romaines. Ils soutinrent vigoureusement une troisième attaque dans leur ville d'Aracillum [222], mais enfin cette place fut emportée. Les Romains, obligés d'assiéger le mont Médulle [223], l'entourent d'une tranchée de quinze milles de circuit, en pressent l'attaque de tous côtés, et tous à la fois; les Barbares se voyant alors réduits aux dernières extrémités, se donnèrent une mort prompte, au milieu d'un repas, par le feu, par le fer, ou par une sorte de poison qui, dans ce pays, se

exprimitur, præcepere[a] mortem; seque pars major a captivitate, quæ videbatur, vindicavere.

Hæc per Antistium, Furnium, Agrippam, legatos, hibernans in Tarraconis maritimis Cæsar accepit. Ipse præsens hos deduxit montibus, hos obsidibus adstrinxit, hos sub corona jure belli venumdedit. Digna res lauro, digna curru senatui visa est : sed jam Cæsar tantus erat, ut posset triumphos contemnere.

Astures per idem tempus ingenti agmine a montibus suis descenderant. Nec temere sumptus, ut barbaris, impetus : sed positis castris apud Asturam flumen, trifariam diviso agmine, tria simul Romanorum castra aggredi parabant. Fuisset et anceps, et cruentum, et utinam mutua clade certamen : cunctis tam fortibus, tam subito, tam cum consilio venientibus, nisi Trigæcini prodidissent; a quibus præmonitus Carisius, cum exercitu adveniens, oppressit consilia : sic quoque tamen non incruento certamine. Reliquias fusi exercitus validissima civitas Lancia excepit; ubi adeo certatum est, ut, quum in captam urbem faces poscerentur, ægre dux impe-

---

[a] *Præripere* in cod. antiquis.

tire communément de l'arbre qu'on appelle if [224]. C'est ainsi que la plus grande partie de ce peuple se garantit de l'esclavage qui le menaçait.

La nouvelle de ces succès, dus à la valeur d'Antistius, de Furnius et d'Agrippa [225], lieutenans de César, lui parvint comme il tenait ses quartiers d'hiver à Tarragone, place maritime. Bientôt prenant en personne le commandement, il fit descendre une partie des Cantabres de leurs montagnes, força les autres à lui livrer des otages, et vendit le reste à l'encan, selon le droit de la guerre : exploits dignes du laurier et du char triomphal, au jugement du sénat ; mais César était alors assez grand pour dédaigner le triomphe.

En ce même temps les Astures, descendus de leurs montagnes, avaient formé une armée considérable. Leur mouvement n'eut rien de cette impétuosité téméraire qui caractérise les Barbares : campés près du fleuve Astura, ils se partagèrent en trois corps, et se disposaient à tomber à la fois sur les trois camps des Romains. Contre des hommes si courageux, et dont la marche était non moins bien concertée qu'inattendue, le combat eût été long-temps douteux, sanglant : heureux même les Romains, si la perte fût demeurée égale de part et d'autre ! Mais les Astures furent trahis par les Trigécins [226]. Prévenu par ces derniers, Carisius [227] vint au devant des ennemis avec une armée, et déconcerta leur projet; encore ne fût-ce qu'après un combat très-meurtrier. Les débris de l'armée vaincue se retirèrent à Lancia [228], ville peuplée d'hommes valeureux. On se battit sous ses murs avec tant d'acharnement, que les soldats

traverit veniam, « ut victoriæ Romanæ stans potius esset, quam incensa, monumentum. »

Hic finis Augusto bellicorum certaminum fuit; idem rebellandi finis Hispaniæ. Certa mox fides, et æterna pax; quum ipsorum ingenio in pacis partes promptiore, tum consilio Cæsaris, qui fiduciam montium timens, in quos se recipiebant, castra sua, sed quæ in plano erant, habitare et incolere jussit. Ingentis esse consilii illud observari cœpit. Natura regionis circa omnis aurifera, miniique et chrysocollæ, et aliorum colorum ferax : itaque exerceri solum jussit. Sic Astures et latentes in profundo opes suas atque divitias, dum aliis quærunt, nosse cœperunt.

Omnibus ad Occasum et Meridiem pacatis gentibus, ad Septentrionem quoque, duntaxat intra Rhenum atque Danubium, item ad Orientem intra Cyrum et Euphratem; illi quoque reliqui, qui immunes imperii erant, sentiebant tamen magnitudinem, et victorem gentium populum Romanum reverebantur. Nam et Scythæ misere

romains, après avoir emporté cette place, demandèrent des torches pour la réduire en cendres, et leur général eut bien de la peine à obtenir qu'ils épargnassent cette cité, afin qu'elle servît de monument à leur victoire, plutôt par sa conservation que par sa ruine.

Tel fut le terme des exploits guerriers d'Auguste, et des révoltes de l'Espagne. Depuis lors cette province montra une fidélité à toute épreuve, et jouit d'une paix perpétuelle : heureux effet ou du caractère de ses habitans naturellement amis du repos [229], ou de la politique de César, qui, redoutant la confiance que leur donnaient les montagnes où ils trouvaient une retraite, leur ordonna d'en descendre, et de venir habiter les cantonnemens qu'il avait établis dans la plaine. On ne tarda pas à reconnaître quelle haute prudence avait dictée cette mesure. La nature a rendu cette contrée et ses environs très-abondans en or, en vermillon, en chrysocolle, et en autres matières propres à la peinture. César obligea les Astures à exploiter un sol aussi fécond ; et ces peuples, en cherchant pour d'autres que pour eux les richesses de leur pays cachées dans les profondeurs de la terre, commencèrent à les connaître.

Toutes les nations étaient en paix à l'occident comme au midi : au septentrion, depuis le Rhin jusqu'au Danube ; à l'orient, du mont Taurus [230] aux rives de l'Euphrate. Les autres contrées qui n'étaient pas encore soumises à notre empire reconnaissaient toutefois sa supériorité, et révéraient dans le peuple romain le vainqueur des nations. Ainsi l'on vit les Scythes et les Sarmates nous envoyer des ambassa-

legatos, et Sarmatæ, amicitiam petentes. Seres etiam, habitantesque sub ipso sole Indi, cum gemmis et margaritis, elephantes quoque inter munera trahentes, nihil magis quam longinquitatem viæ imputabant, quam quadriennio impleverant; et tamen ipse hominum color ab alio venire cœlo fatebatur. Parthi quoque, quasi victoriæ pœniteret, rapta clade Crassiana ultro signa retulere.

Sic ubique una atque continua totius generis humani aut pax fuit, aut pactio. Aususque tandem Cæsar Augustus, septingentesimo ab Urbe condita anno, Janum Geminum cludere, bis ante se clusum, sub Numa rege, et victa primum Carthagine.

Hinc conversus ad pacem, pronum in omnia mala, et in luxuriam fluens sœculum, gravibus severisque legibus multis coercuit. Ob hæc tot facta ingentia Dictator perpetuus et Pater patriæ dictus. Tractatum etiam in senatu, an, quia condidisset imperium, Romulus vocaretur: sed sanctius et reverentius visum est nomen Augusti; ut scilicet jam tum, dum colit terras, ipso nomine et titulo consecraretur.

FINIS.

deurs pour demander notre amitié. Les Sères et les Indiens [231], qui habitent sous les feux du soleil, vinrent aussi chargés de perles, de pierres précieuses, et amenant après eux des éléphans, entre autres présens magnifiques. Ils ne semblaient regretter qu'une chose, c'est que la longueur du chemin eût retardé de quatre ans leur hommage. La couleur de ces hommes indiquait assez qu'ils venaient d'un autre hémisphère. Enfin les Parthes [232], comme pour demander grâce de leur victoire, rapportèrent d'eux-mêmes les étendards pris dans la défaite de Crassus.

Ainsi par toute la terre il y avait paix ou alliance générale et réciproque entre tout le genre humain. César Auguste ne craignit pas alors de fermer, sept cents ans après la fondation de Rome, le temple de Janus [233] au double front, qui ne l'avait été que deux fois avant lui, l'une sous le règne de Numa, l'autre après la première guerre Punique.

Tournant ensuite ses vues vers les loisirs de la paix, il réprima, par un grand nombre de lois sages et sévères, la corruption d'un siècle enclin à tous les vices et à tous les excès. En reconnaissance de tant de belles actions, il fut proclamé dictateur perpétuel et père de la patrie. On mit aussi en délibération dans le sénat si, pour avoir fondé l'Empire, il ne serait pas appelé Romulus; mais le nom d'Auguste fut trouvé plus saint et plus vénérable, afin que, tandis qu'il habitait encore sur la terre, il fût revêtu d'un titre qui marquât d'avance sa place au rang des dieux.

FIN.

COMMENTAIRE

ET

NOTES HISTORIQUES ET CRITIQUES.

LIVRE PREMIER.

‹ Dès sa première phrase Florus nous fait connaître toute l'étendue de son sujet. Les deux époques fondamentales de l'Empire romain, les deux noms illustres et les deux grandes institutions qui se rattachent à chacune d'elles, *Populus romanus, a rege Romulo in Cæsarem Augustum*, la durée de Rome, *septingentos per annos;* ses travaux, tant dans la paix que dans la guerre, *tantum operum pace belloque gessit**, le peu de proportion qui existe entre le nombre incroyable de ses hauts faits et celui de ses années, *ut si quis magnitudinem imperii cum annis conferat; ætatem ultra putet*: que de choses renfermées en une seule phrase! Enfin la réflexion qui termine cette belle période nous montre l'auteur pénétré lui-même de l'admiration qu'il veut faire passer dans l'esprit du lecteur.

On peut lui reprocher comme trop poétique cette expression : *tot laboribus periculisque jactatus est,* qui est encore un emprunt fait au chantre d'Énée.

..... Heu quibus ille

Jactatus fatis....

Voilà le défaut capital de Florus. Il méconnaît la limite qui doit séparer la prose de la poésie.

La belle pensée qui termine tout le morceau est admirable : *Ut ad constituendum imperium contendisse virtus et fortuna videren-*

---

* Cette expression a rappelé à plusieurs commentateurs ce beau vers de Virgile :

Tantæ molis erat romanam condere gentem.
ÆNEID., lib. 1.

tur. En effet, quelque grande que soit la part de la fortune dans les progrès de la république romaine, la sagesse de son sénat et la constance de sa politique a fait plus encore que la fortune. C'est l'idée qui domine dans tout ce qu'ont écrit Bossuet et Montesquieu sur les Romains.

² *Depuis le roi Romulus jusqu'à l'empereur Auguste.* Il y a dans le latin *a rege Romulo in Cæsarem Augustum.* Il est évident ici que *Cæsarem* est moins un nom propre que le titre impérial opposé au titre de roi.

³ *Pendant sept cents années.* L'histoire de Rome embrasse plus de sept siècles depuis sa fondation jusqu'à Auguste, à quelque époque de la vie politique de ce prince qu'on veuille s'arrêter. Si c'est à l'année même de la mort de César, alors qu'Auguste se porta son héritier, on trouvera 710; si c'est à l'année où il fut déclaré empereur, on trouvera 725 ans : il y aurait donc toujours inexactitude dans l'énonciation de Florus.

⁴ *Ceux qui dessinent les diverses contrées de la terre.* Cette comparaison de Florus offre un renseignement pour l'histoire de la science géographique. On croit que ce fut Sésostris qui inventa les cartes géographiques : cette invention fut introduite chez les Grecs par Anaximandre.

⁵ *Le peuple roi.* — *Principis populi.* Cette expression que Florus emploie plusieurs fois, rappelle ce beau vers de Virgile :

Hinc populum late regem......

⁶ *Le peuple romain comme un seul homme.* Cette comparaison, ainsi que toute la préface de Florus, a été assez ingénieusement développée dans le livre de *la Vie heureuse*, par Lactance; et cet écrivain, en donnant par inadvertance à Florus le nom de Sénèque, a préparé d'interminables tortures aux commentateurs, dont aucun n'a pu, même Vossius, éclaircir complétement ce qui concerne les véritables noms de notre historien, et son degré de parenté avec Sénèque le tragique et Sénèque le philosophe.

⁷ *Sous le gouvernement des rois, pendant près de deux cent cinquante ans.* Florus prolonge de six années le temps que Rome passa sous les rois.

⁸ *Intervalle de deux cent cinquante années.* Autre inexactitude de Florus. De l'expulsion des rois, à l'an 487 de Rome, date de la soumission de toute l'Italie, et du consulat d'Appius Claudius et de Quintus Fulvius, il ne s'écoula que deux cent trente-trois

ans. L'abbé Paul, prétendant corriger son auteur, a altéré le texte, et mis deux cents ans. Ainsi, à une erreur de dix-sept ans, il en a substitué une de trente-trois.

⁹ *Jusqu'à César Auguste s'écoulèrent deux cent cinquante années.* Encore une faute de chronologie. Du consulat d'Appius Claudius et de Quintus-Fulvius, au moment où Auguste ferma le temple de Janus, an de Rome 727, il n'y a que deux cent quarante ans, et non pas deux cent cinquante. On voit que dans tous ces nombres Florus a sacrifié l'exactitude historique au plaisir d'aligner des phrases symétriques. Saumaise caractérise ces diverses fautes par une expression assez naïve, *ut rotundum numerum efficeret.*

¹⁰ *Pas beaucoup moins de deux cents ans.* C'est ici l'erreur de chronologie la plus forte qui soit dans cette division des quatre âges du peuple romain. En effet, du commencement de l'empire d'Auguste, l'an 31 avant J. C., jusqu'à la fin du règne de Trajan, l'an 117 de notre ère, il n'y a que cent quarante-huit ans. Cette faute a paru tellement inexcusable à Vossius, que, dans son traité sur les historiens latins, il accuse le texte d'être altéré, et veut qu'au lieu de ces chiffres CC, deux cents, on lise CL, cent cinquante.

¹¹ *Ce vieil Empire, comme rendu à sa jeunesse.* Il est impossible de ne pas remarquer la force des expressions employées dans ce dernier alinéa. *Inertia Cæsarum quasi consenuit et decoxit.* L'expression *consenuit* rappelle ces vers de Claudien, *Guerre gétique*, dans lesquels Rome se plaint de sa vieillesse, à peu près dans les mêmes termes qu'une femme parvenue au déclin de ses ans.

> Ipsa ego quæ terras humeris pontumque subegi
> Deseror, emeritæ jam proemia nulla senectæ.

Quelle énergie dans ce mot *decoxit*, que j'ai cependant entendu critiquer mal à propos ! il veut dire au propre *cuire jusqu'à consommation*, *decoquere aquam*, a dit Pline. Au figuré, il est souvent employé dans les bons auteurs. *Decoquere creditoribus* (Cicéron et Pline), *faire banqueroute à ses créanciers.*

I. Romulus premier roi de Rome.

¹² *Né de Mars et de Rhéa Sylvia.* C'est par des fables de cette nature que la vanité de plusieurs nations a tâché de déguiser l'illégitimité ou la bassesse de la naissance de leurs fondateurs, ou

des héros qui les ont illustrées; ainsi le nom sacré de Jupiter est venu couvrir les faiblesses de la mère d'Hercule et de celle d'Alexandre.

Aucun effort de la critique ne pourrait éclaircir le mystère de la naissance de Romulus. Tout ce qu'on en a dit de plus raisonnable, c'est que la vestale Rhéa Sylvia, fille de Numitor, fut la victime innocente de la brutalité d'Amulius son oncle, qui osa s'introduire auprès d'elle, pendant la nuit, sous l'armure du dieu Mars. Quant à *Acca Laurentia*, aucun historien n'a pris la peine de justifier ses mœurs; de là la fable de la louve qui allaita Romulus et Rémus. On sait que *lupa* signifie en latin à la fois *louve* et *femme débauchée*. Mais telle était l'importance que la gravité romaine attachait à tout ce qui concernait l'origine de la nation, qu'aucun écrivain n'a osé s'exprimer légèrement sur les fables qui entouraient le berceau de Romulus. Les historiens même qui ont écrit sous la corruption de l'Empire les ont rapportées avec une conviction apparente, ou ne les ont discutées qu'avec respect (*Voy.* Tite-Live). La religion avait consacré tous ces contes. Acca Laurentia fut placée par Romulus au nombre des divinités.

[13] *Le dieu du fleuve suspendit le cours de ses eaux*, — *Tiberinus amnem repressit*. Ici Florus, plus poète qu'historien, représente le Tibre, moins comme un fleuve que comme un Dieu. Tous les auteurs disent que le Tibre était débordé lorsque le berceau qui contenait Romulus et Rémus fut exposé par ordre d'Amulius. Ils ajoutent que le fleuve, en rentrant dans son lit, laissa à sec ce précieux fardeau qu'avait protégé contre la fureur des eaux un figuier qui fut dans la suite révéré sous le nom de *figuier Ruminal*. Florus, qui veut enchérir encore sur le merveilleux de ce récit, ne parle pas de ce débordement; il trouve plus poétique de représenter le dieu du Tibre suspendant son cours naturel pour que la race de Mars ne pût être éteinte, *non potuit extingui*.

[14] *Le séjour de Lavinium*. Il y a ici inexactitude : ce n'était pas parce qu'il dédaignait la ville bâtie par son père, qu'Iule ou Ascagne quitta Lavinium, c'est parce qu'il voulut se soustraire aux persécutions de Lavinie sa belle-mère. *Vitans novercalem invidiam, Albam condidit*, dit Servius dans son Commentaire sur Virgile, livre 1er. Juvénal a exprimé la même pensée dans ce vers :

> Atque novercali sedes prælata Lavino.

¹⁵ *Bâti par son père Énée.* Il est des critiques qui mettent en problème si jamais Énée aborda en Italie. Que l'on consulte à cet égard les témoignagnes d'Homère, de Pausanias, de Denys d'Halycarnasse et de Tite-Live, on ne trouvera que des motifs de rester toujours plus indécis au milieu d'une foule de documens contradictoires.

¹⁶ *Amulius, quatorzième descendant de ces rois.* Tite-Live et Denys d'Halycarnasse, ainsi que la chronique d'Eusèbe, comptent quinze rois d'Albe, depuis Énée jusqu'à Amulius. Rien ne mérite moins d'être connu que l'histoire de ces princes, dont l'un, Tibérinus, donna son nom au Tibre en se noyant dans ce fleuve, et l'autre, Aventinus, donna le sien au mont *Aventin*, sur lequel il fut enterré.

Albe fut fondée l'an 1153 avant J-C., trente-deux ans après la prise de Troie, en 1186, cent trente ans avant la fondation de Rome, en 753, et détruite l'an 666, par l'ordre de Tullus Hostilius, troisième roi des Romains, quatre-vingt-sept ans après la fondation de leur ville. Elle subsista donc environ cinq cent dix-sept ans.

¹⁷ *Il y méditait la fondation d'une nouvelle ville.* C'est une question de savoir si Romulus fut, comme le dit Florus, *primus urbis conditor.* Denys d'Halycarnasse expose les différentes opinions des anciens auteurs sur ce sujet; il distingue trois fondations diverses de Rome : la première avant l'arrivée d'Énée en Italie; l'autre, peu d'années après la guerre de Troie par Énée, et la troisième, quinze générations après, époque qui répond à la fondation attribuée à Romulus.

¹⁸ *De s'en rapporter aux dieux.* — *Adhibere placuit deos*, est un tour poétique. L'expression est belle, et présente un sens juste ; *adhibere oracula*, ou *piacula*, qu'il y a dans d'autres éditions, sont de bien malheureuses variantes ; car ici il ne s'agit ni d'oracle, ni de réponse des dieux par la bouche d'un prêtre ou d'une prêtresse, *ore, oraculum*, encore moins de sacrifice expiatoire, *piaculum*, mais seulement d'augure, d'auspice, *augurium, auspicium.*

¹⁹ *Romulus sur le mont Palatin.* Le mont Palatin, sur lequel se plaça Romulus pour prendre les auspices, avait été la résidence d'Évandre, prince arcadien qui vint s'établir dans le Latium. Il fonda sur cette colline un bourg appelé *Palantium*, du nom de la ville qui l'avait vu naître : de là le nom de Palatin donné

à cette colline qui, à ce qu'il paraît, n'était plus habitée lorsque Romulus commença à y bâtir les premières maisons de sa nouvelle ville.

[20] *Vainqueur par cet augure.* Ce fut aux Toscans, peuple dont la civilisation a été si ancienne, que les Romains empruntèrent la connaissance et l'usage des augures. Dans les premiers temps de Rome, on prenait autant de soin à instruire la jeunesse dans cet art, qu'on en mit dans la suite à lui faire apprendre la littérature grecque. Un décret du sénat ordonnait d'envoyer dans les douze États de l'Étrurie six enfans issus des principaux citoyens de Rome, pour y être instruits dans la science des augures.

Cicéron (*de Divinat.*) atteste que Romulus était un excellent augure. Il y a dans Florus, *victor augurio;* ces deux mots *augurium, auspicium* s'emploient souvent l'un pour l'autre : cependant il y a entre eux une différence marquée par leur étymologie ; *augurium* vient d'*avium garritu,* auspicium d'*avium spectio.* Dans le premier cas, le présage se tirait du ramage des oiseaux ; dans le second, de la seule inspection de leur vol.

[21] *Un retranchement semblait suffire.* — *Vallum* signifie un retranchement fait avec de la terre enlevée du fossé (*agger*), et défendu par des pieux aigus qu'on y enfonçait. Ainsi il paraîtrait que dans l'enfance des arts Romulus, pour fortifier sa nouvelle ville, aurait usé des mêmes moyens qui furent employés dans la suite par les Romains pour fortifier leurs camps.

[22] *Et, par dérision, le franchit d'un saut.* Cette expression *increpat saltu* est d'une énergie que la traduction ne peut qu'affaiblir.

[23] *L'on doute si ce n'est point par l'ordre de son frère.* La mort de Rémus est contée de trois manières différentes par les historiens. Denys d'Halycarnasse prétend qu'après avoir pris les augures, les deux frères furent encore moins unis qu'auparavant. L'un fondait son droit à gouverner la nouvelle ville, sur ce qu'il avait vu le premier des vautours ; l'autre sur ce qu'il en avait vu un nombre double. Une querelle s'ensuivit ; le peuple prit parti pour chacun des deux frères : un combat sanglant s'engagea sans l'ordre des deux chefs, et Rémus périt dans la mêlée. Romulus, qui avait remporté une si triste victoire, pénétré de désespoir et de repentir, voulut se donner la mort; mais les prières d'Acca Laurentia lui firent enfin reprendre courage.

Selon Tite-Live, la tradition la plus répandue était que Rémus ayant insulté son frère, en franchissant d'un saut le nouveau rempart, Romulus, transporté de fureur, le tua de sa propre main, en disant : *Ainsi périsse quiconque se permettra un pareil attentat.*

Le récit de Florus ne s'accorde avec aucune de ces deux versions, mais il se trouve appuyé par une troisième que rapporte sans l'adopter Denys d'Halycarnasse.

Plutarque (Vie de Romulus) donne sur cet événement des détails qu'on doit aussi consulter.

²⁴ *Il en fait un asyle.* Un asyle était chez les anciens un lieu de franchise, où pouvait se réfugier en toute sûreté le criminel, le débiteur ou l'esclave poursuivis. Plutarque parle du dieu *Azileum* : on ne sait pas bien quelle était cette divinité. L'asyle ouvert par Romulus était entre deux bois épais, au pied du Capitole. « Tout le monde y était bien reçu, dit Plutarque : on ne ren-
« dait ni l'esclave à son maître, ni le débiteur à son créancier,
« ni le meurtrier à son juge, et l'on soutenait qu'Apollon lui-
« même avait autorisé ce lieu de franchise par un oracle formel. »

Tite-Live s'exprime à peu près de la même manière que Plutarque; mais il ajoute des détails vraiment curieux : « Romulus,
« dit-il, suivit l'ancienne politique de tous les fondateurs, qui,
« en attirant à eux la foule obscure et pauvre, publiaient que la
« terre leur avait enfanté des hommes; il ouvrit un asyle dans le
« lieu qui se trouve à la descente du Capitole, et qui est mainte-
« nant fermé de palissades : il s'y réfugia une foule d'hommes ve-
« nus des côtes voisines, et avides de nouveautés; on les reçut
« tous sans examiner s'ils étaient libres ou esclaves. »

Denys d'Halycarnasse, dont la partialité en faveur des Romains se laisse trop souvent apercevoir, s'efforce d'établir que le droit d'asyle ne fut ouvert qu'à des hommes libres; mais, sur ce point, il est en contradiction avec tous les auteurs qui ont écrit sur l'asyle de Romulus. L'abbé Bellanger, son traducteur, dit, à cette occasion, dans une note : « Je les croirais plutôt volontiers, que
« Denys d'Halycarnasse, qui était peut-être payé par l'empereur
« pour dire du bien des Romains. »

Si l'on veut une autorité de plus contre Denys d'Halycarnasse, on peut lire la satyre de Juvénal, contre les faux nobles.

²⁵ *Des Phrygiens qui, sous la conduite d'Énée, et des Arcadiens qui, sous celle d'Évandre, s'étaient répandus dans le pays.* Les Romains, dans leur vénération, ne séparaient pas Évandre

d'Énée. Virgile va jusqu'à l'appeler le *fondateur de la puissance romaine* : *Romanæ conditor arcis*.

²⁵ *Un peuple sans femmes était l'établissement d'une seule génération.—Res erat unius ætatis, populus virorum.* Cette phrase de Florus a quelque chose d'affecté ; j'aime mieux la manière simple dont Tite-Live exprime la même pensée : *Sed penuria mulierum, hominis ætatem duratura magnitudo erat.*

²⁷ *Les Romains demandèrent donc des épouses à leurs voisins.* Il y a dans le texte *matrimonia a finitimis petita.* C'est un hypallage qu'on ne peut rendre dans notre langue.

²⁸ *Les Véiens sont battus.* Double faute commise par Florus. La guerre contre les Véiens, loin d'être la première de celles que fit Romulus, fut au contraire la dernière de toutes. En second lieu, elle n'eut point pour cause l'enlèvement des Sabines. Par l'union des Sabins de Cures avec les Romains, et depuis la mort de Tatius, Romulus était devenu un prince redoutable. Il ne l'eut pas été long-temps, si la puissante confédération des Étrusques, dont Véies faisait partie, s'était unie pour s'opposer à ses progrès. Mais les peuples qui la composaient ne l'attaquèrent pas de concert. Les Fidénates, que Tite-Live dit positivement avoir été une nation étrusque, et qui, selon Denys d'Halycarnasse, furent une colonie d'Albe, *Non Fidenates quoque Etrusci fuerunt* (lib. 1ᵉʳ, cap 15), entrèrent d'abord en campagne, et ce fut pour être vaincus ; leur ville fut prise, et Romulus y établit une colonie (*Voyez* la note 103 ci-après). Les Véiens s'armèrent ensuite pour venger les Fidénates avec lesquels ils auraient dû combattre. Romulus les vainquit encore, et les obligea à lui céder un territoire appelé *Septempagi*, les *Sept-Villages*, situé entre Véies, la mer de Toscane et le Tibre ; succès bien glorieux, si l'on considère que Véies, selon Denys d'Halycarnasse et Tite-Live, était aussi grande qu'Athènes ; et que trois siècles après, cette même ville arrêta pendant dix ans, sous ses murs, toutes les forces de la république.

²⁹ *La ville des Céniniens prise et renversée.* Les peuples du Latium et du pays des Sabins ne s'armèrent que successivement contre Romulus, pour venger le rapt de leurs filles. Ce défaut d'ensemble les perdit, comme il a perdu tous les adversaires de Rome. Ceux qui s'armèrent les premiers furent les *Céniniens* ou *Céninates.* *Cénina* leur ville était dans le pays des Sabins, à très-peu de distance de Rome. On n'en sait pas précisément la situation.

³⁰ *Les dépouilles opimes de leur roi furent consacrées à Jupiter Férétrien par les mains du roi de Rome.* Florus, qui est assez avare de noms propres, ne nous dit pas celui du roi des Céniniens, que Tite-Live appelle Acron.

Selon Plutarque, quand Romulus eut tué Acron, il abattit un chêne qui était dans son camp, le dépouilla de ses branches, et en fit un trophée en le couvrant des armes de son ennemi. Lui-même, vêtu d'une robe de pourpre, et ayant sur ses longs cheveux une couronne de laurier, il chargea le trophée sur son épaule droite; et, suivi de son armée qui récitait des chants de victoire, il entra dans Rome, etc. (Plut., Vie de Romulus).

Tite-Live dit, au contraire, qu'après sa victoire, Romulus rentra dans Rome, et attacha les dépouilles d'Acron à un chêne révéré des pasteurs, qui s'élevait sur le Capitole, et qu'autour de ce chêne il bâtit un temple dédié à Jupiter *Férétrien*. Ce temple fut le premier de tous ceux que Rome vit construire dans son sein; il resta destiné à recevoir les dépouilles du roi ou du général ennemi tué par le roi ou par le général romain. C'est ce que fait sentir Florus dans ce passage, par la répétition heureuse du mot *rex*. *Spolia insuper opima de rege Feretrio Jovi manibus suis rex reportavit.* S'il n'avait eu ce dessein, cette répétition ne serait qu'un mauvais jeu de mots.

On est peu d'accord sur l'origine de cette qualification de *férétrien* donnée à Jupiter. Tite-Live veut que ce mot vienne *à ferendo, quod ei spolia opima afferebantur ferculo vel feretro gesta* (lib. 1, cap. 10). Festus est de cet avis, quoiqu'il ne donne une autre raison. Plutarque fait dériver le même mot de *ferire*, frapper. Properce, dans ce vers, vient à l'appui de cette opinion :

Omine quod certo dux ferit ense ducem.

On n'est pas plus d'accord sur l'origine du mot *dépouilles opimes*. Varron dit que ces dépouilles étaient ainsi appelées du mot *ops*, qui signifie *richesses*; mais Plutarque soutient qu'elles ont pris leur nom d'*opus*, qui signifie *action* (Vie de Romulus).

³¹ *Une jeune fille ouvre les portes de la ville aux Sabins.* De la guerre contre les Céniniens, Florus passe immédiatement à l'invasion des Sabins de Cures. Ainsi il a omis la guerre des Antemnates et des Crustumériens, qui se déclarèrent après les Céni-

niens. Cures était une ville du pays des Sabins, située près de l'endroit où est aujourd'hui Corrèse, dans la Sabine, États du pape.

³² *Sans expliquer si c'étaient leurs boucliers ou leurs bracelets.* Florus semble absoudre Tarpéia du crime de trahison envers sa patrie. Il laisse à penser ou que seulement elle voulait, en exigeant des Sabins leurs boucliers, tourner contre eux l'accès qu'elle leur procurait dans Rome. De là le motif de vengeance, *ut ulciscerentur*, qu'il prête aux Sabins, lorsqu'il les représente écrasant Tarpéia sous le poids de leurs boucliers. Denys d'Halycarnasse fait avec détail un récit conforme à l'opinion de Florus. Son autorité est Lucius Pison, historien qui vivait du temps des Gracques, et qui, comme consul et comme censeur, joua un grand rôle politique. Tite-Live n'hésite pas à présenter Tarpéia comme véritablement disposée à vendre sa patrie pour obtenir les bracelets et les bagues que les Sabins portaient au bras gauche. Cette opinion est appuyée du témoignage de Fabius Pictor et de Cincius, historiens originaux, bien plus anciens que Pison; et, malgré Denys d'Halycarnasse et Florus, cette dernière version a prévalu comme plus vraisemblable que l'autre.

Plutarque raconte le fait comme Tite-Live. Il ajoute même que Tarpéius lui-même, père de Tarpéia, fut poursuivi par Romulus pour crime de trahison, et condamné au dernier supplice.

Le Capitole, qui fut le théâtre de la trahison et de la juste mort de Tarpéia, s'appelait alors mont Saturnien; il prit de là le nom de Tarpéien, qu'il perdit ensuite pour prendre celui de Capitole, comme je le dirai dans les notes sur le règne de Tarquin-le-Superbe. Le nom de *Tarpéien* ne resta qu'à une roche du Capitole, d'où l'on précipitait les criminels.

J'ai cru remarquer dans *puella* une intention d'enfantillage que prêtait Florus à Tarpéia, comme pour faire voir que dans le cas où c'auraient été les bracelets des Sabins qu'elle aurait demandés, c'eût été plutôt par un désir de jeune fille, que par le projet bien conçu de trahir sa patrie.

³³ *Passèrent dans la nouvelle ville.* Ce traité, qui nous a été conservé textuellement par Denys d'Halycarnasse, est vanté par Cicéron, comme le fondement de la grandeur romaine, parce qu'il établit l'usage, qui fut observé depuis dans tous les temps, d'admettre au nombre des citoyens les ennemis vaincus. *Romulus fœdere Sabinorum docuit etiam hostibus recipiendis augeri hanc civitatem oportere* (Cic. pro Cornel. Balbo, c. 13). Dans le livre II,

ch. 24 de ses Annales, Tacite fait tenir à l'empereur Claude le même langage : « Pourquoi Lacédémone et Athènes sont-elles « tombées malgré la gloire de leurs armes, si ce n'est pour avoir « toujours exclu de leur sein les vaincus, tandis que notre fonda- « teur Romulus, bien plus sage, vit la plupart de ses voisins, le « matin ses ennemis, devenir le soir ses concitoyens. »

[34] *La jeunesse, divisée par tribus.* On sait que les Romains appelaient *jeunesse* tous les hommes en état de porter les armes. Romulus divisa en trois tribus cette population guerrière qui, au commencement de son règne, ne s'élevait qu'à trois mille hommes, et qui, à sa mort, était de quarante-sept mille. Chaque tribu fut divisée en dix curies. Le nombre des tribus s'éleva successivement. Il était de vingt et un lors du procès de Coriolan, l'an 258 de Rome. Plus tard il fut porté au nombre de trente-cinq, qui se maintint jusqu'à la destruction de la république.

Le nombre des curies ne changea jamais, parce que leur institution était religieuse aussi bien que politique, et que les Romains eurent le bon esprit de ne rien déranger aux choses de la religion. Chaque curie avait un temple ou une chapelle pour la célébration des rites sacrés. On nommait *curio* le président de chaque curie. *Quia sacra curabat* (Festus).

[35] *Toujours à cheval.* C'est de cette manière, beaucoup trop vague, que Florus indique l'institution des chevaliers, *celeres*.

[36] *Et leur âge sénateurs.* Romulus institua d'abord cent *sénateurs* nommés par les curies et les tribuns. Ils furent appelés *patres*, à cause de leur âge et des soins paternels qu'ils devaient donner à la république (Tit.-Liv., lib. 1er, cap. 8), et leurs descendans formèrent l'ordre des *patriciens*.

Après l'admission des Sabins dans Rome, les tribus choisirent cent autres sénateurs parmi ces nouveaux citoyens (Denys d'Hal., lib. 1, chap. 47).

[37] *Cet ordre de choses ainsi établi.* D'après cette transition de Florus, il semblerait que ce fût après avoir établi les réglemens dont on vient de parler que Romulus se serait rendu odieux aux Romains. Tous les historiens, au contraire, attestent que ces sages établissemens précédèrent les premières guerres de Romulus, et l'union des Romains avec les Sabins. Ce ne fut qu'après la guerre contre les Véiens que se manifesta un funeste changement dans les mœurs de Romulus. Fier de ce dernier succès, il ne dissimula plus l'orgueil de son caractère ; et, au mépris des institu-

tions qui limitaient sa puissance, il la rendit arbitraire et tyrannique, ou du moins il négligea trop ceux qu'il avait élevés à l'autorité civile.

[38] *Julius Proculus confirma bientôt cette idée.* Ce récit de la mort de Romulus n'est-il pas la répétition de celui qu'on faisait de celle de Romulus Sylvius, roi d'Albe, et neuvième descendant d'Ascagne? Ce Romulus périt d'un coup de foudre.

Comment put se répandre parmi le peuple le récit mensonger de l'apothéose de Romulus? Une réflexion de Tacite (hist., liv. 1er, chap. 34), le fera comprendre : « D'abord c'est un bruit vague et « incertain : bientôt, comme pour toutes les fausses nouvelles, il « se trouva des gens qui affirmèrent avoir été présens, avoir vu ; « et on les croyait par cette disposition naturelle à la joie, qui « adopte tout sans examen. »

[39] *Quirinus dans le ciel.* Ovide (Fastes, lib. 1, vers. 476), présente les diverses étimologies qu'on donne au nom de Quirinus :

> Qui tenet hoc nomen Romulus ante fuit
> Sive quod hasta Curis priscis est dicta Sabinis :
> Bellicus a telo venit in astra deus.
> Sive suum regi nomen posuere Quirites
> Seu quia Romanis junxerat ille Cures.

* Festus atteste que Romulus était aussi adoré dans le ciel sous le nom d'*Altellus.*

Romulus était dans la trente-septième année de son règne et dans la cinquante-quatrième de son âge.

II. Numa Pompilius.

[40] *Tout le culte des dieux immortels.* Il y a ici une erreur. Numa n'institua point tout le culte des Romains. En donnant ses soins aux institutions religieuses, il ne fit que continuer, au sein de la paix, l'ouvrage si bien commencé par Romulus, malgré ses guerres multipliées.

[41] *Des pontifes, des augures, des Saliens.* Les pontifes étaient ainsi nommés *a* POSSE FACERE, *quia erat illis jus* SACRA FACIENDI : *vel potius a* PONTE FACIENDO; car ils furent chargés de faire le premier pont sur le Tibre et de veiller à son entretien (Varron). Les pontifes étaient au nombre de quatre, choisis d'abord parmi les patriciens jusqu'à l'an de Rome 454, époque à laquelle on en

nomma quatre autres de l'ordre plébéien. Ils jugeaient toutes les causes relatives aux choses sacrées et aux mariages ; dans les occasions où il n'existait pas de lois écrites, ils prescrivaient les réglemens qu'ils croyaient convenables. Le chef des pontifes était appelé *Pontifex Maximus*. Il était élu par le peuple, qui conférait ordinairement cette dignité aux personnes qui avaient possédé les premières charges de l'Etat. C. Coruncanius fut le premier grand pontife plébéien. Le grand pontife était le juge suprême de toutes les affaires de la religion.

Les augures : Romulus avait institué trois augures, un pour chaque tribu. Numa les confirma. Un quatrième fut ajouté par Servius Tullius, lorsqu'il porta à quatre le nombre des tribus de Rome. Comme les pontifes, les augures formaient un collége, et leur chef s'appelait *Magister collegii*. Les augures jouissaient du privilége de ne pouvoir être dépouillés de leurs charges, quelque crime qu'ils eussent commis. Le motif en était qu'on leur avait confié les secrets de l'Empire. Ils tiraient leurs présages de cinq principales sources : 1º des signes du ciel, comme le tonnerre et les éclairs ; 2º du chant ou du vol des oiseaux ; 3º de l'appétit des poulets sacrés ; 4º de la vue des quadrupèdes, quand ils en apercevaient un qui traversait un chemin ou paraissait subitement dans un lieu ; 5º de circonstances extraordinaires appelées *diræ*, telles qu'un éternuement, une chute, etc. (*Voy.* ci-dessus la note 20.)

Les Saliens : Prêtres de Mars, au nombre de douze. On leur donnait ce nom, parce que, dans les fêtes solennelles, ils parcouraient les villes en danssant et en chantant. Les hymnes sacrés qu'ils récitaient passaient pour être de la composition de Numa. A peine pouvaient-ils être entendus au temps d'Horace, même par les prêtres :

> Jam saliare Numæ carmen qui laudat et illud
> Quod mecum ignorat, solus vult scire videri.
> (Lib. ii, ep. 1.)

⁴² *Il divisa l'année en douze mois, et détermina les jours fastes et néfastes.* Romulus avait divisé l'année en dix mois. Le premier mois de l'année instituée par ce prince était le mois de Mars son père. Le second, *aprilis*, du mot grec Αφροδίτη, Vénus, mère d'Enée, auteur de la race des rois d'Albe. Plutarque veut aussi que ce nom vienne d'*aperire*, ouvrir, parce qu'à cette époque les fleurs et les arbres entr'ouvrent leurs boutons. Le troi-

sième mois, mai, *maius*, consacré aux vieillards, *Majores* (selon Ovide, Fastes, lib. 1), et, selon d'autres, à Maïa, mère de Mercure. Le quatrième, juin, *junius*, consacré à la jeunesse, *Junior*; enfin, les autres mois prenaient leur nom de leur nombre ordinal : *quintilis, sextilis, september, october, november, december.*

Plus versé, à ce qu'il paraît, dans l'astronomie que son prédécesseur, Numa rectifia l'année de Romulus, et la divisa en douze mois, suivant le cours de la lune. Il y ajouta le mois de janvier, *januarius*, de Janus; et le second, celui de *februarius*, février, parce que le peuple était alors purifié de toutes les fautes qu'il avait commises dans l'année (*Februabatur*).

L'année lunaire de Numa n'était que de trois cent cinquante-quatre jours : il y manquait donc dix jours pour qu'elle correspondît à l'année solaire. Afin d'obvier à cet inconvénient, il ordonna d'intercaler tous les deux ans un mois extraordinaire, entre le vingt-troisième et le vingt-cinquième jour de février, qui étoit alors le dernier mois de l'année. On laissa aux pontifes le soin de déterminer le nombre de jours qu'aurait ce mois intercalaire. Cet arbitraire entraîna les plus grands abus. Jules César, devenu maître de l'Empire, mit fin à ce désordre; il régla, l'an de Rome 707, l'année selon le cours du soleil, et assigna à chaque mois le nombre de jours qu'ils ont encore aujourd'hui. Il donna au mois *quintilis*, son nom *Julius*, d'où nous avons fait juillet. Auguste donna le sien au mois suivant, *sextilis*; de là le mois *auguste* ou d'*août*.

Les jours fastes et néfastes. Les jours fastes étaient ceux pendant lesquels les particuliers pouvaient plaider; et le préteur rendre la justice en prononçant ces trois mots : *do, dico, addico*. Pendant les jours néfastes, au contraire, les tribunaux étaient fermés.

La connaissance de la distinction des jours fastes et néfastes appartint exclusivement aux pontifes et aux patriciens, jusqu'au moment où Flavius, greffier des pontifes, fit connaître au public leurs formules (an de Rome 442).

[43] *Les boucliers sacrés, le Palladium, et quelques autres gages secrets de la ville éternelle.* Numa feignit qu'un bouclier rond (*ancile*) était tombé du ciel. Il affecta de croire que c'était le bouclier de Mars, et qu'à sa conservation était attachée la perpétuité de l'Empire. Il le confia à la garde des saliens, prêtres de Mars

(*voyez* la note 41); et, pour empêcher qu'il ne fût dérobé, il en fit fabriquer onze autres exactement semblables.

Palladium. Statue de Pallas, qu'on assurait être descendue du ciel, et à laquelle était attachée la conservation de Troie. Les Troyens la gardaient religieusement ; mais elle fut enlevée par Ulysse et Diomède, et Troie fut prise. On ne sait trop comment Enée recouvra cette statue. Quoi qu'il en soit, les Romains ne doutaient pas qu'il ne l'eût portée en Italie, et placée à Lavinium. De là elle fut transférée à Albe, pour se trouver enfin à Rome, dans le temple de Vesta.

44 *Comme par l'ordre de la déesse Egérie.* Quelque crédulité que Florus affecte ordinairement, il exprime ici un doute qu'ont manifesté Tite-Live, Valère Maxime, Denys d'Halycarnasse, en un mot tous les historiens.

Les dames romaines, en mal d'enfant, invoquaient la nymphe Egérie ; elle était censée favoriser les accouchemens : *Quod alvo conceptum* EGERET (Festus.)

45 *Gouverné par la religion et la justice.* On peut citer Bossuet pour combattre ce préjugé, qui veut que Romulus ait peu fait pour la religion en comparaison de Numa.

« Peu à peu, est-il dit dans le troisième discours sur l'Histoire
« naturelle, il (Romulus) rétablit l'ordre et réprima les esprits
« par des lois très-saintes. Il commença par la religion, qu'il
« regardait comme le fondement des États. Il la fit aussi grave et
« aussi modeste que l'idolâtrie le pouvait permettre. »

Numa vécut quatre-vingt-trois ans, et il en avait régné quarante-trois.

III. Tullus Hostilius.

46 *Numa Pompilius eut pour successeur Tullus Hostilius.* Si l'on admet que Numa ait laissé quatre fils, l'élection de Tullus Hostilius est une preuve de plus que le trône n'était qu'électif chez les Romains.

Tullus Hostilius était petit-fils d'Hostus Hostilius, qui fut tué en combattant contre les Sabins, sous le règne de Romulus. Hostus Hostilius était un des principaux citoyens de Médullie, ville bâtie autrefois par les Sabins dans le Latium, et dont Romulus avait fait une colonie romaine après s'en être emparé.

47 *Ce prince posa toutes les bases de la discipline militaire.*
« Rome, dit Bossuet, en étendant ses conquêtes réglait sa milice,
« et ce fut sous Tullus Hostilius qu'elle commença à apprendre

« cette belle discipline qui la rendit dans la suite la maîtresse de
« l'univers. »

⁴⁸ *Il osa provoquer les Albains.* Les historiens romains ne nous apprennent pas comment il se fit que Romulus n'avait point succédé à Numitor dans le royaume d'Albe. Seulement Plutarque dit que ce prince renonça par modération à son droit d'hérédité, et conseilla aux Albains de se gouverner par des dictateurs. Un tel désintéressement est loin de s'accorder avec le caractère ambitieux de Romulus. Il serait bizarre qu'un prince si ardent à s'agrandir par la force des armes eût refusé de s'agrandir par héritage.

Ici Florus se sert d'une expression qui n'est pas tout-à-fait conforme à la vérité historique, *provocare ausus.* Au contraire, les Albains provoquèrent les Romains en faisant des incursions sur leurs terres. (*Voyez* Tite-Live, liv. 1ᵉʳ, chap. 22; et Denys d'Halycarnasse, liv. 3, ch. 2).

⁴⁹ *Ce fut de remettre les destinées de l'un et l'autre peuple à trois frères de chaque nation, les Horaces et les Curiaces.* Tite-Live nous apprend qu'on ignorait de son temps auxquels des champions d'Albe ou de Rome appartenait le nom d'Horace ou de Curiace; mais que le plus grand nombre des auteurs appliquaient le nom d'Horace aux champions des Romains.

⁵⁰ *Puis fondant sur eux, selon que chacun des trois avait pu le suivre, il le terrasse.* Tout ce récit du combat des Horaces et des Curiaces, est d'une concision extrême. Corneille l'avait sans doute dans la mémoire, aussi bien que celui de Tite-Live, quand il composa ces vers de la tragédie *des Horaces :*

> Resté seul contre trois, mais en cette aventure
> Tous trois étant blessés, et lui seul sans blessure;
> Trop faible pour eux tous, trop fort pour chacun d'eux,
> Il sait bien se tirer d'un pas si hasardeux;
> Il fuit pour mieux combattre; et cette prompte ruse
> Divise adroitement trois frères qu'elle abuse.
> Chacun le suit d'un pas ou plus ou moins pressé,
> Selon qu'il se rencontre ou plus ou moins blessé, etc.

⁵¹ *Et le crime fut effacé par la gloire.* Tout ce récit de Florus est plein de rapidité, d'énergie et d'éclat dans les expressions, sans aucune faute contre le goût.

Le procès du jeune Horace donna lieu au premier exemple de l'appel au peuple, droit dont les tribuns surent si bien abuser dans les premiers temps de la république. Horace, après le meurtre de sa sœur, fut remis par le roi aux mains des décemvirs, magistrats chargés de juger les causes de meurtres. La loi ne leur permettait pas de l'absoudre. Horace, conseillé par le roi, *tum Horatius auctore Tullo*, dit Tite-Live, en appela au peuple. L'appel fut plaidé devant le peuple, *de provocatione certatum est ad populum*, et la sentence de mort fut cassée. Horace fut cependant soumis à des sacrifices expiatoires; on le fit passer sous une espèce de joug, qui, toujours réparé quand le temps menaçait de le détruire, subsistait encore au siècle d'Auguste. On l'appela le Poteau de la Sœur, *sororium tigillum*. On voyait aussi les tombeaux des deux Horaces, ceux des trois Curiaces, et celui d'Horatia. Voilà des monumens qui semblent prouver d'une manière positive le règne de Tullus Hostilius.

⁵² *Mettre en pièces par des chevaux fougueux.* Le supplice cruel de *Mettus Fufétius* se fait d'autant plus remarquer dans les annales de Rome, que jamais peuple ne fut plus avare d'exécutions barbares que le peuple romain. Je parle seulement pour les cinq premiers siècles de Rome, et lorsque les combats de gladiateurs, les guerres civiles et les plus monstrueuses voluptés n'avoient pas encore altéré le caractère primitif des Romains.

⁵³ *Albe, mère à la vérité, mais rivale de la nôtre, il la détruisit.* (*Voyez note* 17 *ci-dessus*). Les Albains, chassés de leur ville par Tullus Hostilius, s'établirent sur le mont Cœlius, qui fut renfermé dans l'enceinte de Rome, et y formèrent une quatrième tribu.

La phrase de Florus est une de ces métaphores brillantes qu'un auteur rend froides et presque rebutantes à force de vouloir la poursuivre. Rien de plus noble et de plus convenable, sans doute, que ces expressions, *quamvis parentem, æmulam tamen*, et que celle-ci encore, *civitas consanguinea*; mais qu'est-ce qu'une cité qu'on veut représenter *comme n'ayant pas péri, mais comme étant rentrée de nouveau dans son corps: Non periisse sed in suum corpus rediisse rursus videretur?* Une telle image est de mauvais goût dans toutes les langues.

Ici Florus termine le règne d'Hostilius, et il garde le silence sur toutes les autres guerres que, pendant trente-deux ans, ce prince a soutenues contre les Latins, les Sabins et les Étrusques. Il ne parle pas non plus de sa mort funeste attribuée généralement à un coup de foudre.

IV. Ancus Marcius.

⁵⁴ *Ancus Marcius, petit-fils de Numa, dont il rappelait le caractère*, aurait, à l'exemple de son aïeul, fait jouir les Romains d'une profonde paix si les Latins, et les autres peuples voisins de Rome, le lui avaient permis. Ce prince eut autant de guerres à soutenir que Romulus et Hostilius ses belliqueux prédécesseurs : il en fit sept; la première contre les Latins, la seconde contre les Fidénates, la troisième et la septième contre les Sabins, la quatrième et la cinquième contre les Véiens, enfin la sixième contre les Volsques. Il en sortit toujours victorieux.

⁵⁵ *Il entoura d'une muraille les retranchemens de Rome.* J'ai cru devoir rendre ainsi ces mots : *mœnia muro amplexus est*. Il faut entendre par *mur* une bâtisse en maçonnerie, et par *retranchemens*, ces fossés garnis de palissades, qui furent les premières fortifications de Rome.

Saumaise veut que *mœnia* signifie ici toutes sortes d'édifices, les maisons, les rues de Rome. Cette opinion me paraît encore probable; alors il faudrait se contenter de traduire ainsi la phrase : *Il entoura la ville d'une muraille*.

⁵⁶ *Joignit par un pont les rives du Tibre.* Ce pont avait pour objet de joindre à la ville le Janicule, et fut appelé *Sublicius*, parce qu'il était entièrement construit en bois; *sublicæ*, pieux, poteaux (*Voyez* Tite-Live, lib. 1ᵉʳ, cap. 33). Le collége des Pontifes avait dans ses attributions la surveillance et la réparation des ponts (*Voyez* ci-dessus la note 41).

Le mont Janicule, qui fut ainsi compris dans Rome par Ancus Marcius, tirait son nom de Janus, qui y fit construire les premières habitations. Outre le Janicule, le roi Ancus Marcius réunit à la ville le mont Aventin.

⁵⁷ *La colonie d'Ostie*, à six milles de Rome, aujourd'hui *Civita-Vecchia* dans l'État ecclésiastique.

V. Tarquin l'Ancien.

¹⁸ *Originaire de Corinthe.* Tarquin était fils de Démaratus de Corinthe, issu de la famille des Bacchiades, qui depuis long-temps dominait dans cette république. Elle fut enfin humiliée et dispersée par Cypsélus, chef du parti populaire. Démaratus s'était

toujours livré au commerce maritime, et avait fait un grand nombre de voyages en Italie, vendant en Étrurie les marchandises de son pays, et important à Corinthe celles de l'Étrurie. Lors de la ruine de sa famille, il trouva un asile à Tarquinies, ville étrusque, où il transporta toute sa fortune, y prit une épouse d'une famille distinguée, et en eut deux fils, Aruns et Lucumon, depuis nommé Tarquin. Aruns mourut; son père Démaratus ne put lui survivre. Devenu maître de tous les biens de sa famille, Lucumon renonça au séjour de Tarquinies, où sa qualité d'étranger le faisait dédaigner, pour s'établir à Rome, où cette même qualité était un titre de faveur. Denys d'Halycarnasse et Tite-Live racontent sérieusement le prodige qui attendoit Lucumon à son entrée dans cette ville. Un aigle, disent-ils, vint planer au-dessus de son char, lui enleva son chapeau et le lui replaça ensuite bien respectueusement sur sa tête. Tanaquil, femme de Lucumon, instruite dans la science des augures, vit dans cet incident merveilleux le présage de la grandeur future de son époux. A son arrivée, Lucumon changea son nom contre celui de Lucius Tarquin, qui rappelait Tarquinies, sa ville natale. Ses richesses, ses talens ne tardèrent pas à le faire aimer d'Ancus Marcius, qui, en mourant, lui confia la tutelle de ses deux fils. Ingrat envers la mémoire de son bienfaiteur, Tarquin, par ses intrigues, parvint à se faire élever au trône à leur détriment. Le seul motif qui puisse faire paraître moins odieuse l'action de Tarquin, c'est que le trône à Rome n'était pas héréditaire.

[59] *Ce prince rehaussa la majesté du sénat en augmentant le nombre de ses membres.* Pour se rendre agréable à la nation dont il avait capté les suffrages, et pour se créer un parti dans le sénat, Tarquin tira de l'ordre des plébéiens cent hommes des plus distingués qu'il promut à la dignité de sénateurs. On les appela sénateurs de la seconde classe, *patres minorum gentium*, pour les distinguer des anciens sénateurs, qu'on nomma *patres majorum gentium*.

[60] *Et, par la création des centuries, il étendit les tribus que lui défendait de multiplier Attius Navius.* Ce passage a singulièrement exercé les commentateurs, qui l'ont obscurci à force de vouloir l'expliquer. *Centuriis tribus auxit.* Ici *tribus* n'est pas nom de nombre, mais l'accusatif pluriel du substantif *tribus*, tribu. *Auxit* ne veut pas dire augmenter le nombre des tribus, multiplier les tribus, mais les étendre, en y ajou-

tant de nouvelles centuries. Par cette explication fort simple, disparaît la différence qu'on avait cru remarquer entre la version de Florus et celle de Tite-Live, qui s'exprime ainsi : « Tarquin, « qui se jugeait trop faible en cavalerie, résolut d'ajouter aux « trois centuries formées par Romulus, les *Ramnensès*, *les Ti-* « *tiensès*, *et les Lucerès*, trois autres auxquelles il se proposait « de laisser son nom (Tite-Live, liv. 1, chap. 36). » Il restera néanmoins une erreur dans le passage de Florus, c'est d'avoir représenté, comme accompli par Tarquin, un dessein que l'opposition de Navius l'empêcha d'exécuter. « Tarquin, dit encore « Tite-Live (*ibid.*), laissa le nombre des centuries tel qu'il était ; « il doubla seulement le nombre des chevaliers. »

⁶¹ *Depuis ce temps la dignité d'augure est devenue sacrée pour les Romains.* La même réflexion se trouve dans Tite-Live, qui parle positivement, ainsi que Denys d'Halycarnasse et Pline le naturaliste, de la statue d'Attius Navius, « qui se voyait sur le lieu « même où la chose s'était passée, dans la place des Comices » (Tite-Live, liv. 1ᵉʳ, ch. 36. Den. d'Hal., liv. 3, ch. 21. Pline, liv. 34, ch. 5. Valère Maxime, liv. 1ᵉʳ, ch. 4).

Tout ce qu'on peut dire de mieux sur de pareils traits de superstition se trouve dans le discours de Montesquieu sur *la politique des Romains dans la religion*.

⁶² *Il eut souvent les armes à la main, et soumit les douze nations de la Toscane.* Cette guerre d'Étrurie présente un problême historique à mon avis insoluble. Denys d'Halycarnasse la raconte fort en détail, et Tite-Live, qui rapporte aussi fort au long les guerres de Tarquin contre les Sabins et les Latins, ne dit pas un mot de cette longue lutte contre les Étrusques, qui, selon Denys, dura neuf ans. Même dissentiment entre les abréviateurs : Eutrope et Aurélius Victor gardent le silence sur cette guerre, tandis que Florus la note comme la seule digne d'être expressément mentionnée dans le règne de Tarquin.

D'un côté, comment se résoudre à rejeter comme une fable la narration si vraisemblable et si bien liée que nous offre Denys d'Halycarnasse ? De l'autre, comment croire que Tite-Live aurait gardé le silence sur un point d'histoire si important ? J'ai posé la question. Je laisse aux érudits le soin de la résoudre.

⁶³ *Les faisceaux, les robes royales*, etc. Les inventions de l'Étrurie importées à Rome par Tarquin l'Ancien ne seraient pas une preuve de ses conquêtes sur les Étrusques : Toscan lui-même,

il était naturel qu'il fît part au pays qui l'avait adopté des objets d'utilité ou de luxe que sa patrie s'honorait de posséder.

Mais si toutes les choses mentionnées dans la phrase de Florus venaient d'Étrurie, la plupart étaient connues à Rome avant le règne de Tarquin.

Les faisceaux. Chaque roi ou chef des douze villes étrusques marchait précédé d'un licteur qui portait un faisceau surmonté d'une hache ; et quand les douze villes faisaient ensemble quelque expédition militaire, on donnait les douze licteurs à celui qui commandait la confédération.

Ce fut Romulus, et non Tarquin l'Ancien, qui s'arrogea les douze licteurs, lesquels après l'expulsion des rois furent attribués aux consuls.

Les robes royales, trabeæ. Cette sorte de robe, blanche et bordée de pourpre, était la marque distinctive des rois. Pline rapporte que Romulus portait la *trabea* qu'il avait empruntée aux Toscans. La *trabea* des augures était de pourpre et d'écarlate.

Les chaises curules étaient des chaises d'ivoire fort élevées et ayant en bas plusieurs degrés ; les rois, et par la suite les préteurs, les censeurs et les grands édiles avaient seuls le droit de se servir de cette chaise. Ils la faisaient toujours porter après eux, pour pouvoir rendre la justice partout où ils se trouvaient. On n'a aucune raison de douter que ce fut Tarquin l'Ancien qui en introduisit l'usage à Rome.

Les anneaux. Ici Florus se trompe : ce fut aux Sabins plutôt qu'aux Étrusques que les Romains empruntèrent l'anneau, qui devint l'ornement distinctif des sénateurs et des chevaliers. En effet, les Sabins qui assiégèrent le Capitole sous Romulus portaient des anneaux (Tite-Live, liv. 1er, ch. 11). Et selon Pline le naturaliste, parmi les statues des rois de Rome, on ne voyait que le Sabin Numa et Servius Tullius qui fussent représentés avec l'anneau : quant à la statue de Tarquin l'Ancien, elle était sans cet ornement. Ils avaient, attachée à leur cou, une bulle d'or, petit ornement en forme de cœur. Il faut voir dans Aurélius Victor, de *Viris Illustribus*, cap. 6, et dans Pline, liv. 23, ch. 1er, à quelle occasion Tarquin l'Ancien introduisit l'usage de ces ornemens.

Les colliers, phaleræ. Bien que Freinshémius prenne *phalera* pour un ornement destiné aux chevaux, j'aime mieux avec Samuel Pitiscus, ou plutôt avec Polybe, considérer le *phalera* comme une parure du cavalier. Ce collier différait de celui qu'on appelait *torques* en ce qu'il était plat, tandis que le *torques* était rond ; en ce qu'il tombait sur la poitrine, tandis que le *torques* serrait le col ; en ce que celui-ci était tout d'or, tandis que le *phalera* était seulement garni de clous d'or. Le *phalera* était la récompense ordinaire des cavaliers qui s'étaient distingués à l'armée.

Les manteaux guerriers. Ce manteau se mettait par dessus la cuirasse, et s'attachait avec une bulle sur l'épaule droite. Il était de laine fine blanc ou pourpre. Quand un général partait pour l'armée, il allait au Capitole prendre le *paludamentum*; et après avoir fini son expédition, il quittait ce manteau à la porte de la ville, et y rentrait avec la toge.

La toge prétexte. Ainsi nommée parce qu'elle était bordée en bas d'une large bande de pourpre. On la faisait porter aux enfans des patriciens depuis l'âge de l'adolescence jusqu'à ce qu'ils prissent la robe virile. Les magistrats, les prêtres et les augures portaient aussi la toge prétexte.

[64] *Pour le triomphe le char doré*, etc. Ce fut Romulus qui triompha le premier, mais à pied ; et Tarquin l'Ancien, qui le premier aussi triompha sur un char doré et tiré par quatre chevaux blancs.

Le triomphe à pied se conserva toujours depuis Tarquin l'Ancien ; mais c'était le petit triomphe, *ovatio*. Il était décerné au général pour une victoire qui n'avait présenté aucune difficulté, aucun péril.

Le triomphe en char devint le grand triomphe. On l'accordait au général qui, dans une guerre légitime contre les étrangers (*justo et hostili bello*, Cic., *pro Dej.*), et dans une seule action, avait tué cinq mille ennemis.

Les robes peintes, togæ pictæ, étaient des toges tissues de pourpre et d'or, dont se revêtaient les triomphateurs. On y brodait en or plusieurs figures à la manière des Phrygiens, et ce travail de l'aiguille était fait avec tant d'art, qu'on les prenait pour l'ouvrage du pinceau. De là l'épithète de *pictæ*.

Les tuniques à palmes, qu'on a confondu à tort avec les robes peintes, étaient ornées de palmes brodées sur la poitrine. On les portait pour les triomphes.

Tarquin avait ainsi, pendant trente-huit ans, travaillé pour la gloire de sa patrie adoptive, lorsque les fils d'Ancus apostèrent contre lui des assassins qui le massacrèrent dans son palais, où ils s'étaient introduits sous prétexte de réclamer sa justice. Les fils d'Ancus voyant leurs complices arrêtés, prirent la fuite, chargés de la haine des Romains ; ils allèrent à Suessa Pométia cacher leur vie et leurs remords pour un crime dont ils n'avaient pas eu le courage de profiter.

VI. Servius Tullius.

[65] *Quoiqu'il fût né d'une mère esclave.* Ocrisie, mère de Servius Tullius, était, selon Denys d'Halycarnasse, épouse de Tullius, homme du sang royal, de Corniculum, ville des Latins. Il fut tué dans le combat qui mit cette cité au pouvoir de Tarquin l'Ancien. Ocrisie, prisonnière, échut à ce prince, qui en fit présent à Tanaquil. Elle était enceinte, et mit au monde un fils qu'elle nomma Servius, pour marquer qu'il était né dans l'esclavage. D'autres racontaient, selon le même auteur, qu'elle avait été fécondée depuis sa captivité par le dieu du foyer royal, qui lui était apparu sous la forme de Priape. Si l'on voulait attacher à cette fable plus d'importance qu'elle n'en mérite, il serait possible d'attribuer à Tarquin l'Ancien la naissance de Servius Tullius ; conjecture qui acquerrait quelque probabilité, si l'on se rappelait la prédilection que Tarquin l'Ancien et Tanaquil marquèrent toujours à cette esclave, au détriment de leurs propres enfans (*Voyez* la note suivante).

[66] *Il gouverna avec tant d'habileté un royaume acquis par fraude, qu'il parut l'avoir obtenu légitimement.* Tout l'odieux de la fraude qui plaça sur le trône Servius Tullius, gendre de Tarquin l'Ancien, retombe sur Tanaquil. On conçoit peu une mère qui dépouille ses fils en faveur d'un gendre. En effet, Tarquin l'Ancien avait laissé deux fils, ou deux petits-fils en bas âge. Au lieu de songer au trône pour l'un de ses enfans, Tanaquil ne déclara la mort du roi qu'après que son gendre eût pris les rênes de l'État. On a peut-être tort, au reste, de condamner cette reine : comme le trône n'était pas héréditaire à Rome, la conduite qu'elle tint à l'égard de son gendre était, apparemment, le seul moyen de l'engager à protéger ses enfans. Sans l'avénement d'un prince dans la force de l'âge comme Tullius, les fils d'Ancus auraient pu devenir redoutables, et c'en aurait été fait peut-être de la famille de Tarquin.

Quoi qu'il en soit, Servius Tullius, après avoir déclaré la mort de Tarquin, fut proclamé par les suffrages unanimes du peuple, *auquel il avait promis l'égalité* (Den. d'Halyc., liv. 4, chap. 3). Fort de l'appui de la multitude, il triompha de l'opposition des patriciens, et se passa des suffrages du sénat.

[67] *Le peuple Romain fut soumis au cens, divisé en classes.* Quelle grande institution que celle du cens de Servius Tullius : répartition égale ou plutôt proportionnelle de l'impôt, les votes pour les délibérations pesés plutôt que comptés, la démocratie tenue dans un état d'infériorité au milieu de formes républicaines!

Dans la forme de délibération instituée par Romulus, le peuple était assemblé par tribus, et subdivisé par curies; les votes se comptaient par tête, chose bien dangereuse au sein d'une cité populeuse.

Mais comment Servius Tullius put-il ôter au peuple une si grande puissance sans le faire murmurer? Il fit mieux, il opéra ce changement en se conciliant la reconnaissance de ceux dont il anéantissait l'influence.

Romulus en partageant également, entre ses sujets peu nombreux, les terres dont il s'empara, les fit tous également riches, et leur imposa le même tribut. Mais au temps de Servius Tullius ces fortunes étaient devenues bien inégales, et l'impôt était demeuré égal pour tous. Cette égalité non proportionnée au revenu devenait injustice. Or quand Servius Tullius proposa de régler les taxes sur les moyens de chacun, le peuple ne vit dans cette proposition rien que d'équitable et d'avantageux pour lui. La loi passa, et chaque Romain s'obligea par serment, et sous les peines les plus graves, à donner une déclaration de ses biens. De là le *cens* ou *dénombrement* de tous les citoyens; et quand Servius l'eut fait, il trouva dans Rome et dans ses campagnes plus de quatre-vingt mille hommes en état de porter les armes.

Ils furent répartis en six classes, et chaque classe se composa de centuries qui toutes ensemble étaient au nombre de cent quatre-vingt-trois. Ces centuries n'avaient pas le nombre d'hommes que leur nom semble désigner, mais plus ou moins, selon les vues aristocratiques du législateur.

La première classe, qui était celle des plus riches, embrassait seule quatre-vingt-dix-huit centuries. Composées de citoyens progressivement moins riches, la seconde, la troisième et la quatrième renfermaient chacune vingt centuries. Trente centuries éaient comprises dans la cinquième. Enfin, la sixième et dernière classe, bien que la plus nombreuse de toutes, puisqu'elle renfermait la populace, ne formait pourtant qu'une seule centurie.

Cette division établie, Servius Tullius l'appliqua aux délibérations publiques. Il fut décidé que les assemblées par curies n'auraient plus lieu que pour élire les flamines, le grand curion et quelques magistrats subalternes. On y substitua les délibérations par centuries; et chaque centurie n'ayant qu'une voix, le droit de suffrage passa entre les mains des principaux citoyens. « C'était, « dit Montesquieu, les moyens qui donnaient le suffrage, plutôt « que les personnes (Esprit des Lois, liv. 2, ch. 2).

Une si sage division des citoyens pour les délibérations publiques fut également admise pour le service militaire. L'honneur de servir la patrie dans les armées comme simple soldat était dévolu à ceux des citoyens qui, par leurs propriétés, avaient intérêt à la défendre, c'est-à-dire aux premières classes. Les dernières allaient rarement à l'armée. La sixième en était tout-à-fait exempte: on appelait ceux qui la composaient *prolétaires*, de *proles*, race, comme n'étant utiles à la patrie que par les enfans qu'ils lui donnaient. Quand Marius renversa cet ordre admirable qui s'était conservé jusqu'à lui, « il prit toutes sortes de gens dans les « légions; la république fut perdue » (Montesq., Esprit des Lois).

Le cens, institué par Servius Tullius, se faisait tous les cinq ans, et l'on en conserva la coutume jusqu'à la fin de la république.

⁶⁸ *Distribué en curies et en colléges.* Il y a d'abord là bien évidemment deux erreurs. Les curies avaient été instituées par Romulus. C'est *centuries* que Florus aurait dû dire.

En second lieu, les *colléges* ou *confréries d'arts et métiers* furent institués par Numa; c'est Plutarque qui, dans la vie de ce prince, nous fournit ce précieux renseignement.

VII. Tarquin le Superbe

⁶⁹ *Elle poussa sur le corps sanglant de son père ses chevaux épouvantés.* Cette rue qui auparavant s'appelait la *rue Cypria*, fut nommée dès lors la *rue Scélérate*. Tite-Live rend vraisemblable le trait de l'infâme Tullie, en la représentant comme aliénée, et comme poursuivie par les furies vengeresses de sa sœur et de son père.

Servius Tullius avait régné quarante-cinq ans lorsqu'il fut assassiné par Tarquin son gendre.

70 *Par un orgueil plus insupportable aux gens de bien que la cruauté.* Le témoignage unanime de Tite-Live, Denys d'Halycarnasse, Plutarque, Eutrope, Florus, en un mot de tous les historiens grecs et romains, nous peignent Tarquin sous les traits du plus odieux tyran. Or ce n'est pas sans étonnement qu'on lit dans la troisième Philippique de Cicéron, ch. 4 : « Tarquin ne fut ni « impie, ni cruel ; il ne fut que superbe, et ce vice lui coûta le « trône. »

Montesquieu, dans le chapitre 1er *de la Grandeur et Décadence de Romains,* cherche également à défendre la mémoire de Tarquin.

71 *Alors furent prises dans le Latium les fortes places d'Ardéa, d'Ocriculum, de Gabies et de Suessa Pométia.* Tarquin ne prit jamais Ardéa, capitale des Rutules dans le Latium, puisque ce fut comme il l'assiégeait que les Romains se révoltèrent contre lui, et le bannirent pour jamais de Rome.

Ocriculum, aujourd'hui *Otricoli*, dans l'Ombrie et non pas dans le Latium. Ni Tite-Live, ni Denys d'Halycarnasse, ni Eutrope, ne font mention de cette conquête de Tarquin.

Gabies. Ville des Latins, colonie d'Albe, sur la route de Præneste, à cent stades ou douze mille cinq cents pas de Rome.

Suessa Pométia, ou simplement *Pométia,* ville du Latium dans le pays des Volsques. Il ne faut pas la confondre avec *Suessa Arunca*, sur le Liris, dans la Campanie.

72 *Il bâtit un temple des dépouilles enlevées aux villes qu'il avait prises.* La construction du Capitole dont il s'agit ici avait été commencée par Tarquin l'Ancien. Malgré l'activité que Tarquin le Superbe mit à en presser l'achèvement, ce grand ouvrage ne fut terminé que la première ou la troisième année de la république. Ce fut le consul Horatius Pulvillus qui en fit la dédicace, dans la première année de la république.

VIII. Résumé sur les sept rois.

73 *L'intérêt et l'utilité publique.* Montesquieu avait sans doute en mémoire cette phrase lorsqu'il écrivait : « Une des causes de la « prospérité de Rome, c'est que ses rois furent de grands person« nages. On ne trouve point ailleurs, dans les histoires, une suite « non interrompue de tels hommes d'État et de tels capitaines. » Il est probable aussi que ce résumé de Florus n'a pas été inutile

à Bossuet, lorsque, dans son troisième discours sur l'Histoire Universelle, il fait une semblable récapitulation.

[74] *S'enflamma de l'amour de la liberté.* Pensée juste : les tyrans ne tombent jamais que par leurs excès. « Sextus, en violant « Lucrèce, dit Montesquieu, fit une chose qui a presque toujours « fait chasser les tyrans d'une ville où ils ont commandé ; et le « peuple, à qui une action pareille fait sentir sa servitude, prend « d'abord une résolution extrême. »

IX. Changement de gouvernement.

[75] *Pilla ses richesses.* Premier trait de la politique du sénat romain qui d'abord succéda à toute la puissance des rois. Pour rendre toute réconciliation impossible entre le peuple et Tarquin, le sénat, au lieu de confisquer les biens de ce prince au profit du trésor, en abandonna le pillage au peuple.

[76] *Consulter avant tout les intérêts de leurs concitoyens.* Il m'a été impossible de rendre en français le rapprochement de mots fait ici par Florus : *Consulesque appellavit pro regibus, ut consulere se civibus suis debere meminissent.* C'étaient les patriciens seuls qui avaient fait la révolution ; aussi fut-elle d'abord à leur profit. De monarchique le gouvernement devint aristocratique. L'autorité royale passa tout entière entre les mains des consuls.

[77] *Ils lui ôtèrent les faisceaux.* Rien de plus ingrat que les républiques : Athènes le prouva toujours envers ses grands hommes ; Rome le prouva plus tard envers Coriolan, Camille, les Scipion : mais il est remarquable que la première victime de l'ingratitude républicaine ait été précisément un des deux auteurs de la liberté romaine.

[78] *A relever la majesté du peuple devenu libre.* On peut lire, sur ce Romain, Aurélius Victor, *de Viris illustribus*, et Plutarque, Vie de Plublicola. Outre la loi de l'appel et celle qui concernait l'abaissement des faisceaux devant le peuple, Valérius porta plusieurs autres lois qui toutes tendaient au même but, savoir : celle qui prononce la peine de mort contre ceux qui prendraient des charges sans le consentement du peuple ; et la permission de tuer sans aucune forme de justice quiconque aurait voulu se faire roi, pourvu qu'on donnât des preuves de cet attentat à la liberté. Il enleva en outre au consulat une importante attribution, en con-

fiant la garde du trésor public à deux questeurs nommés par le peuple.

[79] *Au faîte de la faveur populaire.* Ici, comme dans tout le reste du chapitre, l'ordre des faits est interverti. Florus aurait dû placer la conspiration des fils de Brutus avant le consulat de Valérius, puis ne parler du pillage des biens des Tarquins qu'après l'exil de Collatin. La manière dont notre historien présente l'action de Brutus pourrait faire croire qu'il la regardait comme inspirée par l'ambition.

Le jugement des fils de Brutus et de leurs complices est un exemple éclatant de la puissance consulaire en matière de justice criminelle. Les consuls ne gardèrent pas long-temps une telle prérogative.

[80] *Ensuite pour ses alliés.* Cette phrase de Florus est le tableau flatté de la politique romaine. A l'en croire, ce ne fut jamais que pour des causes légitimes que Rome prit les armes. Peut-être que bien des Romains, enthousiastes de leur patrie, auraient de bonne foi tenu le même langage que Florus; mais il y a long-temps qu'on a dit que ce prétendu zèle du sénat pour les alliés de la république n'était qu'un voile propre à déguiser l'ambition des conquêtes. « Les injustices des Romains, dit Bossuet,
« étaient d'autant plus dangereuses qu'ils savaient mieux les cou-
« vrir du prétexte spécieux de l'équité. »

[81] *Le territoire étranger.* Il y a dans le texte *sed statim hostile pomœrium*. Le *pomœrium* était une espèce de terrain qu'on laissait sans destination, tant dans l'enceinte qu'au dehors des murailles, *intus et extra*. Ce lieu etait sacré.

Il y a dans toute cette phrase de Florus une exagération plus digne d'un déclamateur que d'un historien, dit Freinshémius. Sous ses rois, tous guerriers à l'exception d'un seul, particulièrement sous les Tarquin, Rome avait acquis quelque territoire; et si elle en perdit une partie par l'effet de l'expulsion des rois, il est à croire qu'il lui resta toujours assez de terres pour nourrir ses nombreux habitans. Sans cela cette ville aurait péri par la disette autant que par le fer des Latins.

Une preuve de la puissance dont Rome jouissait alors, c'est le traité de commerce qu'elle conclut avec Carthage l'année même de l'expulsion des rois.

X. Guerre contre Porséna.

⁸² *Porséna, roi d'Étrurie.* Denys d'Halycarnasse le désigne ainsi : *Lars, surnommé Porséna. Lars* était un nom d'honneur que les Tyrrhéniens donnaient à leurs rois. Porséna ne régnait pas sur l'Étrurie entière, mais sur Clusium (aujourd'hui Chiusi), une des douze Lucumonies étrusques). Les Clusiens occupaient une partie du territoire de Sienne et d'Orviette.

⁸³ *Abandonner ses armes.* Tite-Live, qui raconte ce fait comme authentique, ajoute que l'action d'Horatius *excitera plus d'étonnement que de croyance.* Un critique s'est autorisé de cette réflexion pour révoquer en doute ce fait ; et pourtant ce critique était Français (M. Lévesque) : il pouvait se rappeler que saint Louis au pont de Taillebourg, et Bayard au pont du Garigliano, ont renouvelé le trait d'Horatius.

Polybe assure que ce Romain se noya après que le pont fut rompu. Tite-Live, Denys d'Halycarnasse, Aurélius Victor racontent qu'il survécut à tant de dangers et à ses blessures.

⁸⁴ *Eût dévoré sa propre main.* L'action de Mucius est d'un furieux et d'un traître. L'enthousiasme républicain, injuste comme l'est toujours l'esprit de parti, pouvait seul exalter un pareil attentat. Je suis fâché de voir Bossuet ne point désapprouver l'action de Mucius : ceux qui l'approuvent devraient, pour être conséquens, blâmer Fabricius d'avoir repoussé les propositions du médecin de Pyrrhus, roi d'Épire, qui lui proposait d'empoisonner son maître. Denys d'Halycarnasse ne dit pas que Mucius se soit brûlé la main droite ; c'est ce qui rend fort douteuse cette circonstance, la seule qui pouvait inspirer quelque intérêt en faveur de ce Romain. Martial a célébré Mucius dans une de ses meilleures épigrammes.

⁸⁵ *Et les laissa libres.* Florus rapporte la guerre de Porséna d'une manière assez conforme au récit de Tite-Live et de Denys d'Halycarnasse. Ces deux historiens, contemporains d'Auguste, en avaient sans doute puisé les matériaux dans les auteurs qui avaient écrit les premiers l'Histoire Romaine au temps de la seconde guerre Punique ; mais du temps de Vespasien, on acquit sur cet événement des lumières qui avaient manqué jusqu'alors. Cet Empereur, au rapport de Suétone, fit rechercher avec soin les inscriptions gravées sur l'airain, qui étaient restées ensevelies sous la terre de-

puis l'invasion de Rome par les Gaulois. On en découvrit trois mille, et l'on sut alors que Rome, loin d'avoir fait trembler Porséna, avait été obligée de se rendre à ce prince. Il est vrai que le vainqueur finit par accorder la paix; mais, s'il prit cette résolution, ce n'est pas qu'il fût ébranlé par le courage des Romains, c'est, comme la tradition l'avait appris à Denys d'Halycarnasse, qu'il était menacé d'un soulèvement de la part de ses sujets : il accorda la paix aux Romains, mais il la leur accorda rigoureuse et même humiliante, les réduisant à l'état de colons, et ne leur permettant l'usage du fer que pour l'agriculture (*Voyez* Pline le naturaliste, lib. 34, cap. 14). Il ne leur laissa aucun territoire au-delà du Tibre, du côté de l'Étrurie, et ce ne fut que plusieurs années après qu'il daigna leur abandonner un champ nommé les *Sept Bourgades*, qu'ils avaient été contraints de lui céder.

[86] *Les Tarquiniens cependant continuèrent la guerre.* Ce passage de Florus offre un grave anachronisme. Le combat des Tarquiniens contre les Romains précéda la guerre de Porséna. Tous les historiens sont unanimes à cet égard. Seconde erreur : Florus accuse ici Aruns Tarquin du crime de son frère Sextus. Il les confond l'un avec l'autre.

XI. Guerre des Latins.

[87] *Au moins esclave dans ses murs.* Comment concilier cette assertion avec celle qui précède, ch. IX : *Dès le premier pas hors de leurs murs, commençait le territoire étranger.* Voilà les contradictions dans lesquelles le désir de briller par des antithèses entraîne un historien!

[88] *Sous le commandement de Mamilius de Tusculum, se souleva pour venger le roi de Rome.* Mamilius était gendre de Tarquin, qui se retira à Tusculum auprès de lui, après la retraite de Porséna. Mamilius eut assez de crédit sur sa nation pour engager trente villes latines à embrasser la cause de Tarquin, l'an 253 de Rome, neuf ans après l'établissement de la république.

[89] *Le dictateur Postumius.* Ce général fut le second dictateur de la république. Les alarmes qu'avaient inspirées au sénat les premières séditions du peuple au sujet des dettes, ainsi que les préparatifs des Latins contre Rome, donnèrent lieu à l'institution de cette magistrature, l'an de Rome 253. Le premier dictateur fut Titus Lartius. Cette magistrature tirait son nom soit de la nomi-

nation du dictateur par le consul, *quod a consule diceretur*, soit des ordres qu'il publiait, *quod multa dictaret :* on l'appelait aussi *magister populi* et *prætor maximus*. Le pouvoir du dictateur était immense ; il n'était élu que dans des circonstances graves, mais seulement pour six mois. Il marchait précédé de vingt-quatre licteurs. Il était d'autres occasions où la nomination d'un dictateur paraissait indispensable, par exemple pour enfoncer un clou du côté droit du temple de Jupiter, afin de mettre un terme aux calamités publiques ; pour la tenue des comices en certains cas ; pour présider à certains jugemens, etc.

Le lac Régille, près duquel se donna la bataille gagnée par Postumius, était situé dans le territoire de Tusculum, aujourd'hui *Frascati*, à l'entrée de la forêt d'Algide. Il s'appelle à présent *Lago di san Prasso*. Postumius reçut le surnom de *Regillensis*, qu'il transmit à ses descendans. Tarquin mourut, quatre ans après la bataille de Régille, à Cumes en Campanie, où le tyran Aristodème lui avait donné asyle.

⁹⁰ *Sora et Algide, qui le croirait ? ont été formidables.* Montesquieu, dans son *Essai sur le Goût*, donne les plus grands éloges à ce passage de Florus, et le cite comme un modèle. La Harpe (dans un article du Mercure de mai 1770, que l'abbé Paul a imprimé à la suite de sa traduction) trouve, au contraire, *cette figure trop prolongée et trop oratoire*.

Sora, petite ville du Latium, au pays des Volsques, à l'embouchure du Liris. *Algide*, montagne et petite ville du Latium, au pays des Èques, non loin de Tusculum et à deux milles de Rome.

⁹¹ *Satricum et Corniculum étaient des départemens consulaires.* — *Satricum*, ville des Latins : Denys d'Halycarnasse l'appelle Satria. — *Corniculum*, ville du Latium, qui avait été prise et brûlée par Tarquin l'Ancien.

⁹² *Des Véruliens et des Bovilliens.* — *Vérula*, ville des Herniques dans le Latium, non loin de Rome, aujourd'hui *Vérulo*. *Bovilla*, ainsi appelée de *Bos* et de *Villa*, parce que son territoire nourrissait beaucoup de bœufs. Elle était alors une des villes les plus considérables du Latium. Il en restait encore dans le dix-septième siècle quelques vestiges sur la voie Appienne, à peu de distance de Rome.

⁹³ *A Tibur..... et à Préneste.... qu'après avoir fait des vœux au Capitole* — *Tibur*, sur l'Anio, aujourd'hui Tévérone, à vingt milles de Rome. Les plus riches citoyens y avaient, du temps

d'Horace, des maisons de campagne délicieuses ; *Tibur* s'appelle aujourd'hui Tivoli.

Préneste, capitale des Èques, fut bâtie par Télégone, fils d'Ulysse et de Circé. On la nomme aujourd'hui *Palestrina*.

⁹⁴ *Fésule était alors pour nous ce que Charres a été naguères.* — *Fæsulæ* (aujourd'hui Fiésole), dans la Toscane, et non pas dans le Latium, comme paraît le faire entendre ici Florus. — *Charres*, dans la Mésopotamie, ville près de laquelle Crassus fut défait et tué par les Parthes (*Voyez* le ch. xii du liv. 3).

⁹⁵ *Le bois d'Aricie et Frégelles, ce que furent depuis la forêt d'Hercynie et Gessoriacum ; enfin le Tibre était pour nous l'Euphrate.* — *Aricie* était située sur la voie Appienne, aux environs d'Albe, dans le Latium. Elle se nomme aujourd'hui *La Riccia*. — *La forêt d'Hercynie*, nom général des forêts dont toute la Germanie était couverte, mais s'appliquant particulièrement à celle qui s'étendait à l'orient du *Boiohemum* (Bohême).

Frégelles, ville du Latium, près du fleuve Liris. — *Gessoriacum*, dans la Gaule (aujourd'hui Boulogne en Flandre). On sait quelle peine César eut à soumettre les peuples de cette contrée ; et il faut être aussi peu versé dans l'histoire que l'était l'abbé Paul, pour être réduit à avouer, dans sa note sur ce passage, qu'il ignorait à quel trait d'histoire Florus fait ici allusion. — *L'Euphrate* prend sa source dans les montagnes de l'Arménie, traverse l'Assyrie, et se jette dans le golfe Persique, après avoir reçu les eaux du Tigre. L'Euphrate fut, au temps de la grandeur de Rome, la limite des conquêtes vers l'orient, comme à l'époque de la guerre contre les Latins dont il est ici question, le Tibre était la limite qui séparait Rome de ses voisins du côté de l'Étrurie. *Roma a principio*, dit Servius, *tantum unam Tiberis ripam tenebat.*

⁹⁶ *Corioles pris d'assaut.* — Ville des Volsques (Latium) dont il ne reste aucun vestige. Denys d'Halycarnasse la désigne ainsi : Ville très-célèbre, et en quelque sorte la métropole et la capitale des Volsques.

⁹⁷ *Les dépouilles des Antiates que Mœnius suspendit à la tribune aux harangues, après s'être emparé de leur flotte.* Les Antiates furent battus sur terre l'an 417 de Rome, par Caius Mœnius, tandis que Lucius Furius Camillus, son collègue, défit les Tiburtins sous les murs de Péduon. Ces deux victoires livrèrent aux Romains tout le Latium, qui s'était soulevé en masse, et Camille put dire au sénat : « Il dépend de vous que le Latium existe

« ou n'existe pas. » Les Antiates reçurent de Rome le droit de cité, mais on retira de leur port tous les vaisseaux longs ; on interdit aux habitans toute navigation. Une partie des galères d'Antium fut placée dans les arsenaux de Rome; une autre fut brûlée, et ce furent les éperons de ces vaisseaux que l'on suspendit à la tribune aux harangues (Tite-Live, l. 8, c. 14).

[98] *Les Èques et les Volsques.* Les Èques avaient pour capitale Preneste. Leur pays, qui formait à peine la sixième partie du Latium, était si peuplé qu'il contenait près de cinquante villes, dont les Romains détruisirent quarante et une, en cinquante-trois jours, l'an de Rome 448 : funeste exécution qui anéantit la nation des Èques.

Les Volsques avaient aussi un grand nombre de villes alors fort considérables, entre autres Terracine, Corioles, Antium, Suessa Pométia, Tusculum, etc. Depuis l'expulsion des rois, on les vit attaquer presque annuellement les Romains; mais la prise d'Antium, l'an 285 de Rome, dans la quarantième année de la république, et celle d'Anxur ou Terracine, l'an 353, portèrent deux échecs irréparables à la nation des Volsques. Enfin, après la prise de Satricum en 407, ils cessèrent pour jamais de s'armer contre Rome.

[99] *Titus Quintius tiré de la charrue pour être dictateur.* Ici Florus confond Lucius Quintius Cincinnatus avec Titus Quintius Capitolinus son frère, qui se signala par ses exploits et fut six fois consul.

[100] *Sauva le consul Marcus Minucius.* Ce général est appelé Lucius Minucius par Tite-Live et Denys d'Halycarnasse. Il se laissa cerner dans un défilé par les Èques. Le dictateur Cincinnatus (*voyez* la note précédente) fait prendre les armes à tous les citoyens en état de les porter; et, avec cette puissante armée, il enveloppe les ennemis à leur tour, les force à capituler, et les fait passer sous le joug. Il dégrada Minucius pour le punir de sa conduite imprudente et peu courageuse : c'est le seul exemple d'un consul dégradé par un dictateur. Le sénat voulut récompenser Cincinnatus, et lui offrit des richesses qu'il refusa, puis il abdiqua au bout de seize jours une magistrature qu'il aurait pu garder six mois.

Cette admirable expression de Florus, *triumphalis agricola*, rappelle celle de Pline (liv. 18, ch. 3), *Gaudebat tellus vomere laureato.*

XII. Guerre contre les Véiens, les Falisques et les Fidénates.

[101] *La porte qui s'était ouverte à leur départ pour le combat.* Cette porte s'appelait auparavant *Carmentale*. L'histoire des trois cents Fabius a exercé la critique. Tite-Live (liv. 2, ch. 50) dit que de cette famille il ne resta qu'un enfant à peine adolescent, *prope puberem*, « qui, ajoute-t-il, fut la tige de tous les Fa- « bius. » Plus loin le même historien désigne parmi les consuls de l'an de Rome 287, Q. Fabius « qui avait seul survécu à la « destruction de sa famille (liv. 3, ch. 1er). » Or le désastre de Crémère était antérieur de dix ans, an de Rome 277. Comment croire que ce Fabius, alors âgé d'environ douze ans, fut dix ans après, c'est-à-dire à vingt-deux ans, élevé au consulat, puisque les Romains n'accordaient cette dignité qu'à des hommes de quarante ans? Denys d'Halycarnasse est plus satisfaisant sur ce point. Il ne peut croire que sur trois cents guerriers morts dans la force de l'âge, il n'y en ait eu qu'un seul qui ait laissé un fils. N'y en avait-il aucun autre ayant ou des fils ou un frère en bas âge, ou encore son père, sinon en état de porter les armes, au moins en âge d'avoir encore des enfans (liv. 9, ch. 5)? Le même historien, quand il arrive au consulat de Q. Fabius, se contente de le désigner ainsi : « Fils d'un des trois frères qui avaient commandé la « garnison de Crémère, » sans faire entendre qu'il fût le seul Fabius échappé à la destruction de sa famille.

Le fort de *Crémère*, voisin de la ville de Véies, prenait son nom de la petite rivière de Créméra, qui va se jeter dans le Tibre, sur la rive droite de ce fleuve.

[102] *Et sans manquer à l'honneur.* L'anecdote de Camille et du maître d'école de Faléries est un de ces traits frappans qui laissent dans la mémoire des hommes une trace aussi profonde que celle des faits qui ont pu avoir les résultats politiques les plus éclatans. Tite-Live (liv. 5, ch. 27), et Plutarque (Vie de Camille) ont fait grandement ressortir cet acte de magnanimité. « Rome, dit « Bossuet, ne voulait pas vaincre par des trahisons, ni profiter de « la perfidie d'un lâche qui abusait de l'obéissance d'un âge inno- « cent. » Rollin, dans son Histoire Romaine, en représentant les écoliers de Faléries ramenant leur pédagogue à la ville en le fouettant sans relâche, ajoute : « ce qu'ils firent sans doute de « bon cœur. »

Faléries dont il s'agit ici était une des douze villes d'Étrurie qu'on nommait *Lucumonies*. Elle était puissante, belliqueuse et peuplée, et pendant le siége de Véies, elle fit contre Rome une diversion qui fut sans doute très-utile aux Véiens ; mais Florus commet ici un anachronisme en représentant la reddition de Faléries comme antérieure à la prise de Véies, tandis qu'elle n'eut lieu que l'année d'après, l'an 356 de Rome.

¹⁰³ *Le présage de la destruction de leur ville.* On ne connaît pas bien la position de Fidènes, ville du Latium ; on croit cependant qu'elle était sur la rive du Tibre, à cinq mille pas de Rome, tout près du confluent de l'Anio et de ce fleuve.

Ici Florus attribue aux Fidénates, aux Falisques, un trait qui appartient aux Falisques : ceux-ci, dans une bataille qu'ils livrèrent aux Romains l'an 397, cherchèrent à les effrayer par ce lugubre appareil. En effet, on se ceignait de bandelettes et on portait des torches dans les cérémonies funèbres, *habitus ille feralis.*

¹⁰⁴ *Les dépouilles du roi des Véiens, Lars Tolumnius, furent portées à Jupiter Férétrien.* Florus place ici mal à propos la mort de Lars Tolumnius, qui avait précédé d'environ vingt ans le siége de Véies.

Lars Tolumnius. — *Lars* était un titre commun aux rois toscans. Sous sa conduite, les Véiens se montrèrent redoutables aux Romains, sinon par leurs victoires, au moins par leur persévérance courageuse malgré leurs défaites. Ce fut l'an 328 que se donna la bataille dans laquelle ce roi fut tué par Cornélius Cossus, tribun militaire, qui porta les dépouilles de son ennemi dans le temple de Jupiter Férétrien. Ce fait présente une difficulté. Pour avoir le droit d'emporter les *dépouilles opimes*, après avoir tué le général ennemi, il fallait être soi-même général en chef de l'armée romaine. Comment se fait-il que cet honneur ait été décerné à Cornélius Cossus, qui combattait en qualité de tribun militaire sous un dictateur ? Tite-Live lui-même élève cette difficulté ; il y répond d'une manière péremptoire par la preuve matérielle du fait, attesté par Auguste, qui lui avait dit avoir vu dans le temple de Jupiter Férétrien les dépouilles opimes qu'y avait appendues quatre cents ans auparavant Cornélius Cossus (liv. 4, chap. 20).

¹⁰⁵ *Toute l'autorité de nos annales nous fait à peine croire que Véies ait existé.* Ici l'on ne dira point que Florus se montre déclamateur. Ses réflexions sont aussi judicieuses qu'exprimées

avec éclat. Deux ans après la mort de Lars Tolumnius, la guerre recommença entre les Romains et les Véiens (an 327).

Véies fut pour Rome ce que Troie avait été pour l'ancienne Grèce: le siége dura dix ans, depuis l'an 349 de Rome jusqu'à l'an 359. Rome avait alors substitué le gouvernement de trois ou cinq tribuns militaires à celui des consuls; on en élut jusqu'à huit pour presser plus vivement ce siége. Mais ces tribuns et leurs successeurs furent malheureux. Rome avait en outre à combattre les Capénates et les Falisques (*Voyez* ci-dessus note 102). La crainte générale fit nommer un dictateur: ce fut M. Furius Camillus, qui se donna pour général de la cavalerie P. Corn. Scipion. La fortune alors changea. Les Capénates et les Fidénates furent défaits, et Véies tomba au pouvoir de Camille l'an 357. Quel reproche ne mérite pas Florus de n'avoir pas nommé ce grand homme!

XIII. Guerre contre les Gaulois.

[106] *Établis entre les Alpes et le Pô.* — Ce fut l'an 164 de Rome, l'an 590 avant J.-C., que les Gaulois Sénonais, sous la conduite de Bellovèse, passèrent les Alpes, vinrent s'établir dans la haute Italie ou Italie septentrionale, et donnèrent à ce pays le nom de Gaule Cisalpine (c'est-à-dire en deçà des Alpes, par rapport au reste de l'Italie). Ce pays, traversé par le Pô, fut divisé en *Gallia transpadana* et *Gallia cispadana;* et la population partagée en un grand nombre de peuplades, dont les principales étaient, pour la Gaule Transpadane, *Salassi* (duché d'Aoste), *Segusiani* (vers Suze), *Taurini* (vers Turin), *Orobii* (vers Côme), *Insubres* (Milanez), ce fut la nation que conduisait Bellovèse; *Cenomani* (le Mantouan).

Pour la Gaule Cispadane: *Anamani* (duché de Parme), *Boii* (duché de Modène), *Lingones* (Ferrarois et Bolonais).

[107] *Ils assiégeaient alors Clusium* (*voyez* note 82). Si l'on en croit Tite-Live et Plutarque, un habitant de Clusium, qui avait éprouvé une injustice de la part de ses concitoyens, se rendit auprès des Gaulois, leur fit goûter du vin qu'il apportait de son pays, et par l'attrait de cette liqueur inconnue à ces barbares, il les attira en Italie.

[108] *Est-il des droits sacrés chez les barbares?* Si l'on ne voyait Florus prodiguer à chaque instant, et sans raison, des éloges

outrés aux Romains, on pourrait prendre cette réflexion pour la plus sanglante ironie. En effet, ce ne furent pas les Gaulois, mais les Romains qui, dans cette occasion, méconnurent le droit des gens. Les trois fils de Fabius Ambustus, que Rome avait envoyés en ambassade à Clusium, au lieu de jouer le rôle de pacificateurs, se mirent à la tête des Clusiens pour combattre les Gaulois. L'aîné des Fabius tua même de sa propre main l'un des chefs des Gaulois. Au lieu de se conduire en barbares, les Gaulois, avant de tirer l'épée, demandèrent que les trois coupables leur fussent livrés. Les Romains refusèrent cette trop juste satisfaction, et la guerre devint inévitable.

[109] *Sur les bords de l'Allia. Aucune défaite ne fut, sans contredit, plus horrible.* Ici Florus commet une erreur : Fabius n'était pas consul : les Romains le nommèrent tribun militaire avec ses deux frères. La défaite d'Allia date de l'an de Rome 363. L'Allia est une petite rivière qui prend sa source dans la Sabine, et se jette dans le Tibre, à trois lieues de Rome.

Un grand nombre d'éditions portent ici *non Cremeræ fœdior clades*, c'est-à-dire, le désastre de Cremère ne fut pas plus horrible. Cette leçon est assez ingénieuse, mais elle est contraire aux manuscrits.

[110] *Pendant que le pontife prononçait la formule.* Jos. Scaliger rapporte cette formule dans son commentaire sur Varron; la voici : *Jane, Jovispater, Marspiter, Quirine, Lases, Divi Novensides, Dii Indigetes : Divi quorum est potestas Populi Romani Quiritium, meique, Diique manes sub vos placo veneroryue. Veniam peto obsecroque uti Populo Romano Quiritium vitam salutemque prosperetis : uti ego axim præ me formidinem metumque omnem, cœlestium inferumque omnium diras, sicuti verbis nuncupasso ; ita pro republica Populi Romani Quiritium, vitam salutemque meam Düs manibus tellurique devoveo.*

[111] *Le pontife Fabius, qui avait un sacrifice solennel à offrir sur le mont Quirinal.* C'était Caïus Fabius Dorso. Tite-Live ne dit pas qu'il fut pontife, il dit seulement que Fabius Dorso se dévoua ainsi pour accomplir un sacrifice que tous les ans, à pareil jour, les Fabius offraient sur le mont Quirinal.

[112] *Camille les attaque tout à coup par derrière.* Ce mot célèbre de Brennus, chef des Gaulois, que Florus, si avare de noms, n'indique pas, a excité l'indignation de plus d'un écrivain. Un critique moderne se montre plus favorable au Gaulois :

« J'admettrai, dit-il, l'épée ajoutée au poids du bassin : c'est un
« trait de gaîté gauloise dont aurait été capable ce Lahire, qui disait
« que si Dieu avait été gendarme il serait pillard. Le mot *malheur*
« *aux vaincus* est plein de sens et inspiré par la circonstance. »

On ne peut révoquer en doute la capitulation faite avec Brennus : on trouve même dans Justin que Marseille, fidèle alliée des Romains depuis sa fondation, c'est-à-dire depuis le règne de Tarquin l'Ancien, leur prêta une partie de l'or qui fut compté aux Gaulois. Mais faut-il admettre aussi ce Camille, qui arrive tout à point pour faire un coup de théâtre et amener le dénoûment? Les critiques les plus judicieux n'ont pas balancé à se prononcer pour la négative. Ils l'ont fait avec d'autant plus de raison, selon moi, qu'un historien beaucoup plus voisin des événemens que Tite-Live, Polybe, le contemporain et l'ami de Scipion, premier Africain, garde le silence sur toutes ces circonstances, et se contente de dire :

« Les Gaulois s'emparèrent de Rome, à l'exception du Capitole.
« Les Romains, qui avaient fait une trêve avec eux aux conditions
« qu'il leur plut d'exiger, après avoir, contre toute espérance,
« regagné leur patrie et augmenté un peu leurs forces, déclarèrent
« la guerre à leurs voisins. » (Polybe, trad. de Dom Thuillier, liv. 1, ch. 1). Ailleurs (liv. 2, ch. 4), le même historien dit :
« Après avoir vaincu les Romains en bataille rangée, et les
« ayant mis en fuite, ils les menèrent battant, pendant trois
« jours, jusqu'à Rome, dont ils s'emparèrent, à l'exception du
« Capitole. Mais les Venètes s'étant jetés sur leur pays, ils s'ac« commodèrent avec les Romains, leur rendirent leur ville et
« coururent au secours de leur patrie. » Ailleurs encore (liv. 2, ch. 5), Polybe dit : « Ayant pris les armes contre les Romains,
« ils les avaient battus complétement, et avoient pris d'emblée
« la ville de Rome : ils en étaient restés les maîtres, et de tout ce
« qui était resté dedans, pendant sept mois ; et après avoir cédé
« et rendu la ville, non-seulement sans y être forcés, mais avec
« reconnaissance de la part des Romains, ils étaient retournés
« sains et saufs et chargés de butin dans leur patrie. »

A tous ces témoignages de Polybe, faut-il joindre celui de Trogue-Pompée, abrégé par Justin, et celui de Suétone? Le premier fait dire aux Etoliens, s'adressant aux ambassadeurs de Rome,
« qu'ils n'oublient pas qui ils sont et qui ils osent menacer; qu'ils
« n'ont pu défendre leur ville contre les Gaulois, et que lors-

« qu'elle a été prise, ils n'ont pu la recouvrer par les armes,
« mais qu'ils l'ont rachetée à prix d'or. » (Justin, liv. 28, ch. 2).
Le second dit que Drusus emporta de la Gaule, où il commandait en qualité de propréteur, tout l'or qui avait été donné autrefois aux Gaulois qui assiégeaient le Capitole, et que cet or ne leur fut point arraché par Camille, comme la renommée le publie.

Enfin Plutarque lui-même, qui, dans la vie de Camille, paraît avoir copié Tite-Live, dit dans son Traité *de la Fortune des Romains* : « Si ce que Polybe écrit touchant les Gaulois, qui prirent
« Rome, est vrai..... » En voilà, je pense, plus qu'il n'en faut pour reléguer la merveilleuse intervention de Camille au rang des fables dont se berce l'orgueil des nations.

On a lieu de croire que le récit de Polybe finit par être généralement adopté ; car c'est ce récit, et non celui de Plutarque, que suivit Paul Orose dans son abrégé de l'Histoire Romaine, qu'il composa au cinquième siècle de notre ère : *Galli Romam captam incensamque tenuerunt et vindiderunt* (liv. 3, ch. 2).

[113] *Non point saccagée et en ruines, mais plutôt purifiée et consacrée.* Montesquieu s'est approprié ces réflexions ingénieuses de notre historien dans le chapitre premier de ses *Considérations*, qu'il termine par ces mots : « L'incendie de la ville ne fut que
« l'incendie de quelques cabanes de pasteurs. » Aux yeux de l'historien, l'embrasement de Rome sera toujours à regretter, car c'est ce désastre qui a privé les historiens postérieurs des monumens à l'aide desquels ils eussent pu mettre un peu plus de certitude dans leurs récits.

[114] *Aucun vestige des Sénonais.* Polybe (liv. 2, ch. 4) ne fait aucune mention de cette expédition qu'on place l'an de Rome 386, et qui est attestée par les récits de Tite-Live, de Plutarque, et d'un grand nombre d'autres historiens. Comme rien dans ces récits ne choque la vraisemblance, il ne faut pas voir dans ce silence de Polybe une preuve négative.

[115] *Telle est l'origine des Torquatus.* C. Manlius, surnommé Torquatus, était petit-fils de Marcus Manlius Capitolinus, le sauveur du Capitole. Il eut pour père Manlius Impériosus. Il commença à se faire connaître par un acte de piété filiale (Tite-Live, liv. 7, chap. 3, 4, 5). La seconde défaite des Gaulois sur les bords de l'Anio, dont il est ici question, eut lieu l'an de Rome 392. Les Romains étaient commandés par le dictateur Titus Quintius Pennus, dont la gloire fut effacée par celle du jeune Manlius. Voilà

encore une victoire sur les Gaulois dont Polybe ne parle pas.

¹¹⁶ *De là aussi l'origine des Corvinus*. Entre la bataille dans laquelle Manlius se distingua, et celle où Valérius Corvus se fit connaître, il y eut encore trois défaites des Gaulois, qui furent vaincus la première fois, l'an de Rome 393, par le dictateur Servius Ahala; la seconde fois, deux ans après, par le dictateur Sulpicius; enfin la troisième fois, l'an 403, par le dictateur Popilius Lœnas. Polybe, qui parle de la première de ces actions, dit au contraire que les Gaulois s'étant avancés jusqu'à Albe avec une grande armée, les Romains, surpris, n'osèrent en venir aux mains. Il ne parle ni de la seconde bataille que Tite-Live ne craint pas de comparer à la victoire de Camille, ni de la troisième. Il garde également le silence sur le combat du jeune Valérius Corvus, qui eut lieu l'an de Rome 494. L'armée romaine était commandée par Furius Camillus, fils du vainqueur de Véies. — *Sacra alite :* Florus donne au corbeau l'épithète de *sacré*, parce qu'on tirait des augures du vol de cet oiseau. Des critiques ont prétendu que cette fable du corbeau qui, selon Eutrope, *alis et unguibus Galli oculos verberavit*, n'est qu'une allusion à la forme du casque de Valérius, qui était surmonté d'un corbeau aux ailes étendues. Quoi qu'il en soit, en récompense de sa valeur, ce jeune héros fut nommé consul à vingt-trois ans. Le champ de Pomptin était ainsi nommé à cause du voisinage de Suessa Pométia, ville des Volsques.

¹¹⁷ *Dolabella détruisit en Étrurie, près le lac de Vadimone, les derniers restes des Gaulois.* Il n'y a pas, comme dit Florus, *quelques années* entre la victoire remportée dans le champ Pomptin et celle de Vadimone, mais bien soixante-huit ans, ce qui n'est pas une bagatelle. Cet intervalle fut rempli par la fameuse guerre des Romains contre les Samnites, les Latins, les Étrusques, les Ombriens, les Sabins et les Gaulois. En séparant ainsi ces guerres par chapitres, Florus a détruit tout l'ensemble de cette période de l'histoire romaine. — Le lac *Vadimone*, en Étrurie, présentait plusieurs petites îles flottantes. Il était consacré aux dieux; aussi aucune barque ne pouvait voguer sur ce lac. Quelques anciens historiens attribuent à Curius Dentatus la victoire de Dolabella (*Voyez* note 136 ci-après).

XIV. Guerre des Latins.

¹¹⁸ *Sous le consulat de Manlius Torquatus et de Décius Mus, Rome victorieuse des Gaulois tourna ses armes contre les Latins.*

Ne semble-t-il pas à entendre Florus que la guerre des Latins n'ait commencé qu'après la défaite des Gaulois à Vadimone? Cependant elle eut lieu plus de cinquante ans auparavant ; et peut-on deviner, en le lisant, que cette guerre des Latins ait été précédée d'une première guerre contre les Samnites ?

¹¹⁹ *Se couvrit la tête d'un voile et se dévoua aux dieux Manes.* *Voyez* (note 110 de ce livre) la formule dont on se servait en pareille circonstance.

Le songe qui avait précédé le dévouement de Décius et sa mort, rappellent la fin héroïque de Codrus, roi des Athéniens, qui, s'offrant pour victime aux dieux infernaux, procura la victoire à ses sujets. Ce fut à Veseris que se donna cette bataille si funeste au Latium. La soumission entière de ce pays occupa trois campagnes. Elle ruina les forces des Latins et de leurs alliés (*Voyez* la note 97 de ce livre).

XV. Guerre contre les Sabins.

¹²⁰ *Les Sabins qui, oubliant l'étroite alliance contractée sous Titus Tatius, s'étaient unis aux Latins.* Erreur de Florus : ils ne s'étaient pas unis aux Latins, puisque entre leur agression contre Rome et la soumission des Latins, il y a quarante-cinq ans d'intervalle, pendant lesquels les Romains firent la guerre contre les Ausones, les Privernates, les Palépolitains, les Samnites, les Étrusques, etc.

¹²¹ *Entre le Nar, l'Anio et le lac Velin, jusqu'à la mer Adriatique.* — Le Nar prend sa source auprès du mont Fiscellus, l'un des sommets des Apennins, coule entre l'Ombrie et le pays des Sabins, et passe devant la ville de *Narnia* (aujourd'hui Narni), pour se jeter dans le Tibre. *Fontes Velini*, rivière et lac dans le pays des Sabins ; elle naît dans l'Apennin, traverse le lac de *Reate* (aujourd'hui *Rieti*), et celui de *Luca*. Les chutes et cascades du *Velino* sont plus belles que celles du *Teverone* à Tivoli. Cette rivière se déchargeait dans le lac Velin, divisé en plusieurs bassins ; ses bords étaient entourés de riantes prairies que Cicéron appelle le *Tempe* de la ville de Reate. L'*Anio* (aujourd'hui Tévérone), prend sa source dans les montagnes qui sont au-dessus de Tréba (aujourd'hui Tervi), et se jette dans le Tibre près d'Antemnœ. Son cours est très-rapide ; il y a des cascades célèbres auprès de Tibur (Tivoli).

¹²² *Si le nombre des vaincus l'emportait sur celui des pays*

conquis par sa valeur. — Mademoiselle Le Febvre (edit. Delph. , pag. 31) observe que c'est après avoir défait les Samnites, et non les Sabins, que *Curius Dentatus* dit dans une assemblée du peuple : *Tantum agri cepi, ut solitudo fuerit, ni tantum hominum cepissem; tantum porro hominum cepi, ut fame perituri fuerint, ni tantum agri cepissem.*

Né dans l'ordre des plébéiens, Curius Dentatus fut le premier qui, dans une seule année, reçut les honneurs de deux triomphes.

XVI. Guerre des Samnites.

[123] *Une alliance conclue avec chacun des deux peuples.* Encore une erreur de Florus : il place de la manière la plus explicite la première guerre contre les Samnites après celle des Sabins, *precibus* DEINDE *Campaniæ motus.* Ce *deinde* est positif : c'est un mécompte de cinquante-trois ans seulement ; et ni l'abbé Paul ni Lamotte Levayer n'ont relevé de pareilles fautes !

D'une erreur, Florus tombe dans un de ces mensonges qu'il se permet quelquefois pour flatter sa patrie. Il est faux que les Romains fussent alliés des Samnites et des Campaniens à la fois. Ils l'étaient seulement des Samnites ; mais ils trouvèrent commode de prendre fait et cause en faveur des Campaniens, pour avoir le prétexte d'attaquer un peuple dont la rivalité commençait à leur peser.

[124] *Le jardin de Cérès et de Bacchus.* Rien de plus riant et en même temps rien de plus vrai que cette description de la Campanie. Seulement Florus y prodigue trop les expressions qui doivent n'appartenir qu'à la poésie. *Liber* est un surnom de Bacchus qui exprime la liberté que donne l'ivresse.

[125] *De Caïete, de Misène, les tièdes fontaines de Baies, le lac Lucrin et l'Averne.* Caïete, ville sur un promontoire, était ainsi nommée de Caïeta, nourrice d'Énée. C'est aujourd'hui *Gaëte* dans la terre de Labour.

Misène, aujourd'hui *capo di Miseno*, ainsi nommé de Misène, un des compagnons d'Énée.

Baies. Ville sur un petit golfe du même nom, près du cap de Misène. Le climat en est délicieux, et l'on y trouve un grand nombre de sources thermales.

Le lac Lucrin était célèbre par les excellentes huîtres qu'on y recueillait. Il a été, l'an 1535 de notre ère, à moitié comblé par une commotion souterraine.

L'Averne, voisin du précédent. Agrippa, par l'ordre d'Auguste, réunit ces deux lacs; il sépara par une forte digue le lac Lucrin de la mer, et en fit un très-grand port, le port Julius.

[126] *Le Gaurus, le Falerne, le Massique, et, le plus beau de tous les autres, le Vésuve, rival des feux de l'Etna. Le Gaurus*, sur la rive du Liris (Garigliano). — Le *Falerne*, célèbre crû de l'Italie, ainsi que le *Massique*, dont il n'était séparé que par le petit fleuve Savo. Le château de Mondragone est aujourd'hui voisin du mont Massique. — Le *Vésuve*, situé près de Noles, et à l'orient de Naples, offrait sur ses flancs de fertiles vignobles, au sommet près, qui alors présentait une étendue de terrain inégale et stérile, lorsque sous le régne de Titus, l'an 79 de l'ère vulgaire, arriva cette trop fameuse éruption qui détruisit en un seul jour trois des villes les plus florissantes de la Campanie (*Voyez* la note suivante).

Cette opposition, *rival des feux de l'Etna,* rapprochée du *donec Trajano* du premier chapitre de ce livre, serait un trait précieux de lumière pour fixer l'époque de la naissance de Florus (*Voyez* notre notice sur ce poète).

[127] *Les villes de Formies, etc.* Formies, ville de la Campanie, appelée auparavant *Hormiæ* (aujourd'hui le Môle). — *Cumes*, très-ancienne ville, bâtie par les Chalcidiens venus de l'Eubée, si l'on en croit Velléius Paterculus (liv. 1, ch. 4); c'est pourquoi Virgile l'appelle *arx Chalcidica*. Elle était célèbre par l'antre et les oracles de la sybille. A peine voit-on aujourd'hui quelques vestiges de cette ville à une lieue de Pouzzoles. — *Pouzzoles*, baignée à l'occident par le lac Averne, à l'orient par le golfe auquel cette ville donne son nom. — *Naples*, appelée avant Parthénope, fut fondée par les habitans de Cumes. — *Herculanum, Pompeii,* deux cités qui furent détruites par l'éruption fameuse du Vésuve, l'an 79 de notre ère, avec Stabia, ville voisine. Sur les ruines d'Herculanum est bâti un village appelé *Portici*. — *Et la capitale de toutes ces cités, Capoue*..... Virgile attribue la fondation de cette ville à Capis, l'un des compagnons d'Énée. Le Vulturne la traverse. Capoue subsiste encore aujourd'hui.

[128] *Couvert d'armes enrichies d'or et d'argent, et paré jusqu'à la recherche, d'habits de diverses couleurs.* Tite-Live ne parle pas en termes moins expressifs de l'opulence des Samnites qu'il appelle d'abord *gentem armis opibusque validam* (liv. 7 ch. 29). Ailleurs il peint la richesse et l'éclat de leur armure. « Ils avaient,

« dit-il, deux corps d'armée; l'un avait ses boucliers ciselés en
« or, l'autre en argent. L'uniforme du corps aux boucliers d'or
« était bigarré de différentes couleurs ; celui du corps aux bou-
« cliers argentés était blanc (liv. 9, ch. 40). »

[129] *Par la loi sacrée et le sang des victimes humaines qu'il
s'excitait à la ruine de Rome.* Florus, avec son exagération ordinaire, présente comme un usage habituel des Samnites des
pratiques religieuses auxquelles ils ne recoururent qu'une fois,
l'an de Rome 459, et dans la quarante-huitième année de la guerre
contre Rome, c'est-à-dire avant la bataille d'Aquilonie (*Voyez*
ci-après note 136). *La loi sacrée* consistait à faire jurer à chaque
soldat, en présence des autels, de ne plus quitter le général sans
une expresse permission, sous peine de voir sa tête dévouée à toute
la colère de Jupiter.

[130] *Rompant jusqu'à six fois les traités.* C'est bien ici la fable
du lion terrassé par l'homme : il est à croire que si l'histoire de
cette guerre nous avait été transmise par un Samnite, nous en
saurions assez sur la mauvaise foi des Romains à observer les traités
conclus avec les Samnites. Au reste on peut inférer du récit même
de Tite-Live (liv. 7, 8 et 9), que les Samnites ne furent pas toujours les infracteurs des traités. Quoi qu'il en soit, on trouve dans
Tite-Live comme dans Florus, six soulèvemens ou prises d'armes
de la part des Samnites, en y comprenant celle qui commença
cette longue lutte.

1° L'an 410 de Rome avant J. C, la guerre commence sous
le consulat de Valérius et de Cornélius. L'an 412, les Samnites
vaincus obtiennent le renouvellement de l'alliance.

2° L'an 427, nouvelle rupture, après quinze ans de paix. La
guerre dure deux ans, et se termine par une trêve d'un an.

3° L'an 430 cette trêve est rompue, et au bout de cinq ans
de combats, l'an 435, les Romains accordent aux Samnites une
trêve de deux ans.

4° A l'expiration de cette trêve, l'an 437, la guerre recom-
mence et dure douze années, jusqu'en 449, que les Samnites sont
reçus dans l'alliance de Rome.

5° L'an 455 les Samnites rompent encore avec Rome ; après
huit années marquées par les défaites les plus désastreuses : ils se
soumettent à Curius Dentatus, chargé par le sénat de régler les
conditions de la paix.

6° En 470, les Samnites prennent de nouveau les armes, et combattent ensuite sous les drapeaux de Pyrrhus contre les Romains. Ils furent enfin entièrement soumis en 481, par le consul Carvilius.

[131] *Le sujet de vingt-quatre triomphes.* Montesquieu admire ce trait de Florus, où, « par les mêmes paroles qui marquent la « destruction de ce peuple, il fait voir la grandeur de son cou- « rage et de son opiniâtreté. » (*Essai sur le Goût.*)

[132] *Imposé le joug aux Samnites et à leur général fait prisonnier.* Caudium, théâtre de la défaite des Romains, village du pays des Hirpins, dans le Samnium, frontière de l'Apulie. Cette défaite eut lieu l'an 432. Les Romains en tirèrent vengeance l'année suivante, et non pas l'année même du désastre de Caudium, comme on pourrait l'inférer du récit de Florus. On peut lire ces faits en détail dans Tite-Live, liv. 9; ils sont assez conformes au récit abrégé de Florus.

XVII. Guerre contre les Etrusques et les Samnites.

[133] *Les douze peuples de l'Étrurie, les Ombriens, la plus ancienne nation de l'Italie,... les Samnites et les Gaulois.* Les douze peuples de l'Étrurie étaient Véies (détruite); Volsinii (Bolsena); Clusium (Chiusi); Perusia (Perugia); Crotona (Cortona); Aretium (Arezzo); Falerii (Civita Castellana); Volaterræ (Volterra); Vetulanii (détruite); Rusellæ (détruite); Tarquinii (détruite); Cere (Cerveteri). — Les *Ombriens.* Ici Florus est d'accord avec Pline et Denys d'Halycarnasse, pour faire des Ombriens le peuple le plus ancien de l'Italie. L'Ombrie était bornée au nord par le Rubicon qui la séparait de la Gaule cisalpine; à l'orient par la mer Adriatique; au midi par l'OEsis, fleuve qui la séparait du Picenum, puis par le pays des Péligniens et des Sabins; enfin à l'occident par le Tibre et par la frontière d'Étrurie. — Les *Gaulois.* C'étaient les Gaulois Sénonais, établis au nord de l'Ombrie.

[134] *La forêt Ciminienne, jusqu'alors impénétrable, comme celles de Calydon et d'Hercynie.* Ici Florus imite Tite-Live (liv. 9, ch. 36). « *Sylva erat Ciminia magis tum invia atque horrenda* « *quam nuper fuere Germanici saltus.* » Cette forêt couronnait une montagne de même nom, auprès de Faléries. — *La forêt de Calydon,* ou de Calédonie, était au nord de la Grande-Bretagne, dans le pays qui répond à l'Ecosse septentrionale. — *La forêt d'Hercynie* (*Voyez* la note 95 de ce livre).

[135] *Du sein des nuages et de l'Olympe des traits étaient lancés sur les enfans de la terre.* Florus s'écarte ici du ton de l'histoire : ce n'est pas ainsi que César ou Polybe racontent les batailles ; mais Florus pèche en outre par l'exactitude : il présente comme une seule action deux victoires de Fabius, la première remportée sur les Étrusques, après qu'il eut pénétré dans la forêt Ciminienne, et bien avant que les Gaulois prissent part à cette guerre, l'an 444 ; la seconde remportée sur les Gaulois et les Samnites, près de Sentinum en Ombrie, douze ans après sa victoire sur les Étrusques, l'an 457. C'est dans cette dernière bataille que Décius se dévoua à l'exemple de son père (Tite-Live, liv. 10).

XVIII. Guerre contre Tarente et contre Pyrrhus.

[136] *La guerre de Tarente.* Il y a ici une grande lacune : on pourrait croire, en lisant Florus, qu'entre la victoire de Sentinum (*voyez* la note précédente) et la guerre contre Tarente, il ne se serait passé aucun événement important. Loin de là, c'est dans cet intervalle qu'un abréviateur plus méthodique eût placé, entre autres événemens très-importans, la victoire d'Aquilonie remportée sur les Samnites par L. Papirius Cursor, héritier de la valeur de son père (*voyez* ci-dessus note 129) ; la dernière victoire du vieux Fabius sur les Samnites, 461 ; la paix imposée par Curius à ce peuple ; la réduction des Sabins, par le même, 463 (*voyez* ci-dessus note 122) ; l'expédition du même ou, selon d'autres, de Dolabella contre les Gaulois, an de Rome 469 ou 470 (*Voyez* ci-dessus note 117).

[137] *Les Campaniens, les Apuliens, les Lucaniens* (*voyez* sur la Campanie les notes 124, 125, 126 et 127). Les *Apuliens* habitaient cette partie de l'Italie méridionale qui était bornée au nord par le Samnium et à l'occident par le pays des Hirpins, à l'orient par la mer Adriatique, et au midi par la Lucanie. On y comprenait la Messapie, presqu'île qui représentait, selon la comparaison vulgaire, la forme du *talon de la botte de l'Italie.* L'Apulie, appelée aussi Japygie, était de toutes les provinces de l'Italie la plus voisine de la Grèce : elle avait été entièrement peuplée par des colonies Grecques. Les principaux peuples étaient les Dauniens au nord, ainsi appelés de Daunus, beau-père de Diomède. La Peucétie, la Calabre faisaient partie de la Messapie.

Les Lucaniens. Leur pays était situé au midi de la Campanie et de la Pouille, au nord du Brutium, et baigné par la mer Tyrrhénienne à l'occident, et par le golfe de Tarente à l'orient. Les Lucaniens descendaient des Samnites. L'Apulie et la Lucanie répondent à diverses provinces du royaume de Naples.

¹³⁸ *Pyrrhus, le plus illustre roi de la Grèce.* Ce prince descendait d'Achille et d'Alexandre. Plutarque a fait la vie de ce prince, et Montesquieu (chap. IV, *Grandeur et Décadence des Romains*) le peint en quelques lignes : « La grandeur de Pyrrhus, « dit-il, ne consistait que dans ses qualités personnelles. Plu- « tarque nous dit qu'il fut obligé de faire la guerre de Macédoine « parce qu'il ne pouvait entretenir six mille hommes de pied et « cinq cents chevaux qu'il avait. Ce prince, maître d'un petit « État dont on n'a plus entendu parler après lui, était un aven- « turier qui faisait des entreprises continuelles, parce qu'il ne « pouvait vivre qu'en entreprenant. »

On a comparé Pyrrhus à Alexandre, à Scanderberg, à Charles XII. S'il avait eu à subjuguer les Perses, le roi d'Epire les eût sans doute facilement conquis, et Alexandre, aux prises avec la persévérance romaine, n'eût probablement remporté d'autre fruit de quelques premiers succès que la funeste gloire d'apprendre aux Romains l'art de vaincre. Et c'est là la plus frappante ressemblance qui existe entre Pyrrhus et le héros suédois; car ce fut à force de les vaincre que Charles XII apprit la guerre aux Moscovites. Enfin, si la gloire de Pyrrhus fit sortir un moment l'Epire de son obscurité, le génie militaire de Scanderberg, qui se prétendait son descendant, jeta le même éclat sur les rochers de l'Albanie. Pyrrhus tint un moment en balance la puissance romaine victorieuse des Samnites : le héros chrétien arrêta pendant vingt ans les efforts des Musulmans vainqueurs de l'antique Byzance.

¹³⁹ *Tarente, ouvrage des Lacédémoniens, etc.* Cette ville, dont Florus donne ici une connaissance si précise, « avait, dit Mon- « tesquieu, bien dégénéré de l'institution des Lacédémoniens ses « ancêtres. » Elle fut fondée par Taras, que l'on fait fils de Neptune. Plus tard elle fut occupée par une colonie de Lacédémoniens, conduits par Phalante, qui en chassèrent les anciens habitans.

¹⁴⁰ *Lorsqu'ils aperçurent une flotte romaine qui s'approchait du rivage.* Cette flotte était composée de neuf galères, commandée par l'un des duumvirs de la république. C'est encore une

preuve que si Rome n'eut pas de guerre maritime jusqu'à la première guerre Punique, elle n'en avait pas moins une marine susceptible de faire la guerre; car si l'appareil de cette flotte n'eût pas été guerrier, les Tarentins auraient-ils eu un prétexte d'insulter les Romains? Appien rapporte que ce qui fit prendre les armes aux Tarentins, c'est que, suivant d'anciens traités, les Romains ne pouvaient passer le promontoire de Lacinie, à l'entrée méridionale du golfe de Tarente.

141 *Par un affront obscène, et que je rougirais de rapporter.* « Un *Philomidès*, infâme bouffon, poussa l'insolence jusqu'à
« salir de son urine la robe de *L. Postumius Megellus*, honoré
« à Rome de plusieurs consulats et chef de l'ambassade. Cette
« action honteuse, commise à la vue de tout un peuple, fut
« applaudie par un cri de joie universel, et par des ris immo-
« dérés. *Riez maintenant,* s'écria le sage vieillard, *vos ris se*
« *changeront bientôt en pleurs; ce sera dans votre sang que*
« *seront lavées les taches de mes vêtemens.* Les ambassadeurs
« se retirent sans autre réponse que des huées et des injures. »
(*Annales rom.* ann. 471).

142 *Près d'Héraclée, sur les bords du Liris, et sous les ordres du consul Lévinus, que se livra la première bataille.* Ici double erreur de Florus: il met Héraclée sur les bords du Liris, et dans la Campanie. Héraclée était une ville de Lucanie, entre le Siris et l'Aciris. J'ai omis à dessein, dans ma traduction, *ville de Campanie*. Dans cette journée, Pyrrhus, voyant à découvert la disposition du camp des Romains et de leurs postes, ne put s'empêcher de dire: « L'ordonnance de ces barbares n'a
« rien de barbare; mais nous les connaîtrons à l'ouvrage. »

143 *Le corps de cavalerie Férentine.* Ferentum ou Ferentinum, ville du Latium, dans le pays des Herniques. Quelques éditions portent *Frentanæ turmæ.* — Les *Frentans, Frentani*, étaient un des peuples du Samnium: c'est la version de Plutarque, qui donne le nom d'*Oplacus* à celui que Florus appelle *Obsidius* (Vie de Pyrrhus).

144 *Près d'Asculum en Apulie, sous les consuls Curius et Fabricius.* Erreurs de Florus: d'abord jamais Curius ne fut consul avec Fabricius; ensuite ce ne fut pas Fabricius qui combattit à Asculum, mas les consuls P. Sulpicius Saverrio et P. Décius Mus, l'an 475 de Rome. Fabricius ne fut consul que l'année suivante, et il eut pour collègue Q. Æmilius Papus.

Il ne faut pas confondre la ville d'Asculum, dont il est ici question, avec la capitale du Picenum.

¹⁴⁵ *Sous les mêmes généraux en Lucanie, dans les plaines nommées Arusines.* Il y a ici erreur historique et faute géographique. Curius, qui gagna la bataille dont il est ici question, n'avait pas commandé à Asculum; et L. Cornélius Lentulus, qui fut son collègue dans le consulat cette année 479 de Rome, était consul pour la première fois. Enfin ce dernier n'eut pas la gloire de combattre Pyrrhus : Curius, qui commandait dans le Samnium, gagna seul cette troisième bataille, tandis que Lentulus vainquait les Samnites et les Lucaniens en Lucanie. La faute géographique consiste à avoir mis dans la Lucanie les plaines Arusines situées dans le Samnium, aux environs de Bénévent.

¹⁴⁶ *Recourut aux ruses de la politique.* Sans doute il y avait de la politique dans les avances que Florus faisait aux Romains, mais une noble et généreuse politique; et ces expressions *callidus seque ad dolos contulit,* sont tout-à-fait déplacées : on y reconnaît la prévention d'un Romain qui ne professe d'estime que pour les grands hommes de sa patrie. Plutarque rend plus de justice à Pyrrhus.

¹⁴⁷ *La colère qui les avait animés vivait encore après leur trépas.* Imitation évidente de ce fameux passage de Salluste : *Nam fere quem quisque pugnando locum ceperat eum, amissa anima, corpore tegebat; pauci autem, quos medios cohors prætoria disjecerat, paullo diversius, sed omnes tamen adversis volneribus conciderant. Catilina vero, longe a suis inter hostium cadavera repertus est, paullulum etiam spirans, ferociamque animi quam habuerat vivus in voltu retinens* (c. 61).

¹⁴⁸ *Appius Claudius l'Aveugle.* Cette ambassade de Pyrrhus aux Romains eut lieu l'an 475 de Rome. Voici comme Cicéron, dans son traité *de la Vieillesse,* ch. 6, présente et éclaircit ce fait :
« *Appius Claudius* était vieux et de plus aveugle : cependant lors-
« que l'opinion du sénat inclinait à faire la paix et à traiter avec
« Pyrrhus, il n'hésita point à dire ce qu'Ennius exprime ainsi :

> Qu'entends-je! quelle erreur, quelle fatalité
> A fait devant un roi plier votre fierté?

« Le reste est de la même énergie. Vous connaissez le poëme; le
« discours même d'Appius nous est resté : il le prononça dix-sept
« ans après son second consulat, qu'un intervalle de dix ans sé-

« paraît du premier, avant lequel il avait été censeur : d'où l'on
« voit qu'il était très-âgé du temps de la guerre de Pyrrhus. »
Voici les dates des faits énoncés par Cicéron : censure d'Appius
Claudius, an de Rome 446; son premier consulat, an de Rome 447;
son second consulat, an de Rome 458.

¹⁴⁹ *Curius.* Ici Florus confond Curius avec Fabricius.

¹⁵⁰ *En Campanie, dans le pays qu'arrose le Liris, et dans Frégelles.* Le Liris et Frégelles étant situés dans la Campanie, Florus commet ici une sorte de pléonasme : des éditeurs en ont conclu qu'il fallait retrancher du texte le mot *Italia*, et lire : *Totâ tremente Campaniâ, Lirim Fregellasque populatus.*

¹⁵¹ *Des Molosses, des Thessaliens, des Macédoniens, des Bruttiens.* Ces trois premiers peuples étaient sujets de Pyrrhus : les Molosses occupaient une partie de l'Épire aussi célèbre par l'esprit guerrier de ses habitans que par les beaux chiens qu'elle produisait. — Les Bruttiens habitaient le Bruttium, qui répond à la Calabre ultérieure, et qui forme la partie la plus méridionale de l'Italie. Ils prirent part à la guerre de Pyrrhus, comme alliés de ce prince.

¹⁵² *Suivaient, la tête baissée, nos chevaux victorieux.* Le peuple romain appela d'abord les éléphans *bœufs de Lucanie*, du nom des animaux les plus grands qu'il eût connus jusque-là, et du lieu où l'on avait commencé à en voir.

XIX. Guerre contre les Picentins.

¹⁵³ *Asculum, leur capitale, prise par Sempronius.* Les deux consuls C. Sempronius Sophus et Appius Claudius Crassus, prirent part à cette guerre qui eut lieu l'an 485 de Rome, dix ans après la guerre contre Pyrrhus. *Asculum* était si considérable que, selon Pline (liv. 3, ch. 13), on y trouva trois cent soixante mille habitans.

XX. Guerre des Salentins.

¹⁵⁴ *Celle des Salentins, et de Brundusium, capitale du pays, ville fameuse par son port.* Les Salentins, dans la Messapie, qui répond à la terre d'Otrante, étaient établis sur la côte la plus orientale de l'Italie, et avaient pour fondateur Idoménée, roi de Crète, qui s'exila de sa patrie après la guerre de Troie, l'an 1270 avant J. C. Les Romains leur reprochaient d'avoir reçus Pyrrhus dans leur port ; mais le désir de s'emparer de celui de Brindes, si com-

mode pour faire voile vers la Grèce et vers l'Illyrie, fut la véritable cause de la guerre que leur fit la république. Le consul Marcus Attilius Regulus fut secondé dans cette expédition par L. Libon son collègue, qui triompha avec lui.

XXI. Guerre des Volsiniens.

[155] *Les Volsiniens furent les derniers de tous les peuples d'Italie à se ranger sous notre domination.* Volsinies avait été une des douze Lucumonies étrusques : ses habitans, pour se livrer plus librement à la mollesse, avaient affranchi leurs esclaves, à condition qu'ils feraient la guerre pour eux. Ces nouveaux citoyens ne tardèrent pas à opprimer leurs anciens maîtres : ils s'emparèrent de toutes les magistratures, et même des biens et des femmes des Volsiniens.

[156] *Par Fabius Gurges.* Ici Florus se trompe : ce ne fut pas Fabius Gurges qui châtia les Volsiniens ; au contraire il mourut d'une blessure qu'il reçut au siége de Volsinies. Les assiégés ayant fait une sortie après sa mort, furent repoussés par P. Décius, qui commandait les troupes en qualité de lieutenant du consul (l'an de Rome 489). Volsinies fut prise et rasée; les esclaves rebelles punis du dernier supplice, et leurs anciens maîtres établis dans les terres et les habitations qu'on leur assigna. La lâcheté avec laquelle ils s'étaient livrés à leurs esclaves légitimait en quelque sorte ce traitement sévère de la part des Romains.

XXII. Séditions.

[157] *L'armée qui lapida Postumius, son général, parce qu'il refusait de lui abandonner le butin promis à son courage.* Ce fait eut lieu l'an de Rome 342, pendant l'intervalle marqué par la substitution du pouvoir des tribuns militaires à l'autorité des consuls. P. Postumius Albus Regillensis, tribun militaire, faisait le siége de Voles, ville des Éques; après s'en être emparé il refusa le butin qu'il avait promis à ses soldats. Appelé à Rome pour résister aux entreprises du tribun du peuple L. Sextius, il augmenta par ses hauteurs l'animosité du peuple contre lui. *Malheur à mes soldats s'ils remuent,* dit-il dans sa réponse à Sextius qui lui reprochait son manque de parole. De retour à l'armée, Postumius trouve ses soldats encore plus révoltés de ce propos que de son

injustice. Il veut employer la terreur des supplices pour les faire rentrer dans le devoir ; mais il est lapidé sur son tribunal. Cet attentat ne put être puni que l'année suivante, 343 de Rome ; et encore les consuls qui alors furent nommés à la place des tribuns militaires ne dirigèrent leurs poursuites que sur un très-petit nombre de coupables, dont la plupart prévinrent leur supplice par une mort volontaire.

[158] *Des troupes d'Appius Claudius, qui, pouvant vaincre l'ennemi, ne le voulurent pas.* Il n'appartenait qu'aux Romains de se jouer ainsi de la victoire. Animé contre les plébéiens de ces sentimens d'aigreur qui avaient distingué son père, et qui caractérisèrent toujours son orgueilleuse famille, Appius Claudius Sabinus Regillensis, en combattant plusieurs lois populaires proposées par les tribuns Voléro et Lœtorius, s'était permis des propos injurieux au peuple. Enrôlés sous ses drapeaux pour combatre les Volsques, les plébéiens, ne voulant pas vaincre sous un général qu'ils haïssaient, prirent la fuite dès le premier choc. Appius Claudius ne perdant rien de son inflexibilité, punit de mort les soldats qui rentrèrent dans Rome sans armes ou sans drapeaux, et décima le reste (an de Rome 284). L'année suivante, au sortir de son consulat, mis en accusation par les tribuns Duilius et Sicinius, il se donna la mort.

[159] *A l'instigation de Voleron, refusa de s'enrôler.* Ce fait eut lieu l'an 281 de Rome : on voit d'après cela que Florus a interverti entièrement l'ordre des faits dans ce chapitre, comme on peut le voir par les deux notes précédentes et par la suivante.

[160] *Véturie ne l'eût désarmé par ses larmes.* Le trait de Véturie, mère de Marcius Coriolan, se rapporte à l'année 266 de Rome. Véturie et les dames romaines accompagnaient Volumnie, épouse de ce patricien. Le sénat ordonna, en mémoire du salut de Rome obtenu par leurs prières, qu'il serait bâti un temple à la Fortune des femmes. Coriolan, après avoir levé le siége de Rome, périt l'année suivante dans une émeute excitée contre lui à Antium. Les Volsques n'avaient pu lui pardonner d'avoir épargné Rome. Suivant une autre tradition, il vécut jusqu'à la plus extrême vieillesse.

[161] *Il consentit à languir dans la ville qu'il avait conquise.* Divers motifs firent encourir à Camille, vainqueur de Véies, le mécontentement des Romains. 1°. Il avait versé dans le trésor public le prix de la vente des captifs. 2°. Il s'était permis d'atteler

à son char de triomphe des chevaux blancs, couleur jusqu'alors uniquement réservée au char de Jupiter et d'Apollon. 3°. Il avait obligé ses soldats de rapporter le dixième de leur part de butin, afin d'accomplir un vœu qu'il avait fait à Apollon Delphien avant la prise de Véies. 4°. Enfin il s'était opposé à ce que le siége de la république fût transporté à Véies. L'an 364 de Rome, cinq ans après la prise de cette ville, intervalle pendant lequel Camille s'était rendu maître de Faléries, le tribun L. Apuléius accusa ce grand homme d'avoir soustrait une partie du butin de Véies ; et Camille se retira, non pas dans *la ville qu'il avait conquise*, comme le dit Florus, mais à Ardée. Son absence ne désarma pas le peuple, qui le condamna à quinze mille as d'amende.

XXIII. Première sédition.

[162] *Après avoir obtenu des tribuns.* Les plébéiens n'avaient rien gagné à l'expulsion des rois. Les patriciens étaient devenus pour eux des tyrans d'autant plus redoutables qu'ils étaient les créanciers de ceux qu'ils opprimaient. Par la retraite sur le mont Sacré, colline située au-delà de l'Anio, à trois milles de Rome, le peuple obtint la liberté des débiteurs alors détenus, la remise des dettes pour les citoyens qui se trouvaient hors d'état de les acquitter, la réduction des intérêts, enfin la création du tribunat. Grâce à cette nouvelle magistrature, la liberté individuelle fut pour jamais acquise aux plébéiens. Le *veto* des tribuns arrêtoit l'exécution de toutes les sentences et décisions des magistrats. Leur personne était inviolable. Il y eut d'abord cinq tribuns : plus tard, l'an de Rome 297, leur nombre fut porté à dix. Ils avaient sous leurs ordres des officiers nommés édiles, chargés de veiller à la conservation des édifices publics, à la salubrité et à l'aprovisionnement de la ville.

[163] *L'apologue, qui fut assez puissant pour rétablir la concorde.* Ce qui distingue la retraite du mont Sacré de toutes les séditions populaires, c'est l'ordre parfait, c'est le calme respectable que montra tout un peuple soulevé. L'apologue des membres qui se révoltent contre l'estomac, conté par Ménénius Agrippa, est rapporté également par Tite-Live et Denys d'Halycarnasse. Il a été mis en vers par La Fontaine. Ce n'était pas un peuple comme ceux que nous connaissons, dit un critique moderne, que ces Romains, qu'au milieu de leurs fureurs on calmait avec un conte.

XXIV. Deuxième sédition.

¹⁶⁴ *Dans les douze tables.* Florus, avant d'arriver au décemvirat, aurait dû parler des longues querelles qui avaient précédé son établissement ; entre autres celles qui s'élevèrent, l'an 292 de Rome, au sujet de la loi *Terentilla*, qui avoit pour objet de limiter le pouvoir consulaire, et qui fit naître l'idée aux Romains de se donner une législation écrite. Après dix ans de contestations, à la faveur desquelles les tribuns obtinrent le droit de convoquer le sénat, et l'augmentation de leur nombre, trois commissaires furent envoyés à Athènes pour demander communication des lois de Solon. Après le retour de ces commissaires, les Romains commirent une double faute en choisissant uniquement des patriciens pour la rédaction de ces lois, et en confiant à ces dix législateurs, nommés décemvirs, un pouvoir dictatorial, par l'abolition de toutes les autres magistratures.

Si les décemvirs se conduisirent en tyrans, ils ne s'acquittèrent pas moins bien de leurs fonctions législatives. La loi des douze tables est considérée comme un monument de la sagesse romaine. Elle confirmait en partie les anciens usages, et les modifiait en partie d'après les lois d'Athènes. A l'exemple de Solon, les législateurs romains, plus occupés du droit civil que du droit politique, ne changèrent pas la constitution de l'État. Ils s'appliquèrent surtout à déterminer avec équité les rapports des citoyens entre eux. Cicéron ne parle qu'avec admiration de la loi des douze tables, qui a servi de texte à tout le droit romain, et par conséquent aux législations de presque tous les peuples modernes. Cependant, à examiner dans les détails ce qui nous reste de ces antiques monumens, on jugera, avec Aulu-Gelle (liv. 20, ch. 21), que parmi ces lois il y en a de fort sages, mais que d'autres sont dures, atroces ou dictées par la superstition.

¹⁶⁵ *Et Lucrèce, et les rois, et les lois que lui-même avait portées.* Voici la belle peinture que Montesquieu fait du décemvirat : « Dix hommes dans la république eurent seuls toute la
« puissance législative, toute la puissance exécutrice, toute la
« puissance des jugemens. Rome se vit soumise à une tyrannie
« aussi cruelle que celle de Tarquin. Quand Tarquin exerçait
« ses vexations. Rome était indignée du pouvoir qu'il avait usurpé ;

« quand les décemvirs exercèrent les leurs, elle fut étonnée du
« pouvoir qu'elle avait donné..... Le spectacle de la mort de
« Virginie, immolée par son père à la pudeur et à la liberté, fit
« évanouir la puissance des décemvirs. Chacun se trouva libre,
« parce que chacun fut offensé ; tout le monde devint citoyen,
« parce que tout le monde se trouva père. Le sénat et le peuple
« rentrèrent dans une liberté qui avait été confiée à des tyrans
« ridicules. Le peuple romain, plus qu'un autre, s'émouvait par
« des spectacles. Celui du corps sanglant de Lucrèce fit finir la
« royauté. Le débiteur qui parut sur la place, couvert de plaies,
« fit changer la forme de la république. La vue de Virginie fit
« chasser les décemvirs. »

Appius Claudius ne put, comme Sextus Tarquin, consommer
son crime. Virginie fut tuée par son père au moment où ce brutal
décemvir la revendiquait comme la fille de l'esclave d'une de
ses créatures, dans le dessein de la déshonorer.

[166] *Du haut du mont Aventin.* Il ne faut pas croire que tous
les décemvirs nommés la première année (303 de Rome) furent
les complices d'Appius Claudius Crassinus, qu'on peut regarder
comme le chef du décemvirat. Appius, abjurant toute pudeur,
s'était fait continuer dans cette magistrature, malgré ceux qui
n'avaient pas voulu entrer dans ses coupables desseins. Il s'associa, dans son second décemvirat, des patriciens ambitieux et
trois plébéiens indignes de cet honneur. Au bout de l'année les
dix décemvirs se continuèrent dans leur autorité, sans élection
nouvelle. On vit manifestement alors à quel point l'aggrandissement de Rome dépendait de sa liberté : l'Etat semblait avoir perdu
sa force. Les Eques et les Sabins ravageaient le territoire romain.
Deux armées, commandées chacune par quatre décemvirs, furent
conduites à l'ennemi, et se laissèrent vaincre. Appius, et Spurius
Oppius, un de ses collègues, étaient restés à Rome avec deux légions. Virginius, qui servait en qualité de centurion dans l'armée
destinée à combattre les Eques, souleva ses compagnons d'armes
en leur montrant le couteau avec lequel il avait immolé sa fille.
A la voix de Numitorius, oncle de Virginie, et d'Icilius son fiancé,
les troupes opposées aux Sabins, se révoltent également ; les deux
armées vont camper sur le mont Aventin, et de là sur le mont
Sacré, où la plus grande partie du peuple se retira avec empressement. Le sénat, qui à la faveur du mouvement populaire a
recouvré sa liberté, envoie deux députés au peuple. Du consen-

tement des deux ordres, le décemvirat est aboli, et Rome recouvre le tribunat avec ses autres magistratures. Les deux députés du sénat, L. Valérius Publicola Potitus et L. Horatius Barbatus, sont élus consuls; mais par des lois populaires ils rendent au tribunat son inviolabilité, confirment le droit d'appel au peuple, et déclarent les plébiscites obligatoires, même pour les sénateurs (an de Rome 305). Quant aux décemvirs Appius et Oppius, jetés en prison au mépris des lois par le tribun Virginius, ils prévinrent par une mort volontaire un supplice inévitable. Les huit autres se bannirent de Rome, et leurs biens furent confisqués.

XXV. Troisième sédition.

[167] *Sur le mont Janicule, à l'instigation du tribun Canuléius.* Par une de leurs lois les décemvirs avaient interdit le mariage entre les patriciens et les plébéiens, élevant ainsi entre les deux ordres une barrière de séparation, et changeant en loi ce qui n'avait été qu'un usage (Tite-Live, liv. 4, ch. 4). L'an 309 de Rome, le tribun Canuléius réclama l'abolition de cette loi, et subsidiairement que le consulat fût partagé entre les deux ordres. Pendant les violens débats qu'excita cette proposition, les Véiens, les Èques et les Volsques s'arment contre Rome. Le peuple refuse de s'enrôler. Tite-Live (liv. 4, ch. 1 et suiv.) donne fort au long le détail de cette dissension, qui se termina par l'adoption de la première proposition de Canuléius concernant les mariages, et par la substitution du tribunat-militaire au consulat; mais il ne parle pas de la retraite du peuple sur le mont Janicule. Ampélius, auteur peu estimé, est le seul avec Florus qui fasse mention de cette circonstance.

[168] *L'une à Sulpicius, d'une famille patricienne, l'autre au plébéien Stolon.* Fabius Ambustus dont il est ici question était père des trois Fabius, dont l'imprudence avait, treize ans auparavant, attiré les Gaulois dans Rome. Deux critiques éclairés (Beaufort et Levesque) ont révoqué en doute ce trait, qui pourtant n'a rien d'invraisemblable, et que Tite-Live rapporte avec détail (liv. VI, ch. 34); mais leurs argumens paraissent peu péremptoires. Quoi qu'il en soit, ce fut grâce aux efforts des tribuns **Licinius Stolon et Sextius**, qui s'étaient perpétués pendant dix ans dans **le tribunat**, que se termina à l'avantage du peuple les querelles renouvelées presque chaque année durant quatre-vingts ans

au sujet de la participation des plébéiens au consulat. « Durant cet
« intervalle, lorsque les tribuns empêchaient l'enrôlement de la
« milice, les patriciens se tiraient d'embarras en conférant la puis-
« sance consulaire aux chefs des légions qu'on nommait tous les
« ans. *Tribuni militum consulari potestate.*» (Manuel d'Heeren,
pag. 446).

[169] *La proposition de la loi agraire.* Spurius Cassius Vicelli-
nus avait été honoré de trois consulats et de deux triomphes. Il
avait vaincu plusieurs fois les ennemis de l'État; il avait rendu
aux Romains l'utile alliance des Herniques qu'ils avaient perdue
depuis l'expulsion des Tarquins. Ce fut lui qui le premier mit en
avant la loi agraire, par laquelle il proposait non pas de faire au
peuple un partage du patrimoine des riches, mais seulement de
le mettre en possession des terres que les plébéiens avaient conquises au prix de leur sang, qui avaient été déclarées publiques,
et que les patriciens avaient usurpées. Le consul Proculus Virginius Tricostus, collègue de Cassius, s'opposa vivement à cette
proposition. Les patriciens accusèrent celui-ci d'aspirer à la tyrannie, en cherchant à se rendre populaire. Les tribuns ne le soutinrent pas, parce qu'ils avaient seuls la prétention d'être les
bienfaiteurs du peuple. Enfin Cassius n'obtint pas même la faveur
entière de la multitude, parce qu'il prétendait admettre les Latins
et les Herniques, alliés de Rome, au bénéfice de la loi agraire.
Quoi qu'il en soit, le tribun Rabuléius, profitant de la désunion
des deux consuls, fit décréter en principe la loi agraire, mais en
n'admettant pas les étrangers à en profiter. C'était une arme terrible que le tribunat se réservait pour l'avenir. Au sortir du consulat Cassius fut accusé d'avoir aspiré à la tyrannie, et condamné à
mort; mais fut-ce par un jugement domestique, comme le prétend Florus, ou par un jugement national? C'est ce que Tite-
Live n'ose décider; toutefois il penche pour la dernière opinion
(liv. 2, ch. 41). Au reste ce fut l'an de Rome 259, sous le
consulat de Q. Fabius Vibulanus et de Ser. Cornélius Maluginen-
sis Cossus, qu'il fut mis à mort.

[170] *Mélius fut tué au milieu du Forum.* Rome était en proie à
la famine; Spurius Mélius, chevalier romain, possesseur de grandes
richesses, voulut s'en servir pour s'élever à la royauté (an de
Rome 315). Ayant acheté une grande quantité de blés, il les distribua gratuitement au peuple, qui ne prévoyait pas que la main
qui le nourrissait pourrait bien l'asservir. En effet, Mélius faisait

dans sa maison des amas d'armes, et ne paraissait en public que suivi d'un nombreux cortége. Le péril parut si pressant au sénat qu'il confia la puissance publique à un dictateur : ce fut L. Quintius Cincinnatus, qui choisit pour général de la cavalerie Servilius Structus Ahala. A peine entré en charge (an de Rome 316), Cincinnatus cite à son tribunal Mélius, qui, au lieu de répondre à cet appel, se tourne vers le peuple et l'appelle à son secours. Ce fut alors que, malgré les clameurs de la multitude, Servilius Ahala trancha la tête à Mélius (*obtruncat*, dit Tite-Live, liv. 4, c. 14); puis, tout couvert de sang, il revint rendre compte au dictateur de cette exécution. « Tu as bien fait, Servilius, lui dit Cincinna-
« tus; tu as sauvé la république. » Malgré cette approbation solennelle du magistrat suprême, et bien que cet officier n'eût fait qu'exécuter la loi de Valérius Publicola, qui permettait à chaque citoyen de tuer tout homme qui aspirait à la tyrannie, un tribun du nom de Spurius Mélius, demanda, quatre ans après, l'exil de Servilius et la confiscation de ses biens. Cette accusation, dit Tite-Live, fut aussi méprisée que son auteur : cependant Cicéron (*pro domo suá*, § 32), et Valère Maxime (liv. 5, ch. 3, § 2), attestent que Servilius fut exilé. Il fut bientôt rappelé, et nommé consul, l'an de Rome 328.

[171] *Manlius, le sauveur du Capitole.* Florus décrit dans le chapitre 4 la manière dont Manlius sauva le Capitole, l'an de Rome 365. Ce service lui avait mérité le surnom de *Capitolinus;* mais cette honorable distinction ne suffisait pas à son ambition. Animé d'une basse jalousie contre Camille, il regardait comme une injustice faite à lui-même la préférence que l'on donnait à ce grand homme dans le gouvernement. A l'exemple des ambitieux qui l'avaient précédé, il affecta le plus entier dévouement aux intérêts du peuple, et ne rechercha son amour par d'éclatantes générosités que pour mieux l'asservir. Il eut le même sort que Spurius Cassius et Spurius Mélius; mais ce ne fut pas sans peine que les Romains se décidèrent à prononcer sa mort : de la place publique ils apercevaient le Capitole, et pour faire condamner Manlius il fallut ôter au peuple la vue de cette colline qui rappelait ses services et sa gloire. D'après le conseil de Camille, les comices furent convoqués dans le bois de Pétilie. Le supplice de Manlius répond à l'année 370 de Rome.

[172] *Pendant la fougue de sa jeunesse.* Florus revient ici à la comparaison qui se trouve au début de son ouvrage, par cette

expression figurée, *Fretum adolescentiæ* : il compare la jeunesse à une mer agitée : on sait que *fretum*, qui signifie un endroit de la mer, vient du mot *fervere*. Cette version n'a pas plu à Freinshémius, qui propose à la place *fatum illud adolescentiæ* : cette correction n'est pas heureuse.

LIVRE DEUXIÈME.

I. Préface.

¹ *Près de cinq siècles de durée.* Il s'en fallait de quatorze ans, car la conquête de l'Italie ne fut accomplie que l'an 486 de Rome ; mais on ne peut taxer ici Florus d'inexactitude, puisqu'il dit *prope*.

² *Au dernier période de son adolescence.* Fidèle à son plan, Florus revient à la division qu'il a développée dans la préface du premier livre.

La Mothe Levayer et l'abbé Paul me paraissent avoir mal entendu *bona fide*. Le premier dit : *S'étant ainsi accru légitimement.* Le second s'exprime ainsi : *Et ayant accru sa puissance par des moyens honnêtes et légitimes* : le sens de tout ce passage n'indique rien qui amène cet éloge de la bonne foi du peuple romain ; et en outre, tout homme un peu versé dans la lecture des latins sait que la locution *bona fide* veut dire *réellement, sans contredit, de bonne foi* même, mais en tant qu'elle exprime la bonne foi de celui qui parle.

II. Première guerre Punique.

³ *Séparée et arrachée en quelque sorte de l'Italie.* On sait que la Sicile fut séparée de l'Italie par une commotion volcanique : Saumaise s'étonne avec raison que Florus, au lieu de prolonger cette métaphore, *d'une proie séparée du continent, d'une proie à joindre au continent*, soit avec une chaussée, soit par le moyen d'un pont, n'ait pas tout simplement nommé la Sicile.

⁴ *Messine, ville de Sicile*, a donné son nom au détroit qui sépare cette île de l'Italie. Elle fut fondée par les *Siculi*, peuple

venu de l'Italie, qui la nommèrent Zanclé. Les Messéniens, chassés de leur pays, vinrent plus tard s'y établir, et lui donnèrent leur nom de *Messana;* mais on ne sait pas précisément à quelle époque elle subit ce changement de nom, car il y eut deux émigrations de Messéniens à Zanclé : la première eut lieu l'an 668 après la seconde guerre de Messénie; la seconde au moment de la bataille de Marathon, l'an 495 avant J. C. Les Messéniens asservis depuis cent soixante-treize ans par les Lacédémoniens, profitèrent, pour se révolter, de l'invasion des Perses dans la Grèce : ils furent défaits; alors une grande partie de cette malheureuse nation se réfugia auprès d'Anaxilas, tyran de Rhégium, qui conduisit ces fugitifs à la conquête de Zanclé; alors seulement cette ville paraît avoir pris le nom de Messine : elle est encore une des plus considérables de la Sicile.

⁵ *De la tyrannie des Carthaginois.* Cela n'est pas exact. Voici les faits : des soldats mercenaires licenciés après la mort d'Agathocle, tyran de Syracuse, avaient trouvé un asyle dans Messine. Ce séjour leur plut; ils égorgèrent leurs hôtes, et se rendirent maîtres de la ville. Pour effrayer les peuples voisins ils se nommèrent *Mamertins,* de *Mamers,* nom de leur dieu Mars. Vaincus par Hiéron, tyran de Syracuse, ils se divisèrent en deux factions : l'une livra la citadelle aux Carthaginois; l'autre implora le secours des Romains (an de Rome 489), qui n'hésitèrent pas à se déclarer en Sicile les protecteurs de brigands qu'ils auraient châtiés en Italie.

⁶ *Convoitaient la Sicile.* Carthage, située sur une péninsule de l'Afrique, au sud-ouest de la Sicile, fut fondée par une colonie de Tyriens, plus d'un siècle avant la fondation de Rome, l'an 869 avant J. C.

Dès la première année de la république romaine, Carthage et Rome avaient contracté une alliance. Polybe avait lu les clauses du traité gravées sur l'airain : il portait entre autres conditions, que les Romains ne navigueraient pas sur des vaisseaux de guerre au-delà du beau Promontoire; on nommait ainsi un cap voisin de Carthage. Ce traité prouve invinciblement ce qu'indiquait déjà la fondation du port d'Ostie, que Rome avait dès lors une marine. Les deux républiques firent encore deux autres traités dans les années 405 et 407 de Rome. Il n'est pas impossible de concilier ces faits positifs avec l'absence totale d'une marine militaire, non moins positivement constatée pour les Romains au commencement de la première guerre Punique. Une marine marchande n'entraînait pas chez les anciens, comme de nos jours, l'entretien d'une marine guerrière.

⁷ *Ce peuple pasteur et qui n'avait jamais quitté la terre.* On sent qu'il y a ici exagération (*voyez* la note précédente). Cependant il fallait que les vaisseaux que possédaient les Romains fussent bien peu nombreux et bien mal construits, puisque pour passer en Sicile ils furent obligés d'emprunter des bâtimens aux peuples du levant d'Italie, et même de se servir de radeaux : circonstance qui fit donner à Appius Claudius le surnom de *Caudex.*

⁸ *Hiéron, roi de Syracuse* (*voyez*, sur ce prince, Polybe, liv. 1, ch. 11). Hiéron 11 devint roi l'an 269 avant J.-C. Il fut d'abord vaincu par Appius Claudius ; mais ce ne fut que l'année suivante, qu'assiégé dans sa capitale par les consuls M. Valérius Maximus Messala et M. Octacilius Crassus, il fit sa paix avec les Romains, et fut pendant cinquante ans leur allié le plus fidèle.

⁹ *Métamorphosés en navires.* Pressé d'arriver aux batailles navales qui marquent cette guerre, Florus passe la prise d'Agrigente par les consuls Postumius Mégellus et Q. Minucius Vitulus (an 493 de Rome). Ce ne fut que l'an de Rome 494, et la quatrième année de la première guerre Punique, que les Romains songèrent à se créer une marine guerrière. Pendant qu'ils faisaient construire leur flotte avec une rapidité prodigieuse, les consuls Cn. Corn. Scipion Asina et C. Duillius exerçaient à terre les équipages ; ils les faisaient ramer à sec sur le sable, et obéir aux ordres de l'officier qui commandait les manœuvres (Polyb. liv. 1, ch. 20).

¹⁰ *Comme s'il eût triomphé tous les jours.* Plusieurs historiens (Valère Maxime, Pline, Tacite) prétendent que ce fut du consentement du sénat que Duillius se faisait précéder tous les soirs par un joueur de flûte et par un flambeau. Cependant Cicéron, dans le *Traité de la Vieillesse*, est d'accord avec Florus ; et il ajoute : *Tantum licentiæ dabat gloria !*

Une colonne rostrale fut érigée en l'honneur de la victoire navale qu'il avait remportée sur les Carthaginois. Cette colonne, détruite par le temps, fut remplacée sous le règne de Claude par la colonne qu'on voit encore aujourd'hui dans une des salles du Capitole. Le piédestal qui soutenait la première colonne soutient aussi la seconde, et l'inscription qu'il portait a été en partie respectée par le temps. Un *fac simile* de cette inscription et de la colonne orne l'édition *Variorum* de Florus (*Ex recensione Grævii Amstelod.* 1702). Cette inscription est, dans l'ordre chronologique, le septième monument que nous possédions de l'ancienne langue des Romains.

" *L'échec qu'éprouva Cornélius Asina.* Cornélius Scipion Asina était fils de L. Cornélius Scipio Barbatus, qui avait été consul l'an de Rome 456, et dont le tombeau existe encore avec une inscription antérieure de quarante ans à l'inscription de la colonne rostrale de Duillius. Scipion Asina dont il est question était parti pour la Sicile avant Duillius, avec dix-sept vaisseaux. Il se laissa prendre par les Carthaginois près de Lipari. Florus saisit cette occasion pour déclamer contre la loi punique ; mais, comme dit fort bien Polybe, la victoire seule décida si c'était la loi punique ou la loi romaine qui devait passer en proverbe.

12 *Le dictateur Calatinus*, etc. Aulus Attilius Calatinus n'était point dictateur ; il était consul (l'an 496 de Rome) ; il ne prit pas Agrigente dont les Romains s'étaient emparés trois ans auparavant (*voyez* la note 8). Les villes dont il s'empara furent Hippana, Mytistrate, Camarina, Enna, Sittana, Camicum, Erbesse ; mais il ne prit ni Drépane, ni Panorme, ni Eryx, ni Lilybée, dont les Carthaginois étaient encore maîtres. Panorme ne fut pris que l'an 500 de Rome, par les consuls Scipion Asina et Attilius Calatinus. Lilybée et Drépane résistèrent à tous les efforts des Romains jusqu'à la fin de la guerre.

13 *Et qu'il en sortit la vie sauve.* Après ces mots du texte, *quod expeditioni tantæ superfuit et supervixit*, un grand nombre d'éditions portent : *licet nihil scripserit sanguine*. Je n'ai point hésité à rejeter ce membre de phrase ridicule. Grævius et Freinshémius veulent qu'il ne soit pas de Florus, et qu'il y ait été sottement inséré par quelque copiste ignorant. Heinsius va plus plus loin ; il regarde même *superfuit* à côté de *supervixit*, comme ajouté par une main étrangère.

14 *Une province et comme un faubourg de Rome.* Ces expressions ne sont pas justes, puisque la Sicile était loin d'être entièrement conquise ; mais même, après la conquête de cette île pendant la seconde guerre Punique, on ne pouvait encore regarder cette île comme un faubourg de Rome : cette désignation figurée convenait seulement au temps où la république avait subjugué l'univers. Alors l'Italie et la Sicile étaient devenues en quelque sorte le faubourg de cette capitale du monde.

¹⁵ *Sous le consulat de L. Cornélius Scipion.* Il y a ici anachronisme : les exploits de L. Cornélius Scipion en Corse et en Sardaigne précédèrent d'une année ceux de Calatinus en Sicile, et appartiennent à l'an de Rome 493. Le Scipion dont il est ici question était frère aîné de Cn. Cornélius Scipio Asina dont il vient d'être parlé dans la note 11.

Peu d'années après l'érection de la colonne duillienne, on grava en l'honneur de Lucius Scipion une inscription qui rend hommage à ses vertus, et qui est le huitième monument de la langue latine.

¹⁶ *Marcus Attilius Régulus.* Il ne faut pas confondre M. Attilius Régulus avec C. Attilius Régulus qui, consul l'an 497 de Rome, battit la flotte carthaginoise près de Tyndaris, sur la côte septentrionale de la Sicile. Celui-ci fut surnommé *Serranus,* parce que ceux qui furent chargés de lui apprendre la nouvelle de son élection le trouvèrent occupé à ensemencer son champ. Celui dont il est ici question dans le récit de Florus est M. Attilius Régulus, qui fut consul l'an 498 de Rome, et qui le premier porta le théâtre de la guerre en Afrique.

Florus a omis la bataille navale d'Ecnome, près d'Heraclée, sur la côte de Sicile, dans laquelle Régulus et Manlius Vulso son collègue, vainquirent Annibal et Hannon, amiraux de Carthage, leur prirent soixante-quatre galères, et en coulèrent à fond plus de trente. Cette bataille était d'autant plus importante qu'elle ouvrit aux Romains le chemin de l'Afrique.

¹⁷ *Clypéa.* Cette ville, que les Grecs nommaient Ασπις, et que les Romains, par une traduction fidèle, appelaient *Clypéa* (bouclier), était située à l'orient de Carthage, et peu distante du cap Hermée, aujourd'hui cap Bon.

¹⁸ *Un serpent d'une prodigieuse grandeur.* Valère Maxime (liv. 1, ch. 8, n° 19), Aulu-Gelle (liv. 6, ch. 3), Paul Orose (liv. 4, ch. 8), rapportent ce fait dont les circonstances ont sans doute été exagérées, mais qui serait en quelque sorte prouvé, s'il était vrai, comme le prétend Aulu-Gelle, que la peau, qui était longue de cent vingt pieds, fut portée à Rome, et appendue aux murailles d'un temple.

¹⁹ *Un général nommé Xantippe.* Xantippe n'était pas général ; c'était, selon Polybe, un soldat mercenaire lacédémonien. Quelle que fut l'obscurité de sa fortune (car s'il eût été au nombre des citoyens de Sparte, il n'eût pu devenir soldat mercenaire),

Xantippe connaissait la discipline de son pays, et avait quelque pratique de la guerre. Il démontra aux chefs de la république de Carthage les fautes commises par leurs généraux : ses discours inspirèrent de la confiance, et toutes les forces de l'Etat lui furent confiées (Polyb., liv. 1, ch. 32).

Régulus, vainqueur, s'était montré impitoyable envers les Carthaginois qui imploraient la paix ; vaincu, il apprit, dit Diodore de Sicile, à ceux qui se trouveraient dans de semblables circonstances à être modestes dans la fortune (Diod. Sic. *Fragmenta*, lib. 33). Sa défaite eut lieu l'an 499 ; il avait été prorogé dans le commandement, en qualité de proconsul.

[20] *La négociation qui lui fut confiée.* Si l'on n'était d'avance au fait de l'histoire de Régulus, toute la narration de Florus serait ici peu intelligible. Cette ambassade des Carthaginois aux Romains appartient à l'an 504 de Rome : Régulus était depuis plus de quatre ans dans les fers (*voyez* la note 22 ci-après).

[21] *Son supplice sur la croix.* Rien n'est moins constaté que les supplices recherchés dans lesquels on prétend que les Carthaginois firent périrent Régulus, bien que les témoignages d'Eutrope, d'Aurélius Victor et de Cicéron, dans son discours contre Pison, se trouvent d'accord avec le récit de Florus. Polybe, qui parle avec tant de détail de la défaite et de la captivité de Régulus, garde le silence et sur la mission dont le chargèrent les Carthaginois, et sur son supplice. Cependant si l'histoire de son voyage à Rome, de son généreux retour à Carthage, et de sa mort atroce, avait eu quelque fondement, on ne peut guère soupçonner que Polybe eût omis tous ces faits, tandis qu'il en a recueilli de moins importans. On peut croire qu'il a mieux aimé garder le silence que de contredire une tradition chère aux Romains. Pourquoi les Carthaginois se seraient-ils montrés si cruels envers Régulus, eux qui, au commencement de la guerre, n'avaient fait éprouver aucun mauvais traitement au consul Scipion Asina leur prisonnier ? Au silence de Polybe se joint le témoignage de Diodore de Sicile : il raconte que la veuve de Régulus avait entre ses mains deux prisonniers carthaginois, Bostar et Amilcar. Elle crut que son époux était mort *par la négligence* des fils d'Hannon qui le gardaient, et s'en vengea sur ces deux captifs d'une manière si atroce, que peu s'en fallut que cette femme et ses fils, qui avaient été complices de sa cruauté, ne fussent condamnés à mort. La version de Diodore est remarquable : il y a loin de la *négligence* dont

il parle au supplice affreux qu'on veut que les Carthaginois aient fait subir à Régulus (Diod. de Sicile, fragmens du liv. 24).

²² *Auprès de Panorme.* Métellus était proconsul ; il avait été consul l'année précédente 503 de Rome. Il y a ici en outre un grave anachronisme : la bataille de Panorme précéda l'ambassade à Rome des Carthaginois accompagnés de Régulus. Le motif de cette négociation était le découragement de Carthage après la défaite de Panorme : il est donc tout-à-fait inexact de dire, comme le fait Florus, que cette bataille ne fut donnée que pour venger la mort cruelle de Régulus.

²³ *Appius Claudius fut vaincu, etc.* L'an de Rome 505. Pourquoi Florus ne nomme-t-il pas Drépane, théâtre de la défaite d'Appius Claudius? Pourquoi ne pas parler ici de Lilybée, dont Appius voulut continuer le siége commencé l'année précédente, et qui retint sept années les Romains devant les murs de cette place? Outre l'impéritie de ce général, on doit blâmer l'imprudence avec laquelle il choqua les préjugés de ses soldats, en faisant jeter à la mer les poulets sacrés. « Il est utile, dit Levesque, *Histoire* « *critique de la République Romaine,* de détruire à propos la « superstition ; mais il est dangereux de l'attaquer en certaines « circonstances. Quand on n'a pas le temps d'éclairer le peuple, « il faut mettre à profit ses erreurs, et les faire concourir au bien « de la patrie. Le soldat romain dut être effrayé de ce qu'il ap- « pelait l'impiété du consul, et il était devenu incapable de vaincre, « parce qu'il croyait que le ciel irrité s'opposait à ce qu'il rem- « portât la victoire. »

²⁴ *M. Fabius Buteo défit près d'Ægimure, etc.,* l'an 509 de Rome. Ægimure, petite île entre la Sicile et l'Afrique. La flotte romaine avait été levée par des armateurs : le patriotisme et l'énergie des particuliers suppléaient au découragement du sénat, qui avait renoncé à tenir la mer avec de nouvelles flottes.

²⁵ *Près des îles qu'on appelle Egates.* Voilà Florus arrivé à la fin de la première guerre Punique, et il n'a pas nommé cet Amilcar Barca, qui fit des prodiges de valeur et d'habileté pour défendre la partie de la Sicile qu'avaient occupé les armées de Carthage.

²⁶ *Ce fut comme un combat de cavalerie, où la rame fit l'office de la bride.* Cette comparaison de Florus est empruntée d'Homère, *equos marinos,* αλσος ιππυς (Odyss., chant 4, vers 708). Les détails que donne Florus sur la bataille des îles Egates sont conformes à ceux que fournit Polybe sur cette importante journée ;

mais Florus ne nous parle pas assez des résultats. Cinquante vaisseaux carthaginois furent coulés à fond, soixante-dix furent pris, et dix mille Africains faits, prisonniers. Carthage s'empressa de demander la paix. Amilcar Barca, père d'Annibal, en négocia les conditions avec le consul Lutatius, qui loin de se laisser aveugler par la victoire, comme Régulus, s'empressa de procurer la paix à sa patrie, qu'il avait rendue triomphante.

La première guerre Punique avait duré plus de vingt-deux ans. Les Carthaginois y avaient perdu cinq cents galères à cinq rangs de rames, et les Romains sept cents. Tout ce qui avait en Sicile reconnu la domination de Carthage devint province romaine.

III. Guerre contre les Liguriens.

17 Le fer de sa valeur. Mauvaise métaphore : comparer des peuples à *un caillou*, c'est révolter le bon sens. La même idée est exprimée par Tite-Live, sans que le goût soit offensé : *Is hostis velut natus ad continendam inter magnorum intervallo bellorum Romanis militarem disciplinam erat : nec alia provincia militem magis ad virtutem acuebat*, etc. (Liv. 39-1).

18 Entre le Var et la Macra. Le Var, qui aujourd'hui donne son nom à un département de la France, séparait de la Gaule, appelée Narbonnaise, la Ligurie, qui répond au pays de Gênes. La Macra formait la limite entre la Gaule Cisalpine, dont la Ligurie faisait partie, et le reste de l'Italie.

19 Bébius les fit descendre dans la plaine. Ce fut l'an de Rome 574, et avant J.-C. 180. Publius Cornélius Céthégus et Marcus Bébius Tamphilus, qui n'avaient rien fait de mémorable durant leur consulat, continués dans leur commandement comme proconsuls, menèrent leur armée contre les Liguriens Apuans, les déconcertèrent par cette brusque attaque, et les forcèrent de se rendre au nombre de douze mille hommes. Les deux proconsuls, par l'ordre du sénat, afin de mettre un terme à la guerre, transportèrent dans un territoire vacant du Samnium quarante mille Liguriens, y compris les femmes et les enfans (Tite-Live, liv. 40, ch. 41). Ils furent, selon Pline, nommés *Ligures Bæbiani* et *Corneliani*, du nom des généraux qui les avaient vaincus. Cette coutume de faire changer de demeure à des nations entières était fort usitée chez les anciens. Pompée éloigna des côtes de la mer les Ciliciens, et fit descendre de leurs montagnes les Colchidiens. Auguste força pareillement les montagnards Asturiens à venir habiter la plaine.

³⁰ *Du fer pour la culture des champs.* L'expédition du consul Posthumius en Ligurie est de la même année que celle Bébius. (Voyez Tite-Live, liv. 40, ch. 41). Q. Fulvius Flaccus, collègue de Posthumius, transporta dans le Samnium sept mille Liguriens qui habitaient les rives de la Macra. C'est sans doute de celui-là que Florus a voulu parler en disant, avant d'en venir à Bébius, *Fulvius mit enfin le feu à leurs retraites.* Au reste, on a reproché à notre historien d'être ici fort vague, attendu qu'il y a plusieurs Fulvius qui ont fait la guerre aux Liguriens. Le dernier consul qui combattit les Liguriens fut Popilius Lœnas. Il attaqua les Liguriens Statyelles en pleine paix, les défit, les désarma et les vendit à l'encan comme esclaves, l'an de Rome 580. Proconsul l'année suivante, il les attaqua encore malgré le sénat, et leur tua dix mille hommes. Le sénat intervint pour punir ce général, qui avait violé le droit des gens. La liberté fut rendue aux Statyelles prisonniers. On leur donna des terres au-delà du Pô, et la Ligurie fut pour jamais pacifiée.

C'est ainsi que depuis l'an 515 de Rome (239 avant J. C.) jusqu'à l'an 580 (173 avant J. C.), c'est-à-dire pendant près d'un siècle, les Liguriens tinrent en haleine le courage des Romains, dans les intervalles que leur laissaient leurs autres guerres.

IV. Guerre contre les Gaulois.

³¹ *Les Gaulois Insubriens et les autres habitans des Alpes.* Voyez, sur l'origine de ces peuples, la note 106 du premier livre.

Dans ce chapitre, Florus n'est plus vague et incomplet comme dans le précédent. Il rend compte par ordre chronologique des trois principaux événemens qui signalèrent cette guerre, et il n'embrasse point d'un seul jet un espace de temps tellement prolongé, que ce chapitre ne serait plus en harmonie avec les époques du reste de ce livre.

³² *Dès le second, plus faibles que des femmes.* Tite-Live (liv. 10, ch, 20) a exprimé la même pensée à peu près dans les mêmes termes : *Prima Gallorum prœlia plus quam virorum, prostrema minus quam fœminarum.*

³³ *Qu'ils n'eussent monté au Capitole.* La bataille dont Florus parle ici se donna près de Télamone, petit port de l'Etrurie, l'an

529 de Rome. Ce fut le consul Æmilius Papus qui décida la victoire, car son collègue C. Attilius Régulus fut tué au commencement de l'action. L'armée des Gaulois cisalpins montait à soixante-dix mille hommes : elle était composée de Sénonais, de Boïens, d'Insubriens, de Taurisques. Les Gésates, qui habitaient au-delà des Alpes sur les bords du Rhône, étaient venus se joindre à leurs anciens compatriotes. Quarante mille restèrent sur la place; dix mille furent faits prisonniers.

Florus se trompe ici en parlant d'un *Britomarc*. Les deux rois qui, selon Polybe, commandaient les Gaulois à Télamone, étaient Anéroeste et Concolitan. Le premier se tua de désespoir en voyant la bataille perdue; le second fut au nombre des prisonniers; et ce fut lui qu'Æmilius Papus, arrivé au Capitole, fit dépouiller de son baudrier, au milieu des huées du peuple.

[34] *A leur dieu Mars un collier.* César, dans ses Commentaires, liv. 6, reconnaît que les Gaulois adoraient Mercure qui était leur grand dieu, puis Apollon, Mars, Jupiter et Minerve, desquels, ajoute César, « ils pensent à peu près la même chose « que les autres nations.... La plupart du temps ils font vœu « de consacrer à Mars les dépouilles de l'ennemi. » — Tacite, liv. 4, ch. 64 de ses histoires, fait parler ainsi aux Romains les ambassadeurs des Tenctères : « Nous en remercions nos dieux qui « sont les vôtres, et Mars le premier de ces dieux. » Polybe fait aussi mention d'un temple de Pallas, d'où les Gaulois tirèrent des enseignes d'or avant d'aller combattre Flaminius, qui avait passé le Pô pour les attaquer.

Tous ces témoignages réunis n'empêchent pas M. Levesque de donner un démenti à Polybe, avec ce ton de légèreté que prend trop souvent ce critique en combattant les autorités les plus respectables (*Voyez* l'Hist. critique de la République Romaine, t. 2, pag. 56, note 2).

[35] *Un trophée d'or, fait des colliers des Gaulois.* Ce Flaminius qui gagna la bataille de l'Adda, l'an de Rome 530, avait attiré cette guerre à sa patrie en faisant passer, lorsqu'il était tribun du peuple, l'an 521, une loi tendant à distribuer aux Romains les terres que les Gaulois Sénonais possédaient dans le Picénum, bien que ces peuples, qui avaient pendant les années 516, 517 et 518 soutenu contre les Romains une guerre dont Florus ne parle pas, eussent demandé la paix, et se fussent depuis quatre ans abstenus de toute aggression.

³⁶ *Dans le temple de Jupiter Férétrien, les armes de ce prince.* D'autres appellent ce chef gaulois *Virdumare*. La victoire de Marcellus, remportée l'an de Rome 532, entraîna la conquête du pays des Insubriens et de toute la Gaule Cisalpine, qui fut réduite en province romaine. Alors l'Italie, jusqu'au pied des Alpes, se trouva tout entière sous la domination de la république.

Le triomphe fut accordé à Marcellus, selon les fastes capitolins, pour avoir vaincu les Gaulois et les *Germains*. Ici se retrouve, au sujet des dépouilles opimes, la difficulté déjà discutée dans la note 104 du premier livre. Si Florus a commis une erreur en regardant les dépouilles opimes remportées par Marcellus comme les *troisièmes*, et non pas comme les secondes, son erreur a été partagée par Virgile, qui s'exprime ainsi (Æneid. lib. 9, v. 869) en parlant de Marcellus : *Tertiaque arma patri suspendet capta Quirino.*

V. Guerre contre les Illyriens.

³⁷ *Sur toute la côte de la mer Adriatique.* On a reproché ici à Florus d'avoir placé la guerre contre les Illyriens après la guerre contre les Gaulois. Il est bien certain, selon Polybe, que la guerre d'Illyrie fut la première de quelque importance que les Romains aient entreprise après celle de Carthage ; mais, dès l'an 515, c'est-à-dire trois ans après la première guerre Punique, Rome eut à combattre les Gaulois Boïens, qui demandèrent et obtinrent la paix l'année suivante. L'Illyrie (*Illyricum*), qui répond à une partie de la Croatie, à la Morlaquie, à la Dalmatie et à la Bosnie, s'étendait depuis l'Istrie et le Noricum au nord, jusqu'à l'Epire au midi. Elle était baignée à l'occident par la mer Adriatique, et bornée à l'orient par la Macédoine. La Liburnie, qui fut la première province Illyrienne soumise aux Romains, était comprise entre l'Istrie au nord, et la Dalmatie au midi. On comprenait les Japides ou Japodes dans la Liburnie.

La Dalmatie, séparée de la Liburnie par le Titius, s'étendait au midi jusqu'au fleuve Drylo, par lequel elle était bornée du côté de l'Epire.

³⁸ *Par une femme nommée Teuta.* Elle était veuve d'Agron, qui l'avait emporté sur tous les rois Illyriens ses prédécesseurs, par ses forces de terre et de mer. Il avait vaincu les Etoliens. Il

laissa en mourant un fils en bas âge nommé Pinéus, sous la régence de Teuta sa veuve, qui n'était pas la mère de cet enfant.

³⁹ *Ajoutèrent le crime à l'insolence.* J'ai été ici obligé de paraphraser un peu notre auteur pour être moins obscur. Les pirates illyriens portaient l'effroi sur toutes les côtes maritimes de la Grèce, et principalement de l'Epire. Toute la Grèce aurait dû s'armer contre ces brigands : l'on vit au contraire les Acarnanes et les Epirotes eux-mêmes devenir leurs alliés pour attaquer l'Etolie et l'Achaïe. Enhardis par ce succès, les Illyriens osèrent enlever des vaisseaux italiens.

⁴⁰ *Nos ambassadeurs vinrent leur demander réparation.* Ces ambassadeurs étaient Caïus et Lucius Coruncanius, et C. Junius. Teuta les reçut avec hauteur. Le plus jeune des députés de Rome répliqua sur le ton de la menace. Ils partirent; et Teuta irritée fit courir après eux, et assassiner celui qui l'avait menacé, ainsi que son frère Caïus (an de Rome 524).

⁴¹ *Par Cnæus Fulvius Centimalus.* Pendant que les Romains faisaient leurs préparatifs, les Illyriens enlevèrent Corcyre, aujourd'hui *Curzola* (île qu'il ne faut pas confondre avec la grande Corcyre, aujourd'hui *Corfou*), et en donnèrent le commandement à Démétrius de Pharos, ennemi personnel de Teuta. Dès que les Romains parurent, il remit l'île de Pharos au consul Fulvius Centimalus, qui, rejoint alors par son collègue Posthumius, reçoit la soumission de l'importante ville d'Apollonie. Les Romains font ensuite lever aux Illyriens le siége d'Epidamne, dont ils changèrent le nom en celui de Dyrrachium, aujourd'hui Durazzo. De là ils entrèrent en Illyrie, et enlevèrent à Teuta plusieurs places maritimes. Incapable de résister, cette reine se réfugia à Rizon, petite place forte de la Dalmatie, éloignée de la mer. L'année suivante elle envoya des ambassadeurs à Rome, pour proposer ces conditions de paix: qu'elle paierait un tribut; qu'à l'exception de peu de places, elle quitterait l'Illyrie, et qu'elle ne pourrait mettre en mer que deux bâtimens non armés au-delà de la ville de Lissus. Ces conditions acceptées, Rome envoya des députés chez les Achéens et chez les Etoliens, pour leur donner connaissance du traité. Les Grecs, délivrés de la crainte des Illyriens, regardèrent les Romains comme des bienfaiteurs; car, dit Polybe, les Illyriens étaient ennemis de toute la Grèce. Des ambassadeurs furent aussi envoyés à Corinthe et à Athènes. Les Corinthiens donnèrent aux Romains le droit d'as-

sister aux jeux Isthmiques ; les Athéniens celui d'être initiés aux grands mystères. — *Voyez*, pour cette guerre et ses résultats politiques, Polybe (liv. 2) et Appien d'Alexandrie.

VI. Deuxième guerre Punique.

[42] *Quatre années de repos.* Cette expression présente une inexactitude manifeste : *Post primum Punicum bellum vix quadriennii requies.* Le sens le plus naturel de cette phrase serait qu'entre la première et la seconde guerre Punique, il n'y aurait eu qu'un intervalle de quatre ans. Ce serait une grave erreur, car cet intervalle fut de vingt-deux ans. On pourrait encore entendre qu'entre ces deux guerres, quel que fut l'intervalle qui les sépare, l'Empire romain eut une paix de quatre ans consécutifs : ce serait encore une erreur, car à peine cette paix dura-t-elle un an ; et le temple de Janus fut fermé et rouvert dans le court de la même année (l'an 518 de Rome), après que Manlius eut apaisé des mouvemens excités en Sardaigne par les Carthaginois. Pour trouver quelque sens dans la phrase de Florus, le commentateur Vinet lui donne cette interprétation, qu'entre ces deux guerres Puniques, le peuple romain eut tant de démêlés avec d'autres peuples, qu'à peine en vingt-deux ans eut-il quatre ans de repos, en mettant à la suite les uns des autres tous les intervalles qui se trouvèrent entre ces guerres différentes. Cette interprétation est assez ingénieuse, mais n'empêche pas que le passage de Florus ne soit peu satisfaisant.

[43] *Dépouillé de l'empire de la mer, de la possession de ses îles.* Carthage, vaincue par Rome, eut à soutenir, contre les troupes mercenaires qui composaient toute sa force militaire, une guerre qui la mit à deux doigts de sa perte. On peut en lire l'histoire intéressante dans Polybe, liv. 1er. du chap. 65 au chap. 83. Rome pouvait accabler Carthage, si elle eût profité de l'occasion pour joindre ses armes à celles des mercenaires révoltés ; mais elle garda fidèlement les conditions du traité.

Lorsqu'après trois ans et quatre mois de combats, Carthage eut terminé cette guerre intestine, Rome ne se montra plus si généreuse. La révolte continuant en Sardaigne, les mercenaires offrirent la possession de cette île aux Romains, qui y envoyèrent des troupes. Les Carthaginois, indignés de se voir enlever cette contrée, sur laquelle ils avoient des droits, se disposèrent à punir ceux qui l'avaient livrée. C'en fut assez pour déterminer les Romains à déclarer la guerre à Carthage, sous prétexte que ses préparatifs n'étaient pas dirigés contre les rebelles de Sardaigne, mais contre Rome. Les Carthaginois, hors d'état de résister aux Romains, leur abandonnèrent la Sardaigne, et leur payèrent encore douze cents talens, outre le tribut imposé par le dernier traité avec Lutatius (Polybe, liv. 1er., chap. 18). Tels sont les évenemens auxquels fait allusion le passage de Florus.

44 *Avait juré à son père qu'il vengerait sa patrie.* Amilcar Barca, père d'Annibal, après avoir soutenu avec gloire la guerre en Sicile, pendant la première guerre Punique, avait délivré sa patrie, menacée par les mercenaires. Le grand défaut de Florus est d'omettre les noms propres, ce qui, en rendant sa narration moins instructive, lui donne trop souvent un ton déclamatoire.

Après la perte de la Sardaigne, Carthage songea à rétablir en Espagne son empire ébranlé par la perte de la Sardaigne. Amilcar passa dans cette province avec son fils Annibal âgé de neuf ans, et y fut tué dans une bataille. Durant neuf années qu'il y fit la guerre avec autant d'habileté que de succès, son fils se formait par les exemples.

45 *Sagonte, ancienne et opulente cité d'Espagne.* Sagonte, dans la Tarraconnaise. Les Romains la rebâtirent après la seconde guerre Punique. On en voit encore les ruines près de Murviédro (royaume de Valence). Elle fut fondée, selon Pline, deux cents ans avant la ruine de Troie, par une colonie venue de Zacinthe, aujourd'hui Zanthe, dans la mer Ionienne, en face les côtes de l'Elide. Cette colonie érigea auprès de cette ville un temple en l'honneur de Diane, qu'Annibal épargna, et qui subsistait encore du temps de Pline l'ancien (liv. 16, ch. 40).

46 *Selon les voies tracées par le droit des gens.* C'est ainsi que j'ai essayé de rendre la force de cette expression *more legitimo*.

On ne peut s'empêcher de sourire quand on voit les historiens romains vanter la bonne foi du peuple romain à l'égard de Carthage. Cette phrase qui précède, *Summa fœderum Romanis religio est*, semblerait une ironie amère après avoir rappelé l'enlèvement frauduleux de la Sardaigne, *ablatæ insulæ*.

47 *Fabius le chef de l'ambassade.* Q. Fabius Maximus Verrucosus, consul l'an 520 de Rome, triompha des Liguriens : c'est le même qui fut nommé prodictateur après la bataille de Trasimène.

Florus raconte exactement, comme Tite-Live et Polybe, les circonstances de l'ambassade de Fabius à Carthage ; mais il omet une députation composée de deux sénateurs, P. Valérius Flaccus et Quintus Bœbius Tamphilus, qui se rendirent de la part du sénat auprès d'Annibal, occupé au siége de Sagonte. Le général carthaginois leur fit dire qu'il avait des affaires trop importantes pour donner des audiences (Tite-Live, liv. 21, chap. 7 et 10). Valérius et Bœbius se rendirent droit à Carthage ; mais le sénat de cette république ne leur accorda pas la satisfaction qu'ils espéraient d'obtenir.

⁴⁸ *Aux mânes de ce peuple généreux.* Toute la phrase latine est du plus grand effet : voilà de ces passages qu'il est permis de louer sans restriction dans Florus. Il faut remarquer ce mot *parentatum est : parentare*, dans son acception propre, voulait dire d'abord *rendre les derniers devoirs à ses parens ;* par extension cette expression s'est appliquée aux devoirs funèbres rendus à toute espèce de personnes.

⁴⁹ *Orage de la guerre Punique.* Ici Florus, comparant la seconde guerre Punique à un long orage, entre dans une série de métaphores, dont quelques unes, prises séparément, pourraient avoir de la justesse et de l'éclat, mais dont la continuité forme une allégorie bien froide. Le savant Grævius condamne ce passage : il demande, avec raison, si l'on peut dire d'une tempête qu'elle a *allumé la foudre*, comme on le dirait de Vulcain qui forgeait dans l'Etna les foudres de Jupiter ; et il oppose à Florus ce passage de Justin : *Videre se consurgentem in Italia nubem illam trucis et cruenti belli, videre tonantem ac fulminantem ab occasu procellam quam in quascunque terrarum partes victoriæ tempestas detulerit, magno cruore imbre fœdaturam* (lib. 29, c. 3).

⁵⁰ *Fondre sur l'Italie.* Il faut convenir qu'un lecteur qui n'aurait jamais entendu parler du passage des Alpes par Annibal ne devinerait pas le sens de cette phrase : ce n'est pas ainsi que doit s'écrire l'histoire. Quoi qu'il en soit, la rapidité des premières opérations d'Annibal pouvait très-naturellement rappeler celle de la foudre ; et c'était à Florus à établir plus judicieusement ce rapprochement, pour ainsi dire, obligé. Rien de mieux conçu que son plan, dont, au reste, son père Amilcar était l'auteur. Sagonte prise, tandis que, selon l'expression de Tite-Live, les Romains perdaient leur temps à envoyer des ambassades, *tempus terunt legationibus mittendis,* Annibal levait des troupes en Afrique et en Espagne, travaillait à se ménager l'amitié des Gaulois, soumet-

tait toute la partie de l'Espagne qui ne reconnaissait pas encore la puissance de Carthage, et avait passé l'Ebre et les Pyrénées avant que les Romains se doutassent qu'il voulait pénétrer en Italie. Fondant leur plan de défense sur des expéditions lointaines, ils avaient envoyé le consul P. Corn. Scipion en Espagne, et son collègue Tib. Sempronius en Afrique. En même temps, ils indisposaient les Gaulois en établissant dans la Gaule Cisalpine les colonies de Plaisance et de Crémone.

Ce fut seulement en relâchant à Marseille que Scipion apprit qu'Annibal avait déjà franchi les Pyrénées. Cette nouvelle lui donna peu d'inquiétude; il ne doutait pas qu'il ne fût retenu longtemps par la difficulté des marches et par la prodigieuse population des Gaulois qu'il croyait attachés aux Romains. Il se trompa: Annibal passa le Rhône sans obstacle près de l'endroit où est maintenant Avignon. Scipion prit alors la résolution de retourner par mer en Italie, et de traverser l'Etrurie pour atteindre et défendre les défilés des Alpes. Il envoya son frère en Espagne.

On n'est pas d'accord sur la route que choisit Annibal pour traverser les Alpes. On le fait passer par le grand Saint-Bernard, par le petit Saint-Bernard, par le mont Cénis, par le mont Genèvre, enfin par le mont Viso. Un savant critique, M. le marquis de Fortia, a démenti jusqu'à l'évidence, d'après les textes de Polybe et de Tite-Live, que ce fut par le mont Genèvre. C'est aussi l'opinion de M. Le Tronne. Des érudits, pour flatter Napoléon, ont soutenu que ce fut le Saint-Bernard que franchit Annibal; mais pour établir ce système, il faudrait admettre qu'Annibal prit l'Isère pour le Rhône, et le Rhône pour la Saône. La foule de ces interminables discussions vient de ce que, du temps même de Tite-Live, les naturels du pays confondaient avec le passage d'Annibal celui d'Asdrubal son frère, qui, bien certainement, franchit le Saint-Bernard.

51 *Entre le Tésin et le Pô*. Le Tésin a sa source dans les Alpes pennines, traverse le lac *Verbanus* (lac majeur), et se jette dans le Pô. *Padus*, le Pô, le plus grand fleuve de l'Italie, sort du mont Viso, coupe la haute Italie dans toute sa longueur, et après avoir reçu un grand nombre de rivières se jette au fond de la mer Adriatique. Les anciens le nommaient Eridan à son embouchure.

Ce fut dans la Gaule Transpadane, à l'embouchure du Pô et du Tésin, proche de la ville de *Ticinum*, depuis *Papia*, et aujourd'hui Pavie, que se donna la première bataille entre Scipion et Annibal. Ce dernier avait peine à croire que ce consul, qu'il avait laissé aux bouches du Rhône, eût déjà passé le Pô : et Scipion pouvait encore moins se figurer qu'Annibal eût traversé les Alpes. La bataille du Tésin ne fut, à proprement parler, qu'un combat de cavalerie, où celle des Numides l'emporta sur celle des Romains.

⁵² *Tirera son surnom du malheur de cette province.* C'est là un de ces traits de Florus que Montesquieu se plaît à admirer dans son *Essai sur le Goût*: « Il nous donne, dit-il, tout le spectacle « de la vie de Scipion, quand il dit de sa jeunesse, *C'est le* « *Scipion*, etc. Vous croyez voir un enfant qui croît et s'élève « comme un géant. »

Une ligne plus haut, Florus désigne ce jeune homme par l'épithète de *prætextatus*, c'est-à-dire, *habillé de la robe prétexte*. Cette robe; bordée de pourpre, était portée par les jeunes patriciens jusqu'à l'âge de dix-sept ans.

⁵³ *Sous le consul Sempronius.* La Trébie, petite rivière de la Gaule Cispadane, qui se jette dans le Pô. Sempronius était le collègue de Scipion, qui, à l'ouverture de la campagne, avait été envoyé en Sicile pour attaquer les Carthaginois du côté de l'Afrique. Il leur enleva Malte, et remporta sur leur flotte quelques avantages. Ces succès peu décisifs augmentèrent sa présomption naturelle, et quand le sénat le rappela en Italie, il se crut destiné à vaincre sans peine Annibal. Malgré les sages avis de son collègue Scipion, il livra, pour la perdre, la bataille de la Trébie. Rien de plus exact et de plus heureusement exprimé que ce que dit Florus de cette journée.

⁵⁴ *Flaminius commandait notre armée.* Florus revient toujours sur son éternelle comparaison ; mais la description qu'il donne de la bataille de Trasimène est encore un modèle d'exactitude et de précision.

Après la bataille de la Trébie, Annibal sentit la nécessité de porter la guerre loin du pays des Gaulois, pour conserver leur affection, en leur épargnant les désastres qu'éprouvent les contrées qui sont le théâtre des combats. Dans cette vue, il pénétra en Étrurie par les vallées de l'Apennin : ce passage, moins célèbre que celui des Alpes, ne fut pas moins difficile. Obligé de traverser des marais inondés par les pluies et les neiges de l'hiver, Annibal et son armée marchèrent dans l'eau pendant trois jours et trois nuits. La plupart des bêtes de somme périrent. Bien qu'Annibal fût monté sur le seul éléphant qui restait, il fut attaqué d'une fluxion qui le priva d'un œil. Arrivé en Etrurie, il eut à combattre un nouveau Sempronius : c'était Flaminius qui, malgré d'inhabiles dispositions, avait gagné sur les Gaulois la bataille de l'Adda (*voyez* la note 35 de ce livre). Mais il éprouva qu'en présence d'Annibal, il ne pouvait y avoir de fautes heureuses.

⁵⁵ *Et à la violence du choc des armes.* Ici l'on retrouve tout le mauvais goût de Florus : il est difficile de terminer plus mal une description, du reste si exacte et si rapide.

⁵⁶ *Sur le torrent de Vergelles.* L'Aufide, rivière d'Apulie. Tite-Live, dans sa description si étendue de la bataille de Cannes, ne fait aucune mention du torrent de Vergelles. Toutefois ce fait est attesté par Valère Maxime (liv. 9, chap. 2, *externa* n° 2). Silius Italicus (liv. 7, v. 670) rappelle ce pont de cadavres, mais sans parler du torrent de Vergelles qui a embarrassé les géographes.

⁵⁷ *De la dignité équestre.* Florus n'est pas d'accord avec Tite-Live sur le nombre de boisseaux contenant les anneaux des chevaliers romains. « Quelques auteurs rapportent, dit-il, que ce mon-
« ceau mesuré donna plus de trois boisseaux et demi ; mais la
« tradition qui a prévalu, et qui se rapproche le plus de la vérité,
« est qu'il n'y en avait pas au-delà d'un boisseau (liv. 23, c. 12). »
Cependant Valère Maxime (liv. 7, c. 2, n° 13 *externa*), Saint-Augustin (*De Civitat. Dei*, liv. 3, ch. 19), Pline (liv. 33, ch. 1) et Paul Orose (liv. 4, ch. 16), affirment qu'il y en avait trois boisseaux. Florus, en mettant deux boisseaux, a, selon Saumaise, pris le milieu entre les deux versions. Au reste, rien de plus exact dans la concision que le récit qu'il donne de la bataille de Cannes, sauf une circonstance qui ne se trouve mentionnée ni dans Tite-Live ni dans aucun auteur ; c'est lorsqu'il représente Annibal ordonnant à ses troupes de faire quartier : *Parce ferro.* Ce qu'il y a de certain, c'est que dans cette journée les Carthaginois passèrent au fil de l'épée quarante mille Romains.

⁵⁸ *Adherbal, fils de Bomilcar.* Florus commet ici une erreur de nom : c'est *Maharbal* qui adressa à Annibal ces paroles si connues (*voyez* Tite-Live, liv. 22, ch. 51).

⁵⁹ *Il aima mieux en jouir.* L'opinion générale, conforme à celle de Tite-Live, est qu'Annibal fit une faute énorme de ne pas marcher d'abord à Rome après la victoire de Cannes. Montesquieu a entrepris de le justifier par des raisons peu décisives ; et M. Poir-

son, dans son *Histoire Romaine* (tome premier, p. 392 et suiv.), a soutenu l'opinion de ce grand écrivain.

⁶⁰ *Capoue fut pour Annibal, etc.* On a mille fois répété, d'après Florus et Tite-Live, que Capoue, ville principale de la Campanie, séjour des arts et de l'opulence, perdit Annibal et ses soldats, qui s'y plongèrent dans la mollesse. « Mais, dit Levesque, il
« faut chercher d'autres causes aux malheurs qu'ils éprouvèrent
« dans la suite, pendant treize ans qu'ils passèrent encore en Ita-
« lie, tantôt vaincus, tantôt victorieux, mais toujours vaillans,
« toujours durs aux fatigues, toujours soumis aux ordres de leur
« général, qui jamais ne leur épargna la peine; ils ne donnèrent
« aucune marque de cette prétendue mollesse qu'on leur attribue
« (*Histoire critique de la République Romaine*, t. 2, p. 127). »
Ces mots de Florus *Capuam Annibali Cannas fuisse*, sont textuellement pris d'un discours que Tite-Live met dans la bouche de Marcellus (liv. 23, c. 45).

⁶¹ *Et des bulles de leurs enfans* (*voyez* la note 63 du premier livre).

⁶² *Quelle sagesse montrèrent les centuries!* Aux élections consulaires pour l'an de Rome 544, les jeunes gens de la centurie Véturia, que le sort avait désignée pour voter la première, donnèrent leurs voix à Titus Manlius Torquatus et à Titus Octacilius; mais le premier, aveugle et appesanti par l'âge, se refusa aux suffrages de ses concitoyens, et pria le consul qui présidait l'assemblée de faire voter de nouveau les jeunes gens de la centurie Véturia. Ces jeunes gens admirant ce noble refus, prièrent à leur tour le consul d'appeler les vieillards de leur centurie. Ceux-ci indiquèrent trois candidats également illustres, Q. Fabius Maximus, M. Marcellus et M. Valérius Lœvinus; les deux derniers furent élus. « Certes, dit Tite-Live, s'il existe une république de sages,
« fiction ingénieuse, dont malheureusement les philosophes n'ont
« trouvé le modèle que dans leur imagination, elle ne peut-être
« composée ni de grands plus modérés dans leurs désirs et moins
« avides de pouvoir, ni d'une multitude plus docile aux conseils
« des sages (liv. 26, c. 22). » Titus Octacilius se vit ainsi repoussé du consulat, disgrâce qu'il avait déjà éprouvée quatre ans auparavant. Les jeunes gens de la tribu de l'Anio lui avaient donné leurs suffrages ainsi qu'à Marcus Æmilius Régillus; mais Fabius, oncle d'Octacilius, qui présidait les comices, représenta que son neveu avait prouvé dans un premier consulat qu'il était un adver-

saire peu digne d'Annibal, et qu'Æmilius Régillus étant flamine de Quirinus, on ne pouvait l'écarter de ses autels sans que la république en souffrît. Le discours de Fabius fit une telle impression sur le peuple, que la tribu donna de nouveau ses suffrages, et Fabius fut élu avec Marcellus (liv. 24, c. 9).

[63] *Donné par le peuple*. Florus intervertit entièrement l'ordre des faits : tout ce qu'il dit ici de Fabius est antérieur à la bataille de Cannes. Après la malheureuse journée de Trasimène, il avait été nommé prodictateur, et ce fut alors qu'au moyen de ses sages lenteurs il vainquit Annibal.

[64] *Du Gaurus et de Falerne*. Dans cette fameuse campagne contre Annibal, Fabius ne déploya pas seulement les talens d'un habile capitaine, il fit voir encore l'héroïsme bien rare d'un citoyen capable de sacrifier sa renommée à l'intérêt de l'État. En le nommant prodictateur on lui avait donné pour général de la cavalerie M. Minucius, homme présomptueux, qui ne comprenant pas les desseins de son chef, l'accusait de lenteur, et qui profita d'un avantage remporté par lui-même sur les Carthaginois pour faire égaler son autorité à celle de Fabius. On eut ainsi deux dictateurs sous des noms différens. Fabius n'avait pas été élu dans les formes ordinaires : c'était à Cn. Servilius, collègue de l'infortuné consul Flaminius, qu'il appartenait de désigner ce magistrat suprême ; mais il était absent, et le peuple nomma Fabius non pas dictateur, mais prodictateur. Cette particularité explique les résistances qu'éprouva ce grand homme dans l'exercice de sa magistrature. S'il eût été revêtu de l'autorité dictatoriale dans toute sa plénitude, Minucius n'aurait probablement pas osé lui désobéir, ni le peuple élever à l'égal de Fabius ce subalterne indocile. Quoi qu'il en soit, l'injustice des Romains ne put engager le prodictateur à changer de manière, et il sépara son armée de celle de Minucius. Bientôt cet imprudent va tomber dans une embuscade que lui a dressée Annibal : alors oubliant l'injure qu'il a reçue, Fabius, de la hauteur où il se tenait retranché, s'élance contre les Carthaginois, dont le général fait sonner la retraite. Minucius eut au moins le mérite du repentir : arrivé au camp de Fabius, il le salua du nom de père, et se remit sous son commandement.

[65] *Sous le commandement de Claudius Marcellus*. C'est le même qui avait vaincu et tué Viridomare, roi des Gésates, et qui avait triomphé comme Romulus, en portant les dépouilles opimes sur ses épaules (*voyez* la note 30 du premier livre).

⁶⁶ *A lever le siége de Noles.* Après le désastre de Cannes, Marcellus, qui était alors préteur, reçut l'ordre d'aller rejoindre à Canusium les débris de l'armée romaine. Marcellus surveilla si bien les mouvemens des Carthaginois, que, pour l'éviter, Annibal passa de l'Apulie dans la Campanie, où il ne devait pas être plus heureux; car il fut battu par Marcellus devant Noles, ville voisine de Naples. Cet avantage apprit aux Romains qu'Annibal n'était point invincible. Marcellus le prouva bientôt encore mieux : les deux années suivantes 539 et 540, il défit les Carthaginois sous les murs de cette même ville.

⁶⁷ *Sous Sempronius Gracchus, etc.* Florus se trompe sur le théâtre de la guerre, et donne trop d'importance aux exploits d'ailleurs honorables de Sempronius. Consul l'an de Rome 539, il était cantonné à Lucérie, tandis qu'Annibal campait non loin d'Arpi; mais au lieu de poursuivre un ennemi en retraite, Gracchus ne s'occupa d'abord qu'à se prémunir contre ses stratagèmes, et à aguerrir ses troupes par des engagemens partiels. Proconsul l'année suivante, il gagna une bataille, non en Lucanie, ni sur Annibal, mais près de Bénévent dans le Samnium, et sur Hannon. Elevé à un second consulat l'année d'après, il occupa la Lucanie, prit quelques villes, mais n'eut point à combattre Annibal, qui alors assiégeait Tarente. A l'expiration de son consulat, Sempronius Gracchus continua de commander dans la même province comme proconsul. Il y périt attiré dans une embuscade par un hôte perfide (*voyez* Tite-Live, liv. 24, ch. 3 à 15, et liv. 25, ch. 1, 3, 16 et 17).

⁶⁸ *En diverses régions de l'univers.* « Rome, dit Montesquieu, « fut un prodige de constance. Après les journées du Tésin, de « Trébie et de Trasimène; après celle de Cannes, plus funeste « encore; abandonnée de presque tous les peuples de l'Italie, elle « ne demanda point la paix : c'est que le sénat ne se départait ja- « mais des maximes anciennes ; il agissait avec Annibal comme il « avait agi avec Pyrrhus, à qui il avait refusé de faire aucun ac- « commodement. » Les Romains, en effet, loin de renoncer à tenir la mer, à dominer en Sicile, et à subjuguer l'Espagne, envoyèrent encore en Épire une partie de leurs forces, pour tenir en respect Philippe, roi de Macédoine, nouvel allié d'Annibal.

⁶⁹ *Syracuse, jusqu'alors invincible, etc.* Florus fait allusion u siége de Syracuse entrepris, l'an 415 avant J. C., par les Athéniens, qui éprouvèrent devant ses murs des désastres dont

leur république ne put jamais se relever. Ce fut l'an de Rome 540 (deux cent quatorze ans avant J. C.), c'est-à-dire à un intervalle précis de deux siècles, que Marcellus, consul pour la troisième fois, commença le siége de cette ville par mer, tandis que le propréteur Appius l'attaquait par terre. Les savantes combinaisons d'Archimède rendirent tous leurs efforts inutiles (*voyez* Polyb., liv. 8, ch. 5; Tite-Live, liv. 24, ch. 33, 34; Plut., *in Marcello*). Marcellus s'éloigne de Syracuse, et va s'emparer d'autres places (Hélore, Herbesse et Mégare), tandis qu'Appius continue le blocus par terre. L'année suivante 451, Marcellus vint en personne prendre le commandement du blocus; enfin, l'an 542, il reprend le siége, et après six mois d'efforts, se rendit maître de la place par surprise.

70 *Sa triple enceinte de murs, etc.* On ne voit nulle part que Syracuse eût trois murailles, ni un port de marbre. Par murailles, Florus entend-il des enceintes? Il aurait fallu en compter cinq, c'est-à-dire autant que de quartiers. La ville était en effet divisée en cinq quartiers, séparés l'un de l'autre par des murs fortifiés : c'étaient l'île d'Ortygie, réunie au continent par un pont; l'Achradine, le Tyché, la nouvelle ville (Néapolis), l'Epipole. Syracuse avait trois ports : le *grand*, le *petit* et le *Trogyle*; mais rien ne dit que l'un d'eux fût de marbre. A quoi d'ailleurs cela pouvait-il servir pour la défense? Il faut en dire autant de la fontaine Aréthuse, située dans l'île d'Ortygie.

71 *Gracchus s'empare de la Sardaigne.* Ici Florus a commis trois fautes : 1°. en attribuant à Gracchus la soumission de la Sardaigne, qui fut conquise par T. Manlius Torquatus; 2°. en plaçant après le siége de Syracuse cette expédition qui lui est antérieure d'environ trois ans; 3°. en avançant que les Romains traitèrent avec rigueur la ville de Caralis, qui dans cette guerre leur demeura fidèle. Voici au reste l'aperçu des faits concernant les guerres des Romains en Sardaigne. Quatorze ans avant la seconde guerre Punique, Titus Manlius Torquatus, le même qui refusa le consulat l'an de Rome 544 (*voyez* la note 62 de ce livre), fit la conquête de la Sardaigne (an de Rome 519). Cinquante-huit ans après la seconde guerre Punique (l'an de Rome 577), un autre Gracchus Tibérius Sempronius, père des Gracques, fut chargé d'aller réduire dans cette île les Iliens et les Balares qui s'étaient révoltés (Tite-Live, liv. 41, ch. 8, 9, 15, 47 et 20).—Les *Folles Montagnes* formaient une chaîne qui coupe en deux la Sardaigne. On les ap-

pelait *Folles*, soit parce qu'on ne croyait pas possible de les franchir, soit parce que leurs sommets semblaient braver le ciel. Tite-Live fait mention de ces montagnes (liv. 3o, ch. 39).

[72] *Ces deux illustres capitaines*, etc. C'étaient Cn. et Publius Cornélius Scipion : le premier, père de Scipion Nasica ; le second, père de Scipion l'Africain. Ces deux généraux sont les premiers d'entre les capitaines romains qui aient su concevoir et exécuter un plan suivi d'opérations. Après avoir soumis presque toute la Péninsule par l'union de leurs forces, ils crurent devoir les diviser pour terminer plus tôt la guerre. Cette résolution les perdit. Par une sorte de fraternité de gloire et de malheurs, après avoir eu part aux mêmes succès, ils périrent à quelques jours l'un de l'autre, l'an de Rome 542, pleurés par les Espagnols. Cnæus, qui fut tué le dernier, avait précédé son frère dans la péninsule où il avait, selon l'expression de Rollin, *pris les devants dans leur affection*. Cicéron appelle avec raison *deux foudres de guerre* ces Scipion, qui, hors du champ de bataille, étaient pleins de douceur et de modération.

[73] *Avec une armée, le jeune Scipion*. A la bataille de Cannes, le fils de Publius avait commandé une légion ; l'an 539 de Rome (*voyez* la note 52 de ce livre), il obtint l'édilité, bien qu'il fût à peine âgé de vingt et un ans. Le peuple le regardait comme un homme favorisé et même inspiré des dieux, et Scipion ne négligea rien pour accréditer cette croyance. C'était en Espagne qu'il devait se former pour vaincre Annibal, et continuer, en vengeant leur mort, la gloire acquise par son père et par son oncle. Il fut élu proconsul par acclamation l'an de Rome 543 : il n'avait pas encore vingt-quatre ans.

[74] *La Carthage de l'Espagne*, etc. Carthagène, qui porte aujourd'hui le même nom, est située dans le royaume de Valence : c'était le centre de la domination de Carthage. Sa situation maritime semblait la rendre inexpugnable ; aussi n'y avait-on laissé qu'une faible garnison. Scipion fut instruit par des pêcheurs qu'à la marée descendante les vastes étangs qui baignaient la partie la moins fortifiée des ses murailles devenaient guéables. Ce renseignement lui suffit : il annonce à ses soldats que Neptune lui est apparu en songe pour lui promettre la victoire. Tandis qu'il occupe toutes les forces de l'ennemi par une fausse attaque du côté de la terre et du côté de la mer, une troupe d'élite franchit le marais, escalada les murs abandonnés et pénétra dans la ville.

⁷⁵ *Pour ne pas paraitre avoir terni*, etc. Valère Maxime caractérise fort bien le mérite de cette action de Scipion : *et juvenis et celebs et victor*. On a cru long-temps que l'action de Scipion rendant à Allucius, prince des Celtibériens, celle qui lui avait été fiancée en mariage, avait été représentée sur un bouclier d'argent trouvé dans le Rhône en 1635, et qui est aujourd'hui à la Bibliothèque du Roi; mais il a été reconnu que l'on a voulu figurer Agamemnon rendant Briséis à Achille.

⁷⁶ *La plupart des villes avaient abandonné la cause de Rome.* Après la journée de la Trébie, les Gaulois Boïens, Insubriens et les Liguriens se séparèrent de Rome : après celle de Cannes, les Apuliens, les Lucaniens, les Bruttiens, les Campaniens firent défection. Quant aux trente colonies romaines, elles demeurèrent fidèles, ainsi que le reste de l'Italie. Mais l'an 545 de Rome, douze colonies alléguant leur épuisement absolu, refusèrent le contingent. C'est sans doute à cet événement que Florus fait allusion ici, car il va parler immédiatement de la prise de Tarente qui appartient à la même année.

⁷⁷ *Tarente était rentrée sous notre pouvoir.* Annibal avait pris Tarente par trahison l'an de Rome 542. Fabius, consul pour la cinquième fois, la reprit l'an 545. C'est au siége de Tarente que le célèbre Caton l'ancien fit ses premières armes.

⁷⁸ *Déjà nous tenions Capoue assiégée.* Il y a ici un anachronisme assez grave; car c'était deux ans avant la prise de Tarente par Fabius, que les proconsuls Fulvius Flaccus et Appius Claudius Pulcher avaient, l'an 543 de Rome, repris Capoue, dont ils avaient commencé le siége l'année précédente.

⁷⁹ *Hors de leurs murs et dans leurs murs.* Le texte porte *absens simul præsensque pugnabat;* Coffeteau et l'abbé Paul traduisent : *il combattait à la fois présent et absent;* mais cette version littérale n'offre à l'esprit aucun sens déterminé. Celui que je présente, s'il n'est le véritable, me paraît au moins être très-raisonnable. Le mot *absens* (ab esse), emporte une idée d'éloignement, *pugnabat absens*, il combattait au loin; le mot *præsens,* (præ esse) indique au contraire qu'on est sur les lieux : or le dernier lieu dont parle Florus, c'est Rome, *in* URBEM *Flaccum secuta.* Au reste il faut avouer que l'historien a sacrifié la clarté et la justesse de l'expression au plaisir de faire une antithèse.

⁸⁰ *Partit, non du sein des nuages*, etc. La seconde année du siége de Capoue, Annibal vint du Bruttium pour tenter la

délivrance de cette ville. Repoussé par les proconsuls Appius et Fulvius dans l'attaque de leurs retranchemens, il prend une résolution désespérée, et s'avance vers Rome dans le dessein de surprendre cette ville, ou du moins d'opérer une puissante diversion; mais ils ne parvint pas même à faire lever le siége de Capoue. Les consuls levèrent des troupes dans Rome. Fulvius leur en amena de Capoue, dont Appius continuait le siége. Deux fois les Romains furent sur le point d'en venir aux mains avec Annibal; mais la grêle et l'orage les en empêchèrent. Les Romains, et même les Carthaginois, attribuèrent cet événement à la protection spéciale des dieux en faveur de Rome et du Capitole.

[81] *Sans avoir seulement pu l'attaquer.* Ceux qui, comme Gruter et quelques autres, veulent qu'il y ait dans le texte *adoratam* au lieu d'*adortam*, ont fait dire une chose assez ridicule à Florus, car alors il faudrait traduire: *abandonnant Rome après l'avoir presque adorée.* Madame Dacier, dans le Florus *ad usum Delphini*, admet l'expression *adoratam* dans le sens de *saluer en entrant.*

[82] *Mis à l'encan, et il trouva un acheteur.* On cite un autre trait non moins remarquable du patriotisme et de la constance des Romains. Tandis que les enseignes d'Annibal étaient déployées près de la porte *Colline*, deux mille hommes destinés pour l'Espagne sortaient par une autre porte.

[83] *Asdrubal, frère d'Annibal, etc.* Défait par Scipion près de Bœcula en Espagne, Asdrubal avait recruté en Gaule de nombreux auxiliaires avec lesquels il venait secourir son frère. Mais après avoir traversé les Alpes avec plus de soixante mille hommes, il perdit un temps précieux devant Plaisance, dont il fut obligé de lever le siége. Une lettre par laquelle il mandait à Annibal le chemin qu'il allait prendre pour le joindre en Ombrie tomba entre les mains du consul Néron. Ce fut là ce qui causa la perte d'Asdrubal.

[84] *Les consuls se rejoignirent.* Livius Salinator marchait au devant Asdrubal dans la Gaule Cisalpine. Claudius Néron faisait tête à Annibal dans la Lucanie, quand il découvrit le projet de jonction des deux frères. Prenant avec lui sept mille hommes d'élite, il laisse son armée sous les ordres d'un lieutenant, traverse toute l'Italie en six jours, et vient accabler Asdrubal sur les bords du Métaure, où périrent plus de soixante mille ennemis. Après une absence de treize jours, il était de retour dans son

camp avant qu'Annibal eût soupçonné qu'il en fût sorti. Ces événemens appartiennent à l'an de Rome 547.

⁸⁵ *La mauvaise fortune de Carthage.* Ce mot d'Annibal est également rapporté par Tite-Live. Je ne vois pas pourquoi Montesquieu le trouve dépourvu de sens. Sans doute il était de nature à désespérer ceux qui l'entendirent prononcer, et il eût été plus prudent de le retenir. Mais Annibal était frère aussi bien que général, et, en voyant rouler dans son camp la tête d'Asdrubal, la douleur l'emporta.

⁸⁶ *Sous la conduite de Scipion, etc.* La conquête de l'Espagne entière étant assurée, après six années de triomphes, quand Scipion revint à Rome briguer le consulat, qu'il obtint l'an 549. Sa grande pensée était de porter en Afrique le théâtre de la guerre; mais ce projet rencontra dans le sénat de zélés adversaires, qui objectaient la présence d'Annibal en Italie. On lui accorda seulement la Sicile pour province, avec la permission de passer en Afrique. L'envie le poursuivit dans son département : on l'accusait de passer au milieu des écoles des sophistes grecs le temps qu'il devait donner aux soins de la guerre. Le sénat envoya des commissaires pour examiner sa conduite, et le résultat de l'enquête fut de faire proclamer *que si Carthage devait être vaincue, ce serait par un tel général et par une telle armée.* Dès lors il fut permis à Scipion de passer en Afrique, cinquante ans après l'expédition de Régulus Scipion. Il aborda au cap Hermée, ou *beau promontoire*, sans avoir rencontré un seul vaisseau pour inquiéter sa marche, ni un soldat pour lui disputer l'entrée du territoire.

⁸⁷ *D'Asdrubal et de Syphax.* L'arrivée de Syphax avec trente mille hommes et d'Asdrubal Giscon avec trente-trois mille, forcèrent Scipion à lever le siége d'Utique, qu'il avait formé à son entrée en Afrique, et qu'il reprit l'année suivante (an de Rome 550). Lassé de faire la guerre sans obtenir de résultats décisifs, il eut recours à la ruse. Sous prétexte de négociations il envoya des espions chargés d'observer l'assiette du camp de ses ennemis; puis, quand il eut les renseignemens suffisans, il rompit tout à coup la négociation, et dans la même nuit incendia le camp d'Asdrubal, tandis que Lælius, son lieutenant, portait la flamme dans celui des Numides. Quarante mille hommes périrent ainsi en quelques heures, victimes d'une lâche perfidie; et l'historien Polybe vante ce trait *comme le plus beau et le plus hardi des exploits* de Scipion!

SUR LE LIVRE II. 481

⁸⁸ *Arracha enfin Annibal d'Italie.* Les victoires de Scipion, la captivité de Syphax obligèrent le sénat de Carthage de rappeler Annibal. Il ne put s'empêcher de proférer des imprécations en quittant cette Italie où il s'était maintenu pendant quinze ans avec une habileté que les Romains furent forcés d'admirer.

⁸⁹ *Saisis d'une mutuelle admiration*, etc. On peut consulter sur cette fameuse entrevue, Tite-Live (liv. 3o, c. 3o), Plutarque (*Vie de Scipion*) et Silius Italicus (liv. 17).

⁹⁰ *L'Afrique fut le prix de la victoire.* Florus veut ici parler de la bataille de Zama. Après cette mémorable victoire Scipion semblait n'avoir plus qu'à mettre le siège devant Carthage; peut-être fut-il effrayé par la difficulté que présentait cette entreprise, peut-être aussi craignit-il de laisser à un autre la gloire de la terminer. Le sénat venait d'assigner le département de l'Afrique au consul Tibérius Claudius Nero, avec une autorité égale à celle de Scipion. La paix fut donc accordée aux Carthaginois. Ils furent contraints de livrer leurs éléphans et leur flotte, qui, après tant de pertes, était encore de sept cents vaisseaux : on leur en laissa dix. Ils renonçaient à l'Espagne, à la Sicile, à la Sardaigne; ils livraient tous les transfuges, rendaient tous les prisonniers sans rançon, et se soumettaient à payer en cinquante ans dix mille talens (quatre-vingt quatre millions de francs), deux cents par année; à restituer les Etats de Massinissa, enfin à ne faire la paix ou la guerre que du consentement des Romains.

VII. Première guerre de Macédoine.

⁹¹ *Les Macédoniens furent les premiers vaincus.* « Après l'a-
« baissement des Carthaginois Rome n'eut presque plus que de
« petites guerres et de grandes victoires, au lieu qu'auparavant
« elle avait eu de grandes guerres et de petites victoires. » Ces paroles de Montesquieu, qui emportent avec elles à peu près le même sens que celles de Florus, montrent par leur simplicité substantielle toute la différence qui existe entre un rhéteur élégant et un philosophe profond.

⁹² *Combattre un Alexandre.* Ici Florus, par une espèce de jeu de mots, a voulu exprimer la haute opinion que les Romains avaient conçue de Philippe, que dans leur imagination ils égalaient à Alexandre. Des commentateurs ont prétendu qu'il avait voulu désigner Alexandre, roi d'Epire, oncle maternel du conquérant

FLORUS.   31

macédonien, qui périt en Italie, l'an de Rome 414, sous le consulat de T. Manlius Torquatus et de Décius Mus, dans une expédition contre les Lucaniens. Mais alors la phrase de Florus ne présenterait aucun sens raisonnable.

⁹³ *L'alliance que Philippe avait depuis long-temps contractée avec Annibal*, etc. Après la bataille de Cannes, l'an de Rome 539, Philippe avait fait avec Annibal un traité qui portait que les Carthaginois et les Macédoniens réuniraient leurs forces pour conquérir l'Italie et la Grèce, qu'ils se partageraient ensuite : Carthage prendrait l'Italie, Philippe se réservait la Grèce (Polybe, liv. 7, ch. 2 ; Tite-Live, liv. 23, ch. 33 et suiv.). Mais cette alliance n'eut aucun résultat pour Annibal ; et Philippe, *ne fit*, selon Montesquieu, *que témoigner aux Romains une mauvaise volonté inutile*. Les Romains n'attendirent pas que le roi de Macédoine vînt les insulter chez eux, ils le prévinrent ; et, malgré tous les sacrifices que leur imposait la défense de l'Italie, ils firent partir pour la Macédoine une armée avec cinquante galères. Ce mot, *depuis long-temps*, annonce les anachronismes que va commettre Florus (*voy.* la note suiv.).

⁹⁴ *Les Athéniens implorèrent notre secours*. Florus, par ce mot vague, *postea*, est loin d'établir l'intervalle de seize ans qui s'écoula entre la quatrième année de la guerre Punique et la première année de la guerre contre Philippe, intervalle qui fut marqué par une première guerre contre ce prince, et par un traité dont il sera parlé dans la note suivante. Philippe venait de mettre le siége devant Athènes, quand les Athéniens envoyèrent une ambassade aux Romains pour leur demander du secours.

⁹⁵ *Sous le consulat de Lévinus*, etc. Non content d'omettre les faits importans, Florus confond toutes les époques des deux guerres contre Philippe. Ce fut pendant la seconde guerre Punique que le peuple romain avait paru pour la première fois sur la mer Ionienne, pour combattre le roi de Macédoine, sous M. Valérius Lévinus, qui était propréteur l'an de Rome 540, et non pas consul. Philippe, en exécution de son traité avec Annibal, s'était emparé d'Oricum, ville d'Epire ; il mit le siége devant Apollonie. Lévinus reprit Oricum ; son lieutenant, Nævius Crista, surprit de nuit le camp de Philippe, qui, éveillé en sursaut, se sauva demi-nu vers le fleuve Aoüs, dans lequel était stationnée sa flotte. Lévinus, instruit du succès de Nævius devant Apollonie, partit d'Oricum avec ses vaisseaux pour couper la retraite aux

forces navales du roi, en se plaçant à l'embouchure du fleuve. Philippe, réduit à brûler ses vaisseaux, regagna la Macédoine avec ses troupes en désordre. Les deux années suivantes Lévinus resta en Grèce avec le titre de propréteur, et la mission de surveiller les démarches de Philippe. L'an 543 de Rome, il fit, avec les Etoliens, un traité d'alliance offensive et défensive contre ce prince, auquel il enleva quelques places, entre autres Anticyre, dans la Locride Ozole. Elevé au consulat l'an 544, il eut pour successeur P. Sulpicius, qui commanda en Grèce en qualité de proconsul jusqu'à l'année 548 inclusivement. Battu en 545 par Philippe comme il pillait le territoire de Corinthe, Sulpicius prit sa revanche auprès d'Elis, où le monarque manqua d'être fait prisonnier. L'année suivante, secondé par Attale, roi de Pergame, il prit Orée, dans l'île d'Eubée, tandis que Philippe était obligé de défendre ses États contre les Dardaniens. Ce prince, fatigué d'une guerre sans résultat, fit la paix avec le proconsul Sempronius Tuditanus, successeur de Sulpicius, l'an 549, la quatorzième année de la seconde guerre Punique.

[96] *Les dépouilles de la Sicile, de la Sardaigne, de l'Espagne et de l'Afrique.* Cette nouvelle faute est la conséquence des précédentes. A l'époque où Lévinus fit voile pour la Grèce, l'an 540, les Romains n'avaient encore remporté que les dépouilles de la Sardaigne l'année précédente (*voy.* la note 71 de ce livre). Syracuse ne fut conquise que deux ans après, en 542; l'Espagne que sept ans après, l'an 547; et quant à l'Afrique, les Romains n'en emportèrent les dépouilles que treize ans après la fin de la seconde guerre Punique, et quatre ans après le traité qui termina la première guerre contre Philippe; la seconde guerre Punique ne fut terminée qu'en 202. Il est vrai que Publius et Cnéius Scipion avaient assez récemment remporté des avantages marqués en Espagne (217), que le siége de Syracuse était commencé depuis 215, et que les Romains venaient d'obtenir des succès sur Annibal.

[97] *Un laurier né sur la poupe du vaisseau prétorien.* Tite-Live rapporte également ce conte absurde (liv. 30 chap. 1er.), mais il applique le fait au proconsul Sulpicius, qui commanda en Macédoine, l'an de Rome 555, quinze après la préture de Lévinus. *Le vaisseau prétorien* étoit comme chez nous *le vaisseau amiral*, et il portait ce nom, que ce fût un préteur ou un consul qui commandât la flotte.

[98] *Attale roi de Pergame, etc.* Pergame, ville de la Mysie, dans

l'Asie Mineure, donna son nom à un royaume qui se forma l'an 283 avant Jésus-Christ, pendant les guerres des successeurs d'Alexandre. Attale Ier, troisième souverain de ce petit État, l'aggrandit considérablement. Ce fut de sa part un trait d'habileté de se réunir aux Romains, qui semblaient alors accablés par Annibal (543), mais qui devaient, selon toute apparence, sortir victorieux de cette lutte.

⁹⁹ *Par les Rhodiens, peuple navigateur.* Les Rhodiens étaient la première puissance maritime du monde après Carthage; et ici il ne faut pas perdre de vue que Florus continue de raconter comme postérieurs à la seconde guerre Punique des événemens qui eurent lieu pendant sa durée. Les Rhodiens firent alliance avec Rome à peu près dans le même temps qu'Attale, roi de Pergame (*voy.* la note qui précède).

¹⁰⁰ *Deux fois dépouillé de son camp.* La première fois Philippe fut chassé par M. Valérius Lévinus, et la seconde par Flamininus; mais ce fut à neuf ans d'intervalle (*voy.* la note 95).

¹⁰¹ *Où toute autre arme légère dont se servent les Grecs.* Tite-Live rapporte le même trait au liv. 30, ch. 34.

¹⁰² *Sous la conduite de Flaminius.* Il faut l'appeler *Flamininus*, malgré Florus, Plutarque et Aurélius Victor. C'était un surnom de la famille patricienne, *Quintia*, au lieu que *Flaminius* était le nom propre d'une famille plébéienne à laquelle appartenait le consul Flaminius, qui fut tué à la bataille de Trasimène. Titus Quintius Flamininus, dont il est ici question, n'avait que trente ans, et il n'avait exercé que la questure lorsqu'il fut élevé au consulat, malgré la loi, qui voulait qu'on ne fût consul qu'à l'âge de quarante ans, et après avoir exercé les charges curules, l'édilité, la préture. Flamininus parut au peuple romain, pour la guerre de Macédoine, ce qu'avait été Scipion pour la guerre Punique. Les deux consuls, P. Sulpicius Galba et P. Villius Tappulus, qui avaient successivement précédé Flamininus en Macédoine, n'avaient rien fait d'important.

¹⁰³ *Les barrières de la Macédoine.* Sulpicius et Villius avaient bien pénétré en Macédoine par la Dassarétie; mais Flamininus craignait de perdre un temps précieux en s'enfonçant dans ce pays coupé de bois et de montagnes. D'ailleurs Philippe était campé sur les bords du fleuve Aoüs, dans ces défilés des monts Chaoniens, qui, du côté de l'occident, étaient véritablement les barrières de la Macédoine pour les Romains.

[104] *Ce fut vaincre que d'y pénétrer.* C'est une des phrases que, dans son *Essai sur le Goût*, Montesquieu, grand admirateur de Florus, cite comme des modèles. En effet, par ce peu de paroles, notre historien nous donne une idée de toute la guerre de Macédoine. Ce ne fut pas sans combat que Flamininus força les défilés de l'Aoüs : guidé par Charops, riche habitant de l'Épire, il tourna les Macédoniens qui, bien que surpris, se défendirent assez long-temps pour laisser deux mille des leurs sur le champ de bataille. Philippe abandonna son camp aux Romains, et ici s'expliquent pour la première fois ces expressions : *exutus castris* dont il est question ci-dessus (note 100).

[105] *Près des collines nommées Cynoscéphales*, etc. Le lieu de l'action, situé non loin de Pharsale, est tout hérissé d'éminences qui présentent au loin l'apparence de *têtes de chiens*, et que pour cette raison on nomme *Cynoscéphales*. Florus se trompe en disant que ce ne fut même pas un véritable combat; la victoire fut au contraire bien disputée. Car Flamininus, au commencement de l'action, vit la bataille perdue à son aile droite par le choc terrible de la phalange; mais sans s'amuser à rétablir le combat sur ce point, il fondit sur l'aile gauche des ennemis que ses éléphans mirent en désordre. L'aile droite des deux armées triomphait ainsi chacune de son côté, lorsqu'un tribun légionnaire décida enfin le succès de la journée en faveur des Romains, en attaquant par derrière celle des deux phalanges qui jusqu'alors avait eu l'avantage. Cette milice, qui avait fait si long-temps la force des Macédoniens, fut cette fois la cause de leur défaite : ce corps, si difficile à mouvoir, n'était plus qu'incommode quand il était rompu : alors les *sarisses*, ou longues piques, qui faisaient l'arme principale des phalangistes, leur devenaient inutiles. Attaquée par derrière, la phalange ne put se retourner pour résister aux Romains; et dans cette circonstance éclata la supériorité de la légion *qu'un dieu inventa*, selon l'expression de Végèce (*voyez* Tite-Live, liv. 33, c. 3 et suiv.; Polyb., liv. 17, ch. 16).

[106] *Lui laissa son royaume.* Cette apparence de modération disposait les Grecs à recevoir la domination romaine. Il était d'ailleurs de l'intérêt des vainqueurs de ne pas détruire entièrement la puissance de Philippe, pour empêcher celle des Étoliens de prendre un trop grand accroissement (558).

[107] *Il réprima Thèbes, l'Eubée et Lacédémone*, etc. Les Béo-

tiens, au lieu de déclarer ouvertement la guerre aux Romains qu'ils soupçonnaient d'avoir fait assassiner le Béotarque Brachilla, massacrèrent les soldats isolés de Flamininus. Le proconsul vint assiéger Coronée; mais sur la médiation des Achéens et des Athéniens, il consentit à lever le siége, et à pardonner aux Béotiens, qui livrèrent les meurtriers et payèrent une amende de trente talens. On ne voit nulle part que l'Eubée ait été soumise aux armes de Flamininus, qui empêcha les commissaires romains de disposer des villes d'Orée et d'Erétrie, en faveur d'Eumène, fils d'Attale (Tite-Live, liv. 33, c. 34). Flamininus, sous le consulat d'Acilius Glabrion, fut encore auprès de ce magistrat le protecteur des Eubéens. Ce sont probablement les opérations contre l'Eubée qui signalèrent le commandement de Sulpicius, que Florus attribue à Flamininus. Quant à Nabis, affreux tyran de Lacédémone, il avait d'abord contracté avec Philippe une alliance dont Flamininus le détacha facilement; mais il prétendit conserver Argos, que le roi de Macédoine lui avait donné pour s'assurer de sa fidélité. Assiégé dans Sparte, il demanda la paix, et l'obtint malgré l'opposition des Achéens, qui, sans la rivalité de Sparte, auraient pu asservir tout le Péloponèse (556 et 560). Flamininus était proconsul depuis quatre ans, et il y a encore ici un anachronisme de notre auteur, puisque cette guerre est postérieure à la proclamation de la liberté des Grecs aux jeux Isthmiques, l'an 558.

[108] *De la liberté de ses ancêtres*. Ici Florus confond deux faits très-importans : le décret par lequel Flamininus rétablissait les villes grecques dans leur antique liberté fut publié à l'assemblée des jeux Isthmiques, l'an 558 de Rome, la même année que le peuple romain accorda la paix à Philippe; ce ne fut donc pas aux jeux Néméens, comme le dit Florus. La proclamation que publia Flamininus à ces derniers jeux ne concernait que la liberté des Argiens, et ne put avoir lieu que l'an 559, après qu'Argos eut été reprise sur Nabis. Enfin Florus se trompe encore sur l'époque des jeux Néméens; ils se célébraient, non pas tous les cinq ans, mais tous les trois ans.

VIII. Guerre de Syrie contre le roi Antiochus.

[109] *La Syrie et Antiochus éprouvèrent les armes des Romains*. Le royaume de Syrie, sous les Séleucides, s'étendait depuis l'extrémité de la Perse et de l'Arménie jusqu'aux limites des Etats de

Pergame et de Bithynie. Antiochus-le-Grand, qui monta sur le trône de Syrie l'an 223 avant J. C., employa les vingt premières années de son règne à rétablir l'ancienne domination des Séleucides dans l'Asie supérieure. Après la mort de Ptolémée Philopator, l'an 203 avant J. C., il voulut profiter de la minorité de Ptolémée Epiphane son fils, pour s'emparer des établissemens des Lagides, dans la Syrie, la Cœlésyrie et la Phénicie. Ce fut la cause de ses premiers démêlés avec les Romains; car les ministres du jeune roi d'Egypte déférèrent la tutelle au sénat de Rome. Mais la guerre de Macédoine permit à Antiochus de conserver ses usurpations, et même de les étendre en Cilicie, en Carie, en Lydie et dans les colonies grecques de l'Asie mineure.

[110] *La mer couverte de leurs vaisseaux.* Plusieurs critiques ont pensé que ces mots *Xerxem atque Darium* avaient été ajoutés par un copiste. Ce qu'il y a de certain, c'est qu'il ne peut être ici question de Darius *Codoman*, qui fut vaincu par Alexandre au sein de ses propres Etats, mais de Darius, fils d'Hystaspes, et père de Xerxès, dont les armées firent une expédition en Grèce. L'ordre chronologique entre ces deux princes est interverti.

[111] *Des alarmes de ce dieu pour l'Asie sa chère patrie.* Il s'agit ici de Cumes en Eolie : Cicéron parle de ce prodige dans son traité *de la Divination*, livre I, ch. 43.

[112] *Plus belliqueuse que la Syrie.* Ce pays, plus riche que belliqueux, n'était qu'une province du vaste empire des Séleucides. La Syrie proprement dite était bornée au nord par l'Asie mineure, au sud par la Judée et par l'Arabie, à l'occident par la Méditerranée, à l'orient par l'Euphrate. Les habitans de la Syrie étaient loin d'être belliqueux comme le prétend ici Florus.

[113] *Thoas, chef étolien.* Quand Flamininus proclama la liberté de la Grèce, les Etoliens ne partagèrent point l'enthousiasme général ; peut-être prévoyaient-ils les desseins à venir des Romains, peut-être regrettaient-ils seulement d'être obligés de renoncer à asservir la Grèce. Dans une assemblée tenue alors à Naupacte, chef-lieu de la confédération, le préteur Thoas les engagea à envoyer son frère Dicéarque vers Antiochus pour l'inviter à prendre les armes contre Rome. Ce prince avait déjà donné asyle à Annibal, et se préparait à la guerre; mais Thoas parvint à faire perdre au général carthaginois la confiance d'Antiochus.

[114] *Un ennemi pour le peuple romain.* Annibal s'occupait avec succès à relever Carthage de l'abaissement dans lequel elle était

tombée depuis le traité qui suivit la bataille de Zama. Mais Rome s'inquiétant de la prospérité nouvelle de sa rivale, lui ôta une partie de son territoire. Les salutaires réformes opérées par Annibal lui avaient fait beaucoup d'ennemis : on le dénonça au sénat romain comme entretenant des intelligences secrètes avec Antiochus, et cherchant à rallumer la guerre. Malgré les observations pleines de dignité présentées par Scipion l'Africain, on envoya des commissaires à Carthage pour examiner la conduite d'Annibal, qui jugea prudent de se retirer auprès d'Antiochus.

[115] *Appartenait aux Romains.* « Ils n'avaient de droit sur « l'Europe que celui du plus fort, droit aussi peu fondé que celui « qu'ils s'arrogèrent depuis sur l'Asie et sur l'Afrique » (*Note de l'abbé Paul*).

[116] *L'astre dont l'influence souleva la tempête, etc.* Métaphore de mauvais goût, qui consiste à assimiler la ville de Lysimachie à un astre qui souleva une tempête. Elle rappelle les *trois ou quatre foudres*, sous l'emblême desquelles Florus présente les différentes victoires d'Annibal (*voyez* le ch. 6).

[117] *L'île d'Eubée.* C'était une erreur répandue parmi les anciens, et professée même par Pline le naturaliste, que le détroit d'Euripe éprouve sept fois par jour et par nuit un mouvement régulier de flux et de reflux : *Septies die ac nocte reciprocantes* (liv. 11, ch. 97). Tite-Live dit positivement le contraire (liv. 28, ch. 6).

[118] *Des compagnies de jeunes vierges et de jeunes garçons.* Cette description des plaisirs d'un despote dissolu est fort expressive, et Florus semble s'y complaire ; mais avant de conduire Antiochus en Eubée, il aurait pu donner une idée de ses premières opérations. En arrivant auprès d'Antiochus, Annibal lui avait demandé dix mille hommes pour soulever Carthage, et porter la guerre en Italie, tandis que le roi de Syrie, à la tête de toutes les forces de l'Orient, subjuguerait la Grèce. Ce prince préféra se livrer aux conseils intéressés des Etoliens, qui l'appelèrent en Grèce par un décret, comme ils y avaient appelé les Romains avant la guerre de Macédoine. Mais ceux-ci avaient eu la sagesse de ne pas mettre leur confiance en de pareils alliés ; et après s'en être servi comme d'instrumens, ils s'étaient bien gardés de leur donner un accroissement de puissance. Antiochus, au contraire, se mit en quelque sorte dans leur dépendance en arrivant en Grèce avec des forces insuffisantes. Il n'avait avec lui que dix mille fantassins et cinq cents cavaliers. La prise de Chalcis, en Eubée, l'une des

trois forteresses appelées *les clefs de la Grèce*, ouvrit ses opérations (562), et semblait lui assurer la possession de toute l'île avec une communication facile dans l'Asie. On délibéra alors sur le plan à suivre. Annibal, appelé ultérieurement au conseil, fut d'avis de rechercher l'alliance de Philippe, et si ce prince refusait, de porter la guerre en Macédoine, pour l'empêcher d'envoyer ses troupes aux Romains. Il voulait aussi qu'Antiochus fît arriver en Grèce toutes ses forces de terre et de mer. Une partie de sa flotte, stationnée devant Corcyre, devait empêcher les Romains de passer en Grèce, tandis que le reste se porterait vers l'occident, et appellerait à la rébellion contre Rome, l'Afrique, l'Espagne, la Sicile et la Sardaigne. Ce nouveau plan fut rejeté : Antiochus porta la guerre en Thessalie; et après une campagne insignifiante, il alla passer l'hiver à Chalcis, où il épousa, à cinquante ans, la fille de Cléoptolême son hôte.

[119] *Glabrion le force à céder la terre et la mer.* Pendant qu'Antiochus se divertissait en Eubée, les Romains, après lui avoir déclaré la guerre, rassemblent une armée de vingt-deux mille hommes, que doit commander le consul Acilius Glabrion. A l'ouverture de la campagne Antiochus se porta dans l'Acarnanie, força une partie de ses habitans à entrer dans son alliance, et revint ensuite en Eubée, tandis que les Romains entraient dans la Thessalie. Philippe se déclare ouvertement pour les Romains. Les Etoliens accordent quatre mille hommes pour tout secours à Antiochus, auquel manquèrent ses renforts d'Asie. A l'approche de Glabrion, il se retira dans les gorges des Thermopyles, où il fut vaincu, grâce à un stratagème de Caton, qui, après avoir été consul, servit dans l'armée d'Acilius en qualité de tribun légionnaire. Plutarque rapporte qu'Antiochus, blessé dans l'action, s'enfuit à Chalcis, accompagné de cinq cents cavaliers (an de Rome 463). Ni Tite-Live, ni Appien ne parlent de cette blessure. Florus donne dans une exagération évidente en disant qu'Antiochus ne sut pas profiter de l'avantage du poste des Thermopyles. Ses dispositions furent excellentes ; mais elles ne tinrent pas contre l'habile stratagème de Caton.

[120] *A Polixénidas et à Annibal.* Antiochus, retiré à Ephèse, ne pensait pas que les vainqueurs viendraient le poursuivre en orient : ses courtisans l'entretenaient dans cette illusion, le seul Annibal, qui avait repris quelque crédit, s'étonnait que les Romains ne fussent pas encore arrivés A la sagesse des dispositions prises pour

leur fermer l'entrée de l'Asie, on reconnut tout le génie du vainqueur de Cannes. Après avoir fortifié Sestos, Abydos et Lysimachie, et donné à Polixénidas, exilé Rhodien, le commandement de la flotte, Antiochus envoya Annibal en Syrie pour faire équiper une flotte nouvelle. Polixénidas, en dépit d'un premier échec, lutta avec succès contre Livius, amiral romain, et contre Eumène, roi de Pergame : l'avantage parut rester à Antiochus à la fin de cette première campagne. L'année suivante, Annibal ayant été obligé de partager le commandement de sa flotte avec le courtisan Apollonius, fut battu par Æmilius Régillus, près de Sida, et prit la fuite. Le même amiral romain vainquit sur la côte d'Ionie Polixénidas, qui perdit la moitié de sa flotte.

[121] *Æmilius Régillus.* Ce général commandait la flotte romaine avec le titre de préteur, l'an de Rome 564. Il fut continué l'année suivante sous le titre de propréteur. Son triomphe naval est marqué dans les fastes capitolins, à l'année 565.

[122] *La bataille d'Éphèse vaut bien celle de Salamine.* Tite-Live (l. 37, c. 59), observe que cette guerre eut plus de célébrité que d'importance. Livius avait livré un combat à Polixénidas près de Coryce, et Æmilius vainquit ce même général l'année suivante, près de Myonnèse, dans le voisinage d'Éphèse. Il n'y a donc pas eu de bataille d'Éphèse, à proprement parler.

[123] *En qualité de lieutenant.* Si le sénat avait consenti à donner le département de la guerre d'Asie à Lucius Scipion, c'était dans l'espoir que son illustre frère serait moins son lieutenant que son guide (an de R. 564).

[124] *Près du fleuve Méandre et du mont Sipyle.* Florus veut ici parler de la bataille de Magnésie. Mais il confond la ville située sur l'Hyus, près du mont Sipyle, avec celle du même nom qui est située sur le Méandre. Scipion l'Africain était absent quand Lucius livra ce combat, où Antiochus commandait en personne, et lui disputa vivement la victoire, qui valut au frère de l'Africain le surnom d'*Asiatique* (an de R. 565)

[125] *Une plus faible résistance.* Par le traité fait avec les Romains, Antiochus abandonna l'Asie jusqu'au mont Taurus, livra tous ses éléphans, paya quinze mille talens aux Romains, et quatre cent soixante-dix-sept à Eumène, auquel les vainqueurs donnèrent une partie des pays cédés par le traité. C'était placer près d'Antiochus un rival intéressé à comprimer chez lui tout mouvement d'ambition. On devait aussi remettre aux Romains Annibal,

SUR LE LIVRE II.   491

Thoas, et plusieurs autres Grecs, qui avaient excité le prince à la guerre.

IX. Guerre d'Etolie.

125 *Celle d'Etolie.* Après la défaite d'Antiochus aux Thermopyles (*voy.* la note 119), Acilius Glabrion enleva Héraclée et Naupacte aux Etoliens. Mais L. Scipion son successeur, pour n'avoir qu'un ennemi à combattre, leur accorda une trêve : ils envoient alors demander au sénat la paix que Glabrion leur avait refusée ; l'arrogance de leurs envoyés les fit éconduire. Leurs ambassadeurs revinrent pleins de soumission à la nouvelle défaite d'Antiochus : le sénat les fit chasser d'Italie ; et le consul Fulvius Nobilior entra en Étolie (565).

127 *Les murs d'Ambracie.* Fulvius déploya tout l'art des siéges dans l'attaque de cette place, que les Etoliens défendirent avec beaucoup de courage ; mais une attaque de l'armée de Macédoine, aux ordres de Persée, fils de Philippe, les força de renoncer à la défense de cette place.

128 *Nous consentîmes à l'accorder.* Les conditions furent bien dures : il fallut livrer les armes, les chevaux, abandonner toutes les villes conquises depuis le consulat de Flamininus, et s'engager à n'avoir d'amis et d'ennemis que ceux du peuple romain (an de R. 565).

129 *L'accessoire de cette guerre d'Etolie.* L'île de Céphalénie est située dans la mer Ionienne, et dépend de l'Acarnanie ; elle se soumit dès le commencement au consul Fulvius Nobilior, à l'exception de la ville de Samé, dont le siége l'occupa quatre mois. Tite-Live (liv. 38, ch. 29 et 30) raconte ces événemens en détail ; mais il parle de la prise de Zacinthe comme d'un fait d'armes du temps de la guerre de Philippe, et appartenant d'ailleurs à Flamininus, alors proconsul. Il est assez probable que dans la guerre d'Etolie toutes les îles situées entre les monts Cérauniens et le cap Malée furent de nouveau envahies par les Etoliens, ce qui mit Fulvius dans le cas de les reconquérir.

X. Guerre d'Istrie.

130 *Attaqua les peuples d'Istrie.* Il y eut dix ans d'intervalle entre la fin de la guerre d'Etolie et celle d'Istrie. De 565 à 575, Rome fut occupée à combattre les Gaulois Cisalpins et les Espa-

gnols. L'Istrie, conquise l'an 533, avait recouvré sa liberté pendant la seconde guerre Punique. On ne songeait pas à la faire rentrer sous le joug, quand le consul C. Manlius Vulso, ne trouvant pas assez de gloire à acquérir dans la Gaule Cisalpine dont le département lui était confié, porta la guerre chez les Istriens sans attendre l'ordre du sénat.

[131] *Du camp de Cnéus Manlius.* Tite-Live l'appelle *Aulus* (*voy.* liv. 41, ch. 2.

[132] *Appius Pulcher vint fondre sur eux*, etc. Ce fut Manlius lui-même qui répara l'échec qu'il avait éprouvé. Le consul Appius Pulcher, que Tite-Live appelle C. Claudius Pulcher, ne vint que l'année suivante 557 prendre le commandement de l'armée d'Etolie. Après un siége difficile, il s'empara de Nésartie, dans laquelle les principaux Istriens s'étaient réfugiés avec leur roi, qui se donna la mort pour n'être point fait prisonnier.

[133] *Apulon leur roi.* Tite-Live le nomme *Æpulon*. Des commentateurs adoptant ce dernier nom, ont pensé que les Romains l'avaient donné au roi d'Istrie à cause de sa gourmandise. Ce furent ses propres sujets qui le jetèrent mort ivre sur son cheval, et le sauvèrent ainsi du danger; il ne fut jamais prisonnier des Romains (*voyez* la note précédente). Est-il besoin de faire remarquer le mauvais goût de cette phrase : *Sic cum sanguine et spiritu male partam revomuere victoriam ?*

XI. Guerre contre les Gallo-Grecs.

[134] *On lui refusa le triomphe.* Les Fastes capitolins témoignent qu'on le lui accorda; mais on voit dans Tite-Live (liv. 38, ch. 30), que ce ne fut qu'après de longs débats. L'ordre chronologique eût exigé que Florus plaçât la guerre contre les Gallo-Grecs immédiatement après la guerre d'Antiochus.

[135] *Au centre de l'Asie.* Il faut entendre ici l'Asie mineure. Cette émigration des Gallo-Grecs eut lieu environ quatre-vingt-dix ans avant l'époque où Manlius Vulso attaqua ce peuple.

[136] *Les Tolistoboges et les Tectosages*, etc. Quelques auteurs confondent ces deux peuplades. Tite-Live y en ajoute une troisième, les Trocmiens.

XII. Seconde guerre de Macédoine.

¹³⁷ *Pour l'honneur de la Macédoine.* Florus, contre son ordinaire, présente avec impartialité les motifs qui déterminèrent un prince étranger à déclarer la guerre aux Romains. Ces motifs étaient légitimes et honorables : il faut bien le reconnaître, malgré l'odieux caractère de Persée. On sait, en effet, que, fils d'une concubine, et ne pouvant par conséquent aspirer au trône, puisqu'il avait un frère légitime de leur père commun, Persée persuada à Philippe que Démétrius entretenait des intelligences avec des Romains, et le malheureux père fit empoisonner son fils. Deux ans plus tard, Philippe reconnut son erreur, maudit la scélératesse de Persée, et mourut de douleur (575), après avoir travaillé à relever la Macédoine de son abaissement. Héritier de son trône et de ses projets, Persée employa les sept premières années de son règne à préparer une ligue où entrèrent les rois d'Illyrie, de Thrace, de Syrie et de Bithynie ; et pour endormir la vigilance des Romains, il les accablait pendant ce temps de ses soumissions les plus empressées.

¹³⁸ *Ils avaient attiré les Thraces, etc.* La Thrace avait été en partie conquise par Philippe. Tous les historiens s'accordent à reconnaître les peuples de ce pays comme très-belliqueux. Il y a un fort bel éloge de leur bravoure dans le préambule de la sixième Novelle de Justinien.

¹³⁹ *Du haut du mont Hémus.* Les anciens prétendaient que du haut de l'Hémus on pouvait embrasser d'un coup d'œil l'Adriatique à l'occident, le Danube et les Alpes au nord, et le Pont-Euxin à l'orient. Philippe, père de Persée, eut la curiosité de vérifier le fait ; il mit trois jours à gravir le mont avec tout son cortége. Il ne se vanta pas de n'avoir rien vu, mais ce fut probablement pour sauver le ridicule d'une pareille équipée, comme le dit Tite-Live (liv. 40, ch. 21 et 22).

¹⁴⁰ *A travers le marais Bistonis, etc.* Ce passage de Florus a embarrassé les commentateurs : les manuscrits portaient soit *Bistonidam paludem,* soit *Astrudem paludem.* Comme aucun écrivain ancien ne faisait mention de ce dernier nom, et que rien n'est plus connu que le marais Bistonis en Thrace, Saumaise et ses successeurs ont adopté la première leçon, sans faire attention que Marcus Philippus n'était jamais allé en Thrace pour entrer en Macé-

doine. Il est assez singulier que ces mots *Astrudem paludem* ne les aient pas conduits à adopter l'*Ascuridem paludem* dont parle Tite-Live (liv. 44, ch. 2 et 3). Le marais d'Ascuris, d'après cet historien, est situé à peu de distance d'Azore (aujourd'hui *Servitza*) et de Doliché (aujourd'hui *Doluc*), situé sur l'extrême frontière de la Thessalie et de la Macédoine. Revenons aux faits : Florus passe tout de suite à la troisième année de la guerre contre Persée ; il ne fait pas mention des engagemens peu décisifs qui eurent lieu entre Persée et P. Licinius Crassus, qui resta deux ans en Macédoine comme consul, puis proconsul, et qui, après un échec, refusa la paix qu'on lui offrait. Il ne parle pas non plus des tentatives du consul Hostilius Mancinus pour pénétrer dans la Macédoine par le col d'Elymée et la Thessalie. Mancinus eut pour successeur Q. Marcius Philippus qui, le premier, força les passages de la Macédoine par le mont Olympe et le marais Ascuris, et s'ouvrit ainsi le chemin de Dium.

¹⁴¹ *De peur que l'ennemi ne les brûlât.* L'armée de Q. Philippus engagée dans des défilés aurait pu être écrasée par l'ennemi. Le lâche Persée, au lieu d'aller combattre, ordonna à ses confidens Nicias et Andronic de brûler ses vaisseaux et de jeter ses trésors à la mer comme s'il eût été déjà vaincu. Le premier mit quelque retard, et le second beaucoup d'empressement à exécuter cet ordre. Revenu de sa frayeur, il les fit assassiner pour punir l'un de sa lenteur, l'autre de sa précipitation.

¹⁴² *Le consul Paul-Emile.* C'était le fils de Paulus Æmilius tué à la bataille de Cannes. Il avait été consul treize ans auparavant, et avait triomphé des Liguriens. Depuis cette époque, il vivait dans la retraite, et il n'accepta ce second consulat (an de Rome 585) qu'après avoir long-temps résisté aux sollicitations du peuple.

¹⁴³ *Par un autre endroit que celui qu'il semblait menacer.* De tous les passages pour entrer de Thessalie en Macédoine, Persée n'occupait plus que le défilé de Dium, au pied duquel coulait l'Énipée. La position paraissait imprenable. Paul-Emile la tourna en envoyant secrètement un détachement s'emparer de Pythium, forteresse située sur le mont Olympe et sur la frontière de Thessalie et de Macédoine. De là on pouvait descendre pour prendre en queue l'armée de Persée.

¹⁴⁴ *Vaincue en son absence.* Persée assista au commencement de la bataille de Pydna ; mais bientôt il prit la fuite et se réfugia dans Pella sa capitale. Le combat ne dura qu'une heure ; la phalange

disputa vivement la victoire aux Romains qui, repoussés plusieurs fois, finirent par triompher. On porte la perte des Macédoniens à vingt-six mille hommes, mais est-il croyable, comme le dit Tite-Live, que celle de leurs ennemis ne se soit élevée qu'à cent?

¹⁴⁵ *De l'île de Samothrace*, au nord de la mer Égée, vis-à-vis les rivages de la Thrace. Les temples des dieux ne purent protéger Persée : les païens pensaient, à l'exemple des Lacédémoniens, qu'il faut invoquer les dieux en mettant la main à l'œuvre, et que selon le précepte d'Hésiode, il faut que le laboureur fasse ses prières la main sur la charrue. Les supplications des fainéans étaient, selon eux, désagréables au ciel et renvoyées à vide.

> Sibi quisque profecto
> Est Deus : ignavis precibus fortuna repugnat.
> (Ovid. *Met.* liv. 8, v. 72.)

On se moqua de Persée, qui se laissant emporter à la frayeur, se retira fort promptement du combat sous prétexte d'aller offrir des sacrifices à Hercule, comme si Hercule était un dieu à recevoir les vœux des lâches; et l'on prétendit que la victoire n'était due qu'à Paul-Émile, qui la demanda aux dieux les armes à la main (*Voyez* Plutarque, Vie de Paul-Émile).

¹⁴⁶ *La Fortune dont l'inconstance était si grande.* Tite-Live fait tenir à peu près le même langage à Paul-Émile (liv. 45, ch. 8), qui ne reconnut que trop tôt la vérité de ses propres paroles : car il perdit deux de ses fils, l'un avant et l'autre quelques jours après cette cérémonie.

¹⁴⁷ *Et comme atterré par une catastrophe soudaine.* Persée avait prié Paul-Émile de lui épargner la honte de précéder le char triomphal. « Il y a déjà long-temps que cela est en votre pouvoir, » répondit le général romain, à qui les usages de son pays ne permettaient pas d'accorder une pareille demande. Souvent les vaincus, après avoir orné le triomphe du vainqueur étaient mis à mort. La vie de Persée fut respectée; il mourut deux ans après dans sa prison. Philippe, l'aîné de ses fils, l'avait précédé au tombeau; l'autre fut réduit à exercer la charge de greffier dans la petite ville d'Albe.

¹⁴⁸ *Et le sang dont ils étaient couverts.* Cette fable se trouve aussi rapportée par Valère Maxime (liv. 3, ch. 8). Plutarque (Vie de *Paul-Émile*) raconte que le bruit de la victoire sur Persée se

répandit tout à coup dans le théâtre pendant qu'on assistait à une course de chevaux, sans qu'on ait pu découvrir la source de cette nouvelle, que des courriers de Paul-Emile vinrent confirmer quelques jours après. Plutarque cite ensuite le trait rapporté par Florus, mais à l'occasion de la guerre des Romains contre les Latins, après l'expulsion de Tarquin-le-Superbe (*Voy.* ci-dessus liv. 1ᵉʳ, ch. 11), où Florus fait mention d'un prodige à peu près semblable.

XIII. Guerre d'Illyrie.

¹⁴⁹ *Pour les forcer à se rendre..* Tandis que Paul-Emile combattait Persée, le préteur Anicius faisait la guerre aux Illyriens. Il envoya à Rome leur roi Gentius, qui était venu se jeter à ses pieds avec sa femme et ses enfans, pendant qu'il assiégeait Scodra. De l'Illyrie, Anicius passa dans l'Épire, qui avait aussi embrassé le parti de Persée, et où soixante-dix villes furent détruites. Le sénat abolit la royauté en Illyrie comme en Macédoine, *afin que toutes les nations connussent que le but du peuple romain, en faisant la guerre, n'était pas d'asservir les peuples libres, mais de délivrer ceux qui ne l'étaient pas.* Ces deux pays furent divisés en sept provinces, quatre pour la Macédoine, et trois pour l'Illyrie. Anicius obtint les honneurs du triomphe la même année que Paul-Emile.

XIV. Troisième guerre de Macédoine.

¹⁵⁰ *C'est qu'on méprisa leurs efforts.* Cette pensée se trouve fréquemment dans les anciens. *Voyez* Quinte-Curce (liv. 6, ch. 3) et Tite-Live (liv. 21, ch. 43). Le grand Corneille l'a reproduite dans ce passage du Cid :

> Le trop de confiance attire le danger ;
> Et le même ennemi que l'on vient de détruire,
> S'il sait prendre son temps, est capable de nuire.

¹⁵¹ *Et faire la guerre aux Romains.* Florus semble croire qu'Andriscus voulait se donner pour fils de Philippe. Zonaras l'affirme positivement ; mais Tite-Live dit seulement qu'il se donnait pour le fils de Persée et d'une concubine. Il paraît que les Grecs crurent à ses assertions, tandis que les Romains le déclarèrent un vil imposteur. Livré par Démétrius Soter, près duquel il s'était

réfugié, et envoyé à Rome, on ne daigna ni le faire mourir, ni veiller à sa garde. Il lui fut donc facile de s'échapper en Thrace, où on le reconnut pour fils de Persée. Maître de la Macédoine, il voulut encore conquérir la Thessalie, où il fit de rapides progrès, quand Scipion Nasica, député sur les lieux, trouva le mal beaucoup plus grand qu'on ne le croyait à Rome. Cependant il parvint à chasser Andriscus de la Thessalie, à l'aide des Achéens et autres alliés de la république.

152 *De puissans renforts fournis par les Thraces.* Les Thraces avaient les premiers reconnu Andriscus; d'ailleurs ils ne pouvaient pardonner aux Romains la défaite et la mort de leur roi Cotys, malheureux allié de Persée, qui avait orné le triomphe d'Anicius.

153 *En la privant de sa liberté.* La Macédoine fut réduite en province romaine, et Métellus prit le surnom de *Macédonique* (An de R. 605).

XV. Troisième guerre Punique.

154 *Menacé les frontières de Massinissa.* Scipion l'Africain, en donnant la paix à Carthage, avait réglé les intérêts de cette république et ceux de Massinissa, roi de Numidie, qui, pendant cinquante ans de règne ne cessa, sous les prétextes les plus frivoles, d'attaquer les Carthaginois, et leur enleva plusieurs provinces frontières. Il était secrètement soutenu par les Romains, qui craignaient de voir leur ancienne rivale sortir de son humiliation, et qui envoyèrent pour connaître de ces différends des commissaires qui avaient mission de ne rien décider. Enfin, l'an de Rome 605, Massinissa s'arma de nouveau contre les Carthaginois. Dans une bataille générale qui eut lieu près d'Oroscope, entre les deux peuples, la perte fut énorme des deux côtés. A la fin de l'action les Numides obtinrent l'avantage. Le jeune Scipion, le même qui, cinq ans après, devait détruire Carthage, était alors en mission auprès de Massinissa. Du haut d'une colline, il fut spectateur de ce combat, dans lequel il vit plus de cent dix mille hommes aux prises les uns contre les autres. D'après ces détails, on peut juger que loin d'avoir *menacé les frontières de Massinissa*, comme le dit Florus, les Carthaginois, au contraire, avaient plusieurs fois subi cette offense: mais voilà quelle était l'impartialité des écrivains de Rome.

155 *Caton, animé d'une implacable haine contre Carthage.*

M. Porcius Caton l'*Ancien*, l'un des personnages les plus illustres de l'histoire romaine (*voyez* ci-dessus et ci-après les notes 77, 109 et 175 du liv. 2), avait été l'un des commissaires envoyés par le sénat à l'occasion des querelles de Massinissa et des Carthaginois. La haine qu'il portait à cette république s'augmenta encore pendant son voyage en Afrique en la voyant redevenue si florissante. Depuis ce temps, il ne donna jamais son avis sur une affaire, sans terminer par ces mots *delenda est Carthago*. La sagesse de ce vieux Romain est passée en proverbe; mais en lisant attentivement l'histoire de sa vie par Plutarque et les récits de Tite-Live, on est forcé de l'admirer un peu moins. Un auteur moderne nous semble l'avoir bien jugé (*Voyez* l'Histoire critique de la République Romaine, par Levesque).

[156] *Scipion Nasica.* Les dissensions qui éclatèrent à Rome presque immédiatement après la destruction de Carthage et de Numance prouvent que l'avis de Scipion était plus sage que celui de Caton. Publius Cornélius Scipio Nasica était le digne fils de ce Nasica qui, pendant la seconde guerre Punique, fut déclaré le plus honnête homme de la république : il avait accompagné Paul-Émile dans la guerre contre Persée, et avait contribué au gain de la bataille de Pydna, par l'occupation de Pythium (586). Consul pour la seconde fois l'an de R. 599, ses succès contre les Dalmates lui méritèrent le triomphe qu'il refusa.

[157] *Attaquèrent cette ville.* Vaincus par Massinissa, et prévoyant bien l'attaque des Romains, les Carthaginois crurent conjurer l'orage en condamnant à mort les auteurs de cette guerre, entre autres les généraux Carthalon et Asdrubal. Cette lâcheté leur fut tout-à-fait inutile. Deux fois le sénat renvoya leurs ambassadeurs avec des réponses énigmatiques, et les consuls Manilius et Censorinus entrèrent en Afrique, le premier avec le commandement des troupes de terre, le second avec celui de la flotte. Une double ambassade est envoyée à ces consuls et au sénat, qui, sur l'avis de Caton, repoussa l'offre que faisait Carthage de se livrer aux Romains.

[158] *Un deuil universel*, etc. En apprenant cette nouvelle, les Carthaginois se livrèrent aux derniers excès de la fureur; on massacra les sénateurs qui avaient conseillé de donner des otages, ou de livrer les armes, et même les députés qui avaient rapporté l'ordre d'aller s'établir à quatre-vingts stades (plus de trois lieues) de la mer. Ensuite on songea aux moyens de défense, et l'on choisit pour chef ce même Asdrubal que l'on avait naguère con-

damné à mort, mais sans avoir pu exécuter la sentence, parce qu'il tenait le pays avec dix mille hommes. Quand les consuls s'approchèrent de Carthage, ils étaient loin de s'attendre à être repoussés; toutes leurs machines de siége furent détruites, et une partie de leur flotte devint la proie des flammes. Cependant Censorinus retourna à Rome pour les comices, et son collègue Manilius, constamment battu, aurait infailliblement perdu l'armée romaine, sans la prudence, le courage et l'habileté du jeune Scipion Emilien, alors tribun militaire.

159 *Sous les ordres de Mancinus.* Ici Florus se trompe : L. Hostilius Mancinus ne fut consul que dans l'année qui suivit la destruction de Carthage, l'an de Rome 608. Les consuls qui succédèrent à Censorinus et à Manilius, furent Sp. Postumius Albinus Magnus, et L. Calpurnius Piso Cæsonius. Ce dernier eut Mancinus pour lieutenant, ou plutôt pour amiral sous ses ordres, et c'est ce qui a sans doute induit Florus en erreur.

160 *La citadelle nommée Byrsa.* Autre inexactitude : ce ne fut point dans la seconde année du siége que les trois enceintes de Carthage furent enlevées et que la citadelle de Byrsa resta seule à conquérir. Ces progrès furent l'ouvrage de Scipion Emilien, consul l'année suivante. Le nom de *Byrsa* vient du mot grec Βυρσα (cuir, peau), parce que Carthage fut d'abord construite sur un emplacement contenant l'espace que pouvait embrasser une peau de bœuf coupée en lanières.

> Mercatique solum, facti de nomine Byrsam,
> Taurino quantum possent circumdare tergo.
> (Virg. Æneid. liv. 1er.)

161 *Par le fils du grand Scipion l'Africain.* Le premier Africain eut deux fils : l'aîné, Cn. Cornel. Scipion, indigne du nom qu'il portait, fut exclus du sénat par les censeurs; le second, L. ou P. Cornel. Scipion fut un orateur éloquent, un citoyen vertueux, et qui, sans sa mauvaise santé, aurait pu, selon Cicéron, être une seconde lumière de Rome. Il adopta le fils de Paul-Emile, le jeune Emilien qui, après la journée de Pydna, devint l'élève de l'historien Polybe. Alors même qu'il n'était que tribun légionnaire dans l'armée du consul Manilius, il inspira tant de confiance aux ennemis comme aux alliés de Rome, que le Numide Phaméas vint se rendre à lui avec deux mille cavaliers, et que la même année (604) Massinissa mourant, le chargea de régler le partage de ses

États entre ses trois fils Micipsa, Gulassa et Manastabal. A la fin de l'année, Emilien se rendit à Rome pour briguer l'édilité, seule charge à laquelle son âge lui permît de parvenir (il n'avait que trente-sept ans); mais il fut élu tout d'une voix consul, et le peuple lui décerna par acclamation le département de l'Afrique.

162 *Carthage encore entière.* Cette comparaison de Carthage réduite aux extrémités, avec une bête aux abois, rappelle ce passage de Sénèque : *In gladiatoribus quoque conditio dura victoris est cum moriente pugnantis. Nullum magis adversarium timeas, quam qui vivere non potest, occidere potest. Concitatissima est rabies in desperatione, et morte ultima in furorem animus impellitur.*

163 *De s'échapper par cet endroit.* Scipion trouva le siége de Carthage moins avancé qu'il ne l'était à la fin de la première campagne. Les Carthaginois avaient profité de la négligence du consul Calpurnius Pison pour mettre leur ville dans un état imposant de défense. A son arrivée Scipion sauva le lieutenant du consul Mancinus, prêt à tomber avec sa flotte entre les mains de l'ennemi. Par d'utiles rigueurs il rétablit la discipline militaire. Carthage tenait au continent par un isthme par lequel elle recevait sa subsistance des campagnes voisines. Scipion s'empara d'abord de cet isthme, puis du quartier de Carthage appelé Mégare. Les habitans, au nombre de sept cent mille, se réfugient dans la citadelle Byrsa. Scipion élève en vingt-quatre jours un mur de douze pieds dans toute la largeur de l'isthme, du côté du continent, et prive ainsi les Carthaginois de toutes communications avec l'intérieur du pays ; mais ils pouvaient toujours recevoir des vivres par mer : Scipion ferma leur port par une levée en pierre. Les Carthaginois firent un travail non moins surprenant, ils creusèrent un nouveau port et construisirent une nouvelle flotte. Quelle fut la surprise des Romains, lorsque du milieu des dunes ils virent sortir cinquante galères toutes prêtes à livrer bataille ! Malheureusement pour eux les Carthaginois commirent la faute de ne point profiter de ce moment, qu'ils ne devaient plus retrouver, pour tomber sur la flotte romaine. Ils ne l'attaquèrent que trois jours après, et le résultat du combat ne fut point à leur avantage : la flotte carthaginoise fut détruite.

164 *Asdrubal était à leur tête.* C'est le même dont il est question ci-dessus (note 158). Il exerça le despotisme le plus affreux sur ses concitoyens pendant la durée du siége ; et tandis que les assiégés étaient en proie à la famine, il se faisait servir de somptueux repas.

Quand Byrsa fut prise par Scipion (la quatrième année de la guerre, et la seconde de son commandement), Asdrubal se retrancha dans le temple d'Esculape; et après s'y être défendu quelque temps, il se rendit au vainqueur.

¹⁶⁵ *Combien une femme, l'épouse de ce général.* On a critiqué le rapprochement de ces mots *fœmina* et *uxor*: des commentateurs ont même prétendu que le mot *fœmina* avait été interpolé par des copistes. Nous ne voyons pas que ce rapprochement soit si répréhensible : *Combien une femme montra plus de courage!* a voulu dire Florus, *et c'était l'épouse même de ce général.* Le mouvement nous semble tout-à-fait naturel.

XVI. Guerre d'Achaïe.

¹⁶⁶ *Critolaüs fut la cause de cette guerre.* Ce Critolaüs était préteur des Achéens ; Cicéron a dit quelque part : « *Critolaus, inquam, evertit Corinthum, Carthaginem Asdrubal; et duos illos oculos ora maritimœ effoderunt* » (*De Natura Deorum*, l. 3, c. 38).

¹⁶⁷ *Tout le long des rives de l'Alphée.* Il y a ici une double erreur : Métellus était préteur et non pas consul ; et la bataille dont il est ici question ne se donna non point en Élide, mais auprès de Scarphée, bourg de la Locride, sur la frontière de Thessalie (*voy.* Pausanias, *Achaïques*, ch. 15). Selon ce même auteur, Critolaüs disparut dans l'action sans que l'on ait connu le genre de sa mort. Cependant s'il faut en croire l'*Epitome* de Tite-Live (liv. 52), il s'empoisonna.

¹⁶⁸ *Diæus, second général des Corinthiens.* Diæus avait contribué avec Critolaüs à soulever les Achéens contre Rome. Après la victoire de Scarphée, qui fut suivie de la prise de Thèbes et de Mégare, Métellus, jaloux de terminer la guerre d'Achaïe comme il avait déjà terminé celle de Macédoine, offrit la paix à Diæus, qui refusa. Bientôt (an de Rome 607) le consul Mummius arriva, et son premier soin, dit Pausanias (*Achaïq.*, ch. 16), fut de renvoyer en Macédoine le préteur Métellus, déjà campé auprès de l'isthme. En vain Diæus fit ce qu'avait fait Miltiade avant la bataille de Marathon, en accordant la liberté aux esclaves et en leur donnant des armes ; en vain il enrôla tous les Arcadiens et les Achéens en état de servir, il n'en fut pas moins vaincu à Leucopétra, dans l'isthme de Corinthe. Après cette défaite il courut à

Mégalopolis, sa patrie, égorger sa femme, de peur qu'elle ne tombât au pouvoir de l'ennemi, et s'empoisonna lui-même.

¹⁶⁹ *Que de statues et de précieuses étoffes, etc.* Trois jours après la victoire de Leucopétra, Mummius entra sans résistance dans Corinthe qu'il mit à feu et à sang. Les hommes furent passés au fil de l'épée, les femmes et les enfans, vendus comme esclaves, les édifices et les monumens des arts ravagés et livrés au pillage. Mummius fit porter à Rome une partie des chefs-d'œuvre qui échappèrent à la fureur de ses soldats; mais il en connaissait si peu la valeur, qu'il dit à ceux qui étaient chargés de l'emballage, que s'ils perdaient quelques-uns de ces objets, il leur en ferait rendre d'autres (Velléius Paterculus, liv. 1, ch. 14). Au reste, son désintéressement égalait son ignorance : il mourut si pauvre, qu'il fallut que le sénat dotât sa fille aux dépens du trésor public.

¹⁷⁰ *Espèce d'airain d'une qualité supérieure.* Cette tradition ne paraît pas bien authentique. Depuis long-temps l'art de fondre et d'allier ensemble différentes espèces de métaux (or, argent, airain) était connu dans Corinthe, et cette ville faisait commerce de ce produit de son industrie.

XVII. Expéditions d'Espagne.

¹⁷¹ *Ni de mesurer ses forces avec les nôtres.* Telle fut constamment la maladresse des ennemis de Rome. Ils ne surent jamais s'allier à propos contre cette république si habile à profiter de leurs fautes. Tacite, dans la *vie d'Agricola,* fait le même reproche aux Bretons (ch. 12).

¹⁷² *Jusqu'à l'empereur Auguste.* Cet intervalle comprend cent quatre-vingt-dix-sept ans depuis l'an de Rome 534, que Cn. Scipion aborda en Espagne, jusqu'à l'an 738, que l'empereur Auguste termina la guerre contre diverses peuplades espagnoles.

¹⁷³ *Annon et Asdrubal, etc.* (*voyez* la note 72 de ce livre).

¹⁷⁴ *Jusqu'à Gadès et aux rivages de l'Océan* (*voyez* les notes 73, 74 et 75 de ce livre).

¹⁷⁵ *Caton, cet illustre censeur, etc.* Les Celtibériens, à la valeur desquels Florus rend ici un juste hommage, étaient sortis de la Gaule, et s'étaient établis sur les deux rives de l'Ebre, où ils occupaient une partie de ce qu'on appelle aujourd'hui l'Arragon et la Vieille-Castille. Quand les Espagnols avaient uni leurs armes à celles de Scipion, c'était pour détruire la puissance des Cartha-

ginois; mais les Romains prétendaient garder l'Espagne par droit de conquête, et la réduisirent en deux provinces (*l'ultérieure et la citérieure*), l'an 556. On envoya deux préteurs pour les gouverner; mais les habitans se révoltèrent contre la domination romaine. Sempronius Tuditanus, préteur de la citérieure, fut tué par les rebelles, que Cn. Cornélius Lentulus parvint à réprimer. Helvius Blasio parvint aussi à contenir les Espagnols dans la province ultérieure; Minucius Thermus, son successeur, leur tua douze mille hommes l'année suivante (an de Rome 558). C'est alors que M. Porcius Caton fut envoyé en Espagne, où il gagna la bataille d'Empories (qui est encore aujourd'hui, sous le nom d'Empurias, un des ports de la Catalogne). On assure qu'il soumit ensuite plus de quatre cents places à la république sans verser une goutte de sang.

176 *Gracchus..... châtia.... ce peuple*, etc. Il y eut, entre le consulat de Caton et la préture de Tibérius Sempronius Gracchus, un intervalle de seize ans, pendant lequel d'assez grands événemens militaires se passèrent en Espagne. Florus ne les a point indiqués, mais on les trouve dans toutes les histoires un peu détaillées. Tibérius Sempronius Gracchus remporta quatre victoires sur les Celtibériens. Polybe porte à trois cents le nombre de villes ou bourgades fermées dont il s'empara.

177 *Métellus.... emporta les villes de Contrébie et de Nertobrige.* Entre les exploits de Tibérius Gracchus et ceux de Métellus le *Macédonique* en Celtibérie, il s'écoula trente-sept ans. Ce ne fut en effet qu'en l'année 610, lorsque ces peuples, excités par Viriatus (*voyez* ci-après note 181), se révoltèrent contre la puissance romaine, que Métellus, vainqueur de la Macédoine et des Achéens, fut envoyé dans ce pays. On lui continua le commandement l'année suivante avec le titre de proconsul. On connaît peu les détails de cette expédition: on sait seulement que Métellus y déploya de grands talens comme général et comme administrateur. Pour être maître de la Celtibérie il ne lui restait plus à soumettre que Numance et Termantia, quand on lui envoya pour successeur Q. Pompéius Népos. Dans son dépit il accorda des congés à tous les soldats qui en désiraient, dissipa les munitions, fit brûler une partie des armes, et défendit de donner de la nourriture aux éléphans (an de Rome 612).

178 *Lucullus dompta les Turdules et les Vaccéens.* Les Turdules étaient des peuples de la Lusitanie qui habitaient les rives du Tage. Les Vaccéens occupaient une partie du royaume de Léon.

Florus commet une erreur en plaçant Lucullus après Métellus, qu'il avait au contraire précédé de neuf ans en Celtibérie.

[179] *Scipion, le second Africain, etc.* Florus paraît employer mal à propos l'expression de *dépouilles opimes ;* car Scipion n'était pas général en chef de l'armée romaine (*voyez* la note 30 du livre premier). Freinshémius dit que l'expression est prise *lato sensu*, et non pas dans son acception rigoureuse. Le récit de Florus est un peu vague; rien n'indique en effet que ce combat singulier de Scipion Émilien entre un chef espagnol ait eu lieu sous le consulat de Licinius Lucullus (l'an de Rome 602), général inhabile qui ne dut son salut qu'aux talens du jeune Scipion. Au reste, avant le départ de ce Lucullus pour l'Espagne, la jeunesse romaine refusait de s'enrôler ; mais ce même Scipion fit cesser le découragement en offrant ses services. C'était encore un trait de ressemblance avec son aïeul d'adoption, le premier Africain.

[180] *Décimus Brutus..... soumit les Celtiques, etc.* D. Brutus était consul de Rome l'an 615. Il employa plusieurs années à soumettre les peuples habitant le nord-est de la Péninsule, ce qui lui valut le surnom de *Gallæcus*, pris du plus considérable d'entre eux. — Les *Celtiques*, nation Gauloise, étaient établis à l'embouchure du Tage. — Le fleuve de l'Oubli est appellé *Limia* par Pomponius Méla, et *Léthé* par Strabon.

[181] *Contre les Lusitaniens*. La Lusitanie répond au Portugal actuel, à la partie occidentale du royaume de Léon et de l'Estramadure portugaise. Ici Florus est tout-à-fait en contradiction avec Tite-Live, qui fait agir Olondicus, ou Salondicus, chez les Celtibériens, et non chez les Lusitaniens (*voyez* liv. 43, ch. 5). C'était le préteur Julius Pennus, et non pas un consul, que Salondicus voulait assassiner, et près de la tente duquel il fut tué lui-même (an de Rome 583).

[182] *Viriatus avait relevé le courage des Lusitaniens*. L'an 599 les Lusitaniens, fatigués des vexations des préteurs romains, se révoltèrent sous la conduite d'un Carthaginois, homme hardi et entreprenant, qui, pour son coup d'essai, défit et tua le préteur Culpurnius Pison. Mummius, qui lui succéda, vaincu d'abord, fut ensuite plus heureux ; il mérita même, selon Appien, les honneurs du triomphe (an 600). Le préteur Sulpicius Galba vint après lui. Affectant pour les Lusitaniens des intentions bienveillantes, il leur offrit des terres fertiles qu'ils devaient cultiver en paix sous la protection des Romains. Cette proposition fut accep-

SUR LE LIVRE II. 505

tée, on livra même les armes ; mais aussitôt le préteur fit massacrer les trop crédules Lusitaniens : trente mille hommes périrent (602). Ce fut pour venger cette abominable trahison que Viriatus, échappé au massacre, rallia ses compatriotes, et pendant onze ans (et non pas quatorze, comme dit Florus) tint en échec la puissance romaine. Notre auteur s'est bien gardé de rappeler ce fait trop peu honorable pour le peuple romain. Il appelle Viriatus le Romulus de l'Espagne, sans doute parce qu'à l'exemple du fondateur de Rome, il devint de berger chasseur, de chasseur brigand, et de brigand général.

[183] *L'armée de Claudius Unimanus.* Viriatus, à la tête de dix mille Lusitaniens, défit successivement les préteurs C. Vétilius (604), C. Plautius (605), Claudius Unimanus (606), et C. Nigidius (608).

[184] *Le consul Fabius Maximus l'avait enfin réduit aux abois.* C'était le fils aîné de Paul-Emile, et par conséquent le frère de Scipion Emilien. Il fut prorogé dans le commandement l'année suivante.

[185] *Servilius, son successeur, qui employa la trahison.* Ici Florus omet trois années, et semble confondre deux personnages. A Fabius Æmilianus succéda le préteur Quintius, qui eut quelques succès sur Viriatus, l'an de Rome 610. Le consul Q. Fabius Servilianus, fils de Cnæus Servilius Cœpion, et qui était entré par adoption dans la famille des Fabius, prit, l'année suivante, la conduite de la guerre contre Viriatus, et conserva le commandement l'an 612 comme proconsul. Il fit la paix avec son adversaire, et il fut convenu qu'il *y aurait amitié entre le peuple Romain et Viriatus.* Ce fut le consul Q. Servilius Cœpio, frère de Fabius Servilianus, et son successeur en Espagne, qui rompit ce traité si glorieux pour les Lusitaniens, et qui fit assassiner le héros qui les commandait.

XVIII. Guerre de Numance.

[186] *Au bord du fleuve Duérius.* Cette ville, dont on voit encore les ruines dans la Vieille-Castille, non loin de Soria, était la capitale du pays des Arvaques ; mais elle n'était pas située sur le Duérius (*le Douro*). Elle ne put pas résister pendant quatorze ans aux Romains, puisque la guerre de Numance ne dura que dix ans. *Voyez* Appien, qui en cela se trouve d'accord avec les fastes consulaires.

[187] *Aux habitans de Ségida.* Ville voisine de Numance. Quelques éditions portent *Sagulenses;* mais il est certain qu'il faut *Segidenses*. Strabon, liv. 3, p. 162, et Stéphanus, *de Urbibus*, font mention de cette ville, qui pourrait bien être la même que Ségovie (Castille-Vieille).

[188] *Présentèrent la bataille à Pompéius*. Nous avons déjà dit (*voir* la note 177) que le consul Q. Pompéius Népos, en venant succéder à Métellus le Macédonique, n'avait plus que Numance et Termantia à soumettre. Bientôt les Numantins consentirent à la paix; mais ce traité fut de bien courte durée, parce que le consul exigea qu'ils livrassent leurs armes. Vainement il remit le siége devant Numance, il fut presque aussitôt forcé de le lever, et ne fut pas plus heureux devant Termantia, d'où il se jeta sur Lapica, dont il se rendit maître malgré des secours envoyés par les Numantins. Encouragé par ce succès, il reporte le siége devant Numance; mais aussi inutilement qu'auparavant. La paix est signée encore une fois; car les assiégés craignaient d'avoir l'année suivante un général plus redoutable à combattre. Mais quand Pompéius remit le commandement à Popilius Lænas, son successeur, il eut la bassesse de nier le traité. Popilius en référa au sénat, qui eut la lâcheté de se rendre le complice de Pompéius : la guerre recommença; mais comme Popilius se mit tard en campagne (614), il ne fit que dévaster les environs de Numance.

[189] *En livrant Mancinus aux Numantins*. Les Numantins avaient appris à se défier des Romains; ils demandèrent que Tibérius Sempronius Gracchus, questeur du consul, fût garant du traité fait avec Mancinus : c'était faire l'éloge le plus complet de la probité de ce jeune plébéien. Le sénat n'en désavoua pas moins le traité, qui était humiliant, il est vrai, mais nécessaire, et livra le consul aux Numantins. Gracchus aurait éprouvé le même sort si le peuple ne s'y était pas opposé. Les Numantins renvoyèrent libre Mancinus, qui n'était pas complice de la déloyauté du sénat (617 an de Rome).

[190] *Liqueur appelée célia, etc.* C'était une espèce de bière. Pline le naturaliste en parle au liv. 14, ch. 22. Tacite, *de morib. German*, dit que la boisson de ces peuples est une liqueur faite d'orge ou de blé fermenté, dont ils composent une sorte de vin (ch. 23).

[191] *Pour soutenir leur existence*. Nous avons donné la paraphrase plutôt que la traduction de ces trois mots *aliquantisper*

inde vixere; peut-être est-il impossible de faire autrement. Le même fait est rapporté par Appien, et par Valère Maxime, liv. 7, ch. 6.

¹⁹² *Rome ne triompha que du nom de cette héroïque cité.* Numance fut détruite l'an 620 de Rome. On en distinguait encore les ruines il y a deux siècles. Florus exagère ici quand il dit que pas un seul Numantin n'accompagna le char triomphal de Scipion : il y en eut cinquante, et un plus grand nombre de Numantins furent vendus comme esclaves (Appien).

¹⁹³ *Si le siècle qui nous reste à parcourir.* L'espace que va parcourir Florus comprend cinquante-cinq ans, de l'an 620 à 675 de Rome (*voyez* les notes du prologue du premier livre).

LIVRE TROISIÈME.

I. Guerre d'Asie.

¹ *Le royaume de Pergame avait été compris dans les biens de ce prince.* « Il est probable, dit Freinshémius, qu'Attale n'avait eu
« en vue dans ce legs que ses biens personnels. Les royaumes ne
« sont pas tellement la propriété des rois, qu'ils puissent les trans-
« mettre à des étrangers sans le consentement du peuple. » Ce fut l'insensé Attale III, neveu d'Eumène II, qui fit en faveur des Romains ce célèbre testament que Mithridate prétendait être supposé. *Attalicis conditionibus* (Hor., ode 1, liv. 1). Le sénat de Rome n'était que trop coupable d'un pareil délit.

² *Aristonic, prince du sang royal.* Il était fils naturel d'Eumène II, qui l'avait eu d'une courtisane d'Ephèse.

³ *Myndos, Samos et Colophon.* — *Myndos,* ville de Carie. — *Samos,* île de la mer Egée. — *Colophon,* ville d'Ionie, un peu au nord d'Ephèse.

⁴ *Il battit le préteur Crassus.* Crassus était consul et non pas préteur. Il était en outre souverain pontife, et il fut le premier qui, étant revêtu de cette dignité, ait porté les armes hors de l'I-

talie. Riche, d'une haute naissance, orateur éloquent, profond jurisconsulte, il ne lui manquait que les talens du guerrier (an de Rome 622).

⁵ *Fait prisonnier par Perpenna.* Consul l'an de Rome 623, ce fut dans Stratonium qu'il fit Aristonic prisonnier. Il mourut à Pergame à son retour, et l'honneur d'un triomphe qu'il avait si bien mérité passa à son successeur.

⁶ *Aquilius termina cette guerre d'Asie*, *etc.* Florus trouve enfin assez de franchise pour blâmer le crime d'un général romain; mais au lieu du châtiment qu'il méritait, le consul Manius Aquilius reçut les honneurs du triomphe. Accusé dans la suite non pour ces atrocités, mais pour les concussions qu'il avait commises dans le royaume de Pergame, il obtint une absolution qui déshonora ses juges sans rétablir sa réputation. Le malheureux Aristonic fut étranglé dans sa prison après avoir orné le triomphe d'Aquilius. Le royaume de Pergame fut réduit en province romaine, sous le nom de *province d'Asie*.

II. Guerre de Jugurtha.

⁷ *Jugurtha, petit-fils de Massinissa.* Il était fils naturel de Manastabal, l'un des trois fils de Massinissa; et par conséquent Micipsa, son père adoptif, était son oncle.

⁸ *Ce numéro n'est pas marqué dans le texte.*

⁹ *Dans la personne de Scaurus.* M. Emilius Scaurus, homme d'Etat, orateur p'ein de sens et d'autorité, fut consul l'an de Rome 638, et combattit avec succès dans la Gaule Cisalpine. Florus l'accuse ici de corruption à une époque où Salluste l'absout de ce reproche. Après le meurtre d'Hiempsal, Scaurus refusa l'or qui lui fut offert de la part de Jugurtha. Bien que l'avarice fût sa passion dominante, il prit le parti, dit Salluste, de contraindre pour cette fois son inclination, craignant qu'une corruption si criante et si manifeste ne soulevât le peuple. Il embrassa la cause d'Adherbal, et suivit l'avis d'envoyer sur-le-champ une armée contre Jugurtha, pour venger le meurtre d'Hiempsal. Le sénat se contenta d'envoyer des commissaires qui, ayant pour chef Opimius, se laissèrent corrompre. Cependant Jugurtha prit les armes contre Adherbal, et le tint assiégé dans Cirta. Rome envoya de nouveaux commissaires en Afrique : à leur tête était Scaurus; mais, après plusieurs conférences avec Jugurtha, ils revinrent à Rome

sans avoir délivré Adherbal, que Jugurtha fit assassiner aussitôt après leur départ. Quelque suspecte que paraisse cette conduite, Salluste ne dit pas que dans cette mission Scaurus se soit encore montré accessible aux présens du roi numide.

¹⁰ *Le consul Calpurnius Bestia fut envoyé le premier en Numidie.* An de Rome 642. Le meurtre d'Adherbal souleva le peuple romain d'indignation ; le sénat pour le satisfaire envoya ce Calpurnius contre Jugurtha. Scaurus était son lieutenant. D'abord tous deux poussèrent vigoureusement la guerre ; mais le Numide parvint bientôt à gagner, à force d'argent, le consul et Scaurus lui-même, qui jusqu'alors avait résisté à la corruption. Mais cette fois, dit le président de Brosse, qui a paraphrasé plutôt que traduit Salluste, *la somme fut si forte qu'elle l'emporta.*

¹¹ *Cette armée qui s'était d'abord vendue à lui.* Le consul Spurius Postumius Albinus avait pour lieutenant son frère Aulus. Postumius, soit incapacité, soit corruption, laissa échapper Jugurtha, qui fuyait devant lui. Aulus, en l'absence de son frère, qui était allé à Rome pour tenir les comices (an de Rome 543), se laissa vaincre par Jugurtha, et fut obligé de passer sous le joug avec toutes ses troupes. Le peuple romain désavoua le traité.

¹² *Alors Métellus paraît.* Q. Cæcilius Métellus, consul l'an de Rome 544, mérita le surnom de *Numidique.* Jugurtha avait vainement essayé de le corrompre à Rome.

¹³ *Une tentative inutile sur Zama, etc.* Avant le siége de Zama, il y eut la prise de Vacca, la ville la plus commerçante de toute la Numidie, et la victoire de Muthul, qui força Jugurtha de fuir devant Métellus. Ce prince n'en fit pas moins lever le siége de Zama. Mais entre la levée de ce siége et celui de Thala, il se passa des événemens importans. Ainsi, à l'instigation de Bomilcar, son confident, soudoyé par Métellus, Jugurtha se mit à la discrétion des Romains ; il livra ses trésors, ses armes, ses chevaux, ses éléphans. Alors le consul lui signifia de venir recevoir ses derniers ordres à Tisidium. Jugurtha reconnut tout ce qu'il avait à craindre, et, dénué de tous les moyens de soutenir la guerre, il reprit les armes. Métellus, continué dans son commandement en qualité de proconsul, détruisit de fond en comble Vacca, dont Jugurtha s'était remis en possession, mit en fuite son armée, et le poursuivit à travers un désert de quinze lieues jusque dans l'opulente ville de Thala, dont il se rendit maître après quarante jours de siége.

¹⁴ *Chez les Maures et dans la Gétulie.* La Mauritanie répondait

aux royaumes d'Alger, de Fez et de Maroc. Les Gétules occupaient toute la chaîne du mont Atlas. Jugurtha sut intéresser à sa cause, et former à une grossière discipline les Gétules ; il obtint également des secours de son beau-père Bocchus, roi de Mauritanie.

[15] *En admettant..... les prolétaires à s'enrôler.* On appelait *Capite censos* les gens qui n'étaient soumis à d'autre taxe qu'à la capitation. Leur admission dans l'armée fut un coup funeste porté à la constitution de l'Etat, « fondée, dit Montesquieu, sur ce « principe que ceux-là devaient être soldats, qui avaient assez de « bien pour répondre de leur conduite à la république. » (*Voyez* la note 67 du 1er livre.)

[16] *Pour pénétrer dans Mulucha.* Ce fut avec le plus cruel dépit que Métellus se vit supplanté par Marius, dont il avait été jusqu'alors le protecteur : à son approche il laissa son armée aux ordres de Rutilius son lieutenant. Métellus, malgré l'injustice dont il venait d'être la victime, n'en obtint pas moins, à son retour à Rome, les honneurs du triomphe, avec le surnom de *Numidique*. Capsa, la première ville que prit Marius, passait pour avoir été fondée par l'Hercule phénicien. Mulucha était située dans la Mauritanie, sur le fleuve de ce nom.

[17] *Et sur Bocchus, roi de Mauritanie.* Il y eut là deux batailles, à trois jours d'intervalle, et dans toutes deux Marius dut en grande partie l'avantage aux talens de Sylla son questeur (an de R. 647).

[18] *Remis entre les mains de Sylla.* Après la défaite de Cirta, Bocchus fit prier Marius de lui envoyer deux hommes sûrs avec lesquels il pût conférer de la paix : Aulus Manlius et Sylla furent chargés de cette mission. Ce dernier, quoique le plus jeune, sut bientôt, par son éloquence et son adresse, s'emparer du premier rôle. Il insinua à Bocchus de livrer le Numide aux Romains. Après de longues négociations avec le sénat et avec Marius, le roi maure écrivit au proconsul de lui envoyer son questeur pour régler leurs communs intérêts ; mais des scrupules lui étant survenus, il hésita long-temps s'il livrerait Jugurtha aux Romains, ou bien Sylla à Jugurtha. A la fin, le premier parti l'emporta, et Sylla conduisit le Numide au camp de Marius, qui se vit à son tour privé par son lieutenant de la gloire de terminer la guerre de Numidie.

[19] *Un sûr garant qu'elle ne périra jamais.* Gruter a soutenu que cette dernière phrase, qui contient une pensée assez alambiquée, n'était pas de Florus, et le commentateur Peyrarède a dit dans le même sens : *Pannus assuetus huic purpuræ.*

III. Guerre des Allobroges.

²⁰ *Repond à la rigueur du climat.* Cette observation sur les rapports qui existent entre les climats et le caractère des peuples, mérite de fixer l'attention du philosophe. Hippocrate l'a développée dans son traité *des Airs et des Eaux*; Montesquieu dans l'*Esprit des Lois*; Pline le naturaliste a dit : *Gentes septentrionales e cœli rigore truces* (liv. II, ch. 80).

²¹ *Les Salyens...... Marseille s'était plainte de leurs incursions.* Les Salyens habitaient au sud-est de la Provence. Marseille, colonie grecque, avait été fondée par des Phocéens sous le règne de Tarquin l'ancien, avec lequel elle avait fait alliance. Le consul Fulvius Flaccus, chargé de cette guerre contre les Salyens (an de Rome 628), les vainquit ainsi que leurs alliés les Vocontiens (habitant le midi du Dauphiné) et les Liguriens.

²² *Les Allobroges, les Arverniens, etc.* Les Allobroges habitaient le Dauphiné et la Savoie. Les Arverniens peuplaient l'Auvergne; les Éduens occupaient le territoire d'Autun, de Nevers et de Mâcon. Après Fulvius Flaccus, le consul Sextius, qui fonda Aix en Provence (*Aquæ sextiæ*), porta le dernier coup à la nation des Salyens (an de Rome 630); mais l'année suivante, les Allobroges et les Arverniens demandèrent le rétablissement de Teutomale, roi de ce peuple. Les Éduens intervinrent dans cette guerre comme amis des Romains et comme ennemis des Allobroges.

²³ *Le Var, l'Isère, la Sorgue et le Rhône, etc.* En voulant grouper les faits, l'auteur les confond. Le proconsul Domitius Ænobarbus battit les Allobroges au confluent de la Sorgue, un peu au-dessus d'Avignon (an de Rome 632). La même année, le consul Fabius Maximus défit encore ces peuples au confluent du Rhône et de l'Isère. Cent vingt mille Gaulois périrent, dit-on, dans cette journée.

²⁴ *Domitius Ænobarbus et Fabius Maximus.* Domitius fut le premier qui donna cet exemple chez les Romains, Fabius ne fit que l'imiter. Strabon (liv. IV) fait mention du trophée qui fut élevé par celui-ci au confluent de l'Isère et du Rhône, sur le mont Cemmenus. Fabius fut surnommé *Allobrogique*. (*Voyez*, au sujet des victoires de Domitius et de Fabius, une dissertation savante de M. le marquis de Fortia d'Urban, *Art de vérifier les Dates*, tom. IV.)

IV. Guerre des Cimbres, des Teutons et des Tigurins.

²⁵ *L'Océan inonder leurs terres.* Tradition ridicule admise par Florus. Les Cimbres sortaient du Jutland et des contrées voisines de cette péninsule. Les Teutons habitaient la partie septentrionale de l'Allemagne, selon l'opinion de Strabon; mais, d'après une tradition rapportée par Plutarque, les Cimbres, répandus depuis les Palus Méotides jusqu'à la mer Baltique, s'avançant peu à peu d'orient en occident, arrivèrent enfin au pied des Alpes. Les Tigurins étaient une nation helvétique qui n'eut jamais rien de commun avec l'Océan. Ce peuple vint se joindre aux Cimbres et aux Teutons pour s'associer à leurs conquêtes. Florus dit une ligne plus bas que ces barbares furent « repoussés des extrémités de la Gaule. » Autre inexactitude; il a voulu dire sans doute la Germanie.

²⁶ *Au camp de Silanus.* Il y a ici interversion des faits. Ce ne fut pas après avoir été repoussés de la Gaule et de l'Espagne, que les Cimbres et les Teutons vinrent demander des terres aux Romains. Sur le refus qu'ils éprouvèrent, ils vainquirent successivement cinq consuls, et semblaient menacer l'Italie et Rome, lorsque, par des motifs qui sont demeurés inconnus, ils se dirigèrent vers les Pyrénées. Après avoir dévasté tout le pays, depuis le Rhône, ils entrèrent en Espagne, et laissèrent ainsi les Romains préparer les moyens de les détruire.

²⁷ *Silanus d'abord, puis Manlius, etc.* Il y a ici deux erreurs qu'il faut peut-être attribuer aux copistes; le consul que l'on désigne ici sous le nom de Manlius s'appelait Cn. Mallius Maximus; et Quintus Servilius Cœpion, d'abord consul dans la Gaule narbonnaise, venait d'être nommé proconsul quand Mallius fut appelé à partager avec lui le commandement; enfin, après Silanus, Florus omet le consul M. Aurélius Scaurus, et son successeur Lucius Cassius Longinus, qui précédèrent Cœpion, et qui tous deux avaient été vaincus par les barbares.

²⁸ *Si la fortune n'eût fait naître Marius, etc.* Cette journée d'Orange, où furent vaincus Servilius et Mallius, et où périrent quatre-vingt-dix mille Romains, rappelait la funeste bataille de Cannes. Mais les barbares ne surent pas profiter de leur victoire : la consternation était dans Rome. Marius, quoique absent pour la guerre de Numidie, fut désigné consul pour la seconde fois, un an seu-

lement après son premier consulat : c'était une double infraction aux lois. Il partit pour la Gaule ; mais au lieu d'aller poursuivre les barbares en Espagne, il les attendit, et passa ainsi deux ans à former ses troupes à la discipline, et les assujétit à de rudes travaux : il leur fit creuser, par exemple, un canal dérivé du Rhône, appelé *Fossa Mariana.*

[29] *Le temps de se ralentir.* Repoussés de l'Espagne par le préteur M. Fulvius et par les Celtibériens, les Cimbres vinrent rejoindre les Teutons dans la Gaule. A cette nouvelle, Marius est élevé à un quatrième consulat (an de Rome 651). Bientôt les barbares se séparent de nouveau. Les Cimbres prennent un détour pour entrer en Italie par les Alpes orientales, vers la Carniole : les Teutons et les Ambrons dirigent leur marche vers la Ligurie; mais, pour y arriver, il leur fallait passer à la vue du camp de Marius : ils mirent six jours à défiler. C'est alors qu'ils défièrent les Romains au combat.

[30] *Ils se divisèrent en trois corps, et s'avançaient,* etc. Florus confond l'époque où les barbares divisèrent leurs forces; nous avons essayé d'établir clairement et distinctement les faits dans la note précédente.

[31] *Il rencontra d'abord les Teutons,* etc. Ce fut avec les Ambrons, qui marchaient avec les Teutons, que Marius livra le premier combat ; pendant ce temps les Teutons étaient occupés à se baigner dans la petite rivière d'Arcq, sur les bords de laquelle ils étaient campés, à un quart de lieue de la ville d'Aix, à laquelle le consul Sextius avait donné son nom, l'an de Rome 630 (*voy.* la note 22 de ce livre).

[32] *Pour sauter de l'un sur l'autre.* Tout ce qui est relatif au roi Teutobochus se rapporte au second, et non au premier combat livré par Marius aux Teutons. On peut voir, d'après ces détails, combien ces barbares étaient des ennemis difficiles à vaincre. « En 1613 on découvrit dans le Dauphiné, entre les villes de Mont-« Rigaud, de Serre et de Saint-Antoine, environ à dix-sept ou « dix-huit pieds en terre, une tombe de brique, longue de trente « pieds, large de douze, haute de huit, sur laquelle était une « pierre fort dure, ressemblant à du marbre gris, avec cette in-« scription en lettres romaines, THEUTOBOCUS REX. Dans cette « tombe étaient des os d'une grandeur énorme, avec des médailles « d'argent. Cette découverte donna lieu à une très-vive dispute « entre plusieurs des plus célèbres médecins et chirurgiens de

« Paris (*voyez* l'ouvrage intitulé *Recherches sur l'origine et les*
« *progrès de la chirurgie française*). » (*Note de l'abbé Paul.*)

³³ *Qu'ils veulent traverser l'Athésis.* L'*Athésis* (l'Adige), rivière
de l'Italie septentrionale, se jette dans le Pô. Le consul Lutatius
Catulus était chargé de garder les passages des Alpes de ce côté :
il fit de sages dispositions; mais à la vue des barbares ses troupes
furent si effrayées, qu'il fallut repasser le Pô.

³⁴ *Le danger de cette ville eût été grand.* Ce fut pour attendre
les Teutons et les Ambrons, dont ils ignoraient la défaite, que les
Cimbres perdirent cette occasion de marcher sur Rome. La retraite de Catulus avait jeté la consternation dans Rome, et Marius
fut élevé à un cinquième consulat (an de R. 592).

³⁵ *Il leur assigna le lendemain.* Les Cimbres envoyèrent d'abord des ambassadeurs à Marius pour lui demander des terres
pour eux et leurs frères (les Teutons). « Que parlez-vous de vos
« frères? répondit le consul. Ne vous en mettez point en peine :
« ils ont la terre que nous leur avons donnée, et ils la garderont
« éternellement. » Il fit paraître à leurs yeux le roi des Teutons
chargé de chaînes. C'est alors que les ambassadeurs demandèrent
le jour du combat à Marius, qui, selon Plutarque, leur assigna le
troisième jour.

³⁶ *Dans le champ Raudien,* près de Verceil. Cette indication
ne se trouve que dans Florus.

³⁷ *Par le témoignage des prisonniers.* On se demande comment Marius put choisir un jour tout à la fois nébuleux et éclairé
par un soleil ardent? Quelles qu'aient été les dispositions de ce consul, elles ne furent pas heureuses. Le vent ayant élevé des nuages
de poussière, Marius s'égara dès le commencement de l'action,
et les véritables vainqueurs furent Sylla et Catulus, que Marius
voulait empêcher de prendre part à la bataille. Florus évalue à
soixante mille le nombre des Cimbres qui périrent dans cette journée, Velléius le porte à cent mille, et Plutarque à cent vingt mille,
outre soixante mille prisonniers.

³⁸ *Si contraire à nos usages.* J'ai suivi l'interprétation de mademoiselle Le Fèbvre (madame Dacier), page 96. *Cupiebant puto,
privatum aliquod sacerdotum collegium componere, nec aliis
sacerdotibus commune;* ce qui semble indiquer qu'elles désiraient
former entre elles un collège particulier de prêtresses absolument
distinct des autres, et non pas entrer dans le collège des Vestales;
demande qui, de la part d'épouses et de mères de famille, paraît

peu vraisemblable, quelque étrangères qu'on les suppose à la connaissance des institutions religieuses des Romains. Quoi qu'il en soit, la demande était inadmissible : *Quippe et hostes et barbari.*

39 *S'était posté sur les Alpes Noriques.* Florus est le seul historien qui parle de ce troisième corps de Tigurins, mais nous n'avons aucun motif de récuser son témoignage.

40 *Succombaient sur le champ de bataille.* Florus est encore le seul qui rapporte cette fable : c'est ainsi que pour donner place à tous ces contes merveilleux, il néglige souvent les traits essentiels de l'histoire.

V. Guerre des Thraces.

41 *La Thessalie et la Dalmatie.* La Thessalie n'était pas frontière de la Thrace, mais bien la Macédoine, depuis que Philippe, père d'Alexandre, avait conquis tout le littoral de l'ancienne Thrace sur la mer Egée.

42 *Le fruit qu'elles portaient.* Parmi les cruautés que Florus reproche aux Thraces, il en est une à laquelle les Romains ne furent pas étrangers. Si l'on en croit Tertullien, même de son temps, on immolait dans Rome des victimes humaines à Jupiter, *et Latio in hodiernum Jovi media in urbe humanus sanguis ingustatur.*

43 *Les Scordisques*, peuple gaulois d'origine, établi sur les confins de la Thrace, au confluent de la Save et du Danube.

44 *L'armée que Caton conduisit contre eux.* C. Porcius Caton, consul l'an de Rome 639, était petit-fils de Caton le Censeur : il échappa seul du combat.

45 *Didius ayant trouvé,* etc. Il était préteur d'Illyrie dans cette même année 639.

46 *Drusus.... leur ferma le passage du Danube.* Florus omet ici Caïus Cæcilius Métellus Caprarius, qui, chargé du département de la Macédoine (l'an de Rome 640), eut de grands succès sur les Scordisques. Marcus Livius Drusus fut nommé consul l'année suivante.

47 *Minucius désola leur pays tout le long de l'Hébrus.* M. Minucius Rufus fut consul l'an de Rome 643. Les Fastes de Sigonius portent qu'il triompha des Daces, des Triballes et des Scordisques. *Hébrus*, fleuve de Thrace, aujourd'hui Mariza.

48 *Pison franchit le Rhodope et le Caucase.* « Quel est ce Pison, demandent les savans? « Quelques-uns pensent que c'est celui qui vainquit les Thraces sous Auguste, et dont il est fait mention dans

Dion Cassius (an de Rome 624); mais la chronologie rend cette opinion improbable. Je pencherais plutôt à croire qu'il s'agit ici du Pison contre lequel Cicéron prononça un discours. Cet orateur lui reproche d'avoir pris le titre d'*Imperator*, pour une victoire remportée par ses lieutenans, tandis qu'il était loin du danger. (*Orat. in Pis.* ch. 25). Julius Obséquens, ch. 103, après avoir parlé des prodiges qui marquèrent l'année du consulat de Pison, ajoute : « *Les Thraces vaincus en Macédoine.* » (note de Freinshémius). L. Calpurnius Pison fut consul l'an de Rome 694. — Le Rhodope est une montagne de Thrace. Le Caucase une chaîne de montagnes dans la Colchide, entre le Pont-Euxin et la mer Caspienne. Florus a commis ici une faute de géographie bien grave.

⁴⁹ *Curion s'avança jusqu'aux frontières de la Dace.* C. Scribonius Curio fut consul l'an de Rome 677. Proconsul l'année suivante, il subjugua les Dardaniens, peuplade belliqueuse qui depuis longtemps désolait la Macédoine : il conquit la Mœsie, et pénétra jusqu'au Danube. Salluste, dans deux fragmens de son histoire, parle des exploits de Curion; et Cicéron, dans le discours cité dans la note précédente, rappelle qu'il obtint les honneurs du triomphe.

⁵⁰ *Appius pénétra chez les Sarmates.* Il y a ici interversion; car le consulat d'Appius Claudius Pulcher, qui est de l'année 674, précéda de trois ans celui de Curion. Proconsul l'année suivante, Appius livra quelques petits combats contre les diverses peuplades qui habitaient la chaîne du Rhodope (*voyez* Eutrope, liv. 6, ch. 3). Cela paraît plus vraisemblable que de le faire aller en Sarmatie. Appius étant mort de maladie dans sa province, fut remplacé par Curion (Eutrope, *ibid.*).

⁵¹ *Lucullus jusqu'au Tanaïs et aux Palus-Méotides, etc.* M. Licinius Varro Lucullus, frère du fameux Lucullus, portait aussi le nom de Térentianus, parce qu'il avait été adopté par un Térentius. Consul l'an de Rome 680, il commanda deux ans en Macédoine : le premier, il fit la guerre aux Besses, peuples féroces de la basse Mœsie, et les défit entièrement sur le mont Hémus. Eutrope, qui entre dans des détails très-précis sur les exploits de ce consul, ne le fait pas aller au-delà de l'embouchure du Danube, *usque ad Danubium penetravit*: son triomphe appartient à l'an 682.

⁵² *De survivre à leur supplice.* Le droit de la guerre chez les les anciens autorisait ces cruautés atroces. Scipion Emilien et Fabius Æmilianus avaient traité de même les prisonniers espagnols.

VI. Guerre de Mithridate.

⁵³ *Æétas est le plus ancien des rois de ces contrées.* C'était le père de Médée, si célèbre par ses amours avec Jason, chef des Argonautes.

⁵⁴ *Artabaze issu d'un des sept Perses.* Sept seigneurs persans, du nombre desquels était Darius, fils d'Hystaspes, s'étaient réunis pour renverser du trône le mage Propasta qui l'avait usurpé en se donnant pour Smerdis, frère de Cambyse (av. J.-C. 525; an de Rome 229). *Voyez* Justin, liv. 1ᵉʳ, ch. 9.

⁵⁵ *La gloire de tous ses prédécesseurs.* Vir neque silendus neque dicendus sine cura; bello acerrimus, virtute eximius, aliquando fortuna semper animo maximus, consiliis dux, miles manu, odio in Romanos Annibal (Vell. Paterculus, liv. 2, ch. 14, p. 191). « De tous les rois que les Romains attaquèrent, Mithridate seul se défendit avec courage, et les mit en péril. » (Montesq. *Décad. des Romains*, ch. 7).

⁵⁶ *Nicomède, roi de Bithynie, entreprenait sur ses frontières;* petit-fils de Prussias, et fils de Nicomède II. Il monta sur le trône l'an 90 avant J.-C. (664 de Rome), à la mort de son père, et en fut chassé par son frère Socrate, assisté de Mithridate. Il alla se plaindre à Rome, où il trouva Ariobarzane, roi de Cappadoce, que Tigrane, roi d'Arménie et gendre de Mithridate, avait également chassé de ses États. Le sénat, sur les plaintes de Nicomède et d'Ariobarzane, nomma trois commissaires, Man. Aquilius, Manlius Mattinus et Q. Oppius, qui les remirent sur le trône, et les invitèrent secrètement à s'armer contre Mithridate. Nicomède accueillit cette insinuation, et c'est ce qui donna lieu au roi de Pont de se plaindre de la violation de ses frontières. Ici Florus donne mal à propos le titre de préteur à Lucius Cassius, qui était proconsul de la province de Pergame.

⁵⁷ *Les Romains fatigués et occupés d'autres soins.* Florus abuse un peu de cette image de la guerre qui vient, comme une tempête, fondre sur les Romains du haut des montagnes. Nous l'avons déjà trouvée au commencement de la seconde guerre Punique.

⁵⁸ *Le massacre de tous les citoyens romains.* Valère Maxime évalue à quatre-vingt mille le nombre des citoyens romains; Plutarque et Appien le portent à cent cinquante mille. On a vu dans la note précédente que les Romains avaient envoyé des com-

missaires pour rétablir Nicomède et Ariobarzane ; Manius Aquilius, leur chef, personnage consulaire, paya bien cher les lenteurs qu'il avait fait essuyer à Mithridate. Le roi de Pont le fit promener par toute l'Asie, monté sur un âne, tandis qu'on l'obligeait à force de coups de crier à haute voix : « Je suis Aquilius, autrefois con-« sul des Romains. » Enfin, il fut conduit à Pergame, où Mithridate lui fit verser de l'or fondu dans la bouche.

⁵⁹ *Les Cyclades, Délos.* Délos était une des Cyclades. Ce ne fut point Archélaüs ni Néoptolème qui s'empara de cette île (*voyez* la note ci-après) ; mais Ménophane, autre lieutenant de Mithridate, trouva dans cette île d'immenses richesses.

⁶⁰ *Ses lieutenans Archélaüs et Néoptolème.* C'étaient deux frères natifs de Cappadoce, et d'origine grecque comme l'indiquent leurs noms. Archélaüs défit en Paphlagonie l'armée des trois commissaires romains, combinée avec celle de Bithynie, se rendit maître de ce dernier pays, puis de la Mysie, de la Lycie et de la Pamphylie. De là passant dans la Grèce, il mit une forte garnison dans le Pirée, port d'Athènes, et fit déclarer le Péloponèse et la ville de Thèbes en faveur de Mithridate. Cependant Orchatias, fils de Mithridate, et Taxile, prince du sang pontique, pénétraient dans la Grèce par la Thrace et la Macédoine. Mithridate lui-même vint fixer sa résidence à Éphèse, où, pour complaire aux Grecs, il épousa Monime, fille de Philopemen, dont les vers de Racine ont immortalisé le nom et les malheurs. Rhodes seule était restée fidèle aux Romains, comme le dit Florus. Mithridate vint l'attaquer en personne ; mais après plusieurs batailles navales il fut obligé de renoncer à cette entreprise.

⁶¹ *Sylla, ce grand homme de guerre.* Ses exploits dans la guerre de Jugurtha, dans celle des Cimbres dont il a déjà été parlé, dans la guerre sociale et dans la guerre contre Marius, dont il est question aux chapitres 19 et 22 de ce livre, avaient mérité cet éloge à Sylla.

⁶² *L'inventrice des moissons à se nourrir de chair humaine.* Florus fait ici allusion à cette tradition mythologique, qui portait que Cérès et Triptolème avaient enseigné aux habitans de l'Attique les premiers préceptes de l'agriculture. Athènes, soumise à la tyrannie du péripatéticien Aristion, s'était déclarée pour Mithridate. Maître de la citadelle où il avait fait provision de vivres, il insultait à la misère des habitans en se livrant à la débauche la plus effrénée ; il s'enivrait fréquemment, et venait dans cet état

sur les murs, d'où il vomissait contre Sylla et Métella son épouse les propos les plus outrageans.

⁶³ *Ruine le Pirée, et renverse plus de six enceintes de murailles.* Le Pirée, l'un des trois ports d'Athènes, situé sur le golfe Saronique, en face de l'île d'Egine. Ce port était défendu par Archélaüs. Nulle part on ne trouve que le Pirée ait eu six enceintes de murailles. Plutarque nous apprend seulement que Sylla s'en rendit maître après six assauts, et qu'il y fit un épouvantable carnage.

⁶⁴ *Les deux batailles de Chéronée et d'Orchomène.* C'étaient deux villes situées dans les vastes plaines de la Béotie : la première était déjà illustrée par la victoire de Philippe sur les Athéniens. A Chéronée, Sylla, avec seize mille cinq cents hommes, vainquit l'armée ennemie commandée par Taxile, et par Archélaüs, et qui se montait à cent vingt mille combattans. Dix mille Asiatiques seulement échappèrent au carnage, et se retirèrent à Chalcis en Eubée (an de Rome 667). A Orchomène Sylla eut à combattre Dorilaüs à la tête de quatre-vingt mille hommes, auxquels se réunit Archélaüs avec les troupes échappées à la défaite de Chéronée.

⁶⁵ *La Bithynie à Nicomède, et la Cappadoce à Ariobarzane.* Pendant que Sylla faisait triompher les armes de la république, il était proscrit à Rome, lui, sa famille et ses amis, par la faction de Marius. Mithridate crut le moment favorable pour entamer des négociations : il proposait à Sylla de lui fournir des troupes et de l'argent pour aller combattre la faction de Marius, et ne demandait que de rester maître de l'Asie mineure. Sylla répondit à cette proposition en exigeant que le roi de Pont abandonnât toutes ses conquêtes, et remit soixante-dix galères qu'il possédait. Mithridate refusa de se soumettre à cette dernière condition ; il désirait en outre conserver la Paphlagonie. Les négociations étaient prêtes à se rompre, lorsque Fimbria, lieutenant de Lucius Valérius Flaccus, consul, substitué à Marius décédé, remporta des succès décisifs sur les généraux de Mithridate, passa en Asie, et fut sur le point de s'emparer de la personne du prince lui-même. Voilà des faits qui expliquent pourquoi, selon la belle expression de Florus, Sylla aima mieux précipiter qu'assurer son triomphe, *triumphare cito quam vere maluisset.* Mithridate, aux abois, demande enfin une entrevue au proconsul ; elle eut lieu à Dardanum, dans la Troade : toutes les conditions de paix proposées d'abord y furent acceptées.

⁶⁶ *Un bien légitime qu'on lui avait injustement ravi.* Réflexion

pleine de justesse et de profondeur. Les hommes ne sont que trop portés à regarder comme leur propriété le bien qu'ils ont possédé, même illégalement. Est-il besoin d'accumuler ici les preuves? Qui ne se rappelle, par exemple, que Verrès accusait Diodore, dont il n'avait pu enlever l'argenterie, de lui avoir volé ses vases (Verr., liv. 4. ch. 18)?

[67] *L'ornement des rivages de l'Asie.* Cyzique, ville de la Mysie, était située dans une île de la Propontide, maintenant jointe au continent par des atterrissemens (*voyez la note suivante*).

[68] *Les eaux du Granique et de l'Ésapus.* Le Granique, fleuve de la Mysie, qui se jette dans la Propontide, était déjà célèbre par la première victoire d'Alexandre sur les Perses.—L'Ésapus, petit fleuve qui se jette dans la même mer. Florus passe entièrement la seconde guerre contre Mithridate, qui eut lieu l'an de Rome 673. Muréna avoit été laissé en Asie par Sylla; mais comme il désirait passionnément le triomphe, il recommença la guerre, sous prétexte que Mithridate faisait des armemens considérables. Les Romains remportèrent une victoire peu décisive, et un ordre de Sylla fit cesser toute hostilité. La troisième guerre dont il est ici question s'engagea l'an 679, sous les consuls Licinius Lucullus et M. Aurélius Cotta. Le premier, quoique ami de Sylla, n'avait jamais partagé les excès : c'était un homme sage, qui cultivait les belles-lettres et la philosophie, et qui avait obtenu des succès dans la carrière des armes et dans celle de l'éloquence. Cotta, qui avait précédé Lucullus en Asie, se hâta d'agir pour avoir seul la gloire du succès; mais battu sur terre et sur mer, il se retira dans Chalcédoine, ville de Mysie sur la Propontide, où Mithridate vint l'assiéger. On conseillait à Lucullus d'entrer dans le Pont, qui était resté presque sans défense; mais il aima mieux aller secourir son collègue. Ce fut alors que Mithridate entreprit le siège de Cyzique avec plus de trois cent mille hommes; Lucullus, qui n'en avait que trente-deux mille, se contenta d'observer les mouvemens de l'ennemi; il prévoyait bien que si le siège traînait un peu en longueur Mithridate serait obligé de le lever.

[69] *Les bagages de son armée en fuite.* Florus semble donner comme la suite de la bataille du Granique un événement qui n'arriva que plus d'un an après. Continué dans le commandement comme proconsul, l'an 680, Lucullus reprit la Bithynie, à l'exception de la ville de Nicomédie, où Mithridate s'était renfermé. Il détruisit en deux combats une flotte que ce prince envoyait en

Italie pour soutenir la révolte de Spartacus. L'année suivante le proconsul mit une seconde fois le roi de Pont en fuite, près de Cabires, ville de Cappadoce, sur les bords du Lycus. Cicéron compare cette fuite de Mithridate à celle de Médée. Ce prince n'évita, dit-il, d'être fait prisonnier par les Romains qu'en laissant derrière lui un mulet chargé d'or.

70 *Pas plus heureux sur mer que sur terre.* Encore des interversions de faits. On peut voir dans la note précédente l'indication des batailles navales perdues par Mithridate. Quant à la tempête dont parle ici Florus, elle avait eu lieu avant le désastre de Cabires : la plus grande partie de la flotte du roi de Pont fut détruite; il n'échappa lui-même qu'avec peine au naufrage.

71 *Les Albaniens et les deux Arménies.* Les Romains divisaient l'Arménie en grande et en petite. Florus néglige d'indiquer une partie assez glorieuse des exploits de Lucullus, savoir : la prise d'Amisus, ville de la Paphlagonie, et celle de Tigranocerte en Arménie, qui fut précédée et suivie de la déroute des troupes de Tigrane et de Mithridate (ans de Rome 684 et 685). De là Lucullus voulait conduire ses troupes sur Artaxate, capitale de l'Arménie, située sur l'Araxe, non loin de la mer Caspienne, et porter aussi la guerre chez les Parthes, alliés de Tigrane; mais ses soldats refusèrent d'aller plus loin. Il se replia sur Nisibis, ville située sur le Tigre, qu'il prit par escalade. L'année suivante, Tigrane et Mithridate, informés des mauvaises dispositions des troupes du proconsul, rentrèrent dans leurs Etats. Mithridate remporta deux victoires sur Fabius Adrianus et sur Triarius, lieutenans de Lucullus (an de Rome 686).

72 *A Pompée, son favori.* Lucain a dit *Pompeius, fortuna, tuus.* Aucun général ne fut plus heureux que Pompée, et ne fit moins pour justifier sa fortune. Dans toutes les guerres auxquelles il prit part, il arriva toujours au moment de recueillir le fruit des victoires de ces prédécesseurs. Ses émissaires étaient dans le camp de Lucullus pour aigrir les soldats contre leur général. Ce fut Manilius, tribun du peuple, qui proposa de donner à Pompée le commandement des armées contre Mithridate et Tigrane. Cicéron soutint cette proposition (an de Rome 687).

73 *Ce qu'aucun général n'avait fait encore.* Lucullus avait déjà passé l'Euphrate en poursuivant Mithridate, lorsque celui-ci fuyait vers Tigrane. Gruter est le seul commentateur qui ait remarqué l'erreur que commet ici Florus.

⁷⁴ *En croyant charger leurs ennemis.* Plutarque rapporte cette circonstance dans la *Vie de Pompée.* Mithridate, après ce dernier échec, suivi de huit cents braves, se fit jour à travers les Romains, et se retira dans le Bosphore.

⁷⁵ *Tomber inopinément sur l'Italie.* Un roi victorieux aurait à peine osé concevoir un si hardi projet. Aussi Montesquieu dit de Mithridate : « C'était un roi magnanime, qui dans les adver- « sités, tel qu'un lion qui regarde ses blessures, n'en était que « plus indigné. » *Grandeur et Décadence des Romains.*

⁷⁶ *Par le poison.* « Trahi par Pharnace, et par une armée ef- « frayée de la grandeur de ses entreprises, et des hasards qu'il « allait chercher, il mourut en roi. » (Montesquieu, *Grandeur et Décadence des Romains.*) Ce fut à Panticapée, ville du Bosphore, que Mithridate, qui ne s'était que légèrement blessé de son épée, obtint d'un officier gaulois le funeste service de l'achever. Pompée était alors en Judée (an de Rome 690).

⁷⁷ *Tigrane, réduit à supplier son vainqueur.* Pompée laissa l'Arménie à Tigrane; mais il lui enleva, au profit des Romains, la Syrie, la Phénicie, la Cilicie et la Galatie. Cet événement eut lieu trois ans avant la mort de Mithridate, immédiatement après la victoire que Pompée remporta sur ce prince, l'an de Rome 687 (*voyez* la note 74).

⁷⁸ *Défait les peuples de la Colchide.* La Colchide, située entre le Pont-Euxin et la mer Noire, contenait trois pays, la Colchide propre (la Mengrélie), l'Ibérie (l'Imirette), et l'Albanie (le Juriel). Pompée pardonna aux Albaniens, parce que, selon Justin (liv. 42, ch. 24), les Romains croyaient que ce peuple avait avec eux une origine commune (an de Rome 688).

⁷⁹ *Ses enfans pour otages.* Appien nomme Olthacès l'Orode de Florus. Dans un combat contre les Albaniens, Pompée tua de sa propre main Cosis leur roi (même année).

⁸⁰ *Exhalent leurs parfums.* Florus semble vouloir exprimer ici la facilité des triomphes de Pompée. Damas, ville qui existait déjà du temps d'Abraham, est encore aujourd'hui la capitale de la Syrie.

⁸¹ *Les Arabes viennent lui offrir leurs services, etc.* C'est la première fois qu'il est fait mention de ce peuple dans l'histoire romaine. Pompée força un petit roi de l'Arabie Pétrée à reconnaître la domination romaine, et fit ainsi croire aux Romains qu'il avait soumis les indomptables Arabes.

⁸² *Dérobe à tous les regards.* « Florus altère ici la vérité pour

« avoir occasion de maltraiter la nation juive, regardée par les
« Romains comme un peuple également odieux et méprisable.
« Madame Dacier (*édition du Dauphin*) rapporte deux passages,
« l'un de Josephe, l'autre de Strabon, par lesquels on voit que
« cette *vigne* était un présent fait à Pompée par Aristobule. L'au-
« teur des Annales romaines (690) dit que c'était un ornement
« d'or qui représentait un jardin avec des ceps de vigne, que par
« cette raison on nommait la *vigne d'or*. Cet ornement était es-
« timé cinq cents talens, c'est-à-dire environ cinq cent mille
« écus. » (*Note de l'abbé Paul.*)

[83] *Qui renouvelait ses prétentions.* Ce malheureux prince parut même au triomphe de Pompée (*voyez* Plutarque). Cette visite de Pompée coûta aux Juifs leur indépendance. Il les rendit tributaires des Romains, défendit à Hircan leur prince de porter le diadème, et leur ôta les villes qu'ils avaient conquises en Syrie. Pompée était dans la plaine de Jéricho lorsqu'il apprit la mort de Mithridate.

[84] *Aimèrent mieux devenir nos alliés que nos ennemis.* Cette phrase a l'air d'une fanfaronade. Les désastres de Crassus et de Marc-Antoine témoignèrent assez que les Parthes étaient de redoutables ennemis. Les premières relations des Romains avec ce peuple eurent lieu lorsque Sylla était propréteur en Cilicie. Pompée, toujours circonspect, n'attaqua point ce royaume qui comprenait alors la Perse, l'Assyrie, la Médie, la Bactriane.

[85] *Des Indiens, qui ne nous connaissaient point encore.* Cette expression est aussi juste qu'elle est belle; car pour les Romains connaître un peuple c'était le subjuguer. On doit aussi, ce me semble, admirer cette phrase : *Asiam quam extremam habebat imperii provinciam* MEDIAM FECIT. Par *Asie* Florus entend la partie occidentale de l'Asie mineure.

VII. Guerre des Pirates.

[86] *Les Ciliciens.* La Cilicie, située au sud de l'Asie mineure, confinait du côté de l'orient avec la Syrie; elle renfermait trois provinces, *Trachea Cilicia, Isauria, Cilicia campestris.*

[87] *De la haine dont ce prince était l'objet.* Madame Dacier explique ainsi ce passage : *Externique regis invidia : hoc est quum invidia belli non in se, sed in exterum regem, nempe Mithridatem, caderet* (pag. 106, *edit. Delph.*).

[88] *Les parages voisins de leurs côtes.* Des éditeurs de Florus admettent *contenti*, au lieu de *non contenti*, et expliquent sans doute ainsi la pensée de l'auteur. Ces pirates, qui avaient Isaure pour chef, s'étaient d'abord contentés d'infester les rivages voisins de leurs côtes ; mais ils étendirent bientôt leurs brigandages sur les mers de Crète, de Cyrène, d'Achaïe, etc. Ce fut alors qu'on songa à les réprimer, et qu'on envoya contre eux Publius Servilius : on ne s'était pas occupé d'eux tant qu'ils avaient borné leurs pirateries aux côtes voisines. Ce sens n'offre à l'esprit rien de déraisonnable ; et nous l'adopterions volontiers si le plus grand nombre d'éditions, et surtout les plus anciennes, ne portaient pas *non contenti*, et surtout si le texte se prêtait mieux à cette distinction de deux époques. Au reste, dès la plus haute antiquité ces peuples étaient de dangereux pirates. Salluste, dans ses fragmens, parle d'insulaires Cariens, fameux par leurs brigandages, et autrefois subjugués par Minos. Les pirates de ces parages se multiplièrent pendant les guerres des successeurs d'Alexandre ; et la ruine de Carthage augmenta leur nombre d'une foule de marins sans asyle. Les rois de Chypre et d'Egypte, toujours en guerre avec les rois de Syrie, virent avec joie un royaume ennemi désolé par les pirates, et favorisèrent leur accroissement.

[89] *Les mers de Crète, de Cyrène, d'Épire, etc.* La Crète (*voy.* la note 99 ci-après). *Cyrène*, grande ville grecque qui donna son nom à la Cyrénaïque, contrée maritime de la Libye, à l'ouest de l'Egypte. — L'*Épire* contenait trois contrées, la Chaonie, la Thesprotie et la Molossie. Certaines éditions portent *Piræum*, au lieu d'*Epirum* ; mais que voudrait dire la mer *du Pirée ?* Nous avons donc adopté le mot *Epirum*, approuvé par Saumaise, parce qu'il offre le sens le plus vraisemblable. En effet, nous voyons les pirates menacer la Grèce à l'orient et à l'occident, de la mer d'Epire, descendre à la mer de Cyrène, et de la mer Achaïque qui est au nord-ouest du Péloponèse, étendre leurs brigandages jusqu'à la baie formée par le promontoire *Malée* au sud-est du Péloponèse, en face l'île de Crète. Quelques auteurs lisent *jugum*, au lieu de *sinum*, et cette version n'a rien d'insoutenable.

[90] *Phaselis, Olympe, et Isaure même, le boulevard de la Cilicie.* Muréna, laissé par Sylla en Asie, fit de vains efforts pour arrêter les pirates qui venaient braver les Romains jusqu'à l'embouchure du Tibre. Ce fut alors que P. Servilius Vatia, au sortir de son consulat, fut envoyé pour réduire ces forbans. Outre Olympe

et Phaselis, ville de Lycie, il leur enleva plusieurs places importantes dans l'île de Rhodes, se rendit maître de toute la côte, et força les passages du mont Taurus. C'est alors qu'il assiégea, prit et détruisit Isaure, défendue par Nicon, l'un des plus vaillans chefs des pirates. Un fragment de Salluste nous fait connaître toute l'importance de ce siége. Végèce et Frontin en citent des particularités pour établir les préceptes de l'art stratégique (an de Rome 675, 676 et 677).

91 *Dans leur élément habituel.* Les résultats de l'expédition de Servilius ne semblent pas répondre aux talens de ce général. Mais il faut bien faire attention que ce n'est pas là une guerre régulière que l'on puisse juger d'après les règles ordinaires. Comment ruiner tout d'un coup sur mer des ennemis presque toujours fugitifs, connaissant toutes les retraites où ils pouvaient cacher leurs frêles bâtimens, et où l'on n'aurait pu les atteindre quand même on les aurait découverts? Ce n'était qu'à la longue et en détail qu'on pouvait détruire les pirates : il n'y eut donc pas moins de gloire à commencer qu'à terminer leur défaite (*voyez Histoire de la République Romaine, par le président de Brosses*, liv. 2, ch. 40).

92 *De la guerre contre Mithridate qui lui avait été confiée.* Comme Florus fait un article à part de la guerre de Crète, qui se rattache à celle des pirates, il passe immédiatement de Servilius Isauricus à Pompée. Ce fut la loi *Gabinia*, rendue l'an de Rome 685, qui conféra à Pompée le proconsulat des mers, avec un pouvoir absolu. Mais le département de la guerre contre Mithridate ne lui fut conféré que par la loi *Manilia*, rendue deux ans après.

93 *Cœpion, sur celle d'Asie.* Jamais magistrat romain n'avait obtenu une puissance aussi exorbitante que Pompée. En vertu du décret, il devait avoir sous ses ordres seize lieutenans pris à son choix parmi les sénateurs : il pouvait puiser au trésor public telles sommes qu'il jugerait convenables, et faire à son gré des levées de soldats. Ce décret fut l'objet d'une opposition assez vive dans le sénat; Hortensius et Catulus s'en firent les principaux organes, mais il fut appuyé par Julius César et Servilius Isauricus, dont le suffrage était bien important puisqu'ils connaissaient toutes les difficultés de l'entreprise. Appien donne, à quelques changemens près, la même énumération que Florus. Voici l'une et l'autre mises en regard.

APPIEN.	FLORUS.
Tibère Néron et Manlius Torquatus dans les mers d'Espagne et du Détroit de Gadès.	Même énonciation.
M. Pomponius dans celles des Gaules et de Ligurie.	Même énonciation.
Lentulus Marcellinus et P. Attilius dans celles d'Afrique, de Sardaigne, de Corse et autres îles.	Fait deux personnages de Lentulus Marcellinus; place Lentulus dans les parages de la Libye et Marcellinus vers ceux d'Egypte; donne à P. Attilius le nom de Gratilius, et le fait croiser dans le golfe de Ligurie.
L. Gellius et Cn. Lentulus, sur les côtes d'Italie, depuis la Sicile jusqu'à l'Acarnanie.	Gellius bloque la merde Toscane. Cn. Lentulus omis.
Plotius Varus et Terentius Varro dans la mer Ionienne.	Plotius dans la mer de Sicile, Varron sur la mer Égée et la mer Pontique (erreur évidente concernant Varron). Pline lui assigne le même département qu'Appien.
L. Cinna (*lisez* Sisenna) dans le Péloponèse et toute la Grèce.	Omis.
L. Cullius dans la mer Égée et dans l'Hellespont.	Omis.
P. Pison dans la Propontide et le Bosphore.	Omis. — Met à la place Cæpio et Porcius Caton.
Métellus Népos le long des côtes de Lycie, de Chypre et de Phénicie.	Même énonciation.
Omis.	Les deux fils de Pompée sur la mer Adriatique.

[94] *Pour les pirates une porte de salut*, à cause du voisinage de Mithridate. D'ailleurs les parages du Pont-Euxin étaient encore pour les Romains des contrées nouvelles à découvrir.

[95] *Quant à Pompée, il se porta vers la Cilicie.* Il fallait cette vaste combinaison pour détruire véritablement les pirates, parce qu'ils se trouvèrent chassés sur toutes les mers connues par les lieutenans de Pompée. La plupart se rendirent, et abandonnèrent leurs îles et leurs stations aux généraux romains. Les plus opi-

niâtres allèrent cacher leurs richesses dans les gorges du mont Taurus, et vinrent ensuite se rassembler vers la côte de Cilicie : c'est là que se livra le combat naval où Pompée les défit complétement. Ceux qui s'échappèrent allèrent échouer sur la côte, et se retirèrent dans la forteresse de Coracésie.

96 *La terre de Cilicie à l'agriculture.* On trouva à Rome que Pompée avait traité ces corsaires beaucoup trop doucement. Plutarque juge sa conduite plus favorablement. « Il faisait réflexion, « dit-il, que l'homme n'est point naturellement un animal in-« domptable ni farouche ; que quand il le devient c'est par une « vie contraire à sa nature, et qu'il s'adoucit par le changement « de vie et de lieux. Il résolut d'éloigner ces corsaires de la mer, et « de leur faire goûter une vie plus douce et plus innocente, en les « accoutumant à habiter dans les villes et à cultiver les champs. » Selon le même auteur, une partie fut placée dans les petites villes de la Cilicie, alors à moitié désertes. Pompée releva pour eux la ville de Soli, récemment détruite par Tigrane. Un grand nombre fut transplanté à Dyme, ville d'Achaïe, qui manquait d'habitans, et qui possédait un territoire fertile.

97 *Terminée en quarante jours.* L'Épitomé de Tite-Live, Appien et Plutarque renferment l'expédition de Pompée dans ce même nombre de jours. Cicéron (*Pro lege Manilia*, ch. 12) le porte à quarante-neuf.

98 *Elle anéantit sans retour les pirates.* On n'eût certainement point atteint ce but si on avait laissé ces pirates sans ressource et sans asyle, au lieu d'en faire des agriculteurs qui pouvaient vivre heureux et paisibles du fruit de leur travail.

VIII. Guerre de Crète.

99 *D'une île si célèbre.* L'éducation et le séjour de Jupiter, les lois de Minos, les malheurs d'Idoménée, enfin la bravoure des habitans, et leur aptitude aux arts et à la marine, avaient mérité à cette île son antique célébrité : elle contenait cent villes, dont les principales étaient *Cydonie*, aujourd'hui *la Canée*, la plus importante de toutes, et sous les murs de laquelle Métellus, alors proconsul, remporta cette première victoire si décisive dont nous allons parler plus bas (an de Rome 685). *Cortyna*, près de laquelle était le fameux labyrinthe ; *Gnossus*, résidence de Minos, et patrie d'Epiménide.

528   COMMENTAIRE ET NOTES

[100] *Marcus Antonius*, surnommé par dérision *Creticus*, était fils de l'orateur Marcus Antonius, et père du triumvir. Il ne possédait aucun talent militaire, et n'était connu que par ses dépenses extravagantes, et par son avidité à se procurer de l'argent. Sa défaite par les pirates le fit, dit-on, mourir de chagrin.

[101] *Erythrée, etc.* Ville située sur le promontoire de ce nom (*voyez* la note 99).

[102] *Une province où il ne commandait pas.* On peut voir dans Plutarque, *Vie de Pompée*, les détails des démêlés qui eurent lieu entre Pompée et Métellus.

[103] *Le surnom de Crétique.* Les exploits de Métellus étaient bien médiocres pour lui mériter un pareil surnom ; mais alors les généraux romains, et principalement ceux de la famille Cæcilia Métella, s'arrogeaient fort légèrement cet honneur.

IX. Guerre contre les îles Baléares.

[104] *Mérita celui de Baléarique.* Signalons ici une double erreur : il y avait soixante-cinq ans qu'un Métellus avait pris le nom de *Baléarique*, avant qu'un autre membre de cette famille prît celui de *Crétique*. Ensuite ces deux Métellus n'étaient point frères. Le plus ancien, Métellus *le Baléarique*, était fils de Métellus *le Macédonique*, et Métellus *le Crétique* était fils de Métellus *le Dalmatique*, et petit-fils du *Macédonique*. Ainsi, des deux personnages dont parle ici Florus, le plus ancien était l'oncle de l'autre.

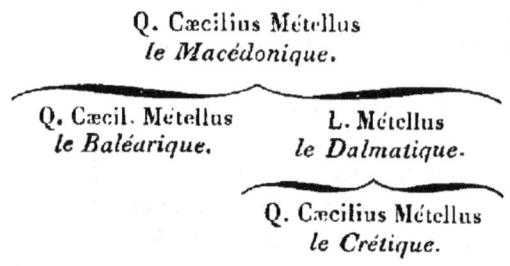

[105] *Les peuples des îles Baléares.* Les îles Baléares formaient trois îles, Minorque, Majorque et Ebuse. Cette guerre, qui eut lieu l'an de Rome 630, est bien antérieure à celle de Crète, commencée l'an de Rome 679. Q. Cæcilius Métellus l'entreprit pour se dérober aux troubles intérieurs causés par le tribun C. Gracchus, et pour effacer les exploits de Sextius son collègue, qui commandait dans

la Gaule cisalpine (*voyez* la note 22 de ce livre). Il fit un carnage épouvantable des habitans; et pour repeupler Majorque, fonda les colonies de Palma et de Pollentia.

X. Expédition de Chypre.

106 *Sur la proposition du tribun P. Clodius.* Le triumvirat était formé : César, Crassus et Pompée étaient tout puissans dans la république; mais Cicéron et Caton se montraient encore les défenseurs de la liberté. Le tribun Appius Clodius, vendu à César, fit exiler Cicéron, et donner à Caton, malgré lui, la commission de réduire l'île de Chypre en province romaine (an de Rome 895). Le sénat prétendait que Ptolémée Lathyre, roi d'Egypte, avait légué en mourant, au peuple romain, l'Egypte et l'île de Chypre. Le Ptolémée qui régnait sur cette île était, ainsi que Ptolémée Aulètes, roi d'Égypte, un fils naturel du roi testateur.

107 *Porcius Caton.* Arrière-petit-fils de Caton l'Ancien. Il ne retira de cette odieuse expédition que la gloire assez triste de rapporter fidèlement dans le trésor public les dépouilles d'un malheureux prince. Plutarque évalue à soixante-dix mille talens les richesses de Ptolémée. Le mot *liburnis*, que j'ai traduit par *brigantins*, indiquait une espèce de bâtiment léger dont les Liburnes, peuples de l'Illyrie, passaient pour les inventeurs.

XI. Guerre des Gaules.

108 *Trouva cependant un vainqueur.* Tacite, rappelant cette expédition de César dans la Grande-Bretagne, a dit qu'il l'avait plutôt *visitée que conquise.* Cette expression de Florus, *toto orbe divisa,* rappelle ce vers de Virgile :

Et penitus toto divisos orbe Britannos.

109 *Les Helvétiens, etc.* Ce peuple, duquel descendent les Suisses, était alors regardé comme faisant partie de la Gaule; mais depuis on s'est accoutumé à considérer les Helvétiens comme une portion de la grande famille germanique.

110 *Dans le bercail.* On trouve dans Justin (liv. 8, ch. 5), une comparaison analogue. Cette courte guerre de César contre les Helvétiens ouvrit sa première campagne dans les Gaules (an de Rome 695, avant J. C. 59). Le triumvirat était formé depuis deux ans, quand César apprit à Rome que les Helvétiens se disposaient

à se jeter sur la province romaine, en Gaule. Il hâte son départ, arrive à Genève, et se joue des ennemis par cette négociation dont parle Florus, jusqu'à ce qu'il ait rassemblé les troupes de la province. Il remporta sur eux deux victoires successives, l'une sur les bords de l'Arar, dans laquelle il extermina les Tigurins; l'autre près de Bibracte (Autun).

¹¹¹ *La guerre qu'il fit ensuite aux Belges, etc.* César remporta cette même année au de Rome 695, 59 avant J. C.) une victoire sur Arioviste, roi des Suèves. Florus n'en parle point ici, parce qu'il a réuni plus loin tous les faits d'armes de César contre les Germains (*voyez* note 119). Les Belges, qui habitaient depuis les bords de la Marne et de la Seine au midi, jusqu'aux rives de la Manche et du Rhin, furent excités secrètement à prendre les armes contre les Romains par les chefs de la Gaule Celtique : on appelait ainsi tout le milieu de la Gaule séparée, au midi de l'Aquitaine, par la Garonne, et de la Belgique, au nord, par la Seine et la Marne. César était dans la Gaule Celtique lorsqu'il fut informé du complot des Belges par les Rhémois, peuple de la Belgique, mais qui ne partageait pas la haine que les autres habitans de cette contrée avaient pour les Romains. César accourt aussitôt (an de Rome 696); il atteint les Belges sur les bords de l'Axona (l'Aisne), les bat complétement, et en fait un grand carnage. Florus ne mentionne pas cette première bataille, ni la soumission des Suessons, des Bellovaciens et des Ambianiens (Soissonais, Beauvoisis, Amiénois); il arrive de suite au combat contre les Nerviens (Hainaut), dont il fait assez bien connaître les principales circonstances.

¹¹² *Une guerre maritime contre les Vénètes.* Les Vénètes, peuple de l'Armorique (Bretagne), habitaient les environs de Vannes La guerre que leur fit César appartient à sa troisième campagne dans la Gaule (an 697) : ils furent vaincus, sous ses yeux, par Décimus Brutus.

¹¹³ *Les Aquitains.* Ces peuples habitaient entre la Garonne et les Pyrénées. Ils furent subjugués par P. Crassus, fils du triumvir et lieutenant de César. Les soldats voulurent montrer ce qu'ils pouvaient faire même sous un autre que César; ils vainquirent des généraux qui avaient combattu sous les ordres de Sertorius (an 697). Florus est le seul auteur qui rapporte que les Romains firent périr les Aquitains par le feu dans les grottes où ils s'étaient réfugiés.

¹¹⁴ *Les Morins.* Florus aurait dû parler aussi des Ménapiens

qui habitaient au nord de la Gaule, sur les bords du Rhin, et qui entrèrent dans la ligue des Vénètes aussi bien que les Morins (an 697, troisième campagne).

[115] *Induciomare rassemble les Trévirois.* Ce soulèvement des peuples de Trèves appartient à la cinquième campagne (799). Induciomare s'était soumis à César l'année précédente.

[116] *Ambiorix, les Eburons.* Ce sont les Liégeois; ils avaient encore un autre chef appelé Cativulcus. César était alors occupé d'une expédition bien inutile dans la Grande-Bretagne.

[117] *Par Dolabella.* Florus se trompe : Induciomare fut vaincu par Labiénus, qu'il était venu attaquer dans ses quartiers d'hiver. C'est ce même Labiénus qui embrassa depuis la cause de Pompée contre César.

[118] *Cotta et Titurius Sabinus, etc.* Arunculéius Cotta et Titurius Sabinus avaient sous leur commandement la huitième légion et cinq cohortes levées par César dans le pays des Éburons. Ambiorix ayant attaqué sans succès ces deux généraux, leur demanda une conférence ; alors il révéla une prétendue conjuration formée dans la Gaule entière contre les Romains, dont on devait assaillir à la fois tous les quartiers d'hiver. Pour lui, ami du peuple romain, il promettait de protéger la retraite des deux généraux que les Eburons l'avaient forcé de combattre. Sabinus, malgré l'avis de Cotta et de son conseil de guerre, eut la faiblesse d'ajouter foi à cette fallacieuse confidence. Ambiorix avait préparé l'embuscade dont parle Florus ; mais ce ne fut que dans une nouvelle conférence que périt le trop crédule Sabinus. Cotta trouva la mort en continuant de combattre vaillamment l'ennemi.

[119] *Arioviste,* était roi des Suèves, peuple germain dont la domination s'étendait jusque sur les bords du Rhin. Cette victoire appartient à la première campagne (*voyez* la note 111). César avait fait recevoir ce roi barbare l'année précédente dans l'alliance du peuple romain.

[120] *Postés autour des étendards.* On n'est pas d'accord sur la signification du mot *principia.* Selon Freinshémius, c'était la partie du camp dans laquelle les tribuns militaires rendaient la justice, et exerçaient leurs diverses fonctions de police et d'administration. Selon madame Dacier (édition *ad usum Delphini*), c'était l'endroit du camp où les plus vaillans soldats dressaient leurs tentes, et où l'on plantait les enseignes de l'armée. « C'était « l'usage des soldats romains de faire leur testament de vive voix

« dans des occasions périlleuses, en déclarant leurs dernières vo-
« lontés en présence de leurs camarades. Ces testamens étaient
« valides. M. de Montesquieu (*Esprit des lois*, tom. 3, liv. 27,
« p. 126) remarque qu'ils étaient différens des testamens appelés
« *militaires*, qui ne furent établis que par les constitutions des
« empereurs : il observe encore, d'après Cicéron (lib. 1, *de Ora-*
« *tore*), qu'ils n'étaient point écrits, et étaient sans formalités,
« *sine libra et tabulis.* » Florus, en employant cette expression
« *testamenta scriberentur*, paraît confondre les temps et les
« deux sortes de testamens, de vive voix et par écrit. » (*Note de
l'abbé Paul.*)

[121] *Leur plonger l'épée dans la gorge.* Cette circonstance se
trouve aussi rapportée dans les Commentaires de César (*Guerre
des Gaules*, liv. 1er, ch. 52), et dans Paul Orose. Mais Florus
tombe dans l'exagération en généralisant trop ce mouvement audacieux des soldats romains, qui s'élancèrent sur les boucliers de
leurs ennemis pour leur donner la mort. La tortue était une évo-
lution militaire que les soldats opéraient en serrant les rangs, en
élevant et joignant leurs boucliers au-dessus de leurs têtes.

[122] *Le Rhin sur un pont de bateaux.* Loin de s'adresser à César
comme à un protecteur, ainsi qu'on pourrait l'inférer de cette
phrase, *les Tenctères se plaignirent aussi des Germains*, ces
peuples passèrent, au contraire, de la Germanie dans la Gaule, pour
combattre ce général. Les Tenctères, ainsi que les Usipiens, habitaient entre le Rhin et la Lippe. Après avoir été souvent battus
par les Suèves, une des plus puissantes nations germaniques, ils
vinrent dans les Gaules pour s'y établir, et passèrent le Rhin. C'est
alors que César vint au devant d'eux et les extermina. Après
cette victoire il passa le Rhin sur un pont qu'il employa dix
jours à construire. Ce fait appartient à l'an 698 (quatrième campagne).

[123] *Au fond des bois et des marais.* César avait passé le Rhin
pour empêcher les autres nations germaniques de suivre l'exemple
des Tenctères, et de se jeter sur la Gaule. Il fallait donc leur donner
des craintes pour leur propre pays. César avait d'ailleurs à punir
les Sicambres, qui avaient accueilli les Usipiens et les Tenctères fugitifs, et qui opprimaient les Ubiens, seuls amis que Rome eût au-
delà du Rhin.

[124] *Sur un pont qu'il y fit construire.* Ce second passage du
Rhin eut lieu l'an 700 (sixième campagne). César voulait punir

les Suèves qui avaient fourni du secours aux Tréviriens, et donné un asyle à Ambiorix.

¹²⁵ *Du port des Morins, à la troisième veille de la nuit.* La première expédition de César dans la Grande-Bretagne est de l'année 698 (quatrième campagne). *Le port des Morins,* d'où il s'embarqua, n'est nommé ainsi que dans Florus ; dans les *Commentaires,* il est désigné sous le nom de *Portus Itius.* On ne sait si c'est le port de Calais ou celui de Wisant (*voyez* là-dessus un savant mémoire de Danville, *Mém. de l'Acad. des Inscriptions,* tom. 27, p. 397). — *A la troisième veille de la nuit.* Les Romains divisaient la nuit en quatre veilles : la troisième était de minuit à trois heures du matin. César dit, dans ses Commentaires, qu'il s'embarqua au coucher du soleil. *Solis occasus naves solvit* (liv. 5 ch. 8).

¹²⁶ *Font voler leurs chars de tous côtés.* César, dans ses *Commentaires* (liv. 4, ch 15 et 16), donne une description de ces chars, qu'il appelle *Essedo ;* et de la manière dont les Bretons combattaient sur ces chars.

¹²⁷ *Jusque dans les forêts de la Calidonie.* Calidonie! Est-ce l'Ecosse que Florus a voulu désigner ici? Mais César n'alla pas au delà des frontières des États de Cassivelaunus, situés au delà de la Tamise, à vingt lieues de la mer. Au temps même de Pline, c'est-à-dire trente ans environ après le règne de Claude, les Romains n'étaient pas encore parvenus jusque là. Si Florus, selon son usage de confondre toutes les positions géographiques, aussi bien que les temps, a vraiment voulu parler d'une forêt d'Ecosse, cela prouverait qu'il aurait vécu après le temps d'Agricola (*Voy.* la Notice sur cet historien, et la note 126 du 1ᵉʳ livre).

¹²⁸ *Cassivelaunus.* Ce roi breton avait fait continuellement la guerre aux cités voisines pour étendre sa domination. Dès que les Romains abordèrent dans l'île, toutes les divisions intestines cessèrent, et le même motif qui avait jusque là rendu ce prince si odieux à ses compatriotes, les engagea à lui confier le commandement pour se défendre contre l'étranger. Quel est ce roi vassal de Cassivelaunus qui devint prisonnier de César? Les *Commentaires* de César nous apprennent que c'était un chef illustre, *nobili duce,* nommé *Lugotorix* (liv. 5, ch. 22).

¹²⁹ *Qu'une occasion de gloire.* César colore l'ambition qui le menait dans la Grande-Bretagne du prétexte de la justice et de l'utilité. Il dit que les Bretons avaient presque toujours envoyé du

secours aux Gaulois dans leurs guerres contre les Romains, et il ajoute qu'il ne pouvait connaître que par lui-même les ports et les côtes de cette île, les mœurs des habitans et leur manière de combattre, toutes choses qu'il lui était cependant très-avantageux de savoir. Les Romains regardaient la Grande-Bretagne comme un nouveau monde, et cependant, s'il faut en croire Tacite, on ne fut certain que c'était une île que plus de cent ans après César, lorsqu'une flotte romaine y pénétra par les ordres d'Agricola. Néanmoins César et le géographe Strabon, qui écrivait au commencement du règne de Tibère, en parlent comme d'une île. Suétone, dont Crévier adopte l'opinion, prétend que César n'entreprit l'expédition de la Grande-Bretagne que pour satisfaire sa passion pour les perles que produit l'Océan britannique. Crévier ajoute avec beaucoup de naïveté, « qu'en tout cas César fut
« bien trompé dans son attente, car ces perles sont ternes et som-
« bres, et n'approchent point de cette belle eau qui fait le prix
« de celles d'Orient. » Au reste, si cette expédition ne fut d'aucun profit pour la république, elle agrandit la renommée de César.

[130] *Les Arverniens, les Bituriges, les Carnutes et les Séquanois.* (Auvergne, Berri, pays Chartrain et Franche-Comté). Ce soulèvement général eut lieu l'an 701 (septième campagne); mais ce ne fut pas le dernier, comme le dit Florus : il y en eut un nouveau l'année suivante. D'ailleurs, cet historien n'est pas exact dans l'énumération des peuples qui prirent part au premier soulèvement, dont les Carnutes donnèrent le signal. Les Bituriges n'entrèrent point dans cette coalition; aussi Luctérius, lieutenant de Vercingentorix alla-t-il porter la guerre chez eux, ainsi que chez les Rhuténiens demeurés fidèles aux Romains. Quant aux Séquanois, Florus les a probablement confondus avec les Sénonois, indiqués par César au nombre des peuples qui se rallièrent à la cause nationale; c'était *les Sénonois* (ceux de Sens), les *Parisiens* (île de France), les *Pictons* (Poitevins), les *Carduques* (Cahors), les *Thurons* (Tourangeux), les *Aulerques* (Manceaux), les *Lémovices* (Limousins), les *Andes* (Angevins), et tous les peuples voisins de l'Océan (*voy.* les *Commentaires*, liv. 7, ch. 4).

[131] *Vercingentorix.* Froide déclamation : on ne voit pas ce que ce nom a de terrible par lui-même. Vercingentorix, né parmi les Arvernes, était fils de Celtillus, qui avait été tué parce qu'il aspirait à la royauté. Son fils, héritier de son ambition, avait été

chassé pour le même motif de Gergovie, capitale des Arvernes;
il y rentra bientôt à main armée, et se fit reconnaître pour roi.
Bientôt il voulut dominer sur toute la Gaule, mais sur la Gaule
affranchie : il n'était pas de ces ambitieux vulgaires qui appellent
l'étranger au secours de leurs projets.

[132] *Au fond de leurs bois sacrés.* Les prestiges de la superstition
entraient pour beaucoup dans le patriotisme des Gaulois. C'était
au fond de leurs épaisses forêts que les Druides procédaient aux
cérémonies barbares qui constituaient leur culte. Vercingentorix
devait choisir les jours de fêtes religieuses pour exciter les Gaulois
à la révolte, parce que tout le peuple se trouvait alors réuni ;
qu'ensuite il pouvait tirer un grand parti de leur superstition
dans ces solennités ; enfin parce que ces réunions, à cause de leur
objet apparent, ne pouvaient alarmer les Romains.

[133] *Faisait à Ravenne de nouvelles levées.* Ravenne, ville de
la Gaule Cisalpine, dans le pays où s'étaient établis les Gaulois
Boiens.

[134] *Heureux dans sa témérité.* Voici la plus belle campagne
de César dans les Gaules. Il délibérait pour savoir s'il rappellerait
près de lui les légions stationnées dans la Gaule, ou s'il irait les
joindre, quand il apprit que Luctérius menaçait la province de
Narbonne. Il ne pouvait abandonner cette portion de la domination romaine : il part d'Italie avec un petit nombre d'hommes,
repousse l'ennemi, pénètre chez les Helviens (Vivarais), et traverse
les Cévennes au milieu de l'hiver, en déblayant la neige à la profondeur de six pieds. A l'aspect des Romains, les Arvernes, qui regardaient cette chaîne de montagnes comme un boulevard impénétrable, furent frappés de terreur. Vercingentorix, qui était
encore dans le pays des Bituriges (Berri), s'empressa d'accourir
à la défense de sa patrie.

[135] *Avaricum.* Bourges. César ne prit cette ville qu'après des
travaux infinis. Les assiégés ne se défendirent pas avec moins d'art
que de valeur. Leurs murailles faites de pierres et de poutres in-
dustrieusement combinées, résistaient à l'incendie par leurs assises
de pierre, et aux efforts des beliers par leurs charpentes. Vercingentorix, posté sur une hauteur voisine, ne cessait d'inquiéter les
Romains. Ceux-ci, tourmentés par le froid, par des pluies continuelles, et campés dans la boue, éprouvaient tous les maux de la
disette. Les assiégés, dans une sortie, pensèrent détruire tous les
ouvrages des assiégeans. César plaignait ses soldats qui souffraient

tout sans murmurer, et leur offrit même de lever le siége, mais ils persistèrent généreusement dans leur entreprise.

¹³⁶ *Alexia.* César, dans ses Commentaires, nomme Alezia cette ville située dans le pays des Manubiens. Elle a donné son nom à à l'Auxois, et était voisine de l'emplacement où est aujourd'hui *Semur* (*voy.* la note qui suit).

¹³⁷ *Gergovie des Arverniens.* — Clermont. Les circonstances que Florus rapporte au siége de Gergovie appartiennent au siége d'Alexia (*voyez* les Commentaires de César, liv. 7, ch. 13). César ne put prendre Gergovie, dont Vercingentorix le força de lever le siége, qui du reste est antérieur à la prise d'Avaricum.

¹³⁸ *Tu as triomphé de ma valeur.* On lit dans Plutarque (Vie de César) le passage suivant sur la reddition de Vercingentorix :
« Ceux d'Alexia, après avoir donné beaucoup de travail et à César
« et à eux-mêmes, finalement se rendirent; et Vercingentorix,
« celui qui avait suscité et conduit toute cette guerre, s'étant armé
« de ses plus belles armes, et ayant aussi paré et accoustré son
« cheval de même, sortit par les portes de la ville, et alla faire un
« tour tout à cheval à l'entour de César, étant assis en sa chaire :
« puis descendant à pied osta tous les ornemens à son cheval, et dé-
« pouilla toutes ses armes qu'il jeta en terre, et s'alla seoir aux pieds
« de César sans mot dire, jusqu'à ce que César le bailla en garde
« comme prisonnier de guerre, pour le mener à Rome en triom-
« phe. » (*Traduction d'Amyot.*)

Florus termine ici la guerre des Gaules; il omet par conséquent les huitième et neuvième campagnes, ans 702 et 703. Les Gaulois s'étant de nouveau soulevés l'an 702, César, pendant l'hiver, soumet les Bituriges (Berri), les Carnutes (pays Chartrain), les Bellovaques (Beauvoisis), tandis que Labiénus ravage de nouveau le pays de Trèves et celui des Eburons. La révolte s'était propagée jusque dans l'Aquitaine; Fabius et Caninius la réprimèrent. La prise d'Uxellodunum (Cap de Nac, ou Cahors, dans le Quercy) par César, qui reçut la soumission de l'Aquitaine; enfin la reddition d'Arras (*civitas Atrebatum*), achevèrent la réduction de la Gaule. L'an de Rome 705 (neuvième campagne), César parcourut tout ce pays, et consolida, par sa douceur et son équité, l'ouvrage de ses armes victorieuses.

XII. Guerre des Parthes.

¹³⁹ *L'avidité du consul Crassus.* Il s'agit ici de M. Licinius Crassus, surnommé *le Riche* (Dives); il avait été un zélé partisan de Sylla, et s'était enrichi de la dépouille des proscrits, mais il s'était fait de nombreux partisans par sa complaisance à prêter de l'argent sans intérêt, et à défendre toutes les causes. Plutarque (*voyez Vie de Crassus*) donne des détails très-curieux sur les moyens que ce Romain employait pour s'enrichir : il était préteur, et non pas consul, quand il fut défait et mis à mort par les Parthes.

¹⁴⁰ *Dévoué aux divinités infernales.* Atteius Capito, tribun du peuple, ne pouvant empêcher Crassus d'aller combattre les Parthes, alluma un brasier ardent près la porte de la ville par où sortait l'ambitieux général, y jeta certaines herbes, et maudit l'expédition de Crassus en invoquant les divinités infernales. Voltaire a rappelé cette action au cinquième chant dans sa Henriade.

> On tel chez les Romains l'inflexible Atteius
> Maudit au nom des dieux les armes de Crassus.

¹⁴¹ *Englouties par l'Euphrate.* Florus a interverti l'ordre véritable des événemens; il faut le rétablir. L'an de R. 699, Crassus part pour l'Orient; il passe l'Euphrate une première fois sans accident, et obtient quelques succès en Mésopotamie, où l'on ne prévoyait pas son invasion; mais au lieu de profiter de cette circonstance pour aller plus avant, il n'écoute que son avarice, et va passer l'hiver en Syrie, où il dépouille les particuliers, et enlève les richesses des temples, entre autres de celui de Jérusalem. Ce ne fut que dans la campagne suivante qu'il éprouva, en passant l'Euphrate pour la seconde fois, ces accidens que l'on regarda comme de funestes présages. Plutarque (*Vie de Crassus*), Cicéron (*de Divinat.*, liv. 2, ch. 4), Pline l'ancien (liv. 15, ch. 19), Dion Cassius et Appien, n'ont pas dédaigné de rapporter les prodiges mentionnés par Florus, et même d'en ajouter quelques autres.

¹⁴² *A Séleucie.* Ville située au confluent de l'Euphrate et du Tigre, et alors ennemie des Parthes. Florus dit que Crassus reçut l'ambassade des Parthes à Nicéphorium, qui était situé dans la Mésopotamie, sur la rive orientale de l'Euphrate; et quelques lignes plus bas il fait allusion au passage de ce fleuve par le général romain : il y a donc erreur. Ce fut en Syrie que Crassus reçut l'ambassade, comme le rapporte Plutarque.

¹⁴³ *Un prétendu transfuge syrien, nommé Mazara.* Plutarque

fait de ce traître un Parthe nommé *Ariamnès;* Appien, un émir arabe nommé *Abgar;* Dion Cassius, un habitant de l'Osroëne, nommé *Augarus*, etc., etc.

[144] *De Sillaces et Surenas, généraux d'Orodes.* Orodes était fils de Phraate II; Plutarque l'appelle *Hyrodes.* Ces deux noms de *Sillaces*, et surtout celui de *Surenas*, sont des titres de dignité. Le *Suréna*, dit Plutarque, avait, par sa naissance, le droit, héréditaire dans sa famille, de ceindre au roi des Parthes le bandeau royal, le jour de son couronnement.

[145] *Presque sous les yeux de son père.* On a déjà parlé de ce jeune guerrier dans la note 113: il ne périt pas sous les flèches des barbares, comme le dit Florus, mais après des prodiges de valeur; ayant été obligé de se retirer du combat à cause des blessures dont il était couvert, et craignant de tomber au pouvoir des ennemis, il se fit tuer par son écuyer, parce qu'il avait la main droite traversée d'un trait. Il avait avec lui deux Grecs qui s'étaient établis dans la ville de Carres, et qui lui offrirent de le sauver en le conduisant par des routes détournées à Ischnès, ville peu éloignée et amie des Romains; mais il répondit que la crainte de la mort la plus cruelle ne lui ferait jamais abandonner tant de braves gens qui mouraient pour l'amour de lui.

[146] *De la soif de l'or.* Plutarque, qui raconte en détail toutes les insultes faites aux tristes restes de Crassus après sa mort, ne parle pas de cette circonstance. Au milieu des justes reproches qu'on est en droit de faire à ce général sur sa folle expédition contre les Parthes, on est forcé d'admirer l'héroïque fermeté qu'il montra dans son désastre.

XIII. Récapitulation.

[147] *Par l'éclat du nom de ces provinces.* Cette réflexion s'applique surtout à l'expédition contre les îles Baléares, et à la descente de César en Bretagne. On trouve dans ce chapitre le germe de plusieurs idées dont on admire le développement dans Montesquieu. Florus reconnaît que la rivalité de Carthage contribuait au maintien des mœurs et de la vertu dans Rome. C'est ce que n'avait point compris Caton le censeur. Juvénal a exprimé la même idée avec son énergie habituelle :

> Nos patimur longæ pacis mala : sævior armis
> Luxuria incubuit, victumque ulciscitur orbem.

[148] *De ne donner des lois qu'à l'Italie.* Sans doute cela paraît ainsi au premier abord ; mais il faut réfléchir que la constitution politique des Romains en faisait nécessairement un peuple conquérant, et que s'ils n'eussent pas été occupés par des guerres extérieures, ils se fussent consumés eux-mêmes par des guerres intestines. Aussi, dès l'enfance de la république, le sénat fit entreprendre des petites guerres contre les Volsques, les Èques, et les Herniques, qui d'ailleurs, jaloux de Rome, n'étaient que trop disposés à lui disputer l'empire du Latium, comme plus tard les Carthaginois prétendaient lui disputer la domination de la Sicile et des mers adjacentes.

[149] *Trafiquer à la fois des revenus de l'Etat et des jugemens.* C. Gracchus, dans son second tribunat (123 ans avant J. C.), conçut le projet de former des chevaliers un corps politique capable de contre-balancer l'autorité du sénat. Dans ce dessein il leur conféra l'administration de la justice, jusqu'alors exclusivement attribuée aux sénateurs. Le corps des chevaliers se trouva ainsi investi du double droit de juger et de percevoir les revenus de l'Etat, et ils n'abusèrent que trop souvent de ces privilèges pour soustraire les concussionnaires aux justes châtimens de la loi, ou pour satisfaire leurs vengeances personnelles.

[150] *Ce qui servait autrefois au supplice des ennemis.* Cette réflexion prouve combien le droit des gens était affreux chez les anciens, puisque Florus, tout en moralisant, semble regarder *le supplice* des prisonniers comme une chose juste et naturelle. La passion des Romains pour les combats de gladiateurs, au temps où la civilisation était le plus avancée chez eux, est une preuve que cette civilisation n'avait point adouci leurs mœurs, et qu'elle ne fit qu'accroître chez eux le besoin de satisfaire des penchans féroces par des moyens plus raffinés.

XIV. Séditions excitées par les tribuns.

[151] *Causa toutes les séditions.* Le tribunat, créé pour protéger le peuple, ne tarda pas à devenir oppresseur envers la noblesse. Cependant il faut bien reconnaître avec Cicéron que l'établissement des tribuns fut le salut de la république. « En effet, dit-il,
« la force du peuple qui n'a point de chef est plus terrible. Un
« chef sent que l'affaire roule sur lui, il y pense ; mais le peuple,

« dans son impétuosité, ne connaît point le péril où il se jette. »
De Legibus, liv. 3.

[152] *Avaient une apparence d'équité.* Ici Florus fait allusion aux différentes lois proposées par les tribuns, dont il a fait mention aux §§ 22, 23, 24, 25 et 26 du premier livre (*voyez* ces paragraphes et les notes qui s'y rapportent).

[153] *Du premier qui la renverserait.* Toutes ces réflexions sont pleines de justesse. Dans ce chapitre, comme dans le précédent, Florus cesse d'être déclamateur pour s'élever, par la gravité de son style et la force de sa pensée, à la hauteur du publiciste. Nous avons déjà eu l'occasion de remarquer que Montesquieu n'a pas dédaigné de lui faire des emprunts.

[154] *Du patrimoine de l'Etat.* Montesquieu regarde l'élévation des chevaliers au pouvoir judiciaire comme une source de maux infinis. « Les chevaliers, dit-il, ne furent plus cet ordre moyen
« qui unissait le peuple au sénat, et la chaîne de la constitution
« fut rompue. La constitution de Rome était fondée sur ce prin-
« cipe, que ceux-là devaient être soldats qui avaient assez de biens
« pour répondre de leur conduite à la république. Les chevaliers,
« comme les plus riches, formaient la cavalerie des légions; lorsque
« leur dignité fut augmentée, ils ne voulurent plus servir dans
« cette milice....

« De plus, les chevaliers étaient les traitans de la république :
« ils étaient avides; ils semaient des malheurs dans les malheurs;
« ils faisaient naître les besoins publics des besoins publics. Bien
« loin de donner à de tels gens la puissance de juge, il aurait
« fallu qu'ils eussent été sans cesse sous les yeux des juges.....
« Lorsqu'à Rome les jugemens furent transportés aux traitans, il
« n'y eut plus de police, plus de lois, plus de magistratures, plus
« de magistrats. » *Esprit des Lois*, liv. 2, ch. 18.

[155] *Et en quelque sorte d'héritage.* Ces réflexions de Florus sont fort justes en thèse générale; mais il faut bien reconnaître ici qu'une des plaies les plus profondes de l'Etat était l'immense étendue des propriétés territoriales que de tout temps les patriciens n'avaient cessé d'usurper sur le domaine public, tandis que les plébéiens ne possédaient pas un pouce de terre, et que même ils avaient été dépouillés par le sénat du bénéfice des distributions gratuites. Le mal eût porté avec lui le remède, si les citoyens libres se fussent adonnés, moyennant salaire, à la culture de ces vastes propriétés de l'Italie et de la Sicile; mais elle était abandonnée à

XV. Sédition de Tibérius Gracchus.

¹⁵⁶ *Tibérius Gracchus, l'un des citoyens les plus distingués par son éloquence.* C'est le même dont il a été parlé dans la note 189 du deuxième livre, et que l'on a vu par sa réputation de probité sauver une armée romaine lorsqu'il était préteur sous le consul Mancinus. On sait que sa mère Cornélie était la fille du grand Scipion. Sempronius Gracchus leur père avait, pendant son tribunat, pris la défense du premier Africain; et c'est ce qui, malgré l'exaltation de ses sentimens populaires, lui avait procuré l'honneur de devenir le gendre de ce grand homme. Tibérius et Caïus Gracchus étaient en outre beaux-frères du second Africain. Tibérius avait été associé très-jeune encore au collége des augures, et devait cette honorable distinction à sa vertu plutôt qu'à sa naissance. Il jouissait d'une telle considération par ses qualités personnelles, qu'Appius Claudius, de la noble et fière maison Claudia, personnage consulaire et censorial, crut s'honorer en lui donnant sa fille. Cicéron (*de claris Oratoribus*), appelle Tib. Gracchus *summus Orator*.

¹⁵⁷ *Le châtiment de Mancinus dont il avait garanti le traité.* Tibérius ne pouvait avoir la crainte qu'on lui attribue ici, puisque cette affaire était finie depuis l'an 617 de Rome; il était plutôt animé par son ressentiment contre le sénat et par le désir d'humilier la noblesse. Elu tribun du peuple l'an de Rome 620, il demandait, qu'en exécution de la *loi agraire* portée par les tribuns Sextius et Licinius l'an de Rome 380, quiconque se trouverait avoir plus de cinq cents journaux de terre en fût dépossédé; que ces terres fussent réparties entre les plus pauvres citoyens, et que les propriétaires fussent obligés de ne plus se servir d'esclaves pour les cultiver, mais de gens de condition libre pris dans le pays.

¹⁵⁸ *Ni les égards dus au collège des tribuns.* Cet acte, suivant la pensée de Cicéron, porta un coup mortel à la république en anéantissant l'inviolabilité des tribuns et leur droit d'opposition, qui était la garantie de la liberté publique.

¹⁵⁹ *Au partage des terres.* Il eut pour collègues, dans ce triumvirat, son frère Caïus et son beau-père Appius Claudius.

¹⁶⁰ *Scipion Nasica, profitant de cette méprise.* Il était petit-fils de celui qui avait été, pendant la seconde guerre Punique, proclamé le plus honnête homme de la république, et par conséquent cousin germain de Tibérius Gracchus. Consul l'an 615, il avait lutté avec beaucoup de fermeté contre les entreprises des tribuns, qui osèrent le conduire en prison lors de la sédition de Tibérius Gracchus. Il eut le malheur d'être le premier Romain qui ait fait couler le sang de ses concitoyens dans le Forum; et ce malheur était d'autant plus grand qu'il était alors souverain pontife, et que le chef du sacerdoce ne pouvait assister à un jugement de mort, ni porter ses yeux sur un cadavre, encore moins le laisser sans sépulture. Or quels termes employer pour qualifier l'impiété d'un pontife commettant, dans le temple de Jupiter, un meurtre sur un augure, et laissant le corps de sa victime sans tombeau? On ne sait trop comment Florus peut excuser l'action de Scipion. Au reste, Cicéron (*pro Milone, et in octava Philippica*) et Velléius Paterculus partagent son sentiment. Depuis cette époque, Nasica, en butte à la fureur de la multitude, ne pouvait plus paraître en public sans être exposé à des invectives et à des menaces: on parlait même de l'accuser juridiquement. Le sénat fut obligé de l'envoyer en Asie, avec la mission d'apaiser les troubles excités dans le royaume de Pergame par Aristonic (*voyez* la note 1ʳᵉ de ce livre). Mais Scipion mourut en chemin, accablé de remords et de chagrin, l'an de Rome 622.

XVI. Sédition de C. Gracchus.

¹⁶¹ *Aussitôt C. Gracchus.* Tibérius Gracchus n'avait pas trente ans quand il fut massacré; son frère était de neuf ans plus jeune que lui. Caïus, d'un caractère moins doux que son aîné, violent même, eut cependant l'art de se contraindre, et affecta long-temps de se tenir éloigné des affaires publiques. Dans l'intérieur de sa maison il s'exerçait à l'éloquence. Enfin il parut au barreau pour défendre la cause d'un de ses amis, et le peuple l'entendit avec des

chus y fut envoyé comme questeur du consul Aurélius, et s'y fit remarquer comme le plus exact observateur de la discipline militaire. Il sut aussi se faire chérir des soldats, en obtenant des villes de Sardaigne qu'elles se chargeraient de les vêtir, et en leur faisant donner par le roi de Numidie, Micipsa, le blé dont manquaient les Romains. La seconde année de la questure de Caïus étant révolue, le sénat voulait le retenir en Sardaigne avec le titre de proquesteur. Il revint à Rome briguer le tribunat et l'obtint (an de Rome 631), bien qu'on l'accusât d'avoir quitté son général sans permission, et d'avoir fomenté la révolte de Frégelles. Alors il reprit tous les desseins de son frère, et ne songea plus qu'à le venger.

[162] *Minucius ose former opposition à ses lois.* Aucun des auteurs anciens ne parle de ce Minucius. Selon Appien, Plutarque et Velléius, ce fut le tribun Livius Drusus, collègue de C. Gracchus dans son second tribunat (632), qui fit échouer ses desseins, non point en s'opposant ouvertement à ses lois, mais en proposant au nom du sénat des lois encore plus populaires. Caïus, sentant décroître son crédit, se chargea d'aller lui-même conduire une colonie à Carthage.

[163] *Tué par l'ordre du consul Opimius.* A son retour de Carthage, Caïus brigua un troisième tribunat, dont il fut écarté par les intrigues du consul Opimius, qui entreprit de faire abroger les lois des deux frères. Un jour fut indiqué à cet effet; l'assemblée s'ouvrit par le sacrifice expiatoire d'usage. L'un des licteurs, portant les entrailles des victimes, cria aux partisans de Caïus : « Rangez-vous, mauvais citoyens, et laissez passer les honnêtes gens. » Il fut tué aussitôt à coups de poinçons. L'affaire aurait eu le jour même des suites sanglantes, si un orage n'avait dissipé l'assemblée. Le sénat fit de magnifiques funérailles au licteur, et revêtit Opimius, ennemi personnel de C. Gracchus, d'une puissance absolue, en vertu de la fameuse formule *Caveat consul ne quid detrimenti capiat Respublica.* Il en profita pour armer le sénat, les chevaliers et leurs partisans; ceux de Caïus se trouvèrent aussi en armes. Le consul repoussa les paroles d'accommodement qui lui furent apportées au nom de ses adversaires; il mit aisément le peuple en fuite, et Caïus, qui n'avait pas voulu tirer l'épée, fut obligé, pour échapper aux assassins qui le poursuivaient, de recevoir la mort des mains de Philostrate, un de ses affranchis, qui se tua sur son corps (an de Rome 632). Opimius avait promis de payer au poids de l'or la tête de Gracchus; l'infâme L. Septimuléius,

l'arracha des mains des meurtriers, en tira la cervelle, et y coula du plomb fondu pour la rendre plus pesante.

XVII. Sédition d'Apuléius Saturninus.

164 *Apuléius Saturninus*, d'une famille assez distinguée, fut, dans sa jeunesse, chargé, en qualité de questeur, du département d'Ostie, qui avait une grande importance pour les subsistances de Rome. Le sénat fut bientôt obligé de le destituer de son emploi, à cause de sa négligence. Dès lors Saturninus se jeta dans les factions.

165 *Nonius, qui se mettait sur les rangs, etc.* L'an de Rome 652, aux comices pour les élections aux magistratures pour l'année suivante.

166 *Affilié à la maison de Gracchus.* Cet homme ne s'appelait pas C. Gracchus, mais Lucius Equitius, ou Lucius Quinctius. S'étant présenté aux censeurs pour être mis sur le rôle des tribus, il fut repoussé par ces deux magistrats, et le peuple, idolâtre du nom de Gracchus, les assaillit d'une grêle de pierres. Au milieu du tumulte un des censeurs s'engagea à le faire reconnaître par Sempronia, sœur des Gracques, et veuve du second Africain. Amenée devant la multitude furieuse, et forcée de monter à cette tribune où jamais aucune femme n'avait paru, elle y garda une contenance ferme et assurée, et persista à repousser avec mépris l'imposteur qui voulait s'introduire dans sa famille (an de Rome 653).

167 *Le bannissement de Métellus, etc.* C'était Métellus le Numidique (*voyez* les notes 12 et suiv. de ce livre). Il avait été le protecteur de Marius ; et Saturninus servit d'autant plus volontiers la haine de celui-ci, que Métellus, étant censeur en 651, avait voulu chasser Saturninus du sénat (653 an de Rome).

168 *C. Memmius son concurrent* (même année).

169 *Se déclara contre lui.* Ainsi se rompent presque toujours les liaisons des ambitieux. Les attentats multipliés de Saturninus lui ayant fait perdre tout crédit, Marius ne pouvait plus espérer d'en faire un instrument utile à ses desseins ; et il l'abandonna.

170 *Avec ses principaux partisans.* Le récit de Florus est d'accord avec celui d'Appien. Selon Plutarque ce fut dans le Forum même que fut assommé Saturninus avec le préteur Glaucias et le questeur Saféius, ses deux principaux complices.

XVIII. Sédition de Livius Drusus.

¹⁷¹ *Qu'il entasse projets sur projets.* Ce Livius Drusus était fils du tribun de ce nom que le sénat avait opposé à C. Gracchus. Rendre au sénat les attributions judiciaires que les Gracques avaient fait donner à l'ordre équestre, porter à six cents le nombre des sénateurs, dont la moitié serait choisie parmi les chevaliers, accorder le droit de cité à tous les peuples d'Italie, tels étaient les projets de Drusus.

¹⁷² *Aux dépens de l'Etat* (voir la note 154 de ce livre).

¹⁷³ *Par la condamnation de Rutilius* (voyez la note 149 de ce livre). « Les chevaliers, dit Velléius Paterculus, avaient con-
« damné, malgré les pleurs et les regrets de toute la ville, en
« l'accusant de concussion, P. Rutilius, le plus honnête homme
« non-seulement de son siècle, mais qui ait jamais existé. »

¹⁷⁴ *Servilius Cæpion.* Ce jeune Romain avait été long-temps l'ami de Drusus. Tous deux étaient du même âge : ils avaient porté l'intimité jusqu'à faire un échange réciproque de leurs femmes, genre de communauté contraire à l'honnêteté publique et aux bonnes mœurs, mais qui commençait alors à devenir assez fréquent dans Rome. Ils se brouillèrent pour une cause tout-à-fait puérile, s'étant mutuellement entêtés à enchérir une bague que chacun d'eux voulait avoir. De là naquit une inimitié irréconciliable qui causa de grands maux à la république.

¹⁷⁵ *Scaurus et Philippus.* Florus se trompe en disant que Cæpion confondit Philippus et Scaurus dans la même accusation. Il n'accusa que Scaurus dont nous avons déjà parlé dans les notes 9 et 10 de ce livre. Scaurus était alors prince du sénat. Au lieu de repousser l'accusation de concussion, intentée contre lui par Servilius Cæpion, il fit condamner son accusateur lui-même comme concussionnaire. Il faut ajouter, pour relever une nouvelle inexactitude de notre auteur, que ce fait est postérieur à la mort de Drusus. — Lucius Marcius Philippus, consul cette année 662, était d'une famille plébéienne ; il ne manquait pas d'éloquence. Tribun du peuple, il avait naguère proposé une loi agraire qui ne fut point adoptée, et dont il avait lui-même senti depuis tous les inconvéniens.

¹⁷⁶ *L'air et la boue.* Le tribun jouait sur les mots *Cœnum* et *Cœlum.* On s'étonne que dans une affaire si sérieuse et si diffi-

cile, on pût s'amuser à faire des jeux de mots ; mais cela était assez dans le génie des Romains. Ne vit-on pas Cicéron faire mille quolibets dans le camp de Pompée, à la veille d'une bataille d'où dépendait le sort de la république?

[177] *De la position la plus embarrassante.* Un soir qu'il retournait du Forum à sa maison, entouré d'un cortége nombreux, Drusus fut frappé d'un coup de couteau : l'assassin se déroba dans la foule, et ne fut jamais connu. On soupçonna Philippus, Cæpion et le tribun Q. Varius d'avoir ordonné ce crime. Drusus, qu'Aurélius Victor accuse d'ambition et d'orgueil, ne se proposait que le bien public, si l'on en croit Velléius Paterculus (*voyez* lib. 2 ch. 12), qui le peint comme un excellent citoyen. Il est vrai que ce Drusus fut l'aïeul de Livie, veuve d'Auguste et mère de Tibère, et qu'on élève de singuliers doutes sur la sincérité de Paterculus pour tout ce qui touche à la famille de Tibère.

XIX. Guerre Sociale.

[178] *Dans leur obscure patrie.* J'ai suivi le sens indiqué par La Mothe-Levayer pour ce passage, qui a embarrassé les traducteurs.

[179] *Par les soldats de Corfinium.* Les alliés avaient choisi la ville de Corfinium, dans le pays des Péligniens, pour la capitale de l'empire qu'ils voulaient fonder. *Caput imperii sui Corfinium legerant*, dit Paterculus. Ils avaient établi un sénat, deux consuls et deux préteurs.

[180] *Le jour des Féries Latines.* Cette fête avait été instituée par Tarquin-le-Superbe, pour entretenir l'union entre les Romains et les différens peuples du Latium; elle se célébrait sur le mont Albain, où l'on avait érigé un temple à *Jupiter-Latial*. Lucain a dit :

Et residens celsa Latialis Juppiter Alba.
(Pharsale, liv. 1, v. 198.)

L'indication de cette fête appartenait aux consuls.

[181] *Mises à feu et à sang.* Ocriculum, ville du Latium, où était né le roi Servius Tullius. *Grumentum*, ville de Lucanie. Fésule (*voyez* la note 94 du liv. 1er). *Carséoli*, ville du pays des Éques. *Reaté*, ville de la Sabine. *Nuceria*, ville d'Ombrie. *Picentia*, ville du pays des Picentins.

[182] *Inondent toutes les rues.* Rome eut alors à combattre tous les peuples d'Italie, à l'exception des Latins, des Etrusques, des Ombriens et des Gaulois cisalpins. Ainsi Florus se trompe quand il met les Latins au nombre des peuples soulevés contre Rome. On connaît peu les détails de cette guerre, qui occupait quatre livres dans la grande histoire de Tite-Live. On dit qu'elle coûta trois cent mille guerriers à l'Italie. La révolte des alliés commença l'an de Rome 662. Les armées romaines ne se mirent en campagne que l'année suivante. — Il ne faut pas confondre le Rutilius dont il est ici question, avec ce lieutenant de Métellus le Numidique, qui devint consul l'an 648, et que nous avons mentionné dans la note 173 de ce livre. Publius Rutilius Lupus, consul en l'an 663, était loin d'être un citoyen aussi recommandable que l'autre Rutilius. Il eut à combattre les Marses, qui le défirent parce qu'il n'avait pas voulu suivre les avis de Marius son parent. Son lieutenant Cæpion (*voyez* les notes 174 et 175 de ce livre), trompé par Pompédius Silo, chef des confédérés, donna dans une embuscade, et fut également vaincu et tué. Julius César, collègue de Rutilius et père du grand César, exerça seul le consulat pendant le reste de l'année. On ne sait pourquoi Florus suppose qu'il fut battu avec toute son armée, et rapporté à Rome couvert de blessures, puisqu'au contraire il remporta une victoire complète sur les Samnites. Ses troupes lui décernèrent le titre d'*imperator*, et à Rome on quitta l'habit de guerre pour reprendre la toge.

[183] *Pompéius Strabon.* Passons en revue les différens généraux dont parle Florus. Lucius Porcius Cato était petit-fils de Caton le Censeur, et fut père de Caton d'Utique. Lieutenant des consuls l'an 563, il vainquit en bataille rangée quelques peuples de la Toscane, qui, fidèles d'abord aux Romains, avaient fini par prendre part au soulèvement. Consul l'année suivante, il remporta divers avantages sur les Marses; mais il fut tué en continuant de les combattre, et l'on attribua sa mort au jeune Marius. Gabinius qui, selon notre historien, vainquit les Marses, n'est désigné par aucun autre auteur. Carbon est sans doute le même qui fut l'un des partisans les plus audacieux de Marius. Sylla est trop connu pour en rien dire. Marius ne soutint pas sa gloire dans la guerre Sociale, et sa haine contre Sylla, qui s'y distingua, en fut augmentée. Pompéius Strabon, collègue de Porcius Caton dans le consulat de l'année 663, fut le père du grand Pompée.

184 *Tant de cités livrées au pillage.* Asculum, ville du Picénum, aujourd'hui Marche d'Ancône. Le siége en avait duré près d'une année. Malgré l'usage de ne point accorder le triomphe pour avoir reconquis ce qui auparavant appartenait à la république, cet honneur fut décerné à Pompéius Strabon pour la prise d'Asculum.

XX. Guerre contre les Esclaves.

185 *Le Sabin Herdonius.* L'an de Rome 293, sous le consulat de P. Valérius Publicola et de Claudius. Ce fut à la faveur des troubles excités par la loi *Terentilla* qu'eut lieu cette tentative audacieuse sur le Capitole : Valérius eut la gloire d'en chasser les rebelles ; mais il fut tué dans le combat.

186 *Une multitude d'esclaves.* Nous l'avons déjà dit plus haut (*voir* la note 155 de ce livre), une des plaies les plus profondes de la société romaine, était l'innombrable multitude d'esclaves qui seuls cultivaient les terres des patriciens et des riches plébéiens. Mais de quels dangers l'État n'était-il pas menacé, quelles terribles réactions n'attendaient pas les maîtres, s'il arrivait que tant d'hommes destitués des droits de l'humanité vinssent à se compter, à comparer leur multitude au petit nombre de leurs oppresseurs ! De là la première révolte des esclaves en Sicile, qui devint pour les Gracques un des plus puissans argumens qu'ils eussent à faire valoir contre l'inégalité des fortunes romaines, et contre le despotisme cupide des patriciens. Les Romains établis dans cette île, et les riches colons siciliens, poussaient la tyrannie jusqu'à refuser des alimens à ces nombreux esclaves, dont les sueurs rendaient si productif *le grenier de l'Italie*.

187 *La déesse que révère la Syrie.* Les anciens eux-mêmes n'étaient pas d'accord sur la divinité qu'ils nommaient la *déesse de Syrie :* les uns la prenaient pour Vénus ou Astarté ; d'autres la confondaient avec Junon ou avec Cybèle. On peut consulter, sur cette question, la dissertation de Seldon *de Diis Syriis* (sect. 2, cap. 2) ; une note curieuse de Saumaise, dans ses *Plinianæ exercitationes in Solinum* (pars. 1ª, p. 475 et seq.) ; enfin un savant mémoire de Larcher sur Vénus, dans le Recueil de l'Académie des Inscriptions et Belles-Lettres. On peut voir, dans le Traité attribué à Lucien sur *la déesse de Syrie*, et dans le huitième livre de *l'Ane d'or d'Apulée*, les étranges jongleries auxquelles se livraient les prêtres « en l'honneur de cette divinité, afin de faire croire au sot

« peuple qu'ils en étaient inspirés et remplis de l'esprit divin. »
(La Mothe Le Vayer.)

¹⁸⁸ *Les insignes de la royauté*. En prenant les ornemens royaux, Eunus aggravait sans doute son crime aux yeux des Romains, qui avaient en horreur tout ce qui rappelait la royauté; mais eu égard aux esclaves de la Sicile, presque tous Syriens comme lui, il agissait fort habilement. En effet, le gouvernement monarchique entouré d'un grand faste extérieur, était le seul régime qui convînt aux Orientaux. C'est encore par les mêmes motifs qu'il se fit appeler Antiochus. Cet Eunus était esclave d'Antigène, citoyen d'Enna, homme avare et cruel. Antigène et sa femme furent les premières victimes de la fureur d'Eunus et de ses compagnons révoltés. Ce fut après le pillage d'Enna qu'ils le déclarèrent roi. Cléon, esclave d'Agrigente, vint grossir la troupe d'Eunus, qui eut bientôt sous ses ordres soixante-dix mille esclaves.

¹⁸⁹ *C'est Manilius, c'est Lentulus, etc*. Florus est le seul historien qui nous offre la nomenclature de ces généraux : l'Epitome de Tite-Live porte seulement *Prætores*. Après la défaite de ces quatre préteurs, deux cent mille esclaves armés parcoururent en tous sens la Sicile, et exercèrent les plus horribles représailles contre leurs maîtres si durs et si cruels.

¹⁹⁰ *Leurs maîtres*. Le mot *fugitivarii* qu'emploie ici Florus n'a pas d'équivalent en français. Mlle Le Febvre, dans ses notes sur Florus, l'explique ainsi : « *Fugitivarii dicuntur qui fugitivis adduntur ut eos retrahant,* des archers. » On dirait aujourd'hui des *gendarmes*.

¹⁹¹ *Enna*. Ville située si bien au milieu de la Sicile, qu'on l'appelait *insulæ umbilicus*.

¹⁹² *A une victoire sur des esclaves*. Florus confond ici Perpenna avec Rupilius qui, selon le témoignage unanime des auteurs, prit Enna, extermina les esclaves, fit prisonnier Eunus qui mourut dans les fers, et s'appliqua de concert avec dix commissaires du sénat à pacifier la Sicile, et à prévenir de nouvelles révoltes par de sages réglemens qui ne furent pas long-temps observés. Deux ans après, Perpenna vainquit Aristonicus, prince de Pergame.

¹⁹³ *Le pâtre Athénion*. Il est ici question de la seconde guerre des esclaves, qui eut lieu vingt-sept ans après la première, l'an 105 avant J.-C., et qui dura quatre ans. Florus ne parle pas de Salvius, qui fut le premier moteur de la seconde révolte. Il était Italien d'origine ; et prit le nom de Tryphon avec les ornemens de la royauté. Ce fut lui qui vainquit d'abord près de Murgantia Lici-

nius Nerva, préteur de Sicile, qui, par ses procédés injustes envers les esclaves, les avait poussés au désespoir et à la rébellion. Il s'empara ensuite de Triocale. Cependant les esclaves des environs de Ségeste et de Lilybée se révoltèrent à la voix d'Athénion, qui prit d'abord le titre de roi ; mais bientôt, cédant à l'intérêt commun, il vint se ranger sous les ordres de Tryphon.

¹⁹⁴ *Servilius et Lucullus.* Il y a ici interversion. Lucullus commanda en Sicile avant Servilius ; et loin d'être battu, il défit près de Triocale Athénion et Tryphon, qui prit honteusement la fuite et qui mourut l'année suivante (104). Lucullus, tout occupé de s'enrichir dans sa province, négligea d'accabler les esclaves après cette victoire. A son retour à Rome il fut condamné comme concussionnaire. Servilius, qui lui succéda, eut à combattre Athénion, devenu roi des esclaves par la mort de Salvius Tryphon. Florus est le seul historien qui parle des défaites de ce préteur ; Diodore dit seulement que Servilius ne fit rien de mémorable, et que pour cette raison il fut condamné à l'exil.

¹⁹⁵ *Aquilius, à l'exemple de Perpenna.* Florus retombe dans l'erreur déjà signalée (*voyez* note 192), en faisant intervenir encore ici le nom de Perpenna. Ce qui a donné lieu à cette erreur de sa part, c'est que ce même Perpenna précéda le même Aquilius dans le commandement de la guerre contre Aristonicus, qui eut lieu deux ans après celle des esclaves. Il s'agit ici de Manius Aquilius, collègue de Marius dans son cinquième consulat. Florus se trompe également sur la mort d'Athénion, qui, loin de tomber vivant au pouvoir des Romains, fut tué de la main d'Aquilius, qu'il venait de blesser à la tête.

XXI. Guerre contre Spartacus.

¹⁹⁶ *Aux plaisirs d'autrui.* Cette réflexion de Florus est d'une grande justesse, et l'on doit plaindre les Romains d'avoir pris tant de plaisir au plus cruel des divertissemens. Les combats de gladiateurs introduits dans Rome, au commencement de la première guerre Punique, devinrent bientôt, pour le peuple, le plus agréable des spectacles ; et, par ce motif, les mœurs des Romains prirent un caractère de férocité, en même temps que leurs conquêtes dans la Grèce et dans l'Orient leur donnaient une instruction et des lumières dont l'influence aurait dû produire un effet tout opposé. Ces combats n'avaient d'abord été que l'ornement

des pompes funèbres : plus tard il y en eut dans toutes les fêtes, même dans les festins ; et les ambitieux n'avaient pas de plus sûr moyen de capter la faveur du peuple que de lui offrir sur l'arène de sanglantes mêlées. Les riches citoyens entretenaient des troupes de gladiateurs appelées *familles* : quelques-uns s'en faisaient un revenu en les louant dans l'occasion. Le nombre de ces infortunés était immense ; et les Romains, en expiation de leurs divertissemens atroces, devaient voir des bandes de gladiateurs triompher des armées consulaires.

¹⁹⁷ *De l'enceinte où ils s'exerçaient.* C'est ce qu'en français on appellerait *la salle*, comme le remarque mademoiselle Le Febvre. L'Epitome de Tite-Live diffère de Florus sur le nombre d'esclaves qui s'échappèrent : il porte soixante-quatorze ; Eutrope accuse le même nombre. Cicéron est presque d'accord avec Florus lorsqu'il dit que Spartacus et ses compagnons étaient beaucoup moins de cinquante. Spartacus était Thrace de nation, et avait servi parmi les troupes auxiliaires des Romains. Ænomaüs et Crixus étaient Gaulois ; et cette diversité d'origine entre les chefs de cette révolte, en amenant la diversité des vues, fut cause de leur perte.

¹⁹⁸ *Par Clodius Glaber.* Appien nomme ce personnage Varinius Glaber ; Plutarque l'appelle simplement Clodius ; l'Epitome de Tite-Live le nomme *Claudius Pulcher*, et cette version est la plus probable. P. Varinius fut envoyé contre Spartacus après la défaite de Clodius. Il ne fut pas plus heureux que son prédécesseur. Les défaites successives de ses deux lieutenans, Fruirius et Cossinius, ne sont que le prélude du combat désastreux dans lequel Varinius lui-même perd ses troupes, son bagage, son cheval et jusqu'à ses faisceaux prétoriens (an de Rome 680 avant J. C.)

¹⁹⁹ *De Nole, de Nucérie, de Thurium et de Métaponte.* Les deux premières de ces villes étaient situées dans la Campanie, les deux autres en Lucanie ; *Cora*, dont il est parlé plus haut, était une ville du pays des Volsques, dans le Latium ; *Narès* et *Popliforme* sont encore au nombre des villes de la Lucanie que les gladiateurs ravagèrent après la défaite de Varinius. Ils avaient dévasté la Campanie après celle de Claudius Pulcher. Vainement Spartacus chercha à s'opposer à ces cruels ravages : il ne put inspirer aux esclaves la modération dans la victoire ; la raison ni l'autorité n'avaient aucun empire sur des esprits aigris par une longue oppression, exaltés par une licence nouvelle.

²⁰⁰ *Des javelots et des épées.* Tout ce que Spartacus put obtenir

des esclaves fut de les faire camper hors des murs de Thurium, où il fixa son quartier général. Ce fut pendant l'hiver qu'il organisa son armée, et qu'il l'occupa ainsi à forger des armes.

²⁰¹ *Les faisceaux pris sur nos préteurs.* Spartacus, toujours grand dans ses idées, ne chercha point à se faire roi, à l'exemple d'Eunus et de Salvius ; il ne songea qu'à s'élever à la dignité d'un magistrat républicain : ce fut après la défaite de Varinius que l'on commença à porter les faisceaux prétoriens devant ce chef de gladiateurs.

²⁰² *Combattu dans l'arène.* Ce fut aux funérailles de Crixus, selon Appien, que Spartacus exerça sur les quatre cents prisonniers romains cette trop juste représaille. Bien que soixante mille soldats fussent sous ses ordres, Spartacus ne se faisait point illusion sur ses forces : il ne prétendait point lutter avec la puissance romaine, il ne songeait qu'à sortir de l'Italie pour revoir sa patrie ; mais, dans leur présomption, ses compagnons n'avaient que des projets de vengeance et d'ambition. Crixus et Ænomaüs, chefs des esclaves gaulois et germains, accusant Spartacus de timidité, se séparèrent de lui. Crixus, après une victoire, fut surpris et tué en Lucanie, près du mont Garganus, par le consul Gellius Poplicola.

²⁰³ *Près de Modène.* Ainsi toujours victorieux, Spartacus était arrivé de l'extrémité de l'Italie jusqu'aux rives du Pô ; mais ce fleuve débordé arrêta sa marche vers le nord, et ce fut alors qu'il célébra les funérailles de Crixus.

²⁰⁴ *Licinius Crassus.* C'est le même qui eut une fin si malheureuse dans son expédition contre les Parthes. Florus parle en déclamateur quand il dit de Spartacus : *Enflé de tant de victoires.* Ce reproche ne doit s'adresser qu'à ses compagnons : ce fut malgré lui qu'il se laissa entraîner à marcher sur Rome. L'effroi était au comble dans cette capitale. Le préteur Licinius Crassus osa seul se charger de combattre Spartacus. Il lève six légions de vieilles troupes, et ces forces imposantes obligent les esclaves de renoncer à leurs projets. Spartacus les ramène vers le midi de l'Italie, et défait le lieutenant Mummius. Crassus, pour rendre quelque énergie aux soldats, fait décimer les deux légions vaincues, couvre le Latium, et bat, dans la Lucanie, les esclaves germains et gaulois, qui s'étaient de nouveau séparés de Spartacus.

²⁰⁵ *Gagner la Sicile.* Poussé jusqu'à Rhégium, Spartacus espérait passer en Sicile pour rallumer les feux mal éteints de la se-

conde guerre des esclaves ; mais il fut trompé par les pirates ciliciens, qui avaient reçu des avances considérables pour lui fournir des vaisseaux.

206 *Sans demander quartier.* Crassus, pour fermer toute retraite à Spartacus, fit creuser un fossé de quinze pieds de large, dans une longueur de quinze lieues, d'un rivage à l'autre de l'Italie. Spartacus, à la faveur d'une nuit pluvieuse, força ce retranchement, et revint en Lucanie, où il battit le préteur Tremellius Scrofa et le lieutenant Quinctius. Ses soldats, enflés de ces nouveaux succès, l'obligèrent à livrer à Crassus une bataille générale près du fleuve *Silarus*, dans le pays des Hirpins : il y trouva sa perte. On voit, par toutes les omissions que nous avons réparées, que Florus avait bien mal compris la guerre de Spartacus.

XXII. Guerre civile de Marius.

207 *Ces criminelles manœuvres.* Cette réflexion de Florus rappelle cette pensée de Saint-Chrysostôme : *Qualitate personarum delicta æstimantur.* Quel éloge pour de pareils monstres ! Les services qu'avaient rendus à la république, Sylla par ses victoires sur Mithridate, et Marius en exterminant les Teutons et les Cimbres, furent bien effacés par leurs fureurs. « Je supplie qu'on me « permette, dit Montesquieu (*Décadence des Romains*, ch. 11, « pag. 107), de détourner les yeux des horreurs des guerres de « Marius et de Sylla ; on en trouvera dans Appien l'épouvantable « histoire. » En effet, rien de plus effrayant que le récit détaillé qu'en fait cet historien (*voyez* ses Guerres civiles, liv. 1).

208 *Une province échue à Sylla.* Sulpicius fut l'instrument de Marius dans ses démêlés avec Sylla, comme Apuléius Saturninus l'avait été, dix ans auparavant, dans ses démêlés avec Métellus. Pour réussir dans ses projets, Sulpicius dissémina, en vertu d'une loi, les alliés, devenus citoyens, et les affranchis dans les trente-cinq anciennes tribus. Les comices ainsi composées procédèrent au scrutin au milieu des plus coupables violences dont Sylla pensa être la victime, et rendirent un plébiscite qui déférait à Marius le département de l'Asie.

209 *Servius Sulpicius et Albinovanus.* Sylla sortit promptement de Rome pour aller rejoindre ses légions en Campanie. Résolu de défendre, les armes à la main, le décret du sénat qui lui

avait conféré le commandement de la guerre contre Mithridate, il marche vers Rome à la tête de ses troupes, et donne, pour la première fois, le spectacle, trop souvent renouvelé depuis, d'un général romain entrant à main armée dans sa patrie. Sylla qui, trois ans après devait se montrer impitoyable, usa avec modération de sa victoire. Maître d'accabler ses ennemis, il se contenta de proscrire Marius, Sulpicius et neuf de leurs complices.

²¹⁰ *La fortune le réservait pour une nouvelle guerre civile.* Marius, forcé de sortir de Rome, et poursuivi par les partisans de Sylla, se cacha dans les marais de Marica. Il en fut retiré, et conduit à Minturnes, où il fut emprisonné la corde au cou. On envoya pour le tuer dans sa prison un esclave public qui s'était trouvé au nombre de ses prisonniers, lors de sa victoire sur les Cimbres; mais à peine celui-ci l'eut-il reconnu, qu'il jeta son épée et s'enfuit. Les Minturnois ayant alors donné un vaisseau à Marius, il fit voile vers l'Afrique, et vint s'arrêter sur les débris de Carthage. Le préteur Sextilius, gouverneur de l'Afrique, lui fit intimer par un licteur l'ordre de sortir de sa province. Marius ne répondit que par ce mot sublime : *Dis à ton maître que tu as vu C. Marius sur les ruines de Carthage.*

²¹¹ *Rejoindre ses partisans.* Plus pressé d'aller combattre Mithridate que de s'assurer la victoire sur la faction ennemie, Sylla souffrit que, pour l'élection des consuls de l'année suivante, on n'eût aucun égard à sa recommandation, disant qu'il était bien aise de voir les citoyens user de la liberté qu'il leur avait rendue. Cinna, zélé partisan de Marius, fut donc donné pour collègue à Octavius, que portait aux suffrages le parti des patriciens. Sylla se repentit bientôt de cette modération : un tribun, suscité par Cinna, le cita devant le peuple pour avoir proscrit Marius et Sulpicius. Sylla, laissant accusateurs et juges, partit aussitôt pour la Grèce. Dès ce moment, Cinna forme une faction populaire différente de celle qui avait tant de fois agité la république. Ce n'était plus la guerre des pauvres contre les riches, mais un combat plus dangereux encore les citoyens nouveaux et les anciens. Florus, selon sa coutume, n'a pas aperçu cette nuance politique dans les démêlés de Cinna et d'Octavius; il n'a vu que le rappel des proscrits auquel Cinna voulait arriver. Les tribuns eux-mêmes, à la tête des anciens citoyens, s'opposèrent aux propositions de Cinna, tendant à rétablir la loi de Sulpicius, relativement aux nouveaux citoyens. Octavius, collègue de Cinna, arriva au secours des tribuns;

les anciens et les nouveaux citoyens en vinrent aux mains dans la place : le parti des premiers, *quibus pax et quies potior*, eut l'avantage. On substitue au consul fugitif le pontife L. Mérula.

²¹² *S'il n'avait souillé la justice de sa cause à force de cruauté.* Quelques commentateurs lisent *causam sanam*, au lieu de *causam suam*, qui est évidemment la meilleure leçon. Quoi qu'il en soit, la cause de Marius était loin d'être juste. Le premier, il avait violé les lois et les usages en faisant, par un plébiscite, dépouiller Sylla d'un commandement qu'un décret du sénat lui avait légalement assigné. Florus oublie d'ailleurs ce qu'il vient de dire plus haut sur le caractère estimable de la faction opposée : *Quibus pax et quies potior*.

²¹³ *Du mont Janicule.* En quittant Rome, Cinna avait levé, en Campanie, une armée de trente légions, composée de Samnites, d'Italiens et des prolétaires de Marius. Octavius, au contraire, n'avait que peu de troupes. Mérula, pour prévenir la guerre civile, venait d'abdiquer ; mais la probité de ces deux illustres Romains, et leur respect pour les lois, tournèrent contre eux. Pour ne pas violer les usages, Octavius refusa de donner la liberté et des armes aux esclaves. Ce consul vertueux, mais faible d'esprit, se fiait d'ailleurs aux devins qui lui promettaient la victoire.

²¹⁴ *Sur la table de Marius.* Déjà Sylla avait donné l'exemple d'exposer sur la tribune aux harangues la tête d'un proscrit ; celle de Sulpicius. Marius fit exposer de même la tête de l'orateur Marc-Antoine. C'est ce qui a fait dire à Cicéron : *M. Antonius in his ipse rostris in quibus ille rempublicam constantissime consul defenderat.... Positam caput illud fuit, a quo erant multorum civium capita servata* (*de Orator.*, liv. 3, ch. 10).

²¹⁵ *Les deux Césars.* C'étaient deux frères. Lucius, l'aîné, avait été consul et censeur ; Caïus, le second, avait été le compétiteur de Sylla pour la dignité consulaire. Florus se trompe en disant qu'ils furent massacrés *au milieu de leurs dieux domestiques*. Lucius, au contraire, fut, par l'ordre de Marius, cruellement torturé devant le tombeau de Q. Varius, tribun séditieux ; et, comme dit Valère Maxime, il ne manquait, pour mettre le comble au malheur de l'Etat, que d'immoler Lucius aux mânes de Varius. Quant à Caïus César, ce ne fut pas dans sa maison, mais chez un ami perfide qu'il fut saisi par les bourreaux.

²¹⁶ *Jusque sur le visage du dieu.* Velléius Paterculus ajoute que Mérula pria les dieux, qu'il avait tant de fois implorés pour

le salut de l'Etat, que son sang retombât sur la tête de Cinna et de ses partisans. Appien rapporte à ce sujet une circonstance singulière : les Romains regardaient comme une chose de mauvais présage, et désagréable aux dieux, que le prêtre de Jupiter mourût avec le bonnet sacré (*lituus*) sur la tête. Imbu de ce préjugé, Mérula eut la précaution d'écrire sur ses tablettes qu'avant de s'ouvrir les veines il avait déposé le bonnet sacré. Après la mort de Mérula le sacerdoce de Jupiter demeura vacant pendant soixante-dix-sept ans.

[217] *Qui disposait de toutes les existences.* On pourrait prendre ce trait pour de l'exagération, s'il n'était garanti par le témoignage unanime de tous les auteurs, entre autres d'Appien et de Plutarque, qui attestent que Marius avait donné à ses soldats la consigne de massacrer tous ceux qui venaient le saluer, et à qui il ne rendrait pas le salut; en sorte que ses amis eux-mêmes, craignant une distraction de sa part, ne l'abordaient qu'en tremblant; ce qui a fait dire à Sénèque le philosophe : *Trucidationis non tantum dedit signum, sed ipse signum fuit* (*de Beneficiis*).

[218] *L'intervalle des ides aux calendes de janvier.* Cela veut dire qu'il mourut le 13 janvier, 86 ans avant J. C., an de Rome 668, dix-sept jours après avoir pris possession de la pourpre consulaire. On lui substitua L. Valérius Flaccus.

[219] *A la tête d'une armée victorieuse* (*voyez* les notes 64 et 65 de ce livre). Elle se montait à quarante mille hommes, et ce fut avec ce petit nombre de guerriers que Sylla se disposait à combattre, selon Florus, trois cent cinquante-huit mille soldats, commandés par quinze généraux. Huit légions de six mille hommes chaque donnaient un effectif de quarante-huit mille soldats, et cinq cents cohortes de six cents hommes chaque faisaient trois cent mille hommes.

[220] *De la part de ce dernier.* En parlant si franchement des vengeances que Sylla se disposait à tirer des ennemis, Florus se montre beaucoup moins déclamateur qu'un commentateur moderne, qui prétend que Sylla devait, en considération de la noblesse de sa naissance, se montrer plus généreux que sévère. Sylla, en proscrivant après avoir été proscrit lui-même, donna une nouvelle sanction à ce terrible axiome des républiques : *Le sang appelle le sang.*

[221] *Ses troupes se rendirent à Sylla.* Cinna n'était plus : nommé consul pour la quatrième fois avec Carbon (an de Rome 669, 87

avant J. C.), ce furieux démagogue prétendit marcher contre Sylla; mais il fut massacré par ses troupes à Ancône. Carbon, demeuré seul consul, détermine le sénat à recevoir comme ennemi public Sylla, qui s'avance vers l'Italie. A la fin de l'année, forcé lui-même, par le sénat, de convoquer les comices consulaires, Carbon fait élire deux hommes qui lui sont dévoués, L. Cornélius Scipio Asiaticus et C. Julius Norbanus (670). Sylla sut attirer sous ses drapeaux l'armée de Scipion, qui éprouva encore, l'année suivante, la même mésaventure, en présence du jeune Pompée.

²²² *Du sang des sénateurs.* C. Marius est appelé fils du grand Marius par Tite-Live, Diodore, Velléius Paterculus, Aurélius Victor, Eutrope et saint Augustin. Le seul Appien nous apprend qu'il était fils du frère du vainqueur des Cimbres. On a concilié cette apparente contradiction, en supposant que le vieux Marius avait adopté son neveu, et c'est l'opinion qui a prévalu. Le jeune Marius n'avait que vingt ans, selon l'*Epitome* de Tite-Live, lorsqu'il fut tumultuairement élevé au consulat avec Carbon (an de Rome 670). Aurélius Victor porte vingt-cinq ans, Velléius vingt-six, Appien vingt-sept.

²²³ *Par le feu sacré.* « Il ne tint pas à la brutalité des meur-
« triers de Scévola, dit l'historien Diodore, qu'ayant été frappé
« au pied des autels, il n'éteignît de son sang, par un sacrilége
« épouvantable de leur part, le feu sacré qui brûle depuis plu-
« sieurs siècles dans le temple de Vesta; mais ce respectable pon-
« tife, faisant un effort sur lui-même, après avoir été frappé, se
« précipita hors du sanctuaire; ce qui fut regardé comme un
« grand bonheur pour les Romains.

²²⁴ *Lamponius et Télésinus, chefs des Samnites.* Florus a déjà parlé de Télésinus à propos de la guerre Sociale. « On vit, « dit-il, un Télésinus guider les Lucaniens et les Samnites. » Télésinus est encore nommé par Velléius Paterculus, Plutarque et Appien; mais Lamponius n'est mentionné que par ce dernier historien.

²²⁵ *Marius fut défait à Sacriport, et Télésinus près de la porte Colline.* — *Sacriport* était situé près de Préneste. Tandis que Norbanus et Carbon, vaincus par Crassus, Pompée et Métellus sont forcés d'évacuer l'Italie; Sylla défit le jeune Marius, lui tua vingt mille hommes, et lui fit huit mille prisonniers. Le jeune Marius se renferma dans Préneste. Cependant le Samnite Pontius Télé-

sinus marche sur Rome pour la détruire. La jeunesse romaine court aux armes, et oppose assez de résistance pour donner à Sylla le temps d'arriver. Déjà Télésinus avait mis en déroute l'aile droite des Romains, où Sylla combattait en personne, lorsque Crassus, qui avait déjà accablé l'aile gauche des Samnites, attaqua leur aile droite victorieuse : dans ce nouveau combat Télésinus perdit la victoire avec la vie.

[226] *Dans un édifice public.* Cet édifice appelé *Villa Publica*, était dans le Champ-de-Mars. Les Augures s'y tenaient pendant les assemblées, en cas que les magistrats eussent besoin de leur ministère. Florus, en qualifiant de citoyens ces malheureuses victimes, a commis une erreur : c'étaient des prisonniers samnites au nombre de six mille, selon Plutarque.

[227] *Furfidius osa enfin représenter à Sylla.* Plutarque et Paul Orose font jouer un rôle bien différent à ce personnage, que le premier appelle *Aphidius*. Loin de faire à Sylla cette représentation hardie qu'ils attribuent soit à Catulus, soit à C. Métellus, Furfidius, au contraire, fut l'un des complaisans de Sylla, à qui il conseilla de nommer ceux qu'il voulait perdre.

[228] *Le premier exemple d'un semblable édit.* Velléius Paterculus et Appien disent la même chose. Saint Augustin compte le même nombre de proscrits que notre historien. Appien dit que Sylla « prononça d'abord la proscription de quarante sénateurs et de « mille six cents chevaliers ;.... à quelque temps de là il proscrivit « encore quarante autres sénateurs. » Plutarque dit qu'il fit d'abord une proscription de quatre-vingts citoyens; que le lendemain il en proscrivit deux cent vingt autres, et autant dans une troisième proscription. Paul Orose dit que la première table fut de quatre-vingts citoyens, et qu'ensuite il en parut une seconde portant cinq cents noms.

[229] *Bœbius.* Revenons sur l'énumération que fait ici Florus. Le consul Carbon et le préteur Q. Valérius Soranus périrent en Sicile sous les yeux de Pompée, qui, dans cette occasion, se montra cruel (*voyez* Plutarque, l'Épitome de Tite-Live, et Appien). Quant à Vénuléius et à Bœbius, Florus est le seul historien qui en fasse mention.

[230] *Les angoisses de la mort.* Ce fut le féroce et détestable Catilina qui se chargea de son supplice, ayant les mains encore teintes du sang de son propre frère qu'il avait fait mettre, quoique mort, au nombre des proscrits pour s'emparer de ses biens. (*Voy.*

Salluste, *Bel. Catil.*; Plutarque *in Sylla*; Appien, Valère Maxime, Lucien, Paul Orose, etc.)

²³¹ *Spolète, Intéramnes, Préneste et Florence.* Les deux premières de ces villes étaient en Ombrie. *Préneste* dans le Latium, *Florence* en Étrurie. Sylla fit massacrer douze mille hommes dans la seule ville de Préneste, et il prit alors le titre d'*heureux!*

²³² *La ruine de cette cité.* La ville de *Sulmone* dont il est ici question était située dans le Latium. Il ne faut pas la confondre avec la patrie d'Ovide, qui était dans le pays des Péligniens (*voy.* Pline, liv. 3, ch. 5).

XXIII. Guerre civile de Sertorius.

²³³ *Bien funeste à sa patrie.* Sans contredire ici Florus, on conviendra du moins qu'on ne peut blâmer Sertorius de l'usage qu'il fit de ses talens. On doit observer seulement qu'il eût mérité de vivre dans un meilleur temps, et que s'il égalait Marius en talens militaires, il le surpassait par des vertus dignes de briller ailleurs que dans la guerre civile.

²³⁴ *Aux îles Fortunées.* Lorsque le vieux Marius et Cinna rentrèrent dans Rome à main armée, Sertorius avait partagé leurs travaux et leurs périls, mais il n'avait pas trempé dans leurs cruautés. Dès que Sylla, de retour de son expédition contre Mithridate, eut attiré sous ses drapeaux l'armée du consul Scipio Asiaticus, Sertorius, alors préteur, sentant l'impossibilité de soutenir la guerre en Italie, s'était rendu en Espagne, qui lui était échue pour département : il y releva le parti de Marius, et sut gagner l'affection des habitans. Sylla envoya contre lui Annius avec une armée. Livius Salinator, qui gardait les passages des Pyrénées, ayant été assassiné, Sertorius, hors d'état de tenir la campagne, se réfugia en Afrique, où il demeura quelques années, courant les mers et se faisant connaître par d'aventureuses expéditions. Lorsque Florus dit qu'il pénétra jusqu'aux îles Fortunées (*les Canaries*), il avance un fait contredit par Plutarque. Ce biographe rapporte simplement que Sertorius, séduit par le récit que lui faisaient des navigateurs de la beauté de ces îles, conçut le dessein, qu'il n'exécuta jamais, de se fixer dans cette contrée, où il eût été pour toujours à l'abri des orages politiques.

²³⁵ *Une flotte à ce prince.* Plutarque (*in Sertorio*) entre dans des détails sur cette négociation. Ce fut Marcus Marius, l'un des

sénateurs bannis de Rome, qui commandait le secours envoyé au roi de Pont. Rien de plus remarquable que la manière dont ce chef de parti soutint, dans cette occasion, la prééminence d'une patrie contre laquelle il était forcé de porter les armes.

[236] *Domitius et Thorius d'un côté, et les deux Hirtuleius de l'autre.* Les deux premiers étaient lieutenans de Métellus Pius : Plutarque appelle le second Thoranius ; les deux autres étaient lieutenans de Sertorius : ils sont appelés Herculeius par Plutarque.

[237] *Sur les bords de l'Anas.* Ce fleuve s'appelle aujourd'hui *la Guadiana*.

[238] *Les villes de Laurone et de Sucrone.* Laurone est située aux environs de Valence ; là Sertorius vainquit Pompée. Sucrone est située dans la même province, sur la rivière du même nom, appelée aujourd'hui *Xucar ;* là Sertorius remporta sur Pompée un second avantage, qui eût été décisif, si Métellus n'était survenu pour rétablir le combat.

[239] *La discorde qui régnait entre les généraux romains.* Cette réflexion de Florus rappelle ce vers d'Horace :

Quidquid delirant reges, plectuntur Achivi.

[240] *Perpenna fut vaincu et livré à Pompée.* Florus passe sous silence la victoire de Ségontia remportée par Métellus sur Sertorius, et les deux admirables campagnes durant lesquelles ce nouvel Annibal déjoua tous les efforts de ses ennemis (74-73). Pompée, aux abois, parlait de se retirer en Italie, où Sertorius, disait-il, ne manquerait pas de le suivre. Ce fut alors qu'eut lieu la négociation entre Sertorius et Mithridate (*voyez* la note 235). Perpenna, qui trahit Sertorius et qui le fit assassiner, avait pris part à la guerre civile excitée par Lépidus après la mort de Sylla (*voyez* le § suivant). Vaincu par Pompée, il s'était retiré en Espagne avec les débris de son armée : il prétendait faire séparément la guerre à Métellus ; mais ses propres soldats le forcèrent de se joindre à Sertorius. Ce fut un affront que Perpenna ne pardonna jamais à ce grand homme. Teint du sang de son général, il osa prendre sa place, mais il ruina son parti par son incapacité ; et lorsque cet indigne adversaire lui fut livré, l'heureux Pompée, qui n'avait jamais pu se glorifier d'un succès contre Sertorius, n'eut besoin que de le punir pour recueillir les fruits du crime de Perpenna.

[241] *Les villes d'Osca, etc.* La ville d'*Osca* (Huesca), dans la province d'Aragon. Là Sertorius avait établi le siége de son gou-

vernement et la résidence de son sénat. Cette ville, située au pied des Pyrénées, le mettait à même, par sa position, de surveiller ce qui se passait dans la Gaule. — *De Termes* (Tiermès), située dans la même province. — *De Tutia*..... *De Valence,* conserve son nom. — *D'Auxima,* autrement *Uxama* (Osimo), dans la Vieille-Castille.—*De Calaguris* (Calahorra), dans la même province. Paul Orose (liv. 5, ch. 22) rapporte que ces deux dernières villes osèrent seules résister au parti vainqueur. Uxama fut détruite par Pompée, et Calaguris par Afranius.

²⁴² *Les honneurs du triomphe.* Les Romains n'étaient pas dans l'usage d'accorder à leurs généraux les honneurs du triomphe après une guerre civile. «De telles victoires, dit Valère Maxime, néces-
« sitées par les circonstances, n'en paraissent pas moins lugubres,
« parce que c'était le sang, non des étrangers, mais des Romains
« qu'elles avaient fait couler. » (Liv. 2, ch. 8, n° 7).

Bella geri placuit multos habitura triumphos,

a dit Lucain, en parlant des guerres de César et de Pompée.

XXIV. Guerre civile de M. Lépidus.

²⁴³ *Devait étendre au loin l'incendie.* Cette métaphore est fondée sur une allusion fort juste ; car ce fut à l'occasion même des funérailles de Sylla qu'éclatèrent les premières étincelles de la guerre civile de Lépidus. Q. Lutatius Catulus, son collègue dans le consulat, ayant assemblé le sénat pour délibérer sur les honneurs funèbres à décerner à Sylla, Lépidus et ceux de sa faction proposèrent de le laisser sans sépulture ; mais le parti contraire prévalut par l'autorité de Catulus et de Pompée.

²⁴⁴ *Avide de nouveautés.* Florus est d'accord avec tous les historiens pour donner à Lépidus un caractère peu recommandable. Pendant la dernière année de la vie de Sylla, ce consul avait formé le projet de relever le parti de Marius. Sous prétexte de demander le rappel des proscrits et la restitution de leurs biens, il voulait renverser les lois de Sylla : il avait pour appui la faveur des alliés auxquels il promettait de rendre les terres que leur avait enlevées le dictateur ; et Lépidus aurait sans doute replongé Rome dans les horreurs de l'anarchie, si sa capacité eût égalé son audace, mais il trouva dans Q. Lutatius Catulus un adversaire ferme et courageux.

²⁴⁵ *C'était risquer de les rouvrir.* Ces réflexions sont de la plus haute sagesse. Dans tout ce chapitre, Florus cesse d'être un rhéteur pour s'élever à des considérations politiques que Tacite n'aurait pas sans doute désavouées.

²⁴⁶ *Le pont Milvius et le mont Janicule.* Le sénat craignant de voir éclater une guerre à la fois civile et sociale entre les deux consuls, leur fit jurer de ne point s'armer l'un contre l'autre, et Lépidus obtint le gouvernement de la Gaule narbonnaise avec une armée. Au moment des comices il oublia sa promesse; et laissant dans sa province M. Brutus son lieutenant, il s'avança avec ses troupes jusqu'aux portes de Rome, pour obtenir un nouveau consulat. Les élections sont ajournées; on défère à Lutatius le pouvoir sans limites attaché à la formule *Caveant consules.* Battu près du pont Milvius, sous les murs de Rome, Lépidus se replie sur Cosa en Étrurie, où il est encore vaincu. Alors il se réfugia en Sardaigne, où il mourut autant du chagrin que lui causaient les infidélités de sa femme, que des défaites qu'il avait essuyées. Perpenna rassembla les débris de l'armée de Lépidus, et se retira en Espagne. (Voir ci-dessus, note 240.)

²⁴⁷ *D'avoir rétabli la paix.* Q. Lutatius Catulus, au rapport de Valère Maxime, ne témoigna qu'une joie modérée de sa victoire sur les séditieux. Le sénat publia en leur faveur une amnistie qui fut observée. La manière dont Florus exprime ces faits est vraiment admirable, et l'exemple que donna le parti patricien dans cette occasion doit être proposé pour modèle aux politiques de tous les temps.

LIVRE QUATRIÈME.

I. Guerre de Catilina.

¹ *Annibal lui-même aurait eu horreur de méditer.* Comparaison froide. Florus a plus heureusement rencontré au livre précédent, lorsqu'il a dit que Marius traita Rome avec plus de barbarie qu'une ville qui eût appartenu aux Cimbres.

² *Lentulus même, alors préteur.* Salluste l'appelle *Lentulus*

Sura. Consul l'an de Rome 682, il fut, au sortir de sa magistrature, dégradé par les censeurs à cause de ses mauvaises mœurs. Pour rentrer dans le sénat il sollicita et obtint la préture. Curius et Vargunteius sont également nommés par Salluste; Porcius, appelé par cet historien Porcius *Læca*, était de la famille des Catons. Les Sylla désignés aussi par Salluste étaient neveux du dictateur. Cicéron défendit l'un d'eux contre L. Torquatus, qui l'accusait d'avoir trempé dans la conjuration de Lépidus, dont Céthégus avait été complice. Autronius, aussi cité par Salluste, avait été questeur en Sicile la même année que Cicéron. Longinus, auquel cet historien donne le prénom de Cassius, fut, avec Catilina, un des compétiteurs de Cicéron pour le consulat. Salluste nomme en outre, parmi les sénateurs qui prirent part à la conjuration, Publius et Servius, tous deux fils d'un autre Servius, Annius, et Lucius Calpurnius Piso Bestia, tribun du peuple l'année du consulat de Cicéron. Dans l'ordre équestre il cite Fulvius Nobilior, Statilius, Gabinius, parent du consul de ce nom, qui se ligua avec Clodius pour faire exiler Cicéron, enfin Caius Cornélius.

³ *Qu'ils se passèrent à la ronde*. Ce crime affreux n'a pas été suffisamment prouvé, quoique Catilina en fût très-capable, *Nobis ea res*, dit Salluste (*Bell. Catil.*, ch. 22), *pro magnitudine parum comperta est*.

⁴ *Les armes de l'autre le dissipèrent*. Ce fut Pétréius, lieutenant d'Antonius, qui défit l'armée de Catilina.

⁵ *Les patriciens conjurés*. Fulvie était la maîtresse de Curius, qui descendait de Curius Dentatus. Elle était de naissance noble, dit Salluste, et n'en faisait pas moins trafic de ses charmes.

⁶ *Ses desseins parricides*. Première Catilinaire : Cicéron y dévoile, avec la plus haute éloquence, tout le mystère de la conjuration. « *Tum ille furibundus*, dit Salluste : *quoniam quidem cir-*
« *cumventus, inquit, ab inimicis eis præceps agor, incendium*
« *meum ruina restinguam*. »

⁷ *En Étrurie*. C. Mallius avait servi avec distinction sous Sylla. Enrichi d'abord par la victoire, il s'était ruiné ensuite par ses profusions.

⁸ *La royauté à sa famille*. Sylla et Cinna, tous les deux de la maison Cornélia, avaient déjà été les maîtres de la république. Lentulus étant de la même famille, se vantait d'être le troisième que les destins appelaient à l'empire. Appien rapporte la même particularité.

⁹ *Dont Vulturcius fut l'auteur.* Ceci diffère du récit de Salluste. Cicéron était déjà informé en masse de la conjuration par Fulvie; mais, selon cet historien, Vulturcius, ou Volturcius, n'avait point trahi le secret. Dénoncé par les ambassadeurs Allobroges, il fut arrêté avec eux, non sans avoir fait résistance. Interrogé ensuite, il ne put s'empêcher de révéler au consul tout ce qui s'était passé, puisqu'il en était en quelque sorte convaincu d'avance.

¹⁰ *Les lettres du préteur Lentulus.* Elles furent saisies sur Vulturcius; et ce fut par suite de cette saisie que Lentulus, Céthégus, Statilius et Cassius furent arrêtés.

¹¹ *Qu'on n'eût égard qu'à leur crime.* On devait se contenter, selon César, *de confisquer leurs biens, de les retenir en prison dans les plus fortes villes municipales; de défendre de proposer au peuple ou au sénat de les rétablir, sous peine d'être déclaré coupable d'attentat contre la république et contre le salut de tous les citoyens.* On peut voir dans Salluste le discours subtil et captieux qu'il prononça pour appuyer un avis dont l'excessive douceur fit soupçonner César d'avoir eu part à la conjuration. L'avis de Caton, qui opina pour la mort, avait été ouvert par Silanus, consul désigné, et fut soutenu par Cicéron dans sa quatrième Catilinaire.

¹² *Étranglés dans leur prison.* Cicéron s'abstint de faire ratifier par le peuple la sentence de Lentulus et de ses trois complices, bien qu'il prévît qu'un jour ces grands coupables auraient des vengeurs. Mais se défiant des dispositions du peuple, il préféra le salut de l'État à sa sûreté personnelle. Rome était sauvée; le consul fut proclamé père de la patrie.

¹³ *Par l'armée d'Antonius.* Cette bataille se donna près de Pistoie. « Le consul Antonius, qui souffrait de la goutte, dit Salluste, « ne pouvant se trouver au combat, avait remis le commande- « ment à C. Pétréius son lieutenant » (*Bell. Catil.*, ch. 62). C'est le même qui commanda en Espagne, contre César, les légions de Pompée.

¹⁴ *De cadavres ennemis.* Il est évident que Florus a emprunté cette pensée de Salluste (*Ibid.*, ch. 64).

II. Guerre de César avec Pompée.

¹⁵ *Un déluge universel, un embrasement général.* Cette accumulation de métaphores est de mauvais goût.

¹⁶ *D'un côté onze légions, et dix-huit de l'autre, la fleur et la force de l'Italie.* C'est-à-dire soixante-six mille hommes du côté de César, et cent dix-huit du côté de Pompée. Exagération évidente (*voyez* ci-après la note 65).

¹⁷ *Des levées des Gaules et de la Germanie.* Du côté de César elles étaient moins nombreuses que les troupes auxiliaires de Pompée, mais bien plus valeureuses : c'est peut-être pour cela que Florus emploie le mot *delectus*.

¹⁸ *De tout l'Orient.* Déjotarus, l'un des rois ou tétrarques des Galates ou Gallo-Grecs, ayant échappé au massacre des princes du pays tués par l'ordre de Mithridate, l'an 86 avant J.-C., 666 de Rome, recouvra bientôt ses États. Lors de l'expédition de Crassus contre les Parthes, Déjotarus lui donna de sages conseils qui ne furent pas écoutés (an 54 avant J.-C., 698 de Rome). César, deux ans après la bataille de Pharsale, ôta à ce prince la petite Arménie avec une partie de la Galatie. Déjotarus mourut dans un âge très-avancé, l'an 40 avant J.-C., 712 de Rome ; il est surtout célèbre par un plaidoyer que Cicéron prononça pour lui. Ariobarzane II, roi de Cappadoce depuis l'an 63 avant J.-C., fut massacré par les troupes de Brutus et de Cassius, an 44 avant J.-C., 71 de Rome. Tarchondimotus était roi d'une partie de la Cilicie ; il est ainsi appelé dans la *Pharsale* de Lucain (liv. 9, v. 219). Dion Cassius, Strabon, Plutarque et César, dans ses Commentaires, font mention de ce prince, mais avec quelques différences dans la manière d'écrire son nom. Cotys était roi de Thrace, et l'on croit qu'il fut père de ce Cotys, à qui Ovide s'adresse ainsi dans une de ses élégies :

> Regia progenies, cui nobilitatis origo
> Nomen in Eumolpi pervenit usque Coty.

¹⁹ *Devait trouver son terme.* Florus se trompe en disant, au commencement de cette phrase, que la guerre dura quatre ans ; elle se prolongea pendant dix ans.

²⁰ *Sous le consulat de Q. Métellus et de L. Afranius.* L'an de Rome 693 (61 avant J.-C.), Q. Cæcilius, Métellus, surnommé *Celer*, avait exercé la préture sous le consulat de Cicéron, qui le chargea d'aller dans le Picénum dissiper un rassemblement armé formé par Septimius, un des complices de Catilina. Il fut ensuite envoyé en Gaule Cisalpine comme proconsul, l'an 692, et l'année d'après élevé au consulat. L. Afranius, son collègue, était une créature de Pompée : son principal mérite consistait à bien danser.

Pompée, malgré le sénat, acheta la dignité consulaire pour en revêtir un sujet aussi indigne. Métellus illustra son consulat par la fermeté avec laquelle il s'opposa à une loi agraire que voulait faire passer Pompée, pour assigner des terres à ses soldats. Mis en prison par le tribun Flavius, il supporta cette injustice avec une admirable constance. Son consulat se passa dans de turbulentes contestations ; mais Métellus Celer sut au moins arrêter le mal. Une nouvelle loi agraire que César proposa l'année suivante ne trouva pas dans Métellus un adversaire moins ferme ; et quand elle eut passé, il fut avec Caton et Favonius au nombre des trois sénateurs qui refusèrent de jurer son exécution. Il mourut cette même année, et l'on soupçonna qu'il avait été empoisonné par sa femme Clodia, sœur du séditieux Clodius (694 de Rome, 60 avant J.-C.).

[21] *Chantait sur les théâtres élevés par Pompée ses victoires récentes.* C'était l'année précédente que Pompée avait vaincu Mithridate, Tigrane et toute l'Asie. Florus parle figurément en disant sur les théâtres : on n'en connaît qu'un seul élevé par Pompée.

[22] *L'ennemi déclaré des hommes puissans.* Il y a dans cette opposition quelque chose qui sent le blâme. Il est certain que Caton se montra plus souvent mieux intentionné qu'habile. *Voyez*, pour Métellus Créticus, dont Florus parle dans cette même phrase, les notes 102 et 103 du livre troisième.

[23] *Pour soutenir mutuellement leur crédit.* Le triumvirat, formé l'an de Rome 693, dura dix ans. Dès ce moment la liberté romaine fut détruite, et Rome n'eut plus d'autre perspective que d'avoir un seul maître au lieu de trois

[24] *Entre le gendre et le beau-père.* En voyant combien ces deux triumvirs étaient peu scrupuleux pour satisfaire leur ambition, on a droit de s'étonner qu'une alliance ait eu sur eux tant de pouvoir. Le même motif contint long-temps la rivalité d'Antoine et d'Octave ; et la fille de César, dont la mort devint si fatale à la république, peut bien, sous le rapport de son influence politique, être comparée à la vertueuse Octavie, sœur d'Octave.

[25] *Celui-là point de supérieur.* Lucain a exprimé cette même pensée :

Nec quemquam jam ferre potes Cæsarve priorem.
Pompeiusve parem. . . . .

César se plaint de Pompée à peu près dans les mêmes termes : *Pompeius neminem dignitate secum exæquari solebat* (*Comment.*, liv. 1, ch. 4).

²⁶ *Sous le consulat de Lentulus et Marcellus.* L'an de Rome 704, 50 avant J. C., L. Cornélius Lentulus, surnommé *Crux*, homme perdu de dettes, se montrait partisan de Pompée tout en négociant avec César. Il contribua plus que tout autre à la rupture entre ces deux triumvirs. Il ne faut pas confondre C. Claudius Marcellus, collègue de Lentulus, avec son parent, qui fut consul l'année précédente, et qui avait également pour prénom Caïus.

²⁷ *On refusait à son rival cette faveur.* Après ces mots *donner un successeur à César*, il faut suppléer, pour le sens, *au gouvernement des Gaules*. Pompée avait prévu depuis long-temps tous les orages dont l'ambition effrénée de César devait être la cause, et il n'était pas alors à se repentir d'y avoir donné les mains. On peut consulter là-dessus, ainsi que sur tous les événemens de ces temps-là, les lettres de Cicéron à Atticus, l'un des plus précieux monumens de l'antiquité. *Voyez* encore Plutarque, Appien, et surtout les Commentaires de César.

²⁸ *Qu'autant qu'on lui tiendrait parole.* César se montrait assez disposé à faire des concessions. Il est permis de soupçonner la sincérité de ses offres généreuses, qui avaient pour but d'imposer la réciprocité à son rival.

²⁹ *Le son de la trompette se fit d'abord entendre à Rimini.* Cette phrase ne veut pas dire qu'on en vint d'abord aux mains à Ariminium, puisque les habitans ouvrirent leurs portes à César sans résistance; mais que ce fut en entrant dans cette ville, qui n'était pas de son gouvernement, que César donna alors la première marque de ses desseins ambitieux. Ariminium (*Rimini*), ville maritime de l'Ombrie, était une des clefs de l'Italie, en venant des Gaules. Avant d'arriver à Ariminium, César avait passé le Rubicon, qui séparait la Gaule Cisalpine de l'Ombrie. Florus ne parle pas de ce passage, dont on peut lire les détails dans Plutarque (*Vies de César et de Pompée*), Suétone (*Vie de César*), Appien (*Guerres Civiles*, liv. 2, ch. 4, n° 35), Lucain (lib. 1, v. 185 et suiv.).

Ut ventum est parvi Rubiconis ad undas, etc.

Il n'est rien dit non plus dans les Commentaires de César sur ce fameux passage.

³⁰ *Libon fut chassé de l'Étrurie, etc.* Scribonius Libon était

préfet de l'Étrurie. Il en fut chassé par Marc-Antoine, lieutenant de César, et suivit Pompée à Brindes.

> Gens Hetrusca fuga trepidi nudata Libonis.
> (Lucain, lib. 1ᵉʳ, v. 462.)

Thermus, préteur, s'était jeté dans Iguvium, ville d'Ombrie, avec cinq cohortes. César y envoya Curion. A l'approche de ce lieutenant, Thermus, qui se défiait des dispositions des habitans, quitta la ville avec ses soldats, qui l'abandonnèrent.

> Jusque sui pulso jam perdidit Umbria Thermo.
> (Luc., lib. 1ᵉʳ v. 464.)

Maître de tout le Picénum (Marche d'Ancône), César mit le siége devant Corfinium, ville des Péligniens, où s'était renfermé Domitius Ahénobarbus, personnage consulaire, et nécessairement ennemi de César, puisque le sénat l'avait désigné pour succéder à ce dernier dans le commandement des Gaules. Trahi par ses propres soldats, Domitius fut livré, avec tous les sénateurs qui l'avaient accompagné, à César, qui leur accorda la liberté, et lui rendit même sa caisse militaire. Peu touché de cette générosité, Domitius se hâta de rejoindre Pompée.

[31] *La guerre était terminée, etc.* Plutarque s'exprime à peu près de même (*Vie de Pompée*) : « César s'était ainsi rendu « maître de toute l'Italie en soixante jours, sans verser une goutte « de sang. » Une chose non moins remarquable, c'est que, pour commencer une telle conquête, il n'avait que cinq cohortes, *quinque cohortes quas tunc solas habebat cum quibus orbem terrarum adortus est*, dit Tite-Live, cité par Paul Orose.

[32] *Pompée, qui s'était renfermé dans Brindes.* On s'étonne que l'histoire ait conservé à Pompée le surnom de Grand, que lui décerna la flatterie. Avec quelle lâcheté et quelle imprévoyance abandonna-t-il à César l'Italie sans coup férir, lui qui s'était vanté de n'avoir qu'à frapper du pied la terre, pour en faire sortir des légions ! Dès que son adversaire fut entré dans Rimini, Pompée quitta Rome, déclarant ennemi public quiconque ne le suivrait pas dans sa fuite. Pendant les conquêtes de César en Ombrie, en Étrurie, dans le Picénum et le Samnium, il était renfermé dans Capoue. De là il se retira dans Brundusium (Brindes), où il fut bientôt investi par César (*voyez* Plutarque).

[33] *Les retranchemens, etc.* Ces ouvrages de César étaient non moins gigantesques par leurs proportions que par la célérité avec

laquelle ils furent construits. On doit convenir aussi que les dispositions et les stratagèmes employés par Pompée, pour échapper à son rival, furent d'un habile général; mais ne devait-il songer qu'à fuir devant lui? (*Voyez* les *Commentaires César*, liv. 1, guerre civile.)

³⁴ *Fuyait alors dans un vaisseau délabré*, etc. Ce tableau déplorable de la fuite de Pompée, s'échappant de Brindes, aurait été mieux placé au moment où ce général s'embarqua près de Larisse, après la bataille de Pharsale.

³⁵ *Se créa lui-même consul.* Plutarque et Appien gardent le silence sur cette circonstance, dont il n'est pas non plus question dans les Commentaires de César.

³⁶ *La porte du trésor sacré.* Maître de Brindes, n'ayant pas de flotte pour se mettre à la poursuite de Pompée, César prit le chemin de Rome, où il entra sans résistance. On avait craint d'abord de voir se renouveler les proscriptions : mais tandis que Pompée n'annonçait que vengeances, s'il demeurait vainqueur, César traite en amis tous ceux qui ne s'étaient pas déclarés ses ennemis, et pardonne à ces derniers. Le seul acte de violence qu'il se permit, fut la spoliation du trésor sacré, qu'il ne faut pas confondre avec le trésor public ; car ici *sanctum* n'est pas une simple épithète : *ærarium sanctum* était le nom consacré d'un trésor particulier qui avait été établi, et que l'on conservait exclusivement pour les frais de guerre contre les Gaulois. Les plus terribles imprécations avaient été prononcées contre quiconque oserait y toucher. Ce fut le tribun Métellus qui voulut s'opposer à cet attentat. César le menaça de la mort : « Songe, lui dit-il, qu'il m'est plus aisé de te « punir que d'en donner l'ordre. » Ce trait, dont César se garde bien de parler dans ses Commentaires, est rapporté par Plutarque, et forme un des plus beaux morceaux de la Pharsale.

³⁷ *Il occupa par ses lieutenans la Sicile*, etc. J'ai entendu *pignora annonæ* autrement que les traducteurs qui m'ont précédé, et qui l'ont tous rendu par les *subsistances de son armée*. Le but de César, en s'emparant sur-le-champ de la Sicile et de la Sardaigne, était moins de pourvoir à la subsistance de l'armée peu nombreuse qu'il allait conduire en Espagne, que de s'assurer les moyens de faire au peuple de Rome les distributions de grains accoutumées. C'est ce que ne manque pas de dire Lucain, qui est peut-être encore plus historien que poète.

Curion avait été précédé en Sicile par Asinius Pollion. Caton d'Utique, qui commandait dans cette île en qualité de prêteur, apprenant comment Pompée avait déserté l'Italie, n'essaya de faire aucune résistance, et s'embarqua, ne voulant pas, disait-il, exposer la Sicile à une entière ruine, en la rendant le théâtre de la guerre. M. Aurélius Cotta, qui commandait en Sardaigne, fut chassé par les habitans à l'approche de Valérius, autre lieutenant de César.

[38] *Marseille osa lui fermer ses portes, etc.* (*Voyez* sur cette ville la note 96, liv. 3). Velléius, ch. 3, liv. 2, exprime une pensée analogue : *Festinationem itineris ejus aliquando morata Massilia est fide melior quam consilio prudentior.*

[39] *Par la mollesse de ses habitans.* Cette réflexion de Florus fait voir quelle triste opinion les Romains avaient des Grecs ; et, en effet, il faut convenir que la facilité avec laquelle Rome avait conquis la Grèce pouvait justifier ce superbe dédain. Ovide a dit :

Græcia facundum sed male forte genus.

Au reste, c'est en considération de leur origine, *pro nomine et vetustate* (Comment. de Bello civili, lib. 2), que César épargna cette ville.

[40] *Mais Brutus que César avait chargé de la conduite de ce siége.* Inexactitude. Décimus Brutus ne fut pas seul chargé du siége de Marseille ; il la bloqua par mer, tandis que C. Trébonius la pressait par terre. Marseille se défendit pendant tout le temps que dura la première expédition de César en Espagne. En retournant en Italie, il trouva encore ses lieutenans arrêtés devant cette ville ; les habitans, à son arrivée, se firent honneur de ne se rendre qu'à lui.

[41] *César faisait en Espagne, contre Pétréius et Afranius.* Velléius Paterculus appelle Afranius personnage consulaire, et Pétréius ex-préteur.

[42] *Dans leur camp assis près d'Illerda sur le Sicoris.* Illerda, aujourd'hui *Lérida*, dans la Catalogne, était la capitale du pays des Illergètes (Espagne citérieure et tarraconaise). — *Sicoris*, aujourd'hui la Sègre.

[43] *Mais dès que les eaux eurent repris leur paisible cours.* C'est ainsi que j'ai tâché de rendre une expression que Florus semble avoir empruntée aux poètes.

Ut si quando ruit debellatasque reliquit
Eurus aquas, pax ipsa tumet. (STATIUS.)

Silius Italicus dit quelque part *pacem æquoris;* Lucrèce, lib. 5, *ventorum paces.*

⁴⁴ *Dans la Celtibérie.* Celtibérie : Castille et Arragon.

⁴⁵ *L'Espagne ultérieure ne l'arrêta pas long-temps.* L'Espagne ultérieure comprenait la Bétique et la Lusitanie.

⁴⁶ *Après la soumission volontaire de Varron.* C'est le même Varron dont il est question ch. 17 du liv. 3, à propos de la guerre contre les pirates (*voyez* note 95 du même livre). Velléius Paterculus ne parle pas de Varron en indiquant les lieutenans de Pompée en Espagne. Plutarque, qui le nomme, ne parle pas d'Afranius. Ces trois chefs sont désignés dans l'*Epitome Livii.*

On trouve dans Appien, liv. 2, ch. 6, nᵒˢ 42 et 43, et dans les Commentaires de César, les détails les plus complets sur l'expédition d'Espagne, liv. 1ᵉʳ *de la guerre civile,* pour la conquête de l'Espagne citérieure, et liv. 2 pour celle de l'Espagne ultérieure.

⁴⁷ *L'éclat de ses prospérités.* Tout en adoptant le sens que Freinshémius donne à ce passage (*radiare,* dit-il, dans son index, *id est radiis distinguere,* marquer de rayons), j'ai été forcé d'employer comme équivalent une métaphore qui s'éloigne un peu de celle de l'original, et qui paraîtra peut-être plus naturelle.

⁴⁸ *Antonius et Dolabella, etc.* Ce n'est pas de Marc-Antoine qu'il s'agit ici, ni de Lucius Antonius le consulaire, mais de leur frère C. Antonius. — *Curicta,* île dans laquelle C. Antonius fut bloqué par Scribonius Libon, est située au fond du golfe de Venise, et s'appelle aujourd'hui Velia. Pline met les Curictes au nombre des peuples Illyriens. C'est une erreur grave commise par plusieurs critiques d'avoir voulu substituer ici *Corcyreo littore* à *Curictico littore.* — *Dolabella.* Il s'agit de P. Dolabella (*voyez* Suétone, *Vie de César;* Paul Orose, liv. 5, ch. 15).

⁴⁹ *Octavius et Libon ses lieutenans.* Dans la note philologique, au bas du texte, j'ai relevé l'erreur de Florus ou de ses copistes, qui ont fait d'Octavius et de Libon un seul homme.

Le premier était M. Octavius, et le second Scribonius Libon; César les appelle chefs de la flotte d'Illyrie et d'Achaïe, et ajoute qu'ils recevaient des ordres de Bibulus, qui avait le commandement général des forces maritimes de Pompée. Libon était le même que César avait déjà chassé de l'Etrurie (*voyez* la note 30).

⁵⁰ *Que Basilus envoyait à leur secours, faute de vaisseaux.* Ce Basilus dont Lucain parle également, *et Basilum videre ducem,* était le chef des Opitergius.

⁵¹ *Par des habitans d'Opitergium.* C'est une ville de la Vénétie, aujourd'hui *Operzo*. Toutes les circonstances de ce récit sembleraient avoir été prises par Florus dans Lucain, liv. 4, vers 402 à 470. La comparaison même *capti quasi per indaginem* est évidemment empruntée au poète, chez lequel elle se trouve développée avec assez d'éclat.

⁵² *En Afrique la valeur et l'infortune de Curion.* La malheureuse expédition de Scribonius Curion se trouve racontée dans tous ses détails au 2ᵉ liv. des Commentaires de César, et dans Appien, liv. 2, ch. 7.

⁵³ *Déjà il se glorifiait d'avoir chassé et mis en déroute Varus, etc.* Attius Varus, lieutenant de Pompée, tenta vainement, au commencement de la guerre civile, de défendre Auximum, ville d'Ombrie, contre César. Il partit aussitôt pour l'Afrique, y leva deux légions, et empêcha d'aborder dans cette province Tubéron, partisan de César. Il fut moins heureux contre Curion qui, après l'avoir battu dans trois rencontres, l'enferma dans Utique, et commençait à l'y assiéger, lorsque Juba, par sa jonction inattendue, vint sauver Varus et accabler Curion. Juba, roi de Mauritanie, était ennemi personnel de Curion qui, pendant son tribunat, avait ordonné la confiscation de son royaume. Mais Pompée lui rendit ses Etats, et ce prince lui demeura inviolablement attaché.

⁵⁴ *Périr avec l'armée dont sa témérité avait causé la perte.* Pensée imitée de César, *de Bello civ.*, lib. 2 : *Curio nunquam, amisso exercitu quem a Cæsare fidei suæ commissum acceperit, se in ejus conspectum reversurum, confirmat; atquæ ita prœlians interficitur.*

⁵⁵ *Les deux athlètes dans l'arène : Et jam debitum par.* Allusion à un combat d'athlètes. En latin, deux athlètes ou gladiateurs destinés à combattre l'un contre l'autre, s'appelaient *par*, comme on dirait chez nous *une paire, une couple*. Lucain a employé la même métaphore dans ce vers, où il dit en parlant de César et de Pompée :

Parque suum videre dii.
(lib. 6. v. 3.)

et plus loin (lib. 12, vers. 695) :

. . . . Sed par quod semper habemus
Libertas et Cæsar erunt . . . .

Sénèque a dit aussi : *Ecce par deo dignum vir fortis cum mala fortuna compositus (de Providentia).* — *Flagitante fortuna,* continue Florus, qui suit la métaphore. *Flagitare* était l'expression consacrée pour désigner le peuple demandant des combats de gladiateurs : *Flagitans paria gladiatorum.*

⁵⁶ *Après avoir mis ordre à tout ce qu'il laissait derrière lui.* César était à Marseille lors de la défaite de Curion, d'Antoine et de Dolabella. Une de ses armées campée à Plaisance se révolte. Il paraît, et fait rentrer les mutins dans le devoir. Il se rend ensuite à Rome, où il venait d'être créé dictateur. Cet honneur lui fut-il déféré par le sénat, par le peuple, ou par un préteur qui, en l'absence des consuls, alors auprès de Pompée, se trouvait le premier magistrat de Rome ? Les historiens ne s'accordent pas sur ce point. Quoi qu'il en soit, César ne se servit de cette dignité que pour présider aux comices, où il se fit élire consul avec P. Servilius Isauricus, et abdiqua la dictature au bout de onze jours. Il fit une nouvelle distribution des départemens, donna du blé au peuple qui souffrait de la disette, rétablit dans leurs droits les enfans des citoyens qu'avait proscrits Sylla, et prit d'équitables dispositions pour faciliter le paiement des dettes, dont on lui demanda vainement l'abolition. Voilà ce que Florus a voulu dire par cette phrase vague, *ordinatis a tergo omnibus.*

⁵⁷ *Il se confie à la tempête pour aller chercher les combats.* C'est par des métaphores que j'ai cru pouvoir rendre et interpréter cette belle expression de Florus, pour dire que César se mit en route pour Brindes à la fin de décembre (Appien, liv. 2, ch. 7).

⁵⁸ *Il vint asseoir son camp près d'Oricum.* Ville d'Epire, aujourd'hui *Orico*, située au-dessous de Dyrrachium, sur le bord de la mer Adriatique.

⁵⁹ *Tu portes César.* Plutarque ajoute *et sa fortune.* Appien et Plutarque ne sont pas tout-à-fait d'accord sur les détails de cette anecdote célèbre. Je n'oserais révoquer en doute un trait pour ainsi dire consacré; mais on me permettra du moins de m'étonner que César n'en ait rien dit dans ses Commentaires.

⁶⁰ *D'emporter Dyrrachium.* Dyrrachium, aujourd'hui Durazzo en Épire, s'appelait d'abord Epidamnus, du nom de son fondateur; mais les Romains changèrent ce nom, qui leur parut, dit Pomponius Méla, de mauvais augure.

⁶¹ *Scéva, dont le bouclier fut percé de cent quarante flèches.* César, dans ses Commentaires, porte à deux cent trente le nombre

des traits qui percèrent le bouclier de Scéva. Il ajoute qu'on trouva trente mille traits lancés par l'ennemi dans la redoute que défendait ce centurion.

⁶² *Gomphi, et d'autres places de la Thessalie.* Cette ville, qui était la première de Thessalie en venant de l'Épire, s'appelle aujourd'hui Janina, et est la capitale d'un pachalick du même nom. Ici la narration de Florus est conçue de manière à faire penser que le pillage de Gomphi aurait eu lieu avant que César et Pompée eussent abandonné les lignes de Dyrrachium. Florus omet en outre ici le combat mémorable par lequel Pompée força son rival à abandonner les lignes de Dyrrachium. Cette action que Pompée aurait pu rendre décisive, *s'il avait su vaincre,* aurait été plus intéressante à raconter que les traits de Scéva et des Opitergins.

⁶³ *Aux avantages d'un plan si sagement conçu.* Pompée se montre ici bien différent de Fabius, qui résista à l'impatience des Romains en présence d'Annibal, et qui sauva la république par son sage mépris des clameurs publiques. Pompée avait dans sa vanité un ennemi non moins redoutable que le génie de César. Tandis qu'il s'enivrait de l'encens des flatteurs, qu'il souffrait qu'on l'appelât l'Agamemnon, le roi des rois, son rival, plus grand que lui, avouait ses fautes, et cherchait à les réparer. Montesquieu caractérise ainsi la faiblesse qu'eut Pompée de ne point mépriser de vains propos : « Et pour n'être pas blâmé, il fit une chose que la « postérité blâmera toujours, d'aller combattre avec des troupes « nouvelles une armée qui avait vaincu tant de fois. » (*Voyez* Plutarque, *Vie de Pompée;* Appien, liv. 2, ch. 7.)

⁶⁴ *Aux plaines de Philippes.* Erreur de Florus : la bataille entre César et Pompée se donna dans les plaines de Pharsale (aujourd'hui Farsa), ville sur le fleuve Enipée. Les plaines de Philippes étaient situées dans la Macédoine, entre les fleuves Strymon et Nestus, à quelque distance du golfe Strymoniaque. Il est surprenant que les critiques n'aient point relevé cette erreur.

⁶⁵ *On comptait plus de trois cent mille hommes dans l'une ou dans l'autre armée.* Appien s'exprime ainsi à ce sujet : « L'armée « de César était composée de vingt-deux mille hommes; l'armée « de Pompée était plus que le double de celle de César, y com- « pris sept mille hommes de cavalerie. Les relations les plus vrai- « semblables sont en effet celles qui ont porté à soixante-dix mille « le nombre total des troupes romaines qui en vinrent aux mains « dans cette journée. Les écrivains, qui ont le plus restreint ce

SUR LE LIVRE IV. 575

« nombre, l'ont porté à soixante mille ; ceux qui l'ont le plus
« exagéré l'ont élevé à quatre cent mille. » Plutarque (*Vie de
César*, liv. 2, ch. 10), fait le même dénombrement des forces
de part et d'autre. Selon lui, Pompée avait quarante-cinq mille
hommes en troupes légionnaires, et sept mille chevaux ; César
n'avait que vingt-deux mille hommes de semblables troupes, et
mille hommes de cavalerie (*Vie de César*). En voilà plus qu'il
n'en faut pour faire justice de l'exagération du nombre énoncé
par Florus (*voyez* la note 16 de ce livre).

⁶⁶ *Les victimes s'enfuirent de l'autel.* Appien (*loco citato*)
rapporte le même prodige. La fuite de la victime était regardée
chez les anciens comme de mauvais augure, parce qu'on suppo-
sait que les dieux irrités dédaignaient le sacrifice.

⁶⁷ *Des essaims d'abeilles vinrent se poser sur les enseignes.*
Appien (*ibid.*) dit : *Un essaim d'abeilles, emblème de la faiblesse, vint se poser sur les autels.* Dion Cassius rapporte ce fait
dans les mêmes termes que Florus.

⁶⁸ *Des ténèbres obscurcirent le jour.* « Un météore de feu s'é-
« tant dirigé du camp de César vers le camp de Pompée où il s'é-
« teignit, etc. » (Appien.) Plutarque raconte le prodige comme
Appien ; et Dion Cassius prétend que la foudre tomba sur le camp
de Pompée.

⁶⁹ *De sinistres applaudissemens et de cris lamentables.* « Il
« lui sembla, dit Plutarque (*Vie de Pompée*), que comme il en-
« trait dans le théâtre, le peuple le reçut avec de grands batte-
« mens de mains, etc. » Appien raconte ce songe avec d'autres
circonstances.

⁷⁰ *Dans la place d'armes du camp, en habit de deuil.* Ni Plutarque ni Appien ne parlent de cette circonstance. Quelle apparence que Pompée ait paru, à la veille d'une bataille décisive, dans
un habillement si propre à décourager son armée ? Il est inutile
d'ajouter que César, dans ses Commentaires, ne dit pas un mot
de tous ces prodiges. Les prodiges ne se lisent guère que chez les
auteurs qui n'ont pas été à même de les voir.

⁷¹ *Crastinus engagea le combat en lançant son javelot.* Les détails que donne Florus sur le commencement de la bataille de Pharsale sont parfaitement conformes aux Commentaires de César,
qui rapporte fort au long le trait de Crastinus. Plutarque l'appelle
C. Crassinius ; Lucain porte aussi Crastinus.

⁷² *On eût dit que les cavaliers de Pompée étaient à pied, et les*

fantassins de César à cheval. Ce raprochement ne me paraît pas heureux, surtout dans l'expression, qui a quelque chose de puéril. Ce corps de Germains, qui décida de la victoire, était composé de dix cohortes, que César tenait en réserve depuis le commencement de la bataille, comme il l'explique lui-même dans ses Commentaires (liv. 3, ch. 94). Appien (liv. 2, ch. 2), ainsi que Frontin (Stratag., liv. 2, ch. 14), rendent la même justice à la prévoyance du vainqueur de Pompée.

[73] *Cette sanglante déroute de la cavalerie, etc. Levis armatura.* On appelait ainsi les troupes qui formaient, dans la légion, la quatrième ligne. La première ligne était composée des *hastaires*, ainsi nommés d'une longue javeline, *hasta*, qui était leur arme principale : des jeunes gens à la fleur de l'âge composaient ce corps. La deuxième était formée des *principes*, hommes dans la vigueur de l'âge. Il paraît qu'anciennement on les plaçait à la première ligne; c'est de là qu'ils avaient pris leur nom. La troisième était formée des *triaires*, vieux soldats d'une valeur éprouvée. Enfin la quatrième était composée des *velites*, ainsi appelés de leur vitesse et de leur agilité. Ils étaient armés à la légère (*milites levis armaturæ, vel levis armatura*). Leur création datait de la seconde guerre Punique. Appien et Plutarque rapportent que si la vigueur avec laquelle les dix cohortes de réserve chargèrent l'aile gauche de Pompée commença la victoire en dispersant la cavalerie, le choc de la dixième légion la décida entièrement en mettant en déroute l'infanterie ennemie.

[74] *Rien ne nuisit davantage à Pompée que la multitude de ses troupes.* Elles ne combattirent point, si l'on en croit Appien : « Les « alliés, dit-il, comme s'ils n'eussent été appelés que pour être « témoins du spectacle de cette bataille, admiraient la fermeté « avec laquelle chacun conservait son rang.... Ils ne surent que « rester en place dans une sorte de stupeur. Quand l'aile gauche « de Pompée commença de plier, les alliés prirent la fuite à la « débandade, sans coup férir, en disant *Nous sommes vaincus.* »

[75] *Soldats, frappez au visage!* (*Voyez* ci-dessus la note 72.) Plutarque prête à ce sujet les paroles suivantes à César : « Car ces « beaux danseurs, si fleuris pour conserver leur beauté, n'auront « pas le courage de soutenir l'éclat du fer de ces javelots qu'on « fera briller si près de leurs yeux. »

[76] « *Épargnez les citoyens,* » *tandis qu'il les chargeait lui-même.* Rien de plus sensé que le jugement porté par Florus, sur la pré-

tendue clémence d'un homme qui avait allumé la guerre civile dans sa patrie. Velléius Paterculus, le flatteur des Césars, présente ce trait comme un grand acte d'humanité. Plus judicieux, Appien n'y voit qu'une excellente idée politique.

⁷⁷ *Fuir honteusement à cheval à travers les vallées de la Thessalie.* Quand Pompée vit la déroute de son armée il perdit la tête; et ayant regagné son camp, il se rendit dans sa tente et s'y assit sans proférer un seul mot. Appien et Plutarque comparent ici sa situation à celle d'Ajax, fils de Télamon, lorsqu'au milieu d'une bataille les dieux lui ôtèrent l'usage de ses sens. Vers la fin du jour les troupes de César fondirent sur le camp de Pompée : alors sortant de sa stupeur, il s'écria : *Quoi ! jusque dans notre camp !* Puis ayant changé de costume, il monta à cheval avec quatre de ses amis seulement, et arriva le lendemain au point du jour à Larisse, capitale de la Thessalie.

Il y a dans le latin *Thessalica Tempe*, ce qui veut dire *les vallées thessaliennes de Tempé*, car ce mot est un nom pluriel. J'eusse bien mis *les vallées de Thessalie, appelées Tempé*, mais il m'a semblé qu'une désignation aussi précise aurait ralenti le mouvement de la phrase.

⁷⁸ *De Lesbos, où il aborda dans un chétif navire.* Ce ne fut pas sur un frêle esquif que Pompée aborda à Lesbos, mais sur un grand vaisseau de charge (*voyez* Plutarque, Vie de Pompée, et Appien, ch. 12, liv. 2). — Lesbos, île de la mer Égée; capitale, Mitylène. Dans cette île, Pompée recueillit Cornélie son épouse, et l'un de ses fils. Rien de plus touchant que le récit de leur entrevue dans Plutarque.

⁷⁹ *A Syèdre, rocher désert de la Cilicie.* J'ai exposé dans la note philologique, page 322, quelles difficultés présente le texte de ce passage. Les manuscrits portent *hedris*, mot qui ne signifie rien. C'est Saumaise qui, par une heureuse correction, a, le premier, lu *Syedris*; en effet, Syédra était une ville de Cilicie que Florus appelle *Scopulum*, rocher, parce qu'elle était située sur le bord de la mer, et qu'elle était peu considérable. Le texte de Lucain porte *Synedris* (liv. 8, vers 259); mais les géographes ne connaissent pas ce nom. D'autres veulent lire, et dans Florus et dans Lucain, *Celendris*, qui est en effet une autre ville maritime de Cilicie; mais ils ne font pas attention que *Celendris, Celendridos*, ne fait pas au datif *Celendris*, mais *Celendridi*. Au reste, Lucain, qui donne des détails sur le séjour de Pompée en Cilicie, parle du

fleuve *Selinus*, après avoir nommé *Synedris*, qui n'est autre que *Syedris*. En effet, la ville de Syèdre était à l'embouchure de ce fleuve.

Plutarque ne fait point aller Pompée jusqu'en Cilicie. Il le fait arriver à Attalie, ville de Pamphylie, presqu'en face de l'île de de Chypre. De là Pompée se rendit en Égypte en passant par cette île.

[80] *Sur la côte de Péluse*, ville d'Égypte, située sur une des sept bouches du Nil, à laquelle elle donnait son nom ; elle était comme la clef de ce pays du côté de la Phénicie et de la Judée.

[81] *Par le fer de Septimius*, etc. Septimius, selon les Commentaires de César, avait servi sous Pompée en qualité de tribun militaire dans la guerre contre les pirates. Florus désigne les autres par leurs qualités. *Le plus lâche des rois*, c'est Ptolémée XII, fils de Ptolémée Aulètes : Pompée avait été le tuteur de ce jeune prince, et devait espérer d'obtenir auprès de lui un asyle inviolable. Par *les vils eunuques*, Florus entend Photin, ministre, et Achillas, général de Ptolémée. Ils eurent pour complice le rhéteur grec, Théodote, précepteur du jeune roi. Plus bas, Florus dit *fœdusque amicitiæ cum Cæsare, medio Pompeii capite sanxisset*. Aucun traducteur n'avait rendu le *medio*, que j'ai traduit par *médiatrice*, selon la glose de mademoiselle Le Fèvre, *Pompeii nece mediante*.

[82] *Cléopâtre, sœur du roi, vint se jeter aux pieds de César*. Elle était sœur de Ptolémée XII. Ptolémée Aulètes, leur père, avait laissé en mourant la couronne à Ptolémée, l'aîné de ses fils, et à Cléopâtre, l'aînée de ses filles, à condition qu'ils règneraient conjointement, et qu'ils s'uniraient par les nœuds du mariage, union incestueuse autorisée en Égypte. Les ministres de Ptolémée, qui n'avait que quatorze ans, au lieu de lui faire épouser sa sœur Cléopâtre, avaient chassé cette princesse.

[83] *Si son propre intérêt l'eût exigé*. La guerre d'Alexandrie que César eut à soutenir contre les tuteurs de Ptolomée, prouve combien ce raisonnement est juste. Les Égyptiens, qui tenaient à leur jeune roi Ptolémée, étaient animés d'un ressentiment profond contre les Romains, qui, depuis plus d'un siècle, tenaient pour ainsi dire leurs rois en tutelle.

[84] *Il mit le feu aux édifices voisins, à l'arsenal et au port*. On s'étonne qu'un écrivain soit si indifférent pour les produits de la littérature, que d'oublier dans cette énumération la bibliothèque

d'Alexandrie, qui fut presque entièrement consumée ; mais cette indifférence pour les arts, qui tiennent cependant une si grande place dans l'histoire des empires, n'est pas seulement à reprocher à Florus, c'est un défaut commun à presque tous les historiens de l'antiquité.

⁸⁵ *Dans la presqu'île du Phare.* Dans l'origine c'était une île ; mais plus tard elle fut jointe au continent par des atterrissemens successifs et par une chaussée faite de main d'hommes. Ptolémée Philadelphe y fit construire une tour pour éclairer les vaisseaux la nuit ; ce qui a fait donner à cette île le nom de *Pharos*, phare. A l'époque de la guerre d'Alexandrie, elle formait, dit César, le port de cette ville.

⁸⁶ *Il abandonna aux vagues son habit militaire.* Hirtius Pansa, le continuateur des Commentaires, ne parle pas de cette circonstance. Du reste, le fond de son récit paraît avoir été suivi par Florus. Dion Cassius et Appien n'omettent pas la perte du manteau de César, et disent que les Alexandrins, entre les mains desquels il tomba, en firent un trophée. Dion Cassius et Plutarque ajoutent que dans ce moment César tenait d'une main des papiers précieux, tandis qu'il nageait de l'autre. Le silence d'Appien et d'Hirtius Pansa sur cette particularité, assez merveilleuse en soi, pourrait la faire révoquer en doute, surtout si l'on considère que Plutarque ne raconte ce fait que comme un *ouï-dire ;* et qu'Appien dit positivement que César fut obligé de nager entre deux eaux, ce qui rendait impossible l'action d'avoir une main hors des flots (*Voyez* Appien, liv. 2, chap. 13).

⁸⁷ *Défit complétement ce peuple perfide.* Hirtius porte un jugement semblable sur les Égyptiens : *Fallacem gentem, semperque alia cogitantem, alia simulantem.*

Si César vint à bout de terminer heureusement cette guerre, ce fut par le secours de Mithridate de Pergame, prince de la race des Gallo-Grecs, et qui passait pour fils naturel du fameux Mithridate.

⁸⁸ *Théodote,.... Photin et Ganymède, etc.* Selon les Commentaires d'Hirtius, César fit périr Photin, non pour venger la mort de Pompée, mais parce qu'il eut avis d'un complot qu'il tramait contre lui avec Achillas. En cela Plutarque est d'accord avec Hirtius. Appien prétend, au contraire, que sitôt que son armée fut venue le joindre à Alexandrie, César fit arrêter et punir de mort Achillas et Photin, comme coupables d'attentat sur la personne de Pompée. Hirtius raconte la mort d'Achillas tout au-

trement. Il dit qu'Arsinoé, sœur de Ptolémée et de Cléopâtre, qui avoit aussi un parti en Égypte, fit assassiner Achillas par l'eunuque Ganymède, son gouverneur. Plutarque (vie de Pompée) diffère d'Hirtius: il prétend que César fit mourir Achillas avec Photin. Quant à Théodote, il échappa à la vengeance de César; car s'étant enfui en Égypte, il fut long-temps errant, jusqu'à ce qu'il tombât entre les mains de Brutus, un des meurtriers de César, qui fit mourir ce malheureux au milieu des tortures (Plutarque). Selon Appien, ce fut Cassius qui fit arrêter en Asie Théodote, et qui le fit pendre.

Quant à Ganymède, les historiens ne le mettent pas au nombre des meurtriers de Pompée: gouverneur et ministre d'Arsinoé, il fut tué dans le même combat où Ptolémée perdit la vie.

⁸⁹ *Le roi Pharnace, se fiant encore plus à nos divisions qu'à sa valeur.* Suétone exprime la même pensée: *Occasione temporum bellantem*, dit-il du même prince. Fils et meurtrier de Mithridate, Pharnace, à qui Pompée avait laissé le royaume du Bosphore, s'était emparé de la Cappadoce et de l'Arménie. Il avait vaincu Domitius Calvinus, lieutenant de César. Enflé de ce succès, il saccagea la ville d'Amisus, vendit comme esclaves et rendit eunuques tous les citoyens romains qui se trouvaient dans cette ville.

⁹⁰ *Car ce ne fut pas même un combat.* Il y aurait là de l'exagération; car, selon Hirtius, ce ne fut qu'après un combat fort vif et fort opiniâtre, *magno atque acri cominus prælio*, que César parvint à culbuter l'ennemi. Appien raconte qu'en commençant l'action, César s'écria: *Ce parricide ne subira-t-il pas le châtiment qu'il mérite?* Cet auteur ajoute que mille hommes de cavalerie romaine suffirent à la déroute des troupes de Pharnace, qui s'enfuit au fond du Bosphore, où il fut assassiné dans une émeute par Asandre.

⁹¹ *Les forces de ce parti avaient été plutôt dispersées que détruites.* Imitation de Lucain, liv. 8:

> Sparsit potius Pharsalia nostras
> Quam subvertit opes.

⁹² *Les noms de Caton et de Scipion.* Caton d'Utique, après avoir été forcé d'évacuer la Sicile (*voyez* la note 37 de ce livre), rejoignit Pompée à Dyrrachium, et fut le seul qui, dans le conseil de ce général, persista dans le sentiment de traîner la guerre en longueur, dans l'espérance qu'on pourrait trouver quelque voie

d'accommodement. Il contribua plus que tout autre à la défaite de César dans les lignes de Dyrrachium ; mais il versa des larmes sur cette victoire, et déplora la mort de tant de citoyens tombés sous les coups les uns des autres. Quand Pompée prit le chemin de Thessalie pour suivre César, il laissa à Caton le commandement de Dyrrachium. Après la défaite de Pharsale, Caton passa dans l'île de Corcyre, d'où il prit le chemin de l'Egypte avec les débris de l'armée vaincue. Mais ayant rencontré, vers les côtes d'Afrique, Sextus, le plus jeune des fils de Pompée, qui lui apprit la mort de son père, Caton se rendit à Cyrène, puis alla joindre avec dix mille hommes Métellus Scipion, beau-père de Pompée, qui s'était retiré, ainsi qu'Attius Varus, auprès du roi Juba. Caton réconcilia ces deux généraux, dont la mésintelligence neutralisait les forces, et refusa le commandement qu'ils le pressaient d'accepter, alléguant que simple propréteur, il ne commanderait pas en présence d'un proconsul. Il était assurément fort méritoire de raisonner ainsi ; mais vouloir observer si rigoureusement les lois, pour combattre un ennemi qui n'en respectait aucune, ce n'était pas combattre à armes égales. Au reste, Métellus Scipion, qui portait les noms de si grands hommes, était un citoyen fort peu estimable et un général plus que médiocre. Le descendant de ces héros qui avaient donné des lois à l'Afrique, s'humiliait devant Juba. Caton réprima l'arrogance de ce roi de Mauritanie, qui, selon l'expression de Plutarque, faisait de Scipion et de Varus ses satrapes.

⁹³ *Entre la journée de Pharsale et celle de Thapsus.* Ville sur la côte d'Afrique, à droite de Carthage, et presqu'en face de l'île de Malte. Avant la bataille de Thapsus, il y eut entre les deux partis une guerre de chicane très-animée et très-bien conduite par César, dont on trouve le détail dans la guerre d'Afrique par Hirtius, et dans Appien, liv 2, chap. 14.

⁹⁴ *Les trompettes, sans attendre l'ordre du général, sonnèrent d'eux-mêmes la charge.* Hirtius atteste cette circonstance : *Subito dextro cornu, injussu Cæsaris, tubicem, a militibus coactus, canere cæpit : quo facto ab universis cohortibus signa in hostem cæpere inferri : quum centuriones pectore adverso resisterent, vique continerent milites, etc.*

⁹⁵ *Le général est en sûreté.* La manière dont Florus raconte la mort de Scipion est conforme au récit de Plutarque.

⁹⁶ *Pétréius satisfit au désir de ce prince, et se perça lui-même.* Hirtius raconte autrement la mort de Pétréius et de Juba. Selon

lui, Juba, plus vigoureux que Pétréius, tua facilement ce dernier. Il tâcha ensuite de se passer son épée au travers du corps; mais ne pouvant y réussir, il pria un de ses esclaves de le tuer, et obtint de lui ce douloureux office. Hirtius ne parle pas de la circonstance du repas, qui est attestée par Appien (l. 2, c. 14).

Par la mort de Juba, le fertile royaume de Numidie et la Mauritanie furent réduits en province romaine. César en donna le gouvernement à Salluste, célèbre historien.

97 *Il campait près de Bagrada pour garder Utique.* Pour faire sa cour à Juba, Scipion voulait passer au fil de l'épée tous les habitans d'Utique, et raser cette ville. Caton s'y opposa de toutes ses forces, et n'obtint le salut de cette ville qu'en se chargeant de la garder, et d'empêcher qu'elle ne tombât entre les mains de César.

98 *Les blessures de ce grand homme.* Les expressions dont se sert ici Florus sont d'une grande beauté. La mort de Caton fort admirée par l'antiquité païenne, a été très-souvent blâmée par les auteurs chrétiens depuis Lactance (*de falsa sapientia*). En cela j'oserai dire qu'ils se sont montrés plus religieux qu'éclairés. Chrétien, qu'on professe l'opinion qu'un homme ne peut point disposer de sa vie, cela est juste; mais ce n'est pas une raison de juger Caton comme si lui-même avait pu avoir sur ce point des idées conformes à la morale chrétienne.

On peut lire dans Plutarque et dans Appien le récit circonstancié de ce célèbre suicide. Hirtius Pansa le raconte avec simplicité; mais son récit, dépourvu d'ornemens, n'en est pas moins singulièrement honorable pour la mémoire de Caton. Lucain, dans la *Pharsale*, exalte Caton au-dessus de tous les héros de son poëme. Salluste semble peindre la vertu même quand il fait le portrait de Caton.

99 *Deux Pompée au lieu d'un.* Sextus et Cnéus étaient fils du grand Pompée et d'Antistia sa première femme. Florus a raison de faire sentir l'importance que donnait encore au parti républicain le nom de ces deux généraux : le prestige des noms est puissant dans les guerres civiles!

100 *Vivement disputée.* L'abbé Paul a passé cette phrase dans sa traduction; elle se trouve presque littéralement dans Velléius Paterculus, à propos de la même guerre, liv. 2, ch. 55.

101 *Varus et Didius, etc.* Attius Varus était lieutenant des deux Pompée, et Didius celui de César. — *Dans le détroit qui forme l'entrée de l'Océan.* Hirtius Pansa, dans sa guerre d'Es-

pagne, ch. 31, nomme cet endroit *Cartéia*, ville située au fond de la baie de Gibraltar.

¹⁰² *L'image de la guerre et de la tempête.* Cette description fort animée rend avec beaucoup de précision le tableau tracé plus en grand par Hirtius Pansa (*loco citato*).

¹⁰³ *De leur alliance avec les Romains.* Florus a déjà présenté une réflexion semblable à propos de la guerre de Sertorius (*voy*. liv. 3, ch. 23, note 239).

¹⁰⁴ *Munda fut la dernière de toutes les batailles que livra César.* Munda, dans le royaume de Grenade, porte aujourd'hui le même nom. Lucain a dit à peu près dans les mêmes termes que Florus :

Ultima funesta concurrunt prælia Munda.

¹⁰⁵ *. Soit qu'en habile capitaine il feignît de l'être.* Ici Florus emploie le mot *callidus* dans le même sens qu'au § 3 du livre premier, *Sed rex callidus*. Labiénus, qui figure ici comme lieutenant de Pompée, avait été lieutenant de César dans la guerre des Gaules. Il fut tué à bataille de Munda.

¹⁰⁶ *Près de la ville de Laurone.* Cette ville avait déjà été témoin d'un échec reçu par le grand Pompée dans la guerre contre Sertorius (*voyez* liv. 3, n. 138). Paul Orose, nomme également *Césonius* ce personnage qui, dans Dion Cassius, est appelé *Césenius Lento*.

¹⁰⁷ *La fortune cacha Sextus dans la Celtibérie, etc.* Belle expression. *Voyez* ci-après, ch. 8, le récit des guerres de Sextus Pompée contre César Auguste.

¹⁰⁸ *Etincelant de ses feux.* Cet endroit a exercé la sagacité des commentateurs. On appelait *fercula*, chez les Romains, des espèces de civières sur lesquelles on portait (*ferculum, a ferre*) la représentation des villes, des princes et d'autres objets dont on triomphait. Ainsi on exposait sur les *fercula* jusqu'à des machines de guerre qui avaient servi à la victoire, ou dont le général victorieux avait su triompher. Suétone, en parlant du triomphe du dictateur sur Pharnace, dit : *Inter Pompæ fercula trium verborum prætulit titulum*, VENI, VIDI, VICI ; d'où il suit que *ferculum* exprime aussi l'objet porté. C'est dans ce sens que mademoiselle Le Febvre et plusieurs commentateurs de Florus ont entendu ce mot. Il y a également partage entre les critiques au sujet de la signification d'*Arsinoé*. Les uns l'ont entendu d'Arsinoé, sœur de

Cléopâtre, les autres d'une ville d'Egypte située sur le golfe arabique. Je me suis rangé de l'avis des premiers, parce qu'il est certain que César ne porta pas si loin ses armes, puisqu'il se borna à la prise d'Alexandrie, ville de la possession de laquelle dépendait le sort de toute l'Egypte.

109 *Que César s'abstenait d'en triompher.* Florus commet à la fois un mensonge et un anachronisme. Ces quatre triomphes dont il est ici question appartiennent à l'intervalle qui s'écoula entre la guerre d'Afrique et celle d'Espagne, alors que César passa quatre mois à Rome, et fut revêtu de la dictature pour dix années : voilà pour l'anachronisme. Quant au mensonge, il consiste à faire à César un mérite d'une modération qu'il fut loin d'avoir. Il s'abstint, il est vrai, de triompher pour la victoire de Pharsale et de Thapsus, mais non pour celle de Munda ; et dans cette occasion, selon Plutarque, il insulta manifestement aux malheurs de la patrie.

110 *Excepté Afranius,..... Faustus Sylla..... et la fille de Pompée, etc.* Ici Florus intervertit l'ordre des faits. Afranius et Faustus Sylla avaient été mis à mort après la bataille de Thapsus. Du reste, cet historien est d'accord avec Suétone, qui dit à la même occasion : *Exceptis duntaxat Afranio et Fausto* (in Cæsare, c. 75). Afranius, après avoir éprouvé la clémence de César dans la première guerre d'Espagne, l'avait combattu de nouveau à Pharsale et en Afrique ; et lorsqu'il fut pris quelque temps après la bataille de Thapsus, il se préparait encore à joindre en Espagne les fils de Pompée. Faustus Sylla, fils du dictateur, avait porté les armes contre César à Pharsale, puis à Thapsus ; il était gendre de Pompée, dont il avait épousé la fille Pompéia : celle-ci ayant pour mère Julie, sœur de César, il en résulta que Sylla était le neveu par alliance du dictateur ; il n'était donc pas le gendre de César : *non gener sed progener.* Nous n'avons pas en français de mot pour exprimer ce dernier titre de parenté. Florus, en accusant César d'avoir fait périr Pompéia avec les enfans de Sylla, ne se trouve pas d'accord avec les Commentaires de César, où il est dit expressément que César leur laissa non-seulement la vie, mais encore tous leurs biens : *Pompeiæ cum Fausti liberis incolumitatem suaque omnia concessit.* Le silence de Suétone est péremptoire à cet égard ; cet historien n'eût pas manqué de signaler cette cruauté extraordinaire de César envers sa famille, puisqu'il n'omet pas la mort de Lucius César, parent du dictateur, mais

parent éloigné et d'une branche ennemie fort attachée à la liberté.

¹¹¹ *Des statues lui furent dressées à l'entour des temples.* C'est ce que dit Suétone : *Templa, aras, simulacra, juxta Deos* (ch. 76). Plutarque rapporte simplement que les Romains bâtirent en son honneur un temple à la Clémence. Ailleurs (*in Cæsare*) il ajoute que le sénat lui décerna des honneurs plus qu'humains.

¹¹² *Une couronne d'or avec des rayons éclatans.* Suétone (*ibid.*) dit simplement qu'on lui accorda un siége élevé sur le théâtre : *suggestum in orchestra*, avec le privilége de porter toujours une couronne de laurier ; et ce qui le flatta surtout dans cet honneur insigne, c'est que cette couronne cachait qu'il était chauve. Du reste jamais il ne porta la couronne d'or ; il affecta même de repousser un diadême enlacé de feuilles de lauriers que Marc-Antoine lui offrit devant tout le peuple, comme César assistait à la fête des Lupercales du haut de la tribune, sur un siége d'or (*voyez* Plutarq. *in Cæsare,* et la note 114).

¹¹³ *Et le nom de Jules donné à l'un des mois de l'année.* On appelait cette sorte d'ornement *pinaculum*, pinacle. Le pinacle était ordinairement placé au-dessus des temples. Il ne dépendait pas des citoyens de mettre un pinacle sur leur maison ; c'était un honneur qu'il fallait obtenir du sénat. Plutarque, d'après Tite-Live, rapporte que la veille de la mort de César, Calpurnie, son épouse, crut voir en songe arracher cet ornement de dessus la maison de son époux. — Le mois auquel César donna son nom est le mois de juillet, *appellatus est mensis e suo nomine,* dit Suétone ; on appelait auparavant ce mois *quintilis,* parce qu'il était le cinquième à partir du mois de mars, qui ouvrait l'année. La réforme du calendrier opérée par César fut un véritable bienfait pour les Romains. Par une successsion d'intercalations vicieuses, une erreur de soixante-sept jours s'était introduite dans la supputation des années romaines (*voyez* la note 42 du liv. 1ᵉʳ, et la *Vie de César,* par Plutarque).

¹¹⁴ *Les marques de la royauté.* Velléius Paterculus (liv. 2, ch. 56) exprime les mêmes soupçons que Florus, en ajoutant que bien qu'il repoussât le diadême, César laissa apercevoir que cette tentative d'Antoine ne lui déplaisait pas. Suétone et Plutarque ajoutent que César ordonna que ce diadême fût porté à Jupiter au Capitole ; mais ces deux historiens, pas plus qu'Appien, n'accusent César d'avoir concerté d'avance cette scène avec Antoine.

¹¹⁵ *La victime destinée au sacrifice.* Plutarque exprime autre-

ment cette belle pensée, ou plutôt la développe par les faits, en montrant Cicéron et les autres ennemis de César le surchargeant d'honneurs excessifs, pour le rendre insupportable et odieux.

[116] *Brutus, Cassius, et d'autres patriciens conspirèrent contre sa vie.* Paterculus ne nomme que deux conspirateurs ainsi que Florus, *conjurationis auctoribus Bruto et Cassio* (liv. 2, ch. 66). Suétone en nomme trois parmi plus de soixante : *Conspiratum est in eum à LX amplius C. Cassio, Marcelloque et D. Bruto principibus conspirationis (in Cæsar.,* ch. 8). L'Epitome de Tite-Live en nomme quatre : *Cujus capita fuerunt M. Brutus et C. Cassius, et ex Cæsaris partibus D. Brutus et C. Trebonius* (lib. 96). Plutarque, dans la *Vie de César,* cite Brutus et Cassius, Décimus Brutus Albinus, Tullius Cimber, Casca et un certain Cinna. Dans celle de Brutus il nomme en outre Ligarius, Labéon, Trébonius. Appien est celui qui donne la liste la moins incomplète des conspirateurs : il cite, outre M. Brutus et Cassius, Décimus Brutus Albinus, Cæcilius et Bucolianus, Rubrius Riga, Q. Ligarius, M. Spurius, Servilius Casca, Servius Galba, Sextus Nason et Pontius Aquila, Caius Casca, Trebonius, Tullius Cimber et Minucius Basillus, en tout seize personnes. Celui des deux Brutus dont parle ici Florus s'appelait M. Junius Brutus Cœpion; il avait pour père Brutus, qui périt sous la dictature de Sylla (Appien). Mais comme sa mère Servilie avait eu avec César un commerce adultère, il passait généralement pour le fils du dictateur. Il sera assez souvent question ci-après de Cassius, ainsi que de Brutus, pour qu'il ne soit pas besoin d'en dire ici davantage.

[117] *Arrosa enfin du sien la salle du sénat.* Froide antithèse. Sont-ce là les réflexions qu'un si grand événement devait inspirer à un historien? César était âgé de cinquante-six ans, et ses funérailles, comme celles d'Alexandre, devaient être bien sanglantes.

III. César Auguste.

[118] *Après le meurtre de Pompée et de César.* Réflexions dénuées de justesse. La mort de César, loin de sauver la liberté romaine, ne fit que laisser vacante la place du maître. Sans doute Octave, Antoine et Sextus Pompée profitèrent de leur position personnelle pour se disputer le pouvoir; mais les circonstances étaient telles que tous autres ambitieux à leur place auraient mis en avant les mêmes prétentions. Il y avait encore des républicains dans Rome;

il n'y avait plus de république. Florus se trompe en disant *aut Pompeius liberos* des deux fils de Pompée, il ne restait plus que Sextus. Il qualifie Antoine de collègue de César, parce qu'il avait été consul avec le dictateur. Octave était fils du préteur Octavius et de Julie, sœur de César, qui l'avait adopté.

¹¹⁹ *Sextus Pompée*. Ce dernier fils du grand Pompée s'était réfugié dans les campagnes de la Celtibérie, après la bataille de Munda. Il n'attendit pas la mort de César pour entreprendre de relever sa fortune. Il recueillit les débris du parti de Pompée en Espagne, prit plusieurs villes, et se soutint avec avantage contre Carrinas et Pollion, lieutenans de César. Après la mort du dictateur, il écrivit au sénat pour rentrer dans Rome et recouvrer les biens de son père. Antoine appuya sa demande, si ce n'est qu'au lieu de cette restitution il lui fit donner sept cent millions de sesterces à prendre sur le trésor public; il lui fit de plus décerner la surintendance des mers (*voyez* ci-après note 150).

¹²⁰ *Une seconde fois la guerre en Thessalie* (*voyez* ci-après note 141).

¹²¹ *Descendait au rôle de roi*. Cette expression, qui nous semble exagérée, exprimait chez les Romains un sentiment qui leur était fort naturel. Ils suçaient pour ainsi dire avec le lait la haine et le mépris des rois; et il faut convenir que la plupart de ceux avec lesquels ils avaient eu à faire la guerre ou des traités, justifiaient assez bien ces deux sentimens. On n'en peut guère excepter que Pyrrhus et Mithridate. Florus semble ici attribuer à Antoine la cause unique des maux qui affligèrent l'Etat après la mort de César. A cette opinion j'oppose encore le raisonnement que j'ai présenté dans une des notes précédentes (n°. 118). Seulement on peut supposer que si, comme l'eût voulu Cicéron, on n'eût pas plus épargné Antoine que César, la guerre civile qui suivit le meurtre du dictateur aurait été moins longue et moins compliquée.

¹²² *L'âme et l'esprit de ce grand corps*. Tacite a plusieurs fois exprimé cette même pensée : *Non aliud discordantis patriæ remedium fuisse quam ut ab uno regeretur* (*Annal.*, 1, 9); et ailleurs : *Omnem potestatem ad unum conferri, pacis interfuit* (*Hist.* 1, 1).

¹²³ *Publius Dolabella*. César, dans la dernière année de sa vie, avait été consul avec Marc-Antoine; mais, comme il se préparait à marcher contre les Parthes, il désigna Publius Cornélius Dolabella pour lui être substitué. Ce dernier était gendre de Cicéron. Pendant que César était en Egypte, Dolabella, alors tribun du

peuple, troubla Rome par ses menées séditieuses. Cependant le dictateur ne témoigna jamais d'éloignement pour lui. « *Je ne crains pas beaucoup ces gens si gras et si bien peignés*, disait-il en parlant de Dolabella et d'Antoine, *mais plutôt ces hommes si pâles et si maigres,* » voulant désigner Brutus et Cassius.

[124] *Cette grande révolution du gouvernement de Rome, c'est-à-dire de l'univers.* Fausse opinion, dit Freinshémius, née de l'ignorance des Romains en géographie, puis nourrie par leur orgueil national.

IV. Guerre de Modène.

[125] *Antoine, son second héritier.* C'était l'usage chez les Romains d'instituer des héritiers en seconde ligne, dans le cas où le premier institué refuserait d'accepter la succession; mais ici Florus commet une erreur. Antoine n'était pas le second héritier de César; le dictateur avait légué à Octavius son neveu les trois quarts de sa succession, et le dernier quart à L. Pinarius et à Q. Pédius, également ses neveux. Dans les dernières lignes de son testament il adoptait Octave. Enfin, Décimus Brutus était au nombre de ses seconds héritiers (Suétone, *in Cæs.*, ch. 83). Ce qui fit qu'Antoine s'immisça dans la succession de César, c'est que Calpurnie, veuve du dictateur, lui confia tout ce que César avait laissé d'argent, et porta en dépôt chez Antoine quatre mille talens, environ vingt millions de francs (Plut., *in Cæsar., et in Anton.*). Il ne faut pas confondre cette somme provenant des biens personnels de César, avec le trésor de sept millions de sesterces, environ cent quarante millions de francs, que le dictateur avait déposés dans le temple d'Ops, les destinant à des usages publics, et dont Antoine s'empara également (Velléius, liv. 2, ch. 60).

[126] *Dans la famille des Jules.* Je préférerais, pour la traduction, substituer au mot de *famille* celui de *maison,* qui emporte avec lui une idée d'héritage. En effet, tous les efforts d'Antoine ne pouvaient empêcher Octave d'entrer dans une famille dont il était déjà membre comme neveu de César; mais il prétendait l'empêcher de devenir *le chef de la maison des Jules* en acceptant la succession de César.

[127] *Décimus Brutus.* Il est impossible de voir une narration plus décousue et plus incomplète. Quelle liaison d'idées y a-t-il en effet

dans une phrase ainsi conçue : *Résolu d'accabler ce jeune rival* (Octave), *il va assiéger Décimus Brutus ?* Dans la distribution des gouvernemens, faite après le meurtre de César, Décimus Brutus avait été envoyé en Gaule Cisalpine. Antoine avait d'abord ménagé les meurtriers de César ; mais, depuis qu'il était en rivalité avec Octave, il avait changé de politique, afin de gagner les partisans du défunt dictateur. Il lança contre ses assassins un violent manifeste ; et, en même temps, Octave, pour s'attacher le sénat, montra du penchant pour la cause de Décimus Brutus et de ses amis. Antoine voulait se faire adjuger la Gaule Cisalpine ; le sénat rejeta sa demande. Antoine se la fit accorder par le peuple, et se prépara à chasser Brutus de son gouvernement. Ces divers événemens furent l'occasion des Philippiques de Cicéron. Le sénat autorisa alors Octave à réprimer Antoine les armes à la main. De là la guerre de Modène.

[128] *Qu'un porte-enseigne lui avait remise en mourant.* Suétone rapporte également ce fait d'armes d'Octave ; mais tout le reste de l'alinéa n'est qu'un tissu de fautes et d'omissions. *Simple particulier*, dit-il, *il osa attaquer un consul*. D'abord, Octave avait été revêtu de la qualité de *propréteur* par l'avis de Cicéron ; en second lieu, Antoine n'était pas consul : les consuls alors en exercice étaient Hirtius et Pansa, qui tous deux moururent de leurs blessures, l'un pendant, l'autre après cette guerre.

V. Guerre de Pérouse.

[129] *Que César distribuait aux vétérans en récompense de leurs services.* Florus intervertit entièrement l'ordre des faits dans celui de ses chapitres. La guerre de Pérouse suivit immédiatement celle d'Octave et d'Antoine contre Brutus et Cassius, et fut par conséquent postérieure à la formation du second triumvirat dont notre peu judicieux historien va parler au § suivant.

[130] *Par Fulvie.* Allant de faute en faute, Florus, attribue mal à propos à Marc-Antoine la guerre de Pérouse, qui fut faite par Lucius Antonius son frère, lequel n'était assurément pas le mari de Fulvie, épouse du triumvir. Marc-Antoine était alors retenu en Egypte auprès de Cléopâtre, et il n'eut pas même une part indirecte à cette guerre, dont il désapprouva les auteurs. Fulvie, que tous les historiens peignent sous des traits défavorables, n'était devenue l'ennemie d'Octave que parce qu'il avait dédaigné ses avances.

Après la prise de Pérouse, Fulvie se rendit en Grèce, où elle mourut de chagrin.

¹³¹ *De se rendre à discrétion.* Après avoir été pendant cinq mois assiégé dans Pérouse par toutes les forces d'Octave, Lucius Antonius, pressé par la famine, vint lui-même se rendre à son ennemi, qui le traita avec égard, et l'envoya même quelque temps après comme proconsul en Espagne (an 40 avant J. C.).

VI. Triumvirat.

¹³² *Lépide se joignit à lui.* Ici Florus nous reporte aux événemens qui suivirent immédiatement la retraite de Marc-Antoine. Vaincu par Octave sous les murs de Modène, il passa les Alpes en toute hâte, et bientôt après il opéra sa jonction avec Lépidus sur les bords de l'Isère. M. Æmilius Lépidus avait gouverné Rome en qualité de préteur pendant la première expédition de César en Espagne, puis pendant la guerre de Pharsale : ce fut lui qui nomma dictateur le vainqueur de Pompée pendant qu'il était encore en Egypte. César, à son retour, le fit consul, puis maître de la cavalerie. Après la mort du dictateur, Lépide, sous le prétexte de le venger, songea, comme Antoine, à recueillir l'héritage de sa puissance ; mais son incapacité était égale à son ambition. Antoine fit illégalement nommer Lépidus grand pontife, *in C. Cæsaris locum furto creatus* ; il lui fit donner aussi le gouvernement de l'Espagne. Lépide se trouvait encore dans la Gaule Narbonnaise quand éclata la guerre de Modène : il attendit les événememens, négociant à la fois avec le sénat, avec Octave et avec Marc-Antoine. En se refusant de se joindre à Antoine fugitif, il eût pu peut-être faire cesser la guerre civile. Aussi un poëte a-t-il dit de Lépidus :

> Qui libertatem mutinensi marte receptam
> Obruit auxiliis, urbe pavente, novis.
> (Rutilius, *in Itin.*, lib. 1, v. 301.)

Mais ce faible général pouvait-il éviter cette jonction, s'il est vrai, comme le prétend Velléius (liv. 2, ch. 3), qu'Antoine gagna les soldats de Lépidus, s'introduisit dans son camp, et, en lui laissant le vain nom de général, en assuma seul l'autorité ?

¹³³ *César, de venger la mort de son père.* Florus arrive tout de suite à la conclusion du triumvirat, sans parler de la catastrophe de Décimus Brutus, qui termina la guerre de Modène, et dont il n'a

pas parlé dans l'avant-dernier paragraphe. Il omet également le consulat dont Octave s'empara à main armée, et pendant lequel il fit condamner par un tribunal formé de ses créatures, non-seulement les meurtriers de César, mais encore Sextus Pompée, et Cn. Domitius Ahénobarbus, qui n'avaient pas trempé dans ce crime. Appien dit que les triumvirs jugèrent convenable de commencer par exterminer leurs ennemis personnels, et il ne fait pas à Octave l'honneur de lui attribuer dans les proscriptions une part moindre que celle de ses collègues. Suétone, dont on connaît la véracité, dépose qu'il ne fut pas d'avis d'abord d'employer l'horrible mesure des proscriptions ; mais que, cette mesure une fois adoptée, il en usa avec plus de cruauté que ses deux collègues. (*Suet. in Cæsar. August.* 27).

[134] *Au confluent des deux rivières, entre Pérouse et Bologne.* Dion Cassius dit que cette île devait être située entre Modène et Bologne (46). Appien dit: « Dans une île petite et unie, dans les environs de Modène, au milieu du fleuve Lavinius. » On croit plus généralement que la rivière dans laquelle était située cette île était le Rhenus (Reno) près Bologne. La conférence des triumvirs dura deux jours, depuis le matin jusqu'au soir.

[135] *Cent quarante sénateurs portés sur les listes fatales.* Il y eut d'abord, selon Appien, une liste de dix-sept individus, du nombre desquels le plus considérable était Cicéron. Le lendemain les noms de cent trente proscrits furent encore affichés. Peu de jours après on en ajouta cent cinquante autres. Dion Cassius remarque qu'il y eut cette différence entre les proscriptions de Sylla et celles du triumvirat, que dans les premières il y eut deux tables, une pour les sénateurs et l'autre pour tous les autres citoyens, et que dans les secondes il n'y en eût qu'une où tous les noms fussent écrits sans distinction ; néanmoins il observe que le nombre des proscrits fut plus grand que sous Sylla, parce que les proscriptions étaient l'ouvrage de plusieurs.

[136] *Antoine proscrivit L. César son oncle maternel, et Lépidus L. Paulus son frère.* Octave fit, dit-on, tous ses efforts pour sauver Cicéron. Réduit à céder à l'animosité d'Antoine, il déclara qu'il ne consentirait à la proscription de ce grand orateur qu'à la condition qu'Antoine lui abandonnerait L. César, et que Lépide de son côté lui abandonnerait L. Paulus. Etait-ce une ruse de la part d'Octave pour sauver plus sûrement Cicéron, que de mettre sa tête à ce prix ? En tout cas il en fut la dupe ; car Antoine et Lépide, après avoir

accepté cet épouvantable marché, ne l'exécutèrent pas : Antoine sauva son oncle et Lépidus son frère, tandis que l'arrêt porté contre Cicéron ne fut que trop bien exécuté.

[137] *A venir entendre ce grand orateur.* On peut lire dans Velléius Paterculus une éloquente invective au sujet de la mort de Cicéron (liv. 11, chap. 37).

[138] *Auraient pu paraître justes.* Ici se montre encore le flatteur d'Auguste. Octave ne sacrifia-t-il pas Cicéron pour complaire à Antoine? Ce seul nom suffit pour la condamnation de notre historien. En effet, on lit dans le véridique Suétone que, lorsqu'on crut que les proscriptions étaient terminées, Lépidus annonça dans le sénat que les jours de clémence étaient arrivés. Octave se leva pour contredire son collègue, et pour déclarer que, quant à lui, il ne cesserait de proscrire que lorsqu'il n'aurait plus d'ennemis à craindre.

VII. Guerre de Brutus et de Cassius.

[139] *Un décret d'amnistie fut rendu.* Les commentateurs qui ont voulu adopter pour ce passage une version autre que celle-ci : *Consensu consulis*, et qui ont voulu mettre à la place *consilio Ciceronis*, se seraient épargné des frais d'imagination, s'ils s'étaient rappelé le passage suivant de la vie d'Antoine par Plutarque : « Le « lendemain, Antoine assembla le sénat, et proposa qu'on publiât « une amnistie générale, etc. » Or Antoine était alors consul.

[140] *Leurs gouvernemens de Syrie et de Macédoine.* Tel fut un des principaux motifs qu'alléguèrent dans la suite les triumvirs dans le fameux considérant de leur acte de proscription : c'est que César, loin de gagner ses ennemis en les comblant de bienfaits, n'avait que servi en quelque sorte leur haine contre lui-même. Florus est à côté de la vérité quand il donne pour unique cause du départ de Brutus et de Cassius le désir de ne pas être témoin de la douleur publique. Loin de là, c'étaient les dangers dont les menaçaient, et l'indignation du peuple et la puissance d'Antoine, qui les engagèrent à passer en Orient. Aux funérailles de César, Antoine avait soulevé le peuple en lui montrant la robe ensanglantée du dictateur, et son effigie percée de vingt-trois coups de poignard. Bientôt faisant servir à ses projets ambitieux la douleur du peuple, il se fit donner une garde de six mille hommes, trafiqua des actes de César, et se rendit plus puissant que César ne l'avait été lui-même (Plut. *in Antonio*).

[141] *Si fatale à Pompée.* Florus omet tous les événemens qui pré-

cédèrent la bataille de Philippes. Dès la fin de l'année 44, Junius Brutus, pour se mettre en possession de la Macédoine, avait eu à vaincre C. Antonius, frère du triumvir; Cassius, de son côté, avait eu successivement à combattre en Asie Cæcilius Bassus et Dolabella. Brutus et Cassius opérèrent leur jonction à Smyrne : leurs forces se montaient à vingt mille hommes. De là ils passèrent en Europe, firent la revue de leurs troupes à Sestos, et se dirigèrent vers la plaine de Philippes, dans la Macédoine.

[142] *La rencontre d'un Éthiopien.* Plutarque rapporte cette même particularité, ainsi que plusieurs autres prétendus prodiges; mais il les place entre la première et la seconde bataille de Philippes.

[143] *Aux yeux de Brutus étonné.* On peut lire dans Plutarque (*Vie de Brutus*) le récit de cette prétendue apparition. Le fantôme n'existait sans doute que dans l'imagination de Brutus qu'avaient échauffée les veilles. Cassius, d'un esprit plus froid et moins enthousiaste, en jugea plus sainement.

[144] *Son maître hors du camp.* Voilà bien le songe d'un courtisan au service d'un lâche (*Note de l'abbé Paul*).

[145] *Par crainte et par lâcheté.* Je ne vois ici de lâcheté que dans l'historien qui, écrivant sous *Trajan* ou sous *Adrien*, et, n'ayant par conséquent aucun intérêt de flatter Auguste aux dépens d'Antoine, ose accuser de défaut de courage un homme reconnu pour brave. Antoine se trouva en effet à la bataille; il y défit l'aile de Cassius, et il est aussi faux qu'il fût un lâche, qu'il l'est qu'Auguste fût malade autrement que de peur.

[146] *Une méprise donna la victoire aux triumvirs.* « Dans la bataille décisive qui se donna près de Philippes, la fortune fit voir un de ses caprices les plus extraordinaires. » (*Manuel d'Heeren.*)

[147] *Brutus en perdant Cassius perdit tout son courage.* Il semblerait résulter du récit de Florus qu'il n'y eut qu'une seule bataille de Philippes : il y en eut deux. Brutus combattit seul dans la dernière après la mort de Cassius; c'est ce que rapportent tous les historiens.

[148] *Et laisser à d'autres l'exécution du crime.* Singulière capitulation de conscience! Si c'est un crime de se détruire soi-même, n'en est-ce pas un plus grand que de se donner un complice pour le suicide?

VIII. Guerre de Sextus Pompée.

[149] *Les meurtriers de César avaient cessé de vivre.* On aime à voir la justice divine se manifester dans la fin tragique de tous les meurtriers de César. Trébonius, envoyé proconsul en Asie, avait été pris par Dolabella, qui le fit périr dans les supplices. Il fut le premier des meurtriers de César qui suivit au tombeau cette grande victime. Décimus Brutus, abandonné par ses troupes à la fin de la guerre de Modène, se réfugia en Gaule, et fut tué dans le pays des Séquanais. Les autres conjurés, moins illustres, eurent tous le sort de Brutus et de Cassius, les uns plus tôt, les autres plus tard ; en sorte qu'aucun de leurs complices ne survécut à la bataille d'Actium.

[150] *De la Sicile et de la Sardaigne.* Nouvelle inexactitude. Ce ne fut pas seulement après la bataille de Philippes, mais durant les proscriptions des triumvirs, que Sextus Pompée s'empara de la Sicile, dont il força le préteur Pompéius Bithynicus à partager le commandement avec lui.

[151] *Comme un chef de corsaires.* Pure déclamation. Le rôle que jouait alors que Sextus Pompée était plus estimable assurément que le rôle des cruels et ambitieux triumvirs.

[152] *Dans le détroit de Sicile.* Florus passe sous silence tous les événemens extraordinaires qui signalèrent cette lutte de Sextus Pompée avec les triumvirs. Pendant la guerre de Pérouse, Pompée avait favorisé les ennemis d'Octave, en tenant affamées Rome et l'Italie. Il paraissait d'autant plus redoutable, qu'il était sur le point de s'allier à Marc-Antoine. Octave essaya vainement de gagner Sextus, en épousant Scribonia, sœur de Scribonius Libo, beau-père de ce chef de parti. Pompée effectua une descente en Italie, tandis que Marc-Antoine vint assiéger Brindes. Un traité conclu dans cette ville réconcilia les deux triumvirs, qui se réunirent alors contre Pompée ; mais comme il ne cessait alors d'affamer l'Italie, l'indignation publique força Antoine et Octave à signer avec Sextus le traité de Misène (39 ans avant J. C.). Cette paix ne dura que jusqu'à l'année suivante. Ménas, affranchi de Pompée et son lieutenant, en passant du côté d'Octave avec soixante vaisseaux, devint la cause de cette rupture. Deux batailles navales furent livrées : la première à la hauteur de Cumes, fut peu décisive ; dans la seconde, près du roc de Scylla, Octave fut vaincu, et la tempête acheva de disperser sa flotte (38 ans avant J. C.). L'année suivante, Agrippa, lieutenant

d'Octave, répare les désastres de son chef, et crée un nouveau port (le port Jules). L'an 36, il remporta sur Sextus, près de Myles, une victoire qui ouvrit au parti d'Octave le chemin de la Sicile. Repoussé néanmoins près de Tauromœnium par Sextus Pompée, le triumvir éprouve une défaite, qui eût été décisive si son adversaire avait su en profiter. Octave regagna l'Italie dans une nacelle, ramena de nouvelles forces, et accepta, près de Nauloque, le combat sur mer que Sextus Pompée lui proposait. Le génie d'Agrippa procura la victoire au jeune César, par une invention assez semblable à celle qui avait fait triompher Duillius des Carthaginois, au temps de la première guerre Punique.

153 *De nouveau tenté la fortune.* Il semble que Florus fasse ici un reproche à Pompée de ne s'être pas donné la mort comme Caton, Brutus et Cassius (*voyez la note ci-après*).

154 *Sous le fer d'un assassin.* Sextus Pompée, dans sa fuite, se rendit en Asie, résolu de demander un asyle à Antoine. Ayant appris à Lesbos la désastreuse expédition de ce triumvir contre les Parthes, il conçut le dessein de le forcer à partager avec lui sa domination. Il rassembla des troupes dans l'Asie mineure, obtint d'abord quelques succès contre Furnius, préfet de l'Asie; mais à l'ouverture de la campagne suivante il fut accablé par les lieutenans d'Antoine. Titius, préfet de Syrie, à qui il se rendit à discrétion, l'envoya prisonnier à Milet, où Sextus périt, suivant les uns, par les ordres d'Antoine, selon d'autres par ceux de Titius, qui abusa des instructions qu'il avait reçues. Sextus avait alors quarante ans.

155 *Jamais fuite depuis celle de Xercès.* Au lieu de la fuite de Xercès, qui avait avec celle du jeune Pompée si peu de rapports, Florus aurait plutôt dû rappeler celle de Pompée son père.

156 *Le fanal du vaisseau prétorien.* C'était l'usage d'allumer sur le vaisseau prétorien un fanal qui servait de guide aux autres bâtimens.

IX. Guerre de Ventidius contre les Parthes.

157 *L'écueil et l'obstacle de la tranquillité publique.* Je n'ai pas cru qu'on pût rendre en français d'une manière supportable *scopulus novus et mora*, autrement que par des expressions équivalentes.

158 *Labiénus qui, envoyé par Brutus et Cassius.* Il était fils de cet ancien lieutenant de César qui avait été tué à la bataille de

Munda (*voyez* la note 104 de ce livre). Il hérita de la haine de son père contre le parti de César. Après la fin tragique de Brutus et de Cassius, il aima mieux demeurer sous une domination étrangère que d'aller dans sa patrie opprimée chercher une mort inévitable. Prenant à contre-sens la pratique des généraux romains qui empruntaient le nom des peuples qu'ils avaient vaincus, et non pas de ceux qu'ils armaient contre leur pays, il prit le nom de *Parthique*.

[159] *Saxa, lieutenant du triumvir.* Décidius Saxa, gouverneur de la Syrie pour Antoine, ne manquait ni de courage ni de fidélité; mais comme les troupes qu'il commandait avaient servi sous Cassius, Labiénus les porta sans peine à abandonner leur nouveau général. Saxa, au désespoir, se donna la mort pour ne pas tomber au pouvoir du vainqueur.

[160] *Vaincre pour leur propre compte.* Les Parthes qui, pour alimenter la guerre civile romaine, avaient favorisé Brutus et Cassius, mirent leur politique à soutenir les partisans que laissaient après eux ces deux illustres Romains. Labiénus se croyait leur chef, et n'était que leur instrument. Florus a déjà employé la même expression, ch. 16, liv. 1 : *Bellum Samniticum populus Romanus sibi gessit.*

[161] *Ventidius, autre lieutenant d'Antoine.* P. Ventidius fut un exemple remarquable des vicissitudes de la fortune. Pendant la guerre Sociale, il avait été fait prisonnier encore enfant, et fut mené, dans les bras de sa mère captive, à la suite du char triomphal de Pompéius Strabon. Devenu homme, il fit métier de marchand de chevaux. Comme il en louait aux magistrats de la république qui se rendaient dans leurs gouvernemens, il fut connu de César, qui l'emmena avec lui dans les Gaules. Ventidius s'étant distingué dans cette expédition et dans la guerre civile, parvint aux premiers grades militaires comme aux magistratures : d'abord tribun du peuple, puis préteur, il devint pontife et consul; aussi fit-on sur lui cette épigramme que j'ai essayé de traduire en vers :

> Augures, accourez, accourez, aruspices,
> Que votre art nous explique un prodige nouveau :
> Des honneurs de l'État usurpant le plus beau,
> Un vendeur de mulets préside à nos comices.

Gratifié par M. Antoine du gouvernement des provinces orientales, Ventidius vainquit les Parthes, et fut jusqu'au temps de

Pline le seul Romain qui ait triomphé de cette nation (*voy*. Valère Maxime, Pline, Suétone et Plutarque).

¹⁶² *Entre l'Oronte et l'Euphrate.* Ventidius fut trois fois vainqueur des Parthes. Ses deux premières victoires eurent la Cilicie pour théâtre. Ce fut dans une troisième bataille livrée dans la Cyrrhestique, province de la Syrie, voisine de la Cilicie, que Pacorus fut tué et Labiénus fait prisonnier. Florus, généralement très-inexact en géographie, place la défaite de Pacorus dans *une grande plaine*; la Cyrresthique, au contraire, était un détroit fort montagneux, également éloigné de l'Oronte et de l'Euphrate.

¹⁶³ *Sa tête fut portée par toutes les villes.* Freinshémius s'amuse, dans une note, à rappeler tous les personnages historiques dont la tête eut le même sort que celle de Pacorus, depuis Saül, roi des Juifs et Cyrus roi de Perse, jusqu'à Constantin, le dernier empereur de Constantinople.

X. Guerre d'Antoine contre les Parthes.

¹⁶⁴ *Le traité avec le roi des Parthes.* Florus est le seul auteur qui parle de ce traité. Plutarque et Dion se contentent de dire qu'Antoine envoya une ambassade à Phraate, fils et successeur d'Orodès, pour lui demander les prisonniers et les drapeaux pris sur les Romains dans la défaite de Crassus; et que sans attendre la réponse il s'avança vers l'Arménie, où était le rendez-vous général de ses troupes.

¹⁶⁵ *Des noms de l'Araxe et de l'Euphrate.* On pourrait entendre cette phrase autrement que je ne l'ai rendue, en faisant rapporter le pronom *suis* aux fleuves dont il est question, ce qui présenterait un sens presque aussi plausible que celui que j'ai adopté.

¹⁶⁶ *Eût autorisé la trahison.* Il y a une évidente exagération dans ces reproches que Florus adresse à Antoine. Sans doute il avait voulu amuser les Parthes par une feinte négociation, mais entre un pareil stratagème et une trahison véritable, il existe une assez grande distance. Le véritable motif de la précipitation qu'Antoine mit dans son attaque contre les Parthes fut le désir de brusquer la guerre, afin de revenir plus tôt auprès de Cléopâtre.

¹⁶⁷ *Deux légions sous une grêle de traits.* Pour avancer plus vite, Antoine laissa en arrière ses équipages de siége à la garde de deux légions commandées par Appius Statianus; et tandis que sans avoir de béliers pour battre les murailles, il se présenta devant

Praapsa, la plus forte place de la Médie atropatène, le roi des Mèdes et le roi des Parthes craignant peu pour une ville si mal attaquée, laissèrent là Antoine pour aller tailler en pièces les deux légions de Statianus.

¹⁶⁸ *A la défaite de Crassus.* Velléius Paterculus (liv. 2, ch. 82) raconte ce trait absolument comme Florus ; mais, selon Plutarque, c'était un homme du pays des Mardes qui rendit ce service à Marc-Antoine. Les Mardes étaient un peuple qui habitait entre la Médie et la Perse. Quel rapport un homme de cette nation pouvait-il avoir avec les Romains? Il semble évident que ce texte de Plutarque est altéré dans ce passage, et qu'il faut lire, *un homme du pays des Marses* (en Italie).

¹⁶⁹ *Aux flèches des Parthes.* Plutarque rapporte ce trait, mais sans faire tenir aux Parthes un discours direct.

¹⁷⁰ *Dont les ondes étaient acides et salées.* Florus commet un anachronisme en plaçant l'histoire de ces fleuves salés avant le moment où les Parthes cessèrent de poursuivre les Romains. Plutarque parle également d'une rivière que rencontrèrent les Romains, et dont l'eau était très-froide et très-claire, mais salée et venimeuse ; car dès qu'on en avait bu elle causait des tranchées horribles et enflammait davantage la soif.

¹⁷¹ *Les chaleurs de l'Arménie et les neiges de la Cappadoce.* Antoine se fit admirer dans cette retraite par son courage, son habileté, sa patience et son humanité envers le soldat. Une fois arrivé en Arménie il changea de conduite : il aurait dû laisser ses troupes jouir du repos qu'elles avaient si bien gagné ; mais par son fol empressement de revoir Cléopâtre, il leur fit faire, pour gagner la Syrie au milieu de l'hiver, des marches forcées qui lui coûtèrent huit mille hommes, outre les vingt-quatre mille qu'il avait perdus dans la retraite. Il prit sa route non à travers la Cappadoce, comme le dit Florus, mais à travers la Syrie, et rejoignit Cléopâtre sur les bords de la mer, entre Béryte et Sidon. Notre auteur commet en outre une faute bien bizarre, en faisant régner simultanément l'excès des chaleurs de l'été et les rigueurs de l'hiver en Arménie et en Cappadoce, le tout pour se donner le plaisir de faire une antithèse ; ces deux provinces sont voisines, et jouissent de la même température.

¹⁷² *Vaisselle d'argent.* Ce ne fut pas de son plein gré qu'Antoine fit mettre en pièces sa vaisselle d'argent, et c'est avec raison que ce trait a paru invraisemblable à plusieurs traducteurs ; mais s'ils

s'étaient donné la peine de consulter Plutarque, ils auraient vu que dans une émeute les soldats d'Antoine pillèrent la caisse de l'armée, en égorgèrent les gardiens, mirent en pièces la vaisselle de leur général, et se la partagèrent. Velléius Paterculus (*loco citato*) porte le même jugement que Florus sur l'expédition d'Antoine. *Hanc tamen fugam suam, quia vivus exierat victoriam vocabat.*

XI. Guerre contre Antoine et contre Cléopâtre.

¹⁷³ *Son union avec une reine parût mieux assortie.* Ici Florus résume dans quelques phrases énergiques ce que les autres historiens racontent des honteuses foiblesses d'Antoine. *Quasi bene gestis rebus* fait allusion au récit mensonger de son expédition des Parthes, qu'Antoine envoya au sénat de Rome. *Ab ebrio imperatore.* Les commentateurs se sont demandé si, par cette épithète, Florus n'a pas eu à la fois en vue l'ivresse du vin aussi bien que celle de l'amour. En effet, tous les auteurs, après Cicéron, reprochent à Antoine son ivrognerie. Pline l'Ancien rapporte que ce triumvir osa prendre sous sa protection un livre qu'on avait écrit sur son talent de porter le vin. Sidonius Apollinaris a dit :

. . . . . Profugisque bibax Antonius armis.

Enfin Sénèque se demande (Epit. 38), si ce n'est pas l'ivrognerie plus que tout autre défaut, qui a perdu Antoine.

¹⁷⁴ *Les deux côtés du golfe d'Ambracie.* Florus passe immédiatement de l'expédition d'Antoine contre les Parthes à la guerre qu'il fit contre Octave ; mais dans l'intervalle il conquit l'Arménie par des moyens honteux ; et abdiquant en quelque sorte la qualité de citoyen romain, il alla triompher à Alexandrie. Il songeait à une seconde expédition contre les Parthes, mais encore une fois subjugué par les charmes de Cléopâtre, il remit cette entreprise à un autre temps, épousa publiquement cette reine à Alexandrie, lui donna, ainsi qu'aux trois fils qu'il avait eus d'elle, avec le titre de roi des rois, tous les pays conquis ou à conquérir depuis les côtes de Syrie jusqu'à l'Indus ; enfin il mit le comble à tous ses torts envers Octave son beau-frère, en envoyant à Octavie son acte de divorce. Antoine était alors à Athènes avec Cléopâtre, et la guerre devint inévitable entre les deux triumvirs.

¹⁷⁵ *L'infériorité de leur nombre était bien compensée par leur*

grandeur. Florus se trompe ici. Selon Plutarque et Appien, Antoine avait pour le moins cinq cents vaisseaux, et Octave n'en avait que deux cent cinquante; mais les vaisseaux du premier étaient d'une construction lourde, et loin que leur énorme grandeur fût un avantage, elle était au contraire une cause d'embarras pour la manœuvre.

[176] *Et les vents s'épuisaient à les faire mouvoir.* Ici Florus semble rectifier ce qu'il vient de dire, mais il restera toujours à lui faire le reproche d'une véritable contradiction.

[177] *Les dépouilles des Arabes et Sabéens.* Virgile, dans le huitième livre de l'Enéide, vers 706, atteste qu'il y avait des Arabes et des Sabéens dans la flotte d'Antoine :

<blockquote>Omnis Arabs, omnes verterunt terga Sabæi.</blockquote>

[178] *Cléopâtre donne l'exemple de la fuite.* Ce fut le 4 septembre de l'année 31 avant J. C. (720 de Rome), que se donna la bataille d'Actium.

<blockquote>
Dans ses hardis vaisseaux une reine ose encore
Rassembler follement les peuples de l'aurore ;
Elle fuit, l'insensée : avec elle tout fuit,
Et son indigne amant honteusement la suit.
(RACINE le fils, *Poëme de la Religion.*)
</blockquote>

[179] *Les forteresses de Parétonium et de Péluse, etc.* Octave poursuivit avec une sage lenteur les résultats de la victoire d'Actium. Tandis qu'il réglait le sort des provinces d'Asie, Antoine, de retour en Egypte, s'abandonnait au désespoir et au découragement. Cornélius Gallus, lieutenant d'Octave, s'empara de Parétonium, qui était la clef de l'Egypte du côté de la Cyrénaïque. Au printemps de l'année qui suivit celle de la journée d'Actium, Octave parut devant Péluse à la tête de douze légions. Cléopâtre, qui depuis long-temps trahissait Antoine, ordonna à Séleucus, gouverneur de cette place, de la livrer au jeune César. Antoine, réduit à défendre Alexandrie, se vit successivement abandonné par toutes ses troupes. Bientôt sur le faux avis de la mort de Cléopâtre, il se blesse mortellement de son épée, et va rendre les derniers soupirs dans l'asyle où s'était réfugiée celle qui avait fait le malheur de toute sa vie.

[180] *Sa beauté échoua contre la continence de ce grand homme.* Il s'agit bien ici de continence ; c'est par politique qu'Octave résista aux charmes de Cléopâtre. Il savait qu'elle avait pensé perdre

César, il ne voulait pas s'exposer aux mêmes chances. Du reste, Octave n'était rien moins que continent, ainsi qu'on peut le voir dans Suétone.

[181] *Auprès de son cher Antoine.* Octave la fit enterrer honorablement, et permit que son corps reposât auprès de celui d'Antoine, ainsi que Cléopâtre le lui avait demandé par écrit après qu'elle se fut fait piquer par un aspic. Elle avait trente-neuf ans, elle en avait régné vingt-deux, dont quatorze avec Antoine, qui à sa mort avait cinquante-trois ans, et selon d'autres cinquante-six (*Plut. in Antonio*). Avec Cléopâtre finit le royaume des Lagides, après avoir duré deux cent quatre-vingt-seize ans.

XII. Guerres étrangères sous Auguste.

[182] *Ce fut là le terme des guerres civiles.* Velléius Paterculus offre une transition semblable : *Sepultis, ut prædiximus, bellis civilibus.* C'est après la bataille d'Actium que le temple de Janus fut fermé, Rome étant enfin en paix avec elle-même comme avec les autres nations.

[183] *Des peuples du Noricum.* Ce pays répond à la partie méridionale de la Bavière et de l'Autriche. Il était borné au nord par le Danube, à l'ouest par l'Inn, à l'est par le mont Citius, au sud par les Alpes Juliennes et la Save.

[184] *Les Brennes, les Sénonais, les Vindéliciens.* Les Brennes, peuple peu connu de la Rhétie. Ceux qui ont contesté la pureté du texte de Florus à propos de ce nom avaient sans doute perdu de vue le passage d'Horace :

>   Drusus Genaunos, implacidum genus
>   Brennosque veloces, etc.

Les Sénonais. Si le texte de Florus est exact, il paraît que ce peuple, Celte d'origine, était répandu dans la Germanie comme dans la Gaule et dans la Cisalpine. Les Vindéliciens habitaient une province voisine de la Rhétie, bornée au nord par le Danube, à l'est par l'Inn, à l'ouest par l'Helvétie, et au sud par la Rhétie.

[185] *De Claudius Drusus son beau-fils.* C'était le dernier fils de Livie, qu'Auguste avait adopté. Il fut envoyé contre les Rhétiens par son beau-père, l'an 15 avant J.-C.

[186] *Les Illyriens habitent aussi au pied des Alpes.* Voyez ce que nous avons dit sur l'Illyrie, note 37 du deuxième livre.

[187] *César arrache le bouclier des mains d'un soldat.* Florus intervertit ici l'ordre chronologique. Cette guerre d'Octave contre les Illyriens est antérieure de vingt ans à l'expédition de Drusus en Rhétie.

[188] *La Save et la Drave.* Ces deux rivières se jettent dans le Danube. La Pannonie répond à une partie de l'Autriche, à la basse Hongrie et à l'Esclavonie.

[189] *César envoya Tibère pour les soumettre.* L'an 8 avant J.-C. Cette guerre dura trois ans, à la suite desquels la Pannonie fut réduite en province. Tibère, frère aîné de Drusus, occupa le trône après Auguste.

[190] *Les Dalmates habitent d'ordinaire les forêts.* Auguste, n'étant encore que triumvir, avait soumis la Dalmatie (an 35 avant J-C.), qui fut mise par lui à son avénement au nombre des provinces soumises au gouvernement du sénat. Mais cette province s'étant révoltée l'an 741 de R. (an 11 avant J. C.), Auguste prit cette province sous son administration.

[191] *Marcius, en brûlant Delminium.* Il s'agit ici de Marcius Figulus, qui fut consul l'an de Rome 597, avant J.-C. 157. Mais ce ne fut point Figulus qui prit Delminium, ce fut Scipion Nasica, son successeur. D'ailleurs la narration de Florus est conçue de manière qu'on pourrait croire qu'il s'agit d'un lieutenant d'Auguste.

[192] *Asinius Pollion.* Il fut consul l'an de Rome 713 (avant J.-C. 38). Il triompha des Parthéniens, peuple de la Dalmatie; ce qui a fait dire à Horace :

> Et consulenti Pollio curiæ
> Cui laurus æternos honores
> Dalmatico peperit triumpho.

J'ai cru devoir purger le texte de ces mots, ajoutés après le nom d'Asinius Pollion : *Hic secundus orator,* c'est-à-dire, « cet orateur, le second (après Cicéron), » opposition tout-à-fait oiseuse. Cependant il est certain, par le témoignage de Sénèque et de Pline, que Pollion fut un homme fort éloquent.

— *Mais ce fut Tibère.* Les Dalmates s'étant révoltés pour la seconde fois, l'an de Rome 757 (6 ans après J. C.), Tibère fut chargé par Auguste de les faire rentrer dans le devoir. Cette guerre, qui dura trois ans, menaça Rome des plus grands périls, et mit au jour les talens de Tibère.

[193] *Que si cet or eût été réservé pour leur usage.* Phrase de

rhéteur bien froide, et que Freinshémius croit ne point appartenir à Florus. Au reste, Velléius Paterculus, qui entre dans de grands détails sur cette guerre comme témoin oculaire, garde le silence sur cette circonstance remarquable.

¹⁹⁴ *Les Mysiens, etc.* Plus communément appelés Mœsiens; ils habitaient une vaste contrée bornée au nord par le Danube, au midi par la Macédoine et la Thrace, à l'est par le Pont-Euxin.

¹⁹⁵ *M. Crassus en accepta l'augure.* C'était le second fils du célèbre Crassus. Cette guerre, antérieure à l'avénement d'Auguste à l'Empire, appartient à l'an de Rome 724 (29 avant J. C.) Dans cette guerre, Crassus tua de sa propre main Deldon, roi des Bastarnes, qui s'étaient joints aux Mysiens : il méritait l'honneur des dépouilles opimes; mais, comme lieutenant d'Octave, il ne l'obtint pas.

¹⁹⁶ *Le centurion Domitius.* Les historiens anciens ne donnent aucun autre renseignement sur ce personnage.

¹⁹⁷ *La plus puissante nation de la Thrace s'était révoltée.* On peut lire, dans notre Commentaire sur le texte, le résumé des observations qui ont été faites par les critiques sur cette phrase de Florus, qui nous est évidemment parvenue altérée : aussi notre traduction ne présente pas un sens bien satisfaisant. Quelle était donc la plus puissante nation de la Thrace? Et quel motif Florus aurait-il eu pour en taire le nom?

Toutefois il y a ici un anachronisme : la révolte des Thraces est postérieure à celle des Mysiens : elle eut lieu de l'an 11 à l'an 8 avant J. C. (741-744 de Rome).

¹⁹⁸ *Mais domptés par Pison.* L. Pison réduisit les Thraces après une guerre de trois ans, et reçut en récompense les ornemens du triomphe. Cette année-là Auguste ferma, pour la troisième fois, le temple de Janus.

¹⁹⁹ *Les Daces habitent des montagnes.* La Dacie était au nord de la Mœsie, dont elle était séparée par le Danube. Horace confirme le témoignage de Florus au sujet de Cotison, roi des Daces; il dit, liv. 3, ode 8 :

Occidit Daci Cotisonis agmen.

Suétone l'appelle roi des Gètes; mais Pline atteste que les Romains donnaient aux Gètes le nom de Daces. Enfin Justin dit que les Daces étaient de la même race que les Gètes.

²⁰⁰ *Lentulus les força à repasser le Danube.* Florus est le seul

qui parle de ce général, que mademoiselle Le Febvre croit être le même que C. Cornélius Lentulus, qui fut augure et consul l'an de Rome 739. Il ne faut pas le confondre avec C. Cornélius Lentulus Cossus, autre lieutenant d'Auguste, qui mérita le surnom de *Getulicus*, pour ses victoires sur les Gétules, en Afrique.

²⁰¹ *Remise à un temps plus éloigné.* Cette expression de Florus semble indiquer positivement qu'il écrivit au temps de Trajan, sous le règne duquel la Dacie fut conquise.

²⁰² *Les Sarmates sont toujours à cheval.* La Sarmatie, au nord de la Dacie, répondait à la partie orientale de la Pologne et à la Russie. Vers l'an 6 après J. C., les Sarmates voulurent pénétrer dans la Dacie; mais ils furent repoussés, non par Lentulus, comme le prétend Florus, mais par Cœcina Sévérus, si l'on en croit Velléius Paterculus, évidemment plus exact que notre historien.

²⁰³ *Drusus dompta d'abord les Usipètes, et parcourut en vainqueur le pays des Tencthères et des Cattes* (*Voyez*, sur Claudius Drusus, la note 115 de ce livre, et pour les Tencthères, les Usipètes, ou Usipiens, la note 122 du troisième livre). Les Cattes, appelés par César les Suèves, habitaient la Hesse jusqu'à la Sala, et la Wétéravie jusqu'au Mein. Ce fut l'an 11 avant J. C., an de Rome 741, que les Cattes, réunis aux Sicambres, aux Tencthères, aux Usipiens, occupèrent pour la première fois les armes de Drusus.

²⁰⁴ *Les riches dépouilles des Marcomans.* Les Marcomans, peuple de Germanie, habitaient, dit Tacite, sur les bords de l'Elbe. Dion Cassius atteste que Drusus éleva des trophées près de ce fleuve.

²⁰⁵ *Des Chérusques, des Suèves et des Sicambres.* Les Chérusques habitaient l'une et l'autre rive du Véser. Les Sicambres habitaient la rive méridionale de la Lippe. Ce fut l'an 9 avant J. C. que Drusus, dans sa quatrième campagne en Germanie, vainquit ces nouveaux ennemis.

²⁰⁶ *Ils furent complétement déçus dans leur attente.* C'est absolument l'histoire des Gaulois Sénonais, faisant vœu de ne se dépouiller de leurs baudriers que dans le Capitole. Tous ces barbares se ressemblaient par un courage aveugle, fondé sur une confiance brutale en leurs forces (*voyez* les notes 34 et 35 du livre 2).

²⁰⁷ *Sur la Meuse, l'Elbe et le Véser.* La Meuse, rivière de la Gaule Belgique, source dans les Vosges, embouchure dans le pays des Bataves. L'Elbe, source dans les montagnes du Boiohémium,

embouchure dans la mer Baltique, après avoir traversé le pays des Cauques et des Saxons. Le Véser, source dans le pays des Cattes, embouchure dans la mer du Nord.

208 *Des ponts à Bonn et à Mayence.* Huit légions furent réparties dans les forts que Drusus fit construire sur les bords du Rhin, et qui donnèrent naissance aux villes florissantes qui bordent les rives de ce fleuve. Les commentateurs ne sont pas d'accord sur ce passage de Florus : *Bonnam et Maguntiacum pontibus junxit.* J'ai suivi la leçon établie par Cluver, le fameux géographe, et adoptée par La Mothe Le Vayer. D'autres commentateurs ont mis *Bologne et Gesoriacum.* Quant à Boulogne, Cluver démontre l'impossibilité d'un pont bâti en ce lieu-là. « A quoi bon, dit Le Vayer, « un pont à Boulogne, et sur quel fameux fleuve était-il con- « struit? sur l'Océan, et pour traverser en Angleterre. » Pour ce qui est de Gésoriacum, on sait que Boulogne et Gésoriacum sont la même ville; c'est comme si l'on disait Paris et Lutèce. Mademoiselle Le Febvre, dans son édition de Florus, met, au lieu de Gésoriacum, *Gelduba,* Gell, dont il est fait mention dans Tacite.

209 *A travers la forêt d'Hercynie. Voir* la note 95 du premier livre.

210 *La flatterie n'avait aucune part.* Ce fut l'an 9 avant J. C. que mourut, d'une chute de cheval, ce jeune héros, qui fut surnommé *Germanicus ;* ce qui a fait dire à Ovide :

Et mortem et nomen Druso Germania fecit.

211 *Par sa cruauté.* Quintilius Varus, que son désastre en Germanie a rendu si célèbre, fut consul avec Tibère l'an de Rome 739 (avant J. C. 13). Il gouverna la Syrie après Sentius Saturninus, à qui il succéda pareillement dans le gouvernement de la Germanie. Florus est le seul historien qui lui reproche la cruauté, l'orgueil et la débauche : tous les autres vantent la douceur de ses mœurs, et déplorent son imprévoyance : *Vir ingenio mitis, moribus quietus,* dit Velléius Paterculus.

212 *Sous la conduite d'Arminius.* Le véritable nom de cet illustre Germain est Hermann; il naquit, l'an 18 avant J. C., de Sigimer, le premier d'entre les Chérusques. Il fut élevé à Rome, et c'est là qu'il apprit à vaincre les Romains. Il forma une confédération de toutes les tribus germaniques établies entre le Rhin et l'Elbe (l'an 9 avant J. C.), et cependant il inspirait à Varus une aveugle confiance, en affectant d'entrer dans ses vues et d'applau-

dir au projet qu'il avait de façonner les Germains aux mœurs romaines.

²¹³ *Ses trois légions.* Arminius, en excitant des soulèvemens partiels, avait porté Varus à disséminer ses troupes : quand le corps de l'armée romaine se trouva réduit à trois légions et aux perfides auxiliaires que commandait Arminius, ce chef germain mit à exécution le projet qu'il méditait. Tous les jours l'armée s'éloignait davantage du Rhin, et s'enfonçait dans des contrées où il fallait se faire jour la hache à la main. Quand on fut arrivé dans la forêt de Theutberg, les Germains tombèrent sur les trois légions de Varus. Alors se dessillèrent les yeux de cet infortuné général : le courage et la discipline des Romains firent des prodiges, mais ne servirent qu'à prolonger leurs souffrances. Ils se défendirent trois jours : tous périrent. Cet exploit d'Arminius mit pour jamais un terme aux progrès des Romains dans la Germanie.

²¹⁴ *Varus ne voulut point survivre à son désastre.* Il périt avec dix mille Romains. Cette sanglante défaite fit une si profonde impression sur l'esprit d'Auguste, que ce prince, au rapport de Suétone, se laissa croître la barbe et les cheveux pendant plusieurs mois, et qu'il se frappait de temps en temps la tête contre les murs de sa chambre, en s'écriant d'une voix plaintive : *Varus, Varus, rends-moi mes légions.* Varus se perça de son épée, à l'exemple de son père et de son aïeul (Velléius Paterculus, liv. 3). On lui coupa la tête, et on la porta à Maroboduus; celui-ci l'envoya à Auguste, qui lui fit enfin donner une sépulture honorable dans le tombeau de la maison Quintilia.

²¹⁵ *Les Musulaniens et les Gétules, peuples voisins des Syrtes,* Le premier de ces peuples habitait la partie méridionale de la Mauritanie Césarienne; le second s'étendait dans les déserts qui sont au sud de ce vaste pays (*voyez* sur Cossus, qui mérita dans cette guerre le surnom de *Gétulicus*, la note 200 de ce livre). Florus et Paul Orose sont les seuls auteurs qui parlent de cette guerre. Paul Orose (liv. 6, chap. 21), Suétone (*Vie d'Auguste*, chap. 21), après avoir parlé des autres guerres d'Auguste en Espagne, en Dalmatie, en Germanie, en Dacie, ajoutent d'une manière générale : *Alias item nationes male quietas ad obsequium redegit.*

²¹⁶ *Quirinius de subjuguer les Marmarides et les Garamantes.* Il s'agit sans doute ici de P. Sulpicius Quirinus, qui fut consul l'an de Rome 740 (an 12 avant J. C.), et dont Tacite fait souvent

mention en retraçant le règne de Tibère. — Les Marmarides habitaient la partie de la Lybie intérieure appelée Marmarique. Les Garamantes occupaient les déserts au midi de la Marmarique.

²¹⁷ *En Syrie.* Erreur : ce fut en Arménie.

²¹⁸ *Les Autrigones.* Les Cantabres habitaient la Biscaye, les Astures la province appelée encore aujourd'hui les Asturies ; les Vaccéens (*voyez* la note 178 du livre 2), les Curgoniens et les Autrigones, dont les noms sont fort peu connus, paraissent avoir habité l'Arragon et la Navarre. Cette expédition d'Auguste, contre ces diverses peuplades espagnoles, eut lieu de l'an 27 à l'an 20 avant J. C.

²¹⁹ *Ségisama.* Les auteurs ne sont pas d'accord sur la position de cette ville, que les uns placent dans le pays des Vaccéens, les autres dans celui des Cantabres. Paul Orose fait mention de Ségisama dans le pays des Cantabres (liv. 6, ch. 21).

²²⁰ *Belgida.* Des éditions portent *Belgica :* ni l'un ni l'autre de ces noms ne sont connus des géographes: Celui de Belgica se trouve dans Orose.

²²¹ *Le mont Vinnius.* Encore une position géographique peu connue. On ne saurait trop blâmer le rapprochement que fait ici Florus entre les flots de l'Océan et les armées romaines.

²²² *Aracillum.* Orose nomme aussi cette ville des Cantabres.

²²³ *Le mont Médulle.* Cette montagne, selon Paul Orose, domine le fleuve Minius (Mioho).

²²⁴ *Qu'on appelle if.* Strabon rapporte cette circonstance : il ajoute que les Astures tiraient ce poison d'une espèce d'herbe ressemblant au persil.

²²⁵ *D'Antistius, de Furnius et d'Agrippa.* Dion Cassius et Velléius Paterculus font mention de C. Antistius ; il est aussi question de Furnius au liv. 54ᵉ de Dion Cassius. M. Vispanius Agrippa, qui partagea avec Mécènes toute la confiance d'Auguste, est assez connu.

²²⁶ *Par les Trigécins.* On ignore la position de cette peuplade espagnole.

²²⁷ *Carisius.* Dion Cassius et Paul Orose parlent des exploits de Carisius.

²²⁸ *Lancia.* Ville des Asturies, aujourd'hui détruite, qu'il ne faut pas confondre avec *Lancia Oppidana*, aujourd'hui *Guarda*, dans la Lusitanie, non plus qu'avec *Lancia Transcudana*, aujourd'hui *Ciudad Rodrigo*, dans le royaume de Léon.

229 *Naturellement ami du repos.* La longue durée des guerres des Espagnols contre les Romains, pendant un espace de deux cents ans, dément cette assertion.

230 *Du mont Taurus.* Je ne sais pourquoi l'on a voulu s'écarter ici de la leçon de tous les manuscrits. Saumaise veut mettre *intra Cyrum* à la place de *intra Taurum*. Le Cyrus était un fleuve de la haute Asie, sur lequel jamais ne s'étendit la domination romaine.

231 *Les Sères et les Indiens.* Suétone ne parle que d'une ambassade des Scythes et des Indiens.

232 *Les Parthes.* Auguste n'eut pas sitôt fait connaître aux Parthes les prétentions que le peuple Romain avait sur l'Arménie, dit Suétone, qu'ils la lui cédèrent. Ils lui rendirent également, à sa demande, les drapeaux qu'ils avaient pris sur Crassus et sur M. Antoine.

233 *Le temple de Janus.* Auguste ferma trois fois le temple de Janus. Vespasien le ferma ensuite, et cette clôture est comptée, par Paul Orose, pour la sixième depuis le règne de Numa. Domitien le referma une septième fois; Gordien l'ouvrit, et c'est la dernière fois qu'il soit parlé de cette cérémonie dans l'histoire Romaine.

FIN DES NOTES.

TABLE DES CHAPITRES.

		Pages.
Avis		j
Notice sur Florus		iij
Liste des diverses éditions de Florus		vij

LIVRE PREMIER.

			Pages.
	Préface		3
I.	Romulus, premier roi de Rome. [An de Rome, 1.]		7
II.	Numa Pompilius. [An de Rome, 39.]		13
III.	Tullus Hostilius. [An de Rome, 82.]		15
IV.	Ancus Marcius. [An de Rome, 114.]		19
V.	Tarquin l'Ancien. [An de Rome, 139.]		ibid.
VI.	Servius Tullius. [An de Rome, 175.]		21
VII.	Tarquin le Superbe. [An de Rome, 220.]		23
VIII.	Résumé sur les sept Rois		25
IX.	Changement de Gouvernement. [An de Rome, 244.]		27
X.	Guerre contre Porséna. [An de Rome, 246.]		31
XI.	Guerre des Latins. [An de Rome, 258 à 298.]		33
XII.	Guerre contre les Véiens, les Falisques et les Fidénates [An de Rome, 274 à 360.]		37
XIII.	Guerre contre les Gaulois. [364 à 469.]		41
XIV.	Guerre des Latins. [An de Rome, 414 à 417.]		49
XV.	Guerre contre les Sabins. [An de Rome, 463.]		51
XVI.	Guerre des Samnites. [An de Rome, 410.]		ibid.
XVII.	Guerre contre les Etrusques et les Samnites. [An de Rome, 458.]		57
XVIII.	Guerre contre Tarente et contre Pyrrhus. [An de Rome, 471 à 481.]		59
XIX.	Guerre contre les Picentins. [An de Rome, 485.]		71
XX.	Guerre des Salentins. [An de Rome, 486.]		73
XXI.	Guerre des Volsiniens. [An de Rome, 488.]		ibid.
XXII.	Séditions		ibid.
XXIII.	Première sédition. [An de Rome, 259 à 260.]		75
XXIV.	Deuxième sédition. [An de Rome, 302 à 304.]		77
XXV.	Troisième sédition. [An de Rome, 308.]		79
XXVI.	Quatrième sédition. [An de Rome, 377 à 382.]		ibid.

LIVRE DEUXIÈME.

I.	Préface.......................................	83
II.	Première guerre Punique. [An de Rome, 489 à 511.]..	ibid.
III.	Guerre contre les Liguriens. [An de Rome, 515 à 581.]	97
IV.	Guerre contre les Gaulois. [An de Rome, 515 à 531.]..	99
V.	Guerre contre les Illyriens. [An de Rome, 523 à 525.]	101
VI.	Deuxième guerre Punique. [An de Rome, 535 à 552.]	103
VII.	Première guerre de Macédoine. [An de Rome, 533 à 558.]	125
VIII.	Guerre de Syrie contre le roi Antiochus. [An de Rome, 561 à 564.]	131
IX.	Guerre d'Etolie. [An de Rome, 564.]................	137
X.	Guerre d'Istrie. [An de Rome, 575.]................	139
XI.	Guerre contre les Gallo-Grecs. [An de Rome, 564.]...	ibid.
XII.	Seconde guerre de Macédoine. [An de Rome, 582 à 585.]	143
XIII.	Guerre d'Illyrie. [An de Rome, 585.]................	147
XIV.	Troisième guerre de Macédoine. [An de Rome, 604 et 605.].......................................	149
XV.	Troisième guerre Punique. [An de Rome, 604 à 607.]..	151
XVI.	Guerre d'Achaïe. [An de Rome, 607.]................	157
XVII.	Expéditions d'Espagne. [An de Rome, 535 à 613.].....	159
XVIII.	Guerre de Numance. [An de Rome, 612 à 620.].......	167
XIX.	Résumé.......................................	173

LIVRE TROISIÈME.

I.	Guerre d'Asie. [An de Rome, 622 et 623.]..........	179
II.	Guerre de Jugurtha. [An de Rome, 641 à 647.].......	181
III.	Guerre des Allobroges. [An de Rome, 628 à 639]....	187
IV.	Guerre des Cimbres, des Teutons et des Tigurins. [An 644 à 652.]...................................	191
V.	Guerre des Thraces. [An de Rome, 639 à 682.]......	199
VI.	Guerre de Mithridate. [An de Rome, 664 à 690]......	203
VII	Guerre des Pirates. [An de Rome, 675 à 685.]........	215
VIII.	Guerre de Crète. [An de Rome, 679 à 685.]..........	221
IX.	Guerre contre les îles Baléares. [An de Rome, 630.]...	223
X.	Expédition de Chypre. [An de Rome, 695.]..........	225
XI.	Guerre des Gaules. [An de Rome, 695 à 704.].	227
XII.	Guerre des Parthes. [An de Rome, 699.]............	239
XIII.	Récapitulation.................................	243

XIV.	Séditions excitées par les tribuns..	247
XV.	Sédition de Tibérius Gracchus. [An de Rome, 620.]...	249
XVI.	Sédition de C. Gracchus. [An de Rome, 629 à 632.]...	253
XVII.	Sédition d'Apuléius Saturninus. [An de Rome, 650 à 653.]...................................	ibid.
XVIII.	Sédition de Livius Drusus. [An de Rome, 662.]......	257
XIX.	Guerre Sociale. [An de Rome, 662 à 665.]...........	261
XX.	Guerre contre les Esclaves. [An de Rome, 615 à 652.]	265
XXI.	Guerre contre Spartacus. [An de Rome, 680 à 682.]...	271
XXII.	Guerre civile de Marius. [An de Rome, 665 à 674.]....	277
XXIII.	Guerre civile de Sertorius. [An de Rome, 675 à 679.]..	289
XXIV.	Guerre civile de M. Lépidus. [An de Rome, 675.].....	293

LIVRE QUATRIÈME.

I.	Guerre de Catilina. [An de Rome, 690.]	297
II.	Guerre de César avec Pompée. [An de Rome, 703 à 709.]	303
III.	César Auguste.................................	341
IV.	Guerre de Modène. [An de Rome, 710 à 711.]........	343
V.	Guerre de Pérouse. [An de Rome, 712.].............	347
VI.	Triumvirat. [An de Rome, 710.]...................	ibid.
VII.	Guerre de Brutus et de Cassius. [An de Rome, 709 à 711.]	351
VIII.	Guerre de Sextus Pompée. [An de Rome, 713 à 718.]..	357
IX.	Guerre de Ventidius contre les Parthes. [An de Rome, 714 à 715.]...................................	359
X.	Guerre d'Antoine contre les Parthes. [An de Rome, 716 à 717.]......................................	361
XI.	Guerre contre Antoine et Cléopâtre. [An de Rome, 722.]	365
XII.	Guerres étrangères sous Auguste. [An de Rome, 733 à 760.]......................................	371
Commentaire et Notes...............................		397

FIN DE LA TABLE.

ERRATA.

Page 11, ligne 16, au lieu de : *sans s'expliquer*, lisez : *sans expliquer*.
    15,   7, au lieu de : *le Janus*, lisez : *et Janus*.
    21,   1, au lieu de : *entreprenant*, lisez : *actif*.
   121,   5, après ces mots : *une partie de leur armée fut laissée sous les ordres d'Appius devant cette place*, ajoutez : *une partie rentre dans Rome avec Flaccus*.
   142,   19, au lieu de : *Bistonidam paludem*, lisez : *Ascuridem paludem*.
  Ibid.   lisez ainsi le commencement de la note : *Ascuridem paludem. Salmasius legi vult Bistonidam paludem* « Bistonida palus in illis tractibus notissima ex scriptoribus ait » *et mendose quidem*, etc.
   143,   28, au lieu de : *le marais Bistonis*, lisez : *le marais d'Ascuris*.
   153,   4, au lieu de : *sous le consulat de Manlius*, lisez : *de Manilius*.
   157,   10, au titre du chapitre XIII, *lisez :* XVI.
   230,   11, au lieu de : *justissimis quidem ex causis Hædui*, lisez : *justissimis quidem ex causis, Hædui*.
   231,   5, au lieu de : *Cota*, lisez : *Cotta*.
   256,   21, au lieu de : *amulatio*, lisez : *æmulatio*.
   262,   15, au lieu de : *quinquagenta*, lisez : *quingenta*.
   329,   32, au lieu de : *quelle*, lisez : *quel*.

www.ingramcontent.com/pod-product-compliance
Lightning Source LLC
Chambersburg PA
CBHW051329230426
43668CB00010B/1196